REISE KNOW-HOW

Florida

ANHANG 1 1 4 2 2 5 3 3 6 ORLANDO 7

In der Klappe links:
Gesamtübersicht Florida mit Seitenzahlen für die in diesem Buch beschriebenen Orte und Routen

Dieses Buch enthält Hunderte von **Internetadressen** für weitergehende Informationen genereller Art wie auch zu den meisten Sehenswürdigkeiten, Regionen, Stränden etc. Besonders viele attraktive Anlaufpunkte, aber auch Campingplätze liegen in den ***Florida State Parks***.

Alle Infos zu den *State Parks* findet man im Portal **www.floridastateparks.org**,

➢ auch Seiten 20ff und 67+70. Von dort geht's weiter auf die Schaltfläche »***find a park***« und dann ggf. noch auf die Karte »***list parks by region***«. Bei einzelnen *State Parks* wird auf die Website nur noch in Ausnahmefällen gesondert verwiesen.

Hans-R. Grundmann

Florida

Von Key West bis New Orleans

Hans-R. Grundmann

FLORIDA

von Key West bis New Orleans

3. Auflage 4/2008
mit separater Floridakarte
ist erschienen im

Reise Know-How Verlag

ISBN 978-3-89662-238-9

Ergänzende aktuelle Recherche vor Ort:
Julia Strauch, Osterholz-Scharmbeck

Gestaltung
Umschlag: Carsten Blind, Asperg
Satz und Layout: Hans-R. Grundmann, Carsten Blind
Karten: map solutions, Karlsruhe

Fotos ➢ Fotonachweis auf Seite 417

Druck
W. Zertani, Druckerei und Verlag, Bremen

Dieses Buch ist in jeder Buchhandlung
in Deutschland, Österreich und der Schweiz erhältlich.
Die Bezugsadressen für den Buchhandel sind

- Prolit Gmbh, 35463 Fernwald
- Buch 2000, CH-8910 Affoltern
- Mohr & Morawa GmbH, A-1230 Wien
- Barsortimenter

Wer im lokalen Buchhandel Reise Know-How-Bücher nicht findet,
kann diesen und andere Titel der Reihe auch im Buchshop des
Verlages im Internet bestellen: **www.reisebuch.de**

Willkommen im Sonnenstaat

Als im frühen 16. Jahrhundert die Spanier erstmals an Floridas Küste anlegten, hielten sie das neu entdeckte Land für eine Insel und lagen damit nicht ganz falsch. Denn Florida hat in mancher Hinsicht mehr mit den Inseln der Karibik gemein als mit dem Rest der kontinentalen USA. Tropische Temperaturen, Palmen und Sandstrände, karibische Klänge und kubanische Küche machen es zu einem vergleichsweise exotischen Reiseziel. Andererseits ist Florida aber auch Durchschnittsamerika mit *Shopping Malls, Fast Food* an jeder Ecke, ausufernden Großstädten, vielspurigen *Freeways* und was sonst noch so dazu gehört. Hinzu kommt eine perfekte touristische Infrastruktur typisch amerikanischer Prägung. Kein anderer US-Staat ist so sehr vom Tourismus bestimmt wie Florida. Mancher Urlaubsort verdankt ihm sogar seine Entstehung.

Die größten **Attraktionen** Floridas sind so bekannt, dass man sie kaum erwähnen muss: Neben Sonne, Sand und Meer gehören dazu vor allem die Vergnügungsparks bei Orlando, speziell ***Walt Disney World***, die ***Art Deco***-Meile in Miami Beach, das schillernde **Key West** und das ***J.F. Kennedy*-Raumfahrtzentrum**.

Florida hat aber tatsächlich viel mehr zu bieten. In zahlreichen ***State-***, einigen ***National Parks*** und anderen Naturschutzgebieten stößt man auf eine ungewöhnlich **vielfältige Flora und Fauna** und – unter Wasser vor der Inselkette der Florida Keys – sogar auf Korallenriffe. Eine Florida-Spezialtät sind die ***Spring Parks***, die um ergiebige Frischwasserquellen und ihre Abflüsse entstanden und teilweise Lebensraum für Seekühe und Alligatoren bieten.

Jahrhundertealte **Forts**, angelegt in den Anfängen der Besiedlung bis zum Bürgerkrieg, **Plantagen** aus der Zeit der Sklaverei und die älteste, von spanischen Kolonisten gegründete Stadt der USA, **St. Augustine**, sind sehenswerte Besuchsziele nicht nur für historisch Interessierte. Geballte (Waffen-) **Technik** bieten das bereits erwähnte *Kennedy Space Center* bei Cape Canaveral, das *Museum of Naval Aviation* für Militärflugzeuge bei Pensacola und der *Battleship Park in Mobile/Alabama*. Echte **Kunstschätze** warten u.a. im *Ringling Art Museum* in Sarasota und im *Dalí Museum* in St. Petersburg. Wer **Kneipenbummel** und **Nachtleben** sucht, wird vor allem in Miami Beach fündig, aber auch in Key West, Orlando und anderen Brennpunkten des Tourismus.

Dieses Buch steigt im **Allgemeinen Teil 1** nach einer kompakten Darstellung all dessen, was man vor einer Reise nach Florida unbedingt wissen sollte, rasch in die Details für Reiseplanung- und vorbereitung ein. Das umfangreiche **Kapitel »Unterwegs in Florida«** befasst sich danach intensiv mit allen praktischen Fragen, die sich für und auf Reisen im Sonnenstaat stellen (können).

Der **Aufbau des Teil 2 »Routen und Reiseziele«** ist auf Seite 110 genau beschrieben. Der Reiseteil ist gespickt mit up-to-date-Informationen und **Internetadressen** für noch mehr Details. Neben den zahlreichen Empfehlungen für **Unterkünfte** vom *Hostel* über Mittelklasse-Motels bis hin zur Luxusherberge findet der Leser auch viele geprüfte Hinweise auf besonders schöne **Campingplätze**.

Wer mehr über Florida erfahren möchte, wird im **Anhang »Florida Wissen«** ausführlich über Geschichte, Bevölkerung, Staat, Politik und Wirtschaft, Kunst und Kultur informiert.

Viel Spaß und eine gute Reise wünscht Ihnen

Hans-R. Grundmann

TEIL 1 PLANUNG, VORBEREITUNG UND DURCHFÜHRUNG einer Reise nach Florida 9

ANHANG: FLORIDA WISSEN

Planung, Vorbereitung
und Durchführung
einer Reise
nach Florida

1. FERIENZIEL FLORIDA

In diesem Kapitel geht es zunächst einmal um wichtige und nützliche Vorabinformationen zum Ferienziel Florida. Weitergehende Details zu Florida, seiner Geschichte, Land und Leuten, finden sich im ausführlichen Anhang, Teil 3 dieses Buches.

1.1 Reiseplanung und -information

1.1.1 Warum nach Florida?

Vielfältige Attraktionen

Dass Florida eines der beliebtesten Reiseziele der USA ist, hat gute Gründe. Die klimatischen und geografischen Bedingungen für **Badeurlaub** und **Wassersport** aller Art sind ideal. Es gibt darüberhinaus zahlreiche Anziehungspunkte für unterschiedlichste Interessen: Neben den **Vergnügungsparks** rund um Orlando und anderswo abwechslungsreiches **City Life**, spannende **historische Stätten**, herrliche **Landschafts-** und **Naturparks** und sogar eine Reihe hochkarätiger **Museen** vielfältiger Prägung.

Florida ist als Reiseziel für »Amerikaneulinge« genauso geeignet wie für amerikaerfahrene Urlauber. Wer vorher noch nie in den USA unterwegs war, wird sich in Florida leichter zurechtfinden als in anderen Teilen des Landes. Der Staat ist auf Reisende aus aller Welt eingestellt und macht ihnen den Aufenthalt leicht. Die **Entfernungen** sind in Florida **überschaubar** und auch die **touristische Infrastruktur ist dicht**. Für Amerikaerfahrene ist Florida ein Staat, den man einfach (auch) gesehen haben muss. Denn er unterscheidet sich dank seines karibischen »Einschlags« deutlich vom Rest der USA. Außerdem existieren – neben einigen der schönsten Strände der USA – einmalige Sehenswürdigkeiten wie den Weltraumbahnhof **Cape Canaveral**, das alte **St. Augustine** oder die ungewöhnlichen **Florida Keys** mit Key West.

Urlaubskosten

Auch rein praktische Erwägungen erleichtern die Entscheidung für Florida. Nach Miami oder Orlando sind **Flugzeiten** und **-kosten** noch einigermaßen erträglich und **Mietwagen** in Florida **billiger** als irgendwo sonst in den USA oder in den meisten anderen Ländern. Auch die **Hotel- und Moteltarife** sind im Vergleich mit anderen beliebten amerikanischen Reisezielen – vor allem Neu-England und Kalifornien – im allgemeinen moderat.

Strandleben in Miami Beach im März

1.1.2 Reisezeiten

Winterziel Florida?

Florida galt lange als reines **Winterreiseziel**. Im frühen 20. Jahrhundert kamen wohlhabende Nordstaatler zum Überwintern in den Staat und verließen ihn wieder, wenn die heiße Jahreszeit nahte. Dank der Klimaanlagen hat sich das teilweise geändert. Da Hotels, Restaurants, Museen und Geschäfte heute alle gekühlt werden, und man sich jederzeit im Meer oder im Hotelpool, in Flüssen oder Seen abkühlen kann, ist es in Florida durchaus auch im Hochsommer gut auszuhalten.

Südflorida

Als **ideale Reisezeit** gelten in **Südflorida** aber immer noch **Winter und Frühling**, da die Temperaturen dann am angenehmsten sind und es zudem nur selten regnet. Der Sommer hingegen kann ziemlich feucht sein. Gelegentlich gibt es dann monsunartige Regenfälle. Die Übernachtungskosten sind daher in Südflorida im Winter weit höher als zwischen Mai und November.

Nordflorida

In Nordflorida sieht es anders aus. Dort kann es im Winter mit Temperaturen unter 0°C richtig kalt werden. Daher bilden an der nördlichen Golf- und Atlantikküste die **Sommermonate** die beliebteste Reisezeit mit den höchsten Preisen.

Zentralflorida

Das zentrale Florida mit Orlando und den Vergnügungsparks schließlich versucht, sich als **ganzjährige** Reiseregion zu vermarkten. Da man sich in den Parks aber notwendigerweise viel im Freien aufhält und in der Sonne Schlange stehen muss, wenn auch oft abgeschattet und mit Wassernebel besprüht, sollte man den Hochsommer möglichst meiden.

1.1.3 Reiseziele und -dauer

Überlegungen

Wer nicht gleich vier Wochen oder mehr Zeit hat (➤ unten), sollte sich keine komplette Florida-Rundfahrt oder mehr vornehmen, sondern sich für Teilregionen entscheiden. Welche Region in erster Linie in Frage kommt, hängt natürlich von persönlichen Interessen, von der Jahreszeit und der möglichen Reisedauer ab. Eine Frage kann auch sein, ob man sich für den ganzen Aufenthalt an einem Ort einquartiert oder ob man lieber herumfahren und in unterschiedlichen Orten übernachten möchte.

Eine Woche

Wer nur 7-8 Tage Zeit hat, ist am besten mit einer festen Unterkunft in einem passenden Ort bedient. Denn ein mehrmaliger Quartierwechsel kann dann rasch zu stressig werden. Am Standquartier kann man den gewünschten Ferienaktivitäten nachgehen und/oder von dort aus die Umgebung erkunden. Eine gute Wahl für einen solchen Kurzurlaub ist z.B. **Miami Beach**, das mit dem nahen Miami besonders viel Abwechslung bietet und ein guter Ausgangspunkt für Ausflüge auf die Florida Keys und in die *Everglades* ist. Auch **Orlando** passt für eine Woche *Action* in den Vergnügungsparks, die sich mit Ausflügen an die Strände an beiden Küsten, nach Cap Canaveral und zu nahen *Spring Parks* unterbrechen lässt. Wer eher Badeurlaub im Sinn hat, sollte die

»Strandstädte« an der südlichen Golfküste vorziehen, wo allerhand Kultur und Unterhaltung warten und auch der Weg nach Orlando nicht weit ist. **Tampa** und **Fort Myers** sind ebenso wie Miami, Fort Lauderdale und Orlando von europäischen Flughäfen aus mit Direktflügen zu erreichen.

Zwei Wochen

Bei einem Aufenthalt von zwei Wochen (oder mehr) wäre es dagegen schade, sich nur auf ein Standquartier zu beschränken. Man könnte zwei Wochen z.B. zwischen Miami Beach und Orlando aufteilen oder auch eine **kleine Rundreise** durch den südlichen Teil des Staates unternehmen. Wer den Besuch der **Vergnügungsparks** bei Orlando mit einem **Badeurlaub** im Spätsommer/Herbst kombinieren möchte, sollte überlegen, nach dem teuren Spaß der gefahrlosen Sensationen und konfektionierten Unterhaltung zum Entspannen **ins nordwestliche Florida** zu fahren. Dort ist zwar weniger »los« als im Süden, man findet **im *Panhandle* aber die schönsten Strände der ganzen USA**.

Ab zwei Wochen lohnt sich eventuell sogar die **Miete eines Campmobils**, zumal viele Campingplätze – vor allem in *State Parks*, aber durchaus auch in *Disneyworld* – schon allein für sich lohnenswerte Ziele abgeben. Zu den damit verbundenen Besonderheiten steht weiter unten einiges (➤ Seite 38f).

Drei und mehr Wochen

Für eine **Rundreise** durch den gesamten Staat sollte man am besten nicht unter vier Wochen Zeit haben. Mit einigen Abkürzungen und Auslassungen kann man aber auch **in drei Wochen eine beachtliche Route** realisieren.

Die im Reiseteil dieses Buches beschriebenen Strecken lassen sich leicht zu einer größeren Rundfahrt verbinden.

Fazit

Egal für welche der Möglichkeiten man sich entscheidet, Spaß und Abwechslung sind in Florida garantiert.

Tourist Information gibt es als Privatunternehmen wie hier, unter staatlicher Trägerschaft oder als Initiative lokaler Handelskammern

1.1.4 Information hier und vor Ort

Staatliche Tourist Information

Die offizielle Touristeninformation des Staates Florida heißt ***Visit Florida*** und hat ihren Sitz in Tallahassee (661 East Jefferson Street, Tallahassee FL 32301, ✆ 1-888-735-2872), aber es gibt auch eine offizielle Vertretung in Deutschland:

Visit Florida c/o **PELA Touristikservice**, Postfach 1227, 63798 Kleinostheim; Email: floridainfo@t-online.de, ✆ 0621-5615442.

Man kann dort kostenloses Informationsmaterial anfordern und erhält dann u.a. eine **Hochglanz-Broschüre**, die es auch in einer deutschen Version gibt. Sie listet Attraktionen und Unterkünfte in allen Teilen des Staates. Auch eine herausnehmbare Landkarte gehört dazu. Sie ist unterwegs auf Floridas Straßen zwar nicht ganz ausreichend, aber zur Reiseplanung und Routengestaltung reicht sie völlig aus.

Internet

Visit Florida unterhält die ausführliche Website

www.visitflorida.com

mit jeder Menge aktuellen Informationen zu Florida als Urlaubsziel. Von dort kann man sich zudem zu den wichtigsten Orten und Regionen durchklicken, Infos zu Sehenswürdigkeiten, Unterkunft, Shopping, Anreise etc. finden und ggf. auch Reservierungen vornehmen.

Weitere empfehlenswerte Websites unter touristischem Vorzeichen finden sich unter folgenden z.T. deutschen Adressen:

www.funandsun.com
(mit Links für alle Interessen und Aktivitäten)

www.Florida100.de

www.sunshinestate.de

www.usatipps.de (weiterklicken zu »Reiseziele«)

Wem es weniger um Reiseinformationen als um Hintergrundwissen geht, sollte sich die offizielle Website des Staates Florida, www.myflorida.com, ansehen. Dort findet sich Wissenswertes zu Natur, Wirtschaft und Politik des Staates in englischer Sprache.

Telefonservice auf deutsch in Florida

Ein **Servicetelefon** von ***Visit Florida*** ist rund um die Uhr auch deutschsprachig besetzt und kann für alle erdenklichen Auskünfte, aber auch in Notfällen etc. *toll-free* angerufen werden:

✆ 1-800-656-8777

Lokale Tourist Information

In allen größeren und auch den meisten kleineren Orten in Florida gibt es lokale Informationsstellen, die ***Tourist Information Centers*** oder ***Convention & Visitors Bureaus***. Sie haben neben allgemeinen Florida-Infos jede Menge **Broschüren**, **Karten** und **Werbung** (Hotels, Restaurants, Aktivitäten) zur jeweiligen Stadt und Region. Diese Stellen sind immer einen kurzen Besuch wert. Die Adressen sind im Reiseteil jeweils vor den Restaurant- und Übernachtungstipps aufgelistet. Vor Ort sind die **Hinweisschilder** »***Tourist Information***« selten zu übersehen.

AAA Karten & Tourbooks

In den Vertretungen des amerikanischen Automobilclubs **AAA** (als ***Triple A*** bezeichnet) gibt es **Straßenkarten**, **Stadtpläne** und ein ziemlich dickes ***Tourbook Florida*** für Mitglieder, d.h. auch für Mitglieder europäischer Clubs, **kostenlos**.

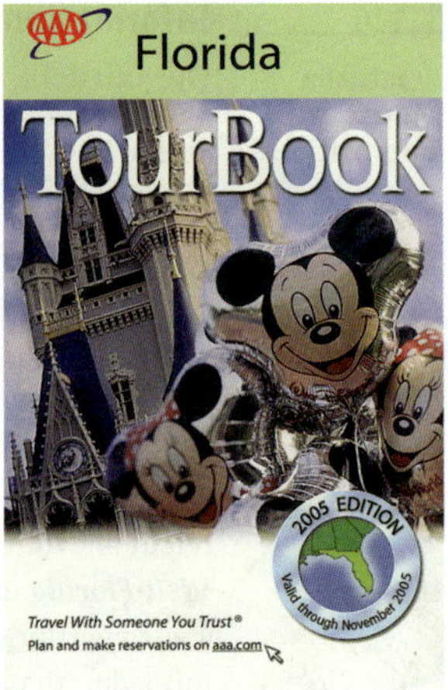

Das Cover der Tourbooks ändert sich von Jahr zu Jahr

Das *Tourbook* ist eine Art Reiseführer mit Betonung kommerzieller Attraktionen. Es enthält außerdem ein umfangreiches **Motel- und Hotelverzeichnis** für Häuser ab der unteren Mittelklasse, Preisbereich ab ca. $60. Wer einigermaßen Englisch versteht, wird es unterwegs als zusätzliche Informationsquelle zu schätzen wissen (aktuelle Öffnungszeiten/Eintrittspreise, Ermäßigungen für Clubmitglieder etc.). ***Tourbooks*** gibt es auch für alle anderen US-Staaten, teilweise als Sammelband für mehrere Staaten, z.B. »Louisiana, Alabama, Mississippi« und »Georgia, South & North Carolina«.

Campbooks

Darüberhinaus veröffentlicht der **AAA *Campbooks***. Sie enthalten zwar bei weitem nicht alle Campingplätze, leisten aber in Ergänzung der Campingempfehlungen in diesem Buch für eine Reise von einigen Wochen mehr als ausreichende Dienste.

Tour- & Campbooks hier besorgen

Tour- wie *Campbooks* können sich Mitglieder schon vor der Reise beim heimischen Club besorgen, müssen für diesen Service aber im Gegensatz zur Beschaffung in den USA bezahlen (*Tourbooks* €5,95, *Campbooks* €3,95 plus Versandkosten): **Fax 089/76764319** oder im Internet unter www.adac.de/ReiseService.

AAA Büros

Vertretungen des AAA gibt es in fast jeder Stadt, in großen Cities mehrere davon. Ihre Adressen kennt jeder Polizist und Taxifahrer. Sie lassen sich auch erfragen unter der **gebührenfreien ✆-Nummer 1-800-222-4357** (AAA-HELP).

Discount Card des AAA

Gegen Vorlage des heimischen Mitgliedsausweises (bei Goldkarten bereits mit blau-weiß-rotem Eindruck wie nebenstehend) bzw. der Extra-Karte ***Show Your Card & Save*** gibt es alle gewünschten Unterlagen – wie gesagt – gratis. Clubmitglieder können diese Karte kostenlos bei ihrem Automobilclub in der Heimat besorgen.

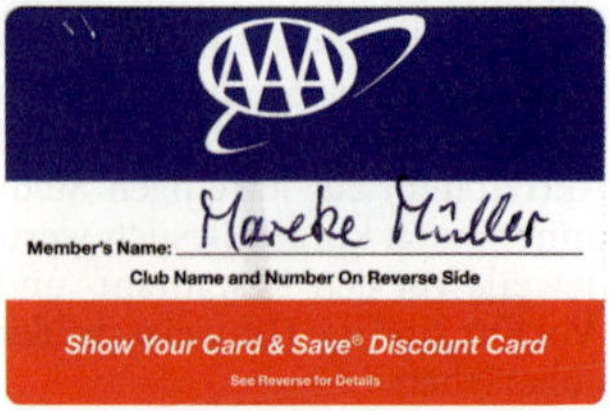

Sie sichert zusätzlich bei Vorlage in ganz Nordamerika Gleichbehandlung des Touristen mit AAA-Mitgliedern bei der Gewährung von *Discounts* und Sondertarifen in Motels, Parks etc.

1.1.5 Weiterführende Information

Englischsprachige Literatur Für weitere Informationen über Florida und/oder bei speziellen Interessen sind gute Englischkenntnisse von Vorteil, da für fast alles englischsprachige Literatur existiert, die – sollte sie im Buchhandel bei uns nicht erhältlich sein – teilweise über www.amazon.com im Internet bestellen kann:

Geschichte Eine gut lesbare Geschichte des Staates ist *Michael Gannons* ***Florida*** (University of Florida Press, 1993; auch als Audio-CD).

Kunst Kunstliebhaber finden im ***Art Lover's Guide to Florida*** (Pineapple Press,) von *Anne E.F. Jeffrey* und *Alletta Dreller* ausführliche Beschreibungen aller Museen des Staates.

Tauchen An Taucher und Schnorchler richten sich die beiden *Lonely Planet*-Bände ***Diving and Snorkelling: Florida's East Coast*** und ***Diving and Snorkelling: The Florida Keys*** (regelmäßig neu).

Billig reisen Wer mit wenig Geld auskommen muss oder möchte, findet im kurzen britischen Reiseführer ***Florida for Less*** (Metropolis International) nützliche Tipps zum Sparen. In derselben Reihe ist auch der Titel ***Orlando for Less*** erschienen.

Disney World Ein informativer und kritischer Spezialführer ist ***The Unofficial Guide to Walt Disney World*** von *Bob Sehlinger*, der auf über 700 Seiten *Disney World* bis ins letzte Detail bespricht (jährlich neu).

Belletristik Zu Romanen, die in Florida spielen und als Urlaubslektüre geeignet sind ➢ unter dem Stichwort »Lesen« in der Sektion »Alles Weitere von A bis Z« ab Seite 91f.

Steckbrief Florida: Zahlen und Fakten

Größe: Mit einer Fläche von etwa 170.000 km^2 ist Florida etwa halb so groß wie Deutschland. Unter den 50 amerikanischen Bundesstaaten liegt es damit auf Platz 22.

Einwohner: Mit gut 18 Mio. Einwohnern rangiert Florida bevölkerungsmäßig – nach Kalifornien, Texas und New York – an 4. Stelle.

Die durchschnittliche **Bevölkerungsdichte** von gut 100 Personen/km^2 ist zwar nicht einmal halb so groß wie in Deutschland, für amerikanische Verhältnisse aber relativ hoch. Dabei ist die Verteilung extrem unterschiedlich. Das Gros der Bevölkerung lebt an den Küsten südlich der Linie Tampa-Orlando-Daytona, rund um Orlando und im nordöstlichen Ballungsraum Jacksonville. Die Innenbereiche der Halbinsel und der Norden samt dem Panhandle oberhalb Tampa/Orlando sind nur dünn besiedelt.

Hauptstadt: Seit 1821 wird Florida von Tallahassee aus regiert.

Flagge: Die Staatsflagge zeigt ein rotes Kreuz auf weißem Hintergund und – in der Mitte des Kreuzes – das Staatssiegel.

Verwaltung: Der Staat Florida besteht aus 67 Verwaltungsbezirken (*Counties*).

Regierung: Das Parlament hat zwei Kammern mit Sitz in Tallahassee. Ein Gouverneur, der alle 4 Jahre neu gewählt wird, regiert den Staat.

1.2 Geografie und Klima

Geografische Charakteristik

Lage

Florida ist der **südlichste Staat** der kontinentalen USA. Selbst seine Nordgrenze (mit Georgia und Alabama) liegt noch südlich der Grenze Kaliforniens mit Mexiko. In Key West, am südwestlichen Zipfel des Staates, kann man daher den ***Southernmost Point*** bewundern, den südlichsten Punkt der kontinentalen Vereinigten Staaten, der dort durch einen bunten Betonklotz markiert wird (➤ Seite 172). Wegen dieser exponierten Lage galt Florida früher als der *Southernmost State*. Doch seit 1959 das ferne Hawaii zum amerikanischen Staat wurde, muss bei diesem Superlativ immer der Zusatz »*continental*« hinzugefügt werden, denn die Inselgruppe im Pazifik liegt noch ein Stück weiter südlich. So wurde aus dem *Southernmost State* der ***Sunshine State***.

Leicht übersehen wird, dass der Staat Florida nicht nur aus der riesigen Halbinsel im Südosten Nordamerikas besteht. Das Staatsgebiet zieht sich von der **Hauptstadt Tallahassee** ganz im Norden über dem westlichen Ende der Halbinsel noch rund 350 km weiter nach Westen. Dieser 70-150 km breite Streifen ist bekannt als der ***Florida Panhandle***, der Pfannenstiel des Staates. Er grenzt im Norden überwiegend und Westen ganz an Alabama.

Küsten und Inseln

Neben der südlichen Lage prägt vor allem das **Meer** die Geografie des Staates. Wenn man einmal von der Nordgrenze absieht, ist Florida rundum von **Wasser** umgeben. Von keinem Punkt des Staates sind es wesentlich über 100 km bis zum Meer, im Osten an den Atlantik, im Westen an den Golf von Mexiko. Die Küstenlänge beträgt ca. 2.000 km. Wenn man alle Buchten und Inseln mitzählt, kommt man sogar auf über 10.000 km Küstenlinie.

Den Küsten sind über Hunderte von Kilometern sandbankartige **Inseln** vorgelagert, die sog. ***Barrier Islands***. Einige der bekanntesten Städte Floridas – z.B. Miami Beach, Palm Beach oder Daytona Beach – liegen auf solchen Inseln.

An der **Atlantikküste** ziehen sich derartige langgestreckte Inseln fast ununterbrochen von der Nordgrenze bis hinunter nach Miami. Und selbst wo das Festland aufhört, gehen die Inseln noch weiter: Südlich von Miami beginnt die Inselkette der ***Florida Keys***, die sich in einer geschwungenen Linie aneinanderreihen und sich südwestlich von Key West im Golf von Mexiko verlieren. An der **Westküste** sind die vorgelagerten Inseln nicht ganz so durchgängig. Aber auch dort existieren lange Küstenabschnitte, denen nicht enden wollende lange, schmale Inseln vorgelagert sind, so im Nordwesten zwischen Pensacola und Apalachicola und im Südwesten zwischen Tampa und Fort Myers.

Vor den südwestlichen Sümpfen, den ***Everglades***, schließlich liegt eine enorme Anzahl winziger Inseln, die sog. ***10.000 Islands***. Es sind so viele, dass sie noch niemand wirklich gezählt hat.

Seen und Flüsse

Florida ist ausgesprochen reich an **Binnengewässern**. Das größte unter ihnen ist der riesige **Lake Okeechobee** (➤ Seite 193f) mit einer Fläche von fast 2.000 km². Im Landesinneren gibt es noch eine Menge weiterer Seen: größere wie den Lake George oder Lake Kissimmee und zahllose kleinere, die sich u.a. in den *National Forests* und zahlreichen *State Parks* verbergen.

Die großen **Flüsse** des Staates findet man in seiner Nordhälfte. Die wichtigsten sind der breite **St. Johns River**, der in der Nähe von Jacksonville in den Atlantik mündet, und der malerische **Suwannee River**, der aus Georgia kommt und nördlich der Insel Cedar Key in den Golf von Mexiko fließt. Flüsse und Seen bedekken in Florida insgesamt etwa 30.000 km². Fast 20% der Fläche des Staates bestehen somit aus Wasser.

Landschaft

Florida ist unglaublich **flach**. Die höchste Erhebung ist der gerade mal 105 m hohe **Britton Hill** ganz im Nordwesten in der Nähe des Dorfes Lakewood unweit der Alabamagrenze. Da es also keinerlei Berge, noch nicht einmal wirkliche Hügel gibt, fehlen spektakuläre Landschaft, wie man sie z.B. aus dem Westen der USA kennt. Wer größere Straßen und Autobahnen nicht verlässt, sieht daher nichts als eintönige und oft ziemlich dicht besiedelte Landstriche. Auch die Küstenstrecken als solche sind daher weniger attraktiv als etwa im Westen am Pazifik.

Das heißt nicht, dass Florida keine Naturschönheiten besitzt. Ganz im Gegenteil. Es gibt wunderschöne **Quellflüsse** in schattigen **Wäldern**, umwerfende weiße **Sandstrände** und üppige subtropische **Sumpflandschaften**. Im Gegensatz zum Westen indessen, wo man oft schon beim Durchfahren mancher Region bleibend beeindruckt wird, muss man sich um Florida mehr »bemühen«, muss landschaftlich reizvolle Ecken gezielt anfahren, sich Zeit nehmen und etwas genauer hinsehen als anderswo. Wer etwa durch die berühmten ***Everglades*** nur mit dem Auto hindurchbraust, wird enttäuscht sein, weil es so außer brettebener grüner Waldlandschaft nicht viel zu sehen gibt. Wenn man die *Everglades* aber im Boot erkundet – ob auf organisierten Ausflügen oder auf eigene Faust im gemieteten Kanu –, dann kann der Besuch zu einem unvergesslichen Erlebnis werden.

Naturgeschützter Sumpf gleich hinter den Stränden von Fort Lauderdale (Hugh Taylor Birch State Park, ➤ Seite 184), wie er früher überall in Florida vorherrschte.

Windiger Strand auf Key West

Klimatische Besonderheiten

Klimazonen

In Florida treffen **verschiedene Klimazonen** aufeinander: im Norden herrscht das warme, aber gemäßigte Klima der Südstaaten, im Süden das tropisch-feuchte Klima der Karibik; dazwischen liegt eine subtropische Übergangszone. Das Wetter ist daher in den Regionen oft sehr unterschiedlich. **Im Winter** kann es in Pensacola im ***Panhandle*** schneien, während die Urlauber auf **Key West** in der Sonne brutzeln. Und an ein- und demselben Sommerwochenende kann in **Tallahassee** das Gießen der Gärten wegen Wasserknappheit untersagt sein, während in **Miami** sintflutartiger Regen die Straßen überschwemmt.

Wetterkonstanten

Trotz aller Vielfalt gibt es aber einige Konstanten, die das typische Wetter in Florida vom mitteleuropäischen Klima unterscheiden. **Zunächst einmal ist das Wetter extremer und unberechenbarer**. Besonders wer im Sommer an den Küsten unterwegs ist, die zwischen Juli und September häufig von Orkanen heimgesucht werden, sollte daher möglichst oft den Wetterbericht verfolgen.

Die zweite Konstante ist sehr viel erfreulicher: Es ist in Florida in allen Teilen des Staates immer deutlich **wärmer** und fast immer **sonniger** als in Mitteleuropa. Die Sommer sind überall sehr heiß. Häufig herrschen wochenlang Temperaturen von weit über 30°C, die sich indessen im feuchten Süden ganz anders anfühlen als im nördlichen Panhandle.

Winter

Einen echten Winter mit Eis und Schnee kennt man nur an der Nordgrenze des Staates. Frost oder Schneefälle kommen im Zentrum zwar durchaus vor, sind dort aber eine Sensation und beschränken sich meist nur auf wenige Tage oder sogar nur Stunden. Auf den ***Florida Keys*** schließlich sind Temperaturen unter dem Gefrierpunkt praktisch unbekannt.

Konsequenz für Reisen nach Florida

Ideale Reisezeiten sind **Frühling und Herbst**, wenn es viel wärmer als in Mitteleuropa, aber nicht brüllend heiß ist. Im Süden von Florida gelten die Monate November bis April als Hauptreisezeit, da es dann mit Temperaturen um 20°-25°C angenehm warm und meistens sonnig und trocken ist.

Der **Hochsommer** ist für die Umgebung von **Miami** und für die Inselgruppe der ***Keys*** eine eher ungünstige Zeit, in der es extrem schwül sein kann und außerdem regelmäßig regnet. Im ***Panhandle*** hingegen sind die Sommer trockener und nicht so heiß wie im Süden. Dort gelten daher die Sommermonate von Mai bis September als Hauptsaison.

1.3 National Parks und State Parks

Die schönsten Regionen Floridas stehen heute unter **Naturschutz**. Wälder, Sümpfe, Flüsse, Seen, Küstenabschnitte und komplette Inseln sind zu Parks erklärt worden, in denen die Naturschönheiten des Staates für die Nachwelt erhalten werden sollen. Dabei werden ***National Parks*** von der Bundesregierung verwaltet (nur wenige in Florida) und die zahlreichen ***State Parks*** vom Staat Florida selbst betrieben.

National Park Idee

Der Naturfreund *Horace McFarland* hielt sie für »das einzige, was wir haben, das nicht von irgendwo importiert wurde« und der Autor *James Bryce* nannte sie »die beste Idee, die Amerika je hatte«. Die Rede ist von den **amerikanischen Nationalparks**, die auch für Touristen aus dem Ausland eine der Hauptattraktionen der USA darstellen. Die Schaffung der amerikanischen Nationalparks basiert auf dem Gedanken, außergewöhnliche Landschaften, Naturwunder und bedeutsame historische Stätten vor Zerstörung und kommerzieller Ausbeutung zu bewahren und gleichzeitig den Bürgern des Landes den (kontrollierten) Zugang zu ermöglichen. Als erster wurde der ***Yellowstone*** bereits 1872 zum Nationalpark erklärt. Aber erst seit 1916 existiert der ***National Park Service***, der seither die Nationalpark-Idee in weltweit nachgeahmter Weise in die Praxis umgesetzt hat.

Nat`l Parks in Florida

In Florida sollte es allerdings noch etwas länger dauern, bis man sich ernsthafte Gedanken über die Erhaltung der Naturschönheiten des Staates machte. Die ***Everglades***, ein großes Sumpfgebiet ganz im Süden der Halbinsel wurde erst 1947 zum **ersten Nationalpark des Staates** erklärt (➤ Seite 141ff). Hinzu kamen in den folgenden Jahrzehnten nördlich der *Everglades* die ***Big Cypress National Reserve*** (➤ Seite 386), an der Atlantikküste die ***Canaveral National Seashore*** (nördlich des Kennedy Space Center, kaum erschlossen) und der ungewöhnliche ***Biscayne National Park*** (➤ Seite 149), dessen Attraktionen zu 95% unter Wasser

Der jüngste Nationalpark Floridas »Dry Tortugas« mit dem alten Fort Jefferson auf Garden Key liegt 100 km westlich von Key West im Golf von Mexico

liegen, und an der nördlichen Golfküste die ***Gulf Islands National Seashore*** (➤ Seite 302). Der jüngste Zuwachs war 1992 der ***Dry Tortugas National Park*** (➤ Seite 176), der eine Gruppe von 7 kleinen Inseln über 100 km westlich Key West umfaßt.

National Forests

Hinzu kommen noch drei ***National Forests***, Waldgebiete, die der nationalen Forstverwaltung Washingtons unterstehen: der ***Osceola National Forest*** (➤ Seite 287) an der Grenze zu Georgia, der ***Ocala National Forest*** (➤ Seite 258) nördlich von Orlando und der ***Apalachicola National Forest*** (➤ Seite 294) im *Panhandle*.

Eintritt/ Jahrespass

Der Eintrittspreis für einen der *National Parks* in Floridas beträgt maximal $10 (*Everglades NP*) für alle Insassen (bis zu 6 Personen) eines privaten Autos. Der Kauf eines 1 Jahr gültigen Jahrespasses, ***America, the Beautiful Annual Pass***, der für alle amerikanischen Nationalparks gilt und auch Park- und Eintrittsgebühren für Einrichtungen in den *National Forests* u.a.m. erspart, **kostet $80**. Er lohnt nur für Leute, die innerhalb von 12 Monaten noch weitere Reisepläne in den USA über Florida hinaus haben.

State Parks

In Florida gibt es zur Zeit **160 staatseigene Parks**, zu denen fast jedes Jahr weitere hinzukommen. ***»The real Florida«*** lautet das Motto dieser Parks, denn sie bieten eine echtere, ursprünglichere Seite Floridas, die mit der Künstlichkeit der Vergnügungsparks nichts gemein hat. Während man in manch anderem Bundesstaat ein wenig den Eindruck haben kann, dass sich die Bundesregierung die »Leckerbissen« für ihre Nationalparks geschnappt und den Einzelstaaten nur die Attraktionen »zweiter Klasse« überlassen hat, können es einige *State Parks* in Florida mit *National Parks* durchaus aufnehmen. Nicht umsonst wurde Florida 1999 für die attraktivsten *State Parks* der USA ausgezeichnet.

Unterwasserpark

Tatsächlich sind die ***Florida State Parks*** an Vielfalt kaum zu überbieten. So ist etwa der 1960 gegründete ***John Pennekamp Coral Reef State Park*** (➤ Seite 150ff) vor der Küste von Key Largo ein Unterwasser-Park und zugleich der älteste seiner Art in den USA. Er schützt ein Gebiet von 460 km², zu dem die bekanntesten Korallenriffe Floridas gehören.

Schnorcheln mit Stachelrochen, nur ca. 1 m unter der Wasseroberfläche (hier in der künstlichen Lagune von Discovery Cove, ➤ Seite 254)

Strandparks

Viele der Parks an den Küsten des Staates besitzen traumhafte Strände. Die ***Grayton Beach State Recreation Area*** (➤ Seite 336) im *Panhandle*, der ***Caladesi Island State Park*** (➤ Seite 365) an der Golfküste oder der ***Bahia Honda State Park*** (➤ Seite 160) auf den südlichen *Keys* landen mit ihren *Beaches* regelmäßig in der US-Top-Ten-Liste der schönsten Strände.

An der Mündung des Manatee Springs Quellflusses (Golf von Mexico nördlich von Tampa) in den Suwannee River, ➤ Text unten

Spring Parks

Eine Reihe von ***State Parks*** im Landesinneren bestehen aus Arealen rund um **glasklare Quellflüsse**. In den ***Springs*** treten Wassermengen von 35.000 m^3 (*Wekiwa Springs*) bis über 2 Mio. m^3 (*Silver Springs*) täglich an die Oberfläche. Die rund um die Quellen und vor allem um die ersten Kilometer ihrer Abflüsse herum entstandene Vegetation und die unerhörte Wassertransparenz bei sommers wie winters immer gleichen Temperaturen zwischen 20°C und 23°C sorgten früh für die Anlage von ***State Parks***: ***Wakulla Springs*** bei Tallahassee (➤ Seite 295), ***Blue Springs*** bei Deltona, ***Ichtucknee Springs*** bei Hildreth (➤ Seite 290) oder ***Manatee Springs*** am Unterlauf des Suwanee River (➤ Seite 343). Weitere *Springs* befinden sich im ***Ocala National Forest***, ➤ auch Themenkasten Seite 259.

Historical Parks

Viele *State Parks* beziehen sich auf historische Sehenswürdigkeiten. Im ***Fort Clinch State Park*** (➤ Seite 279) an der nördlichen Atlantikküste kann man z.B. die Festung *Fort Clinch* aus dem frühen 19. Jahrhundert besichtigen und am Strand schwimmen gehen. Im ***Koreshan State Park*** (➤ Seite 376) südlich von Fort Myers an der Golfküste geht es in erster Linie um die außergewöhnliche historische Siedlung einer sonderbaren Sekte, aber zum Gelände gehören – wie häufig – auch ein schöner Campingplatz und ein Kanuverleih.

State Park Typen

Der **Erschließungsgrad** der Parks ist unterschiedlich. Die meisten kann man mit dem Auto, einige nur per Boot oder zu Fuß erreichen. Die verschiedenen Bezeichnungen geben Hinweise dazu: eine ***State Preserve*** ist der am wenigsten entwickelte Typ. Dort gibt es kaum Infrastruktur. Bei den explizit so genannten ***State Parks*** in ganz Florida kann man von gut ausgebauten Besuchereinrichtungen wie Bootsstegen, Picknickbereichen, oft Campingplätzen ausgehen, letztere nicht immer komfortabel. Bei den ***State Recreation Areas*** stehen Wochenendspaß und Campingferien im Vordergrund. Dort existieren immer große Komfort-*Campgrounds*.

Eintritt State Parks

Die meisten *State Parks* sind täglich von 8 Uhr morgens bis zum Sonnenuntergang geöffnet. Die **Eintrittspreise** betragen $3-$6 pro (privater) »Wagenladung«. Meistens befindet sich an Einfahrten eine ***Entrance Station***, wo man eine Karte des Parks erhält und die Gebühr bezahlt. In abgelegeneren Parks oder in der Nebensaison müssen Besucher an einer ***Self-Service-Pay-Station*** den Eintritt in einen Umschlag stecken und in einen Behälter werfen.

Wie bei den Nationalparks kann man auch für die *Florida State Parks* einen **Jahrespass** (*Annual Pass*) kaufen, der inkl. Steuern $43,40 pro Einzelperson oder $85,80 pro Familie (bis zu 8 Personen) kostet. Im ***Homosassa Springs Wildlife Park*** und ***Skyway Fishing Pier Park gint's*** mit Pass nur jeweils 33% Rabatt.

Weiterführende Informationen

Wer noch mehr über Floridas *State Parks* wissen möchte, als bereits auf der offiziellen Website steht, findet in *Michael Strutins* ***Florida State Parks: A Complete Recreation Guide*** (*Mountaineer Books*) detaillierte Informationen zu den einzelnen Parks. Das Buch gibt es in Buchläden vor Ort und bei www.amazon.com.

Ranger

In *National-* wie in *State Parks* sind sog. ***Ranger*** – in graugrünen Uniformen leicht erkennbare und immer hilfsbereite – männliche und weibliche »Mädchen für alles«. Sie organisieren Wanderungen, Bootsfahrten etc. und haben in den Parks polizeiliche Befugnisse. Viele *Ranger* sind Idealisten, denn trotz ihrer oft überdurchschnittlichen Ausbildung und vielfältigen Aufgaben gehören sie zu den am schlechtesten bezahlten öffentlichen Angestellten.

Internetinfo

Offizielle Website des National Park Service: www.nps.gov
Offizielle Seite State Parks Florida: www.dep.state.fl.us/parks

Strand im Grayton Beach State Park im äußersten Nordwesten, dem »Panhandle« Floridas

1.4 Flora und Fauna

1.4.1 Eichen, Mangroven, Pinien und Palmen

Waldland

Als die ersten weißen Siedler eintrafen, war das Gebiet des heutigen Florida ein einziger üppiger **Urwald**. Der Norden der Halbinsel wurde von dichten Kiefernwäldern bedeckt, die immer mehr mit Palmen durchsetzt waren, je weiter man nach Süden kam. Dort gingen die Wälder langsam in Grasland und Sümpfe über, die sich mit Baumgruppen aus **Mangroven** und aus **Palmen** abwechselten.

Marie Selby Botanical Garden in Sarasota mit Spanish Moss in den Live Oaks

Eichen und Spanish Moss

Neben Kiefern, Palmen und Mangroven sind auch Pinien, Zypressen und Eichen in Florida heimisch. Eine weit verbreitete Eichenart sind etwa die immergrünen ***Live Oaks***, die – besonders im Norden des Staates – häufig malerisch mit dem sogenannten ***Spanish Moss*** behangen sind. Dabei handelt es sich nicht etwa um Moos, sondern um eine Pflanze, die zur Familie der Ananas gehört und sich von der Luftfeuchtigkeit ernährt. In manchen Orten sind die Eichenalleen so dicht mit *Spanish Moss* bewachsen, dass sich aus dieser Pflanze ein durchgängiger grau-grüner Baldachin gebildet hat. Z.B. ist Tallahassee für derartig überwachsene, tunnelartige Straßen bekannt, die ***Canopy Roads***.

Pinien und Palmen

Obwohl die **Pinie** der am häufigsten vorkommende Baum des Staates ist, gilt die **Palme** als sein inoffizielles Symbol. Eigentlich sind in Florida nur etwa 15 Palmenarten heimisch, darunter die ***Coconut Palm*** und die sog. ***Royal Palm***, die schlank und hochgewachsen ist und viele Alleen säumt. In Palm Beach (Atlantikküste) und in Fort Myers (Golfküste) wurden viele Straßen mit Tausenden von *Royal Palms* verschönert. Zu den einheimischen sind im 20. Jahrhundert über 100 weitere Palmenarten aus aller Herren Länder nach Florida importiert worden, so auch die kurze und stämmige ***Sago Palm*** aus Asien oder die ***King Palm*** aus Australien, die man leicht an ihren knorrigen Stämmen erkennt.

1.4.2 Tierwelt

In der Luft und auf dem Land

Besonders die Sümpfe im südlichen Florida sind für ihre vielfältige Tierwelt bekannt. Hier ist eine Reihe von Arten heimisch, die im Rest der USA vom Aussterben bedroht sind. In den *Everglades* wurden allein über **300 Vogelarten** identifiziert, darunter verschiedene Pelikane, alle zwölf amerikanischen Reiherarten, Bussarde, Geier, Truthähne, Fischadler, Weißibisse, Schlangenhalsvögel und die schönen Rosalöffler. Auch die Liste der einheimischen **Reptilien** ist lang. Wasser- und Landschildkröten sind hier ebenso zu beobachten wie Klapperschlangen und Leguane, die ihre Farbe je nach Umgebung wechseln können. In Florida ebenfalls anzutreffen sind **Säugetiere** wie Hirsche, Kaninchen, Gürteltiere, Beutelratten und der – allerdings ausgesprochen seltene – Florida-Panther.

Alligatoren und Krokodile

Die Sümpfe Südfloridas sind die einzige Region auf der ganzen Welt, in der zugleich **Alligatoren** und **Krokodile** leben. Das ist möglich, da sich im Ökosystem dieses Gebiets Salz- und Süßwasser vermischen und die Lebensbedingungen daher sowohl für Süßwasserbewohner wie den Alligator als auch für Salzwassertiere wie das Krokodil geeignet sind. Man kann beide Arten dadurch unterscheiden, dass das seltenere Krokodil ein spitzeres Maul und große Fangzähne hat. Überwiegend bekommt man in den *Everglades* und anderswo Alligatoren zu Gesicht. Sie können ein Gewicht von über 500 kg und eine Länge von 5 m und mehr erreichen. Vor nicht allzu langer Zeit wurden sie noch gejagt, da ihr Fleisch als schmackhaft galt und ihre Haut gerne zu Schuhen und Gürteln verarbeitet wurde.

Unter Wasser

Die **Unterwasserwelt** Floridas ist mindestens genauso **vielfältig** und abwechslungsreich wie Flora und Fauna an Land. Geangelt werden z.B. gerne Tarpon, Marlin und Schwertfisch. Auch Krabben, Krebse, Langusten und Austern gibt es an den Küsten und davor Haie in mehreren Arten, darunter Hammer-, Wal- und die gefährlichen Tigerhaie. Angriffe auf badende Urlauber sind indessen bislang sehr selten.

Delfine

In den 1960er-Jahren machte die Fernsehserie *Flipper* den **Delfin** zum prominentesten Meerestier Floridas. Die hochintelligenten Delfine leben an den Küsten zwar durchaus auch in freier Wildbahn; wer sie aber aus der Nähe betrachten möchte, kann dies besser in den zahlreichen Meereszoos, -parks und- aquarien tun. Außerdem gibt es in Florida diverse Möglichkeiten, sich Delfine nicht nur anzusehen, sondern selbst zu ihnen ins Wasser zu steigen und mit ihnen zu spielen. Solche ***Dolphin Encounter Programs*** werden z.B. in der ***Discovery Cove*** (➤ *Seaworld Orlando*, Seite 254) und im ***Dolphin Research Center*** auf der Insel Grassy Key angeboten (➤ Seite 158), wo einst *Flipper* ausgebildet wurde.

Schwimmen mit Delphinen bei Seaworld (Discovery Cove)

Manatees

Neben Delfinen sind vor allem die bedrohten **Seekühe** (*Manatees*) zu einer Art Maskottchen des Staates Florida geworden. Diese massigen und etwas plump aussehenden Meeressäuger leben in den warmen Küstengewässern, aber auch in Flüssen und in Süßwasserseen im Landesinneren. *Manatees* haben einen grauen, fischförmigen, aber felligen Körper, zwei Vorderflossen und einen flachen Schwanz; sie können bis zu 5 m lang und über 1.500 kg schwer werden. Da sie schlecht hören und etwas träge sind, werden sie häufig von Booten angefahren und verletzt. An die hundert werden jährlich durch Bootsschrauben getötet. Wenn es nicht gelingt, diesen Trend zu stoppen, wird man *Manatees* bald nur noch in *Seaworld* und anderen Marineparks sehen können.

Korallen

Zu den bekannten Meeresbewohnern Floridas gehören schließlich auch die **Korallen**. Wie Polypen setzen sie sich auf dem Meeresboden fest. Wenn sie sterben, verkrusten ihre Skelette, auf denen sich wiederum neue Korallen ansiedeln. So wachsen sie zu gebirgsartigen Riffen heran, die von einer bunten Welt von Pflanzen und Tieren bewohnt werden. Da **Korallenriffe** nur in konstant warmen, sauberen Gewässern gedeihen können und ein ausgesprochen empfindliches Ökosystem darstellen, sind sie mittlerweile weltweit eine echte Rarität geworden. In den kontinentalen USA gibt es nur ein einziges Korallenriff: es ist – wie erwähnt – den Florida Keys vorgelagert und kann u.a. im ***Biscayne National Park*** (➤ Seite 149) und im ***John Pennekamp Coral Reef State Park*** (➤ Seite 150f) bewundert werden.

2. REISEVORBEREITUNG

2.1 Flüge nach Florida

Direktflüge ab Deutschland

Eine Reihe von Fluggesellschaften fliegt Florida ab Deutschland und der Schweiz **direkt** an, so die ***Lufthansa*** täglich ab Frankfurt, ***Swiss*** ab Zürich nach Miami. ***Condor*** fliegt ab Frankfurt nach Orlando, ***Air Berlin*** (vormals und noch für eine Übergangszeit ***LTU***) von Düsseldorf nach Fort Myers und Miami.

Komfort klassen

Wer es bequemer als in der immer engen *Economy Class* haben möchte, zahlt für die *Business* oder *First Class* bei den Liniengesellschaften bekanntlich exorbitant höhere Tarife. Aber die vergleichbare ***Comfort Class*** **bei** ***Condor*** bzw. ***Business Class*** **bei** ***Air Berlin*** sind einigermaßen erschwinglich. Bei *Condor* kosten die breiten Sitze plus mehr Service saisonabhängig ca. €700-€1100, bei *Air Berlin* ab knapp unter €1000 (jeweils plus Zuschläge) für den einfachen Flug nach Florida.

Umsteigen in Europa

Monatelang im voraus ausgebucht sind oft die preiswerten Flüge des Charterfliegers ***Martinair***, einer Tochter der *KLM*. Wer die Reise nach Amsterdam mit einem Buszubringer (ab Großstädten in NRW) oder auf eigene Initiative, mit Rail & Fly ab deutschen Bahnhöfen bzw. KLM-Anschlußflug nicht scheut, fliegt mit *Martinair* günstig nach Miami und Orlando.

Auch große europäische Fluggesellschaften wie ***British Airways***, ***KLM***, ***Iberia*** oder ***Air France*** haben recht günstige Tarife ab Deutschland, wobei man dann in London, Paris, Amsterdam oder Madrid umsteigen muss.

BA World Traveller Plus

British Airways offeriert mit der ***World Traveller Plus Class*** einen besseren, aber nicht *Business*-Sitzkomfort ohne *Business-Class-Service* für €360 zusätzlich je Flugstrecke, in Anbetracht der langen Flugzeit keine schlechte Alternative.

Umsteigen in den USA

Von den amerikanische Fluggesellschaften fliegt zur Zeit nur noch ***United*** im Wechsel mit Lufthansa (*Codesharing*) direkt ab Frankfurt nach Florida. Die Passagiere anderer Airlines müssen in Chicago, Washington DC, Charlotte, Memphis, Atlanta oder anderen großen Flughäfen umsteigen. Das kostet zwar mehr Zeit, aber die Tarife für diese Flüge sind teilweise niedriger als die der Charterflieger; bei ihnen kann man zudem die Flüge »gabeln«, also etwa einen Hinflug nach Miami mit einem Rückflug von Orlando, Atlanta oder New Orleans kombinieren und ggf. auch noch (gegen geringen Aufpreis) in der Umsteigestadt unterbrechen, die in vielen Fällen ein attraktives Ziel für sich ist.

Buchung

In der Hauptsaison in den Sommermonaten, über Weihnachten/Neujahr und Ostern sind die noch halbwegs preiswerten Tickets oft lange im voraus vergeben; sie müssen frühzeitig gebucht werden. Außerhalb der jeweiligen Hochsaison gibt es aber selbst zu Sondertarifen oft noch kurzfristig freie Plätze.

Preisvergleich/ Zeitschriften

Zum ausführlichen Preisvergleich bieten sich neben dem Besuch im Reisebüro Zeitschriften wie ***Reise & Preise*** oder ***Clever reisen*** an, die sich auf die Ermittlung von Niedrigpreisen spezialisiert haben und auch für Florida die jeweils günstigsten Flugtarife regelmäßig listen. Diesen Service samt Buchungslinks bieten auch deren Internetportale:

www.reiseundpreise.de
www.fliegenundsparen.de

Websites

Jederzeit einen Überblick liefern u.a. die folgenden Websites:

www.usareisen.com
www.travel-overland.de
www.billiger-reisen.de
www.flugticket.de
www.flug.de

Die Unterschiede liegen dabei in der Art der Aufbereitung und der Geschwindigkeit des Seitenaufbaus. Nicht selten ist das Finden und Buchen eines geeigneten, dazu noch preiswerten Fluges per Eigeninitiative im Internet selbst mit Hilfe solcher Reiseportale ein ziemlich mühsames Geschäft, das sich per Anruf in einer Reiseagentur schneller erledigen lässt und – für vorinformierte Bucher – nicht teurer kommt. In der Schweiz geht nichts über den *Globetrotter Travel Service*: www.globetrotter.ch.

Übersicht Airlines

Die Telefonnummern (in Deutschland) der wichtigsten **Fluggesellschaften im USA-Luftverkehr** findet man in der folgenden Liste, ebenso die **Internet-Adressen**, über die einige Gesellschaften nicht nur allgemeine und Flugplan-Informationen, sondern auch noch kurzfristig **freie Plätze zu Sondertarifen** anbieten.

Airline	Telefon in D	in CH	Internet-Adresse
Air Berlin	01805/737800	0848/737800	www.airberlin.com
Air France	01805/830830	01/2110594	www.airfrance.com
American	01803/242324	044/6545256	www.americanair.com
Austrian Air	01803/000520	044/2868088	www.aua.com
British	01803/266522	0848/845845	www.british-airways.com
Condor	01805/767757	0848/101022	www.condor.de
Continental	01803/212610	044/8009212	www.flycontinental.com
Delta	01803/337880	0844/000074	www.delta.com
Icelandair	069/299978		www.icelandair.com
KLM/NW	01805/214201	0900/359556	www.klm.nl
Lufthansa	01803/803803	0900/900922	www.lufthansa.com
Martinair	01805/671314		www.martinair.de
SWISS	01803/000337	0848/700700	www.swiss.com
United	069/50070387	044/2124717	www.ual.com
USAir	01803/000609	0844/805212	www.usair.com

Hinweis: Viele der Rufnummern kosten bis 49c/min.

Abflugzeit und Flugdauer

Die Flüge in die USA starten üblicherweise am späten Vormittag bis frühen Nachmittag, so dass man nach Ortszeit am Nachmittag oder frühen Abend am Ziel eintrifft (Zeitdifferenz Florida zu MEZ 6 Stunden). Die reine Flugzeit vom europäischen Transatlantik-Airport beträgt 8,5-10 Stunden. Mit Umsteigen auf einen Zubringerflug in den USA werden daraus rasch 12 Stunden plus eine eventuelle Anreise nach Frankfurt, Amsterdam etc.

Rückbestätigung von Flügen

Der Rückflug sollte mindestens 72 Stunden vor dem planmäßigen Abflug rückbestätigt werden. Wer das vergisst, kommt meist auch mit, die *Airline* hat aber in Überbuchungssituationen das Recht, nicht rückbestätigte Passagiere ohne Entschädigung umzubuchen. Also besser dran denken!

Die ***Reconfirmation*** erledigt man mit einem gebührenfreien Anruf bei der Fluggesellschaft, wobei man das Ticket zur Hand haben muss, um Abflug-/Zielort, Flugnummer etc. angeben zu können. Die wichtigsten *toll-free numbers* vor Ort sind:

Air Berlin (LTU)	1-866-266-5588
Air France	1-800-667-2747
American	1-800-433-7300
Austrian Air	1-800-843-0002
British	1-800-247-9297
Condor	1-800-524-6975
Continental	1-800-525-0280
Delta	1-800-221-1212
Icelandair	1-800-223-5500
KLM/Northwest	1-800-225-2525
Lufthansa	1-800-563-5954
Martinair	1-800-627-8462
SAS	1-800-221-2350
Swiss	1-877-359-7947
United	1-800-864-8331
USAir	1-800-428-4322

Diese und weitere *toll-free numbers* sind gebührenfrei von jedem US-Telefon aus zu erfragen unter ✆ **1-800-555-1212**.

United Airlines betreibt im Osten der USA ein dichtes Netz mit guten Verbindungen auch nach und in Florida

Hinweis zur Gepäckkontrolle bei USA-Flügen

Gepäckstücke werden im Transatlantikverkehr in großen Stichproben geöffnet und durchsucht. Verschlossenes Gepäck »knackt« man einfach. Also entweder alles von vornherein unverschlossen lassen oder – besser – sog. ***Travel Safe Locks*** verwenden, Zahlenschlösser und -gurte, die von der amerikanischen Checkinstanz TSA (und angeblich nur von dieser) geöffnet werden können. Erhältlich sind sie in vielen Ausrüstungs-, Sport- und Reisegepäckshops für ca. €10/Stück (USA ca. $8). Mehr Information über das Produkt findet man auf der Website des Herstellers *Eagle Creek*: www.eaglecreek.com/41018.html. Dort gibt es auch eine Liste aller Läden in Europa, die *Eagle Creek*-Produkte vertreiben.

2.2 Pass und Einreiseformalitäten

Einreise in die USA ohne Visum

Schon Ende der 1980er-Jahre wurde der Visumzwang für Deutsche und andere Westeuropäer aufgehoben. **Voraussetzung einer Einreise ohne Visum** ist, dass der Aufenthalt in den USA

- besuchsweise erfolgt,
- nicht länger als **maximal 90 Tage** dauert und
- ein **Ticket mit reserviertem Rückflug** innerhalb dieser Frist vorgelegt werden kann.

Wer diese Bedingungen erfüllt, braucht **für den Flug in die USA** nur seinen **Reisepass** einzustecken, der – im Fall westeuropäischer Staatsbürger – noch mindestens 3 Monate Restgültigkeit haben und **seit Oktober 2004 maschinenlesbar** sein muss.

Seit Oktober 2005 müssen ab diesem Datum ausgestellte Reisepässe, und nur diese (!), zusätzlich biometrische Daten enthalten. Es handelt sich (noch) um **kein Erfordernis für alle**.

Formblatt zur Vorlage beim Einchecken

Für die **Vorabprüfung der Erfüllung der Einreisevorausetzungen** macht die amerikanische Einwanderungsbehörde die Fluggesellschaften mit verantwortlich. Diese sind verpflichtet, ggf Hilfestellung beim Ausfüllen der Vordrucke zu leisten (➢ unten).

Um das Einchecken am Airport zu beschleunigen, wird den Passagieren bereits bei der Buchung vom Reisebüro ein Vordruck mitgegeben, der mit allen wesentlichen Personendaten ausgefüllt und mit dem Pass am Schalter vorgelegt werden muss. Im Vordruck muss auch eine USA-Adresse angegeben sein, ggf. des ersten Hotels oder Autovermieters. Wer das Formblatt nicht erhalten hat, kann es im Internet herunterladen unter www.drv.de/fileadmin/user_upload/APIS_Formblatt.pdf.

Die Angaben im Formblatt werden mit dem Pass verglichen und dann an das sog. *Department of Homeland Security* in die USA gemailt. Erst nach dem o.k. dieser Behörde für alle Passagiere erhält der Flug Starterlaubnis in Richtung USA – oder auch nicht

Kontroll-Prozedur

Obwohl also jeder USA-Tourist noch vor Besteigen des Flugzeugs überprüft wird, erfolgt eine weitere Kontrolle am Immigrations-Schalter im Ankunftsairport. Und zwar werden **biometrische Daten erfasst** (digitale Abdrücke aller Finger und Foto, dauert ca.

30 sec), um später sicherzustellen, dass der/die Ausreisende wirklich der-/dieselbe wie bei Einreise ist, bzw. die Person, die im Pass steht. Ein **Passlesegerät** gibt Auskunft über vorherige Einreisen und dabei ggf. gespeicherte negative Kontakte mit der amerikanischen Obrigkeit. Ohne vorherigen Eintrag in einer »schwarzen Liste« erhält der Ankömmling in der Regel den Einreisestempel für volle 90 Tage. Oft erkundigt sich der Beamte im Flughafen nach Reiseabsichten des Touristen, seiner Berufstätigkeit etc.

Fazit neue Anforderungen

Bei objektiver Betrachtung hat sich trotz allem gegenüber der Zeit vor 09/11 wenig geändert. Die Kontrolle am Airport dauert heute nicht wirklich spürbar länger als früher und ist auch im Ablauf nicht ernsthaft komplizierter. Der Autor erinnert sich an oft lange Wartezeiten auch schon in den Jahren vor 2001. Unerfreulich ist lediglich die Datensammelwut der *Homeland Security*.

Visumerfordernis

Wer zunächst kein Rückflugticket kaufen bzw. (bei vorhandenem Ticket) keinen Rückflug fest buchen möchte, braucht auf jeden Fall ein Visum, denn sonst akzeptiert keine *Airline* den Passagier. Man erhält ein Visum indessen nur bei (plausibel zu erläuternden) Reiseplänen, die 90 Tage übersteigen. **Auch für USA-Reisen unter 90 Tagen Dauer benötigen es alle bei uns lebenden Bürger jener Staaten, die nicht ausdrücklich von der Visapflicht ausgenommen sind** (27 Staaten, im wesentlichen EU plus Australien).

Funktion des Visums

Beim Visum, von den Amerikanern ***Visa*** genannt, handelt es sich um eine Art »**Unbedenklichkeitsbescheinigung**«, welche dem Antragsteller **nach einem (heute wieder) persönlichen Interview** vom zuständigen Konsulat in den Pass geklebt wird.

Antrag auf Erteilung

Die Prozedur der **Visa-Beschaffung** ist ziemlich aufwändig.

Das Visum wird gegen eine zur Zeit (4/2008) auf **€89** festgelegte **Gebühr** von den US-Generalkonsulaten in **Berlin** (Neue Bundesländer und Norddeutschland), **München** (Bayern) und **Frankfurt** (alle anderen Bundesländer) erteilt. Die Details zur **Gebührenzahlung** finden sich unter der Webseite www.roskosmeier.de.

Alle Informationen zum Visaantrag und das Visantragsformular DS 156 zum Ausfüllen/Ausdruck gibt's unter der Internetadresse

www.usvisa-germany.com

Um überhaupt einen Visaantrag stellen zu können, muss man sich seit kurzem zunächst registrieren lassen und eine **PIN-Nummer (€10,00)** erwerben (Zahlung nur mit Visa- oder Mastercard).

Neben dem Visa-Antrag müssen alle **Männer im Alter zwischen 16 und 45 Jahren** zusätzlich das **Formular DS 157** ausfüllen.

Telefonauskunft dazu unter **© 0900 1 85005** (€1,24/min).
Anruf nur möglich Mo-Fr 7-20 Uhr.

Der ausgefüllte
- **Antrag DS 156 + ggf. Formular DS 157**
- **farbiges Passfoto + Reisepass + ggf. weitere Unterlagen**

sind mit Rückumschlag an das zuständige Konsulat zu senden:

Konsularabteilung der US-Botschaft in Berlin
(zuständig für norddeutsche und neue Bundesländer)
Clayalle 170, 14195 Berlin

GeneralkonsulatMünchen
(zuständig für Bayern)
Königinstr. 5, 80539 München

Generalkonsulat Frankfurt
(zuständig für alle anderen Bundesländer)
Siesmayerstr. 21, 60323 Frankfurt

Botschaft der Vereinigten Staaten in der Schweiz
Jubiläumsstraße 95, 3005 Bern,
Info: ✆ **0900 87 8472** (2,50 SFr/min),
Internet: http://bern.usembassy.gov

Botschaft der Vereinigten Staaten in Österreich:
Visa Section: Parkring 12, 1010 Wien
Info: ✆ **0900-510300** (€2,16/min),
Internet: http://vienna.usembassy.gov

Bearbeitungsdauer

Die **Bearbeitungsfrist** bzw. Wartezeit bis zum Interviewtermin beträgt, so heißt es, in Deutschland bis **6 Wochen**. Danach erhält man das Visum per Post oder gar nicht.

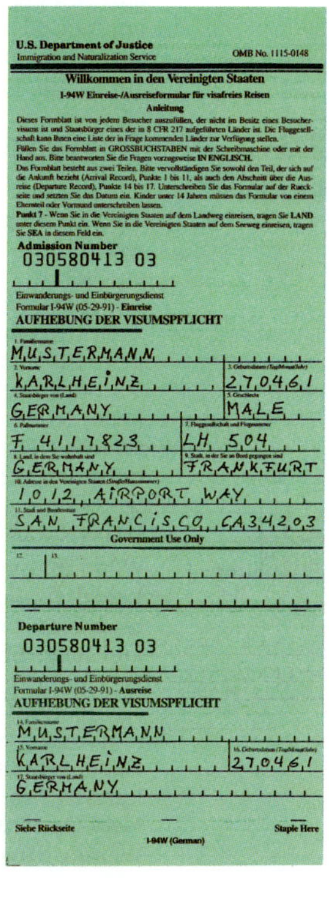
U.S. Department of Justice
Immigration and Naturalization Service
OMB No. 1115-0148

Willkommen in den Vereinigten Staaten

I-94W Einreise-/Ausreiseformular für visafreies Reisen

Anleitung

Dieses Formblatt ist von jedem Besucher auszufüllen, der nicht im Besitz eines Besuchervisums ist und Staatsbürger eines der in 8 CFR 217 aufgeführten Länder ist. Die Fluggesellschaft kann Ihnen eine Liste der in Frage kommenden Länder zur Verfügung stellen.
Füllen Sie das Formblatt in GROSSBUCHSTABEN mit der Schreibmaschine oder mit der Hand aus. Bitte beantworten Sie die Fragen vorzugsweise **IN ENGLISCH**.
Das Formblatt besteht aus zwei Teilen. Bitte vervollständigen Sie sowohl den Teil, der sich auf die Ankunft bezieht (Arrival Record), Punkte 1 bis 11, als auch den Abschnitt über die Ausreise (Departure Record), Punkte 14 bis 17. Unterschreiben Sie das Formular auf der Rueckseite und setzten Sie das Datum ein. Kinder unter 14 Jahren müssen das Formular von einem Elternteil oder Vormund unterschreiben lassen.
Punkt 7 - Wenn Sie in die Vereinigten Staaten auf dem Landweg einreisen, tragen Sie **LAND** unter diesem Punkt ein. Wenn Sie in die Vereinigten Staaten auf dem Seeweg einreisen, tragen Sie **SEA** in diesem Feld ein.

Admission Number
030580413 03

Einwanderungs- und Einbürgerungsdienst
Formular I-94W (05-29-91) - **Einreise**
AUFHEBUNG DER VISUMSPFLICHT

1. Familienname: MUSTERMANN
2. Vorname: KARLHEINZ
3. Geburtsdatum (Tag/Monat/Jahr): 270461
4. Staatsbürger von (Land): GERMANY
5. Geschlecht: MALE
6. Paßnummer: F 4117823
7. Fluggesellschaft und Flugnummer: LH 504
8. Land, in dem Sie wohnhaft sind: GERMANY
9. Stadt, in der Sie an Bord gegangen sind: FRANKFURT
10. Adresse in den Vereinigten Staaten (Straße/Hausnummer): 1012 AIRPORT WAY
11. Stadt und Bundesstaat: SAN FRANCISCO CA34203

Government Use Only

12.
13.

Departure Number
030580413 03

Einwanderungs- und Einbürgerungsdienst
Formular I-94W (05-29-91) - **Ausreise**
AUFHEBUNG DER VISUMSPFLICHT

14. Familienname: MUSTERMANN
15. Vorname: KARLHEINZ
16. Geburtsdatum (Tag/Monat/Jahr): 270461
17. Staatsbürger von (Land): GERMANY

Siehe Rückseite **Staple Here**

I-94W (German)

Aufenthaltsdauer in den USA

Das erteilte Visum berechtigt zu beliebig vielen Einreisen (*multiple entries*) in die USA innerhalb des gewährten Zeitrahmens.

Letzte Instanz bei der Einreise ist der ***US Immigration Officer*** auf amerikanischem Boden. Er vergibt bei Visainhabern die gewünschte Zeit, allen anderen 90 Tage, aber ggf. auch weniger. Er kann die Einreise auch verweigern.

Departure Record

Alle US-Touristen müssen vor der Einreise ein – für Visainhaber (weiß) und Reisende ohne Visum (grün) etwas unterschiedliches – **Einreiseformular** ausfüllen. Der untere Abschnitt des Formulars, der sog. ***Departure Record***, wird mit Ein- und spätestem Ausreisedatum versehen in den Pass gelegt. Bei Ausreise wird der *Departure Record* wieder entnommen.

Ausfüllen

Das Einreiseformular sollte sehr gut lesbar – am besten in Blockbuchstaben – ausgefüllt werden. Als »Adresse in den USA« kann man bei fehlender Anschrift von zu besuchenden Verwandten oder Freunden die Anschrift eines Hotels oder der Autovermietung eintragen. **Diese Rubrik ist unbedingt auszufüllen**.

Zoll/Customs

Neben dem Einreiseformular ist eine **Zollerklärung** zu unterschreiben. Sie wird ebenfalls beim Einchecken oder spätestens im Flugzeug verteilt. Man darf prinzipiell alle persönlichen Gegenstände (Kleidung, Foto- und Sportausrüstung etc.) zollfrei einführen. Alkohol ist auf ein Quart (ca. 1 Liter), Zigaretten sind auf 300 begrenzt. Bei Mitbringseln gibt es zwar eine offizielle Wertbegrenzung von $100, aber das Auge des Gesetzes schaut vor allem auf die Zollerklärung: Dort darf auf keinen Fall ein »Yes« u.a.angekreuzt sein bei: »Ich habe Früchte, Gemüse, Fleischwaren etc. dabei« oder »Ich war kürzlich auf einem Bauernhof«. Der Zoll macht beim grünen Schildchen (***nothing to declare***) nur **Stichproben** und stempelt das Zollpapier. Ohne **Zollstempel** kommt man nicht weiter.

Ankunft

Grundsätzlich erfolgen Einreise/Passkontrolle und Zollfreigabe dort, wo man erstmals amerikanischen Boden betritt. Zwischenlandung oder Flugzeugwechsel haben immer die Erledigung aller Formalitäten dort zur Folge. Vorteilhaft dabei ist, dass die Ankunft am Zielflughafen danach stressfrei und rascher läuft.

2.3 Transport in Florida

Situation

Die meisten Urlauber mieten sich für ihre Floridareise zu Recht ein Fahrzeug, sei es ein Pkw/Minivan, Camper oder auch Motorrad. Es gibt zwar durchaus Bus- und Zugverbindungen und manche Städte – wie Miami – haben ein funktionierendes öffentliches Verkehrssystem, aber in vielen Orten sieht es damit schlecht aus. Viele der schönsten Parks und Strände sind mit öffentlichen Verkehrsmitteln überhaupt nicht zu erreichen. Der einzige Ort, in dem man sich länger gut ohne eigenes Transportmittel aufhalten kann, ist der südliche Teil von Miami Beach, da dort Hotels, Geschäfte, Restaurants, Strände und Sehenswürdigkeiten eng beieinander liegen und es Busverbindungen nach Miami gibt.

2.3.1 Öffentliche Verkehrsmittel

Eisenbahn

Wenn man bedenkt, welch wichtige Rolle die Eisenbahn bei der Erschließung Floridas einst gespielt hat, ist erstaunlich, dass nur noch **eine einzige Strecke** verblieb. Die Dachorganisation amerikanischer Eisenbahnunternehmen **AMTRAK** betreibt den ***Silver Service*** nach/durch Florida, der New York/Washington via Charleston/South Carolina und Savannah/Georgia mit Orlando, Tampa und Miami verbindet. Der Ostküstenzug verkehrt einmal täglich. Dabei besteht – wie im Flugzeug – Reservierungspflicht. Bis vor kurzem fuhr außerdem der ***Sunset Limited*** ab Los Angeles via New Orleans bis Jacksonville, endet heute aber in New Orleans. Weitere Strecken wurde schon lange durch Busse ersetzt.

Wer sich nichtsdestoweniger für den Bahntransport in Florida interessiert, erhält in Deutschland u.a. Auskunft bei **CRD International**, Stadthausbrücke 1-3, 20355 Hamburg, © 040/300616-0, Fax 040/300616-55; www.crd.de

Aktuelle Fahrpläne und weitere Informationen auf Englisch findet man direkt auf der **Website** von Amtrak: www.amtrak.com.

Moderner Greyhoundbus

Greyhound

Das Busnetz ist in Florida für amerikanische Verhältnisse relativ dicht. Die bekannte Busgesellschaft ***Greyhound*** dominiert die Städteverbindungen. Mit ihren Bussen erreicht man alle größeren und viele kleinere Orte. Für Alleinreisende (Mindestalter 16 Jahre!) ist der *Greyhound* eine ggf. preiswerte Altenative, sofern es in erster Linie um den Transport von Ort zu Ort geht. Für Touristen, die noch zu jung sind, um einen Wagen zu mieten, bietet *Greyhound* die einzige Transportmöglichkeit.

Discovery Pass

Einzeltickets sind indessen nicht eben billig. Preiswert reist mit Greyhound nur, wer eine Netzkarte, einen sog. ***Discovery Pass*** (früher *Ameripass*) kauft und viel damit unterwegs ist. Dieser Pass gilt **für das gesamte Netz in Canada und den USA und auf einigen Strecken nach Mexiko hinein**. Für in den USA gekaufte Tickets gelten folgende Alternativen und Preisabstufungen:

Discovery Pass	**Preis**
7 Tage	$283
15 Tage	$415
30 Tage	$522
60 Tage	$645

Diese Pässe gelten nicht nur für unbegrenzte Nutzung der *Greyhound* (und *Trailways*) Busse innerhalb der gebuchten Zeitspanne, sondern auch für Busse kooperierender Regionallinien.

Passkauf

Der *Discovery Pass* kann bis 2 Stunden vor Reiseantritt online geordert (umseitig) und dann am entsprechenden Terminal abgeholt werden. Eine Notwendigkeit, ihn bereits vorm Atlantikflug zu erwerben, besteht nicht, es ist aber möglich zum jeweils aktuellen

Eurokurs in Deutschland und der Schweiz bei STA Travel, im Internet unter www.statravel.de bzw. www.statravel.ch.

Die Details ergeben sich aus der Website www.discoverypass.com/products.asp; man kann auch dort den Pass online ordern.

Information Aktuelle **Informationen zu den Routen** (samt Streckennetz zum *Download* – www.discoverypass.com/rtmap.asp) und mehr gibt's im Internet unter www.greyhound.com. Telefonische Fahrplaninformationen vor Ort *toll free* unter ✆ **1-800-231-2222**.

Zu bedenken *Greyhound*-Busse sind komfortabel, haben Klimaanlage und Toilette. Auf längeren Strecken werden Pausen bei Cafés oder *Fast Food Places* eingelegt. Es herrscht **Rauchverbot**.

Da ***Greyhound Terminals*** häufig in weniger erfreulichen Stadtteilen liegen, sind Busse vorzuziehen, die möglichst vor Einbruch der Dunkelheit ankommen. Platzreservierung ist empfehlenswert, ebenso zeitiges Eintreffen (etwa 30-45 min) vor Abfahrt.

Nachteile Nachteilige Aspekte des *Greyhound* sind, dass Buspassagiere stärker auf Cafeterias und *Fast-Food* angewiesen sind als Autofahrer, die sich leichter direkt aus Supermärkten fern der *Terminals* versorgen können. Sie müssen oft auch mit Motels oder Hotels im Umfeld der Station vorlieb nehmen, die nicht immer das sind, was man sich vorstellt. Campingplätze, *Hostels* etc. befinden sich oft genug völlig außer Reichweite, so dass im Schnitt die Übernachtungskosten höher ausfallen als beim flexiblen Automieter.

2.3.2 Leihwagen – Pkw und Minivans

Beurteilung Ein Leihwagen ist in den USA für individuell reisende Touristen im allgemeinen die **beste Transportalternative**, ab zwei Personen immer auch **die finanziell günstigste**. **Für Florida** gilt außerdem, dass die Automiete deutlich billiger ist als im gesamten Rest der USA. Die Kosten für Mietwagen der *Economy Class* (ab ca. €135/Woche inklusive aller Versicherungen, ➤ unten) sind dort selbst für Einzelpersonen nicht zu schlagen.

Mindestalter Voraussetzung der Fahrzeugmiete ist allgemein ein Mindestalter der als Fahrer vorgesehenen Personen von **21 Jahren**. Jüngere Mieter zahlen erhebliche Aufschläge.

Für jeden **Fahrer unter 25 Jahren** wird in aller Regel ein **Zuschlag** von $15-$35/Tag (plus Steuern) berechnet. Junge Leute **von 19-24 Jahren** können zur Zeit (2008) aber bei ***Alamo*** pauschal ein »***Under 25*-Paket**« buchen, das – bei Entfall des Tageszuschlags – je nach Wagentyp ab ca. €50/Woche teurer ist als das Standardpaket für Mieter ab 25 Jahren.

Buchung wo? Eine Buchung in Europa kann außer bei Reiseveranstaltern gemäß Katalogangebot (über Reisebüros oder im Internet) auch bei den Automobilklubs oder direkt bei den Leihwagenunternehmen erfolgen, soweit sie hier vertreten sind. Detailinformationen und Direktbuchungsmöglichkeit findet man am besten im **Internet**:

Firma	Telefon	Website
Alamo	01805/462526	www.alamo.de
Avis	01805/217702	www.avis.de
Budget	01805/244388	www.budget.de
Dollar	0800/1816427	www.dollarrentacar.com
Enterprise	0800/3683777	www.enterprise.de
Hertz	01805/333535	www.hertz.de
Holiday*)	01805/179191	www.holidayautos.de
National	0800/4647336	www.national.de
Sixt/Payless (Kooperationspartner)	01805/232222	www.sixt.de www.paylesscar.com
Sunny Cars*)	089/82993399	www.sunnycars.de
Thrifty	0203/3485555	www.thrifty.de

*) ***Holiday Autos*** und ***Sunny Cars*** sind Vermittler; über diese Firmen landet man in der Praxis bei verschiedensten Vermietern, aber zum fest vorgegebenen *Holiday*- bzw. *Sunny-Cars*-Tarif.

Eine Übersicht über die Tarife diverser Vermieter findet man u.a. unter www.USA-Mietwagen.de; eine weitere kompetente Adresse für die Automiete **USA** ist www.usareisen.com.

Zu den Fahrzeugen

Pkw und Vans können ausschließlich nach **Größenklassen** von ***Economy*** bis ***Fullsize/Premium*** und nach **Gattungskriterien** wie ***Convertible*** (Cabriolet), ***SUV*** oder ***Minivan*** gebucht werden. **Bestimmte Fahrzeugmarken und -typen lassen sich nicht reservieren**. Jedoch ist man vor Ort in der Regel bemüht, Kundenwünschen entgegenzukommen, sollte der bereitgestellte Wagen nicht zusagen. Einige Vermieter führen überwiegend die Autos bestimmter Hersteller (z.B. Avis: *General Motors*, Hertz: *Ford*, usw.).

Wahl

Amerikanische Kraftfahrzeuge sind nach wie vor komfortabler als europäische Wagen vergleichbarer Größe. Leihwagen besitzen immer ein **Automatikgetriebe** und **Klimaanlage** (*Air Condition*). Nichtsdestoweniger hält sich ihr **Treibstoffverbrauch** heute wegen moderner Motoren und Tempobeschränkungen in erträglichen Grenzen. Dies und immer noch viel niedrigere **Benzinpreise** als in Europa (**März 2008 in Florida ab $3,00 pro Gallone zu 3,8 l, also ab ca. €0,55 pro Liter**) sorgen dafür, dass ein SUV der Oberklasse mit 15 l/100 km keine höheren Spritkosten verursacht als ein dieselgetriebener Golf bei uns.

Wahl der Kategorie

Bei der Wahl der Größe sollte man sich nicht zu sehr vom Preis leiten lassen; die Unterschiede sind bei den Pkw von Größenklasse zu Größenklasse meist gering (nur €20-€40 pro Woche!). Ein etwas geräumigerer Wagen bietet den Vorteil, dass der Kofferraum größer und die Ausstattung komfortabler ist. Ab 3 Personen sollte man an einen ***Minivan*** oder größeren ***SUV*** denken (ab ca. €250/Woche in Florida), sofern kein Camper infrage kommt.

Minivans gibt es von **AVIS** in vielen wichtigen Städten auch **in behindertengerechter Ausführung.**

2

Alles inklusive

Bei Vorausbuchung enthalten die veröffentlichten Tarife normalerweise alle Fahrzeugkosten inklusive lokaler Steuern, unlimitierter Meilen, Haftpflicht- und Vollkaskoversicherung (üblicherweise ohne Selbstbeteiligung). Die bei Miete in den USA extrem geringe Haftpflichtdeckungssumme, deren Aufstockung dort immer zusätzliche Tagessätze kostet, ist bei Buchung über hiesige Veranstalter bereits auf $1-1,5 Mio. angehoben.

Leistungspakete der Vermieter/ Veranstalter

Die erhöhte Haftpflichtversicherung und Vollkasko ohne Selbstbeteiligung (CDW/LDW) ist in sog. **Leistungspakete** integriert, die entweder einfach »A« und »B«, »*Inclusive*« und »*SuperInclusive*« oder ähnlich heißen. Bereits das Sparpaket sorgt dafür, dass vor Ort keine Steuern und Sondergebühren mehr anfallen. Das erweiterte, viel teurere **Paket B** enthält zusätzliche Versicherungen (Gepäck-/Insassenversicherung, PEP/PAI), Gebührenentfall für weitere Fahrer und einen vollen Tank »gratis«. Man sollte vor einer Entscheidung für letzteres gut nachrechnen, ob sich das Paket rechnet.

Seit kurzem gibt es ein Kategorie **Paket B+Navigerät** für $30-$50/ Woche mehr; sehr erwägenswert für Fahrten im dicht besiedelten Süd- und Zentralflorida, bei Touren weiter nördlich eher unnötig.

Einwegmiete

Bei **Miete in Florida** gelten nicht nur die niedrigsten Miettarife, sondern es gibt bei den großen Verleihern auch keine Einwegzuschläge; d.h., das Fahrzeug kann **ohne Mehrkosten** an einer anderen Station innerhalb Floridas wieder zurückgegeben werden.

Zusatzkosten

Bei **Zusatzkosten**, die vor Ort zu entrichten sind (in Florida: im wesentlichen nur Aufpreis für junge Fahrer, anderswo oder bei Rückgabe des Fahrzeugs außerhalb von Florida Einweggebühr), kommen **immer *Taxes***, staatliche Umsatzsteuern, hinzu.

Miete vor Ort

Auch bei Automiete vor Ort läuft ohne **Kreditkarte** nichts. Für eine verbindliche telefonische Reservierung benötigt man immer eine Kreditkarte.

Airport-off Airport

Für die **kostengünstige Wagenmiete** (Abschluss vor Ort) meidet man besser die Schalter im Airport. Billigvermieter sind meist nicht weit. Lokale Telefonnummern finden sich rasch (Telefonbuch unter *Car Rental*), sofern nicht sogar ein **Gratistelefon für *Off-Airport* Vermieter** unweit der Gepäckausgabe vorhanden ist.

Weekend Rates

Fast überall gibt es **Wochenendtarife** (manchmal ab Donnerstag Mittag) und **Wochenpauschalen** zum 4-5fachen Tagessatz.

Reservierung vor Ort

Die telefonische Vorausreservierung spart Mühe und mitunter Kosten. Anruf bzw.Internetbuchung einige Tage vor der Miete sichert in der Regel die gewünschte Wagenklasse und gelegentlich auch einen besseren Preis als direkt vor Ort. Die ***toll-free*** ©-Nummern und *Websites* der wichtigsten Vermieter ➤ rechts.

Gebrauchtwagen

Am preiswertesten leiht man Gebrauchtwagen von Firmen, die sich ***Rent-A-Wreck, Rent-A-Used-Car, Rent-A-Junk*** oder ähnlich nennen. In ganz Nordamerika gibt es Filialen der Firma ***Rent-A-Wreck***. Unter der gebührenfreien Nummer © **1-800-421-7253** erfährt man die Adressen der Stationen, www.rentawreck.com.

Rental Car Companies vor Ort

Firma	Toll-free ✆	Internet-Adresse
Alamo	1-800-GO ALAMO	www.alamo.com
Avis	1-800-331-1212	www.avis.com
Budget	1-800-527-0700	www.budget.com
Dollar	1-800-800-4000	www.dollar.com
Enterprise	1-800-261-7331	www.enterprise.com
Hertz	1-800-654-3131	www.hertz.com
National	1-800-CAR RENT	www.nationalcar.com
Payless	1-800-PAY LESS	www.paylesscar.com
Thrifty	1-800-FOR CARS	www.thrifty-car.com

Haftpflicht

Die Problematik der normalerweise viel zu niedrigen **Haftpflichtdeckungssummen** bei vor Ort gemieteten Fahrzeugen darf man nicht vergessen. Man kann bei großen Vermietern eine »Aufstockung«buchen. Sie heißt ***LIS*** (***Liability Insurance Supplement***) oder ***ALI*** (***Additional Liability Insurance***) und kostet ab ca. $10/Tag (plus Steuern) für die Erhöhung auf $1 Mio, nicht gerade ein preiswerter Spaß. Auch daher besser vorbuchen.

Aufstockung der Haftpflichtdeckung via Kreditkarte

Inhaber einiger **Goldkarten** genießen teilweise eine **Kfz-Reise-Haftpflicht-Versicherung** (= Aufstockung), wenn sie die Mietkosten per Karte zahlten. Wer mit der Karte zahlen möchte und Wert auf diese Zusatzhaftpflicht legt, sollte seine **Kreditkarten-Bedingungen überprüfen** und im Zweifel bei der ausgebenden Institution nachhaken. Das ist z.B. der Fall bei der **ADAC Visa-Goldcard**. Sie umfasst eine Haftpflichtdeckungs-Aufstockung auf €1 Mio. Einige sehr teure Karten bieten sogar Vollkasko bei Anmietung mit der Karte, ➤ im Detail unter www.cardscout.de. Wichtig ist, die jeweiligen Bedingungen im »Kleingedruckten« einzuhalten.

Führerschein

In Nordamerika genügt der nationale Führerschein. Noch-Inhaber der alten »grauen Lappen«und der scheckkartengroßen Euro-Führerscheine sollten aber besser den **Internationalen Führerschein** dabei haben. Denn Regierungsabkommen und die Vorstellungen eines Sheriffs auf dem Land sind zweierlei. Bei Kontrollen und Unfall leuchtet dem eine ***International Driver's License*** eher ein als eine rein deutschsprachige Karte. Da Form und Größe der neuen Führerscheine aber genau den amerikanischen Pendants entsprechen, gibt es damit im Zweifel weniger Probleme als mit der Uraltversion.

Fazit

Vergleicht man die Möglichkeiten der Automiete vor Ort mit Angeboten in Katalogen bei uns, ist man mit Vorausbuchung allgemein gut beraten, wenn die Mietzeit 5 Tage oder mehr beträgt.

Bei festen Reiseplänen und zusammenhängender Reisezeit(en) von mindestens (jeweils) 5-7 Tagen sollte man daher bereits vor der Reise bei einem heimischen Veranstalter bzw. direkt bei einem der internationalen Vermieter buchen.

Fly & Drive

Bedenkenswerte Angebote gibt es für gekoppelte Buchung von Flug und Automiete (***Fly & Drive***). Rechnet man die jeweiligen Normaltarife für die Automiete heraus (aus den Tabellen in den Veranstalterkatalogen bzw. in deren Internetportalen), ergeben sich – soweit ersichtlich – gegenüber einer separaten Buchung bisweilen beachtliche Rabatte auf die Flugkosten.

Motorradmiete

Auch Motorräder kann man, genau wie Leihwagen, im heimatlichen Reisebüro oder auch im Internet vorbuchen. Klimatisch eignet sich Florida für Motorradtrips bestens.

Ein Verleiher mit Schweizer Management ist ***Moturis*** – www.moturis.com – mit Stationen in Miami, Tampa und Orlando.

Es gibt mehrere Spezialisten für ***Harleys*** (z.B. www.chromehorserentals.com), aber wer sich ernsthaft interessiert, sollte einfach unter den Schlagworten »motorcycle rental florida« bei google.de suchen und dort alle aktuellen Verleiher mit Tarifen finden.

Ausnahmefall Key West: Vermietung von Mopeds. Sie sind – neben Fahrrädern – ideal zur Inselerkundung.

2.3.3 Die Campmobilmiete

Grundsätzliches

Vorzüge/ Nachteile

Die Miete eines **Campers** bzw. **Wohnmobils** bietet für Rundreisen manchen Vorteil. Zunächst kann man sich das ständige Packen und Umziehen sparen und hat außerdem sein »Wohnzimmer« dabei. Selbstversorgung ist kein Problem; man ist viel weniger auf *Fast Food* und Restaurants angewiesen als im Pkw oder Van. Hinzu kommt, dass die USA zahllose Campingplätze jeder Komfortkategorie bieten, speziell in Florida in großer Dichte, so dass es äußerst selten ein Problem ist, einen passenden Platz zum Übernachten zu finden. Zu Camping und Campingplätzen im Einzelnen ➤ Kapitel 3.2.3 ab Seite 66.

Der Urlaub im Camper ist leider ein **teures Vergnügen**. Während Leihwagen in Florida deutlich preiswerter sind als in anderen Regionen, kann davon – wiewohl saisonabhängig – bei Campmobilen keine Rede sein. Gerade im Frühling, der besten Reisezeit im Süden des Sonnenstaates, sind die Tarife hoch.

Hinzu kommen im Umfeld populärer Touristenziele oft **happige Stellplatzgebühren**, die auf den Florida Keys auf Spitzenplätzen direkt am Strand in der Hochsaison (Januar bis Ostern) bis zu $100/Nacht und Campfahrzeug betragen können.

Andererseits gibt es traumhaft angelegte und ebenso gelegene staatliche *Campgrounds* mit Gebühren ab $10-$15, teilweise sogar mit Strom- und Wasseranschluß.

Der heftige Benzindurst vieler Campmobile fällt bei Literpreisen ab €0,55 (bei ca. $3,00/Gallone zu 3,8 l) und den in Florida nicht so großen Entfernungen weniger ins Gewicht als bei Rundreisen in anderen Gebieten der USA.

Altersgrenze/ Camper fahren, ein Problem?

Campmobile, welcher Größe auch immer, dürfen mit **Pkw-Führerschein** von Fahrern **ab 21 Jahren** bewegt werden. Das Fahren im Campmobil ist (auf den in Florida durchweg sehr gut ausgebauten Straßen) selbst in großen Fahrzeugen einfacher, als es auf Anhieb den Anschein hat. Man gewöhnt sich schnell an die oft schwammige Straßenlage und sehr leichtgängige Lenkung, die wenig Straßenkontakt vermittelt.

Aber man sollte aber den in vielen Regionen Floridas dichten Verkehr nicht unterschätzen. Große Fahrzeuge erfordern dann eine hohe Konzentration und vermitteln auch auf zweispurigen Straßen, etwa der Strecke über die Florida Keys hinunter nach Key West, **selten sonderlichen Fahrspaß**.

Campertypen

RVs

In den USA gelten Camper vom kleinsten Modell bis zum Riesen-Motorhome als ***Recreational Vehicles*** – Kürzel ***RV*** (»Arwí«). *RVs* verfügen über großvolumige 8-12-Zylinder-Motoren und zusätzliche mit 110 V betriebene Klimaanlagen auf dem Dach, für Florida und den ganzen USA-Süden ein unverzichtbarer Komfort. **Dieselmotoren** in Campmobilen sind bei Mietfahrzeugen bislang selten.

Kategorien

Nimmt man die Angebote der großen Reiseveranstalter, findet man in den USA nur noch relativ große Campmobiltypen:

- ***Compact RV*** (nur *Cruise America)*
- ***Motorhome Class C***
- ***Motorhome Class A***

Man kann sich diese Fahrzeuge mit allen Details gut im Internet ansehen und zwar auf den Websites:

www.moturis.com
www.elmonterv.com
www.cruiseamerica.com

Motorhomes Class C und Compact RV

Kennzeichnung

Bei den Class C-*Motorhomes* (22-27/28 Fuß) gibt es immer einen weit über die Fahrerkabine hinausragenden Dachüberhang, in dem sich ein **Doppelbett** verbirgt, das nicht nur zum Schlafen, sondern auch als Stauraum tagsüber praktisch ist (die kleine Kletterpartie nach oben ist für gelenkige Mieter selten ein Problem).

Nachteilig ist die durch diese Bauweise **eingeschränkte Sicht nach oben** (im Stadtverkehr wichtig wegen höherhängender Ampeln). Ab 25 Fuß Länge gibt es zusätzlich (zur immer auch zum Bett umzubauenden Sitzecke) ein Doppelbett im hinteren Teil des Wagens und ein geräumiges »Badezimmer«. Einzelsessel ergänzen die Inneneinrichtung. Erkauft wird dieser Komfort mit enormen Überständen des Aufbaus über die hintere Achse. Bei Fahrzeugen über 25 Fuß wirken die Überhänge abenteuerlich. Neuerdings gibt es die C-Klasse sogar in ***Slide out***-Version, die den Sitzbereich auf komfortable »Wohnzimmergröße« ausdehnt, wenn der Campingplatz erreicht ist. Aber Achtung: Das *Slide out* ist schwer; man merkt's beim Fahren – und es kostet (noch) mehr Benzin. Für Nicht-Langzeit-Mieter ist *Slide-out* kein Vorteil.

Sonderfall Compact RV

Rein äußerlich unterscheiden sich die ***Compact RVs*** von *Cruise America* (CT 22) auf den ersten Blick kaum von gleich langen *Class C-RVs*. Indessen gilt das nur für den Aufbau. Die Fahrerkabine, eine in sich geschlossene engere *Pick-up Truck Cabin*, ist niedriger und ohne Durchgang zum Innenraum, aber mit Fenster nach hinten, durch das sich schlanke Mieter zwängen können. Den geringeren Mietkosten steht eine gewisse Unbequemlichkeit gegenüber. Ein Vorteil auf der Straße ist die geringere Breite.

Motorhome Class A

Kennzeichnung

Ab 30 Fuß Länge wird aus dem *Motorhome* ein **Riesen-Campingbus**, den man ***Class A Camper*** nennt. Die Überhänge verschwinden zugunsten eines integrierten Cockpits über die volle Breite von ca. 2,50 m mit viel besserer Rundumsicht als in der C-Klasse. Anstelle eines Alkovenbetts tritt ein Doppelbett, das nachts über den Vordersitzen abgesenkt werden kann. Das Schlafzimmer ist vom Wohnbereich separiert, die Nasszelle angenehm groß. Es gibt sie oft mit dem oben erwähnten ***Slide out***. Denn damit sind sie nach Nutzung als Mietfahrzeug besser verkäuflich.

Größenwahl

Bei der Entscheidung für die individuell richtige Größe darf man seine eigentlichen Urlaubsabsichten nicht aus dem Auge verlieren. Je größer das *Motorhome,* umso weniger geeignet ist es für Abstecher auf kleinen Straßen zu mitunter besonders reizvollen Zielen und in verkehrshektischen Bereichen (Miami, Orlando, New Orleans, Charleston, Atlanta etc). Man sollte deshalb die Miete eines *Motorhome* kleineren Typs erwägen. Es sei denn, ruhiges Reisen mit längeren Verweilperioden und/oder sehr hoher Komfort- und Platzbedarf stehen im Vordergrund.

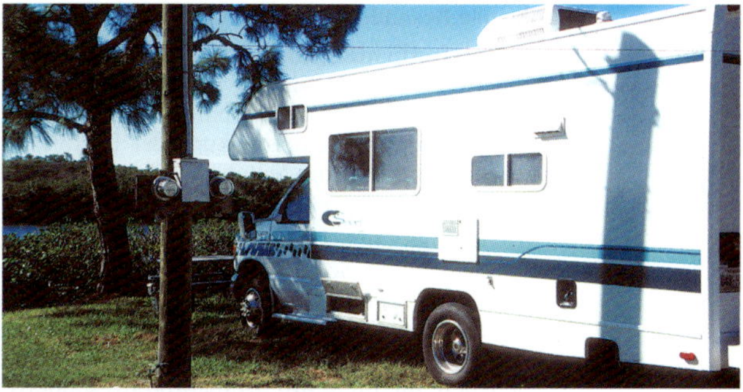

22 Fuß Motorhome auf dem Holiday Campground am Lake Seminole in St. Petersburg. Vorne am Mast Stromanschluß mit Zähler

Miet-Tarife, Gesamtkosten und Konditionen (2008)

Tagestarife

Camper sind **kein ganz billiges Vergnügen**, aber dank Dollarkurs preiswerter als in den Vorjahren.

Die reinen Miettarife für ***Motorhomes*** ab 22 Fuß beginnen bei +/- €400 in der Hochsaison und erreichen für 30-32-Fuß-Fahrzeuge €800-€900/Woche. Wobei die Tarife flexibel sind und von der bereits absehbaren Auslastung im Buchungszeitraum wie vom Zeitpunkt der Buchung abhängen. Statt saisonaler Preistabellen, mit deren Hilfe der Kunde oder das Reisebüro mühsam die Gesamtkosten errechnen muss, übernehmen heute die Buchungsmaschinen der Veranstalter im Internet diese Mühe und errechnen rasch die Kosten für alle in Erwägung gezogenen Zeiträume und Fahrzeugtypen unter Berücksichtigung von Übergabe-/Endreinigungsgebühren, Pauschalen für *Convenience-Kits* (Bettwäsche, Bestecke, Geschirr), Mehrmeilen etc.

Meilen

Die **Standardtarife** beziehen sich auf 0 mi, 60 mi oder 100 mi/Tag. Zusätzliche Meilen kosten ab $0,29/mi plus Steuern. Je nach Verleiher und Jahr (die Details wechseln von Jahr zu Jahr etwas) können statt Meilenabrechnung zum Normaltarif zusätzliche Pauschalmeilen/Tag oder 500-mi-Pakete gekauft werden (bezahlte, aber ungenutzte »Pakete« verfallen). Auch unbegrenzte Meilen pro Tag mit einem festen Tagessatz sind (für viel Geld) erhältlich.

Weder Meilenpakete/Pauschalen für unbegrenzte Meilen sind vor Ort verfügbar. Sie müssen hier gebucht werden.

Veranstalterdetails

Auf den oben genannten Websites der drei mit Stationen in Florida vertretenen Vermieter (***Moturis*** in Fort Lauderdale, ***El Monte*** mit 5 und ***Cruise America*** mit 10 Stationen, wobei bei Buchung über Veranstalter nur einige die Auslandsbuchungen handhaben) kann man weitere Details erkunden und ggf. spezielle Sonderangebote mit mehr Freimeilen und all inclusive, Überführung von Florida nach Westen oder umgekehrt finden. Sie sind so meist nicht bei unseren Veranstaltern zu haben. Aber Achtung: bei direkter Buchung gelten andere Bedingungen; Zusatzhaftpflicht- und Kaskoversicherung sind dann extra zu bezahlen, ➢ umseitig.

2

Folgende Besonderheiten der Camperbuchung sind zu beachten:

Haftpflicht

- Die **Haftpflichtdeckungssumme** ist auch bei den Campern ein wichtiger Punkt. Wie bei der Pkw-Miete erläutert, schützen deutsche Veranstalter deshalb auch ihre Camper-Kunden mit einer gesonderten Aufstockung der Haftpflicht auf eine Deckungssumme von mindestens $1 Mio, teilweise bis €1 Mio.

CDW/LDW

- Die **Abkürzung CDW** steht für *Collision Damage Waiver* (manchmal auch **LDW**, L für *Loss*) und suggeriert Freistellung von Kosten im Schadenfall. Faktisch ist sie zwar in den Campertarifen enthalten, beinhaltet aber eine Eigenbeteiligung bei Schäden am Fahrzeug (unabhängig davon, wer der schuldige Verursacher sein mag) von $2.000 bis $3.000. Bei bestimmten Schäden, die nicht auf Straßenunfall, sondern auf Unachtsamkeit oder Fahrlässigkeit beim Rangieren auf dem Campingplatz oder auf einem Supermarktparkplatz zurückgehen, haftet der Mieter selbst mit CDW oft unbegrenzt.

VIP/ELVIP

- Die **Zusatzversicherung** mit der schönen Bezeichnung **VIP** (*Vacation Interruption Policy)* ergänzt CDW/LDW. Sie kostet ca. $20/Tag oder mehr (plus Steuern). Der Abschluß der VIP-Versicherung reduziert die Selbstbeteiligung bei Schäden am Fahrzeug vermieterabhängig auf $100-$300. Über CDW nicht abgedeckte Schäden (etwa eine Beschädigung der Dachklimaanlage) gehen bei Abschluß der VIP teilweise »nur noch« bis maximal $2.000/$3.000 zu Lasten des Mieters.

  Im Fall grober **Fahrlässigkeit**, wie immer das definiert sein mag, haftet der Mieter auch mit VIP voll. Sollte ein Fahrtunterbrechung wegen eines technischen, vom Mieter nicht zu verantwortenden Defekt des Wagens unvermeidlich sein, werden dem Mieter mit VIP in gewissem Umfang Hotelkosten ersetzt und ein kleines finanzielles Trostpflaster gewährt.

- **VIP/EL VIP ist außer bei *Package Deals* optional. Es stellt sich daher oft die Frage: Lohnt sich der Abschluß dieser relativ teuren Zusatzversicherung eigentlich?** Leider weiß man erst nach Ende der Reise, ob die Ausgabe sinnvoll war. Statistisch lohnt sich VIP nicht, weil die meisten Mieter schadenfrei bleiben. Im Einzelfall jedoch fährt man sicher entspannter mit der VIP. Und es kracht oft gerade dann, wenn man unversichert ist.

  Also besser mitbuchen, denn im Schadensfall zahlt der Mieter – zunächst – auch bei Fremdverursachung.

Kaution

- Die **Höhe der Kaution** hängt ab vom Abschluss der VIP-Versicherung und beträgt $100-$500 mit, $1.000-$3.000 ohne VIP. Sie erfolgt durch eine Blankounterschrift auf einem Kreditkartenformular, oder aber man trägt die entsprechende Summe ein und bucht sie tatsächlich beim Mieter ab unter Verrechnung bei Rückgabe bzw. Erstattung, soweit keine weiteren Kosten angefallen sind.

2.3.4 Kostenvergleich Pkw - Campmobil

Überlegungen mit Motel/Hotel

Wegen der erheblichen Kostendifferenz zwischen Pkw- und Campmobilmiete ist es – unabhängig von der Jahreszeit – so, dass die Summe aus Autokosten und Übernachtung im Motel/Hotel in der unteren bis Mittelklasse in der Regel deutlich geringer ausfällt als die Summe aller Campmobilkosten. Gerade in Florida sind die Übernachtungstarife in hohem Maße saisonabhängig, so dass bei niedrigen Miettarifen für Camper etwa im Herbst auch die Motelkosten niedrig liegen und umgekehrt. Die Kosten für die Campingplätze schwanken dagegen nicht oder nur vergleichsweise wenig sieht man vom Extremfall der Florida Keys ab. Ein Schnitt von $35-$40 wäre die bei Aufmerksamkeit mit RV erreichbare durchschnittliche Untergrenze im Winterhalbjahr (ohne Florida Keys), sonst $25 bis (eher) $30. Diese und die im Campmobil höheren Benzinkosten sind bei Vergleichen zu berücksichtigen. Bei Pkw-Mietkosten von €20-€30 pro Tag inklusive aller Meilen und Versicherungen und Camperkosten (einschl. Mehrmeilen und -verbrauch plus Campgebühren) kaum unter €120 darf das tägliche Hotel locker über $100/Tag kosten, und dennoch spart man. Bis zu welcher Höhe der Quartierkosten Pkw, SUV oder Minivan günstiger sind als ein Camper ist aber letztlich ein nur individuell zu kalkulierendes Rechenexempel,.

Andere Aspekte

Im Endeffekt stehen sich hier aber eher Philosophien gegenüber als die reine Kalkulation. Wer den Camper vorzieht – aus persönlichen Präferenzen oder weil z.B. eine Reise mit Kindern im Wohnmobil einfach mehr Spass macht, nicht zuletzt bei *Disneyworld*, ➤ Seite 226 –, wird dabei nicht auf den letzten Euro sehen.

Pkw + Zelt

Im übrigen gilt: man kann auch ein Zelt mitnehmen, immer oder dann und wann campen, dabei viel Geld sparen und auf vielen wunderschönen Plätzen zwischen Mangroven, strandnah, an Seen oder Wasserläufen Klima und Natur Floridas besonders genießen. Wobei die Campgebühren meist etwas bis deutlich niedriger als die für Wohnmobile sind, da ja weder Steckdose noch Wasseranschluss benötigt werden.

Campingutensilien sind in den USA billig: Schlafsack vom K-Mart $20; Gaskocher $16; Luftmatraze $17, 12V-Pumpe $9; Zelt aus der Heimat €39;

2.4 Die Finanzen

In den USA, speziell in Florida ohne Kreditkarte zu reisen ist fast unmöglich. Aber neben dem Plastikgeld benötigt man man für kleinere Ausgaben immer auch Bardollars, denn einfache Cafés, *Fast Food Places* und auch mancher kleine Shop ebenso wie viele staatliche Campingplätze akzeptieren keine Kreditkarten.

Nötige Bardollars

Ein gewisser **Barbestand** für die ersten Ausgaben in den USA (ggf. bereits im Flugzeug, fliegt man mit einer US-Airline) sollte auf jeden Fall in der Brieftasche stecken. Und zwar **in relativ kleinen Scheinen bis maximal $50**. Mit größeren Banknoten gibt es schon mal Probleme bei der Annahme. Ein **Vorrat an $1-Noten** darf nicht fehlen. Denn die braucht man manchmal für den Gepäckkarren am Airport, für Trinkgelder und andere kleine Ausgaben vom Moment des Betretens amerikanischen Bodens an.

Mit **Euros** kann man mangels Umtauschmöglichkeit außerhalb von Airports und Großstädten wenig anfangen. Auch ist der Wechselkurs immer miserabel. Das gilt natürlich nicht für Bardollars aus dem Automaten, die zum aktuellen Kurs belastet werden.

2

Bargeld per EC-Geldkarte

Mittlerweile kann man **flächendeckend** auch aus **amerikanischen Bargeldautomaten** (**ATM** = *Automatic Teller Machines*, ➤ Abb. »*Teller*« ist das amerikanische Wort für Bankschalter) mit einer **EC-Geldkarte** Dollars ziehen, sofern diese das ***Maestro-Logo*** zeigt und man die Geheimzahl im Kopf hat. Die Kosten sind niedriger als bei Bargeldbeschaffung per Kreditkarte.

ATM

Ein kleines Problem der ATM ist das immer wieder etwas andere Menü der Benutzerführung in englischer Sprache. Unklarheiten, ob nun »yes« oder »no« zu pressen ist, tauchen da schon mal auf. Häufig wird abgefragt: *»Debit« or »Credit«*? Grundsätzlich heißt die Antwort »Credit« auch bei der Geldkarte und der Abhebung vom eigenen Konto (*»Debit Cards«* gibt es bei uns nicht). Gelegentlich fragen Automaten nach dem *Zip Code*, also der Postleitzahl des Kartenbesitzers. Man gibt dann einfach eine beliebige real existierende Codenummer ein, z.B. 97225.

Tipp: Besorgen Sie sich Bargeld aus dem Automaten – speziell beim ersten Versuch in den USA – lieber während der Öffnungszeit der Bank. Wenn etwas schiefgeht, lässt sich das dann klären. Bloß nicht den ersten Versuch am Samstag-Nachmittag machen!

Banknoten

US-Dollar-Noten – die Scheine lauten auf 1, 2, 5, 10, 20, 50, 100, 500 und 1.000 Dollar – **unterscheiden sich nicht in der Größe** und wiesen bislang immer **dieselbe Farbe** auf: Zahlseite grauschwarz und die Rückseite grün (daher der Begriff ***Greenback*** für die Dollarwährung). Beim Herausgeben ist daher mehr Aufmerksamkeit als hierzulande geboten. Neuerdings gibt es Banknoten, denen auf der »grauen« Seite ein rosa Farbton unterlegt wurde.

Der **Dollar** wird umgangssprachlich oft ***Buck*** genannt. Speziell gilt dies bei Fragen nach dem Preis auf Märkten etc. Die Antwort lautet dann z.B. ***»five bucks«***.

US$5-Banknote der neuen Serie; nach wie vor sind alle Scheine farblich gleich (grau und grün) und identisch groß

Münzen

Münzen gibt es zu 1, 5, 10, 25, 50 Cents un $1. Die 50-Cents-Münze wie auch eine **goldfarbene 1$-Münze** sind im täglichen Zahlungsverkehr eher selten, obwohl davon 2007 mehrere hundert Millionen in Umlauf gebracht wurden.

Folgende Bezeichnungen haben sich eingebürgert:

Nickel	5 Cents
Dime	10 Cents
Quarter	25 Cents

Wichtigste Münze ist nach wie vor der ***Quarter***, man benötigt ihn zum Telefonieren an Münzgeräten und für viele Automaten.

Travelers Cheques

Da es sich aus Sicherheitsgründen nicht empfiehlt, größere Summen Bargeld mit sich herumzutragen, sind auch auf US-$ ausgestellte Reiseschecks durchaus noch praktisch und gebührenmäßig etwas preiswerter als Bargeld aus dem Automaten, wobei es natürlich auf den jeweiligen Wechselkurs ankommt. ***Travelers Cheques*** (amerikanische Schreibweise) werden in nahezu allen Geschäften wie Bargeld akzeptiert. Unterschrift genügt. Nur bei Einreichung von Reiseschecks bei Banken muss man meist den Reisepass vorlegen. Mit der schwindenden Verbreitung fallen dabei oft Gebühren an. Am besten fährt man $50-Schecks, höhere Werte werden ungern oder gar nicht angenommen.

Kreditkarten

Die Kreditkarte ist in den USA ein viel wichtigeres Zahlungsmittel als bei uns. Neben Hotels und Restaurants akzeptiert das Gros der Geschäfte und Supermärkte Kreditkarten. Auch das Eintrittsgeld für Museen oder die Tickets fürs Kino kann man fast immer mit der Karte bezahlen. Die Mehrheit der Tanksäulen ist heute ebenfalls für Direktzahlung mit Karte ausgerüstet, was ein Anstehen an der Kasse erübrigt. Es gibt nur noch wenige Situationen, in denen nur bar bezahlt werden kann, etwa bei Straßenständen, in einfachen Cafés und *Fast Food Places*. Selbst wer in Europa ohne Plastikgeld auskommt, sollte sich für die Floridareise unbedingt eine Karte zulegen.

Am häufigsten akzeptiert wird die ***Mastercard***. Die ***VISA Card*** steht dem nur wenig nach. ***American Express*** folgt mit einigem Abstand und ist nicht ganz so universell einsetzbar.

Cashing

Mit der Kreditkarte kann man in den meisten Banken im Rahmen der Grenzen, die die ausgebende Institution setzt, auch Bargeld abheben, mit Pin Code auch am Geldautomaten. Die Gebühren dafür sind aber durchweg höher als ein ***Cashing*** mit Scheckkarte. Oft ist ein *Cashing* auch nur dann möglich, wenn bei der ausgebenden Organisation ein Guthaben unterhalten wird.

Verlust der Kreditkarte

Bei Verlust einer Kreditkarte ist die Haftung auf €50 beschränkt, gleichgültig, welcher Schaden zwischen Verlust und Benachrichtigung der Organisation eintritt.

Folgende Telefonnummern können in den USA gebührenfrei angerufen werden, sollte die Kreditkarte verlorengehen oder sonst irgendein Problem auftauchen:

American Express	✆ 1-800-528-4800
Mastercard	✆ 1-800-622-7747 (MCAssist)
VISA	✆ 1-800-847-2911

Bei abhanden gekommenen ***Travelers Cheques*** kann man **American Express** unter **✆ 1-800-221-7282** erreichen.

Notfall

Was tun, wenn Reiseschecks, Dollars und Kreditkarten abhanden gekommen sind und ein Ersatz nicht zu beschaffen ist?

Mit Anruf in der Heimat gibt's nur noch eine sinnvolle Möglichkeit für einen raschen Geldtransfer:

Reisebank/ Western Union

Diesen bieten von Deutschland aus **Reisebank** und **Post** in Kooperation mit ***Western Union***, einer Unternehmung, die in fast allen Städten Nordamerikas ab mittlerer Größe ein Büro unterhält. **Filialen der Reisebank** befinden sich in Bahnhöfen deutscher Großstädte und in Flughäfen. Nach Einzahlung bei der Reisebank oder Post kann die Summe nach wenigen Minuten in einem *Western Union Office* in Empfang genommen werden; die Gebühren sind indessen sehr hoch.

Auskunft in Deutschland unter
✆ 01805/225822 bzw. unter www.reisebank.de

Western Union in den USA:
✆ 1-800-Call-Cash; www.westernunion.com

Zur Auslandsvertretung

Wenn alle Stricke reißen, bleibt nur der Gang zum nächsten **Konsulat** (Adresse ➤ Seite 87). Die Konsulate helfen im allgemeinen nicht mit Bargeld, aber bezahlen ggf. Hotelkosten und Flugticke in die Heimat. Das Außenamt fordert vorgestreckte Auslagen dort sofort wieder zurück.

Zum Mitrechnen beim Einkauf: Wagen mit integriertem Rechner

2

3. Unterwegs in Florida

3.1 Autofahren in den USA

Verkehrssituation

Autofahren ist in den USA – von den Großstädten und ihrem Umfeld einmal abgesehen – einfacher und im allgemeinen weniger stressig als etwa in Deutschland oder der Schweiz. Außerhalb der Ballungsgebiete sind geringe Verkehrsdichte, weitgehend beachtete Tempolimits, die nicht zwischen Pkw und Lastwagen unterscheiden, und größere Gelassenheit der Amerikaner am Steuer einige Gründe dafür.

Orientierung

Speziell für **Florida** fällt zudem die Orientierung – dank weitgehend ebener Landschaft und in Küstennähe verlaufender Hauptstrecken besonders leicht. Die meisten Städte sind schachbrettartig mit durchnummerierten Straßen angelegt, so dass man dort allgemein besser klarkommt als in unbekannten Orten Europas.

Es wird rechts gefahren, und die wenigen für uns neuen Verkehrszeichen erklären sich durch ihre Symbolik durchweg von selbst. Ein europäischer Autofahrer braucht also nicht umzudenken.

Es gibt aber eine Reihe von Verhaltensregeln und gewisse Andersartigkeiten, die zu kennen wichtig ist und in bestimmten Situationen sogar unabdingbar sein kann.

3.1.1 Abweichende Verkehrsregeln

Vorfahrt

- **Stoppzeichen** für alle Fahrtrichtungen an Kreuzungen bedeuten »wer zuerst kommt, fährt zuerst«. Das Anhaltgebot gilt auch bei offensichtlich leeren Querstraßen und wird strikt befolgt. Die Regel ist genauer als »rechts vor links« und besonders in Wohngebieten Standard. Mehrere sich der Kreuzung nähernde Wagen überqueren diese nach kurzem Halt in der **Reihenfolge der Ankunft**. Ist diese unklar, löst man das Problem überwiegend und höflich durch Handzeichen.

Ampeln

- Zeigt eine Ampel **rot,** darf unter Beachtung der Vorfahrt de rechts abgebogen werden, es sei denn, eine Schrifttafel untersagt dies ausdrücklich (*No Turn on Red*). Im Fall einer gesonderten Abbiegerspur **muss** sogar bei Rot abgebogen werden, solange dies der Querverkehr zuläßt. Die **Lichterfolge** an der Ampel ist **Grün-Gelb-Rot-Grün**; die Rot/Gelb-Phase vor dem Grün entfällt.

Nummern der Autobahnausfahrten in Florida

In den Jahren 2003+4 hat man in Florida die Nummerierung der Ausfahrten (*Exits*) der *Interstate*-Autobahnen verändert. Bis 2003 gedruckte Karten tragen daher großenteils falsche ***Exit Numbers*** außer für die I-110, I-175 und I-375, deren Nummerierung gleich blieb. Die Angaben in diesem Buch beziehen sich alle auf die neue Nummerierung (kleine Irrtümer nicht ausgeschlossen).

Schulbus

- Die bekannten gelben Schulbusse dürfen weder überholt noch vom **Gegenverkehr** (!) passiert werden, wenn sie anhalten und Kinder ein-/aussteigen lassen. Warnblinker an den Ecken der Busse und seitliche Stopschilder markieren die Stopp-Phase. Ein Nichtbeachten gilt als schweres Verkehrsdelikt.

Für Begegnungen mit den knallgelben Schulbussen gelten Sonderregeln mit der Schärfe des Verhaltens bei Ampelrot und Stoppschild

Überholen

- Auf mehrspurigen Straßen wird in Amerika legal rechts überholt. Theoretisch ist dies zwar nur erlaubt, wenn dafür nicht die Spur gewechselt wird, aber in der Praxis sind **Überholmanöver auf der rechten Seite** üblich. Daran muss man sich gewöhnen und den rechten Fahrbahnen **auf *Freeways*** hohe Aufmerksamkeit schenken. Eines der obersten Gebote auf mehrspurigen Straßen ist nicht zuletzt deshalb das **sture Spurhalten**. Auf voll besetzten Straßen, speziell auf Stadtautobahnen kann ein Spurwechsel schwieriger sein als bei uns.

Carpool

- Zum Zweck der Verkehrsreduzierung während des Berufsverkehrs sind auf City-Autobahnen ***Carpool-Lanes*** eingerichtet. Diese Fahrspuren dürfen immer oder zu angegebenen Zeiten nur von Bussen, Taxen und Fahrzeugen benutzt werden, in denen zumindest 2, manchmal auch ab 3 Passagiere sitzen.

Linie/ Doppellinie

- Durchgezogene **Fahrbahn-Trennmarkierungen** dürfen zum Überholen oder Abbiegen überfahren werden. Die Funktion der in Europa einfachen Linie übernimmt in den USA eine auf keinen Fall zu überfahrende Doppellinie.

Tempolimits

- Es ist den Bundesstaaten überlassen, Höchstgeschwindigkeiten festzulegen. In den meisten Staaten und gelten
  - **auf Autobahnen Höchstgrenzen von 65-75mph**
  - auf Landstraßen generell ein Limit **von 55 mph**,
  - in Orten **30 mph**, wenn nicht anders erlaubt/vorgeschrieben

  Die **Überwachung** erfolgt durch in Polizeiwagen installierte **Radargeräte**. Wer am Sheriff zu schnell »vorbeibrettert«, hat ihn bald im Rückspiegel und wird sogleich fürs ***speeding*** zur Kasse gebeten (ab $75 bei geringfügigen Überschreitungen). Für Geschwindigkeitsüberschreitungen an Baustellen und bei Schulen verdoppelt sich die Geldstrafe.

3

Speziell Florida

In Florida gilt außerdem, dass bei **Regen** das **Fahrlicht** eingeschaltet werden muss. Für **Kinder unter 4 Jahren** bzw. unter einem Gewicht von 15 kg ist ein Kindersitz vorgeschrieben.

Parkrichtung (Florida)

Beim schrägen Einparken – wo auch immer – muss das Heck mit dem Nummernschild zur Straße bzw. Fahrspur zeigen, da in Florida nur hinten ein Nummernschild Vorschrift ist. Das will die Polizei bei Vorbeifahrt sehen. Sonst gibt's ein teures *Ticket.*

Parken und Parkverstöße

Die **Parkvorschriften** in den USA sind auch generell streng. Kontrolleure sind ständig unterwegs, verteilen ***Tickets*** oder lassen abschleppen (»***Fine***«, in Cities leicht $100 und mehr).

Entlang **gelber Kantsteinmarkierungen** ist Parken verboten, aber nach 18 Uhr o.k. **Hydranten** dürfen nicht zugeparkt werden: etwa 5 m rechts/links müssen frei bleiben. Außerdem gilt:

Roter Streifen am Fahrbahnrand: **Halteverbot**
Blauer Streifen am Fahrbahnrand: **Parken nur für Behinderte**
Grüner Streifen am Fahrbahnrand: **10 min Kurzparken**
Weißer Streifen am Fahrbahnrand: nur **Be- und Entladen**

Zahlung

Wer ein ***Ticket*** erhält, darf entweder im beigelegten Umschlag **Dollars bar** verschicken oder bei einer Bank per ***Money Order*** die Bußgeldsumme einzahlen. Bei Versäumnis hat man die Aufforderung zur Zahlung bald zu Hause auf dem Tisch, denn der Autovermieter muss die Adresse herausrücken.

Polizeikontakt und Alkohol am Steuer

Um einen Autofahrer zu stoppen, bleibt die amerikanische Polizei hinter ihm und betätigt kurz Sirene und rote Rundumleuchte, das Zeichen zum »Rechtsranfahren«. Nach dem Anhalten wartet man im Wagen, alles andere könnte falsch gedeutet werden. Es ist auch nicht ratsam, unbedachte Bewegungen zu machen, etwa in der Absicht, die Papiere aus dem Handschuhfach zu holen. Am besten bleiben die Hände auf dem Lenkrad.

Ein solches Verhalten ist üblich, um der Polizei – die in Amerika mit überraschendem Schusswaffengebrauch rechnen muss – eine defensive Position zu signalisieren. Polizisten verhalten sich in Kontrollsituationen sachlich-korrekt; nach dem ersten »Abtasten« und kooperativer Haltung des Gestoppten auch bei Übertretungen im allgemeinen eher freundlich.

Die respektvollen Anreden lauten **Officer** oder **Sir**. In *National* und *State Parks* besitzen die ***Ranger*** einen ähnlichen Status wie sonst die Polizei.

Alkohol am Steuer wird nicht toleriert. Es gilt allerorten die **Null-Promille-Grenze**. Es darf sich nicht einmal eine geöffnete Flasche mit einem alkoholischen Getränk auch nur im Innenraum des Fahrzeugs befinden – streng genommen nicht einmal die bereits entkorkte, aber nicht geleerte Weinflasche vom Vorabend im Kühlschrank des Campers. Auch trinkende Beifahrer rund um einen stocknüchternen Fahrer zählen schon zum Tatbestand »Alkohol im Verkehr«. Gegenüber **Drogen** am Steuer gilt ebenfalls die ***Zero Tolerance***-Politik. Wer in dieser Beziehung auffällt, wird registriert und nach Bestrafung und Heimreise in Zukunft nicht wieder ins Land gelassen.

Autobahnkreuzung in Fort Lauderdale (I-95/I-595). Im Großraum Miami ist das nur eine von vielen ähnlich komplex und großräumig angelegten »Intersections«

3.1.2 Straßensystem

Zum Verständnis der amerikanischen **Klassifizierung von Straßen** erscheinen folgende Hinweise nützlich:

Highways/ Freeways

Eine durchgehende Autostraße, welcher Qualität auch immer, ist grundsätzlich ein ***Highway***. Für *Interstate* Autobahnen und alle sonstigen autobahnartig ausgebauten Straßen existiert der Begriff ***Freeway***. *Freeways* sind teilweise gebührenpflichtig (in Florida gilt das gleich für eine ganze Reihe von Autobahnen im Bereich Miami/Orlando). Sie heißen dann ***Toll Road*** (*Toll* = Gebühr).

Toll/Gebühren

Die Kosten sind unterschiedlich. Das Abfahren der kompletten Strecke der ***Alligator Alley*** (I-75) in Südflorida von Miami nach Naples an der Westküste kostet z.B. nur $2,00. Relativ teuer ist dagegen die Benutzung der ***Florida's Turnpike*** ab Florida City über Miami nach Orlando und darüberhinaus sowie des ***Beeline Expressway*** zwischen Orlando und dem Cape Canaveral. An den Mautstationen muss entweder der jeweils angezeigte Betrag gezahlt werden, oder man erhält eine Art Lochkarte, die bei Verlassen der *Toll Road* abgerechnet wird.

In Florida ist auch für manche **Brücken** auf sonst gebührenfreien Strecken ***toll*** zu bezahlen, so z.B. für die Brücken zwischen Miami und Miami Beach, aber auch für die phänomenale ***Sunshine Skyway Bridge*** über die Tampa Bay.

Interstate Autobahnen

Wie der Name sagt, sind ***Interstates*** die großen Verbindungsstraßen zwischen den, aber auch vielfach innerhalb der Staaten. An ihnen geht auf einer Floridareise zur Überwindung langweiliger Landstriche und fürs schnelle Vorankommen kein Weg vorbei. Indessen fährt man auch in Florida auf Autobahnen leicht an manchem vorbei, was die Reise abrundet.

3

Picnic Areas

An den *Interstates,* aber auch an anderen Straßen gibt es außerhalb der Ballungsgebiete viele schöne **Rastplätze** (*Picnic/Rest Areas*). Sie sind oft ähnlich wie Campingplätze mit Picknicktischen und Grillrosten ausgestattet. An Gelegenheit, unterwegs Mahlzeiten bequem im Freien zu bereiten, fehlt es damit nicht.

Gravel Roads

Für uns ungewohnt sind **Schotterstraßen** (*Gravelroads* oder *Unpaved Roads*). Schotter ist der bevorzugte Belag für wenig benutzte Nebenstrecken und Zufahrten zu manchen Stränden und *State Parks*, speziell zu deren Campingplätzen. Bei anhaltender Trockenheit sind sie mitunter sehr **staubig**, bei Nässe **rutschig**, bei gutem Wetter jedoch problemlos zu befahren, wiewohl mit vielen Mietfahrzeugen, speziell Campmobilen, laut Kleingedrucktem in den Verträgen »eigentlich« nicht erlaubt.

Straßenkarten

Die **kostenfreie offizielle Straßenkarte des Staates Florida**, die es in jeder Touristeninformation gibt, läßt fast nichts zu wünschen übrig. Sie enthält außerdem Umgebungspläne für alle wesentlichen Städte, Übersichten über *National & State Parks & Forests* sowie Details zu Autobahnen und *Toll Roads*. Genauere Stadtpläne gibt es in den örtlichen Büros der Tourist Information.

Mitglieder von Automobilklubs erhalten beim **AAA** gute Straßenkarten und Stadtpläne ebenfalls kostenfrei (»*Show your card and save*«, ➤ Seite 14).

3.1.3 Tanken und Pannenhilfe

Benzin

Die Benzinpreise in Florida lagen Mitte März 2008 je nach Region bei minimal um $3 bis deutlich über $3/Gallone (3,8 Liter) für unverbleites Normalbenzin (***Regular Gas***; **bleifrei = *unleaded***). Florida gehört (mit Ausnahme der Florida Keys) in dieser Hinsicht zu den eher preiswerten Staaten. Wegen der hohen Preisunterschiede zwischen Selbstbedienung und *Full-Service* sind ***Self-serve Gas Stations*** die Regel. Wer tankt, muss zunächst einen **Hebel an der Tanksäule** ziehen, drücken oder umlegen, sonst fließt kein Sprit.

Die meisten Tankstellen sind für Kreditkartenzahlung direkt an der Tanksäule eingerichtet. Die US-Oktanzahl (87/89) der Benzinsorten ist immer deutlich angegeben

Tankstellen/ Gas Stations

Die Mehrheit der Preisannoncen bezieht sich heute auf ***Cash or Credit Card – Same Price***. Die günstigsten Benzinpreise bieten **Mini-Marts** mit einigen Tanksäulen vor der Tür. Dafür gibt`s dort selten Wassereimer und Schwamm fürs Scheibenwaschen, Druckluft für die Reifen schon gar nicht.

Discount-Tankstellen überraschen gelegentlich damit, dass sie keine Kreditkarten akzeptieren. Darum sollte der erste Blick des mit Karte zahlenden Kunden bei Einfahrt in die *Gas Station* den *Master Card*/VISA-Symbolen gelten.

Benzinpreise pro Gallone in Florida im Herbst 2007. Im März 2008 lagen die Preise schon für Normal (Regular) überwiegend oberhalb $3

In Ballungsgebieten überwiegen **Kreditkarten-Tanksäulen**, die den Gang zur Kasse überflüssig machen. Nach Einschieben der Karte und elektronischer Prüfung wird die Zapfsäule freigegeben und am Ende ein Beleg ausgedruckt.

Aber es gibt auch ***Self-serve*** **Stationen**, an denen nur nach **Vorauszahlung** getankt werden kann (meist verbunden mit *Mini Marts*). Der Kunde legt dort eine Dollarnote auf den Tisch und erhält die Freigabe der Zapfsäule. Ist der Betrag verbraucht, stoppt das Gerät automatisch. Ggf. überschießende Zahlungen werden abgerechnet. Alternativ hinterlegt man vorm Tanken seine Kreditkarte an der Kasse in der Hoffnung, dass sie nach dem Tanken noch da ist und auch nicht verwechselt wird.

Reifendruck

Einen Druckluftservice, wie bei uns selbstverständlich, vermisst man an vielen Tankstellen. Wo vorhanden, findet sich oft ein langer sperriger Schlauch, dessen Ventil unter Druckbelastung eine Messkala freigibt, oder man muss selbst mit eigenen, billig zu erwerbenden Prüfern im Kugelschreiberformat nachchecken. ***Mini Marts*** haben oft einen schwachbrüstigen Münzkompressor, der für einen *Quarter* ein paar Minuten anspringt.

Unfall/ Panne

Alle Auto- und Campervermieter geben ihren Kunden eine Telefonnummer mit auf den Weg, die bei Panne oder Unfall angerufen werden muss. Bei den großen, landesweit operierenden Firmen ist das Telefon Tag und Nacht besetzt.

AAA Straßendienst

Ebenfalls helfen kann der ***TripleA*** (AAA=A*merican Automobil Association*), der einen ***Emergency Road Service*** unterhält. Einsatzwagen patrouillieren wie bei uns auf Autobahnen und vielbefahrenen Strecken. Im Fall einer Panne wählt man *toll free* © **1-800-336-4357** (4357=*HELP*) und erfährt dort die lokale ***Emergency Number***. Mitglieder europäischer Automobilklubs, die ihre Mitgliedskarte (*Membership Card*) vorweisen können, werden ebenso behandelt wie amerikanische AAA-Mitglieder.

Hilfreiches Vokabular für Autoreisende

beware of	Vorsicht vor	merging traffic	einmündender Verkehr
brake	Bremse	narrow bridge	schmale Brücke
brake lights	Bremslichter	neutral	Leerlauf
bypass	Umgehungsstraße	no parking	Parken verboten
causeway	Brücke	no passing	Überholverbot
caution	Achtung	no turn on red	kein Rechtsabbiegen bei Rot
clutch	Kupplung	no U-turn	kein Wenden
construction	Bauarbeiten	one way	Einbahnstraße
crossing/xing	Kreuzung	ped xing	Fußgängerüberweg
dead end	Sackgasse	rear wheel	Hinterrad
detour	Umleitung	right of way	Vorfahrt
do not enter	Einfahrt verboten	slippery when wet	Rutschgefahr bei Nässe
engine	Motor	slow	langsam fahren
exit	Ausfahrt	steering wheel	Lenkrad
front wheel	Vorderrad	tail gate	Heckklappe
gas	Benzin	tail light	Rücklicht
headlights	Scheinwerfer	tire	Reifen
hood	Motorhaube	toll	Autobahn- bzw. Brückengebühr
horn	Hupe	traffic light	Ampel
jack	Wagenheber	turn light	Blinker
junction	Kreuzung/ Abzweigung	tow-away zone	Abschleppzone
licence	Führerschein	yield	Vorfahrt beachten
license plate	Nummernschild		
loading zone	Ladezone		

Nostalgisches Hotel in Apalachicola an der nördlichen Golfküste

Die Außenwerbung dieses Rodeway Inn (untere Mittelklasse) verdeutlicht, dass noch Zimmer frei sind und DZ ab $37 kosten (nur bei schlechter Auslastung in der off-season).

3.2 Unterkunft und Camping

3.2.1 Motels, Motor Inns, Hotels und Lodges

Situation

In den USA und speziell in Florida wird Touristen die Suche nach einer geeigneten Unterkunft leicht gemacht. Außerhalb der jeweiligen Hochsaison findet man fast überall problemlos ein Zimmer. Hotels und Motels konzentrieren sich unübersehbar an den Ausfallstraßen von Städten und Ortschaften, an typischen touristischen Routen, in Flughafennähe und in bestimmten Bereichen der Cities. ***Motels*** und ***Motor Inns*** zeigen überwiegend mit

Vacancy/No Vacancy,
Welcome/Sorry oder ganz einfach mit **Yes/No**
in Leuchtschrift deutlich an,
ob die Frage nach einem freien Zimmer lohnt.

Motels/ Motor Inns

Motels verfügen über ebenerdige oder zweistöckige (selten mehr) – von außen unkontrolliert zugängliche – Zimmertrakte und eine Rezeption, **nicht aber über eine eigene Gastronomie**. Gegen den Durst gibt`s Cola- und Eiswürfelautomaten zur Kühlung mitgebrachter Getränke.

Auf dem Lande besteht manches Motel aus einer Ansammlung sogenannter ***Cabins***, zimmergroßen Holzhäuschen mit Bad.

Motor Inns unterscheiden sich prinzipiell kaum vom Motel. In den etwas besseren *Inns* erfolgt der Zutritt zu den Zimmern wie im Hotel über die Rezeption oder Nicht-Gästen verschlossene Eingänge, nicht über ungeschützt außenliegende Türen. ***Motor Inns* der gehobenen Klasse** verfügen gelegentlich über Restaurant und Bar.

Hotels

Im Fall der **Hotels** liegen zwischen »Absteigen« und Luxusherbergen aus Glas und Marmor Welten. Gemeinsames Merkmal ist die zum Haus gehörende **Gastronomie** und die Erhältlichkeit von **Alkoholika** an einer Bar.

Parken kann in *Downtown*-Hotels kostspielig sein, da Gäste fürs ***Valet Parking*** (der Portier fährt das Auto in eine Parkgarage) extra zur Kasse gebeten werden und obendrein ein Trinkgeld anfällt.

Resorts, Lodges

In landschaftlich reizvollen Gebieten und an der Küste nennen sich Hotelkomplexe gerne ***Resort*** oder ***Lodge*** und signalisieren damit, dass **Aktivitäten** wie Golf, Tennis, Surfen, Reiten, Kanufahren, Fischen etc. geboten werden oder im Umfeld möglich sind. ***Lodges*** befinden sich in Florida u.a. in einigen der schönsten Parks in herrlicher Lage im Grünen. Solche Unterkünfte sind oft sehr populär und müssen frühzeitig reserviert werden.

Zur Art der Zimmer

Üblich sind in der Mehrheit der Unterkünfte heute ***smoking*** und ***non-smoking rooms***. Für viele bedeutsam ist auch die Entscheidung ***first or second floor***, was in Motels mit Außenkorridoren den Alternativen »gepäckgünstig, da beim Auto im Erdgeschoss« oder »ruhiger im 1. Stock, dafür mehr Gepäckschlepperei« entspricht. ***Connecting Rooms*** (zwei Zimmer mit doppelter Durchgangstür) sind für Familien ideal, können aber sonst (obwohl meist doppelt abschließbar) Abstriche in Sachen Sicherheit und Lärmbelästigung bedeuten.

Typisch für ein Motelzimmer heute: Großer Fernseher, daneben Kühlschrank, auf dem hier eine Mikro–welle steht. Im Hintergrund Waschbecken+Spiegel getrennt von WC+Dusche

Ausstattung

Die **Innenausstattung** amerikanischer Hotel- und Motelzimmer zeichnet sich durch große **Uniformität** aus: je nach Größe des Raums ein (großes ca. 2x2 m) ***Kingsize Bed*** oder zwei (kleinere ca 1,50 m x 2 m) ***Queensize Beds***, in einer Ecke Sessel/Stühle plus Tisch(chen). **Eigenes Bad und Farbfernseher** gehören zum preiswertesten Raum, ebenso eine **Klimaanlage** (in preiswerten Motels laute Kästen unter dem Fenster). Unterschiede im Preis drücken sich weniger im grundsätzlich vorhandenen Mobiliar als durch Zimmergröße, Qualität der Ausstattung und Grad der Abnutzung aus. Neuere Häuser der Mittelklasse bieten für \$80-\$120 einen Komfort, der denen in weit teureren Hotels kaum nachsteht.

Manche der in Florida sehr beliebten ***Suite Hotels*** und auch abgelegenere ***Lodges*** verfügen über gut ausgestattete **Wohnungen** oder Suiten mit Kochecke.

»Frühstück«

Gerne wirbt man mit ***Free Coffee und Free (continental) Breakfast***. Der **Gratiskaffee** bezieht sich häufig auf eine Kaffeemaschine in der Rezeption oder ein kleines Heißwassergerät im Zimmer plus einige Tütchen Pulverkaffee. **Kontinentales Frühstück** umfasst Kaffee oder Tee und ein Tablett *Donuts* und *Muffins* zur gefälligen Bedienung in der Rezeption. Einige Ketten der Mittelklasse wie ***Hampton***, ***Fairfield***, ***La Quinta*** u.a. bieten ortsabhängig ein etwas reichhaltigeres, aber selten wirklich gutes Frühstück. Wo Letzteres dennoch der Fall ist (vorwiegend in Hotels), muss dies auch entsprechend bezahlt werden. Im Übernachtungspreis enthalten ist es so gut wie nie. Motelgäste, die Wert auf ein »echtes« und preisgünstiges Frühstück legen, begeben sich zu ***McDonalds*** und ähnlichen *Fast Food*-Ketten oder in die Filialen von Restaurantketten wie ***Denny`s*** u.a., ➤ Seite 73

Pay-TV und Internet

Gratisfilme am laufenden Band (fast) ohne werbliche Unterbrechung gibt es auf den Kanälen des ***Cable-TV (HBO)***, das manche Motels abonniert haben. Bessere Häuser bieten per Hausprogramm eine Auswahl neuester Produktionen und abends Softpornos. Nach Einschalten oder nach ein paar Freiminuten wird eine **hohe Gebühr** fällig. Das gilt auch für bisweilen vorhandenes **Internet am Fernsehmonitor**, wobei eine gesonderte Tastatur bereit liegt.

WLAN/WIFI

Ab untere Mittelklasse, speziell, was die Ketten betrifft, finden heute **Laptop-Besitzer** in der Mehrheit der Hotels und Motels kostenfreien kabellosen Zugang zum Internet (WLAN) unter der Bezeichnung »**WIFI**« für ***Wireless Free Internet***, gelegentlich sind auch Gebühren fällig. Das **Passwort** gibt's an der Rezeption.

Kosten

Die Preise für die Übernachtung unterliegen erheblichen regionalen und saisonalen **Schwankungen**. Sieht man ab von Innenstädten und Brennpunkten des Tourismus zur Hochsaison, kommt man in Florida **recht preiswert** unter. Es gibt immer noch eine große Zahl einfacher Motels, die bei Belegung mit 2 Personen selbst in der Hochsaison unter $60 pro Nacht und Zimmer fordern – vor allem an Wochentagen auf dem Land und in kleinen Ortschaften. **Die Mehrheit der Unterkünfte in der durchaus akzeptablen unteren Mittelklasse liegt in Florida im Tarifbereich $70-$100**. Bei schlechter Auslastung und in der *Off-Season* sinken die Preise.

Für Florida typisches Strandmotel der Mittelklasse, hier in Clearwater Beach

3

Da es keine echten **Einzelzimmer** (*single occupancy*) gibt – mindestens steht ein Bett der Größe *Queensize* (ca. 1,50 m x 2 m) im Raum –, liegt der Preis für eine Person nur wenig unter dem für 2 Personen (*double*) oder ist sogar identisch. In ***Twin Bedrooms*** (mit Doppelbetten) können **bis 4 Personen** übernachten. Häufig – z.B. bei Eltern mit Kinder – kostet das Zimmer dann nicht mehr.

Alle Preisangaben sind netto; hinzu kommt immer die ***Sales Tax*** in Höhe von 7%-10%. Ein »richtiges« **Frühstück** ist überwiegend nicht im Zimmerpreis enthalten, ➤ Seite 57 oben.

Zimmersuche/ Hotelverzeichnisse

Man kann in den USA komplikationslos ohne Hotelverzeichnis und Empfehlungen in Reiseführern unterkommen, indem man sich ganz einfach auf die Werbung entlang von Autobahnen, an Ausfallstraßen oder in Flughäfen verlässt. Die hohe Zahl der **Hotel- und Motelketten** in allen Kategorien, deren Häuser weitgehend identisch sind, erleichtert die Unterkunftswahl. Aber darüberhinaus gibt es auch viele **unabhängige Motels und Hotels**, mehrheitlich im Billigsektor oder in der Luxuskategorie.

Tourbooks

Wer nicht ganz auf sein Glück vertrauen möchte und Wert auf ein gutes Preis-/Leistungsverhältnis bei der Übernachtung legt, besorgt sich ***Tourbooks* des AAA**, die ziemlich umfassende **Unterkunftsverzeichnisse** mit aktuellen Preisen und Daten für Häuser ab der unteren Mittelklasse mit **Discount-Angeboten für Klubmitglieder** enthalten. Auch die in vielen ***Welcome*** oder ***Visitor's Centers*** gratis ausliegenden regionalen oder auch auf den ganzen Bundesstaat bezogenen ***Accommodation/Hotel Guides*** (Unterkunfts-/Hotelführer) sind hilfreich.

Discount Coupons

In den meisten Touristeninformationen, aber auch in Hotels, Motels und Restaurants einschließlich *Fast Food* Ketten wie *McDonald`s* liegen zur freien Bedienung sog. ***Travelers*** oder ***Exit Guides*** aus, Hefte voller ***Discount Coupons*** für Hotels/Motels, die nach Orten entlang wichtiger Routen, vor allem den ***Interstate-Autobahnen***, geordnet sind und ausgeschnitten und im jeweiligen Haus vorgelegt werden können.

Solche ***Coupons*** versprechen in erster Linie dem kurzfristig anrufenden Gast Schnäppchenpreise (oft nur am Tag/Nachmittag der Ankunft) und dienen bestimmten M/Hotels dazu, ihre Auslastung zu erhöhen. Mit Glück kann man damit in guten Häusern von erheblichen Nachlässen profitieren. Das gilt natürlich in erster Linie außerhalb von Saisonzeiten und beliebten Wochenenden.

Wer flexibel ist und *Discounts* dieser Art nutzen möchte, sollte dazu bereits von unterwegs anrufen und mit explizitem Hinweis auf den Gutschein nach dem annoncierten Preis fragen:

»Do you have a room tonight at a rate of $59?
I have a coupon from the Exit Guide«.

Ein Anspruch auf Einlösung bzw. den Coupontarif besteht nicht. Der praktische Nutzen solcher Coupons ist saisonal unterschiedlich, aber oft genug ist ein guter Deal »drin«, ➤ Kasten rechts.

Discount Coupons

Häufiger noch als in anderen amerikanischen Staaten findet man in Florida *Discount Coupons* bzw. ganze Couponhefte für Hotels, Motels, Restaurants und Sehenswürdigkeiten.

Was **Unterkünfte** angeht, beziehen sich Coupons meistens auf Häuser der bekannten großen Ketten, ➢ Liste Seite 61. Manchmal versprechen sie ein prozentuale Ermäßigung (z.B. »*30% off*«), oft einen konkreten Niedrigpreis.

In der Realität ist es bisweilen schwer, diese *Coupons* wirklich mit Erfolg einzusetzen, d.h., mit ihnen Geld zu sparen. Sie dienen, so scheint es, auch dazu, potentielle Gäste überhaupt ins Haus zu locken. Man spekuliert darauf, dass zumindest ein Teil der Kunden auch dann ein Zimmer bucht, wenn aus irgendeinem Grund der Couponvorteil nicht zum Zuge kommt. So bezieht sich eine prozentuale Ermäßigung häufig auf die sogenannte *rack rate,* d.h., auf den denkbar höchsten Preis, den ohnehin niemand bezahlt, und bringt daher wenig. Bei günstigen absoluten Tarifen – etwa $39,50 oder $49,50 – gibt es oft einen Haken: entweder gilt das Angebot nicht an Wochenenden oder nicht in der Hauptreisezeit, es bezieht sich nur auf ganz wenige Zimmer, die schon alle ausgebucht sind, oder es heißt schlicht: »*Sorry, we do not accept coupons anymore*«. Für attraktive Reiseziele wie Key West oder Miami Beach, wo die *Coupons* eher selten akzeptiert werden, erspart sich meist Zeitverlust und Ärger, wer gar nicht erst *Coupon*-Angeboten »hinterherfährt«. Aber in Regionen mit dauerhaften Überkapazitäten wie z.B. im Bereich Orlando/Kissimmee lohnt es sich durchaus, auf *Coupon Discounts* zu setzen. Dort werden indessen Niedrigtarife auch schon draußen annonciert oder auf einfache Nachfrage gewährt.

Ganz anders sieht es mit ***Coupons* von Restaurants und Sehenswürdigkeiten** aus. Wenn ein Restaurant z.B. ***2 for 1*** verspricht, dann kann man damit wirklich zwei Mahlzeiten zum Preis von einer essen. Auch bei Eintrittspreisen gibt es erhebliche Ermäßigungen, die bis zu 30% betragen können. *Coupons* dieser Art werden erfahrungsgemäß anstandslos eingelöst.

Ausschnitt aus einer Gratiskarte vom Großraum Orlando (verteilt in Hotels und Touristeninformationen), die von solchen Coupons eingerahmt ist.

Senioren

Nachlässe gibt es oft auch **für Senioren**, wobei man auch schon mal ab 55 Jahren so definiert wird. Ab 60 besteht kein Zweifel mehr am discountberechtigenden Seniorenstatus, ➤ auch Seite 95.

Internet

Wer sich nicht mit den in diesem Buch empfohlenen Unterkünften begnügen und sich im **Internet** schon im voraus mit der Auswahl in bestimmten Städten/Zielen vertraut machen möchte, findet für jede wesentliche Stadt eine komplette Listung mit aktuellen Preisen z.B. unter den Portalen:

www.florida.com (sehr günstige Angebote)

www.travelnow.com/hotels

Suchmaschinen liefern im übrigen jede Menge regionaler Websites z.B. durch die Eingabe »Florida Hotels«, »Savannah Hotels« usw.

Reservierung von Unterkünften

Dank der gebührenfreien ***(toll-free)*** **800/866/877/888-Nummern** fallen bei Reservierungen keine Telefonkosten an. Über diese Nummern verfügen nicht nur Hotelketten, sondern auch viele Einzelunternehmen. Unter den nebenstehend genannten Nummern erreicht man die Reservierungszentralen.

Die **Preisgestaltung variiert selbst innerhalb ein- und derselben Kette stark**; die Tarifintervalle in Klammern geben nur einen Anhaltspunkt. An Brennpunkten des Tourismus, in Innenstädten und Airportnähe wird die genannte $-Grenze bisweilen erheblich überschritten. Auch ein Budgetmotel kann in einigen Städten und/oder zur Hochsaison leicht $70 und mehr kosten. Andererseits sind Preise in der Nebensaison unter $50 nicht selten.

Die Verteilung und Dichte von Hotels und Motels der verschiedenen Ketten ist sehr unterschiedlich. Die **Ober- und Luxusklasse** konzentriert sich dabei eher auf die **Großstädte und besonders beliebte Zielregionen**. Auf einige Namen der Mittelklasse (*Super 8, Econolodge, Ramada, Travelodge, Fairfield, Days Inn, Best Western, Holiday Inn/HI-Express, Hampton, Comfort/ Quality/Sleep Inns*) stößt man auch in Florida allerorten. Auch die preiswerteren Kettenmotels sind stark vertreten.

Einfachmotel ohne Kettenbindung der $40-$70-Kategorie mit überdachter Einfahrt (dort Rezeption und Kaffee). Auch die meisten Kettenmotels sehen so oder ähnlich aus

Die wichtigsten Motel-/Hotelketten,

soweit sie auch in Florida und weiteren Staaten im Süden der USA vertreten sind:

Obere Preisklasse ($150 und mehr)	**Courtyard**	1-800-321-2211
	Doubletree	1-800-222-TREE
	Hilton	1-800-HILTONS
	Hyatt	1-800-233-1234
	Marriott	1-800-228-9290
	Park International	1-800-437-PARK
	Radisson	1-800-333-3333
	Residence	1-800-331-3131
	Sheraton	1-800-325-3535
	Westin	1-800-WESTIN
Mittlere Preisklasse ($80-$130)	**Best Western**	1-800-528-1234
	Budgetel Inn	1-800-4BUDGET
	Comfort Inn	1-800-4-CHOICE
	Days Inn	1-800-DAYS-INN
	Drury	1-800-325-8300
	Econo Lodges	1-800-55ECONO
	Fairfield Inn	1-800-236-2427
	Hampton	1-800-HAMPTON
	Key West Inn & Suites	1-800-833-0555
	Holiday Inn (mit **Holiday Inn Express**)	1-800-HOLIDAY
	Howard Johnson	1-800-I-GO-HOJO
	La Quinta	1-800-531-5900
	Quality Inn	1-800-4-CHOICE
	Ramada Inn (mit **Ramada Limited**)	1-800-2RAMADA
	Red Lion	1-800-547-8010
	Shoney`s	1-800-222-2222
	Sleep Inn	1-800-4-CHOICE
	Super 8	1-800-800-8000
	Travelodge	1-800-578-7878
	Wellesley Inn&Suites	1-800-444-8888
Untere Preisklasse ($50-$80)	**Budget Host**	1-800-BUD HOST
	Friendship Inn	1-800-453-4511
	Hospitality Int`l (Scottish/Red Carpet/Passport u.a.)	1-800-251-1962
	Knights Inn	1-800-418-8977
	Master Inn	1-800-633-3434
	Motel 6	1-800-4MOTEL6
	Red Roof Inn	1-800-THE-ROOF
	Rodeway Inn	1-800-228-2000

3

Übernachtung und Kriminalität

Motels und Hotels verfügen mehrheitlich über eigene Parkplätze oder Parkhäuser, manchmal gibt es sogar Wachpersonal (*security*). Die Zimmer sind üblicherweise mit Spionen und zusätzlichen Verriegelungen versehen. Das gilt auch für Verbindungstüren zwischen Räumen, die als Familienzimmer genutzt werden können, ➢ auch Seite 56.

Wem Motels und Motor Inns mit von außen letztlich unkontrolliert zugänglichen Zimmern suspekt erscheinen, der findet ab der unteren Mittelklasse genug Häuser, deren Zimmer von Nicht-Gästen nur durch die Rezeption betreten werden können.

Wertgegenstände und Dokumente sollte man im zentralen **Safe** an der Rezeption deponieren, sofern es keine Zimmersafes gibt.

Neue 800-© oder 866/877/888

Sollte eine Motelkette unter der aufgeführten Nummer nicht mehr erreichbar sein, ruft man – ebenfalls gebührenfrei/***toll-free*** die **Information** an: **© 1-800-555-1212**.

Die Grenzen zwischen **Ober-**, **Mittel-** und **Untere Preisklasse** verlaufen insbesondere zwischen Unterer und Mittelklasse fließend. Ein »Untere-Mittelklasse-Haus« muss nicht unbedingt den Standard eines *Red Roof Inn* übertreffen.

Die Häuser ein- und derselben Ketten können abhängig vom Alter des Hauses und seiner Lage etc sehr unterschiedlich ausfallen. **Brauchbare Motels gibt es in Florida schon ab $50**.

Statt direkt in einzelnen Häusern anzurufen, kann man sich auch an Reservierungsagenturen wenden. Für Florida ist für günstige Preise eine der besten Intenetadressen www.florida.com, ➢ oben.

Check-in/ check-out

In **Hotels** und ***Inns*** ist *Check-in* meist erst ab 15 Uhr, *Check-out* 11-13 Uhr, während in ***Motels*** gereinigte Zimmer ganztägig bezogen werden können. *Check-out*-Zeiten sind üblicherweise 10-12 Uhr, wobei meist ein *Late Check-out* ohne Probleme vereinbart werden kann, wenn nicht schon Gäste »auf der Matte« stehen.

Sollte einem das Zimmer nicht zusagen (z.B. Aufzug oder Eismaschine direkt daneben), sollte man auf einer Alternative bestehen.

Bezahlung

In Motels muss gleich bei Ankunft gezahlt werden, bar oder per Kreditkarte. Ansonsten erfolgt zunächst nur Prüfung und Registrierung der Kreditkarte und Abrechnung aller in Anspruch genommenen Leistungen (Telefon/*Pay-TV* etc.) bei der Abreise.

Trinkgeld

Ein kleines Problem ist für europäische Touristen die Frage der richtigen **Trinkgeldbemessung**. Da die Angestellten in Hotels und Restaurants in Amerika viel stärker vom Trinkgeld abhängig sind als bei uns (➢ auch Seite 77), wird bei allen Dienstleistungen im Hotel ein ***tip*** erwartet. Überlässt man es einem ***Attendant***, den Wagen auf dem Parkplatz abzustellen (***Valet Parking***, üblich in Stadthotels ab oberer Mittelklasse), erwartet dieser nicht unter $3. Der ***Bellhop*** (Hotelpage) erhält fürs Koffertragen $1 pro Gepäckstück, der ***Doorman*** (Türsteher) $2 fürs Taxiholen und die ***Room Maid*** $2 täglich, die im Zimmer hinterlassen werden sollten.

Telefonisch richtig reservieren und stornieren

(generell zum Thema »Telefonieren in Amerika« ➢ Seite 96ff)

Damit bei einer Zimmerreservierung per Telefon alles klappt, sind ein paar Punkte **zu beachten**:

- Bei einem **Direktanruf** im Haus der Wahl sind zunächst Art des Zimmers (*Single/Double/non-smoking* etc.) und die Daten (*tonite only, 2 nights October 15-17* etc.) zu nennen. Im Fall eines **Anrufs bei der *toll-free-number* einer Kette** nennt man natürlich zuerst Staat und Stadt, in Großstädten ggf. die Präferenz für einen Stadtteil. Sind Zimmer frei, werden dem Anrufer immer auch automatisch die Tarife genannt.
- Ist man einverstanden, wird nach der Ankunftszeit gefragt. Ohne weitere Formalitäten erhält man normalerweise eine Zusage bis 18 Uhr (*6 pm*), in einigen Fällen auch 16 Uhr. Ist nicht sicher, dass man vor dieser Uhrzeit eintrifft, muss das Zimmer mit einer **Kreditkarte** »garantiert« werden. Nur so lässt sich eine anderweitige Vergabe ausschließen. Dazu müssen ***Credit Card Number*** und Verfalldatum der Karte (***Expiration Date***) zur Hand sein. Das Zimmer bleibt dann die ganze Nacht reserviert; der Preis wird der Karte belastet, egal wann – oder ob – man letztlich eintrifft.

Notieren sollte man sich unbedingt (ggf. nachhaken):

- die ***Reservation Number*** (üblich nur bei Ketten)
- die genaue Adresse des Hauses und **lokale Rufnummer**.
- bei Anfahrt mit dem Auto ggf. **Hinweise zur Lage**, z.B. *Interstate #75, Exit 26, right turn and at first traffic light left on Frontage Road.*
- im Fall eines Hotels im Airportumfeld das **Aussehen des hoteleigenen Busses**. *Vans* kleinerer Häuser sind als solche schwer zu identifizieren. Wer nicht exakt an der üblichen Stelle wartet, wird leicht »übersehen«.

Bei Absagen – *sorry, we are completely booked for that day* – kann man es mit oft guten Chancen **am Tag der Anreise ab spätem Vormittag** wieder probieren. Meist müssen die Gäste ihre Zimmer *bis Noon* geräumt haben, und oft werden dann Zimmer frei, die ursprünglich länger gebucht waren.

Ob man nun unterwegs eine bessere/preiswertere Unterkunft entdeckt oder das Ziel nicht erreichen wird, eine **feste Reservierung sollte rechtzeitig storniert werden**, sonst fallen die vollen Kosten an. Stornoanruf unbedingt **vor 18 Uhr** (ggf. früher, ➢ oben). Im Fall einer Kette ist es notwendig, die Reservierungsnummer parat zu haben, damit nichts schiefläuft. Man erhält eine Stornierungsnummer (ggf. nachfragen), die aufbewahrt werden sollte. Falls später die Kosten einer stornierten Übernachtung dennoch vom Kreditkartenkonto abgebucht werden, lässt sich ohne sie schlecht reklamieren. Wer sicher gehen möchte, notiert außerdem **Datum und Uhrzeit der Stornierung** und lässt sich den Namen der Person im Call Center geben.

Reservierung per Internet: Ob mit eigenem Laptop oder über öffentlich zugängliche Computer (im Hotel, in Bibliotheken oder Internet-Cafés), kurzfristige Reservierungen sind auch noch unterwegs per Internet möglich und haben den Vorteil der leichten Vergleichbarkeit mehrerer Alternativen.

3.2.2 Sonstige Unterkünfte

Bed & Breakfast

Amerikanische B&Bs sind nicht mit europäischen Pendants zu vergleichen, d.h., **nicht die billige Alternative zum Motel** oder Hotel. Das Preisniveau liegt überwiegend im Rahmen der oberen Mittelklasse und oft weit darüber, also **ab ca. $90/DZ** im günstigen Fall **bis ohne weiteres $300**. Dafür bieten *B&Bs* durchweg gute, individuell eingerichtete Zimmer mit Bad und immer ein üppiges Frühstück. Die teuren Alternativen befinden sich oft in stilvollen historischen Häusern mit Atmosphäre. Attraktiv an den *B & Bs* ist für viele auch der über »Familienanschluss« bisweilen erleichterte Kontakt zu Land und Leuten.

Bei ***Florida Bed & Breakfast Inns***, PO Box 6187, Palm Harbor, FL 34684 kann man eine Broschüre anfordern, die alle *B&Bs* im Staat auflistet. Informationen im Internet findet man z.B. unter www.florida-inns.com. Listen mit ***Bed & Breakfast Places*** einer Stadt/Region gibt es vor Ort in den Büros der *Tourist Information.*

Ferienwohnungen

Wer einen Badeurlaub in Florida verbringen möchte oder an eine Rundreise eine geruhsame Woche in Strandnähe anhängen will, kann auch aus einem großen Angebot an **Ferienwohnungen** und (teureren) **Ferienhäusern** wählen. Viele Touristeninformationen (Adressen im Reiseteil) vermitteln Ferienwohnungen.

Man kann zwar spontan vor Ort danach fragen und fündig werden, aber sicherer geht man bei Vorbuchung. Eine gute Auswahl an Wohnungen am Atlantik und an der Golfküste bieten USA-Reiseveranstalter wie TUI, Dertour und FTI.

Jugendherbergen/ HI Hostels

Das Jugendherbergswesen ist in Nordamerika im Vergleich zu Europa unterentwickelt. Speziell in den Südstaaten mit Florida gibt es nur wenige Jugendherbergen. Sie befinden sich aber in meist günstiger, oft schöner Lage. Die Übernachtungskosten im Mehrbettzimmer liegen in den Häusern der *American Youth Hostel Association* (***HI-Hostels***) bei $12-$25 pro Bett und Nacht.

Alternative Hostels

Eine **Alternative zu Jugendherbergen** bieten unabhängige Unterkünfte, ebenfalls (*International*) ***Hostels***. Sie verfügen ebenfalls über Mehrbettzimmer und kosten in Florida ab ca. $15 bis $36 pro Bett. Viele davon haben auch moderat gepreiste Ez/DZ. Bei ihnen geht es im allgemeinen lockerer zu als in den *HI-Hostels*. www.hostels.com und www.hostelsclub.com

Internet

Im ***Internet*** findet man alle Informationen zu AYH-*Hostels* unter www.hiusa.org, zu weiteren Billigunterkünften, die nicht zum offiziellen Verbund AYH gehören, unter www.hostels.com und www.hostelsclub.com. Dort kann auch zentral reserviert werden. Insbesondere in *Hostels* in den großen Städten kommt man ohne **Reservierung** kaum unter. Apropos Internet: freier Zugang zum Internet ist heute in den meisten *Hostels* inklusive.

Hostel Verzeichnis

Hilfreich ist das ***Hostel Handbook*** für die USA und Canada, das ca. **500 *Hostels*** und Billighotels ***for the International Traveler*** listet und **jedes Jahr im März** neu erscheint. Leser der Reise-Know-How-Reiseführer erhalten direkt beim Verlag die jeweils neueste hier verfügbare Auflage gegen **Voreinsendung von €5,00** in Briefmarken (inklusive Porti und Versandspesen):

Reise-Know-How Verlagsservice
Am Hamjebusch 29, D-26655 Westerstede

Information im Internet:

www.reisebuch.de/nordamerika/buecher/hostel_handbook
und www.hostelhandbook.com

Studentenwohnheim

Eine Übernachtungsalternative sind in den Sommermonaten (Mai bis einschließlich August) die dann teilweise leerstehenden Studentenwohnheime, die ***University Residences*** oder ***College Dormitories***. Fast jede größere Stadt verfügt über mindestens ein *College*. Das ***Department of Housing*** der jeweiligen Institution ist zuständig für die Vermietung, wobei die Bedingungen (z.B. Möglichkeit von Einzelübernachtungen) und Preise sehr variieren.

The Clay Hotel & International Hostel in Miami Beach, ➤ Seite 133

Zeltcamping im subtropisch überwachsenen Campground des Koreshan State Park bei Fort Myers

3.2.3 Camping in Florida

Die Situation

Campingplätze

Die USA bieten Campingfans Zelten unter einfachen Bedingungen in schöner Landschaft bis zum Komfortcamping für Wohnmobile alles, was das Herz begehrt. Die meisten Campingplätze sind großzügig angelegt, und die Stellplätze fürs Campmobil oder Zelt beschränken sich nicht auf wenige Quadratmeter, sondern umfassen immer ein **kleines Areal mit Picknicktisch und Grillrost**, oft auch mit Feuerstelle – Letzteres in erster Linie auf staatlichen Plätzen (➤ weiter unten).

Campingführer

Bevor man auf Camping-Tour geht, ist die Beschaffung eines Campingführers sinnvoll, selbst wenn der Campervermieter schon den ***KOA-Atlas*** (➤ unten) ins Fahrzeug gelegt haben sollte. Das ***Southeastern Campbook* des AAA** – wiewohl nicht komplett – ist das handlichste Verzeichnisse und auch für Mitglieder europäischer Automobilklubs gratis, ➤ Seite 14. Für eine Floridareise reicht es – zusammen mit den Hinweisen in diesem Buch und den unterwegs erhältlichen lokalen und regionalen Listen – völlig aus.

Die ***Florida Association of RV Parks & Campgrounds*** (ARVC) gibt jährlich eine kostenlose Broschüre heraus, die kommerziell Campingplätze im ganzen Staat auflistet und kommentiert. Man kann sie bei Florida ARVC, 1340 Vickers Road, Tallahassee, FL 32303 anfordern (✆ 850-562-7151).

Weitere Infos unter www.floridacamping.com.

»Florida Camping: The Complete Guide to Tent and RV Camping« (*Marylin Moore, Moon Publications,* August 2007, $23) enthält detaillierte Beschreibungen von über 900 *Campgrounds*. Zu finden in Buchläden vor Ort und bei www.amazon.de.

Gebühren

Auf allen **staatlichen Campingplätzen** gilt eine **pauschale Einheitsgebühr (*fee*) pro Stellplatz** unabhängig von der Personenzahl (Obergrenze 8 Personen und oft 2 Fahrzeuge). Die Gebühren werden häufig im ***Self-Registering*** Verfahren erhoben: die Camper stecken – nach Eintragung ihrer Daten – Bargeld in einen bereitliegenden Umschlag und werfen diesen in eine ***Deposit Box***.

Auf **privaten Plätzen** überwiegt die Berechnung einer Basisgebühr für 2 Personen plus Aufschlag für jeden weiteren Gast.

Hook-ups, TV und Internet

Die meisten kommerziell betriebenen *Campgrounds* und auch viele *State Parks* (➢ unten) verfügen über sog. ***Hook-ups***, Steckdosen, Wasserhahn und Abwasserloch an den Stellplätzen. Häufig sind auch ***Sites***, die nur ***Electricity and Water*** bieten. Sind alle drei Anschlüsse vorhanden, spricht man von einem ***Full Hook-up***. Oft gibt es obendrein eine **TV-Buchse** für die zentrale Satellitenschüssel oder das Kabelnetz. Neuerdings bieten viele Campingplätze mit und ohne Zusatzgebühr (*WIFI*) auch **WLAN Internetzugang**. Naturgemäß kosten Stellplätze mit Voll- oder Teilversorgung mehr als andere ohne solche Annehmlichkeit.

Dumping/ Entsorgung der Abwässer

Sogar Campmobilfahrer kommen aber gut ohne *Hook-ups* aus. Denn auf manchen Rastplätzen und *Campgrounds* ohne Anschlüsse am Stellplatz befinden sich sog. ***Dump-*** oder ***Sewage-Stations***, wo man – gegen Gebühr – Schmutzwasser ablassen und Trinkwasser auffüllen kann. Auch **Tankstellen** und ***Truck Stops*** haben bisweilen eine *Dump Station*. Mit vollen Batterien lassen sich in Wohnmobilen gut 2-3 Tage ohne **Strom** von außen und neuerliche Aufladung überbrücken.

Staatliche Campgrounds

Nationalparks

Campingplätze in ***National Parks*** liegen in Florida (dort nur *Everglades* und *Dry Tortugas National Parks* sowie *Gulf Islands Nat`l Seashore*) und anderswo in meist reizvoller Umgebung und zeichnen sich durch großzügige Aufteilung aus. Die Plätze in Florida verfügen nur über einfache sanitäre Einrichtungen. Die Kosten betragen $10-$20 je Nacht und Stellplatz, auf den Dry Tortugas $3/Person (nur Zelte).

Nationalforste

In Waldgebieten unter Bundesverwaltung betreibt der ***National Forest Service*** Campingplätze der sanitären Einfachkategorie. In Florida gibt es nur drei größere Nationalforste, die – insbesondere im ***Ocala NF*** nördlich von Orlando – außerordentlich gut angelegte und gelegene Plätze bieten.

Ausstattung und Tarife

NF-Plätze sind überwiegend im *AAA Campbook* verzeichnet. Markierungen im ***Rand McNally Atlas*** zeigen einen Teil davon und deren ungefähre Lage; vor Ort findet man Wegweiser. Die Gebühren betragen $5-$20 je nach Ausstattung und Lage.

State Parks

Florida unterhält zahlreiche ***State Parks*** in reizvoller Lage; zu vielen gehören Campingplätze. Sie verfügen mehrheitlich über einen guten sanitären Komfort mit Wasser- und Stromanschluss an den meisten Stellplätzen. Lage und Anlage sorgen fast immer für sehr **erfreuliche Campingbedingungen**. Die **Kosten** variieren; sie betragen **$12-$26/Nacht** (im Fall *Topsail Hill* im *Panhandle* sogar $38). Am teuersten sind generell die *State Parks* auf den Florida Keys. Alle Informationen zu den *Florida State Parks* gibt es im Internet:

www.dep.state.fl.us/parks oder www.floridastateparks.org

3

State Park Campgrounds sind ausnahmslos in Campingführern verzeichnet und **auf allen Karten** markiert.

Corps of Engineers

Die **Pioniere der US-Armee** (**CoE**) sind in Friedenszeiten auch mit zivilen Projekten befasst, speziell mit Staudammbau und Stauseewartung. Die von ihnen an Flußläufen und *Reservoirs* angelegten Plätze gehören überwiegend zur preiswerten Einfachkategorie (ca. 20-24 US$). In Florida gibt es ein paar schön gelegene Plätze am Caloosahatchee River/St. Lucie Canal, der via Lake Okeechobee Golf- und Atlantikküste miteinander verbindet, und am Seminole Lake nordwestlich von Tallahassee an der Grenze zu Georgia.

County Parks

Einige **Städte** und **Landkreise** unterhalten in eigener Regie Campingplätze sehr unterschiedlicher Qualität und Ausstattung. Die Kosten liegen dort eher auf moderatem Niveau.

Camping in Disneyworld zwischen dichter Vegetation mit Top Hygienestandard, Pool und jeden Abend open-air Gratiskino

Kommerziell betriebene Campgrounds

Kennzeichnung

Über die kommerziell betriebenen Campinglätze lassen sich **allgemeingültige Aussagen** nur grob machen. Alle bezüglich Komfort und Lage denkbaren Kategorien sind vorhanden. Es überwiegen Anlagen mit ***Hook-up*-Angebot** (➤ oben) und deutlich knapperem Zuschnitt der Stellplätze als auf den staatlichen *Campgrounds*. Die **Preisgestaltung** orientiert sich an Ausstattung und Nähe zu touristischen Reiserouten und -zielen. Die **preisliche Untergrenze** für einfache und/oder abgelegene Privatplätze liegt in Florida bei ca. **$20**. Im Umfeld von Attraktionen, an den Küsten und im Einzugsbereich von Großstädten wird es rasch teurer. Ab **$30/Nacht und teilweise weit mehr** (Florida Keys bis zu $100 in der Ostersaison) gibt`s dort ein betoniertes Plätzchen, meist saubere Sanitäreinrichtungen, Waschmaschinen, Pool, Minishop, TV-Raum etc., aber oft auch den Nachbarn auf Tuchfühlung.

Kampgrounds of America

Die Mehrheit der *Campground*-Betreiber ist unabhängig. Aber es gibt auch »Campingplatz-Ketten«; in erster Linie ***KOA*** mit über 400 Plätzen in den USA, davon 26 in Florida. Sie bieten ihren Gästen allerorten einen fast identischen Sanitärstandard und oft genug vorbildliche Anlagen.

Das Zentralgebäude mit allen Serviceeinrichtungen sieht bei KOA fast immer genau so aus wie hier

KOA lockt Campmobilfahrer mit einer ***Value Kard* zu $16**, die einen 10%-igen Rabatt auf die Übernachtungskosten und ab der 4. Nacht (in Vor- und Nachsaison oft von Anfang an) gelegentlich sogar 25% garantiert. Trotz Discount bleibt KOA meist in der preislichen Oberklasse **ab $30** und häufig erheblich mehr.

Internet: www.koakampgrounds.com

Good Sam

Sanitär durchweg sehr gut sind auch die ebenfalls nicht ganz billigen, aber unabhängigen *Campgrounds*, die vom ***Good Sam Club***, einer kommerziellen Camping-Organisation, eine Art Gütesiegel erhalten. Deren Qualitäten sind stärkeren Schwankungen unterworfen als bei KOA.

Internet: www.goodsamclub.com

Campingplatzreservierung

National Parks

In Florida kann man in 3 der 4 Nationalparks campen (*Everglades National Park, Dry Tortugas NP* unf *Gulf Islands National Seashore*); die Plätze in den ***Everglades*** und an der Küste der ***Gulf Islands*** lassen sich reservieren. Wer sichergehen möchte, in einem dieser Parks zum Wuschtermin unterzukommen, kann **ab dem jeweils 5. eines Monats bis zu 5 Monate im Voraus reservieren**:

www.recreation.gov, ***toll-free* © 1-877-444-6777**

NFS und CoE Campgrounds

Die Belegung der ***National Forest Campgrounds*** erfolgt mehrheitlich nach ***first-come-first-served***. Die populären Plätze im *Ocala National Forest* (ab $15) lassen sich aber zentral reservieren und zwar – ebenso wie die *Campgrounds* des ***Corps of Engineers*** – auch unter www.recreation.gov bzw. unter © wie oben.

State Parks

Alle Campingplätze in **Floridas *State Parks*** sind unter ***toll-free* © 1-800-326-3521** oder im Portal www.reserveamerica.com zu reservieren

Auf beiden hier genannten identisch aufgebauten Portalen finden sich für jeden Platz regionale Lagekarten (*google maps*), eine genaue Karte der Platzanlage und Satellitenbilder, die eine klares Bild des Geländes samt Umgebung liefern.

Reservierungsdetails staatliche Plätze

In vielen Fällen ist es möglich, sich einen spezifischen Stellplatz (am Wasser, im Schatten, in Duschanlagennähe etc.) herauszusuchen und gezielt zu reservieren. Nur bei www.recreation.gov ist eine Reservierungsgebühr ($9) zusätzlich zu zahlen. In beiden Fällen muss man sich (nur ein einziges Mal) vor der Reservierung registrieren (»*sign in*«), eine Kreditkartennummer aber erst bei konkreter Buchung angeben. Die Belastung der Campingkosten plus ggf. Reservierungsgebühr erfolgt unmittelbar danach. Den vor Ort vorzulegenden *Voucher* kann man sich selbst ausdrucken. Ein **Stornierung** zieht immer Gebühren nach sich ($10 pro Reservierung). Eine Reservierung lohnt daher nur bei festen Daten.

Kommerziell geführte Campgrounds

Alle **privat geführten Campingplätze** lassen sich telefonisch reservieren (Telefonnummern in den Campingführern und – im Fall besonders empfehlenswerter Plätze – im Reiseteil dieses Buches). Mehr und mehr Plätze verfügen über eigene ***Websites***, die man über Suchmaschinen und der Eingabe »*Camping Florida*«leicht findet. KOA-Plätze auch über www.reserveamerica.com.

Wie bei den Hotels werden Reservierungen für eine Ankunft auch nach 18 Uhr garantiert, wenn der Anrufer eine **Kreditkartennummer** nennt. Auch bei Nichterscheinen wird diese dann belastet. Es gilt daher wie bei den Hotels: unbedingt vor 18 Uhr stornieren, wenn die Platznutzung nicht erfolgt.

Campen ohne Campingplatz

National Forest

Zwar ist in *National Forests* Camping abseits offizieller Plätze (sog. ***dispersed camping***) prinzipiell erlaubt, sofern das nicht Verbotsschilder ausdrücklich untersagen, aber gerade das ist in den wenigen Staatsforsten Floridas vielenorts der Fall.

Private Property/ Parks

Sich einfach in die Landschaft zu stellen, ist weder erlaubt noch ratsam. Privatbesitz (***Private Property***) muss strikt respektiert werden. Dasselbe gilt für öffentliche Parks. **Übernachten in Campmobilen auf innerstädtischen Plätzen und Straßen überall in den USA untersagt**, Gefährdung durch **Kriminalität** zudem erheblich.

Rastplätze und -stätten

Speziell bei längeren Autobahnfahrten oder als Ausweichlösung liegt es für **Campmobilfahrer** ggf. nahe, auf Rastplätzen an *Interstates* zu übernachten. Dieses sogenannte ***Overnight Parking*** ist zwar in einer Reihe von US-Staaten erlaubt, aber ausnahmslos nicht in Florida und keinem der benachbarten Staaten. Man kann im Campmobil zur Not aber auf Parkplätzen von ***Truck Stops*** eine Nacht (gratis) überbrücken. Die weit verbreitete *Truck-Stop*-Kette ***Flying J Travel Plaza*** wirbt um Camper sogar mit *Dumping Stations* zum Leeren von Schmutzwassertanks. Der auch nachts auf solchen Plätzen vorhandene Verkehrslärm lässt diese Möglichkeit aber nur ausnahmsweise geeignet erscheinen.

Wal Marts

Die meisten Filialen der Kaufhauskette ***Wal Mart*** erlauben ***RVs*** die Nutzung ihrer **Parkplätze *overnight* – gebührenfrei**, wo nicht, steht ein Schild. In Florida gibt es über 100 *Wal Marts*.

Bombastischer Supermarkt mit Öffnungszeiten rund um die Uhr

3.3 Essen und Trinken

3.3.1 Selbstversorgung

Supermärkte

Wer sich auf einer Floridareise selbst versorgen möchte, hat damit keinerlei Probleme. Überall gibt es **Supermärkte** mit einem immensen Sortiment. Die beiden größten Supermarktketten in Florida sind ***Publix*** und ***Winn-Dixie***. Beide haben fast immer eine eigene **Bäckerei** und **Metzgerei**, zudem immer eine **Fischtheke**.

Man findet große Supermärkte an den Hauptstraßen aller Ortschaften, oft sind sie Teil eines kleinen Einkaufszentrums. Die **Öffnungszeiten** variieren stark, in größeren Orten bleiben sie oft bis Mitternacht geöffnet, gelegentlich sogar 24 Stunden. Wer dennoch einmal vor verschlossenen Türen steht, findet das Nötigste in einem der vielen, meist mit Tankstellen verbundenen ***Mini Marts***, die durchweg rund um die Uhr geöffnet sind.

Alkoholika

Im Vergleich zu anderen Staaten im Süden der USA geht man in Florida mit dem Alkohol relativ locker um. **Bier** und **Wein** gibt es in großer Auswahl in praktisch allen **Supermärkten**, hochprozentige Alkoholika aber nur in speziellen ***Liquor Stores***.

Um alkoholische Getränke kaufen oder auch in der Bar oder im Restaurant bestellen zu können, muss man 21 Jahre alt sein. Die Einhaltung dieser **Regelung** wird strikt beachtet. Bars und Kneipen, aber auch Supermärkte und *Liquor Stores* verlangen im Zweifel die Vorlage einer ID (Identity« = Personalausweis/Führerschein) zur Alterskontrolle. Hintergrund der Strenge ist, dass bei Verstößen gegen die Alkoholgesetzgebung rigoros die Schank- bzw. Verkaufslizenz aberkannt wird.

Alkoholkonsum ist auf öffentlichen Plätzen und im Auto streng verboten. Man darf auch keine geöffneten Flaschen oder angebrochen Container mit Alkoholika im Auto mitführen. Dies gilt sogar für den Kofferraum und strengenommen für den Kühlschrank des Campmobils. Selbst angetrunkene Beifahrer erfüllen bei nüchternem Fahrer den Tatbestand »Alkohol am Steuer«.

Trinkwasser

Ein Problem nicht nur in Florida ist die Wasserqualität. Amerikanisches Leitungswasser wird im allgemeinen stärker als bei uns mit Chemikalien behandelt; man riecht und schmeckt es. Für Kaffee und Tee, oft auch zum Kochen empfiehlt sich daher, das Leitungswasser zu meiden und ***Drinking Water*** aus dem Supermarkt zu benutzen. Es wird überall in 1- und 2-Gallonen-Behältern ab ca. $0,70/*Gallon* verkauft.

Preiswert einkaufen mit Kundenkarte

Viele – oft substanziell preisermäßigte – Sonderangebote in Supermärkten gelten nur für »gute« Kunden, die als solche über Kunden-/Clubkarten definiert sind. Eine Kundenkarte erhält jeder, der will, auch ein ausländischer Tourist. Man geht nur vor dem Einkauf zum »*Servicedesk*« des Marktes und läßt sich mit einer amerikanischen Adresse registrieren (mit Zip-Code=PLZ).

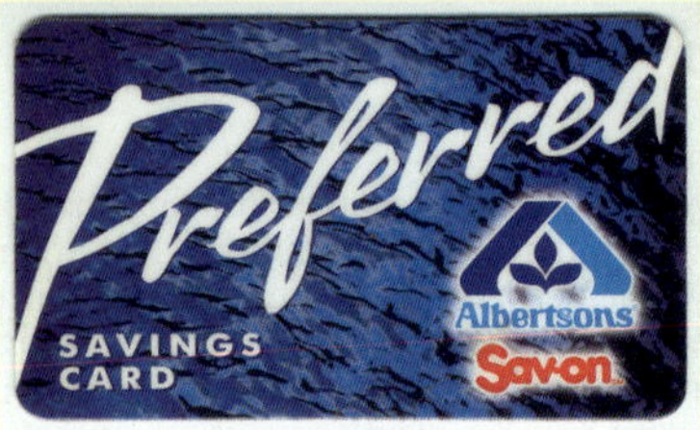

Manche Läden stellen die Karte auch direkt an der Kassse aus, obwohl das Wartezeiten verlängert. Kundenkarten eines Konzerns (Albertsons, Publix, Winn Dixie etc.) gelten für alle Märkte der Kette und weiterer zum jeweiligen Konzern gehörender Ketten in den ganzen USA und Canada.

3.3.2 Restaurants

Situation

In Florida ist die gastronomische Vielfalt beachtlich, die Palette reicht vom üblichen *Fast Food* bis zum Feinschmecker-Restaurant in allen Ausprägungen: Neben klassischer amerikanischer ist die Küche der Südstaaten ebenso vertreten wie mexikanische, karibische, asiatische und europäische Küche. Besonders empfehlenswert sind in Florida viele Fischlokale.

Fast Food- und Restaurantketten

Fast Food Places

Die großen amerikanischen **Ketten** sind auch in Florida vertreten. Bei ***McDonald's***, ***Burger King***, ***Boston Market*** und ***Hardee`s*** serviert man neben einigen spezifischen Varianten in erster Linie Hamburger und Pommes Frites (*french fries*), bei ***KFC*** (= *Kentucky Fried Chicken*) fritierte Hühnerteile mit geschmacklosen Beilagen. Bei ***Wendy's*** gibt es neben Hamburgern auch Salat und Nudelgerichte, bei ***Taco Bell***, ***Taco John`s*** und anderen Tacostätten die *Fast Food*-Version der mexikanischen Küche. Bei der ***Dairy Queen*** stehen zwar die Milchprodukte (sehr leckeres Eis und *Milkshakes*) im Vordergrund, aber auch dort geht es nicht ohne die unvermeidlichen Burger. ***Subway*** und ***Larry's Sub Shops*** sind Sandwichketten, die sich in »mehrstöckigen« Kreationen überbieten. Und ***Long John Silver`s*** hat preiswert – vor allem – frittierten Fisch und *Seafood*.

Typisches Angebot, wie man es immer wieder findet. 2 Tacos sind genug gegen den kleinen Hunger, vier davon ersetzen zur Not eine volle Mahlzeit

In Richtung *Family Restaurant* tendieren das ***Waffle House*** und das ***IHOP*** (= *International House of Pancakes*). Beide servieren alle Mahlzeiten und nicht etwa nur Waffeln und Pfannkuchen.

Wer schnell für vergleichsweise wenig Geld satt werden möchte, kommt in den Kettenrestaurants auf seine Kosten, zumal bei immer irgendwo laufenden Sonderofferten (*»Big Mac & French Fries for $1,99«* oder *»2 Tacos for the price of one«*).

Family Restaurants

Zuverlässige Adressen für den Kampf gegen den großen Hunger sind – gerne als ***Family Restaurants*** klassifizierte – **Kettenlokale mit Bedienung**, die eine Stufe über den *Fast Food Places* eingeordnet werden können. Hier ist ***Denny's*** am weitesten verbreitet, aber auch auf Namen wie ***Shoney`s***, ***Perkins***, ***Pizza Hut***, ***Steak`n Shake***, **J.Bs.** oder ***Cracker Barrel*** stößt man allerorten. Dort ist die Auswahl vor allem bei typisch amerikanischen ***Items*** (Positionen auf der Karte) groß, die durchweg in recht üppigen Portionen serviert werden. ***Denny's*** hat – wie viele *Fast-Food*-Ketten – rund um die Uhr geöffnet. Ein mengen- und preisreduziertes Angebot gibt es dort und anderswo für ***Seniors*** (oft ab 55!).

Speisenkarte des Family Restaurants »Denny's« mit kalorienträchtigen amerikanischen "Items" auf den randvollen Tellern

Und selbst im kleinsten Nest findet man meist noch ein ***Diner*** oder eine einfache **Cafeteria**, wo man eine authentischere Zubereitung in vielfach originellerer Umgebung als im Kettenrestaurant genießen kann.

Steakhäuser/ Red Lobster

Für ein preiswertes Steak und eine ***Salad Bar***, an der auch warme Gerichte zu finden sind, ist z.B. das ***Sizzler Steakhouse*** ideal. Zum Einheitspreis darf man sich an der ***all-you-can-eat-Bar*** grenzenlos bedienen. Hauptgericht ist dabei kein Zwang.

Sizzler ist auch gut mit Kindern, da oft gilt: ***Kids eat free with adults***. Aber selbst wenn nicht, immer gibt`s **Kinderteller** und -**auswahl** an der Desserttheke.

Die Steakhäuser ***Ponderosa*** und ***Bonanza*** und die ***Steak & Seafood-Kette Red Lobster*** gehören in dieselbe Kategorie wie *Sizzler* bei kleinen Unterschieden in Philosophie und Einrichtung.

Seafood Teller in einem Restaurant der Kette Bubba Gump

Restaurantküchen

Kubanische Küche

Eine besonders in Südflorida weit verbreitete und beliebte Küche ist die kubanische. **Kubanische Gerichte** sind deftig und meistens einfach. Sie bestehen neben Schweine- oder Rindfleisch aus Reis, Bohnen und *plantains* (bananenartige Frucht, die frittiert als Beilage serviert wird). Gewürzt wird mit Zwiebeln und Knoblauch; häufig sind auch Gerichte mit ***mojo*** abgeschmeckt, einer Sauce aus Knoblauch und Zitronen. Bei dem in Florida allgegenwärtigen ***Cuban sandwich*** handelt es sich um ein baguetteartiges Brötchen, das mit Schinken und Käse belegt ist. Ein ungewöhnliches kubanisches Getränk ist der Zuckerrohrsaft ***guarapo***, den man in Südflorida unbedingt einmal probieren sollte.

Mexikanische Küche

In **mexikanischen Restaurants** überwiegen in Tortillas eingerollte, mit Zwiebeln gewürzte und ggf. mit Käse überbackene Fleisch- und Hackfleischvariationen. Wer auf bessere Fleischqualität Wert legt, sollte sich beim Mexikaner an ***fajitas*** halten, marinierte und gegrillte Steakstreifen. ***Enchiladas*** und ***Burritos*** können auch mit Huhn oder – für Vegetarier – nur mit Käse und/oder Bohnen gefüllt sein. In eher innovativen mexikanischen Restaurants gibt es auch modische Abwandlungen wie Spinat-*Enchiladas* oder ***Shrimp Burritos***. Als Beilagen werden immer schwarze Bohnen (*refried* *beans*) und rötlicher, gewürzter Reis (*Spanish rice*), manchmal auch gemischter Salat und Avocadomus (*guacamole*) serviert.

Sonstige

Außer kubanischen und mexikanischen Restaurants findet man überall **italienische Lokale** mit einem großem Angebot an Pizza- und Nudelgerichten. Auch **asiatische Restaurants** sind häufig. Neben den üblichen chinesischen und thailändischen Restaurants sind in Florida ***Sushi Bars*** populär. Dank des großen Angebots an Frischfisch ist die Qualität der *Sushi*-Happen meistens sehr gut, und die Preise sind günstiger als in Europa.

Fisch/ Seafood

Auch in Lokalen, die nicht auf Fisch und Meeresfrüchte spezialisiert sind, findet man Fisch- und *Seafood*-Gerichte, in erster Linie Krabben (*shrimps*), Thunfisch (*tuna*), Lachs (*salmon*) und Schwertfisch (*swordfish*). Fisch wird gegrillt (*grilled*) oder frittiert (*deep fried*) serviert. Hier und dort gibt es auch *blackened fish*. Dabei handelt es sich um eine für die Südstaaten typische Zubereitung, die Grillen und Braten kombiniert.

Während **reine Fischrestaurants** in den Großstädten eher zur oberen Preiskategorie gehören, findet man in den Küstenorten viele einfache, durchaus preiswerte Fischlokale. Bestimmte Regionen in Florida sind für Spezalitäten bekannt: z.B. der Süden für ***Stone Crab*** (Krebs) und die Gegend von Apalachicola im Panhandle für ***Oysters*** (Austern).

Vegetarische Küche

In den bekannten Urlaubsorten Floridas und auch in allen größeren Städten ist es kein Problem, sich fleischlos zu ernähren. Viele Restaurants haben vegetarische Gerichte auf der Karte, und es gibt eine wachsende Zahl rein vegetarischer Lokale. In kleineren Ortschaften sieht es indessen schlechter aus, denn in der einfachen Küche des Südens dominiert das Fleisch. Dort sollte man beim Bestellen lieber doppelt nachfragen, ob im Salatteller wirklich kein Fleisch steckt, denn manche Bedienungen halten Schinkenstreifen oder Speckwürfel nicht für Fleisch.

Kaffeebars

Die Zeiten, in denen es in den USA keinen guten Kaffee gab, sind vorbei. Überall haben ***Coffee Bars*** eröffnet, in denen es Espresso, Cappuccino und alle möglichen Kreationen gibt, die aber nicht unbedingt jedermanns Geschmack treffen. Besonders die heute allerorten zu findenden Filialen der Kaffeekette ***Starbucks*** verkörpern die neue Kaffeekultur. Doch selbst der teuerste Edelkaffee kommt meist nur im Papp- oder Plastikbecher.

Mahlzeiten

Amerikanisches Frühstück

Das traditionelle ***American Breakfast*** ist reichhaltig und schwer. Es besteht aus Eiern, Speck oder Würstchen, *Hash Browns* (gerösteter Kartoffelpamps), je nach Geschmack kombiniert mit Pfannkuchen, Waffeln oder auch schlicht Toast. Eine in Florida – wie in anderen Südstaaten – manchmal zu findende Beilage ist außerdem ***Grits***, ein warmer Maisbrei, den man süß oder herzhaft abschmecken kann. Die Eier gibt es meistens als Rührei (*scrambled eggs*), jedoch auch als Spiegelei (*sunny side up*) oder in Form eines Omeletts. Diese Art Frühstück serviert man in Hotelrestaurants und in *Family Restaurants* wie *Denny`s* (➤ oben), in »abgespeckter« Form auch bei *McDonalds* und Co.

Continental Breakfast

Wem dies zu viel und zu schwer ist, dem bietet das ***Continental Breakfast*** die leichtere Alternative. Hier gibt es zum Kaffee einfach nur Gebäck, etwa *Donuts, Croissants, Muffins* (kleine Napfkuchen) oder *Bagels*. Manche Motels bieten ein schlichtes *Continental Breakfast* im Hause an. Wer Wert auf »richtigen« Kaffee möglichst aus einem Porzellanbecher statt aus der Styropor- oder Papptasse legt, geht in einen *Coffee Shop* oder eine *Coffee Bar*, wo immer auch ein Sandwich oder eine Auswahl an Gebäck wartet.

Lunch

Im Vergleich zum häufig üppigen Frühstück fällt das ***Lunch*** in Florida üblicherweise bescheidener aus. Sandwich oder Salat sind

ISBN 3-89662-168-X · €12,50

typische Mittagsspeisen. Viele Lokale offerieren mittags leichte Kombinationen wie ***Soup & Salad*** und berechnen mittags niedrigere Preise als abends für identische Gerichte.

Vor allem ***Steak Restaurants*** verfügen oft über eine ***Salad Bar***, an der unbegrenzt nachgefasst werden darf. Meistens sogar ohne ein Hauptgericht zu bestellen, auch wenn das nicht auf der Karte steht. Das kostet wenig und ersetzt leicht eine volle Mahlzeit.

Dinner

Im Allgemeinen wird das Abendessen in den USA **früher** serviert als in Europa. In Florida sieht man amerikanische Urlauber oft schon um 18 Uhr beim *Dinner*. Wer außerhalb großer Städte unterwegs ist, denkt besser relativ zeitig ans Abendessen, da oft schon ab 21 Uhr kein warmes Essen mehr zu bekommen ist.

Das *Dinner* ist die tägliche **Hauptmahlzeit** und besteht aus mehreren Gängen. Man beginnt mit *Appetizers* oder *Starters* (Vorspeisen), widmet sich dann dem *Main Course* oder *Entree* (Hauptgericht) und schließt mit *Dessert* (Nachspeise) und/oder Kaffee ab.

Getränke

Getränke stehen unter der Rubrik ***(Alcoholic) Beverages***. Nur ausgesprochen feine Restaurants führen eine ***Wine List***. Das ***Glas of Wine*** (*red, white*, oft ohne weitere Spezifikation), sofern man sich darauf einlässt, ist Glücksache.

Verhalten im Restaurant

Für das Verhalten in amerikanischen Restaurants gibt es eine Reihe **ungeschriebener Gesetze**, die man beachten sollte, wenn man nicht unangenehm auffallen möchte.

Please wait to be seated

Zunächst einmal stürmt man nicht einfach an den nächstbesten freien Tisch, sondern wartet auf den/die ***Host(ess)***, eine Art Empfangschef(in), der/die die Tische zuteilt. ***Non-smoking*** gilt an allen Tischen. Hat man nicht reserviert und ist gerade alles besetzt, wird man in eine Warteliste eingetragen und namentlich aufgerufen. Man muss in der Zwischenzeit nicht Schlange stehen (wiewohl es auch das gelegentlich gibt), sondern kann während der Wartezeit schon `mal einen Drink an der Bar nehmen.

Trinkgeld

Beim Bezahlen ist zu beachten, dass **Trinkgeld** (*tip*) ein Muss ist. Bedienungen verdienen in Florida sehr wenig und sind auf die Trinkgelder angewiesen. Wenn man die Rechnung (den *cheque*) erhält, rechnet man daher zur Endsumme vor (!) *Sales Tax* noch etwa 15% hinzu, bei besonders gutem Service auch 20%. Man kann den *Tip* bar auf dem Tisch liegen lassen oder es bei Kreditkartenzahlung auf dem *Credit Card Slip* eintragen und dann selbst die Endsumme ausrechnen, ehe man unterschreibt.

Wo viele ausländische Touristen sind, hat sich in manchen Restaurants – als Reaktion darauf, dass viele europäische und lateinamerikanische Gäste nicht genug Trinkgeld geben – die Unsitte breitgemacht, 15% Trinkgeld mit auf die Rechnung zu setzen. Man sollte daher seine Rechnung immer erst genau ansehen, ehe man ggf. weitere 15% hinzurechnet.

Vokabular im Restaurant

menu	Speisekarte
napkin	Serviette
cutlery	Besteck
check	Rechnung
tip	Trinkgeld

Frühstück - Breakfast

coffee	Kaffee
decaf	entkoff. Kaffee
hot chocolate	Kakao
tea	Tee
fruit juice	Fruchtsaft
cream	Sahne
milk	Milch
sugar	Zucker
sweetener	Süßstoff
scrambled eggs	Rühreier
poached eggs	pochierte Eier
eggs sunny side up	Spiegeleier
hard-boiled eggs	hartgekochte Eier
soft-boiled eggs	weichgekochte Eier
(cheese/ mushroom) omelette	(Käse- / Pilz-) Omelette
hash browns	röstiähnliche Frühstücksbeilage
french toast	weißes Toastbrot
waffle	Waffel
pancake	Pfannkuchen
maple syrup	Ahornsirup
bread	Brot
rolls	Brötchen
toast	Toast
butter	Butter
honey	Honig
jam	Marmelade
jelly	Gelee

Mittag-/Abendessen - Lunch/Dinner

appetizers/ starters	Vorspeisen
soup	Suppe
clam chowder	Muschelsuppe
broth	Fleischbrühe
gumbo	würziger Fischeintopf
tomato soup	Tomatensuppe
cream of chicken soup	Hühnercremesuppe
vegetable soup	Gemüsesuppe
mixed / green salad	gemischter / grüner Salat
corn salad	Feldsalat
lettuce	Kopfsalat
spinach	Spinat
Cesar salad	grüner Salat mit Croutons
chef's salad	gemischter Salat mit Schinken, Käse o.ä.
onion rings	fritierte Zwiebelringe
seafood salad	Salat mit Meeresfrüchten
meat	Fleisch
ham	gekochter Schinken
bacon	Speck
barbequed spare ribs	gegrillte Rippchen
beef	Rindfleisch
chop	Kotelett
filet mignon	Filetsteak
ground beef	Rinderhack
lamb	Lamm
liver	Leber
meatloaf	Hackbraten
pork	Schweinefleisch
rabbit	Kaninchen
roast	Braten
rump steak	Rumpsteak
sausages	Würstchen
t-bone steak	Rindersteak
veal	Kalbfleisch
venison	Wild
poultry	Geflügel
turkey	Truthahn
chicken	Hähnchen
duck	Ente
french fries	Pommes Frites
baked potatoes	gebackene Kartoffel in Schale
mashed potatoes	Kartoffelbrei

Gemüsearten - Vegetables

baked beans	gebackene Bohnen
cabbage	Kohl
carrots	Karotten

cauliflower	Blumenkohl
eggplant	Aubergine
corn-on-the-cob	Maiskolben
cucumber	Gurke
garlic	Knoblauch
herbs	Kräuter
leek	Lauch
lentils	Linsen
mushrooms	Pilze
onions	Zwiebeln
peas	Erbsen
peppers	Paprika
pickles	Essiggurken
pumpkin	großer Kürbis
squash	kleiner Kürbis
produce	frisches Gemüse
potatoes	Kartoffeln

Fisch und Meeresfrüchte - Fish and Seafood

catfish	Wels
cod	Kabeljau
crab	Krebs
eel	Aal
halibut	Heilbutt
herring	Hering
lobster	Hummer
oysters	Austern
perch	Barsch
salmon	Lachs
scallops	Jakobsmuscheln
sole	Seezunge
squid	Tintenfisch
trout	Forelle
tuna	Thunfisch
shrimp cocktail	Krabbencocktail
smoked salmon	Räucherlachs

Nachtisch - Dessert

apple pie	gedeckter Apfelkuchen
brownie	Schokokuchen bzw. -plätzchen
cinnamon roll	Zimtschnecke
cream	Sahne
custart	Vanillepudding
donut	Schmalzkringel
fruit salad	Obstsalat
ice-cream	Eis
pastries	Gebäck
rice pudding	Reisbrei

Obst - Fruit

apple	Apfel
apricot	Aprikose
blackberries	Brombeeren
cantaloup	Zuckermelone
cherries	Kirschen
figs	Feigen
grapes	Weintrauben
lemon	Zitrone
lime	Limone
orange	Orange
melon	Melone
peaches	Pfirsiche
pears	Birnen
pineapple	Ananas
plums	Pflaumen
rasberries	Himbeeren
rhubarb	Rhabarber
strawberries	Erdbeeren

Getränke - Beverages

alcoholic drinks	alkohol. Getränke
beer	Bier
beer on tap	Fassbier
brandy	Cognac
cider	Apfelwein
red wine	Rotwein
white wine	Weißwein
dry	trocken
sweet	lieblich
sparkling wine	Sekt
table wine	Tafelwein
soft Drinks	alkoholfreie Getränke
fruit juice	Fruchtsaft
lemonade	süßer Zitronensaft
milk	Milch
mineral water	Mineralwasser
tonic water	Tonicwasser
soda water	Selterswasser
tomato juice	Tomatensaft
root beer	»Kreuzung« aus Malzbier und Limonade (reine Chemie)

3.4 Aktivitäten

Baden/ Beachlife/ Swimming

Strände sind Hauptanziehungspunkte Floridas. Mit wenigen Unterbrechungen besteht die gesamte **Ostküste** von Fernandina Beach bis Miami mit ihren vorgelagertenn Inselstreifen hinter dem *Intracoastal Waterway* aus Dünen und hellsandigen Stränden. Von April bis Ende Oktober, ganz im Süden noch länger, liegen die **Wassertemperaturen** dort über 20°C. Wegen der flach auslaufenden Strände ist dort die **Brandung** meist nicht ausgeprägt.

Noch etwas badefreundlicher sind die Wassertemperaturen an der südlichen **Golfküste** zwischen Naples und Clearwater. Seegang beeinträchtigt dort Badefreuden noch seltener als am Atlantik.

Die unendlichen Strände des ***Panhandle*** sind zwar bei amerikanischen Urlaubern beliebt, aber bislang international weniger bekannt. Dabei gehören sie zu den **schönsten der USA**. Der Sand ist dort puderweich und blendend weiß, das Wasser sehr sauber und von türkisfarbener Transparenz, ➤ Seite 334ff. Für Badeurlaub weniger geeignet sind generell die **Florida Keys**, die Strände dort vergleichsweise schmal und dünn gesät, auf **Key West** zudem nicht sehr attraktiv und dennoch zu Saisonzeiten oft sehr voll.

Gefahren

An den Stränden Floridas lauern **kaum Gefahren**, sieht man vom gelegentlichen Auftreten von Quallen ab. Haifischangriffe kommen an der Atlantikküste Floridas zwar vor, sind aber selten, an der Golfküste so gut wie gar nicht. Am gefährlichsten ist an den Stränden Floridas die **Sonne**. Auch wer weniger sonnenempfindlich ist, sollte in Florida eine Sonnencreme mit hohem Lichtschutzfaktor benutzen.

Surfen/ Surfing

Für echte Surfer ist Florida **kein Traumziel**, denn die Bedingungen können nicht annähernd mit Kalifornien oder Hawaii mithalten – die **Wellen** sind meistens zu niedrig. Für **Anfänger** oder für Leute, die das Wellenreiten einfach mal ausprobieren möchten, sieht es anders aus. Man kann an der Atlantikküste das Surfen ganz entspannt lernen oder einfach nur mit dem Surfbrett herumexperimentieren. An der Golfküste ist das Wasser meist selbst für Anfänger zu ruhig. Zum Surfen eignet sich am besten die **mittlere Atlantikküste** zwischen Daytona Beach und Cape Canaveral und zwischen Flagler Beach und St. Augustine. Als Floridas **Surf-Hauptstadt** gilt **Cocoa Beach** bei Cape Canaveral, wo auch der bekannte ***Ron Jon's Surf Shop*** zu finden ist.

Volleyball am Strand von Pensacola (Panhandle)

Tauchen & Schnorcheln/ Diving & Snorkeling

Bei Tauchern sind die Küsten Floridas und ganz besonders die Gewässer um die Inselgruppe der **Florida Keys** sehr beliebt. Neben der bunten Unterwasserwelt der **Korallenriffe** sind die Reste gesunkener Schiffe für viele Taucher attraktiv. Es gibt sogar einen speziellen ***Shipwreck Trail***, eine Taucher-Route, die neun Schiffwracks zwischen Key Largo und Key West verbindet.

Man benötigt zum Tauchen in Florida einen **Tauchschein**, den man ggf. vor Ort in mehrtägigen Intensivkursen erwerben kann. Wer dafür keine Zeit hat oder wem Kurse und Ausrüstung zu teuer sind, kann durchaus auch mit Hilfe von **Schnorchel** und **Brille** die eindrucksvolle Unterwasserwelt Floridas erleben. Als Traumziel für Schnorchler gilt der ***John Pennekamp Coral Reef State Park*** vor Key Largo. Schnorchel und Taucherbrillen sind überall zu kaufen und werden an den Stränden der bekannteren Urlaubsorte auch stundenweise verliehen.

Angelsport/ Fishing

Angeln ist in Florida eine äußerst beliebte Freizeitbeschäftigung. In vielen Küstenorten kann man Angel-Ausflüge (***Fishing Trips***) buchen. Häufig ragen lange ***Fishing Piers*** ins Meer hinaus, von denen man seine Angel auswirft. Oft kosten solche Piers Eintritt, eine spezielle Lizenz braucht man dort aber nicht. Anders sieht es mit dem Angeln im Landesinneren aus. Wer in Seen oder Flüssen fischen möchte, muss sich zunächst einen Angelschein (*Fishing License*) kaufen, den es z.B. in Sport- und *Outdoor-Shops* gibt. Irgendwelche Kenntnisse brauchen dafür nicht nachgewiesen zu werden. Detaillierte Auskünfte erteilen jeweils die örtlichen Touristeninformationen.

Auf Flüssen und Seen sowie in Sumpfregionen sind Kanus auch in Florida populär. Auf Kanu- und Kajakverleiher stößt man an vielen Gewässern, speziell in State Parks

Kanu & Kajak/ Canoe & Kayak

Die Möglichkeiten für Kanu- und Kajaktrips sind in Florida unbegrenzt. Neben den **Küsten**, **Seen** und **Flüssen** ist es vor allem das große Sumpfgebiet der ***Everglades***, das sich für Touren per Kanu oder Kajak anbietet. Der Clou überhaupt ist der ***Wilderness Waterway*** durch das Gebiet der 10.000 Islands von Flamingo nach Everglades City durch 160 km sumpfige Wildnis (per Kanu in 4-5 Tagen machbar). Am Wege befinden sich kleine Primitiv-*Campgrounds* und sog. ***Chickees*** (Übernachtungsplattformen auf dem Wasser) weitab der Zivilisation für Leute, die sich 100%ig moskitosicher verpackt haben. In Flamingo und Everglades City können die Boote gemietet werden.

Auch in vielen ***State Parks*** und im ***Ocala National Forest*** sind Kanus zu leihen und z.B. die Quellflüsse der vielen glasklaren *Springs* abzufahren. Vom ***Koreshan State Park*** bei Fort Myers kann man auf dem Estero River ins Landesinnere oder zu vorgelagerten Inseln paddeln.

Schwimmringe/Tubes

Tubing ist ein **Wasserspaß**, den man unbedingt einmal ausprobieren sollte. Gerade im heißen Sommer in Florida bietet das *Tubing* ruhige Entspannung und Abkühlung. Im *Tube*, einem Schwimmring, der aussieht wie der Schlauch eines Traktorreifens, lässt man sich auf Flüssen und Bächen durch die Landschaft treiben. Die populärsten Wasserläufe zeichnen sich durch geringe Tiefen, mäandernden Verlauf, kleine gefahrlose Stromschnellen und angenehme Wassertemperaturen aus. Das Problem der »Einbahnstraße« Fluß lösen Firmen, die ***Tubes*** verleihen und ihre Kunden per Bus zu einem ein bis drei Planschstunden entfernten Ausgangspunkt befördern, so z.B. im ***Ichetucknee Springs State Park*** bei Hildreth/Fort White im zentralen Nordflorida. Auch in einigen Wasserparks wie *Disneys Typhoon Lagoon* und *Blizzard Beach* umrunden fürs *Tubing* geschaffene »Wasserläufe« das Gelände.

Wandern/Hiking

Wandern gehört nicht zu den bevorzugten Aktivitäten Floridas. Aber in den Nationalparks, in den meisten *State Parks* und anderweitigen Naturschutzgebieten sind **Wege** (*Hiking Trails*) für kurze und mittlere Wanderungen angelegt, viele davon als ***Nature Trails*** mit Lehrcharakter, wo auf Tafeln und Schaubildern, Landschaft, Geschichte, Flora und Fauna der Region kommentiert und erklärt werden.

Golf

Kein Wunder, dass ***Tiger Woods*** in Florida lebt: die Bedingungen zum Golfen sind ideal, und es gibt im Sonnenstaat über tausend **Golfplätze** – mehr als in jedem anderen US-Staat. Golfen ist in Florida – wie auch sonst in den USA – preiswerter als in Europa.

Die offizielle Touristeninformation des Staates verschickt einen **kostenlosen Golf-Führer**, anzufordern bei ***Visit Florida***, 661 East Jefferson Street, Tallahassee, FL 32301 oder telefonisch unter © **001-850-488-8474**. Infos im Internet: www.playfla.com.

Golf in Florida: Der Alligator ist echt und scheint nicht weiter zu beunruhigen

Auch wer es vorzieht, nur zuzuschauen, liegt in Florida richtig, dort werden viele hochkarätige Turniere ausgetragen. Gleich fünf ***PGA-Turniere*** finden in Florida statt: das ***Doral Ryder Open*** (Ende Februar/Anfang März bei Miami), das ***Honda Classic*** (Anfang März bei Coral Springs), das ***Bay Hill Invitational*** (Mitte März in Orlando), das ***Players Championship*** (Ende März in Ponte Vedra Beach nördlich von St. Augustine) und das ***National Car Rental Classic*** (im Oktober in *Disney World*).

Wenn nicht Golf, dann vielleicht Minigolf? Anlagen dafür gibt es allerorten. Sie sind oft fantasievoll angelegt und auf den ersten Blick als solche kaum zu erkennen

Tennis

Tennisspieler sollten ihre Rackets nicht vergessen. Vielenorts findet man – meistens in öffentlichen Parkanlagen – allgemein zugängliche **gebührenfreie Plätze**. Zu größeren Hotels und Resortkomplexen, manchmal sogar Campingplätzen gehören immer Tenniscourts, deren Benutzung meistens für Gäste frei ist. Tennisschläger sind – nebenbei – deutlich billiger als bei uns.

Vogelbeobachtung/ Bird Watching

Das **Vogelbeobachten** ist in den USA und so auch in Florida ein regelrechter Volkssport. Ob in den *Everglades*, im *Corkscrew Swamp* oder an den Küsten, oft sieht man mit Ferngläsern ausgerüstete Gruppen auf der Suche nach exotischen Vogelarten. In Florida gibt es etwa 180 einheimische Arten und dazu noch etwa 300 Zugvogelarten, die sich zumindest zeitweise dort aufhalten. Als beste Gebiete zum *Bird Watching* gelten der ***Corkscrew Swamp*** bei Naples (➤ Seite 384), das ***Shark Valley*** am Rand der *Everglades* (➤ Seite 387), das ***Ding Darling National Wildlife Refuge*** auf Sanibel Island (➤ Seite 380) und das ***Merritt Island National Wildlife Refuge*** bei Cape Canaveral (➤ Karte Seite 202).

Kulturelle Erbauung/ Cultural Sights

Ein lückenloser Besuch aller wesentlichen **historischen Sehenswürdigkeiten** und **Museen** Floridas würde eine lange Studienreise ausfüllen. Florida verfügt über imposante alte Küstenforts, einige sehenswerte Ante Bellum-Plantagen und eine ganze Reihe exzellenter Kunstsammlungen und technischer Museen. Viele davon sind in architektonisch beachtlichen Gebäuden untergebracht, teils historischen Vorbildern nachempfunden, teils ultramodern.

Vergnügungsparks/ Theme Parks

Die meistbesuchten Sehenswürdigkeiten in Florida sind die bekannten Themenparks bei Orlando. Hier ist ***Walt Disney World*** mit vier Parks der Marktführer. Zu den wichtigsten Konkurrenten gehören ***Universal*** mit zwei Parks und der große Marinepark ***Sea World***. Man könnte allein in der Umgebung von Orlando einen längeren Urlaub verbringen und dabei täglich neue Attraktionen besuchen. Das wäre indessen nicht nur sehr teuer, da der Eintritt für die bekanntesten Parks mittlerweile inklusive Steuern über $70 pro erwachsener Person/Tag (Kinder 3-9 Jahre über $60) kostet, es wäre auch schade, denn die »echten« Sehenswürdigkeiten Floridas gibt es dort nicht zu sehen.

Shopping

Von Muscheln, Naturschwämmen und dem eher bescheidenen Angebot an indianischem Kunsthandwerk der Seminolen einmal abgesehen, gibt es kaum typische Florida-Produkte. In Ybor City (➤ Seite 354) und Key West (➤ Seite 163) kaufen Urlauber gerne **Zigarren** als Mitbringsel; ansonsten bleibt kaum mehr als Florida T-Shirts und jede Menge Souvenirs für alle Geschmäcker.

Wer **exklusive Shoppingzonen** mag, wird in Florida u.a. am **Las Olas Boulevard** in Fort Lauderdale, im ***Mayfair Shopping Center*** in Coconut Grove und entlang der **Worth Avenue** in Palm Beach fündig. Preiswerter ist es in den ***Factory Outlet Malls***. Das bekannteste Zentrum dieser Art ist *die* ***Sawgrass Mills Factory Outlet Mall*** in Sunrise bei Fort Lauderdale. Dieser in der Form eines Alligators gebaute riesige Komplex ist die größte *Factory Outlet Mall* der Welt und zieht jährlich 20 Mio. Besucher an.

Wahnsinnsrollercoaster Incredible Hulk im Vergnügungspark Islands of Adventure, *➤ Seite 251*

3.5 Alles Weitere von A bis Z

Abkürzungen

Einige wichtige Abkürzungen, denen man unterwegs immer wieder begegnet und die auch in diesem Buch vorkommen, sind:

AAA	AmericaAutomobile Association/ Amerikanischer Automobilclub
A/C	Air Conditioning/Klimaanlage
a.m.	vormittags
ATM	Automated Teller Machine/Bankautomat
Ave	Avenue
Bldg	Building
Blvd	Boulevard
Hwy	Highway
I-75	Interstate-Autobahn Nummer 75
ID	Identity Card/Ausweis
Ln	Lane
NP	National Park
ORV	Off-Road Vehicle
pm	nachmittags
Rd	Road
RV	Recreational Vehicle/Wohnmobil
St	Street

Apotheken

Reine Apotheken (***Pharmacies***), wiewohl hier und dort vorhanden, findet man relativ selten. Meistens ist bestimmten *Drugstores* und großen Supermärkten eine *Pharmacy* zugeordnet, wo es nicht verschreibungspflichtige Medikamente in Selbstbedienung gibt. Rezeptpflichtige Medikamente werden an einer Sondertheke für ***Prescriptions*** ausgegeben.

Ärzte und Zahnärzte

Vor einer Reise nach Florida sollte unbedingt eine Reisekrankenversicherung abgeschlossen werden. Es kommt vor, dass eine Behandlung auch im Notfall verzögert oder sogar abgelehnt wird, wenn unklar ist, wie und ob sie bezahlt werden kann. Trotz einer insgesamt hohen Dichte bei der ärztlichen und zahnärztlichen Versorgung, ist es in den USA für Touristen bisweilen nicht einfach, einen Arzt (***Physician***) oder Zahnarzt (***Dentist***) zu finden bzw. einen Termin zu erhalten. Im Prinzip benötigt man lokale »Fürsprache«, etwa des Hotel- oder Campingplatzpersonals. Relativ zwecklos ist der Versuch, ohne Anmeldung in einer beliebigen Praxis (***Doctor's Office***) vorzusprechen. Eine Ausnahme bilden ***Walk-in Clinics***, auf »Laufkundschaft« eingestellte Gemeinschaftspraxen, die man in Städten ab mittlerer Größe findet. Mit

akuten Beschwerden und **Verletzungen** kann man sich direkt zum ***Emergency Room*** (Notaufnahme) des nächstgelegenen Hospitals begeben. Bei Problemem hilft ggf. die Touristenorganisation ***Traveler's Aid*** weiter (➤ im lokalen/regionalen Telefonbuch). In *National* und *State Parks* sind die ***Ranger*** Ansprechpartner und meist sehr hilfsbereit.

Notfälle

Die im ganzen Land gültige Telefonnummer für Notfälle aller Art *(Emergencies)* ist 911.

Banken

Eine Bankfiliale findet sich noch im kleinsten Ort. Die meisten akzeptieren die gängigen **Reiseschecks**, zahlen aber den Nennwert häufig nur nach Gebührenabzug aus. Gelegentlich gibt es eine Summenbegrenzung bei der Entgegennahme. Meist muss der Pass vorgelegt werden. Das gilt ausnahmslos für die Auszahlung von Bardollars gegen Kreditkarte ***(Cashing)***. Die Mehrheit der Banken honoriert ***Mastercard*** (***Eurocard***) und ***VISA***. Banken öffnen üblicherweise montags bis freitags (manchmal auch samstags) um 9 Uhr und schließen bei durchgehender Geschäftszeit bisweilen bereits um 14 Uhr, nur selten später als 16 Uhr. Geldautomaten (***ATM***: ***A****utomated* ***T****eller* ***M****achine)* stehen für Abhebungen mit *Credit Card* oder EC-Karte rund um die Uhr zur Verfügung.

So können Banken auch aussehen (in Orlando)

Behinderte

Florida ist – wie die gesamten USA – **vorbildlich** auf Behinderte eingestellt. Es gibt fast immer behindertengerechte Eingänge, Hotel- und Motelzimmer, WCs, etc. Überall sind Parkplätze für Behinderte reserviert. Einige der größeren Leihwagenfirmen (z.B. *Avis* und Dollar) haben auch behindertengerechte Autos im Programm. Themenparks sind voll für Rollstuhlfahrer eingerichtet. Seit dem ***Americans with Disabilities Act*** von 1990 müssen auch die amerikanischen Fluggesellschaften dafür sorgen, dass ihre Maschinen für Behinderte zugänglich sind.

Gerade für Reisende mit speziellen Bedürfnissen bietet das **Internet** Informationen und Hilfe. Unter den Adressen www.disabeled travelers.com oder www.access-able.com findet man u.a. Reiseführer, Reisebüros und Newsletters, die sich ganz auf die Bedürfnisse Behinderter spezialisiert haben.

Botschaften und Konsulate

Die diplomatischen Vertretungen des eigenen Landes in den USA sind für Touristen normalerweise nur von Interesse, wenn **Not am Mann** ist, in erster Linie bei Verlust der Finanzen und der Papiere. Soweit »lediglich« Reiseschecks und Kreditkarten abhandengekommen sind, helfen die ausgebenden Organisationen und Eigeninitiative, ➤ Seite 47. Ist der **Pass weg**, lässt sich der Gang zur heimischen Botschaft bzw. zu den Konsulaten nicht vermeiden. Die Adresse des jeweils nächstliegenden Konsulats erfährt man bei seiner **Botschaft**:

Deutschland: ***Embassy of the Federal Republic of Germany***
4645 Reservoir Road NW
Washington DC 20007
✆ (202) 298-4000; Fax (202) 298-4245
Internet: www.germany.info

Schweiz: ***Embassy of Switzerland***
2900 Cathedral Ave NW
Washington DC 20008
✆ (202) 745-7900; Fax (202) 387-2564
Internet: www.swissemb.org

Österreich: ***Austrian Embassy***
3524 International Court NW
Washington DC 20008
✆ (202) 895-6700; Fax (202) 895-6750
Internet: www.austria.org

In Florida gibt es folgende **Konsulate:**

Deutschland: **Generalkonsulat** der Bundesrepublik,
100 N Biscayne Boulevard, Suite 2200,
Miami, ✆ (305) 358-0290, Fax (305)-358-0307.

Honorarkonsulat, 4500 Executive Dr, Suite 210,
Naples, ✆ (239) 596-6020, www.henning-law.com

Österreich: **Honorarkonsulat**, Suite 200, Republic Building,
1454 N.W. 17th Avenue,
Miami, ✆ (305) 325-1561, Fax (305) 325-1563

Schweiz: **Honorarkonsulat**, 825 Brickell Bay Dr, Suite 1450
Miami, ✆ (305) 377-6700, Fax (305) 377-9936

Elektrischer Strom

Die USA verfügen über ein Wechselstromnetz mit nur 110-125 Volt Spannung und einer Frequenz von 60 Hertz. Apparaten, die sich auf 110/125 V umschalten lassen, schadet der Frequenzwechsel von 50 auf 60 Hertz nicht; Rasierapparate laufen etwas rascher. Vor allem Ladegeräte fürs Handy oder Laptop passsen sich heute automatisch an. Adapter für unsere Stecker findet man leichter und billiger bei uns im Kaufhaus als in Florida, wo die beste Adresse Läden der Kette ***Radio Shack*** sind.

Feiertage

Auf einer Floridareise muss man sich um Feiertage keine großen Sorgen machen, denn die meisten Sehenswürdigkeiten, Vergnügungsparks, Geschäfte und Restaurants sind **immer geöffnet**. Schulen, Behörden und – für Urlauber wichtiger – **Banken**, sind jedoch an Feiertagen geschlossen. Manche offiziellen Feiertage werden jedes Jahr neu datiert, damit sie immer auf einen Montag fallen und den Arbeitnehmern so ein langes Wochenende sichern.

Feiertagsbezeichnung	Datum	Erläuterung/Bedeutung
New Years Day	1. Januar	Neujahrstag wie bei uns
Martin Luther King Day	3. Montag im Januar	Gedenktag an den ermordeten Prediger wider den Rassenhass
President`s Day	3. Montag im Februar	an sich Washingtons Geburtstag, heute Feiertag zu Ehren aller ehemaligen Präsidenten
Good Friday	Freitag vor Ostern	Karfreitag, nur bedingt ein Feiertag
Memorial Day	Letzter Montag im Mai	Tag zur Ehrung aller Gefallenen. Das Wochenende läutet den Sommer ein
Independence Day	4. Juli	Unabhängigkeitstag, wichtigster Feiertag der USA, Umzüge und Paraden, Feuerwerk
Labor Day	1. Montag im September	Tag der Arbeit, wie bei uns der 1. Mai. Ende der Feriensaison
Columbus Day	12. Oktober	Gedenktag an die Entdeckung Amerikas
Veteran`s Day	11. November	Ehrentag für die Veteranen der US-Armee
Thanksgiving (»*Turkey Day*«)	4. Donnerstag im November	Erntedankfest, großer Familientag
Christmas Day	25. Dezember	Nur **ein** Weihnachtstag

Fernsehen

Private Stationen

Das amerikanische Fernsehen mit zahlreichen Kanälen wird von einer Handvoll großer, auf privatwirtschaftlicher Basis operierender Gesellschaften dominiert. Gegen die in kurzen Abständen von Werbung unterbrochenen überwiegend seichten Programme wirkt das Angebot unserer öffentlich-rechtlichen Sender super intellektuell, und auch unsere Kommerzsender schneiden im Vergleich dazu nicht schlecht ab. Die »locker« gemachten amerikanischen Nachrichten vermitteln mehr noch als bei uns nur Informationen in krasser Momentaufnahme, außerdem sind sie viel stärker auf ***National News*** beschränkt.

Nachrichten

International berichtenswert ist nur, was die Politik und Interessen der USA direkt tangiert oder Sensationswert besitzt. Die Welt außerhalb der USA ist für den durchschnittlichen US-Fernsehkonsumenten daher *terra incognita*.

Talk-Show

Die täglichen *Talkshows* sind vielfach witzig und unterhaltsam, plätschern aber ohne Tiefgang oft noch flauer dahin als bei uns. Insgesamt besitzen **anspruchsvollere Sendungen Seltenheitswert**.

Kabel

Für alle, die der Werbebotschaften überdrüssig sind, kommt **werbefreies Kabelfernsehen gebührenpflichtig** ins Haus. Filme am laufenden Band von jugendfrei bis Softporno ohne Unterbrechungen durch Werbespots gibt es auf speziellen ***Movie Channels***. Viele Hotels und Motels werben damit.

FKK

Nacktbaden ist an der ***Haulover Beach*** nördlich von Miami Beach erlaubt, ansonsten aber in Florida nicht. »Oben-ohne« wird auf **Party-Stränden** wie South Beach (gehört zu Miami Beach), Key West, Daytona Beach, Panama City Beach und auch in manchen Urlaubsanlagen toleriert, ist aber andernorts unüblich.

Fotografieren

Fotografieren mit Digitalkameras

Speicherchips für Digitalkameras sind trotz des niedrigen Dollar nicht viel billiger als bei uns. Man findet sie u.a. in den Fotoabteilungen der Kaufhäuser wie *Walmart*, *K-Mart*, *Target* und in den flächendeckend vorhandenen Läden der Elektronik-Kette ***Radio Shack*** (www.radioshack.com). Wer digital fotografiert, nimmt am besten ausreichend Kapazität für die Reise mit oder einen externen Speicher bzw. den Laptop, um darauf das »Tagespensum« abzuladen und den Chip wieder frei zu haben.

Indessen kann man sich unterwegs mehr und mehr für ein paar Dollar **Daten vom Speicherchip auf eine CD brennen** lassen und derart den Speicher wieder frei machen.

Dia-Filme in den USA

Diafilme sind in den USA immer schwerer aufzutreiben (insbesondere bei anderen als Standardempfindlichkeiten von 64/100 ASA), seitdem mehr und mehr digital fotografiert wird. Sie sind obendrein teurer als bei uns. Wer noch Dias macht, sollte daher das voraussichtlich benötigte Filmmaterial mitnehmen. Das gilt speziell für andere Marken als Kodak. Sie sind drüben kaum noch zu finden, gelegentlich in Fotoshops noch Dia-Filme von *Fuji*.

Wenn der Vorrat an mitgebrachten Filmen ausgeht, empfiehlt sich ein Nachkauf von Filmen der ***Kodak-Ektachrome***-Serie. Viele Labors bei uns entwickeln sie relativ preiswert.

Negativ-Filme

Negativfilme sind im Gegensatz zu Diafilmen wie bei uns billiger geworden, aber selten so günstig wie heute hierzulande.

Neben Filmen sollte man auch eine **Ersatzbatterie** für die Kamera mitnehmen, um aufwendiges Suchen nach der richtigen Batterie zu vermeiden. Auch den **UV-Filter** darf man nicht vergessen, denn die Sonneneinstrahlung ist in Florida häufig extrem.

Hurrikan

Ein *Hurricane* ist ein **Orkan**. An den Küsten Floridas sind Orkane keine Seltenheit; der Sturm wird von intensiven Regenfällen und häufig auch von **Überflutungen** begleitet. Orkane kommen nur in der ***Hurricane Season*** zwischen Juni und November vor – besonders von Juli bis September. Sie richten teilweise böse Schäden an, so in Florida am schlimmsten von allen *Hurricane Andrew* 1992. Im Jahr 2004 zogen gleich vier schwere Hurrikane hintereinander über Florida und richteten böse Schäden an, u.a. waren die vorgelagerten Inseln der Ostküste, Sanibel und Captiva Island im Westen stark betroffen. Sicher allen noch gut erinnerlich ist der **Hurrikan Katrina**, der Ende August 2005 in New Orleans und an der Mississippi Küste für extreme Überschwemmungen sorgte, schwerste Verwüstungen, viele Tote und Hundertausende Obdachlose verursachte, ➢ Seite 308. Florida blieb davon unberührt.

Die Unwetter kommen aber nie überraschend. Sie werden früh in den Wetterberichten angekündigt, so dass Zeit bleibt, um gefährdete Gebiete zu verlassen. Überall gibt es Evakuierungszentren und ausgeschilderte Routen, denen man im Notfall folgen muss.

Kinder

Florida ist ein ausgesprochen **kinderfreundliches** Reiseziel. In Restaurants gibt es immer Kinderstühle und spezielle Gerichte für Kinder. Viele **Museen** haben Kinderabteilungen, in denen die Inhalte spielerisch vermittelt werden. Auch schöne Spielplätze zum Austoben findet man in Florida leicht. Viele Campingplätze und *Fast Food*-Restaurants haben attraktive Kinderspielanlagen.

Kinder mit nach Florida zu nehmen, muss nicht teuer sein. Die Miete von Leihwagen und Campern ist unabhängig von der Anzahl der Insassen, ebenso der Eintritt in *National* und *State Parks*. Staatliche Campingplätze, ➢ Seite 67, kosten mit Kindern keinen Dollar mehr. Auf kommerziell geführten *Campgrounds* und in Motels/Hotels bezahlt man in Abhängigkeit vom Alter der Kinder ebenfalls keinen oder einen nur geringen Aufpreis. Ein wirklich **teurer Spaß** sind indessen die Vergnügungsparks. Kinder

Toller Abenteuerspielplatz im öffentlichen Turkey Lake Park bei Orlando - gar nicht mal weit weg von den teuren Kommerzvergnügungen

ab zehn (!) Jahren zahlen oft schon den **vollen Erwachsenenpreis**, und niemand fragt, ob die erwachsenen voll zahlenden Begleiter ohne das Kind/die Kinder überhaupt den Park besuchen würden.

Klimaanlagen

In Anbetracht der in Florida enormen sommerlichen Hitze sind Klimanlagen/***Air Conditioner*** dort nicht wegzudenken. Leider besteht oft die Tendenz zur Übertreibung. Eisiger Wind empfängt bisweilen die Besucher von Restaurants, Banken und *Shopping Malls*. **Hotelzimmer** besitzen ausnahm slos *Air Conditioning*. Auch alle **Mietfahrzeuge** verfügen über Klimaanlagen. Oft fährt man mit ein bißchen Fahrtwind angenehmer. Ganz besonders mit Kindern im Auto ist Zurückhaltung beim Umgang mit *AC* angezeigt. Erkältungskrankheiten sind leicht die Folge eines allzu extremen Wechsels zwischen Backofenhitze draußen und vergleichsweise niedrigen Temperaturen im Wagen.

3

Lesen - Literatur

Ob als **Einstimmung** und Vorbereitung auf eine Reise nach Florida oder als **Urlaubslektüre**, die folgenden Titel sind eine kleine Auswahl an Romanen, in denen es um Florida geht.

Bartholomew, Nancy, ***Film Strip*** (2000); Krimi um einen Strip-Club in Panamy City im Panhandle.

Buchanan, Edna, ***Miami, Its Murders*** (2000); packender Roman, der in der Unterwelt von Miami handelt und den Alltag einer Polizeireporterin schildert.

Cummings, Betty Sue, ***Say These Names – Remember Them*** (1984), Roman über die Seminolen-Indianer.

Dorsey, Tim, ***Orange Crush*** (2001); amüsanter politischer Roman über einen Gouverneurswahlkampf in Florida.

Garcia-Aguilera, Carolina, ***Bloody Waters*** (1996); eine kubanisch-amerikanische Detektivin untersucht Verbrechen in Miami.

Glassman, Steve, ***Blood on the Moon*** (1990); Roman über den legendären Seminolen-Häuptling *Osceola.*

Graham, Heather, ***Trail from St. Augustine*** (1993); historischer Roman über die älteste weiße Siedlung in den USA

Hemingway, Ernest, ***To Have and Have Not*** *(*1937; deutsch: »Haben und nicht haben«*)*. Der weltberühmte Autor arbeitete zwar an vielen Werken, während er in Key West lebte, dies ist aber der einzige Roman, der auch vor Ort spielt.

Hiaasen, Carl, ***Skin Tight*** (1990; deutsch: »Unter die Haut«), ***Stormy Weather*** (1995; deutsch:. »Stürmische Zeiten«), ***Tourist Season*** (1986). Diese und andere Romane von *Carl Hiaasen* haben viel Lokalkolorit und befassen sich kritisch und humorvoll mit den Zuständen im Florida Ende des 20. Jahrhunderts.

Hurston, Zora Neale, ***Their Eyes Were Watching God*** (1937, deutsch: »Und ihre Augen schauten Gott«). Der bekannteste Roman der afro-amerikanischen Autorin aus Eatonville spielt in verschiedenen Gegenden Floridas, u.a. in den *Everglades.*

Michener, James A., ***Recessional*** (1994), Roman über das Altern in einer Seniorensiedlung in Florida.

Rawlings, Marjorie Kinnan, ***The Yearling*** (1938; deutsch: »Frühling des Lebens«). In diesem mit dem Pulitzer-Preis ausgezeichneten Roman beschreibt die Autorin eine Kindheit in der ländlichen Gegend, die heute zum *Ocala National Forest* nördlich von Orlando gehört. ***Cross Creek*** (1942; deutsch*:* »Meine Pflanzererlebnisse in Florida«), Autobiographie der Autorin.

Sanchez, Thomas, ***Mile Zero*** (1989). Die Story spielt in der exzentrischen Unterwelt von Key West.

Sanders, Lawrence, ***McNally's Chance***, (2001), Krimi, der in der High Society von Palm Beach spielt.

White, Randy Wayne, ***Sanibel Flats*** (1990), ***The Heat Islands*** (1992), ***Captiva*** (1996), ***Ten Thousand Islands*** (2000). Dies sind nur vier aus einer ganzen Serie von spannenden Romanen dieses Autors. Sie spielen alle in der Umgebung von Sanibel Island und an der Golfküste.

Maße & Gewichte

Obwohl die Einführung metrischer Maß- und Gewichtseinheiten seit Jahren gesetzlich beschlossene Sache ist, findet man bis heute nur in Broschüren und auf Wegweisern der Nationalparks so exotische Angaben wie Kilometer, Liter und Celsius. Ansonsten gelten *Miles, Gallons, Pounds* usw.:

1 inch			2,54 cm
1 foot	12	inches	30,48 cm
1 yard	3	feet	91,44 cm
1 mile	1760	yards	1,61 km

1 acre	4847	square yards	0,405 ha
1 square mile	640	acres	2,59 km^2
1 fluid ounce			29,57 ml
1 pint	16	fluid ounces	0,47 l
1 quart	2	pints	0,95 l
1 gallon	4	quarts	3,80 l
1 barrel (Öl)	42	gallons	158,97 l
1 ounce			28,35 g
1 pound (lb)	16	ounces	453,59 g
1 ton	2000	pounds	907,19 kg

Notfälle – Notfall-© in deutscher Sprache 1-888-222-1373

Die **Notrufnummer 911** gilt überall in den USA, ganz gleich, ob es sich um Verkehrsunfälle, Verbrechen oder Feuer handelt.

Das **Service-©** von ***Visit Florida*** ist ebenfalls rund um die Uhr besetzt und kann bei Notfällen etc. *toll-free* angerufen werden:

© 1-800-656-8777

Öffnungszeiten

Behörden sind meistens von montags bis freitags, jeweils 9-17 Uhr geöffnet, **Banken** ebenfalls nur montags bis freitags ab 9 Uhr (oder bisweilen 10 Uhr) bis 15 Uhr (oder 16 Uhr). Manche haben *Drive-through*-Schalter, die länger offen gehalten werden.

Einzelhandelsgeschäfte öffnen oft erst um 10 Uhr und schließen bereits um 18 Uhr, in **Einkaufszentren** ggf. erst um 20/21 Uhr. In allen größeren Städten und an den Ausfallstraßen selbst mittelgroßer Ortebleben viele **Supermärkte rund um die Uhr** geöffnet.

Die Öffnungszeiten der **Museen** variieren stark, viele sind montags geschlossen (Angaben zu einzelnen Museen im Reiseteil).

Post

Postämter befinden sich noch im kleinsten Nest und sind dank der zu den Schalterstunden immer aufgezogenen **Nationalflagge** selten schwer zu finden.

Die landesweiten **Öffnungszeiten** sind Mo-Fr 9-17 Uhr oder bis 18 Uhr, Sa 8-12 Uhr.

Briefmarken gibt es meistens auch in Hotels und in Geschäften, die Postkarten verkaufen, außerdem in **Automaten** in Supermärkten und Einkaufszentren. Dort jedoch zahlt man einen Aufschlag für diesen Service, d.h., ein Nennwert von beispielsweise $0,40 kostet $0,50 oder ähnlich.

Briefkästen erkennt man an der blauen Farbe und der Aufschrift ***US Mail***. In Hotels und Motels kann man Postkarten und Briefe an der Rezeption abgeben.

Ochopee Post Office

ein Essay von Hans Löwenkamp, ➢ Seite 76

Stell dir vor, du willst deinem Onkel in der *Miccosukee Indian Reservation* eine Freude machen und ein Kistchen Whisky schicken, und das schickst du dann mit der Post nach Ochopee am *Tamiami Trail* mitten in der *Big Cypress National Preserve* zwischen Naples und Miami. Womöglich noch postlagernd, damit dein Onkel nicht vom Briefträger bei der Siesta gestört wird, sondern in Ruhe sein Sumpfboot rüsten und das Ding in Ochopee abholen kann. Du ahnst ja nicht, welche Probleme du der lokalen Postbehörde bereiten würdest.

Ich spreche nun nicht von den Gefahren der Anreise durch die unheimlichen *Everglades,* von den rechts und links des *Highway* No. 41 gut sortiert im Sumpf lauernden Alligatoren, die bekanntlich nur auf das Postauto warten, um es bei der Haxe zu packen und sich zum Zwecke sofortigen Verzehrs aller Wertsendungen und des Fahrers sowieso zu bemächtigen. Nein, ich spreche von der vorschriftsmäßigen und sachgerechten Verwaltung des Versendungsgutes in der Postanstalt des Bestimmungsortes.

Da sehe ich nämlich Schwierigkeiten.

Gewiß, die *Everglades* sind ein weites Land. Mit unermeßlich viel Stauraum, wenn du dir nur mal die Höhe vorstellst. Aber gehen wir davon aus, dass dem Kistchen nach den postalischen Vorschriften, wenn es denn postlagern soll, der Aufenthalt im Freien untersagt ist, meinetwegen weil es nicht auf den Whisky regnen soll oder wegen der Alligatoren. Dann muss es wohl oder übel reingeschafft werden in die Postanstalt, und da wird es eng, sehr eng.

Durch die Tür wird das Kistchen wohl kommen. Zumindest hochkant. Denn wo sich ein Postkunde vom Stamme der *Seminole* oder *Miccosukee* hineinzwängen kann, da geht auch ein Kistchen Whisky durch. Aber dann?

Wo soll man denn da um himmelswillen das Kistchen postlagern? Doch nicht im Keller und nicht auf dem Dachboden; ganz sicher nicht in der Schalterhalle, die muss ja für den und miccosukeeischen Publikumsverkehr frei bleiben, oder? Auch nicht hinter der Theke oder gar im Büro des Postvorstehers. Also?

Nichts also! Du siehst es doch selber, es geht nicht. Postgut in Übergröße kann nun einmal im *Ochopee Post Office* keine Aufnahme finden. Deshalb wirst du auch gewiß, wenn du nur gehörig nachschaust, in allen Postämtern der Welt auf einen amtlichen Aushang stoßen mit dem Hinweis, dass es im *Ochopee*

Das kleinste US-Postamt steht mitten in den Everglades an der Straße #41 (Tamiami Trail, ➢ Seite 386)

Post Office in Florida leider nicht möglich sei, Sperrgut zur Postlagerung entgegenzunehmen, das in Länge, Breite oder Höhe ein Maß von 12,5 *Inches* übersteigt, es sei denn, es fände sich auf der Paketkarte eine deutlich geschriebene und eigenhändig unterzeichnete Erklärung des Absenders in englischer, seminolischer oder miccosukeeischer Sprache, dass sich der Inhalt des Paketes für die Lagerung im Freien eigne, zumindest aber im Fall von Regen- oder Alligatoreneinwirkung auf Schadensersatzansprüche jedweder Art verzichtet werde.

Die amerikanische Post funktioniert zuverlässig, ist aber nicht immer sehr schnell.

Brief- und Postkartengebühren:

Postkarten und **Briefe** (bis 28 g) nach Europa $0,90

Inlandsbriefe und **Postkarten** bis 28 g: $0,41

Post nach Übersee läuft (mit der Ausnahme von Paketen) automatisch per Luftpost, wenn ***Air Mail Stamps*** benutzt werden. Briefe nach Europa dauern **bis zu 1 Woche**.

Rauchen

Die USAsind heute eine weitgehend »rauchfreien Zone«. In allen **öffentlichen Gebäuden** einschließlich Airports (und meist auch Vergnügungsparks) ist in Florida/den USA das Rauchen **untersagt**. Und Restaurants und Kneipen sind faktisch ebenfalls *nonsmoking*-Bereiche, da Lokale mit Raucherzimmer oder -ecke immer weniger werden. Immerhin hat man in vielen Motels und Hotels noch die Wahl zwischen **Raucher-** und **Nichtraucherzimmern**, wobei erstere – weil nun offenbar nur noch von echten Kampfrauchern bewohnt – oft unerträglich verpestet sind.

Sales und Room Tax

In den USA sind in Läden und Restaurants nur **Nettopreise** angegeben, auf die erst an der Kasse die **Umsatzsteuer** aufgeschlagen wird. In Florida beträgt die ***Sales Tax*** 6%. Gelegentlich addiert man dazu noch eine **lokale Steuer** (in Miami z.B. 1,0%). Auch in Motels und Hotels sind die Tarife immer netto, hinzu kommen ***Room Taxes***, die von Stadt zu Stadt variieren. In Miami und Beach z.B. belaufen sich die *Room Taxes* zur Zeit auf 6%, auf jede Hotelrechnung kommen daher dort noch 13% drauf.

Senioren

Der Begriff des ***Senior*** für ältere Mitbürger ist eine amerikanische Erfindung, die sich auch bei uns durchgesetzt hat. Wichtig ist, dass es in Amerika für alles und jedes **Seniorenrabatt** gibt, auf die Eintrittspreise in Museen, beim Camping, in *Family Restaurants* und auch in manchen Hotels. In den **USA** gilt oft schon als *Senior*, wer **55 Jahre** alt ist. Spätestens erreicht man diesen Status dort mit 60 Jahren. Für alle über 50 macht es Sinn, nach dem ***Senior Discount*** zu fragen, z.B. in Motels (Choice/Super 8, ➤ Seite 60).

3

Telefonieren

System/ Florida

Nordamerika inklusive Mexiko verfügt über ein in sich geschlossenes Telefonsystem. Jeder Bundesstaat besitzt eine dreistellige Vorwahl, den ***Area Code***, einige dicht besiedelte Staaten, darunter Florida, mehrere davon. Dieser ersten Vorwahl folgt eine **zweite, ebenfalls dreistellige Ziffer**, die sich auf das Dorf, einen Landkreis oder einen Stadtteil bezieht. Die **Apparatnummer ist vierstellig**. Bei Gesprächen über den regionalen *Area Code* hinaus muss eine »**1**« vorweggewählt werden. Bereits Anrufe beim Nachbarn, der eine abweichende zweite Vorwahl besitzt, sind »Ferngespräche«.

In Florida gibt es **16 Vorwahlen**, die wichtigsten sind

305+786+954	Bereich Fort Lauderdale, Miami, Florida Keys
321+407	Bereich zentraler Osten mit Orlando
386	Daytona Beach und Inlandsbereiche Norden
561+772	Küstenbereich nördlich Fort Lauderdale
727+813	Bereich Tampa, St. Petersburg
850	Bereich Nordwest mit Tallahassee und *Panhandle*
904	Bereich Jacksonville, St. Augustine
941+239	Bereich Südwesten unterhalb der *Tri City*

International

Über die Vorwahl 01, gelegentlich auch 011, öffnet man den Zugang zum internationalen Netz. Mit

49 für Deutschland **41** für die Schweiz **43** für Österreich

und die um die Null reduzierte Ortsvorwahl sind Verbindungen in die Heimat (von Privattelefonen aus) leicht hergestellt.

Münztelefone

In amerikanischen Münztelefonen (***Pay-Phones***) ist eine direkte Durchwahl, national wie international, nicht möglich, es sei denn via Telefonkarte, ➤ unten. **Ferngespräche** einschließlich solcher im Nahbereich lassen sich bei **Münzeinwurf nur mit Hilfe eines *Operator***, häufig einer Computerstimme führen, die dann standardisierte Anweisungen gibt.

Telefonieren mit Münzeinwurf

Wer keine Telefonkarte zur Hand hat, muss für Ferngespräche in *Pay Phones* reichlich **Kleingeld** bereithalten. Barzahlung in Telefonzellen kostet deutlich mehr als Telefonate von privaten Anschlüssen aus bzw. per *Phone Card*, zumal immer minimal 3 min

Typisches amerikanisches Pay Phone

zu bezahlen sind. Für Anrufe nach Europa benötigt man **rollenweise *Quarters***. Denn die Telefonate nach Übersee gegen bar kosten ab $5 für die ersten 3 Minuten. Mit dem *Operator* gibt es dabei selbst bei guten Englischkenntnissen schon mal Verständigungsprobleme. Kurz: **Münztelefonate sollte man vermeiden**.

Phone oder Calling Cards

Solche Komplikationen sind aber im Grunde Schnee von gestern dank überall (Kaufhäusern, Tankstellen, Hotels, *Mini Marts* etc.) zu kaufender ***Phone Cards***. Bei den verschiedenen **in den USA angebotenen Karten** sind dabei die **Minutenpreise** verblüffend unterschiedlich und mit Ausnahmen **ziemlich hoch**, wobei der **Schnitt 2007 bei $0,06-$0,15 für Ferngespräche in den USA** lag ($10-$20-Karten von Supermärkten/Warenhäusern). Vergleichsweise preisgünstigere Minutentarife bieten ***Phone Card*s**, die man z.B. in Automaten in *Truck Stops* kaufen kann. Damit kostete **2007** günstigstenfalls die Minute innerhalb von Nordamerika $0,04, das Gespräch nach Westeuropa $0,10/min. Allerdings sind regelmäßig bei Einsatz am *Pay Phone* fixe Zusatzgebühren pro Gespräch fällig.

Im **Internet** kann man sich dazu intensiv und hochaktuell vorinformieren und gleich die persönlich am meisten zusagende *Phone Card* heraussuchen. Einzelheiten und eine große Kartenauswahl findet man z.B. im ausgezeichneten Portal www.cyberscans.com unter »***Prepaid Phone-Cards***« oder »***Instant Calling Cards***«.

Interessant dürfte für viele auch die Seite http://buyprepaidphonetime.com sein mit weltweiten Tarifübersichten.

Funktion

Die ***Phone*** oder ***Calling Cards*** funktionieren wie folgt: 800-Nummer für die jeweils gewünschte Sprachansage wählen (selten deutsch) und dann nach Anweisung die Codenummer der Karte eintasten, die Nummer wählen und fertig. Noch verfügbare Restminuten werden üblicherweise angesagt.

Der **Haken dieser Karten** liegt in ihrer Unterschiedlichkeit; nicht nur variieren die Minutentarife, sondern auch fixe Verbindungskosten bis $0,50 pro Gespräch. Ein paar vergebliche Anrufe zu Anrufbeantwortern, und zack kann die Karte schon leer sein.

Telefonieren mit Kreditkarte

Auch möglich ist ein Anruf bei der Telefongesellschaft **AT&T**:

✆ 1-800-CALL ATT,

dann die Ziffer »**1**« für Kreditkartengespräche eingeben, dann die übliche Wahl – für Deutschland z.B. 011 49 – Vorwahl ohne Null und Apparatnummer, dann Kartennummer und Verfallsdatum eintippen. Dort, wo Karten eingeschoben werden können, also z.B. in *Airports* oder *Shopping Malls*, lässt sich direkt ohne die lästige Zahlentipperei per Kreditkarte telefonieren. Die **Gebühren** für einen *Credit Card Call* sind aber mehrfach **höher als bei Nutzung einer preisgünstigen *Phone* bzw. *Calling Card***.

Im Hotel

Aufschläge für Telefonate aus Hotels/Motels sind allgemein niedriger als in Europa. Bisweilen werben Motels mit Netto-Telefongebühren. **Ferngespräche** lassen sich zudem **vom Hotelzimmer aus** bequemer führen als von einem *Pay Phone*. Das gilt auch für Anrufe zum **Nulltarif** bei einer **800-Nummer**, etwa zur Reservierung eines Mietwagens oder Hotelzimmers für die nächsten Nächte oder in die Heimat per ***Calling Card***.

Für **gebührenfreie** und **Kartengespräche** vom Zimmertelefon aus berechnen Hotels und Motels manchmal nichts, oft aber einen Fixbetrag von $0,50-$1 pro Anruf.

1-800 oder 866, 877 oder 888

Bei den Vorwahlen 1-800/1-866/1-888/1-877 schaltet sich auch von ***Pay Phones*** aus kein *Operator* ein; die Kosten gehen zu Lasten des Angerufenen. **800/866/888/877-Nummern sind auch vom Ausland aus zu erreichen**, dann zunächst Vorwahl 001 statt »1«. Sie kosten aber normale Gesprächsgebühren.

1-900

Das Gegenteil der 800-Nummern sind **900-Nummern**, für die im Minutentakt eine **Honorierung für den Angerufenen** fällig wird. Sie entsprechen den (nun auch) 0900-Nummern bei uns.

Handy, Email, Internet

Alles zu Handy, Email und Internet, Stand Ende 2007, steht im folgenden Beitrag von Burghard Bock:

On the Road und doch am Netz von Burghard Bock/Bremen

Unterwegs mal im Internet zu surfen und Emails oder Bilder zu empfangen oder zu versenden, ist auf Reisen in Nordamerika relativ einfach.

Und so geht's

Am besten legt man sich erst einmal ***ein kostenloses Email-Account*** *im Web an. Dorthin kann man (vielleicht schon vorsortierte) Mails von anderen Adressen weiterleiten und weltweit von jedem Internet-Computer aus bearbeiten. Am besten schreibt man sich gleich bei mehreren Anbietern ein, die können nämlich unterschiedliche Dinge gut: www.arcor.de ist der beste Allrounder, mit dem man pro Monat auch ein paar Gratis-SMS und -Faxe in der Heimat verschicken kann. Man bekommt auch eine Telefonnummer mit Frankfurter Vorwahl, die einem Anrufe und Faxe in Dateien wandelt, die dann zugeschickt werden. www.gmx.de hat die ausgefeilteste Verwaltung, bei der das MediaCenter als Online-Festplatte dient. Nicht dumm: Hier kann man gescannte Reiseunterlagen ablegen, falls die Originale mal abhanden kommen. Fotos könnte man auch bei de.yahoo.com ablegen – angeblich mit unbegrenztem Speicherplatz. Klar, Bildbearbeitungswerkzeuge haben die meisten Online-Fotoalben auch. Darüber hinaus sind Kalender und Adressbuch überwiegend Standard, und mit www.arcor.de und www.office.freenet.de kann man sogar seinen* ***Personal Digital Assistant (PDA)*** *synchronisieren. Für Geld können diese Gratisdienste noch einiges mehr, z.B. Werbung weglassen.*

Wer sich statt zeitversetzt per Mail lieber direkt verständigen möchte, könnte z.B. die Chat-Software von icq.de oder ohne extra Software den Browser-Messenger www.whoisup.de nutzen. Wenn ein Headset zur Hand ist, ist dank der eBay-Tochter skype.com ein gratis Internet-Telefonat kein Hexenwerk mehr. Für all diese Möglichkeiten muss der Gesprächspartner natürlich gleichzeitig online sein, aber man kann beim Einloggen immer in einer »Buddy-Liste« sehen, welcher der Buddies trotz anderer Zeitzone gerade im Netz hängt.

Zugang ohne eigenes Gerät

Abrufen und schreiben kann man Post unterwegs für meist $5-$8/Stunde aus ***Internet-Cafés*** *(Adressen über* ***die Suchmaschinen*** *world66.com/netcafeguide, worldofinternetcafes.de und netcafes.com am besten vor der Reise für die geplante Route ausgucken und notieren), in großstädtischen* ***Hostels, Copy Centers*** *wie* ***FedEx Kinko's****, auf den Campussen von* ***Colleges*** *und* ***Universities*** *und oft genug auch* ***gratis*** *in öffentlichen* ***Bibliotheken****.*

Hinweis: ***Vorsicht mit Passworten****, am besten die Autovervollständigen-Funktion abschalten! An öffentlichen Zugängen außerdem die Liste der besuchten Internet-Seiten besser löschen, ebenso ggf. genutzte Speicher. Wer getrennte Systeme bevorzugt und gerne leicht reist, könnte auch mit einem Gratis-Mailprogramm namens Popcorn kommunizieren, das auf eine Diskette passt: www.tucows.com/preview/333653.*

Mit etwas Glück findet man einen Rechner mit Schnittstellen, über die man die ***Digitalkamera »entladen«*** *und die Bilder an die eigene Mailbox oder das Web-Fotoalbum zum Archivieren oder auch gleich an Freunde und Bekannte schikken kann. Oder Sie nutzen www.pixelnet.de mit angeblich ebenfalls unbegrenztem Speicherplatz, Bildbearbeitung, Diashow für die Leute daheim und natürlich der Hoffnung, Ihnen einige Ausdrucke Ihrer Bilder liefern zu dürfen. Die amerikanischsten Aufdruck-Optionen wären da wohl Elch, Grillschürze oder die unvermeidliche Baseball-Kappe.*

Mit Laptop auf Reisen

Elektronisch Post aus der Heimat abzuholen ist in Nordamerika auch ohne Internetcafé etc. technisch an sich kein Problem, wenn man seinen Laptop dabei hat, und ideal, um in Ruhe die eigenen Mails zu schreiben oder Fotos zu bearbeiten und aufzubewahren. Allerdings benötigt man dafür ein auch für den Gebrauch in den USA/Canada konfiguriertes analoges Modem (ISDN-Karten sind in Nordamerika höchstens in Hotels zu gebrauchen) und ggf. ein Kabel, das in amerikanische Telefondosen passt. Mitunter kann auch ein Netzwerk-Kabel nützen. Ein Muss außerdem: Stromkabel samt Adapter für die Steckdose, den man auf jeden Fall mitnehmen sollte. Üblicherweise weiß der Laptop von selbst mit der niedrigeren Spannung von 125 V umzugehen.

Immer mehr Hotels und Motels sind mittlerweile auf die Wünsche ihrer Kunden eingestellt und bieten in den Zimmern drahtlosen Internetzugang (WLAN) mal mit mal ohne Gebühren, ➤ folgenden Absatz.

Ohne Kabelsalat

Steckerprobleme ersparen inzwischen unzählige ***Hot Spots*** *für den kabellosen Datenaustausch (****wireless LAN, WLAN oder Wifi*** für **wi**reless free **i**nternet*). Diesen Service bietet neben* ***Hotels, Motels*** *und sogar zunehmend* ***Campingplätzen*** prominent **T-Mobile** u.a. bei der Kaffeekette **Starbucks** (neuerdings durchgehend mit Gebühr) und bei **Borders Books**. Auch Fast Food Places (**Burger King, McDonalds**) werben mittlerweile mit Wifi. Was der Laptop dafür braucht und wo der nächste Shop ist, lässt sich unter www.locations.hotspot.t-mobile.com herausfinden. Weitere Surfgelegenheiten zeigen www.wifihotspotlist.com, www.jiwire.com und per Satellit www.nodedb.com.

Jedes Starbucks Café ist heute ein (gebührenpflichtiger) Hot Spot, hier in Miami Beach

Gratis geht's außer bei wifi-Anbietern auch bei drahtlosen Gemeinschaften, die das »Mitsurfen lassen« als soziale Aufgabe verstehen (www.wiki.personaltelco.net/index.cgi/WirelessCommunities). Oder man guckt einfach mal auf dem Laptop, ob man sich nicht gerade in einem offenen Zugang befindet (»**Hotspot-Finder**«, wie sie Radio Shack für ca. $15 hat, sind fast überflüssig). Sowas passiert einem am ehesten in Studenten- oder Szene-Vierteln. **Onlinebanking** ist über WLAN übrigens nicht zu empfehlen.

Ohne WLAN müsste man sich per **Handy** einloggen, wenn kein Zugang zum Festnetz verfügbar ist. Oder noch schicker: statt per Laptop mit **PDA**, **Smart Phone** oder **Blackberry** online gehen. Der Wunsch nach ständiger Erreichbarkeit macht das elektronische Nomadentum aber nicht einfacher. Wegen der besonderen US-Mobilfunk-Frequenzen von 850 oder 1900 MHz sind nur **3-**, besser **4-Band-Handys** geeignet, die nicht unbedingt gängig und günstig sind. Auch europäische UMTS-Handys werden jenseits des Atlantiks nur nützen, wenn sie mindestens 3-Band können (übrigens ist »Handy« ein deutsches Wort, die Amerikaner sagen **cell(ular)** oder **mobile phone**). Prima wäre eine amerikanische Prepaid-SIM-Karte für das Handy (kann man sich nur von amerikanischen Freunden oder Bekannten kaufen lassen – wäre am günstigsten – soll in T-Mobile-Shops angeblich aber auch ohne diesen Umweg funktionieren; oder man kauft bei www.globilo.de oder mietet eine bei www.hirefone.com): gute Kostenkontrolle und keine internationalen Roaming-Gebühren. Wenn Sie damit allerdings mal **international telefonieren** wollen, sollten Sie den (ungefähr) **$1/min** sparen, indem Sie zuhause nur klingeln oder eine SMS schicken und sich mit Call-by-Call-Vorwahl für nicht mehr als 0,03 zurückrufen lassen. Außerdem nicht vergessen, die neue Handynummer auf den Anrufbeantworter Ihres üblichen Anschlusses zu sprechen.

In den einsamen Regionen der Everglades oder mitten im riesigen Ocala National Forest (nördlich von Orlando) bringt das alles jedoch nichts: fürs ***ubiquitous computing*** *muss ein Satellitengerät von www.hirefone.com her. Dann kann man auch schnell noch ein paar Überlebenstricks herunterladen, sollte der Alligator nach dem Kanupaddel schnappen.*

Kosten

Leider hat sich das Handy für Skype noch nicht durchgesetzt: Nur für lokale Internetgebühren und ohne Mobilfunknetz telefonieren, vielleicht auch Daten verschicken! Bis dahin bleibt das Thema komplex: Die Gesamtkosten hängen von Ihrer Mobilfunkfirma, der Unterbringung (im Hotel vorher fragen!) und natürlich vom Internet-Provider ab und sind in Nordamerika oft happig. AOL- und T-Online-Kunden steht in Nordamerika ein dichtes Einwahlnetz zu erträglichen Konditionen zur Verfügung. ***Prepaid-Internet*** *z.B. mit www.maglobe.com oder www.tempestcom.com könnte aber noch günstiger sein.*

Generell gilt, dass sich vor der Reise ausführlich über Einwahlknoten, die Prozedur des Verbindungsaufbaus und anfallende Kosten informieren sollt, wem die elektronischee Kommunikation unterwegs am Herzen liegt. Nur das vermeidet unliebsame Überraschungen: Es könnte nämlich preiswerter sein, Mails per Handy zu verschicken statt im Café über WLAN.

Sicher ist nur soviel*: die Amerikareise wird bei intensiver Nutzung all der schönen Möglichkeiten nicht billiger.*

Temperaturen

In den USA weigert man sich nicht nur standhaft, das in der restlichen Welt geltende metrische System einzuführen, auch was die Temperaturen angeht hält man an den alten britischen Grad **Fahrenheit** fest:

Die Formel für die Umrechnung von Celsius (**C**) in Fahrenheit und umgekehrt lautet:

°F = 32° + 1,8 x°C bzw. **°C** = (**°F – 32°**) **: 1,8**

Aber die Näherungsformel tut's bei Normaltemperaturen auch:

°F = 30° + 2 x°C bzw. **°C** = (**°F – 30°**) **: 2**

Celsius	-15°	-10°	-5°	0°	5°	10°	15°	20°	25°	30°	35°	40°
Fahrenheit	5°	14°	23°	32°	41°	50°	59°	68°	77°	86°	95°	104°

Toiletten

Das Wort *Toilet* ist in den USA verpönt – man fragt besser nach dem ***Restroom*** oder auch ***Ladies Room*** bzw. ***Men's Room***. Es gibt in Florida – außer an Stränden und in den *State Parks* – nur relativ selten öffentliche Toiletten. In Restaurants sind die Toiletten natürlich eher für Gäste gedacht, wer höflich fragt, darf sie aber meistens benutzen. ***Fast Food Places*** sind in dieser Hinsicht überwiegend unproblematisch. Auch in Einkaufszentren, großen Supermärkten und in Tankstellen finden sich Toiletten.

Trampen

Selbst wer in Europa trampt, sollte das in den USA, speziell in Florida, lieber lassen. Auf **Autobahnen** ist Trampen ohnehin **verboten**; ansonsten unterscheiden sich die gesetzlichen Regelungen und ihre Anwendung von Bezirk zu Bezirk. Trampen ist in den USA deutlich gefährlicher, und, gerade wer noch nicht lange im Land ist, kann oft nicht einschätzen, wie riskant Situationen sind. Das Mitnehmen von Trampern in Mietwagen wird von allen Vermietern im »Kleingedruckten« untersagt.

Trinkgeld

Besonders für alle, die mit knappem Budget reisen, ist es schwer zu akzeptieren, dass man in den Vereinigten Staaten im Dienstleistungsgewerbe immer **Trinkgeld geben muss**. Der normale *tip* beträgt **15%**, bei gutem Service eher 20%, ➤ auch Seite 77. Taxifahrern gibt man ebenfalls ca. 15%; fürs Koffertragen ins Zimmer ist ein Dollar pro Gepäckteil üblich. Die Verweigerung von Trinkgeld stößt auf Unverständnis, sogar auf Feindseligkeit. Denn die dienstbaren Geister sind überwiegend vom Trinkgeld abhängig.

Veranstaltungen

In Florida wird viel gefeiert. Zu allen möglichen Anlässen veranstaltet man ***Festivals***, ***Fiestas*** und ***Fairs***. Sie reichen von altmodischen Jahrmärkten mit Karussells und Achterbahnen über Rodeos und Autorennen, Angel- und Sandburgen-Wettbewerbe, bis zu hochkarätigen Musikfestivals und Filmfesten.

Hier die wichtigsten nach Monaten geordnet:

Januar

Annual Florida Citrus Festival: Volksfest im Zeichen der Zitrusfrüchte in **Winter Haven** bei Orlando mit traditionellem Jahrmarkt, ✆ (863) 292-9810.

Art Deco Weekend: dieses Straßenfest in **Miami Beach** feiert den *Art Deco*-Baustil und unterstützt die Renovierung und Erhaltung des *Art Deco*-Viertels, ✆ (305) 672-2014.

Epiphanie Celebration: griechisches Fest in der von griechischen Schwammtauchern gegründeten Hafenstadt **Tarpon Spings** an der Golfküste mit Musik, Tanz, Essen und orthodoxer Morgenandacht in der Kathedrale, ✆ (727) 937-3540.

Key West Literary Seminar: Autorenlesungen, Diskussionen, Workshops in **Key West**, ✆ 1-888-293-9291.

Februar

Artigras: *ein* landesweit bekanntes Kunst-Festival in **West Palm Beach**, ✆ (561) 691-8507.

Coconut Grove Arts Festival: große Ausstellung preisgekrönter Kunst aus den gesamten USA, ✆ (305) 447-0401.

Edison Festival of Light: der Geburtstag des Erfinders *Thomas Edison* wird in seinem Wohnort **Fort Myers** u.a. mit einer Lichterparade gefeiert, ✆ (239) 334-2999.

Everglades Seafood Festival: fangfrischer Fisch und indianische Kunst in **Everglades City**, © (239) 695-4100.

Festival of Rhythm and Blues: Musikfestival in Kissimmee bei Orlando mit afrikanischer und karibischer Musik, exotischem Essen, Markt etc., © (407) 847-3174.

Fiesta Day: Straßenfest zur Feier der kubanischen Traditionen von **Ybor City**, einem Stadtteil von Tampa, © (813) 248-0721.

International Folk Fair: Fest und Jahrmarkt in **St. Petersburg** mit internationalen Spezialitäten, Ausstellungen, Tanzvorführungen etc., © (727) 552-1896.

Mardi Gras: in **Pensacola** wird der Karneval ähnlich wie in New Orleans gefeiert, aber in kleinerem Maßstab, © (850) 436-7638.

Miami International Boat Show: eine der größten Bootsausstellungen der Welt in **Miami Beach**, © (954) 441-3220.

Olustee Battle Festival and Reenactment: hier wird in **Olustee** ganz im Norden die Südstaaten-Vergangenheit Floridas noch einmal lebendig, wenn die wichtigste Schlacht des Bürgerkrieges in Florida nachgestellt wird, © (386) 755-1097.

Silver Spurs Rodeo: dieses im Februar und Oktober stattfindende Rodeo in **Kissimmee** ist das größte Rodeo östlich des Mississippi, © (407) 67-RODEO.

South Florida Fair: traditionelle Messe mit Jahrmarkt und Landwirtschaftsausstellung in **West Palm Beach**, © (516) 793-0333.

Speed Weeks: beginnt mit dem ***Rolex 24***, einem 24-stündigen Autorennen und endet mit dem ***Daytona 500***-Rennen auf dem *Daytona International Speedway*, © (386) 254-2700.

März

Amelia Island Concours D'elegance: Oldtimer-Show auf **Amelia Island** bei Jacksonville, © (904) 636-0027.

Tico Warbird Air Show: in **Titusville** bei Cape Canaveral werden historische Flugzeuge ausgestellt, © (321) 268-1941.

April

An Epic Celebration of Spring: Frühlingsfest in **St. Augustine**, mit Blumenshow und Tag der offenen Tür in historischen Gebäuden, die sonst nicht öffentlich zugänglich sind, © (904) 829-3295.

Bike Week: Hunderttausende von Motorrad-Fans treffen sich in **Daytona Beach**, © (386) 255-0981.

Carneval Miami/Calle Ocho: das größte kubanische Straßenfest der USA in **Little Havana** in **Miami**, © (305) 644-8888.

Fort Myers Beach Shrimp Festival: bei diesem Fest in Fort Myers Beach auf **Estero Island** werden Garnelen in allen erdenklichen Zubereitungen verkauft, dazu gibt es Umzüge, © (239) 454-7500.

Sanibel Shell Fair: Jahrmarkt und Künstlermarkt auf **Sanibel Island** an der Golfküste, © (941) 472-2155.

Sarasota Jazz Festival: Auftritte regionaler und international bekannter Jazzmusiker in Sarasota, © (941) 366-1552.

Spring Arts Festival: Kunstmarkt, Kulinarisches und Unterhaltungsprogramm in **Gainesville**, ✆ (352) 395-5355.

April

Apalachicola Antique & Classic Boat Show: Nostalgische Schiffe aller Art im historischen Hafen, ✆ (850) 653-9419.

Festival of States: Musikgruppen aus allen amerikanischen Bundesstaaten kommen nach **St. Petersburg**, ✆ (727) 321-9888.

Havana Music Fest: in der Kleinstadt **Havana** im Norden Floridas treffen sich Jazz-, Blues- und Country-Bands, ✆ (850) 539-0006.

Seven Mile Bridge Run: Hunderte von Läufern aus aller Welt nehmen an diesem Rennen über eine der längsten Brücken der Welt teil, in **Marathon** auf den Florida Keys, ✆ (305) 743-8513.

Shark Tooth & Seafood Festival: Fest in **Venice** an der Golfküste, das für die an seine Strände gespülten Haifischzähne bekannt ist, auch Kunsthandwerk und Kochkunst, ✆ (941) 412-0402.

Springing the Blues Festival: bekannte Blues-Bands spielen in **Jacksonville Beach**, ✆ (904) 249-3972.

Jacksonville Jazz Festival: eines der größten Jazz-Festivals in den gesamten USA, ✆ (904) 353-7770.

Mai

Air & Sea Show: die größte Luftfahrtschau der USA findet in **Fort Lauderdale** statt, ✆ (954) 527-5600.

Destin Mayfest: Musikfest am Hafen von **Destin** an der Küste des Panhandle, ✆ (850) 231-0885.

Gamble Rogers Folk Festival: Folk-Musik und Markt mit Kunsthandwerk in **St. Augustine**, ✆ (904) 208-5210.

Isle of Eight Flags Shrimp Festival: Kulinarisches und Kunsthandwerk in **Fernandina Beach**, einem der wichtigsten Garnelen-Häfen in Florida, ✆ (904) 261-3248.

Seaside Spring Wine Festival: im Kunstort **Seaside** im Panhandle gibt es Weinproben, Vorträge und Unterhaltung, ✆ (850) 231-5424.

Sunfest: Musik- und Kunstfestival mit Konzerten und Feuerwerk in West Palm Beach, ✆ (561) 659-5980.

Juni

Billy Bowlegs Festival: bei diesem Fest in **Destin** und **Fort Walton Beach** »erobern« Piraten den *Panhandle*, ✆ (850) 244-8191.

Spanish Night Watch: Fest in **St. Augustine** mit Umzügen und historischen Vorführungen, bei denen die spanische Kolonialzeit wieder auflebt, ✆ (904) 797-7217.

Juli

Annual Hemingway Festival: in **Key West** wird der bekannte Autor gefeiert, der hier lange lebte, besonders amüsant ist der Hemingway-Ähnlichkeits-Wettbewerb, ✆ (305) 294-4440.

Fourth of July: der amerikanische Nationalfeiertag wird natürlich überall mit Feuerwerken gefeiert, besonders hoch geht es in **Flagler Beach** an der Atlantikküste her, wo es einen Umzug und einen Jahrmarkt am Pier gibt, ✆ (904) 439-0995.

***Daytona Beach International Festival**:* Tanz, Theater und Musik in **Daytona Beach**, © (386) 872-2323.

***Pepsi 400**:* *Nascar*-Rennen in **Daytona Beach**, © (904) 253-7223.

***Suncoast Offshore Grand Prix**:* Bootsausstellung und Bootsrennen in **Sarasota**, © (941) 371-8820.

August

***Venice Seafood Festival**:* in Venice gibt`s Fischspezialitäten fangfrisch, dazu eine Bootsausstellung, © (609) 525-9300.

Oktober

***Alligator Festival**:* in **Lake City**, nördlich von Gainesville, wird die Kultur der Indianer Nordfloridas gewürdigt, © (386) 961-8567.

***Clearwater Jazz Holiday**:* 10 Tage lang Jazz-Musik vom Feinsten in **Clearwater**, © (727-461-5200.

Fantasyfest in **Key West** Mitte Oktober. Zehn Tage lang wird mit phantasievollen Kostümparaden und kreativen Parties auf den Straßen, Plätzen und in den Lokalen gefeiert.

***Fifth Avenue Oktoberfest**:* amerikanisches Oktoberfest mit Blasmusik etc. in **Naples** an der Golfküste, © (941) 435-3742.

***Guavaween**:* lateinamerikanische Variante des *Halloween* in **Ybor City** in Tampa, u.a. mit Umzug, © (813) 248-0712).

Indian Summer Seafood Festival in Panama City bei Country-Musik und Feuerwerk, © (850) 233-6503.

***Seafood Festival**:* auf **Cedar Key** an der nördlichen Golfküste wird musiziert, Kunsthandwerk und Seafood geboten, © (352) 543-5600.

***Silver Spurs Rodeo**:* größtes Rodeo östlich des Mississippi in **Kissimmee** (auch im Februar), © (407)-67-RODEO.

Viva Osceola: lateinamerikanisches Fest mit Musik und Essen in **Kissimmee**, © (407) 847-2388.

November

Fall Arts & Crafts Festival: Herbstfest in **St. Augustine**, das vor allem für als Kunstmarkt bekannt ist, © (904) 829-2310.

***Florida Seafood Festival**:* Meerespezialitäten und Jahrmarkt im Hafenort **Apalachicola** im *Panhandle*, © (850) 653-4720.

***Fort Lauderdale International Film Festival**:* das größte Film-Festival der Welt mit über 100 Filmvorführungen, © (954) 760-9898.

***Great Gulf Coast Art Festival**:* Markt mit Kunst und Kunsthandwerk in **Pensacola**, © (888) 653-801.

Hard Rock Cafe der Universal Studios bei Orlando: täglich Fiesta

Dezember

British Night Watch: bei diesem Fest in **St. Augustine** wird in Umzügen und historischen Präsentationen der britischen Kolonialzeit gedacht, © (904) 829-1711.

Grapefruit Festival: die Kleinstadt **Port St. Lucie** an der Atlantikküste bezeichnet sich gerne als »Grapefruit-Hauptstadt der Welt«, und die Grapefruit steht auch im Zentrum dieses Festivals mit Musik, Künstlermarkt und Kulinarischem, © (561) 461-2050.

Holiday Tour of Historic Treasures: bei diesem Fest öffnen historische Häuser auf **Amelia Island** ihre Türen, © (904) 227-0717.

Waschen unterwegs

In allen größeren Orten gibt es **Münz-Waschsalons (*Coin Laundries*** oder ***Laundromats*)**. Auch viele **Motels** haben mit Waschmaschinen und Trocknern ausgestattete Räume (***Guest Laundry***). In den üblicherweise installierten Maschinen bewegt sich statt der Trommel eine Art Propeller hin und her und quirlt die Wäsche durcheinander. Die Einstellung *»hot«* heißt nicht etwa Kochwäsche, sondern entspricht der Temperatur des zulaufenden Heißwassers (keine Nachheizung in der Maschine). Nach etwa 20 Minuten ist der Vorgang beendet und das Ergebnis entsprechend. Bei höheren Ansprüchen an den Grad Sauberkeit fügen Amerikaner dem Waschmittel (*Detergent*) die bei uns kaum noch bekannte Bleiche (*Bleach*) hinzu. Ein Waschgang kostet mindestens $2,00, trocknen mindestens $1,00, wofür man immer jede Menge 25-Cent-Stücke (*Quarters*) oder $1-Scheine benötigt.

Zahlen und Datum

In den USA werden **Komma** und **Punkt** anders herum benutzt als bei uns. Ein Dollar und fünfzig Cent wird $1.50 geschrieben, und bei mehr als dreistelligen Zahlen wird ein Komma zum Unterteilen benutzt (z.B. 1,000,000). Bei **Daten** fängt man immer mit dem Monat an, erst dann folgt der Tag: 7/11/2008 ist also der elfte Juli (und nicht etwa der siebte November).

Zeitungen werden überwiegend durch simple Klapptür-Automaten verkauft. Der Käufer bedient sich ehrlich mit nur einem Exemplar

Auch **Stockwerke** werden anders gezählt, da das Erdgeschoss immer als ***First Floor*** bezeichnet wird. Wenn man im Motel also ein Zimmer im ***Second Floor*** zugewiesen bekommt, dann ist damit der erste Stock gemeint.

Zeitungen und Zeitschriften

Landesweit verbreitete Zeitungen wie *New York Times, Wall Street Journal* oder *USA Today* sind praktisch überall erhältlich, letztere überwiegend in Automaten. Die größte **Tageszeitung** in Florida heißt ***Miami Herald***. Sie informiert niveauvoll und kritisch nicht nur über lokale Ereignisse, sondern auch über die gesamten USA und über wichtige Neuigkeiten aus dem Ausland. Sie erscheint auch auf Spanisch als ***El Nuevo Herald***.

Amerikanische Zeitschriften wie *Time* und *Newsweek* gibt es in jedem Supermarkt. Deutsche Presse findet man eher selten und wenn, zu extremen Preisen. Zeitungskioske gibt es nur in Großstädten; ansonsten kauft man Zeitungen entweder am Automaten oder im Supermarkt.

Zeitzonen

Florida liegt in **zwei Zeitzonen**. Der überwiegende Teil des Staates gehört zur ***Eastern Time Zone*** (= mitteleuropäische Zeit minus sechs Stunden). Nur der westliche Zipfel des Staates – der *Panhandle* zwischen dem Apalachicola River und der Grenze zu Alabama – gehört zur ***Central Time Zone*** (= mitteleuropäische Zeit minus sieben Stunden).

Wie in Europa werden die Uhren in Frühling und Herbst um eine Stunde umgestellt, wenn auch zu etwas anderen Terminen: Die **Sommerzeit** (***Daylight Saving Time***) beginnt am ersten Wochenende im April und endet am letzten Wochenende im Oktober.

Routen und Reiseziele in Florida

HOTEL
STARLITE HOTEL

Zum Aufbau des Reiseteils

Der Reiseteil dieses Buches kombiniert Ortsbeschreibungen und Routen weitgehend so, daß sich unterschiedlich lange sinnvolle Rundstrecken durch Florida zusammenstellen lassen, ohne dass hin- und hergeblättert werden muss.

Ausgehend von **Miami** folgt – mit Ausnahme von ausführlich beschriebenen Abstechern in und rund um die ***Everglades*** und auf die **Florida Keys** – die Fahrt durch Florida einer Richtung (nämlich gegen den »Uhrzeiger«):

- Zunächst geht es **über Cape Canaveral** an der Atlantikküste entlang bis **nach Jacksonville** (von dort Abstecher nach **Savannah/Georgia**).
- Sozusagen auf halbem Wege liegt nur 50 km landeinwärts das touristisch wichtigste Reiseziel Floridas, die **Hochburg der Vergnügungsparks Orlando**, der das umfangreichste Kapitel dieses Buches gewidmet ist.
- Wer von dort aus nicht mehr weiter nach Norden möchte, überspringt die folgenden Kapitel und kann z.B. via Homosassa Springs oder **Tampa/St. Petersburg** in südliche Richtung weiterlesen. Ebenso, wenn es **von Orlando** auf schnellstem Wege **nach Miami** gehen soll. Nur bei einer Fahrt von Orlando nach Miami via Atlantikküste muß man sich – ausnahmsweise – in Gegenrichtung der Beschreibungen orientieren.
- Auf der Route von Jacksonville durch Floridas Norden zur Hauptstadt **Tallahassee** und weiter zur westlichsten Stadt des Staates, **Pensacola**, sind abkürzende **»Umkehrstrecken«** nach **Süden** leicht möglich: einmal explizit über **Lake City** und **Gainesville** nach Orlando und des Weiteren zwischen Tallahassee und Pensacola dank der Nähe der »Rückroute« in Richtung Tampa/St. Petersburg mehrfach über eine der vielen Querverbindungen.
- Etwas weiter über Florida hinaus führt ein Abstecher an der Alabama-/Mississippiküste entlang nach **New Orleans**, das sich nun, fast drei Jahre nach dem Hurrikan ***Katrina*** im Kerngebiet touristisch fast wie gehabt präsentiert.
- Weiter gegen den »Uhrzeiger« läuft auch die Beschreibung **ab Pensacola** entlang der **Golfküste** vom ***Panhandle*** mit seinen **Traumstränden** über die **Apalachee Bay** und weiter landeinwärts (wegen der im Nordwesten versumpften Küste) zunächst bis zur **»Tri City« Tampa/St. Petersburg/Clearwater**.
- Nach Miami, Orlando und New Orleans ist auch der **Tri City** ein eigenes umfangreiches **Stadtkapitel** gewidmet.
- Auf den abschließenden Seiten geht es an der südlichen **Golfküste** über **Saratoga**, **Venice**, **Fort Myers/Sanibel Island** und **Naples** (zurück) nach Miami.

Für sämtliche Routen und Ziele gibt es zahlreiche **Unterkunfts-, Camping**- und **Restaurantempfehlungen**, meistens kompakt zusammengefasst in Verbindung mit Ortsbeschreibungen, bisweilen aber auch auf »freier Strecke« in den Text eingestreut. Folgende Piktos machen besonders darauf aufmerksam:

Campingempfehlung: Campmobile und Zelte (wenn – selten – nur Campmobile, steht's im Text)

Unterkunftsempfehlung: alle Kategorien (Motel, Hotel, Hostel etc.); Details jeweils im Text

Restaurant- und Kneipenempfehlung: alle Kategorien

1. MIAMI UND UMGEBUNG

1.1 Miami

An Miami führt in Florida kein Weg vorbei. Als **größte Stadt des Staates** dominiert es seine Wirtschaft, sein Kulturleben und sein Image. Das moderne Zentrum, bunte Einwandererviertel, ausgedehnte Villenvororte der Wohlhabenden bis Superreichen und das insular vorgelagerte Miami Beach machen es zu einem besonders interessanten und abwechlungsreichen Reiseziel.

1.1.1 Geschichte

Gründung

Selbst für amerikanische Verhältnisse ist Miami eine ziemlich **junge Stadt**: ihre Anfänge reichen gerade hundert Jahre zurück. Wo heute 2 Mio. Menschen leben, befand sich um die Wende vom 19. zum 20. Jahrhundert noch ein kleines Dorf. Die Spanier hatten zwar schon im 16. Jahrhundert am Miami River eine **Missionsstation** gegründet, und auch die ersten amerikanischen Siedler waren bereits Mitte des 19. Jahrhunderts in die Gegend gekommen, aber es handelte sich dabei nur um kleine Gruppen. Vereinzelt zog im 19. Jahrhundert das subtropische Klima auch erste Erholung oder Genesung suchende Reisende aus den winterkalten Nordstaaten an. Die exzentrische ***Julia Tuttle*** etwa, an die der *Julia Tuttle Causeway* erinnert, der Miami mit Miami Beach verbindet, kam deshalb mit ihrem an Tuberkulose erkrankten Mann nach Florida. Sie engagierte sich für die Besiedelung der Gegend um Miami und war es auch, die den Eisenbahnmagnaten *Henry Morrison Flagler* dazu überredete, die Strecke der *Florida East Coast Railroad* bis Miami auszubauen (➤ Seite 398). Erst als diese Linie 1896 den Verkehr aufnahm, begann Miamis eigentliche Geschichte. Tatsächlich fielen Ankunft der ersten Eisenbahn und offizielles Gründungsdatum der Stadt zusammen. Miami war dadurch mit dem Rest der USA verbunden. Neubürger strömten erst von da ab in Scharen nach Südflorida.

Das Ancient Spanish Monastery sieht aus wie die mögliche Keimzelle des heutigen Miami. Aber in Wahrheit wurde nur ein spanisches Original hierher versetzt, *➤ Seite 125*

Erste Boomjahre

Während des 1. Weltkriegs erlebte Miami seinen ersten »Boom«. Da die amerikanische Luftwaffe in Südflorida Ausbildungslager angelegt hatte, zogen Tausende von Militärangehörigen mit ihren Familien in die Stadt. Bereits in den 1920er-Jahren gründete man die ***University of Miami*** im Vorort **Coral Gables** und legte den ersten Flughafen an, Vorläufer des heutigen *Miami Int`l Airport*.

Miami Beach wurde zum Urlaubsort. Sand, Sonne und Meer waren die Hauptattraktionen, aber hinzu kam in jener Zeit noch ein weiterer Aspekt: die **Prohibition**. Das eigentlich für die gesamten USA geltende Verbot, Alkoholika zu produzieren, zu verkaufen oder auszuschenken, wurde in Miami weitgehend ignoriert.

Viele der Hotels, die in den Jahren zwischen den Weltkriegen im *Art-Deco*-Stil entstanden waren, wurden während des 2. Weltkriegs in Soldatenquartiere umfunktioniert, denn die Militärs machten die Region Miami wiederum zu einem der wichtigsten Trainingszentren der USA.

Kubaner

In den 1950er- und 60er-Jahren wurde die Entwicklung Miamis von Ereignissen geprägt, die sich im benachbarten Kuba abspielten. Die Verbindungen zwischen Florida und Kuba (➤ Seite 400) waren auch vorher schon eng gewesen. Massen von Amerikanern flogen regelmäßig nach Havanna, um sich dort zu amüsieren, und reiche Kubaner kamen zum Shopping nach Miami. *Fidel Castros* Machtübernahme verursachte eine **Auswanderungswelle** in die USA. Allein im Jahr 1959 flüchteten fast 1 Mio. Kubaner aus ihrer Heimat. Sie ließen sich mehrheitlich in Miami nieder, wo sie seitdem Gesicht und Atmosphäre der Stadt prägen. Für Besucher wird dies vor allem in der ***Calle Ocho***, Hauptstraße des kubanischen Viertels ***Little Havana***, deutlich.

»Mahnmal« Cuba in Little Havana. Die Exil-Kubaner glauben, dass sie mit Fidel Castros Rücktritt bald wieder in ihre Heimat zurückkehren können

Rassenkonflikte

Die Flüchtlinge aus der Karibik kamen in eine Stadt, in der die Beziehungen zwischen den Rassen alles andere als harmonisch abliefen. Ebenso wie in anderen amerikanischen Städten waren Angloamerikaner nach und nach aus dem Zentrum Miamis in gepflegte Vororte gezogen, und in der Innenstadt entstanden schwarze **Ghettos**. Während sich die Spannungen der 1960er-Jahre vor allem zwischen Afro- und Angloamerikanern abspielten, kam es in den folgenden Jahrzehnten immer wieder zu Konflikten zwischen Schwarzen und Kubanern. In den 1980er-Jahren erwarb sich Miami auch in anderer Hinsicht einen miserablen Ruf. Es galt als Drehscheibe des Drogenhandels, und die Mordrate war die höchste unter den amerikanischen Großstädten – was etwas heißen will. Dieses Image wurde auch noch durch die Fernsehserie *Miami Vice* weltweit erfolgreich verbreitet.

Gemälde im Miami Historical Museum

Miami heute

Die 1990er-Jahre nahmen zunächst keinen vielversprechenden Anfang: Zunächst richtete der *Hurricane Andrew* 1992 verheerende Schäden an, und dann folgten 1993 mehrere aufsehenerregende Morde an (auch deutschen) Touristen, die für einen vorübergehend dramatischen Rückgang der Urlauberzahlen sorgten. Doch beide Krisen wurden erstaunlich schnell überwunden. Im Nordwesten der Stadt gibt es zwar immer noch Armenviertel, die als gefährlich gelten und von Besuchern gemieden werden (sollten), aber das zentrale Miami und das früher ebenfalls problematische Miami Beach sind saniert worden. Die Stadt scheint die Kriminalität nun einigermaßen im Griff zu haben.

Miami erlebte wohl nicht zuletzt deshalb in den letzten Jahren eine erstaunliche Entwicklung. Ein Großteil der Bevölkerung lebt heute vom **Tourismus**, dem mit Abstand wichtigsten Wirtschaftszweig nicht nur Floridas insgesamt, sondern auch des Großraums Miami. Jedes Jahr kommen über 10 Mio. Besucher in die Stadt. Vielen gefällt es dort offenbar so gut, dass sie gleich für immer bleiben. Miami ist daher eine der am schnellsten wachsenden Metropolen der USA. Der Mix der Bevölkerung ist noch farbenfroher als anderswo und trägt eine deutlich karibische Note. Fast 17% sind außerhalb der USA geborene Amerikaner. Unter den zugezogenen Gruppen bilden Kubaner die größte, an zweiter Stelle folgen Kanadier, an dritter Haitianer, an vierter – dies überrascht sicherlich – Deutsche, dicht gefolgt von Jamaikanern.

Miami
N
0
4,5 km
Orlando
Davie
Fort Lauderdale
595
1
Florida's Turnpike
75
Hollywood
Miramar
95
821
441
Cooper City
NORTH MIAMI BEACH
St. Bernard Monastery
Orlando
Florida's Turnpike
826
817
NORTH MIAMI
Opa-Locka
Bay Harbor Island
Bal Harbour
27
Surfside
HIALEAH
7th Ave
Miami Shores
Kennedy Causeway
Collins Ave.
Homestead Extension
Palmetto Expwy
Hialeah Park Race Track
Miami Springs
MIAMI
MIAMI BEACH
195
Westflorida / Fort Myers / Tampa
Miami International Airport
DOWN-TOWN
Parrot Jungle
Art Deco District
East-West Expwy.
836
MacArthur Cswy.
Flagler St.
Little Havanna
Bayside Market
Tamiami Trail
27th Av.
41
Venetian Pool
Fisher Island
CORAL GABLES
Villa Vizcaya
Museum of Science
Virginia Key
Westwood Lakes
Lowe Art Museum
Seaquarium
Cocowalk
South Dade Expwy.
South Miami
COCONUT GROVE
Crandon Park
Fairchild Gardens
Key Biscayne
Kendall
Matheson Hammock Park
Atlantic Ocean
Bill Baggs State Park
Südflorida Everglades Park und Key West
Cape Florida

1.1.2 Praktisches

Orientierung, Information und öffentlicher Transport

Orientierung Die Orientierung in Miami fällt relativ leicht. Die Hauptverkehrsachsen, ob nun *Interstate* oder nicht, sind als Autobahnen ausgebaut und gut ausgeschildert. Die Straßen #826 und #821 (die gebührenpflichtige ***Florida Turnpike***) sind **Ringautobahnen**, die Miami weiträumig umgehen. Das zentrale Straßensystem ist weitgehend schachbrettartig angelegt.

Information Das ***Greater Miami & the Beaches Convention & Visitors Bureau*** residiert drei Blocks südlich des Miami River in der 701 Brickell Avenue, ✆ (305) 539-3000; www.miamiandbeaches.com. Kleinere **Info-Stände** befinden sich auch im *Airport* und am *Bayside Marketplace,* ➢ unten, außerdem in:

Coral Gables Chamber of Commerce,
224 Catalonia Ave, ✆ (305) 446-1657,

Coconut Grove Chamber of Commerce,
2820 McFarlane Ave, ✆ (305) 444-7270;

Öffentlicher Transport Die **öffentlichen Verkehrsverbindungen** sind in Miami und der näheren Umgebung relativ gut. Die *Metro-Dade Transit Agency* betreibt mit ***Metrorail***, ***Metromover*** und ***Metrobus*** (Infos: ✆ 305/770-3131, www.miamidade.gov/transit; Ticket $1,50, Express Bus $1,85, *Metromover* frei) ein dichtes Netz.

Hauptverkehrs mittel sind **Busse**. Sie fahren tagsüber alle 20-30 min. Die Verbindungen sind speziell zwischen Miami Beach und *Downtown* ausgezeichnet. Nach Einbruch der Dunkelheit sollte man aber besser nicht an einer Haltestelle warten.

Metromover Der sog. ***Metromover*** verbindet in *Downtown* u.a. *Financial District*, *Bayfront* und *Government Center*, ➢ Seite 118

Metrorail Die ***Metrorail*** ist eine 36 km lange S-Bahn-Linie, die von Palmetto/Hialeah im Nordwesten durch *Downtown* und Coconut Grove nach South Miami führt. Sie verfügt über 22 Stationen. Eine weitere Linie in Ost-West-Richtung ist im Bau. Informationen über Streckennetz und Fahrpläne gibt es außer in den Touristeninfos auch im Internet, ➢ oben.

Flughafen Der ***Miami International Airport***, einer der größten Flughäfen der USA, liegt ca. 12 mi nordwestlich von *Downtown*, zwischen *Airport* und *Dolphin Expressway*.

***Shuttle*-Busse** fahren von dort aus zu den Hotels der Innenstadt und in Miami Beach. Wer einen Leihwagen ab Airport gebucht hat, wird zunächst zur – in einigen Fällen – ein paar Meilen entfernten Station in der Umgebung gebracht.

Orientierung Vor Fahrtantritt macht es Sinn, sich anhand eines Stadtplans zu orientieren. Denn das System der innerstädtischen *Highways* ist für Ortsfremde unterwegs vom Fahrersitz aus nicht leicht zu durchschauen. In diesem Fall ist ein mitgebrachtes oder mitgemietetes Navigerät hilfreich, ➢ Seite 36.

Unterkunft, Camping und Essengehen

Unterkunft Downtown

Für die meisten Besucher ist **Miami Beach** der beste Standort für einen Aufenthalt in Miami. Von dort aus kann man gut Ausflüge in das Stadtzentrum unternehmen. Sehr viele Hotels und Motels aller Preisklassen gibt es in **Airport-Nähe**.

Im Citybereich bieten ein gutes Preis-/Leistungsverhältnis:

- in der oberen Mittelklasse das ***Marriot Hotel Biscayne Bay***, 1633 North Bayshore Drive, © (305) 374-3900, ab $100
- in der gehobenen Kategorie das ***Hyatt Hotel***, 400 SE 2nd Ave, © (305) 358-6000, ab $149.
- im preisgünstigeren Bereich das ***Leamington Hotel***, 307 NE 1st Street, © (305) 536-2208, ab $55.

Coral Gables

- Das ***Biltmore Hotel***, 1200 Anastasia Avenue, © (305) 445-1926, Sommermonate ab $120, meistens aber nicht unter $280, ist eine der edelsten Unterkünfte der Stadt.
- Preisgünstiger übernachtet man z.B. im ordentlichen ***Riviera Court Motel***, 5100 Riviera Drive, © (305) 665-3528, ab $75.

Das Biltmore Hotel in Coral Gables

Coconut Grove

- Im teuren Coconut Grove bietet das durchschnittliche ***Hampton Inn***, 2800 SW 28th Street an der Kreuzung mit der SW 27th Ave, © (305) 448-2800, eine der wenigen Möglichkeiten, auch im Winter unter $150 unterzukommen, April-November ab $99/DZ.

Camping

Neben einem akzeptablen ***KOA-Campground*** in Miami South/ Homestead (SW 162 Ave) und dem schön angelegten ***Southern Comfort RV Resort*** bei Florida City noch etwas südlicher (345 E Palm Drive; von der Hauptstraße in Florida City nach Osten abbiegen, © 305-245-1345) gibt es nur einen auch von der Lage her wirklich empfehlenswerten *Campground* für Metro Miami, den

- ***L&P Thompson Memorial Park***, der an das Zoogelände grenzt, ohne mit ihm verbunden zu sein: 12451 SW 184th Street, von *Florida's Turnpike* westlich 1 mi auf Eureka Drive/SW 184th Street, ✆ (305) 232-1049. Über 200 großzügige, komfortable Stellplätze warten für relativ günstige Tarife ab ca. $24. **Neuerung 2005**: der an das Gelände grenzende **Badesee** wurde mit Strand und Rutschen aufgewertet; geringer Eintritt $3, Kinder $2.

Auf den genannten Plätzen kann auch gezeltet werden.

Restaurants Downtown

- Guten Fisch serviert der ***Fishbone Grill*** (650 S Miami Ave).
- Bei ***Diego Tapas*** (401 Biscayne Boulevard) kann man in lockerer Atmosphäre günstig spanisch speisen (abends Flamenco).
- Als bestes Steakhaus gilt der ***Capital Grille*** (444 Brickell Ave); www.thecapitalgrille.com.
- Veganisches gibt`s in ***Suzanne's Vegetarian Bistro*** (7251 Biscayne Boulevard).

Little Havana

- Das bekannteste Restaurant in *Little Havana* heißt eigenartigerweise ***Versailles*** (3555 SW 8th Street): traditionelle kubanische Gerichte zu günstigen Preisen in lebhafter Atmosphäre.
- Empfehlenswert ist auch das ***La Carreta*** (3632 S.W. 8th Street): einfache, aber authentische kubanische Küche.

Coral Gables

Der mediterranen Atmosphäre von Coral Gables entsprechend gibt es dort jede Menge italienische und spanische Restaurants:

- Spanisch isst man etwa im teuren ***Botin*** (2101 Coral Way) oder im ***Casa Juancho*** (2346 SW 8th Street), das für Paella, Tapas und seine gute spanische Weinkarte bekannt ist.
- Italienisches Essen gibt es u.a. im ***Botticelli Trattoria*** (7382 SW 56th Avenue) oder ***Claudius*** (2626 Ponce de Leon Blvd), das im Stil des alten Rom dekoriert ist und italienische Küche mit modernem amerikanischen Touch verbindet.

Coconut Grove

- ***Café Tu Tu Tango*** im *Cocowalk* für leckere Kleinigkeiten
- ebenfalls im *Cocowalk* werden im ***Café Med*** Pizza und hausgemachte Pasta serviert.

In Miami Beach warten nostalgische Art Deco Hotels direkt am Strand auf Gäste,
➤ Seite 132f

1.1.3 Stadtbesichtigung

Downtown Miami

Kennzeichnung

Das **Geschäftszentrum** von Miami ist kaum zu übersehen, denn dort – zwischen der Biscayne Bay und der Autobahn I-95 – ragen reihenweise **moderne** und **postmoderne Wolkenkratzer** in den Himmel. Sie bilden die vom Fernsehen bekannte ***Skyline*** der Stadt und wirken besonders nachts eindrucksvoll, wenn sie neonfarben erleuchtet sind. Dieser nur tagsüber stark belebte Bereich ist zwar als solcher insgesamt nicht übermäßig attraktiv, aber Geschäfte, Museen und das im folgenden beschriebene Umfeld machen *Downtown* besuchenswert. Nach Geschäftsschluss ist im zentralen Miami nicht mehr viel los, da sich das Nachtleben anderswo, speziell in Miami Beach abspielt.

Metromover

Man kann *Downtown* Miami ohne weiteres zu Fuß erkunden. Bequemer ist indessen die Benutzung des sog. ***Metromover***, einer Hochbahn mit vielen Stopps, die das gesamte Zentrum umrundet. Besonders in den tropisch heißen Sommermonaten ist die Fahrt in der vollklimatisierten und -automatischen Bahn das einzig Wahre, ➤ oben. Die einfache Fahrt ist kostenfrei.

Museen

Ein guter erster Anlaufpunkt in der Innenstadt ist das ***Metro-Dade Cultural Center*** (*Metro Mover* Halt »*Government Center*«), einen von *Philip Johnson* entworfenen Komplex, der einer spanischen Fortanlage nachempfunden wurde. Er beherbergt u.a. zwei Museen. Das ***Historical Museum of Southern Florida*** (101 W. Flagler Street, Mo-Sa 10-17 Uhr, dritte Do im Monat 10-21 Uhr, So 12-17 Uhr, $8, unter 12 Jahren $5, unter 6 Jahren frei) informiert detailliert und interessant über die Entwicklung Südfloridas. Hauptabteilungen beziehen sich auf die Indianer, die spanische Periode, die Zigarrenindustrie und die Anfänge des Tourismus in den 1930er-Jahren.

Außerdem gibt es wechselnde Ausstellungen mit ausgeprägt regionalem Bezug. Zum Kulturzentrum gehören außerdem die öffentliche Bibliothek von Miami und das ***Miami Art Museum*** mit einer ansehnlichen Kollektion vor allem zeitgenössischer Werke und wechselnden Kunstausstellungen (Di-Fr 10-17 Uhr, dritter Do im Monat 10-21 Uhr, Sa + So 12-17 Uhr, $8, unter 12 Jahren frei).

Flagler Street

Die nach dem Eisenbahnkönig *Henry Morrison Flagler* benannte **Flagler Street** ist die zentrale Ost-West-Straße der Stadt. Sie **teilt Miami** in eine **nördliche** und eine **südliche Hälfte**. Die nördlich der Flagler Street verlaufenden nummerierten Straßen tragen den Zusatz *North West* (oder kurz NW) bzw. *North East* (NE), heißen also North East 1st Street, North East 2nd Street usw. Die südlichen Straßen werden dementsprechend mit dem Zusatz *South West* (SW) bzw. *South East* (SE) versehen. Während alle parallel zur Flagler Street verlaufenden Straßen ***Streets*** heißen, werden die Straßen, die sie kreuzen, als ***Avenues*** bezeichnet. Auch sie sind durchgehend **nummeriert**.

So wie die Flagler Street Miami in Norden und Süden aufteilt, markiert die **Miami Ave** die Grenze zwischen **Westen** und **Osten**. Die östlich gelegenen *Avenues* heißen daher nördlich der Flagler Street North East 1st Ave, North East 2nd Ave usw., südlich der Flagler Street South East 1st Ave, South East 2nd Ave usw. Alles klar? Was sich zunächst verwirrend anhört, ist auf den zweiten Blick ein logisches System, das die Orientierung erleichtert.

Bayfront Park

Die Flagler Street stößt an ihrem östlichen Ende auf einen weiteren Fixpunkt des Zentrums, den ***Bayfront Park*** am Ufer der Biscayne Bay. Anstelle eines früheren Frachthafens befindet sich dort heute eine gepflegte Grünanlage mit 2 Theatern:

- im ***AT&T Amphitheater*** finden u.a. jedes Jahr die Feiern zum amerikanischen Unabhängigkeitstag am 4. Juli statt.
- im kleineren ***South End Amphitheater*** am Südende des Parks gibt es in den Sommermonaten viele **kostenlose Konzerte**.

Außerdem stehen im *Bayfront Park* eine Reihe bemerkenswerter Statuen und Denkmäler. Da wäre zunächst die bekannte ***J.F.K. Torch of Friendship***, eine Gedenkstätte in Form einer Fackel, die die Freundschaft zwischen Miami und Lateinamerika symbolisieren soll. Andere Monumente ehren ***Christopher Columbus***, den kubanischen Freiheitskämpfer ***José Martí***, den Autor der Verfassung von Honduras ***José Cecello del Valle*** und den nicaraguanischen Dichter ***Ruben Dario***, eine interessante Mischung von Persönlichkeiten, wie man sie wohl nur in Miami findet.

Das ***Challenger Memorial*** in der Südwestecke des Parks erinnert an die Astronauten, die 1986 bei der Explosion einer Rakete mit der *Challenger*-Raumfähre starben.

Bayside Marketplace

Nördlich schließt sich der ***Bayside Marketplace*** an den Park an, ein kleines Einkaufszentrum, dessen Angebot besonders auf touristische Kundschaft zielt. Regelmäßig werden hier Busladungen von Urlaubern zum Shopping abgesetzt – und entsprechend hoch sind auch die Preise. Man hat aber von dort einen schönen Blick auf die Yachten in der *Miamarina*. Am *Marketplace* legen auch **Ausflugsboote** zu Rundfahrten durch die Biscayne Bay ab.

Freedom Tower

Sehenswert ist in dieser Ecke der Innenstadt auch der ***Freedom Tower*** (Ecke NE 6th Street/Biscayne Blvd), schräg gegenüber dem *Marketplace*. Man kann den markanten gelben Turm zwar nicht besteigen, ein kurzer Stopp lohnt sich aber. Er stammt aus den 1920er-Jahren und wurde dem Glockenturm der Kathedrale von Sevilla nachempfunden. Die Bezeichnung *Freedom Tower* und auch der Spitzname des Gebäudes *Ellis Island of the South* erinnern daran, dass hier in den 1960er-Jahren die **Einwanderung kubanischer Flüchtlinge** abgewickelt wurde.

Bacardi

Folgt man von dort aus dem Biscayne Boulevard nach Norden, passiert man rechts zunächst den großen *Bicentennial Park*, der bis ans Ufer der Biscayne Bay und oben an den *MacArthur Causeway* reicht. Noch ein Stück weiter nördlich kann man in den ***Bacardi Imports Headquarters*** karibische Atmosphäre schnuppern. Hier wird nicht nur das Imperium des bekannten Rumfabrikanten verwaltet, es gibt auch das kleine ***World of Bacardi Museum*** zu besichtigen, das der Geschichte der Familie und des Konzerns gewidmet ist (2100 Biscayne Boulevard, Mo-Fr 9-12 Uhr).

Parrot Island

Umgezogen von Süd Miami nach **Watson Island** eingangs des ***Mac Arthur Causeway*** hinüber nach Miami Beach sind die exotischen Gärten des ***Parrot Jungle*** (11111 Parrot Jungle Trail, täglich 10-18 Uhr, © 305-258-6453, www.parrotjungle.com; $28 + tax; Kinder 3 bis 10 Jahren $23 + tax; Parkplatz $7), der sich deshalb jetzt auch ***Island*** nennt. Hier kann man neben vielen bunten

Krimis in Pink: Miami Vice

Am 16. September 1984 begann eine neue Epoche in der Geschichte der Fernsehunterhaltung: an diesem Tag wurde die erste Folge von *Miami Vice* ausgestrahlt. Die Serie war in den USA sofort ein Riesenerfolg und machte aus ihren Darstellern über Nacht Superstars. In den folgenden Jahren wurde sie in Dutzende von Sprachen synchronisiert und in 72 Ländern ausgestrahlt. In Deutschland lief sie erst im Dezember 1986 an und erzielte sensationelle Einschaltquoten.

Der phänomenale Erfolg der Serie hatte viele Gründe. Die in Miami und Miami Beach handelnden Krimis waren handwerklich perfekt gemacht und aufwendig produziert. Zwischen $1,2 Mio. und $1,5 Mio. ließ sich der Sender NBC die einzelnen Folgen kosten, was sie zu einer der **teuersten Serien aller Zeiten** machte. Doch das große Geld war gut investiert, denn *Miami Vice* revolutionierte nicht nur Form und Inhalt des Fernsehkrimis, die Filme prägten zudem die Mode und Musik der Zeit.

Über die Anfänge der Serie gibt es verschiedene Geschichten. So heißt es etwa, dass NBC eine peppigere Version von *Starsky und Hutch* produzieren und die Hauptrollen diesmal mit einem schwarzen und einem weißen Darsteller besetzen wollte. Außerdem wird behauptet, dass der Programmchef des Fernsehsenders von der damals noch völlig neuen Ästhetik des Musiksenders MTV so angetan war, dass er die für Musikvideos charakteristische Kameraführung und die typischen schnellen Schnitte in eine Krimiserie einbauen und sie mit aktueller Rock- und Pop-Musik untermalen wollte.

Und der ***Sound Track*** sollte einer der Gründe für den Erfolg der Serie sein. Der Titelsong von *Jan Hammer* schaffte es auf den ersten Platz der amerikanischen Charts. Es gelang den Produzenten sogar, Stars aus der Musikszene der 1980er-Jahre wie *Leonard Cohen, Frank Zappa* und *Sheena Easton* in einigen Folgen zu Gastauftritten zu bewegen.

Die Filme waren auch optisch perfekt auf den Zeitgeist abgestimmt. Im Hintergrund sah man schicke Hochhäuser, Palmen, Strände, Glasbausteine und besonders viel pastellfarbenes ***Art Deco***. Im damals ziemlich heruntergekommenen Miami Beach wurden extra für die Serie Fassaden neu gestrichen und Gebäude renoviert. Die beiden Hauptdarsteller, ***Don Johnson*** und ***Philip Michael Thomas***, wurden von *Gianni Versace, Nino Cerruti* und *Hugo Boss* ausgestattet, trugen *Rolex*-Uhren und fuhren in *Ferraris* und *Cadillacs* durch Miami. Besonders der von *Don Johnson* gespielte Detektiv *Sonny Crockett*, der mit einem Alligator als Haustier auf einer Yacht im Hafen von Miami lebte, wurde in Sachen Mode ein echter Trendsetter. Plötzlich war es gesellschaftsfähig, unter einem Sakko nur ein T-Shirt zu tragen, und jeder modeorientierte Mann pflegte, wie *Sonny*, seinen 3-Tage-Bart.

Außer schönen Bildern und fetziger Musik hatte die Serie aber durchaus auch **spannende Geschichten** zu bieten. Die Detektive *Crockett* und *Tubbs* ermittelten in der Unterwelt von Miami und versuchten, Waffenschiebern und Drogenhändlern auf die Spur zu kommen. Dabei übten die Autoren an der US-Gesellschaft der *Reagan*-Ära harte Kritik. Es wird in den Folgen der Serie überdeutlich, dass es in einem vorrangig profitorientierten Land immer derartige Formen der Kriminalität geben muss. Ein traditionelles Happy End ist daher bei *Miami Vice* eine Rarität. *Crockett* und *Tubbs* haben im Kampf gegen das organisierte Verbrechen keine Chance und sind sich dessen bewusst. Die letzte Folge der Serie endet dann auch damit, dass beide ihren Job an den Nagel hängen.

Pflanzen Papageien (mehrfach täglich *Parrot Show*) und andere tropische Vögel, obendrein ein paar Reptilien, bestaunen. Wer die Fernsehserie *Miami Vice* gesehen hat, erinnert sich vielleicht an die pinkfarbenen Flamingos im Vorspann – diese Szene wurde im Flamingo-Gehege des *Parrot Jungle* gefilmt.

Die bunten Papageien waren namensgebend für den Parrot Jungle

Little Havana

Calle Ocho

Zwischen Downtown im Osten und Coral Gables im Westen liegt eines der buntesten und bekanntesten Viertel der Stadt: ***Little Havana***, das **Herz des kubanischen Miami**. An die 400.000 Menschen leben in dieser Gegend, deren Hauptstraße SW 8th Street hier nur ***Calle Ocho*** genannt wird. Spektakuläre Sehenswürdigkeiten warten nicht in *Little Havana* – das Viertel ist arm und ungepflegt –, dafür aber viel Atmosphäre und Lokalkolorit. An der *Calle Ocho* sind in Anlehnung an Hollywoods *Walk of Fame* Sterne in den Bürgersteig eingelassen, die an bekannte Kubaner und Amerikaner kubanischer Abstammung erinnern. Aus den Musikläden tönen Salsa und andere lateinamerikanische Rhythmen. In vielen Geschäften werden Zigarren, Heiligenfiguren und kubanische Spezialitäten verkauft. ***Botánicas*** sind Läden, die Kerzen, Talismane und religiös-kultische Gegenstände führen.

Bunte Wandmalereien, mit Blumen geschmückte Altäre und rein spanischsprachige Buchhandlungen unterscheiden *Little Havana* von benachbarten Vierteln. Überall wird sehr viel mehr Spanisch als Englisch gesprochen. Die meisten hier lebenden Kubaner sind aber zweisprachig, so dass sich auch Besucher ohne Spanischkenntnisse leicht verständigen können.

22nd Ave

Dort, wo die SW 22nd Avenue die *Calle Ocho* kreuzt, befindet sich eine Art inoffizieller Eingang von *Little Havana*: *Republic Bank welcomes you to Little Havana* kann man hier lesen. Östlich davon, ebenfalls an der *Calle Ocho*, stößt man an der Kreuzung mit der 15th Ave auf den *belebten* ***Máximo Gómez Park***, bei den Einheimischen auch »***Domino Park***« genannt (Sonnenaufgang bis -untergang). Dieser Park ist eines der Zentren des sozialen Lebens der Gegend. Kubanische Rentner treffen sich dort zum Schwätzchen oder zu ein paar Runden Domino. Ähnlich lebhaft geht es auch im ***Little Havana Chess Club*** an der nächsten Ecke zu.

Patriotismus

Sehenswert ist der **Cuban Memorial Boulevard**, der nach dem SW 13th Court von der *Calle Ocho* abbiegt. Am Anfang dieser Straße passiert man zunächst die ***Eternal Torch in Honor of the 2506th Brigade***, ein ewiges Feuer, das an einen der wichtigsten Bezugspunkte in der Geschichte der Exilkubaner erinnert: 1961 versuchte eine Gruppe von Castro-Gegnern die Heimatinsel zurückzuerobern, was jedoch in der seither bekannten **Schweinebucht** kläglich scheiterte. Weitere Monumente und Stätten des Memorial Boulevard sind u.a. eine Madonnenstatue, eine Bronze-Landkarte von Kuba und das ***José Martí Memorial***, das an den bekanntesten Kubaner erinnert, der gegen die spanische Kolonialherrschaft kämpfte. Weitere Statuen zeigen prominente Castro-Gegner, die von den antikommunistischen Bewohnern von *Little Havanna* als Freiheitskämpfer verehrt werden.

Cafés

In einem der vielen Restaurants oder Cafés kann man bei einem kubanischen Zuckerrohrsaft ***Guarapo*** oder bei einer Tasse ***Café con Leche*** entspannen. Dazu passt das süße Gebäck ***Churro***, eine Spezialität, die es u.a.in der *Karla Bakery* (1144 SW 67th Ave; http://karlabakerymiami.com, Video unter http://miamibeach.plumtv/stories/smoke) gibt.

Kubanische Zigarren

Bei Touristen sehr beliebt ist die Zigarrenfabrik ***El Crédito Cigars*** (1106 Calle Ocho, Mo-Sa 7.30-18 Uhr), wo man beim Zigarrenrollen zusehen und handgerollte Exemplare kaufen kann.

Typisches Bild in der Calle Ocho, auch was die vergitterten Fenster betrifft

Little Haiti & North Miami

Kennzeichnung

Tausende von haitianischen Einwanderern und Flüchtlingen, die sich in Miami niedergelassen haben, prägen die Gegend zwischen Miami Ave, NE 54th Street, NE 79th Street und Biscayne Bay nördlich der Innenstadt. Haitianern geht es wirtschaftlich überwiegend schlechter als Kubanern. Auch ihrem Viertel sieht man das an. Zwar gibt es einige exotische Geschäfte, in denen man u.a. *Voodoo*-Artikel kaufen kann und der Flohmarkt am ***Caribbean Marketplace*** an der NE 2nd Avenue sorgt für ein gewisses

Flair, aber mit *Little Havana* ist Klein-Haiti noch nicht zu vergleichen. Immerhin bemüht man sich, mit **Festen** und **Musikveranstaltungen** Besucher anzulocken. Darüber und über die Situation der Haitianer in Miami informiert das ***Haitian Refugee Center*** in der 119 NE 54th Street.

Museum für zeitgenössische Kunst

Nördlich von *Little Haiti* liegt ein unattraktiver Stadtbezirk mit viel Industrie und Lagerhäusern. Doch dort verbergen sich zwei Sehenswürdigkeiten: Zunächst das ***Museum of Contemporary Art*** (770 NE 125th Street, Di-Sa 11-17 Uhr, So 12-17 Uhr, $5, Jugendl. $3, Kinder frei), mit Wechselausstellungen zeitgenössischer Kunstwerke und einer eigenen Sammlung; www.mocanomi.org.

Kloster

Sehenswert ist das ***Monastery of St. Bernard*** (auf Stadtplänen teilweise auch *Ancient Spanish Monastery* genannt, 16711 W. Dixie Hwy, vom US-Highway #1 westlich auf die 167th Street/Straße #826, Mo-Sa 9-17 Uhr, So 13.30-17 Uhr, $5, Kinder $2; www.spanishmonastery.com). Ähnlich wie im Fall des *Cloisters* in New York City oder des *Hearst Castle* in Kalifornien wurde hier aus original europäischen Bausteinen eine scheinbar Jahrhunderte alte, daher typisch amerikanische Attraktion geschaffen. Das spanische ***Kloster des Heiligen Bernhard von Clairvaux*** aus dem 12. Jahrhundert war in den 1920er-Jahren vom Zeitungsverleger *William Randolph Hearst* gekauft und – in Einzelteile zerlegt – in die USA verschifft worden. Mehrere Jahrzehnte blieb der komplette Bau in New York zwischengelagert, bevor man ihn in den 1950er-Jahren Stein für Stein hier wieder aufbaute.

Südliche Stadtteile

Coral Gables

Coral Gables, einige Meilen südwestlich des Zentrums, ist zwar lange mit Miami zusammengewachsen, wurde in den 1920er-Jahren aber als **separate Stadt** konzipiert und hat immer noch ihr eigenes Flair. Ein *George Edgar Merrick* plante seinerzeit Coral Gables und war auch für den Bau der wichtigsten Gebäude verantwortlich. Seine Vision war eine mediterrane Stadt mit schattigen Straßen, vielen Grünflächen und besonderer Architektur. Der Ort sollte in erster Linie spanischen Charakter besitzen, was sich in den Straßennamen niederschlug: Malaga, Andalusia, Valencia und Aragon Avenue sind nur einige Namen. Aber auch noch andere architektonische Traditionen spielten eine Rolle, so dass man in manchen Ecken von Coral Gables auch Häuser wie in der Normandie oder im kolonialen Baustil Südafrikas findet. Zwischen San Sovino Ave, Castania Ave, Maggiore Street und Riviera Drive imitieren einige Häuser sogar chinesische Baustile.

Stadttore

Merrick hatte für Coral Gables auch eigene **Stadttore** vorgesehen, von denen indessen nur wenige wirklich gebaut wurden, da die Weltwirtschaftskrise seine ehrgeizigen Pläne vor der endgültigen Fertigstellung stoppte. Zu den erhaltenen Toren zählen der ***Douglas Entrance*** an der Kreuzung Calle Ocho/Douglas Road und ***Granada Entrance*** an der Calle Ocho/Granada Boulevard.

GlasklarerVenetian Pool in Coral Gables

Coral Gables House

Für sich selbst und seine Familie baute *Merrick* ein Haus in einem üppigen tropischen Garten am Coral Way (907, Besichtigung nur Mi und So 13, 14 und 15 Uhr; Erwachsene $5, Kinder $1). Die Giebel des aus Korallen konstruierten Baus erklären den Namen der Stadt: ***Coral Gables*** heißt nichts anderes als ***Korallengiebel***.

Wer von dort dem Coral Way nach Osten folgt, erreicht rasch die teure Einkaufsgegend ***Miracle Mile***, in der das Feinste vom Feinsten dominiert. An der Kreuzung von Coral und Biltmore Way, steht die ***City Hall***, das Rathaus von Coral Gables im Stil eines italienischen Palastes. Darin gibt es eine **Touristinfo** mit Stadtplänen und Unterlagen.

Biltmore Hotel

Unbedingt sehenswert ist der noble Bau des traditionsreichen ***Biltmore Hotels*** (1200 Anastasia Avenue) am Rand des gleichnamigen Golfplatzes; www.biltmorehotel.com Das mediterran wirkende Hotel wurde 1926 eröffnet und gilt immer noch als die beste Adresse weit und breit. Neben Restaurants, Cafés, Tennisplätzen und anderen Sportanlagen gehört sogar ein Theater zum Hotelkomplex. Sein schönes Schwimmbad ist der **größte Hotelpool** in den gesamten USA.

Venetian Pool

Der *Biltmore Pool* wird allerdings noch übertroffen vom wunderschönen***Venetian Pool***, einem zum *National Landmark* erhobenen Baudenkmal noch ein wenig weiter nordöstlich (2701 DeSoto Drive, saisonabhängige Öffnungszeiten, © 305-460-5356; Eintritt: saisonabhängig $7-$10, Kinder 3-12 Jahre $5,50-$7, Kinder unter 3 Jahre nicht zugelassen; www.venetianpool.com).

Früher befand sich an dieser Stelle ein Steinbruch, aus dem man Korallengestein für viele Gebäude von Coral Gables gewonnen hatte. Nach Ende der Bautätigkeit kam man auf die Idee, den früheren Steinbruch, der zudem über eine Quelle verfügte, mit Wasser vollaufen zu lassen, die Ränder zu bepflanzen und daraus ein **öffentliches Schwimmbad** zu machen, das nun zwischen Blumen und Palmen, Wasserfällen und Höhlen in seinem glasklaren Pool Abkühlung von der Hitze Südfloridas bietet.

Kunstmuseum

Coral Gables besitzt ein exzellentes Kunstmuseum. Das bekannte ***Lowe Art Museum*** (1301 Stanford Drive, Di, Mi, Fr, Sa 10-17 Uhr, Do 12-19 Uhr, So 12-17 Uhr, $7; Schüler/Studenten $5, Kinder bis 12 Jahre frei; www.miami.edu/lowe) befindet sich auf dem Campus der Universi*ty of Miami* im Süden des Vororts. Das nach den Mäzenen *Joe & Emily Lowe* benannte Museum besitzt eine große Kunstsammlung, die von europäischen Gemälden des Barock und der Renaissance bis zu Werken zeitgenössischer amerikanischer Künstler wie *Frank Stella, David Park* und *Joan Brown* und zu indianischer Keramik aus präkolumbischer Zeit reicht. Wegen des enormen Umfangs der Sammlung dieses Museums bekommen Besucher immer nur eine begrenzte Auswahl zu sehen.

Key Biscayne Strände

Folgt man der Brickell Avenue nach Süden, erreicht man am *Wainwright Park* den ***Rickenbacker Causeway***, die Brücke hinüber zur **Key Biscayne** mit den schönsten, palmengesäumten Stränden Miamis im ***Crandon*** und ***Bill Bags Cape Florida Park*** (➢ Seite 149). Sie sind attraktiver als die Strände in Miami Beach.

Auf der kleinen Insel **Virginia Key** zwischen Festland und Key Biscayne befindet sich am Weg zu den Stränden *das* ***Miami Seaquarium*** (täglich 9.30-18 Uhr, letzter Einlass 16.30 Uhr, $32, Kinder bis 9 Jahre $25; www.miamiseaquarium.com). Dort kann man Wale, Haie, Seelöwen, Seekühe, Delphine und andere Meeresbewohner bestaunen, Fütterungen und diverse Shows ansehen. Die Tiere werden von Meeresbiologen betreut, die für eine möglichst artgerechte Haltung sorgen. Wer auf seiner Floridareise noch nach Orlando kommt, kann sich das *Miami Seaquarium* sparen, denn das weit größere *Seaworld* bietet erheblich mehr.

Villa Vizcaya

Eines der prächtigsten Gebäude von Miami liegt unmittelbar südlich der Key Biscayne Brückentrasse. Die *Villa Vizcaya* ist als ***Vizcaya Museum & Gardens*** eine Besucherattraktion erten Ranges (3251 South Miami Avenue, täglich 9.30-17 Uhr, Eintritt $12, Kinder bis 12 Jahre $5; wwwvizcayamuseum.org). Es handelt sich um einen im Stil der **italienischen Renaissance erbauten Palast** an der Biscayne Bay. Wenn man durch Mangroven, zwischen Palmen und Statuen auf das Anwesen zufährt, scheint man sich meilenweit von der Hektik Miamis zu entfernen.

Picknickplatz (links) am Strand von Key Biscayne

Villa Vizcaya

Die Villa wurde zu Beginn des 20. Jahrhunderts vom Multimillionär ***James Deering*** erbaut. Der große, aus grauem Kalkstein konstruierte Komplex ist von gepflegten Gartenanlagen umgeben und beherbergt eine umfangreiche **Sammlung von Kunstwerken und Antiquitäten** aus aller Herren Länder. Schon *James Deering* lud zu Lebzeiten gerne Prominente und Hollywood-Stars ein. Nachdem die Villa in den 1950er-Jahren in die öffentliche Hand übergegangen war, haben sie viele Politiker für Tagungen und Feste genutzt, darunter die Präsidenten *Ronald Reagan* und *Bill Clinton,* die in der Villa internationale Gäste empfingen.

Die Villa Vizcaya vom eigenen Park aus gesehen. Der Komplex liegt direkt an der Biscayne Bay

Coconut Grove

Folgt man ab *Villa Vizcaya* dem Bayshore Drive nach Süden, erreicht man nach 2 mi den zentralen Bereich (Main Hwy/Virginia St) des Nobelvororts **Coconut Grove** unmittelbar an der Küste. Die zentralen Achsen heißen ***Grand Ave*** und ***Main Hwy***. An ihnen finden sich kleine Boutiquen, Cafés, Restaurants und die Edel-*Shopping Mall* ***Streets of Mayfair***, die mit ihren maurischen Stilelementen und üppigem Grün ein südländisches Flair besitzt. Einen Block weiter ist es zum *open-air-Shopping-* und *Entertainment Center* ***Cocowalk*** an der Ecke Grand Ave/Virginia. Mehr Details unter http://miami.retailguide.com. Coconut Grove kann mit ersten Adressen in New York und Los Angeles mithalten, auch was die Preise betrifft.

Coconut Grove ist ähnlich wie Coral Gables ein **edles Pflaster**. Der Name der Gegend erinnert daran, dass sich hier einmal nichts als ein Hain (*grove*) von Kokospalmen befand. *The Grove,* wie Einheimische die Gegend meist knapp nennen, ist aber auch historischer Boden, denn hier stand einst die erste weiße Niederlassung im Bereich des heutigen Miami.

Barnacle SHS

Eines der Gebäude aus der Pionierzeit ist erhalten geblieben und kann im ***Barnacle State Historic Site*** (3485 Main Highway, Fr-So Führungen um 10, 11.30, 13, 14.30 Uhr, $1) besichtigt werden. In den 1960er-Jahren kamen viele Künstler nach Coconut Grove; die

Künstler-kolonie

Gegend galt damals als Anziehungspunkt für Exzentriker und Aussteiger. Heute ist davon kaum noch etwas zu spüren. Denn wer sich hier heute niederläßt, muss sehr wohlhabend sein. An die Zeit als **Künstlerkolonie** erinnert allenfalls noch *das* ***Coconut Grove Playhouse*** (3500 Main Highway ✆ 305-442-4000) direkt gegenüber dem *Barnacle State Historic Site*. Es gilt als eines der besten Theater in Südflorida. Die meisten Besucher kommen aber in erster Linie zum Einkaufen nach Coconut Grove.

1.1.4 Tropische Gärten und Metrozoo

Fairchild Garden

Gut 4 mi südwestlich von Coconut Grove liegt der ausgedehnte ***Matheson Hammock Park*** (mit Picknickplätzen und Strandabschnitten) am mangrovenüberwachsenen Ufer der Biscayne Bay. An ihn grenzt der ***Fairchild Tropical Garden*** (10901 Old Cutler Road, täglich 6 Uhr bis Sonnenuntergang, $20, Kinder bis 12 Jahre $10; www.ftg.org), der mit 34 ha angeblich größte botanische Garten der USA. Dieser hügelige und von raffiniert angelegten Teichen durchzogene Park ist eher ein subtropisches, eindrucksvolles **Arboretum** mit Regenwald. Der Eintritt schließt eine – eher überflüssige – Tramtour ein. Ein individueller Spaziergang bringt trotz fehlender Erläuterungen mehr. Sehr empfehlenswert.

Zoo

Der ***Miami Metrozoo*** weit außerhalb der City, westlich der *Florida Turnpike* am Coral Reef Drive, ist der flächenmäßig größte Zoo der USA (12400 SW 152nd Street, täglich 9.30-17.30 Uhr, letzter Einlass 16.00 Uhr, ✆ 305/251-0400, Eintritt $14+tax, Kinder bis 12 Jahre $10+tax; www.miami.metrozoo). Der Zoo beherbergt Tiger, Elefanten, Koalabären, Affen, Känguruhs und etwa 200 andere Arten in einer Haltung ohne Käfige und Gehege. Mit der ***Zoofari Monorail*** kann man zur Orientierung zunächst eine bequeme Runde drehen. Interessant ist die ***Behind the Scenes Tram Tour***, bei der man u.a. durchs zooeigene Tierhospital geführt wird.

Das Coral Castle bei Homestead www.coralcastle.com

Wer von Miami in Richtung Everglades/Florida Keys fährt, sollte sich den kleinen Abstecher zum originellen ***Coral Castle*** gönnen. Es steht an der Straße #1 (28655 South Dixie Hwy/ca. 288th Street) etwa 2 mi nördlich von **Homestead**. Diese »Burg« aus Korallengestein, darunter riesige, tonnenschwere Quader, wurde von einem *Edward Leedskalnin* in 28 Jahren angeblich weitgehend eigenhändig und ohne maschinelle Hilfsmittel errichtet (1923-1951). Wie er das bei nur 1,50 m Größe und 45 kg Gewicht zuwege brachte und zwischenzeitlich in drei Jahren ab 1936 den bis dahin fertigen Teil des Baus noch um ein paar Meilen auf seinen endgültigen Platz versetzte, ist weitgehend rätselhaft. Dokumentationen oder Fotos aus der Bauphase existieren nicht. Lediglich das Motiv der ungewöhnlichen Bautätigkeit scheint klar zu sein: Liebeskummer. Er begann seinen Bau mit 36 Jahren und starb als Junggeselle 64jährig 1951.

Besichtigung täglich 8-18 Uhr, Fr+Sa bis 21 Uhr; Eintritt $10, Kinder $5.

1.2 Miami Beach

1.2.1 Kennzeichnung und Entwicklung

Kennzeichnung

Viele, die Miami hören, denken dabei vor allem an Miami Beach, die **kleinere, lebendigere und um einiges verrücktere Nachbarstadt** der Metropole. Tatsächlich handelt es sich um zwei separat verwaltete Städte, wiewohl sie eigentlich eine Einheit bilden und der Eindruck vorherrscht, Miami Beach sei eine Art Vorort oder eben der Stadtstrand von Miami.

Miami Beach liegt nur etwa 4 mi östlich des Zentrums auf einer der Küste vorgelagerten langen schmalen Insel, ➢ Seite 16. Die Stadt ist nicht nur viel überschaubarer als Miami, sie ist außerdem ganz und gar für die Bedürfnisse von Urlaubern eingerichtet. Es bietet sich daher u.U. für Miami-Besucher prinzipiell an, Miami Beach als Standquartier zu wählen und von dort aus Abstecher aufs Festland und in die Umgebung zu unternehmen.

Entwicklung

Die Entwicklung zum Urlaubsziel begann in Miami Beach bereits in den 1920er-Jahren. Manche der bunten *Art-Deco*-Gebäude im südlichsten Stadtteil **South Beach** stammen noch aus dieser Zeit. Wenn man an den gepflegten Hotels, teuren Geschäften und Restaurants des **Ocean Drive** vorbeiläuft, kann man sich kaum vorstellen, dass sich dieser Stadtteil vor gerade einmal 15 Jahren noch als heruntergekommene und verrufene Ecke präsentierte.

Damals waren viele Gebäude dem Verfall ausgesetzt, die Fenster mit Brettern vernagelt. Wer es sich leisten konnte, war längst weggezogen. Manche Straßen waren wie ausgestorben, in anderen lebten verarmte Rentner und kubanische Flüchtlinge. Und Mitte der 1980er-Jahre wurden Überlegungen angestellt, den Großteil des Viertels abzureißen. Eine weitsichtige Bürgerinitiative, die ***Miami Design Preservation League***, verhinderte das zum Glück.

Man begann stattdessen mit Renovierungen, und Ende der 1980er-Jahre eröffneten erste neue Cafés und Läden. Hotels, die nach ihrer Blütezeit in den 1930er- und 1940er-Jahren geschlossen worden waren, wurden mit viel Liebe zum Detail wieder hergerichtet und gehören mittlerweile wieder zu den Besucherattraktionen. Etwa die Hälfte der 800 Gebäude im *Art-Deco*-District stehen heute unter Denkmalschutz.

1.2.2 Praktisches

Orientierung, Information und öffentlicher Transport

Ein grandioses ***Visitor Center*** der ***Miami Beach Chamber of Commerce*** (www.miamibeachchamber.com) befindet sich an der 1920 Meridian Ave, © (305) 674-1300 & © (305) 672-1270.

Das Internetportal der offiziellen *Touristinformation* bietet Infos zu Hotels Restaurants, Museen plus zahlreiche Links.

Bal Harbor
Surfside
NORTH BAY VILLAGE
Normandy Shores Municipal Golf Course
Normandy Driv
Bay Drive
Collins Ave.
John F. Kennedy Causeway
934
LITTLE HAITI
Bird Key
Miami Beach
N
0 1 km
La Gorge Country Club
Pine Tree Drive
A1A
Alton Road
Morningside
MORNINGSIDE PARK
Picnic
Lake Road
Islands
Biscayne
47 Street
907
Fontainebleau Hilton Hotel
Drive
Arthur Godfrey Road
Julia Tuttle Causeway
112
195
Prairie Ave.
Pine Tree-
Indian Creek
Bay
Alton Road
Golf
Golf
Biscayne Blvd
Sunset Island
Venetian Islands
Di Lido Island
Dade Blvd.
Bass Museum of Art
Holocaust Memorial
Collins Park
San Marino Island
Rivo Alto Island
Convention Center
City Hall
Delano Hotel
Venetian Causeway
Lincoln Rd.
Lincoln Theatre
West Ave.
Alton Road
ART DECO DISTRICT
Belle Island
15th St.
395
Ichimura Miami-Japan Gardens
A1A
Watson Island mit Parrot Jungle
Star Island
Sanford Ziff Museum
11th St.
6 Street
Flamingo Park
The Wolfsonion
Lummus Park
MacArthur Causeway
Meridian Ave.
907
Bayside Marketplace
Port of Miami
Collins Ave.
Ocean Drive
MIAMI BEACH
North American Way
41
Brickell Island
South Point Park
Fisher Island

Telefonvorwahl

Da Miami **zwei verschiedene Vorwahlen** hat (305 oder 786) muss man lästigerweise bei vielen Gesprächen, auch wenn man nur auf der anderen Straßenseite anruft, die Vorwahl mitwählen.

Transport

Im südlichen Miami Beach fährt der Elektrobus ***South Beach Local*** (auch *South Beach Express*) u.a. die Washington Avenue in ganzer Länge ab (meistens 8.00-2.00 Uhr morgens, So erst ab 10.00 Uhr; Do, Fr und Sa sogar bis 4.00 Uhr morgens). Die bunten Busse und auch die gut gekennzeichneten Haltestellen (Schilder mit einem schwarz-roten Bus und der Aufschrift *Shuttle Bus*) sind nicht zu übersehen. Die Fahrt kostet nur $0,25. Fahrpläne gibt es bei der Touristinfo und in vielen Hotels: ✆ 305-535-9160.

Parken

Man muss schon Glück haben, um in Miami Beach einen kostenlosen Parkplatz zu finden. Es gibt aber ausreichend **kostenpflichtige** (gut ausgeschilderte) **Parkplätze** und **Tiefgaragen** (z.B. an der Lincoln Road). Auch die meisten Hotels nehmen ihren Gästen für das Parken täglich um die $10-$15 extra ab.

Unterkunft, Camping und Essengehen

Unterkunft/ Preisniveau

Miami Beach ist kein billiges Pflaster, und die Übernachtungskosten schwanken je nach Saison stark. Zwischen November und Ostern sind sie am höchsten. Am stilvollsten übernachtet man zwar in einem der alten *Art-Deco*-Hotels (Infos dazu unter www.artdecohotels.com) im südlichen Teil der Stadt, man muss aber wissen, dass diese schönen Häuser aus einer Zeit stammen, in der Hotelzimmer im allgemeinen enger und einfacher waren. D.h., selbst in luxuriös renovierten Häusern sind Zimmer und Bäder deutlich kleiner als in den USA sonst üblich.

Hotels

- Zu den günstigeren Hotels zählen das kleine ***Brigham Gardens*** (1411 Collins Avenue, ✆ 305-531-1331, ab $70, im Winter ab $100), und das zwei Blocks vom Strand entfernte ***Park Washington Hotel*** (1020 Washington Avenue, ✆ 305-532-1930, ab $79, im Winter ab $129).
- Unter den Hotels der Mittelklasse empfehlen sich direkt am Ocean Drive u.a. das ***Avalon Majestic Hotel*** (700 Ocean Drive, ✆ 305-538-0133, ab $90, im Winter ab $129), das ebenfalls im Art-Deco-Stil erbaute ***Cavalier*** (1320 Ocean Drive, ✆ 305-604-5064, ab $130, im Winter ab $170) und das 1937 erbaute ***Beachcomber Hotel*** (1340 Collins Avenue, ✆ 305-531-3755, ab $100, im Winter ab $130).
- ***Essex House*** (1001 Collins Avenue, ✆ 305-534-2700, ab $81, im Winter ab $109), das für seine gelungene Renovierung mehrfach ausgezeichnet worden ist.
- Zu den **Top-Hotels** in Miami Beach gehören das edle ***Delano*** in idealer Lage am Rand des Art Deco-District nahe der Lincoln Road (1685 Collins Avenue, ✆ 305-672-2000, ab $330, im Winter ab $475), direkt nebenan das ***National*** (1677 Collins Avenue, ✆ 305-532-2311, ab $209, im Winter ab $289), das vor einigen

Jahren nach umfassender Renovierung neu eröffnet wurde, und das **Art-Deco-Meisterwerk *The Tides*** (1220 Ocean Drive, ✆ 305-604-5070, ab $430, im Winter ab $575!!).

Hostels

Trotz des insgesamt hohen Hotelpreisniveaus gibt es in Miami Beach auch mehrere **relativ preiswerte Hostels**:

- Das in einem Häuserkomplex aus den 1920ern untergebrachte ***Clay Hotel & International Hostel*** (1438 Washington Avenue, ✆ 305-534-2988, ab $28, auch EZ/DZ) ist eines der schönsten seiner Art in den gesamten USA. Das rosafarbene Gebäude wurde mehrfach als Drehort der Fernsehserie *Miami Vice* benutzt – im Gang zwischen Lobby und Restaurant sind Fotos der Stars zu sehen, ➤ Foto Seite 65.
- Auch das weiter nördlich im Art Deco District gelegene ***Hostel Jazz on South Beach*** (321 Collins Ave, ✆ 305-672-2137, ab $20; auch EZ/DZ, www.jazzhostels.com) bietet ein sehr gutes Preis-Leistungsverhältnis.
- Das ***International Travelers Hostel*** (236 9th Street, ✆ 305-534-0268, ab $28, auch EZ/DZ) hat schon bessere Zeiten gesehen, die Lage – nur einen Block vom Strand – ist aber praktisch.
- Das ***Tropics Hotel & Hostel*** (1550 Collins Avenue, ✆ 305-531-0361, www.tropicshotel.com, ab $27, auch EZ/DZ), liegt auch nur einen Block vom Strand entfernt und hat einen großen Pool.

Preiswertere Lagen

Wer mit knapper Kasse reist und kein Hostelfan ist, sollte vielleicht überlegen, sich in einem der Orte zwischen Miami und Fort Lauderdale eine preisgünstige Unterkunft zu suchen, den Strand vor Ort zu genießen und von dort aus Tagesausflüge im Großraum Miami zu unternehmen. Relativ günstig und sauber ist z.B. ***Motel 6*** in **Dania Beach** (825 East Dania Beach Boulevard, ✆ 954-921-5505). Von ihm aus erreicht man den Strand bequem zu Fuß.

Avalon Majestic Art Deco Hotel am Ocean Drive

Camping

Direkt in Miami Beach gibt es keine Möglichkeit zum Campen.

Der nächste Platz, der hier nur wegen seiner günstigen Lage und seiner Nähe zu Miami Beach genannt wird, ist der städtische ***Kobe Trailer Park*** (11900 NE 16th Avenue, von der I-95 Exit 10B östlich auf NW 135th Street, dann südlich auf NE 16th Avenue, ✆ 305-893-5121), der sich zwar besser für Wohnmobile eignet, aber auch Zelte akzeptiert.

Restaurants

Die Anzahl an *Eateries* mit Fast Food und »richtigen« Restaurants ist heute in Miamia Beach riesig:

- Eine echte **Institution** (seit Ende der 1980er-Jahre) ist in South Beach das ***News Café*** am 800 Ocean Drive, das mitsamt seinem kleinen Zeitungs- und Buchladen rund um die Uhr geöffnet hat und moderne amerikanische Küche bietet.
- Im ***Front Porch Café*** (im Penguin Hotel, 1418 Ocean Drive) gibt es ein hervorragendes Frühstück.
- ***Wolfie's*** (Ecke Collins Avenue & 21st Street) ist ein Deli mit prima Sandwiches, 24 Stunden geöffnet.
- Fisch isst man gut im ***Grillfish*** (1444 Collins Avenue) oder im ***Fico Key West*** (1248 Washington Avenue), puertorikanisch im ***Casa Salsa*** (524 Ocean Drive), italienisch im ***Il Sole*** (626 Lincoln Road), indisch in ***Ricky Martins Shiva*** (630 6th Street), kubanisch im ***David's Café II*** (1654 Meridian Avenue).
- Es gibt mehrere gute und preisgünstige **Sushi-Bars**, z.B. ***Sushi Doraku*** (1104 Lincoln Road) oder ***Maiko*** (1255 Washington Ave).
- Wer auf schickes Ambiente Wert legt, sollte das edle und teure ***Blue Door*** im Delano (1677 Collins Avenue) ausprobieren, wo innovative amerikanische Küche in tropisch-eleganter Umgebung serviert wird.

Seafood Auswahl in Miami Beach

Nachtleben

Das Nachtleben (http://miaminightguide.com) ist heute eine der Hauptattraktionen von Miami Beach; und die Auswahl an Clubs und Bars ist groß.

- Im ***Les Deux Fontaines*** (1230 Ocean Drive) wird fast jeden Abend live Jazz oder Swing gespielt.
- Im ***Van Dyke Café*** (846 Lincoln Road) gibt es regelmäßig Jazz.
- Lateinamerikanische Musik spielt man u.a. im ***Casa Salsa*** (524 Ocean Drive), im ***The Habana Room*** (505 Lincoln Road) und im ***Club Aché*** (342 Collins Avenue).
- Zu den Clubs, wo bekannte DJs auftreten, gehören das ***Opium Garden/Prive*** (136 Collins Ave) und ***Blue*** (222 Espanola Way).
- Wer es ruhiger mag, kann sich im ***Edge Theater*** (405 Espanola Way) ein zeitgenössisches Stück oder im ***Bridge Theater*** (555 17th Street) Werke hispanischer Autoren (in Englisch) ansehen.

Art Deco modernistisch verändert

1.2.3 Stadtbesichtigung

Art Deco District

Die *Miami Design Preservation League* unterhält am Ocean Drive das ***Art Deco Welcome Center*** (1001 Ocean Drive, ✆ 305-672-4319, www.mdpl.org), wo man Informationen über die Geschichte der Stadt und den *Art-Deco*-Baustil findet und auch an exzellenten **geführten Rundgängen** teilnehmen kann (***Walking Tours***, ➤ Seite 137). Wer sich lieber auf eigene Faust umsehen möchte, kann sich auf den Ocean Drive und die parallel verlaufende Collins Avenue konzentrieren, denn hier stolpert man geradezu über sehenswerte Gebäude. Da wären zum Beispiel das hellblaue ***Park Central Hotel*** (640 Ocean Drive), das blaugelbe ***Breakwater*** mit einem markanten Namenszug (940 Ocean Drive), das zartgrüne ***Clevelander***, das 1939 erbaute, schlichte, jedoch edle ***Cardozo*** (1300 Ocean Drive), das heute der kubanisch-amerikanischen Sängerin *Gloria Estefan* gehört, direkt nebenan das buntverzierte kleine ***Cavalier***, das gelbe ***Leslie*** (1244 Ocean

Drive) und viele, viele mehr. Man kann in diese (und in andere) Hotels ruhig hineingehen, sich umsehen und die Lobbies besichtigen, denn, was anderswo Kirchen oder Burgen sind, das sind in Miami Beach eben die Hotels.

Versace

Ein Haus zwischen der 11. und 12. Straße am Ocean Drive (#1116) fällt besonders auf. Dessen Architektur ist zwar mediterran, aber es stammt nichtsdestoweniger aus den 1930er-Jahren, wirkt aber wie ein viel älterer italienischer Palast. Ein Kennzeichen ist seine schwere hölzerne Eingangstür. Das unter der Bezeichnung ***Casa Casuarina*** bekannte Gebäude befand sich mehrere Jahre in Besitz des Modemachers ***Gianni Versace***, der 1997 auf den Stufen vor seiner Haustür erschossen wurde. Danach wurde es zu einem Privatclub Superreicher, und 2005 umfunktioniert in ein »unbezahlbares« Luxushotel (© 305-672-6604 oder © 1-800-745-8883/ ***Leading Hotels of the World***, www.lhw.com).

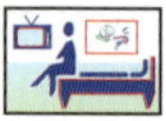

Art Deco in Florida

1925 wurde in Paris die Ausstellung ***Exposition Internationale des Arts Decoratifs*** gezeigt, auf der Designer die neuesten Trends vorstellten: Möbel, Textilien, Keramik, Glas und Kunsthandwerk, alles in einem damals hochmodernen, farbenfrohen Stil, der verspielte Formen mit exotischen Motiven kombinierte. Diese bald erfolgreiche Mode wurde – nach dem abgekürzten Ausstellungstitel – unter der Bezeichnung ***Art Deco*** bekannt.

Weniger schnörkelig-üppig als der Jugendstil, leichter und lebensfroher in Farben und Formen, eroberte das Design von Paris aus halb Europa und inspirierte auch manchen amerikanischen Innenausstatter. Wer mit der Zeit ging, dekorierte damals sein Haus mit farbenfrohen Lampen und Stoffen, die mit aztekischen oder ägyptischen Mustern oder Abbildungen fremdartiger Tiere geschmückt waren. Was als Einrichtungstrend begann, wurde bald auch ein **Baustil**. In den Großstädten im Norden der USA – besonders in New York – errichtete man neuartige Gebäude, deren geschwungene, stromlinienförmige Architektur als ***Industrial Deco*** oder auch ***Big City Deco*** bekannt wurde. Die berühmtesten dieser Gewerbebauten sind das ***Chrysler*** und das ***Empire State Building*** in New York, die mit ihrer kühnen Höhe und mit edelstahlverzierten Fassadenelementen den Fortschrittsglauben ihrer Zeit verkörpern.

Als in den 1930er-Jahren in Südflorida ein Bauboom begann und reihenweise neue Hotels errichtet werden sollten, griffen einige Architekten die klaren und zugleich schwungvollen Konturen und Stromlinienformen dieser Mode auf. Sie entwarfen Gebäude, deren experimentierfreudige, geometrische Formen den Einfluss des nördlichen *Art Deco* erkennen ließen. Zugleich gaben sie dem Stil aber auch eine ganz eigene karibische Note. Sie trauten sich z.B., kräftigere Farben zu benutzen als ihre Kollegen im grauen Norden. In die Dekoration der Fassaden integrierten sie ortstypische Motive wie Palmen und Flamingos. Dieser Baustil, der noch eine Spur bunter und lebensfroher ist als seine europäischen und nordstaatlichen Verwandten, heißt ***Tropical Deco***. Man kann ihn nirgendwo besser bewundern als im südlichen Teil von Miami Beach. Architekten wie *Albert Anis, L. Murray Dixon, Roy F. France* und *Henry Hohauser* zeichneten hier in den Jahren vor dem zweiten Weltkrieg verantwortlich für fast tausend Gebäude im Stil des tropischen *Art Deco*, von denen ein Großteil erhalten geblieben ist.

Wenn man im südlichen Miami Beach herumspaziert, fallen einem als erstes die **markanten Fassaden** dieser Häuser auf. Sie sind fast immer symmetrisch gestaltet und die **Grundfarbe** ist meistens **weiß**, das mit verschiedenen Farben kombiniert wurde. Sie können pastellig oder auch kräftiger in den Farben sein. So sieht man viel sonniges Gelb, Palmengrün, Flamingorosa und Ton in Ton gehaltene Türkis- und Blautöne, die die Farbe des Meeres widerspiegeln. Manche Details sind funktional, so etwa die kleinen Vorsprünge über den Fenstern, die man *eyebrows* (= Augenbrauen) nennt. In den Tagen vor der Erfindung der Klimaanlage sollten sie die Fenster vor direkter Sonneneinstrahlung schützen, um so die Temperaturen in den Hotelzimmern erträglich zu halten. Andere Teile der Fassaden sind reine Zier. Friese und Reliefs über den Eingängen etwa sollten einfach den Urlaubern gefallen. Manche dieser Dekorationen bestehen aus geometrischen Mustern, in anderen kann man Pflanzen und Tiere erkennen.

Viele Hotels versuchen auch, durch die Einrichtung der Zimmer und die Gestaltung der Lobbies die Atmosphäre der 1930er-Jahre-lebendig werden zu lassen. Besonders liebevoll renoviert worden sind in den letzten Jahren z.B. das ***Winterhaven*** (1400 Ocean Drive), das ***Tides*** (1220 Ocean Drive) oder das ***Essex House*** (1001 Collins Avenue). Wer sich alleine nicht hineintraut oder einfach nur mehr über den *Art Deco* in Miami Beach erfahren möchte, sollte sich auf keinen Fall die äußerst informativen Führungen entgehen lassen, die die *Miami Design Preservation League* veranstaltet. 2005 fanden diese von engagierten Mitgliedern geführten *Walking Tours* jeweils Mi, Fr, Sa und So 10.30 Uhr, Do um 18.30 Uhr statt; ca. 90 min, $20, aktuelle Infos: ✆ (305) 672-4319, www.mdpl.org. Sie starten im ***Art Deco Welcome Center*** (1001 Ocean Drive), wo man auch Postkarten mit *Art Deco*-Motiven und Bildbände kaufen kann.

Art Deco Fassaden an der Collins Avenue

Pool mit Wasserfällen im Park des Fontainbleau Hilton unmittelbar hinter dem Strand

Filmschauplätze

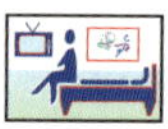

Während die Gebäude am Ocean Drive größtenteils aus den 1930er- und den frühen 1940er-Jahren stammen, findet man an der sehr viel längeren **Collins Avenue** auch neuere Häuser. Und sie werden immer neuer, wenn man weiter nach Norden kommt. Eine Fahrt entlang der Collins Avenue ist gewissermaßen eine **Zeitreise** durch die **amerikanische Architektur des 20. Jahrhunderts** – von den pastelligen 1930ern über die sachlichen 1950er bis in die postmodernen 1990er-Jahre. Sehenswert sind an der Collins Avenue u.a. das schneeweiße ***Delano Hotel*** (1685 Collins Avenue), in dem Madonna einmal eine ihrer legendären Geburtstagsparties ausrichten ließ, oder das ***Fontainebleau Hilton*** (4441 Collins Avenue) mehrere Kilometer nördlich des Art-Deco-District. Wenn man die Collins Avenue in nördliche Richtung fährt, steuert man nach der 40th Street auf ein unübersehbares, riesiges Gemälde zu, das die Südwand des *Hilton* ziert. Den Pool dieses Luxushotels kennt man aus dem James-Bond-Film ***Goldfinger*** von 1964, in dem ***Sean Connery*** mit seinem Gegenspieler **Gerd Fröbe** genau dort zusammentrifft. Dieses *Hilton-Hotel* ist seither einer der beliebtesten Drehorte in Miami Beach geblieben. In ***Bodyguard*** von 1992, zum Beispiel, steigt *Whitney Houston* mit ihrem Leibwächter *Kevin Costner* in der Präsidenten-Suite im obersten Stockwerk des Hilton ab.

Zu den zahllosen weiteren Filmschauplätzen in Miami Beach zählen das ***Carlyle*** (1250 Ocean Drive), wo *Birdcage* (1995, auf deutsch: »Ein Paradies für schrille Vögel«) gedreht wurde, und das ***Cardozo*** direkt nebenan, in dem einige Schlüsselszenen des Films *Something about Mary* (1998) spielen.

Strände

Es gibt in Florida zwar eine ganze Reihe von Stränden, die weißer und sauberer sind als in Miami Beach, für einen Stadtstrand ist Miami Beach aber erstaunlich attraktiv: Das Wasser ist klar, der Sand wird regelmäßig gereinigt und der Strand ist so lang und breit, dass selbst in der Hochsaison meist viel Platz ist. Wenn es an den Wochenenden zwischen 5th und 20th Street doch einmal voll werden sollte, kann man leicht nach Norden ausweichen.

Beachten sollte man die kleinen erhöhten **Holzhäuschen**, von denen aus die Rettungsschwimmer Strand und Wasser beobachten. Sie wurden im Bereich des Ocean Drive Farben und Formen des *Art Deco* nachempfunden.

Kunstmuseen

Neben Hotels und Filmschauplätzen gibt es in Miami Beach auch einige Museen, darunter zwei Kunstmuseen:

- Das ***Bass Museum of Art*** (2121 Park Avenue, Di-Sa 10-17 Uhr, So 11-17 Uhr, Eintritt $8, Schüler und Kinder ab 6 Jahren $6, www.bassmuseum.org) ist in einem alten Gebäude westlich des Collins Park in sicherer Entfernung zum Trubel des Art-Deco-District untergebracht und zeigt klassische europäische Kunst. Bekannt ist es für religiöse Gemälde und seine Sammlung flämischer Wandteppiche.
- Im ***Wolfsonian*** (1001 Washington Ave, Mo, Di, Sa, So 12-18 Uhr, Do, Fr 12-21 Uhr, $7, ermäßigt $5; www.wolfsonian.org) in einem spanisch-arabisch aussehenden weißen Stuckgebäude an der Washington Avenue weiter südlich erwartet die Besucher Kunst im Design von Gebrauchsgegenständen. Nur ein Teil der Sammlung ist jeweils ausgestellt – mal mehr Kunst, mal mehr Gebrauchsgegenstand, mal mehr europäisch, mal mehr amerikanisch, aber alles überwiegend aus dem 20. Jahrhundert.

Jüdisches Museum

Wem dies alles zu wenig mit Miami und mit Florida zu tun hat, dem sei das dritte Museum in South Beach ans Herz gelegt. Das ***Sanford L. Ziff Jewish Museum*** (301 Washington Avenue, Di-So 10-17 Uhr, $6, ermäßigt $5, Kinder bis 6 frei; www.jewishmuseum.com) kann zwar keine hochkarätige Kunstsammlung bieten, dafür hat es mit der **Geschichte und Kultur der in Florida lebenden Juden** einen ausgeprägten regionalen Bezug. Besonders in Miami Beach hatten sich schon seit den 1920er-Jahren viele jüdische Amerikaner niedergelassen – daher auch die vielen koscheren Restaurants und über 30 (!) Synagogen. In einer ehemaligen Synagoge befindet sich auch das Museum. Sein Gebäude, auf dessen Fassade sich Art-Deco-Muster mit Davidsternen verbinden und dessen bunte Glasfenster besonders auffallen, diente früher der ältesten orthodoxen Gemeinde der Stadt als Gotteshaus.

Rettungsschwimmer-Stationen am Strand von Miami Beach wurden in Stil und Farben Art Deco nachempfunden

Holocaust Memorial

Auch eine große Gruppe von Holocaust-Überlebenden hat sich in Miami und Miami Beach angesiedelt. Auf ihre Initiative geht das ***Holocaust Memorial*** (Meridian Ave & Dade Boulevard, täglich 9-21 Uhr, Eintritt frei; www.holocaust.org) neben dem *Convention Center* zurück. Das bewegende **Mahnmal** besteht aus mehreren Teilen, darunter **Skulpturen**, ein ewiges Licht und Wände, auf denen Bilder aus Konzentrationslagern zu sehen sind und ein Gang, in dem man die Namen aller deutschen Lager dieser Art lesen kann. Von den Skulpturen beeindruckt vor allem der riesige grüne Bronzearm im Zentrum des Mahnmals, der aus dem Boden ragt.

Lincoln Road

Außer in den Museen schlägt das kulturelle Herz von Miami Beach in der Lincoln Road. Dort findet man neben einer Vielzahl kleiner Galerien und Geschäfte auch das ***Lincoln Theatre*** (555 Lincoln Road), in dem die *New World Symphony* zu Hause ist.

Zwischen Washington und Lenox Avenue wurde die Lincoln Road zur Fußgängerzone umgewandelt. Sonntags findet dort – allerdings nur in den Wintermonaten – ein Wochenmarkt statt. Wer an regionaler Literatur, Reiseführern, Büchern und Bildbänden über Miami und Florida interessiert ist, sollte in die Buchhandlung ***Books & Books*** (933 Lincoln Road) hineinschauen.

Star & Fisher Islands

Die Geld- und Showprominenz wohnt in Miami Beach nicht auf der Hauptinsel, sondern auf einer der kleinen Nachbarinseln, die man nur per Boot oder Flugzeug erreichen kann. Auf **Star Island**, westlich von Miami Beach, ist z.B. mit ***Gloria Estefan*** einer der populärsten Stars Südfloridas zu Hause.

Manches bekannte Gesicht könnte man außerdem auf **Fisher Island** (www.fisherisland.com) am Südzipfel von Miami Beach treffen, wenn die Insel der Öffentlichkeit zugänglich wäre. Doch in dieser Enklave der Superreichen bleibt man lieber unter sich. Hier genießen u.a. ***Sophia Loren***, ***Paul Newman*** und – seit einiger Zeit auch – ***Barbara Becker*** die Sonne Floridas. Es gibt dort für die Gäste der Prominenz auch ein eigenes Luxushotel.

1.3 Everglades National Park

Anfahrt und Ausdehnung

Von Miami erreicht man den ***Everglades National Park*** über die Straße #1, die mitten durch Miami (Brickell Avenue) bis Key West läuft, oder die schnellere, jedoch gebührenpflichtige Autobahn *Florida's Turnpike/Homestead Extension*. Von Florida City in die *Everglades* geht es dann auf der Stichstraße #9336 durch den Nationalpark bis zum Endpunkt Flamingo an der Florida Bay, der inselübersäten Bucht zwischen Festland und den Keys. Sieht man ab vom ca. 15 mi breiten besiedelten und agrarisch genutzten Streifen, der sich an der Ostküste ab Süd-Miami bis fast zum Beginn der Inselkette zieht, bedeckt der 5.600 km^2 große Nationalpark den gesamten Südzipfel Floridas. Im Norden reicht er bis an den *Tamiami Trail*, die südlichste Verbindungsstraße zwischen Ost- und Westküste., ➤ Seite 385.

Information

Etwa 10 mi westlich von Florida City liegt unmittelbar hinter der Parkgrenze (Eintritt $10/Wagenladung oder Jahrespass ➤ Seite 20) das ***Ernest Coe Visitor Center***. Dort gibt es ausführliche Informationen einschließlich eines Films und die typische Nationalpark-Faltkarte mit anschaulichen Darstellungen seiner Flora und Fauna. ***Park Ranger*** stehen dort wie in allen Nationalparks Rede und Antwort und geben hilfreiche Tipps.

Internet

www.nps.gov/ever, offizielle Website des Park Service,
www.everglades.national-park.com (kommerzielle Seite mit nützlichen Angeboten und Adressen auch in der Umgebung.

Parkstraße

Die Straße #9336 ist die einzige weit in den Nationalpark hineinführende Straße (ca. 40 mi). An ihr gibt es eine Reihe von Haltepunkten, an denen Spazierwege und Lehrpfade beginnen.

Nur etwa 2 mi westlich der Parkeinfahrt zweigt die Zufahrt zur ***Royal Palm Area*** ab (weitere 2 mi), die nach einer bescheidenen Gruppe von hier wachsenden hohen Palmen benannt wurde. Am kleinen *Visitor Center* beginnen dort zwei der besten – je knapp 1 km langen – Lehrpfade des Parks (Zeitbedarf je ca. 30 min):

Boardwalk Anhinga Trail über flaches Wasser im Sumpfgebiet

Lehrpfade

- Der ***Gumbo Limbo Trail*** ist nach einer Gummibaumsorte benannt und führt durch ein dschungelähnliches Dickicht. Am Weg stehen die lokale Vegetation erläuternde Tafeln.
- Der zweite Lehrpfad ***Anhinga Trail*** wurde nach einem hier häufigen Wasservogel benannt. Er läuft überwiegend auf breiten Holzstegen über einen Sumpf. Fast immer suhlen sich dort unweit der Stege Alligatoren im flachen Wasser.

Für weitere Stopps empfehlen sich der ***Pa-hay-okee-Overlook*** und ***Mahagony Hammock*** (ein *hammock* ist eine Art Bauminsel) jeweils am Ende kurzer Stichstraßen, wo man einen Eindruck von der – hier allerdings unspektakulären – *Everglades*-Landschaft erhält. Am ***Nine Mile Pond*** und am **West Lake** kann man Kanus mieten und mit etwas Glück Alligatoren und Wasserschildkröten beobachten.

Hinweis: Ein **Fernglas** ist hier viel wert, da man Alligatoren, Schildkröten und Vögel oft nur aus einer gewissen Distanz zu sehen bekommt.

Flamingo

Den Endpunkt der Strecke bildet **Flamingo**. Der Ort war früher einmal ein winziger Fischerhafen, der nur mit dem Boot erreicht werden konnte, wurde aber dann touristische Zentrale der *Everglades*, wenngleich genaugenommen nichts weiter als Proviantstation und Ausgangspunkt für Ausflüge und organisierte Bootsfahrten. Nach Zerstörungen durch Ausläufer des Hurrikans *Katrina* 2005 und nur ein gutes Jahr später durch **Hurrikan »Wilma«** blieb Flamingo bis weit nach 2007 hinein geschlossen. Mittlerweile ist die Zufahrt wiederhergestellt und ein Teil der dort startenden Bootstouren wurde wieder aufgenommen. Auch der Kanu-/Kajakverleih läuft wieder und der (teure) Shop hat seine Pforten neu eröffnet. Das Hotel mit Restaurant in Flamingo war Anfang 2008 noch geschlossen und unklar, ob an eine Wiedereröffnung gedacht ist. Aktuelle Info unter www.flamingolodge.com.

Achtung: Moskitos

Für alle Unternehmungen in den *Everglades* sollte man genügend **Mückenspray** oder **-lotion** dabei haben. Bis auf kurze Perioden und Wind- und Regenwetter sind die Moskitos dort ein »Kreuz«. Ohne wirksamen Schutz mag man an manchen Tagen das Auto kaum verlassen. Auch Campen in den *Everglades* sollte man ohne chemische Keulen im Gepäck nicht ins Auge fassen. Im Zweifel in dieser Frage ruhig die *Ranger* fragen, sie kennen die jeweils aktuelle Intensität des Moskitoproblems. **Tipp**: nicht erst in Flamingo kaufen; dort kostet das Zeug doppelt soviel wie im Supermarkt in Florida City!

Bootsmiete

Im Hafen kann man Kanus, Kajaks und Motorboote mieten und auf eigene Faust die Sümpfe erkunden. Erstere kosten ab $40 pro Tag, Motorboote sind extrem teuer; Auskunft und Reservierung unter © 1-239-695-3101 bzw. unter der Webadresse oben. Gut gekennzeichnete *Trails* und meist sehr ruhiges Wasser ermöglichen auch Anfängern am Paddel das individuelle *Everglades*-Abenteuer.

Geführte Touren

Sogar ein Zweimaster segelt nachmittags ab Flamingo ein bisschen durch die Florida Bay und abends in den Sonnenuntergang hinein. Außerdem gibt's Touren mit Ranger-Erläuterungen zu Flora und Fauna auf größeren Ausflugsbooten. Die Sumpfboote (*Airboats*) dürfen nur außerhalb der Parkgrenzen die Sümpfe lärmverseuchen. ***Airboat Tours*** werden vor allem am *Tamiami Trail* (Straße #41) von Miami nach Naples und in Everglades City auf der Nordostseite des Parks angeboten, ➤ Seite 386.

Wilderness Waterway

Flamingo ist Ausgangs-/Endpunkt des ***Wilderness Waterway***, einer 160 km langen Wasserstrecke durch sumpfige Wildnis bis Everglades City am Nordwestende des Parks. Hartgesottene und 100%ig moskitosicher verpackte Naturliebhaber folgen dieser Route per Kanu und schlagen abends auf einem der kleinen Primitiv-*Campgrounds* oder auf sog. ***Chickees*** (Übernachtungsplattformen auf dem Wasser) weitab der Zivilisation ihre Zelte auf. Für eine solche Tour muss man mindestens 4-5 Tage einplanen (mit starkem Motor geht`s an einem Tag) und sich perfekt ausrüsten, denn es gibt unterwegs noch nicht einmal Trinkwasser. Sowohl für die Befahrung des *Waterway* als auch für die Nutzung der *Chickees* unterwegs benötigt man ***Permits***, die im ***Visitor Center*** an der Einfahrt in den Park erhältlich sind.

Unterkunft

Unterkunft im Bereich der Ostseite der *Everglades* findet man am besten und preiswertesten in einem der zahlreichen **Motels in Homestead** und **Florida City**, z.B.

- ***Fairway Inn***, 100 SE First Ave, © 305/248-4202, ab $49
- ***Travelodge***, 409 SE First Ave, © 305/248-9750, ab $47

In Florida City gibt es auch ein ***Everglades Int`l Hostel*** (20 SW 2nd Ave, © 305-248-1122, $22/Bett; www.evergladeshostel.com).

Picknick- und Campingplatz an der Florida Bay in Flamingo. Die gähnende Leere am Tag des Fotos ist dem unsichtbaren Feind »Moskito« zu danken.

Camping

Mit Auto erreichbar sind im Ostteil des Parks

- der schattige ***Long Pine Key Campground*** für Zelte und Campmobile unweit der Einfahrt. Er hat hat weniger Mücken (➤ Seite Seite 143), ist aber nicht sonderlich attraktiv, keine Duschen oder *Hook-ups*; keine Reservierung, *first-come-first-served*.
- der oft moskitoverseuchte »***Flamingo Campground*** (auch für Zelte und Campmobile) ganz am Ende der Straße durch den Park in bester Lage an der Florida Bay war zeitweise gesperrt, ist aber nun offenbar wieder geöffnet. Er besitzt immerhin Duschen, aber keine Anschlüsse für RVs. Reservierung unter © 1-800-365-CAMP bzw. im Internet unter http://recreation.gov.

Versorgung

Wie oben bereits vermerkt, ist der kleine ***Shop* in Flamingo** wieder geöffnet, hat aber nur das Nötigste zu exorbitanten Preisen. Man tut daher gut daran, vor dem Parkbesuch in Homestead oder Florida City einzukaufen. Das **Restaurant** mit Blick auf die Florida Bay war Anfang 2008 noch geschlossen.

Das Phänomen Everglades

Mit einer Fläche von 5.600 km² sind die *Everglades* der **zweitgrößte Nationalpark in den USA**. Dennoch ist dies ist nur der kümmerliche Rest eines **riesigen subtropischen Sumpfgebietes**, das einst den gesamten Süden und große Teile des Landesinneren umfasste. Vor der Ankunft der ersten weißen Siedler machte diese feuchte, grüne Wildnis etwa ein Drittel der Fläche Floridas aus. Der große Lake Okeechobee war früher das eigentliche Herz der Sümpfe, heute liegt er weit entfernt. Das langsam aber stetig in die *Everglades* nachdrückende Wasser stammt indessen immer noch aus diesem See, der seinerseits durch Flüsse gespeist wird, die südlich von Orlando entspringen.

Dieses Süßwasser aus dem Landesinneren trifft in den Everglades auf Salzwasser des Golfs von Mexiko, das von der West- und Südküste aus in die flachen Sumpfgebiete eindringt. Die dadurch entstehende seltene **Mischung von Süß- und Salzwasser** ist einer der Gründe für die ungewöhnliche Vielfalt von Flora und Fauna der *Everglades*. Sein Ökosystem ist das einzige weltweit, wo **Alligatoren** (Süßwasser) und **Krokodile** (Salzwasser) gleichzeitig leben. 600 verschiedene Fischarten sind dort ebenso zu Hause wie über 300 Vogelarten. Auch die Pflanzenwelt lässt an Vielfalt nichts zu wünschen übrig: Palmen, Mangroven und Zypressen wachsen neben Kiefern, Eichen, wildem Kaffee, Farn und allen nur erdenklichen Grasarten.

Obwohl das sumpfige Terrain, die vielen Insekten und das schwüle Klima die *Everglades* nicht gerade einladend machen, lebten schon seit zwei Jahrtausenden Menschen in der Region von Jagd und Fischfang, bevor gegen Ende des 19. Jahrhunderts die ersten **Weißen** kamen. Sie wollten Landwirtschaft betreiben und legten deshalb Sumpfgebiete trocken. Zuckerrohrplantagen und Gemüsefarmen entstanden; entsprechend schrumpften die *Everglades*. Die Regierung versuchte außerdem, die den Siedlern zusetzenden regelmäßigen Überschwemmungen in den Griff zu bekommen.

Bereits 1909 wurde ein Kanal für den Lake Okeechobee gebaut, der Trinkwasser für Miami transportierte und gleichzeitig dessen Wasserstand verminderte. 1930 deichte man den See zusätzlich ein und beendete damit endgültig die periodischen Überflutungen seiner Umgebung. Diese Maßnahmen machten den Siedlern das Leben zwar leichter, doch sie trugen ebenfalls zur Zerstörung des sensiblen Ökosystems der Sümpfe bei.

Schon früh begannen daher einige Umweltorganisationen, für die Erhaltung der Sümpfe zu kämpfen. Ihr Engagement war letztlich von Erfolg gekrönt: das südliche Kerngebiet der *Everglades* wurde zunächst zum Naturschutzgebiet und 1947 zum Nationalpark erklärt. Später kamen noch die nördlich angrenzenden Sümpfe der ***Big Cypress Reserve*** hinzu als Übergangszone zwischen naturgeschützten und Gebieten wirtschaftlicher Nutzung.

Die ökologische Gefährdung der Region war und ist damit aber noch lange nicht beendet. Dünger und Pflanzenschutzmittel werden von außerhalb der Parkgrenzen nach wie vor in den Park gespült. Ebenso wird zu viel Wasser aus den Sümpfen abgeleitet, um die schnell wachsenden Städte Südfloridas zu versorgen. Die dadurch verursachte Verminderung des Süßwasserdrucks hat zur Folge, dass Salzwasser tiefer ins Land drängt und – ähnlich wie angeschwemmter Dünger – das ökologische Gleichgewicht beschädigt. Einige der Pflanzen- und Tierarten der *Everglades* sind mittlerweile vom Aussterben bedroht, so der Florida-Panther, von dem es nur noch etwa 30 Exemplare geben soll.

Floridas Regierung geriet nach Ernennung der *Everglades* 1979 zum ***World Heritage Site*** in den 1980er- und 1990er-Jahren zunehmend und sogar international unter Druck, mehr für die Rettung der *Everglades* zu unternehmen. Aber erst Ende 2000 kam es schließlich zu einem Gesetz, das die Erhaltung des Parks und die Bereitstellung der dafür notwendigen Mittel garantiert.

Top Ten in Miami und Umgebung

1. An einer Führung durch den ***Art Deco*** **Bezirk in Miami Beach** teilnehmen
2. Einen Tag am **Strand von Miami Beach** oder **Key Biscayne** verbringen
3. Den ***Fairchild Botanical*** *Garden* besuchen
4. Die ***Everglades*** auf dem ***Anhinga Trail*** und per **Paddeltour** kennen lernen
5. Einen Cocktail in der Bar des ***Delano Hotel*** in Miami Beach trinken
6. Die ***Villa Vizcaya*** in Miami besichtigen
7. Das ***Biltmore Hotel*** in Coral Gables ansehen, im ***Venetian Pool*** baden
8. In ***Little Havana*** kubanisch essen gehen
9. Mit dem ***Metro Mover*** über die Innenstadt von Miami schweben
10. Durch **Coconut Grove** bummeln

2. »INSELHÜPFEN« AUF DEN FLORIDA KEYS

2.1 Geographie und Geschichte

Kennzeichnung

Die Florida Keys sind etwas Besonderes. Zahlreiche Inseln reihen sich in einer geschwungenen Linie von Miami aus zunächst parallel und nahe zum Festland, dann aber in zunehmendem Abstand in Richtung Südwesten hintereinander und verlieren sich irgendwann im Golf von Mexiko. Sie bilden den **südlichsten Zipfel der kontinentalen USA** und weisen gewissermaßen den Weg in die Karibik. Kuba liegt viel näher als etwa die Hauptstadt Tallahassee – vom Rest der Vereinigen Staaten ganz zu schweigen. Die Sonne scheint noch intensiver als anderswo, die Farben sind bunter. Das Meer ist mal türkis, mal eher grün, in der Ferne dann tiefblau, genau wie man es von kitschigen Postkarten und aus Reisekatalogen kennt.

key = cayo

Als erste Europäer erkundeten im frühen 16. Jahrhundert Spanier die Inselwelt Südfloridas. Auf sie geht auch die – eigenartig erscheinende Bezeichnung – »*Key*« zurück. Sie hat nichts mit der englischen Vokabel für *Schlüssel* zu tun, sondern leitet sich vom Wort ***cayo*** ab, das im amerikanischen Spanisch eine kleine, flache Insel bezeichnet. Die englischsprachigen Siedler, die sich ab 19. Jahrhundert auf den *cayos* niederließen, machten daraus *key*.

Erschließung

Lange war die Inselgruppe nur per Schiff zu erreichen, und für viele der kleineren Inseln ist dies immer noch so. Die wichtigsten Keys sind heute über die Straße #1 verbunden. Schon **1905** war mit dem **Bau der ersten Brücken** begonnen worden, damals noch nicht für den Straßenverkehr, sondern für eine **Eisenbahnlinie**. ***Henry Flagler*** wollte die *Florida East Coast Railway* (➤ Seite 398) nicht auf dem Festland enden lassen, sondern sie bis Key West weiterführen. Dadurch wurde nebenbei die Erreichbarkeit der

Riesenhummer als Blickfang vor einem Seafood Restaurant auf den Florida Keys

Inseln wesentlich verbessert, aber der eigentliche Zweck dieser Bahnroute war es, Reisen und Transporte in die Karibik – besonders nach Kuba – zu erleichtern. Key West wurde in den Jahren nach Fertigstellung des Schienenstranges denn auch tatsächlich zu einem wichtigen Umschlagplatz für Agrarprodukte aus den karibischen Inseln und aus Mittel- und Südamerika.

Als die Bahntrasse samt einiger Brücken 1935 durch einen Orkan schwer beschädigt wurde, verzichtete man auf die teure Wiederherstellung zugunsten einer durchgehenden **Autostraße** bis Key West. Einige der zahlreichen Brücken auf dieser Route gehen auf die ehemalige Bahnlinie zurück, die meisten sind neu. Hier und dort stehen die alten Konstruktionen noch.

Situation der Keys heute

Man darf sich unter den Florida Keys kein unberührtes, einsames Inselparadies vorstellen. Vielmehr sind einige von ihnen dicht besiedelt, verfügen über eine typisch amerikanische »Ausfallstraßen-Infrastruktur« und sind außerdem komplett touristisch erschlossen. Ihren speziellen Reiz lässt man sich gut bezahlen. Das Preisniveau auf den Keys liegt deutlich über dem des Festlands und wird immer noch höher, je weiter südlich man kommt. Insbesondere gilt das für die Tarife sämtlicher Unterkünfte einschließlich der Campingplätze.

Zeitbedarf für den Abstecher

Man sollte sich aber dadurch nicht von einem Besuch bzw. Abstecher abschrecken lassen, vielmehr sich darauf einstellen und ggf. den Trip kurz anlegen. Zwei volle Tage sind indessen das Minimum; an einem Tag ist der Trip Miami-Key West vernünftigerweise nicht zu machen, auch wenn die Entfernung von 320 mi (hin und zurück) auch mit Stopps durchaus machbar erscheint. Starker, häufig 2-spuriger Verkehr, Ortsdurchfahrten und Ampeln erlauben nur eine geringe Durchschnittsgeschwindigkeit.

Unabhängig von Zeit und Kosten: die Fahrt über die Keys nach Key West gehört zum Besten, was Südflorida zu bieten hat.

2.2 Die oberen Keys

Virginia Key und Key Biscayne, (Karte Seite 124)

Die beiden nördlichsten Keys liegen – wie ansatzweise bereits im Kapitel »Miami« auf Seite 127 beschrieben – direkt vor den Toren Miamis und sind über den *Rickenbacker Causeway* zu erreichen. Auf Virginia Key befindet sich das *Miami Seaquarium*. Auf Key Biscayne laden der ***Crandon Park*** und ***Hobie Beach*** mit breiten, palmengesäumten Stränden zum Baden ein. Die ***Bill Baggs Cape Florida State Recreation Area*** am Ende der Stichstraße auf die Insel besteht aus einem exotisch bepflanzten Park und weiteren Stränden. An der Südspitze kann man das *Cape Florida Lighthouse* besteigen und den Rundumblick genießen.

Biscayne National Park

Weiter südlich schließen sich Boca Chita, Sands, Elliott/Adams und Old Rhodes Key an, die alle nur per Boot erreichbar sind. Sie gehören zum ***Biscayne National Park***, der ein wenig im Schatten des *John Pennekamp Coral Reef SP* steht (➤ unten). Seine Hauptattraktion sind ebenfalls **Korallenriffe** ca. 3 mi östlich der Inseln. Fahrten mit **Glasboden-Booten** (täglich 10-13 Uhr, $25, Kinder bis 12 Jahre $17 plus *Tax*) und geführte **Schnorchel-Ausflüge** (täglich 13.30-16.30 Uhr, $35, Kinder bis 12 Jahre $30) kann man ab ***Dante Fascell Visitor Center*** buchen (täglich 9-17 Uhr). Es befindet sich ca. 10 mi östlich von Homestead an der SW 328th Street; Zufahrt ab Straße #1 ausgeschildert. Im Besucherzentrum informieren Ausstellungen und ein Film über die Besonderheiten dieses Unterwasserparks. Auf Boca Chita Key gibt es sogar einen einfachen **Zeltplatz**. Infos unter www.nps.gov/bisc; © **305-230-1100**.

Picknick/ Baden

In Nachbarschaft zum Besucherzentrum liegt der **Homestead *County Park*** mit großem Yachthafen, schönem Picknickplatz und künstlichem, besonders für Kinder geeigneten **Badestrand**.

Anfahrt zu den Keys

Es gibt zwei Möglichkeiten, die Keys mit dem Auto zu erreichen. Die nördlichere und ungewöhnlichere Route führt über die gebührenpflichtige ***Card Sound Bridge*** zur nördlichen Hälfte von

MM für Mile Marker www.florida-keys.fl.us/markersr.htm

Da alle Orte und Sehenswürdigkeiten auf den Keys zwangsläufig an oder in der Nähe dieser Straße liegen, gilt ein **besonderes System der Adressen- und Wegbeschreibung**. Es gibt – außer in Marathon und Key West – kaum »normale« Adressen mit Straßennamen und Hausnummern; stattdessen wird die Lage eines bestimmten Hotels, Restaurants oder auch eines Strandes meistens nur mit ***MM*** angegeben, gefolgt von einer Zahl und ggf. einem »O« (= *oceanside*, also südliche Seite der Keys) oder »B« (= *bayside*, also nördliche Seite der Keys an der Florida Bay). *MM* steht für ***mile marker*** und bezeichnet die grünen Schilder am Straßenrand. Sie zählen die **Entfernung zum Meilenstein 0 in Key West**. Die Zählung endet südlich von Florida City auf dem Festland mit **MM 127**.

Key Largo. Die Hauptroute entspricht durchgehend dem Verlauf der Straße #1 von Miami bis Key West und ist nach Passieren der Ortschaften auf Key Largo ein echtes Fahrerlebnis.

John Pennekamp Coral Reef State Park

Die erste Attraktion am Wege ist der ***John Pennekamp Coral Reef State Park*** (MM 102, O/S, täglich 8 Uhr bis Sonnenuntergang, Eintritt $6/Auto mit 2 Personen, Radfahrer $1,50), der **älteste Unterwasserpark** in den USA. Der *State Park* wurde bereits 1960 gegründet und trägt den Namen eines Redakteurs der Zeitung *Miami Herald*, der sich für die Einrichtung des Parks stark gemacht hatte. Er umfasst ein Gebiet von 460 km^2 und schützt ein Korallenriff, das sich ein paar Meilen vor den Keys mit wechselnder Breite (bis zu 12 km) bis hinunter zur Inselgruppe der Dry Tortugas erstreckt, rund 100 km westlich von Key West.

Es ist streng verboten, Korallen abzubrechen und mitzunehmen. Die zahllosen Korallensouvenirs, wie sie in Geschäften wie dem *Shell Man* (MM 92 und MM106) angeboten werden, sind nicht etwa aus einheimischen, sondern aus importierten philippinischen Korallen gefertigt. Außerdem sind Ausfuhr aus den USA und Einfuhr nach Europa verboten.

Das nötige Gerät für alle möglichen Wassersportarten lässt sich auf den Keys überall leihen. Aber die Tarife dafür sind durchweg ganz schön happig

Parkgelände an Land

Die Basis des *State Park* auf Key Largo besteht aus einem Gelände direkt an der Hauptstraße mit ***Visitor Center***, das über das Ökosystem der Korallenriffe informiert, *Campground* (originell zwischen Mangrovenwurzeln, jedoch relativ eng und ebenso teuer wie die besseren Plätze weiter westlich, ➤ unten). In der Marina kann man Kanus und Motorboote leihen.

Wer es eilig hat, kann sich im großen **Aquarium** (tägl. 8-17 Uhr) des Parks einen Eindruck von der farbenfrohen Unterwasserwelt vor den Keys verschaffen, ohne mit dem Boot zum Riff hinauszufahren. Auf dem Gelände gibt es hinter dem Strand auch Spazier wege und die Rekonstruktion einer spanischen Galeone, die vor über 300 Jahren vor den Keys gesunken ist.

Transport und Tauchen

Am preiswertesten gelangt man mit **Glasboden-Booten** wie der *Spirit of Pennekamp* (täglich 9.15, 12.15 und 15.00 Uhr, $22, ermäßigt $15) zum Riff. Wer die Korallen nicht nur durch dicke Glasscheiben von oben sehen möchte, kann sich **Tauchausflügen** anschließen, die hier in allen möglichen Varianten und Längen angeboten werden. Sowohl in der Parkmarina als auch in der Umgebung kann man für viel Geld Boote und Tauchausrüstungen mieten und das Riff auf eigene Faust erkunden. Zu den meistbesuchten Unterwasser-Sehenswürdigkeiten gehören neben den Korallen selbst das Wrack des Frachters *Benwood*, ca. 3 km nördlich des *French Reef*, die Statue *Christ of the Abyss*, die der bekannten Christus-Statue vor der Küste Genuas nachempfunden wurde, und die eigens versenkte *Spiegel Grove*, ➤ Seite 152.

Key Largo

Der **Filmklassiker »Key Largo«** mit ***Humphrey Bogart*** und *Lauren Bacall* wurde nicht nach diesem Ort benannt. Es verhält sich umgekehrt: Zunächst wurden einige Szenen auf den nördlichen Keys in einem Kaff gedreht, das damals noch *Rock Harbor* hieß. Dann kam der Film mit Starbesetzung in die Kinos (1948) und wurde ein Erfolg. Das brachte die Einwohner von Rock Harbor auf die Idee, ihr Dorf umzubenennen, um davon zu profitieren.

Obwohl *Bogart* die Insel für die Dreharbeiten nie betreten hat, da alle Szenen mit bekannten Schauspielern in Hollywood-Studios produziert wurden, kann man in Key Largo auf seinen Spuren wandeln. Zwar sind keine Originalschauplätze des Films »Key Largo« zu identifizieren, aber zum Trost für Filmfans liegt vor dem lokalen *Holiday Inn* die »echte« ***African Queen*** vor Anker, das kleine Dampfschiff aus dem gleichnamigen Film mit *Humphrey Bogart* und *Katharine Hepburn* (1951). Wem das nicht genügt, kann in ***Bogie's Cafè*** (im *Holiday Inn)* des Kultstars gedenken oder in ***Bogie's Tiki Bar*** stilecht auf ihn anstoßen.

Schwimmen mit Delphinen

Dolphins Plus (MM 99,5 B, ✆ 305-451-1993; www.dolphinsplus.com) etwas weiter südlich ist eine von drei Einrichtungen auf den Keys, die Schwimmen mit Delphinen bietet (täglich 9.30 Uhr und 13.30 Uhr, 30 min $125). Das Programm ist nicht unumstritten und wird von manchen Tierschützern hart kritisiert. Wer es ausprobieren möchte, sollte aber besser noch bis zum ***Dolphin Research Center*** auf dem Grassy Key weiterfahren (➤ Seite 158).

Tauchen zu Kriegsschiffen, Haien und Hochzeiten

Ein Beitrag vom Alfred Vollmer/Neubiberg

Rein tauchtechnisch sind die Küstengewässer um die Florida Keys ein ideales Revier. Denn das Meer ist dort meist nur bis 10 m, maximal 15 m tief, so dass man auch mit normaler Atemluft (also ohne Spezialgemisch wie Nitrox) sehr lange tauchen kann.

Die Unterwasserwelt der Keys ist von ihrer biologischen Vielfalt her zwar nicht so vielfältig wie das Rote Meer, die Südsee oder das Great Barrier Reef, aber die auffallend großen und zum Teil zahlreichen Hirnkorallen sind durchaus imposant. Um das Revier noch attraktiver zu machen, wurde schon in den 1980er-Jahren eine Christusstatue – *Christ of the Abyss* – in der Tiefe verankert. Der Unterwasser-Christus zog zwar über die Jahre viele Taucher an, aber künstliche Attraktionen nutzen sich irgendwann ab.

Am 17. Mai 2002 versenkte man daher – mit erheblichem Aufwand – 6 mi vor der Küste von Key Largo den 1989 außer Dienst gestellten Landungsboot-Träger ***Spiegel Grove*** als künstliches Riff. Das einstige Kriegsschiff wurde dafür zunächst in einen umweltfreundlichen Zustand gebracht. Nicht nur ließ man alles Restöl ab und reinigte Schiff und Tanks gründlich, sondern entfernte auch sämtliche Kabel. Etwa 80% dieses immerhin 150 m langen Kolosses lassen sich seither in einer Tiefe von knapp unter 15 m betauchen. Wer auf 26 m abtaucht, kann das gesamte Wrack erkunden.

Captain Slate, Inhaber des *Atlantis Dive Center* in Key Largo, schätzt, dass die *Spiegel Grove* 60.000 bis 70.000 Taucher pro Jahr auf die Keys lockt, was einen Umsatz von mindestens $10 Mio allein auf Key Largo produziert.

Ich hatte mir für den Tauchgang hinunter zur *Spiegel Grove* einen Tag Zeit genommen, einen Freitag. Damit wurde es aber nichts, denn Freitag ist der Tag des ***Creature Feature***, was der Betreiber des Tauchzentrums so bewirbt: »*Captain Slate*, der für die Zähmung von Barrakudas und Muränen weltbekannt ist, lädt Sie ein zum allwöchentlichen *Creature Feature*, auf dem seine »Haustiere« zu treffen sind. Diese seit über 25 Jahren gezähmten und gehegten schwimmenden *Pets* waren bereits auf dem *Discovery Channel*, bei *SEATV*, *Animal Planet* und in vielen weiteren TV-Beiträgen zu sehen «

Tauchen zwischen weißen Ammenhaien

Obwohl derartige Veranstaltungen nicht so ganz nach meinem Geschmack sind, machte mich diese Unterwassershow neugierig. Und wirklich: die frei lebenden Tiere wurden behandelt wie *Pets* (Haustiere) – auch die *Nurse Sharks* (Ammenhaie). Der große, zuvor besprochene Höhepunkt war das Streicheln der – auch in anderen Regionen – nicht aggressiven Ammenhaie.

Jeder Taucher durfte die Tiere berühren und wurde dabei auf Video gebannt. Tatsächlich war der Tauchgang für den Videofilm inszeniert und das Bildmaterial gleich danach verfügbar. Neben dem Streicheln der Haie durch die Gasttaucher war das Füttern einer Muräne ebenso festgehalten wie die Szene, bei der sich *Captain Slate* einen im eigenen Mund gehaltenen Fisch von einem Barracuda wegschnappen liess. Das Video kostete indessen fast noch 'mal genau so viel wie zwei Tauchgänge samt Ausrüstungsmiete.

Statue des Christ of the Abyss

Nach einer Stunde Oberflächenpause stand der zweite Tauchgang an – hinab zum *Christ of the Abyss*. Dort wurde ich Zeuge einer **Unterwasserhochzeit**, bei der die beiden Hauptakteure ihr Ja-Wort nicht sprechen, sondern per Schild anzeigen und in die Unterwasser Kameras lächeln. Das Glas Sekt zum Anstoßen auf das Brautpaar gibt es dabei naturgemäß erst nach dem Tauchgang; dann zusammen mit den nicht tauchenden Hochzeitsgästen, die der Zeremonie dank Glasbodenboot von oben zugeschaut hatten.

Captain Slate erzählte, dass er der Erfinder der Unterwasser-Hochzeit sei und darüber seit Anfang der 1980er-Jahre im Fernsehen berichtet würde. Zudem sei er im *Guinness Book of Records* eingetragenen, weil er die größte Unterwasser-Hochzeit der Welt veranstaltet hätte.

Atlantis Dive Center (bei MM 106,5)
51 Garden Cove Drive
Key Largo, FL 33037
✆ 1-800-331-DIVE
Internet: www.captainslate.com

Information *Key Largo Chamber of Commerce*, MM 106, © (305) 451-4747 oder © 1-800-822-1088; www.keylargochamber.org.

Unterkunft

- An der Hauptstraße findet man die Häuser der großen Ketten, so etwa ***Holiday Inn*** (MM 100) ***Ramada Limited*** (MM 100) oder ***Best Western*** (MM 100), Telefonnummern auf Seite 61.
- Günstiger kommt man in kleinen, unabhängigen Motels unter, z.B. ***Bay Harbor Lodge*** (MM 97,7, © 305-852-5695, ab $65).
- Ein echtes Kuriosum ist in Key Largo die ***Jules Undersea Lodge***, ein Unterwasserhotel in 9 m Tiefe mit ganzen zwei Zimmern für maximal 6 Personen (MM 103,2, dort auf Transylvania Ave, gegenüber *Central Plaza Shopping Center*, © 305-451-2353, ab $295/Person! mit Dinner und Frühstück). Wer möchte, kann sich dort auch »*Underwater*« trauen lassen.

Camping Der beliebte Platz des ***John Pennekamp Coral Reef State Park*** (MM 102 O, © 305-451-1202, ab $29 plus tax) ist häufig voll besetzt. Alternativen sind:

- ***Key Largo Campground & Marina***, MM 101,5 O; in die Samson Road abbiegen, © 305-451-1431, ab $32.
- ***Calusa Campground***, MM101, © 305-451-0232, ab $52
- ***King's Kamp***, MM 103,5, © 305-451-0010, ab $40

Restaurants

- ***The Fish House*** (MM 102 O); frischer Fisch, lockere Atmosphäre
- ***Snook's Bayside Restaurant*** (MM 100 B); über dem Wasser kann man hier ebenfalls gut Fisch und *Seafood* essen.
- ***Senor Frijoles*** (MM 104 B); dieser Mexikaner ist eine gute Alternative für alle, die keinen Fisch mögen.

Tavernier Noch auf Key Largo liegt weiter südlich **Tavernier**, ein eher unscheinbarer Ort, den die meisten Urlauber kaum beachten. Es gibt hier ein paar historische Gebäude, so etwa das rosa-weiß gestrichene ***Tavernier Hotel*** (MM 91,8) oder die sogenannten ***Red Cross Houses***, eine Gruppe von Häusern, die nach einem Hurrikan 1935 errichtet wurden. Um sie vor Zerstörung durch zukünftige Stürme zu schützen, wurden sie **aus Beton** gegossen.

Plantation Key Jenseits des Tavernier Creek (MM 90) erreicht man auf Plantation Key das ***Plantation Yacht Harbor Resort*** (MM 87), eine Urlaubsanlage mit Hotel, großem Hafen und mehreren Restaurants. Der Name der Insel erinnert daran, dass sich im frühen 20. Jahrhundert auf den oberen Keys viele Plantagen befanden, die u.a. Zitrusfrüchte, Tomaten, Melonen und Ananas anbauten. Sie überlebten aber nur wenige Jahrzehnte, denn die äußerst dünne Erdschicht der Inseln war bald ausgelaugt.

Strand im John Pennekamp State Park

Floridas journalistisches Gewissen: Carl Hiaasen

Wer auf einer Floridareise gelegentlich die größte Tageszeitung des Staates liest, den ***Miami Herald***, stößt darin früher oder später auf eine Kolumne von ***Carl Hiaasen***. Er arbeitet bereits seit 1976 für den *Miami Herald* und ist weit über die Grenzen Floridas hinaus als kritische Stimme bekannt. Der streitbare Journalist wuchs auf Plantation Key auf und wohnt dort auch heute noch.

Hiaasen machte sich zunächst mit **kritischen Reportagen** über Themen wie Immobilien-Skandale, Korruption und Drogenschmuggel einen Namen. Mittlerweile hat er sich – was seine Arbeit für die Zeitung angeht – ganz auf knappe, ebenso geistreiche wie bissige Kolumnen verlegt. Dabei geht es ihm darum, schonungslos die Schwächen von Politikern zu attackieren. Sowohl *George W. Bush* als auch sein Bruder *Jeb*, der Gouverneur von Florida, waren bzw. sind (Präsidentschaftswahlen 2008!) regelmäßige »Opfer«. Und auch den ehemaligen Bürgermeister von Miami, *Xavier Suarez*, machte sich der liberale *Hiaasen* nicht zum Freund. Nachdem er ihn 1998 als geistesgestört bezeichnet hatte, begann ein regelrechter Pressekrieg zwischen der Stadt und dem *Herald*. Als man *Hiaasen* in diesem Zusammenhang fragte, warum er sich denn seit Jahrzehnten regelmäßig jeden Bürgermeister zum Feind mache, meinte er schlicht, dass sei sein Job. Grund zur Sorge bestünde für ihn nur dann, wenn ihn ein Bürgermeister leiden könne.

Neben der Politik ist die Umwelt das Lieblingsthema des Journalisten. Seit seiner Kindheit auf den Keys hat er mit ansehen müssen, wie die Natur seiner Heimat Stück für Stück zerstört und dem Wirtschaftswachstum geopfert wird. Konsequent kritisierte er daher in seinen Artikeln immer wieder den gedankenlosen Bauboom an den Küsten Floridas und den unzureichenden Schutz der *Everglades*. Neben Spekulanten, Wirtschaftsbossen und korrupten Politikern hat Hiaasen dabei noch einen weiteren Schuldigen ausgemacht: den Urlauber.

»Tourist Season« hieß daher sein erster, 1986 erschienener **Roman**, in dem er seinen journalistischen Kreuzzug mit anderen Mitteln fortsetzte. Der überdrehte und äußerst unterhaltsame Krimi, dessen Handlung damit beginnt, dass Ökoterroristen in Miami Beach einen Touristen kidnappen und ihn einem Krokodil zum Fraß vorwerfen, sollte zur Lektüre aller Floridareisenden gehören. Auch in seinen amüsanten Romanen werden regelmäßig Politiker angegriffen, so etwa in »***Striptease***«, der 1995 in Fort Lauderdale verfilmt wurde. Darin tritt ein sexbesessener und korrupter Kongressabgeordneter auf, in dem Einheimische leicht eine Karikatur ihres lokalen Politikers *Herbert Burke* erkennen konnten.

Eine ganze Reihe der Titel *Hiaasens* wurden ins Deutsche übersetzt. Nach ***»Skin Tight«*** von 1990 (deutsch: »Unter die Haut«), in dem sich der Autor u.a. über die Schönheitschirurgie lustig macht und ***Stormy Weather*** von 1995 (deutsch: »Stürmische Zeiten«), in dem es um den Hurrikan des Jahrhunderts geht, Touristen fliehen und statt ihrer Plünderer und Presseleute nach Florida einfallen, in den letzten Jahren ***Striptease***, ***Basket Case*** (deutsch: »Letztes Vermächtnis«), ***Nature Girl*** (deutsch: »Sumpfblüten«) und ***Skinny Dip*** (deutsch: »Der Reinfall«) bei diversen deutschen Verlagen.

2

2.3 Die mittleren Keys

Windley Key & Upper Matecumbe Key

Winley Key Quarry SP

Als nächstes erreicht man die kleine **Windley Key**, die aus den beiden winzigen Umbrella Keys entstand. Sie wurden durch Schutt miteinander verbunden, der Anfang des 20. Jahrhunderts beim Abbau von uraltem Korallengestein für die Zwecke des Eisenbahnbaus anfiel. Die einstigen Steinbrüche sind heute ein ***Geological State Park*** (MM 85.5). Man kann dort die Reste der Korallenformationen bestaunen, die vor rund 125.000 Jahren für die Entstehung der Florida Keys ursächlich waren.

Auch die **Hauptsehenswürdigkeit** des Keys geht – indirekt – auf den Bau der Eisenbahn zurück. Ein durch einen Steinbruch aufgerissenes riesiges Loch in der Landschaft ließ man nach Fertigstellung der Strecke mit Meerwasser vollaufen und setzte in diesem künstlichen See Fische aus.

Theater of the Sea

In den 1940er-Jahren begann man, den See unter der Bezeichnung ***Theater of the Sea*** (MM 84,5, ✆ 305-664-2431, täglich 9.30-16 Uhr, Eintritt $24, bis 12 Jahre $16; www.theaterofthesea.com) als Touristenattraktion zu vermarkten. Es gibt dort **Delphin- und Seelöwenshows**, Haie und tropische Fische zu bewundern und die **Möglichkeit, mit Seehunden, Delphinen und Rochen zu schwimmen ($55-$175)**. Die Shows können indessen nicht mit ähnlichen Veranstaltungen in Miami oder Orlando mithalten.

Somewhere in Time

Nur wenig weiter steht das Museum ***Somewhere in Time*** (MM 82,8 O, ✆ 305-664-9699, täglich 9-17 Uhr, Eintritt frei), eines von mehreren kleinen Museen auf den Keys, die aus den Schiffswracks vor den Keys geborgene Schätze zeigen.

Upper Matecumbe Key

Am 2. September 1935 wurden – wie erwähnt – alle Keys von einem Hurrikan verwüstet, aber keine der Inseln wurde härter getroffen als der **Upper Matecumbe Key**, auf dem im wahrsten Sinn des Wortes kein Stein auf dem anderen blieb. Daran erinnert dort ein **Denkmal** (MM 81,5). Es markiert ein Massengrab der Einwohner und Eisenbahnarbeiter, die damals ums Leben kamen.

Islamorada

Der einzige größere Ort in diesem Bereich ist **Islamorada**. Wer kein Boot hat und sich nicht fürs Angeln interessiert, wird sich dort eher langweilen. Sportfischer und Hochseeanglern dagegen bekommen leuchtende Augen, wenn sie den Ortsnamen hören. Einige der bekanntesten Angelwettbewerbe der USA finden in Islamorada statt.

Sonnenuntergang bei Islamorada

Information/ Boote

Islamorada Chamber of Commerce, MM 82,6 B, © 305-664-4503, www.islamoradachamber.com; www.islamorada.fl.us.

Boote chartern kann man u.a. bei ***Bud 'n' Mary's*** (MM 80, © 305-664-0091) oder ***Abel's Tackle Box*** (MM 84, © 305-664-2521).

Unterkunft

Das ***Ragged Edge Resort*** (bei MM 86,5; 243 Treasure Harbor Road, © 305-852-5389, ab $89) ist einfach, aber sauber und o.k. und liegt direkt am Wasser.

Restaurants

- Ein beliebter Treff in Islamorada ist das ***Lorelei Restaurant & Cabana Bar*** (MM 82, B).
- Edler & teurer ist ***Uncle's Restaurant*** (MM 81 O, Upper Matecumbe Key), dessen Fischgerichte Auszeichnungen gewannen

Lignumvitae, Long, Grassy, Vaca und Pigeon Key

Lignumvitae Key State Park

Zwischen Upper und Lower Matecumbe Key liegen zwei winzige unbewohnte Inseln, die beide **nur mit dem Boot** zu erreichen sind: Indian Key und **Lignumvitae Key**. Letzterer wurde 1970 vom Staat Florida gekauft und steht seitdem unter Naturschutz. Er ist zwar klein, mit einer maximalen Höhe von 5 m über dem Meeresspiegel aber die höchste Insel weit und breit. Bis 1953 gehört er einer Familie *Matheson*, deren früheres Wohnhaus (mit Zisterne und Windmühle) man besichtigen kann. Auf der Insel findet man außerdem das letzte intakte Stück **tropischen Waldes** in Florida. Do-Mo gibt es jeweils um 10 und 14 Uhr interessante Führungen. Boote zum Lignumvitae Key legen von ***Robbie's Marina*** (MM 77,5 B, © 305-664-9814 und © 1-877-664-3498) jeweils ein halbe Stunde vor den Führungen ab.

Indian Key State Park

Die Besichtigung des **Indian Key** funktioniert ganz ähnlich. Park Ranger veranstalten dort Do-Mo um 9 und 13 Uhr informative Rundgänge. Boote ab *Robbie's Marina* starten ca. 1 Stunde früher. Indian Key ist kein tropisches Juwel wie der wild bewachsene Lignumvitae Key, dafür ist seine Geschichte abenteuerlicher. Im frühen 19. Jahrhundert befand sich dort eine komplette kleine Stadt mit Post, Hotel und einer Werft, die 1840 von Indianern überfallen und komplett zerstört wurde. Im ***Indian Key State Historic Site*** sind die Reste dieser Siedlung zu besichtigen.

Long Key State Park

Über den Lower Matecumbe Key, den Craig Key und den Fiesta Key erreicht man Long Key mit der gleichnamigen ***Long Key State Recreation Area*** (MM 67,5). Sie besetzt einen langen Streifen zwischen Straße und schmalem Strand, der vor allem aus einem **Campingplatz** besteht, auf dem man direkt am Wasser sein Zelt aufschlagen oder den Camper hinstellen kann (kein Strom, Kanuverleih; ca. $25, © 305-664-4815, leider an vielen Stellen wegen der nahen Straße) recht laut.

Viadukt

Long Key wurde beim Eisenbahnbau im frühen 20. Jahrhundert über das *Long Key Viaduct* mit dem Grassy Key im Süden verbunden. Diese besonders schöne Brücke (MM 65) soll »Lieblingsbrücke« des Eisenbahnkönigs *Henry Flagler* gewesen sein. Wohl

2

deshalb wurden in den 1920er-Jahren in der Werbung für die Eisenbahnlinie nach Key West immer nur Fotos dieser Brücke verwendet. Die Straßenbrücke verläuft parallel.

Delphin-Forschungszentrum auf Grassy Key

Dolphin-Research

Auf dem **Grassy Key** befand sich früher die Delphin-Schule, in der auch der Star der Fernsehserie *Flipper* ausgebildet wurde (Skulptur bei MM 59, die eine Delphinmutter mit Nachwuchs zeigt). Heute steht dort das ***Dolphin Research Center*** (MM 59 B, täglich 9-16.30 Uhr), die Attraktion der Insel.

Dort erfährt man alles über Delphine und Seelöwen, kann sie beim Vorführen von Kunststücken bewundern und im ***Dolphin Encounter Program*** auch selbst mit Delphinen im Wasser spielen. Was diese Programme von anderen ähnlicher Art unterscheidet, ist der Umstand, dass es hier nicht um Profit geht, sondern um – auf die Delphine gerichtete – Verhaltensforschung (Information: © 305-289-1121, www.dolphins.org, Eintritt $19,50, Kinder 4-12 Jahre $13,50).

Schwimmen mit Delphinen

Fürs hier ebenfalls mögliche **Schwimmen mit Delphinen** muss man sich meist bereits Monate im voraus via Internet (➤ oben) angemeldet haben, aber schon der einfache Besuch des *Dolphin Research Center* vermittelt bleibende Eindrücke.

Vaca Key

Der Grassy Key geht fast nahtlos in den Vaca Key über, der heute fast komplett vom Ort **Marathon** beherrscht wird. Diese Kleinstadt ist mit ihren Fast-Food-Restaurants, unansehnlichen Shops und Tankstellen sicher der unattraktivste Ort auf den gesamten Keys. Dennoch könnte man eine Pause einlegen, und zwar am ***Crane Point*** (MM 50,5 B, © 305-743-9100, Mo-Sa 9-17 Uhr, So 12-17 Uhr; www.cranepoint.net), einem tropischen Park, zu dem auch zwei kleine Museen gehören: das ***Museum of Natural History*** und das

Florida Keys Children's Museum. Einer der Spazierwege des Parks führt zum *Adderley House*, das **1905** von einem *George Adderley* erbaut wurde, einem der ersten Siedler hier.

Marathon/ Geschichte

Die eigentliche Geschichte des Ortes begann erst ein Jahr später, als die **Eisenbahnstrecke** Marathon erreichte und quasi über Nacht Tausende von Arbeitern dort einfielen. Es entstanden Geschäfte, Werkstätten, Kneipen und ein kleines Hospital. Von 1906 bis 1911, während man an der *Seven-Mile Bridge* arbeitete, befand sich das Hauptquartier des Eisenbahnbauer in Marathon. Auch der eigenartige Name der Stadt soll auf diese Jahre zurückgehen. Als den Arbeitern, die schon über 100 km Schienenstrang fertiggestellt hatten, klar wurde, was für eine schwierige und langwierige Aufgabe der Bau der nächsten Brücke sein würde, sollen sie diese Herausforderung mit einem Marathonlauf verglichen haben.

Seven Mile Bridge

Unter den 42 Brücken über die Keys ist die **Seven-Mile- Bridge**, die bei MM 47 beginnt, sicher die bekannteste. Man kennt sie u.a. aus dem **James-Bond-Film *License to Kill***, der auch in Key West spielt, oder aus ***True Lies*** mit *Arnold Schwarzenegger*, in dem ein Teil der alten Brücke zerstört wird. Wie im Fall der *Long Key Bridge* gibt es hier zwei parallel verlaufende Trassen. Wer von Norden kommt, sieht links die ältere der beiden, die nach dem Hurrikan von 1935 in eine Autostraße umgewandelt wurde. Sie galt lange als eine Art achtes Weltwunder, konnte der zunehmenden Verkehrsbelastung aber irgendwann nicht mehr standhalten. Die neue Brücke wurde 1982 eröffnet. Seithher wird die alte Brücke (außer zum Filmen) vor allem von Anglern genutzt. Sie ist vom Parkplatz am nordöstlichen Ende der Brücke aus zugänglich.

Pigeon Key

Wer sich für die **Geschichte der Brücke und des Eisenbahnbaus** interessiert, sollte auf Pigeon Key einen Stopp einlegen. Auf dieser Insel befanden sich während des Brückenbaus Werkstätten und ein Lager für Arbeiter. Auch später lebte dort eine Gruppe von Handwerkern, die sich um die Brücke kümmerten, Reparaturen und Wartungsarbeiten durchführten. Heute befindet sich an dieser Stelle das ganz interessante ***Pigeon Key Museum*** (täglich 10-15 Uhr, $11, bis 12 Jahre $8,50).

Alte und neue 7-Meilen-Brücke (links)

Von Pigeon Key hat man den besten Blick auf die beiden Brücken. Man erreicht die Insel ab einem ***Visitor Center*** in einem alten Eisenbahnwaggon am Südende von Knights Key (bei MM 47) entweder per Bus (Abfahrten zur vollen Stunde) oder zu Fuß. Wer läuft, muß für den Hin- und Rückweg jeweils eine knappe Stunde einplanen.

Leuchtturm

Südöstlich von Pigeon Key steht einer der schönsten Leuchttürme der Keys: Das achteckige ***Sombrero Lighthouse***, eine Ganzmetallkonstruktion, wurde bereits 1858 fertiggestellt. *Sombrero* ist der höchste in einer Kette von sechs Leuchttürmen, die Schiffe vor den gefährlichen Korallenriffen warnen.

2.4 Die südlichen Keys

Bahia Honda

Am Ende der *Seven-Mile-Bridge* fährt man zunächst noch über eine kleine Gruppe winziger Inseln, darunter Little Duck und Ohio Key, auf der immer eine riesige amerikanische Flagge weht, bevor man **Bahia Honda Key** erreicht. Schon den spanischen Entdeckern war aufgefallen, dass die Bucht (*bahía*) vor dieser Insel sehr tief (*hondo*) ist. Den Brückenbauern bereitete das erhebliche Probleme. Der Bau der *Bahia Honda Bridge* war aufwendiger als der der längeren *Seven-Mile-Bridge*.

Bahia Honda Key ist auch aus geologischer Perspektive interessant, denn sie bildet eine Art Übergangszone zwischen den nordöstlichen Keys, die sich aus Korallen bildeten, und den südwestlichen Inseln aus Kalkstein.

State Park

Auf diesem Key lohnt sich ein Stopp im ***Bahia Honda State Park*** (MM 36,5, © 305-872-2353), egal, ob man nur für ein paar Stunden schwimmen und schnorcheln oder gleich für mehrere Tage direkt **am Meer campen** möchte – letzteres kann nur, wer Platz findet (Reservierung »*Sandspur Beach*« angezeigt). Schnorchelausrüstungen und Kajaks können im Park ausgeliehen werden. Die subtropische Vegetation und der von Palmen gesäumte blendend weiße Sandstrand *Sandspur Beach* erinnern hier mehr als anderswo an die Karibik.

Am Strand des Bahia Honda State Park

Im State Park gibt es eine kleine **kommerzielle Infrastruktur** mit Snackbar, Kayak- und Schnorchel-Ausrüstungsverleih und Schnorcheltouren: www.bahiahondapark.com.

Big Pine Key

Auf Big Pine Key befindet sich das ***National Key Deer Refuge***, ein Naturschutzgebiet für die vom Aussterben bedrohte Art *Key Deer*. Diese Tiere sehen aus wie Rehe, werden aber nur ca. 80 cm hoch. Das Hauptquartier/Besucherzentrum der *Refuge* mit Infomaterial und Karte residiert etwas überraschend im *Big Pine Shopping Center* (MM 30, © 305-872-2239, Mo-Fr 8-17 Uhr). Der beliebteste Anlaufpunkte für Besucher ist hier der See ***Blue Hole***, der sich in einem alten Steinbruch bildete (ab MM 30,5 dem Key Deer Blvd ca. 3 mi folgen). Dort leben u.a. Schildkröten und Alligatoren. Nur wenige hundert Meter weiter beginnt der ***Watson's Nature Trail***, ein Lehrpfad durch den Lebensraum dieser Rehart.

Information

Lower Keys Chamber of Commerce bei MM 31 auf Big Pine Key, © (305) 872-2411; www.lowerkeyschamber.com.

Restaurants

- Im ***Big Pine Coffee Shop & Restaurant*** neben der Post (MM 30) gibt es herzhafte Sandwiches, Burger u.ä..
- ***Mangrove Mama's*** (MM 20/Sugarloaf Key) hat gute *Seafood*.

Unterkunft

Die ***Big Pine Key Fishing Lodge*** (MM 33, © 305-872-2351) hat **Motel** (ab $75) und ***Campground*** (ab $30) mit Strand und Pool.

Südlich Big Pine Key hält die meisten Key-Touristen nichts mehr auf, sie fahren schnurstracks durch bis Key West. Zwar gibt es auf den südlichen Keys tatsächlich nicht mehr ganz viel zu sehen, aber einige Hinweise dürfen nicht fehlen:

Torch Keys

Da wären zunächst die drei Torch Keys, die nach dem ***Torchwood Tree*** benannt sind. Sie gehören zu den wenigen Inseln, auf denen noch **wilde Limonen** wachsen, eine für die in Südflorida beliebte Limonentorte ***Key Lime Pie*** unverzichtbare Frucht. Die Torch Keys sind bewohnt, aber vom Wohlstand anderer Inseln ist dort nicht viel zu spüren.

Little Palm Island

Den totalen Kontrast zu den ärmlichen Torch Keys liefert **Little Palm Island** weiter westlich, das man nur per Boot oder Flugzeug erreichen kann (MM 28,5). Auf dieser kleinen Insel erholen sich Millionäre in einem der exklusivsten Resorts weltweit. Zimmer kosten dort ab $900/Nacht (ohne Verpflegung). Mal die Website ansehen: www.littlepalmisland.com.

Tauchparadies Ramrod Key

An die Torch Keys schließt sich **Ramrod Key** an, die für das schönste Stück Riff der Korallenkette vor den Keys bekannt ist. Es wird geschützt durch das ***Looe Key National Marine Sanctuary***. Dort können Taucher auch das Wrack der *Adolphus Busch* erkunden. Dieses Schiff wurde dort 1998 absichtlich versenkt, um ein **künstliches Riff** zu schaffen und das Tauchen so noch interessanter zu machen. **Tauchausflüge** werden z.B. vom *Looe Key Reef Resort* (MM 27,5, © 305-872-2215) angeboten.

Sugarloaf Key

Über Summerland und Cudjoe Key geht es weiter zum Sugarloaf Key. Dort steht der ***Bat Tower*** (am MM 17 rechts abbiegen), der in den 1920er-Jahren helfen sollte, Fledermäuse auf die Keys zu locken. Man versprach sich davon Unterstützung bei der Eindämmung der Mosquitoplage. Der Plan schlug fehl – was blieb, ist der seltsame Holzturm.

Ankunft auf Key West

Auf den letzten Meilen wird die #1 zur breiten Schnellstraße. Über die vorgelagerte Stock Island stößt sie auf den das nördliche Key West umrundenden **Roosevelt Boulevard**. Wer nicht gerade eine Adresse auf der Südseite der Insel direkt ansteuern will, hält sich für die Fahrt ins Zentrum am besten rechts und folgt dem Straßenzug North Roosevelt Blvd/Truman Ave bis Duval Street.

Key West Mallory Square, *➤ Seite 168*

2.5 Key West

2.5.1 Geschichte

Ursprung des Namens

Nachdem man stundenlang über Inseln mit komplizierten Namen gefahren ist, scheint es mit der Endstation der Fahrt über die Keys einfacher auszusehen. Schließlich ist man hier auf der westlichsten Insel der Kette angelangt; und warum sollten die ersten Siedler ihren Wohnort nicht entsprechend benannt haben? Tatsächlich beruht der Name Key West auf einem Missverständnis, das in ähnlicher Form bereits die Bezeichnung *keys* für *cayos* hervorbrachte. Die ersten englischsprechenden Bewohner der Insel verstanden die spanischen Bezeichnung ***Cayo Hueso*** (= Knocheninsel) nicht und, da für sie *Hueso* wie *West* klang, so wurde daraus **Key West**.

Der Hintergrund für diesen seltsamen Namen ist Legende. Die ersten spanischen Seeleute, die Key West im frühen 16. Jahrhundert betraten, sollen dort bergeweise Menschenknochen gefunden haben. Sie hielten die indianischen Einwohner der südlichen Keys deshalb für Menschenfresser. Und so galt Key West lange als unheimlich und gefährlich. Als sich dort im 18. und frühen 19. Jahrhundert nichtsdestoweniger Piraten niederließen, um von dieser Basis aus Raubfahrten in die Karibik zu unternehmen, passte das gut zum Image der Insel.

Erste Jahre

Key West ist der **älteste Ort auf den Keys**. 1821, als die USA den Spaniern Florida abkauften, wechselte auch Key West den Besitzer. Der Geschäftsmann *John Simonton* aus Alabama zahlte dem Spanier *Juan Salas* dafür damals $2.000. Nur wenig später traf amerikanisches Militär ein, am Hafen wurde zum ersten Mal die US-Flagge gehisst und Key West zu einem Marinestützpunkt. In den ersten Jahren der amerikanischen Präsenz führte man zunächst Kleinkrieg gegen die Piraten auf den umliegenden Inseln.

Erst nach dem erfolgreichen Abschluss dieses Krieges kamen Siedler in nennenswerter Zahl. 1850 zählte man immerhin schon an die 3.000 Einwohner, die vorwiegend aus Neu-England und von den Bahamas zugewandert waren.

Wrecking

Die wirtschaftliche Grundlage des Lebens auf Key West bestand damals fast ausschließlich aus dem sogenannten ***Wrecking***, d.h. dem Ausplündern von auf Riffe geratenen und gesunkenen Schiffen. Dies war nicht etwa eine Fortsetzung des Piratendaseins mit anderen Mitteln, sondern eine durchaus legale Beschäftigung. Wegen der vielen Riffe rund um die Keys gerieten dort ständig Schiffe in Seenot. Wer in solchen Fällen als erstes bei dem sinkenden Schiff eintraf und die Besatzung rettete, hatte einen rechtlich verbrieften Anspruch auf die Ladung und alles andere, was sich sonst noch an Bord befand.

Seafood Restaurant in Key West. Man achte auf die Fahrräder - nirgendwo sonst in den USA ist das Fahrrad ein so selbstverständ lich genutztes Verkehrsmittel

Wirtschafts-entwicklung

Als nach 1850 Leuchttürme für einen Rückgang der Schiffsunfälle sorgte, war man darüber in Key West sicher nicht erfreut. Man musste sich wohl oder übel auf andere Geschäftszweige umstellen. Zur ohnehin schon betriebenen **Fischerei** kam der Handel mit **Schwämmen**, die es in den flachen Gewässern rund um die Keys in Hülle und Fülle gab. Außerdem zog es immer mehr kubanische Einwanderer nach Key West, die aus ihrer Heimat die Kunst der **Zigarrenherstellung** mit auf die Keys brachten. In den Blütezeiten dieser Industrie wurden auf Key West jährlich hundert Mio. Zigarren gewickelt mit der schönen Folge, dass Key West in den 1880ern nicht nur zur größten Stadt Floridas aufstieg, sondern auch das höchste Pro-Kopf-Einkommen im gesamten Staat erwirtschaftete.

Krisen

Doch damit war es bald vorbei. Zunächst wurden die Schwammbänke von einer Krankheit befallen. Dann kam es zu einem Konflikt zwischen Eignern und Arbeitern der Zigarrenindustrie, der damit endete, dass die großen Fabriken nach Ybor City in Tampa umzogen (➤ Seite 354). Nach dem 1. Weltkrieg begann auch noch die US-Navy, sich langsam zurückzuziehen, was weitere Arbeitslose zur Folge hatte. Den Tiefpunkt seiner Entwicklung erlebte Key West in den 1930er-Jahren während der **Weltwirtschaftskrise**. Damals sollen über 80% der Einwohner von der Sozialhilfe gelebt haben. Als 1935 auch noch die Bahnverbindung vom Orkan zerstört wurde und die Insel vom Rest der Welt abschnitt, wäre die Bevölkerung fast komplett evakuiert und der Ort Key West dem Verfall überlassen worden.

Tourismus und Prominenz

Dass es so weit nicht kam, verdankt die Insel ihrem warmen Winterklima und ihrer exotischen Lage am Rand der Karibik. Das Potential dieser Kombination erkannte man zuerst Ende der 1930er, als Key West – zunächst langsam – vom **Tourismus** entdeckt wurde. Nach dem 2. Weltkrieg machte sogar der damalige Präsident *Truman* Urlaub auf der Insel. Außerdem etablierte sich in der kleinen Stadt eine lebenslustige **Künstlerkolonie**. Die Dichterin *Elizabeth Bishop* und der Dramatiker ***Tennessee Williams*** waren die ersten bekannten Größen, die in Key West blieben. Es folgten viele andere, darunter ***Ernest Hemingway***, dessen früheres Wohnhaus zur bekanntesten Sehenswürdigkeit des Ortes aufstieg. Spätestens mit *Hemingway* wurde die Insel weltberühmt. Von seinem Mythos zehrt man immer noch.

Feste

Heute lebt Key West überwiegend vom Tourismus. Über 5 Mio. Touristen kommen jährlich in den südlichsten Ort der USA, um die fast karibischen Atmosphäre und einiges mehr zu genießen. Darunter den **Karneval** und das mehr auf die Touristen abgestimmte ***Fantasyfest*** mit Kostümparaden etc. über 10 Tage Mitte Oktober, während der ununterbrochen gefeiert und getanzt wird. Auch ein Fest zu Ehren Hemingways darf natürlich nicht fehlen. Anlässlich seines Geburtstages laufen um den 21. Juli herum eine Woche lang die ***Hemingway Days*** mit *Hemingway-look-alike-Contest*, Autoren Workshops und anderem mehr.

Zur Schwulen- und Lesbenszene in Key West

Bei einer kürzlichen Onlinebefragung nach dem besten Reiseziel in der Kategorie »Schönwetter-Destinationen« stimmten 37% der schwulen bzw. lesbischen Teilnehmer für Key West, das sich damit weit vor anderen Zielen auf Platz Eins behauptete. Über 500.000 Besucher sollen es pro Jahr sein, die in der lockeren Atmosphäre von Key West mit Sicherheit ihresgleichen finden. Vor allem die Duval Street bietet Schwulen und Lesben unübersehbar eine große Zahl einschlägig orientierter Bars, Bistros und Boutiquen, u.a.

- ***KWest***, 1125 Duval Street, ist ein Komplex mit mehreren Bars, darunter eine »Lederbar« samt Laden, Transvestitenshows und Themenabenden
- ***La-Te-Da***, 511 South Street, ist niveauvoller als andere Lokale, hat ein eigenes Spitzenrestaurant und erfreut sich seit Jahren großer Beliebtheit
- ***In Touch***, 715 Duval Street, ist ein Shop mit massenhaft originellen Erotika, sexy Klamotten und einschlägigen Utensilien

2.5.2 Praktisches

Parken

Im zentralen Bereich von Key West einen **Parkplatz zu finden, ist oft schwierig**. Weiträumige Parkverbote, zugeparkte Straßen dort, wo es erlaubt ist, und vollbesetzte, dazu teure Parkplätze sind ein normaler Zustand. Am besten lässt man sein Auto bei der Unterkunft, so vorhanden, geht zu Fuß oder leiht ein Fahrrad oder Moped. Chancen auf einen Parkplatz hat man noch am ehesten im Bereich der *Smathers Beach*.

Information

Key West Chamber of Commerce, 402 Wall Street, ✆ (305) 294-2587; www.keywestchamber.org.

Alternative Stadtführung

Bis heute ranken sich viele Geistergeschichten und blutrünstige Anekdoten um Key West. Es gibt sogar eine Stadtführung, die explizit den Spuren von Verbrechern und Geistern folgt. Nach Einbruch der Dunkelheit weist dabei ein in ein schwarzes Cape gehüllter Führer mit einer Laterne den Weg durch die Gassen der Altstadt, zeigt u.a. den Friedhof, verschiedene Gebäude, die einen Hausgeist beherbergen, einen alten Baum, der früher einmal als Galgen diente, und erzählt dazu gruselige Geschichten.

Diese ***Ghost Tours of Key West*** beginnen um 20 und 21 Uhr in der Lobby des *Holiday Inn La Concha* (430 Duval Street, ✆ 305-294-WALK; $15, Kinder bis 12 J. $10; www.hauntedtours.com).

Unterkunft

- Die mit Abstand preisgünstigste Übernachtungsmöglichkeit in Key West bietet das ***Key West International Hostel*** mit ***Seashell Motel*** (718 South Street, ✆ 305-296-5719, ab $25/Bett).
- **Vermittler** für Motel- oder Hotelzimmer sind ***Vacation Key West*** (eher für Motels, ✆ 305-295-9500 oder ✆ 1-800-595-5397) und die ***Key West Innkeepers Association*** (eher für Hotels und B&Bs, ✆ **305-295-1334 od**er ✆ 1-800-492-1911).
- **Auf eigene Faust** sieht man sich am besten am **North Roosevelt Boulevard** um. Dort sind die bekannten Hotelketten gut vertreten, u.a. ***Comfort Inn*** (#3824, ✆ 305-294-3773), ***Fairfield Inn by Marriott*** (#2400, ✆ 305-296-5700), ***Radisson of Key West*** (#3820, ✆ 305-294-5511) oder ***Marriot Courtyard*** (#3031, ✆ 305-296-6595). *Toll free* ✆ der Hotelketten ➤ Seite 61.

Die Preise der Hotels schwanken je nach Saison extrem, in der Hauptreisezeit zwischen Weihnachten und Ostern findet man kaum ein Zimmer unter $100, nach oben gibt es keine Grenzen.

- Als eine der besten Adressen gilt das ***Key West Hilton Resort & Marina*** (245 Front Street, ✆ 305-294-4000, selten unter $300).
- Im historischen **Ortskern** gibt es eine Reihe **hübscher kleiner Hotels und *B&Bs***, u.a. ***La Pensione*** (809 Truman Ave, ✆ 305-292-9923, $118, Winter ab $168), ***Southernmost Point Guesthouse*** (1327 Duval St, ✆ 305-294-0715, ab $75/Winter $125), ***Chelsea House*** (707 Truman Ave, ✆ 305-296-2211, $79/$130).; ***Casa Marina Resort*** (1500 Reynolds Street am Ozean, ✆ 305-296-2211, www.casamarinaresort.com); nicht ganz billig, ab ca. $170, mit Ozeanblick ab $250).

Camping

- Wer nicht unbedingt direkt auf Key West seinen Camper parken oder sein Zelt aufschlagen möchte, sollte den gut ausgestatteten ***Sugarloaf Key Resort KOA* Campground** (mit Strand und Bootsanleger) in Erwägung ziehen (MM 20, © 305-745-3549, ab $45), den südlichsten KOA der USA.
- Näher an Ort und Insel Key West liegt ***Boyd's Key West Campground*** auf der vorgelagerten Stock Island mit einigen Stellplätzen direkt am Wasser, andere Plätze zumindest akzeptabel; sanitär sehr gut, Pool (6401 Maloney Avenue, bei MM 5 südlich in 3rd Street abbiegen, © 305-294-1465, ab $50 Nebensaison).
- ***Lea's Campground*** (MM 4,5) © 305-296-5260, ab $39 in der Nebensaison, kürzeste Entfernung zum Ort.

Restaurants

- ***Turtle Kraals Land's End Marina*** (am Ende der Margaret Street, © 305-294-26 40). *Seafood* in lockerer Atmosphäre am Hafen.
- Fisch und Steaks gibt`s im ***Commodore Waterfront Steakhouse*** (700 Front Street).
- ***Alonzo's Oyster Bar*** (700 Front Street) ist besonders für seine Seafood-Gerichte bekannt.
- ***El Meson de Pepe*** (410 Wall St. beim Mallory Square im *Cayo Hueso y Habana*, wo Zigarrenroller ihre Kunst demonstrieren, © 305-295-26 20) gilt als bestes kubanisches Restaurant in KW.
- Gute, aber nicht ganz billige französische Küche offeriert das ***Pisces*** (1007 Simonton Street).
- Im ***Mangia Mangia*** (900 Southard Street) serviert man günstiges italienisches Essen, besonders Pasta.
- Jamaikanische Gerichte hat ***Coco Palm*** (300 Front Street)
- Kubanische Speisen sind preiswert im einfachen ***El Siboney Restaurant*** (900 Catherine Street).
- Wer die berühmte ***Key Lime Pie***, eine Baiser-Limonen-Torte, probieren möchte, sollte sich nicht scheuen, das in einer der Filialen der *Fast Food*-Kette ***Blonde Giraffe*** (z. B. 802 Duval Street) zu tun; Qualität zum moderaten Preis.

Per Conch Train die große Key West Tour zu machen, ist mit $27/Person ein ziemlich teurer Spaß (➢ Seite 168). Besser leiht man sich dafür ein Fahrrad,

2.5.3 Besichtigung

Mallory Square und Pier

Zentraler Anlaufpunkt und zugleich die touristischste Ecke im ohnehin sehr touristischen Key West ist der **Mallory Square** am nordwestlichen Ende der Altstadt direkt am Wasser. Dort legen auch die großen **Kreuzfahrtschiffe** an, die über die niedrigen Gebäude von Key West hinausragen und sie wie Spielzeughäuser erscheinen lassen. Die Kreuzfahrtpassagiere bleiben immer nur ein paar Stunden, kaufen schnell ein T-Shirt, trinken bei *Sloppy Joe's* einen Cocktail und eilen dann schon wieder zum Schiff zurück, um am nächsten Tag auf den Bahamas einen ähnlichen Landausflug zu wiederholen. Die Schiffe müssen aber nicht nur deswegen schon vor Sonnenuntergang wieder ablegen. Abends versammelt sich nämlich die halbe Stadt auf der ***Mallory Pier***, um der im Meer versinkenden Sonne zu applaudieren.

Sonnenuntergangsparty

Diese **tagtägliche Party** ist schon seit den 1960er-Jahren eine Key West-Tradition, als sich Hippies regelmäßig abends am Wasser versammelten, musizierten, ein paar Joints rauchten, der Sonne beim Untergang zusahen und ihr Beifall zollten. Mittlerweile ist das allabendliche Spektakel ziemlich kommerzialisiert. Zu den Akrobaten, Wahrsagern und Feuerschluckern haben sich viele Händler gesellt, die Souvenirs und Getränke verkaufen. Es gibt aber immer noch exzentrische Gestalten, wie man sie sonst kaum zu Gesicht bekommt. Und im Moment, wenn die letzten Sonnenstrahlen verschwinden, brandet der Applaus auf wie eh und je.

Rundfahrten

Der Mallory Square ist auch ein guter Ausgangspunkt für die Erkundung von Key West, da von dort aus die Orientierung leicht fällt. Die **Stadtrundfahrten** beginnen ebenfalls am Square. Es gibt zwei verschiedene Arten, beide sind auf fast identischer Route unterwegs und umrunden dabei einmal die Insel:

- Der ***Conch Train*** ist eine Art offener Zug, der an Vergnügungsparks á la *Disney* erinnert und von einem als Lokomotive verkleideten Jeep gezogen wird.
- Die Wagen des ***Old Town Trolley*** sehen aus wie die *Cable Cars* aus San Francisco und haben den Vorteil, dass man sie an 14 Haltestellen beliebig verlassen und wieder zusteigen kann.

Feuerspeier auf der Sonnenuntergangsparty am Mallory Square

Mel Fishers maritimes Museum stellt stark auf einst versunkene und wieder geborgene Schätze ab.

Rundgang

Die $27 pro Person (bis 12 Jahre $13) für diese Fahrten kann man sich aber sparen, denn Key West ist so **überschaubar**, dass man die interessanten Punkte (außer bei extremer Hitze) **ganz gut zu Fuß** erreicht. So könnte man etwa vom Mallory Square die Whitehead Street bis zu ihrem Ende am *Southernmost Point* hinunterlaufen und dann die Duval Street wieder zurückspazieren. Dabei passiert man die meisten der spezifischen Sehenswürdigkeiten (inklusive *Hemingway House*), Cafés und Bars (*Sloppy Joe's*) und hat nebenbei viel von Old-Key West gesehen. Je nach Länge der Pausen und Besichtigungen dauert das 2-4 Stunden. Der Rundgang läßt sich aber auch leicht auf einen vollen Tag ausdehnen.

Aquarium

An der Ecke Mallory Square/Whitehead Street steht die älteste Touristenattraktion der Stadt, das ***Key West Aquarium*** (täglich 10-18 Uhr, Eintritt $11, Kinder $5, www.keywestaquarium.com). Es entspricht nicht mehr modernen Standards, ist aber eine der wenigen Attraktionen in Key West, die auch für Kinder interessant sind, zumal man dort Fische anfassen und füttern darf.

Schiffswracks & Schätze

Es gibt gleich vier Museen, die sich den Schiffen, die vor den Keys sanken, Piraten und Schätzen widmen:

- Im ***Shipwreck Historeum*** (➤ Foto 162, 1 Whitehead Street, täglich 9.40-16.40 Uhr, Eintritt $11, Kinder $6; wwwshipwreckhistoreum.com), in einem Holzhaus mit Personal in historischen Kostümen stehen multimediale Spektakel im Vordergrund.
- Im ***Mel Fisher Maritime Museum*** schräg gegenüber (200 Greene St, täglich 9.30-17.00 Uhr, Eintritt $11/$6; www.melfisher.org/museum.htm) sind **echte Funde** ausgestellt. *Mel Fisher* war einer der bekanntesten Schatzsucher Floridas. Er entdeckte die 1560 gesunkene *St. John*, die *Nuestra Señora de Atocha* und die *Santa Margarita,* die beide 1622 einem Hurrikan zum Opfer fielen. Teile seiner Funde sind nun hier zu bewundern.
- Das dritte Museum, das gleich um die Ecke liegt, nähert sich dem Thema aus anderer Perspektive. Im ***Wreckers' Museum*** (322 Duval Street, Do, Fr, Sa 10-14 Uhr, Eintritt $5/$1; www.oirf.org)

kann man sehen, wie Key West vom Plündern gesunkener Schiffe profitierte. In diesem angeblich ältesten Haus der Insel erfährt man zwar nicht ganz viel über die Beute, erhält aber einen Einblick in die Wohnkultur des frühen Key West.

- Das ***Pirate Soul Museum*** (524 Front Street, täglich 9-19 Uhr, Eintritt $15, Kinder $9) hat eine große Sammlung an Piratenutensilien. Gut gemachte Spielerei ist die Kampfsimulation auf dem nachgebauten Schiffsdeck. Prima Website www.piratesoul.com.

Audubon House

Gegenüber *Mel Fishers Museum* steht das wunderschöne ***Audubon House*** (205 Whitehead Street, täglich 9.30-17 Uhr, Eintritt $10, Kinder $5; www.audubonhouse.com), das an den bekannten Naturliebhaber und Maler *John James Audubon* erinnert. Er besuchte Key West im frühen 19. Jahrhundert und zeichnete dort typische Pflanzen und Tiere der Insel. Das nach ihm benannte weiße Haus war zwar noch nicht fertig, als sich Audubon 1832 in Key West aufhielt, er soll aber in dessen Garten einige Zeit verbracht und gezeichnet haben. Wer in Key West einfach nur ein stilvolles nostalgisches Wohnhaus besichtigen möchte (und mit *Hemingway* wenig im Sinn hat), kommt im *Audubon House* eher auf seine Kosten als im oft ziemlich vollen *Hemingway House*.

Little White House

Wenn man der Whitehead Street ein Stück weiter folgt, steht man bald vorm Eingang zum sog. ***Little White House*** (111 Front Street, täglich 9-17 Uhr, Eintritt $12, Kinder $5), in dem **Präsident *Harry***

S. Truman des öfteren seine Ferien verbrachte. Das Haus ist zwar weiß, sieht aber dem Washingtoner »Weißen Haus« nicht eben ähnlich. Immerhin regierte *Truman* von dort aus zeitweilig die USA; www.trumanlittlewhitehouse.com.

Man kann das Gebäude nur im Rahmen von **Führungen** besichtigen. Dabei sind weniger die Einrichtungsgegenstände interessant, als vielmehr die mit Anekdoten gefüllten Erläuterungen zu *Truman* und seinen Aufenthalten in Key West. Es wird außerdem ein kurzer Film über diesen Präsidenten gezeigt. Auch sein Nachfolger *Eisenhower* machte später Urlaub auf Key West, verzichtete aber darauf, im *Little White House* zu wohnen. Als Republikaner wollte er auf keinen Fall in einem Bett übernachten, in dem sein ihm verhasster demokratischer Vorgänger geschlafen hatte.

Hemingway House

Zurück auf der Whitehead Street sind es noch sieben Blocks bis zum ***Hemingway House*** (907 Whitehead Street, täglich 9-17 Uhr, Eintritt $11/$6; www.hemingwayhome.com), dessen Besichtigung vor allem für *Hemingway Fans* lohnt. Wer den James-Bond-Film ***License to Kill*** von 1989 gesehen hat, wird z.B. den Schauplatz der Schlüsselszene wiedererkennen, in der *Timothy Dalton* die »Lizenz zum Töten« entzogen wird – diese Szene wurde auf dem Balkon des *Hemingway House* gedreht.

Das zweistöckige Kalksteinhaus ist im **spanisch-kolonialen Stil** erbaut, geschmackvoll eingerichtet und von einem tropischen Garten umgeben. Dort leben zahlreiche Katzen, die angeblich alle von den Haustieren des Schriftstellers abstammen. In einem Nebengebäude darf man einen Blick in das Arbeitszimmer des Autors werfen, in dem außer Schreibtisch und Büchern auch ein paar seiner Jagdtrophäen zu sehen sind. ***Ernest Hemingway*** lebte von 1931 bis 1940 in diesem Haus, bevor es ihn nach Kuba zog. In diesen Jahren in Key West arbeitete er an einigen wichtigen Werken, so an seinem Roman über den spanischen Bürgerkrieg *For Whom the Bell Tolls* (»Wem die Stunde schlägt«) und dem nicht ganz so bekannten Titel *To Have and Have Not* (»Haben und nicht haben«), dem einzigen, dessen Handlung in Key West spielt.

Südlichster Punkt der USA

Vom *Hemingway House* sind es noch etwa 500 m die Whitehead Street hinunter bis zu ihrem Ende an der Atlantikküste. Dort steht ein tonnenförmiges Monument, das schwarz-rot-gelb bemalt ist und die Aufschrift ***Southernmost Point Continental USA*** trägt. Denn hier steht man zwar am südlichsten Punkt, aber eben nur der kontinentalen Vereinigten Staaten. Hawaii liegt noch weiter südlich als Florida. Früher befand sich hier nur eine Tafel, doch sie wurde regelmäßig gestohlen, daher entschloss man sich 1983 zu diesem schweren Betonmonstrum in Form einer Boje.

Zur Einweihung lud man sogar den damaligen Präsidenten ***Ronald Reagan*** nach Key West ein, und die Stadt machte ihm das »verlockende« Angebot, die an dieser Stelle beginnende South Street in Ronald Reagan Street umzubenennen. Da der Präsident nicht annahm, blieb es bei der Bezeichnung South Street.

Ein Muss auf Key West: Erinnerungsfoto am südlichsten Punkt der kontinentalenUSA

Unter der Webseite www.southernmostpoint.com findet sich ein wunderbaress kleines **Privathotel** mit moderaten Tarifen.

»Conch«

Über den Worten *Southernmost Point* sieht man auf der Boje ein **Dreieck**, auf dem eine **Muschel** abgebildet ist. Es handelt sich dabei um die einheimische, rosafarbene Muschelsorte ***Conch*** (Aussprache: »Konk«). Sie ist eine Art **Symbol für Key West** – alteingesessene Bürger bezeichnen sich ebenfalls als ***Conchs***, Stadtrundfahrten werden, wie erläutert, mit dem ***Conch Train*** veranstaltet, und die typischen alten Holz-Wohnhäuser im viktorianisch-karibischen Stil mit Veranda, nennt man ***Conch Houses***.

Conch Republic

Die Muschel auf dem Denkmal trägt außerdem den Schriftzug ***The Conch Republic***. Er erinnert an eine abenteuerliche Episode, die sich 1982, kurz vor Errichtung dieses Monuments, ereignete. Damals wie heute hatten die Behörden in Südflorida Mühe mit der Bekämpfung von Schmuggel und Drogenhandel. Da es unmöglich ist, die endlosen Küsten der Keys zu kontrollieren, beschlossen die Grenzschützer, am Nordende der Keys zwischen Key Largo und dem Festland Kontrollpunkte zu installieren und dort alle Auto zu überprüfen. In Key West war man über diese Maßnahme so erbost, dass eine kleine Revolution ausbrach. Wenn die Behörden Key West wie feindliches Ausland behandeln wollten und vor dem Festland quasi Grenzkontrollen errichteten, dann könne man ja gleich aus den USA austreten, meinten damals viele.

So erklärte sich **Key West am 23. April 1982 für unabhängig** und gab sich den Namen **Conch Republic**. Dies war zwar nicht wirklich ernst gemeint, aber medienwirksam. Immerhin entwarf man eine **eigene Flagge** und druckte **eigene Pässe** – Nachdrucke gibt es immer noch in Andenkenläden zu kaufen. Und das Internet beflügelte diese (als »einzige erfolgreich von den USA abgespaltene«) Republik von neuem. Wer mitmachen möchte, kann z.B. Honorarkonsul werden (die Ehre samt Urkunde kostet $1250) oder Botschafter ($9000): www.conchrepublic.com.

Beaches

Östlich vom *Southernmost Point* beginnt die ***South*** oder ***City Beach***. Am Ende der Reynolds Street stößt man auf die ***Higgs Beach*** mit Picknicktischen und Grillrosten. Der längste Strand ist die ***Smathers Beach*** (Atlantic/S Roosevelt Blvd. Alle diese Strände sind **schmal**, oft ziemlich **voll** und nicht umwerfend.

Den schönsten Strand mit dem klarsten und tiefsten Wasser hat die ***Fort Zachary Taylor Beach*** im gleichnamigen *State Park* in der Südwestecke der Insel, Zufahrt über Front und Southard Street, dann übers US-Navy Gelände; Eintritt $2,50/Person im Auto, Fußgänger $1,50 (ab 8 Uhr bis Sonnenuntergang).

Fort Zachary Taylor

Im Eintritt für den *State Park* eingeschlossen ist auch die Besichtigung der alten Gemäuer und vielen Kanonen des blendend erhaltenen mächtigen Forts, das einst den äußersten Zipfel der USA gegen die Konföderierten, Ende des 19. Jahrhunderts gegen die Spanier und sogar im 2. Weltkrieg gegen deutsche Angriffe verteidigen sollte, die nie kamen. Selbst im Bürgerkrieg sah es – wohl wegen der Aussichtslosigkeit eines Angriffs von See her – keine nennenswerten Kampfhandlungen. Die ab 1845 gebaute und zu Beginn des Bürgerkriegs gerade einigermaßen fertige Festung wurde 1947 endgültig außer Dienst gestellt, später restauriert und erst 1985 zur Besichtigung freigegeben. Der Besuch von Strand und Fort lohnt sich unbedingt. Er bildet eine Art Kontrastprogramm zu den üblichen Attraktionen in Key West. Ein einfaches **Bistro mit Terrasse am Strand** ist auch vorhanden.

Schöne Bilder liefert die Website www.fortzacharytaylor.com.

Duval Street

Von der City Beach läuft die **Duval Street**, die beliebteste und belebteste Straße von Key West, schnurgerade hinauf bis zum rund 2 km entfernten Mallory Square. Sie bietet ziemlich gemischte Eindrücke. Die **Souvenirgeschäfte**, in denen man die üblichen T-Shirts, Postkarten, Muscheln und kitschigen Andenken erstehen kann, scheinen kein Ende zu nehmen, und auch manche der Restaurants und Bars sehen so aus, als ob sich schon lange kein Einheimischer mehr dorthin verirrt hat; www.liveduvalstreet.com.

Die beiden bekanntesten Bars in der Duval Street sind indessen echte Institutionen: ***Margaritaville*** (#500) gehört dem Sänger *Jimmy Buffet*, von dem das gleichnamige Lied stammt, und ***Sloppy Joe's*** (#201) soll *Ernest Hemingways* Lieblingskneipe gewesen sein. An den Autor erinnern u.a. die **Cocktails *»Papa Dobles«*** (weisser Rum, Limonen- und Grapefruitsaft) und ***»Hemingway Hammer«*** (Rum, Brandy, Bananen- und Erdbeerlikör).

Der verlängerte Anleger für Kreuzfahrtschiffe befindet sich in Sichtweite des sehenswerten Fort Zachary Taylor samt Beach

»Pappa« Hemingways Stammkneipe, www.sloppyjoes.com

Tanzen geht man im ***Upstairs at Rick's*** (#208) und bei einem Drink draußen im Garten sitzen kann man bei ***Willie T's*** (#525). Das ***La Te Da*** und seine Bars (#1125) ist einer der bekannteren Schwulen-Treffpunkte und veranstaltet regelmäßig ***Drag Shows***.

Shopping

Unter den vielen *Shops* lohnen sich u.a. der kleine **Buchladen *Valladores and Son*** (#1200) mit einer Abteilung für Key West-Titel, die älteste Kunstgalerie auf der Insel ***Gingerbread Square Gallery*** (#1207) oder auch die ***Key West-Havana Cigar Company*** im ***Speakeasy Inn*** (#1117) mit Tabakwaren, die trotz des Namens nicht aus Kuba stammen. Denn der Handel mit der Nachbarinsel ist immer noch verboten. Man kann dort nicht nur handgerollte Zigarren kaufen (u.a. die Marken *El Presidente* und *El Hemingway*), sondern auch bei der Herstellung zusehen.

Kulturelle Kontrapunkte

Wie überall in Key West vermischen sich auch entlang der Duval Street **Kommerz und Kultur**, und zwischen lauten Bars und kitschigen Läden verbergen sich ein paar echte »Perlen«. Das ***San Carlos*** z.B. (#516) ist nicht nur ein interessantes, im kubanischen Barockstil erbautes Gebäude, es fungiert auch als ein Art **kubanisches Kulturzentrum** mit Konzerten und Ausstellungen.

Das ***Strand*** (#527) wurde in den 1930ern als Kino erbaut. Seine Fassade ist mit Löwen und römischen Legionären dekoriert. Heute befindet sich in dem Haus das Kuriositäten-Kabinett ***Ripley's Believe It or Not*** (#108, täglich 10-23 Uhr, Eintritt $16; www.ripleyskeywest.com; zu *Ripley's* ganz generell ➤ Seite 274).

Das kleine ***Red Barn Theatre***, etwa zwei Blocks weiter in Richtung Mallory Square, bietet ein hervorragendes, abwechslungsreiches Programm (#319; www.redbarntheatre.org).

Friedhof

Außer einem Bummel über die Duval Street sollte man sich auch noch einen Spaziergang durch ruhigere Wohngegenden gönnen. Dafür kommen fast alle Quer- und Parallelstraßen der Duval Street in Frage. Als Ziel kann man sich dabei z.B. den nicht weit entfernten und sehr interessanten **Friedhof** zwischen der Olivia und der Angela Street nehmen. Da die Insel nur knapp über dem Meeresspiegel liegt, sind in Key West die Toten nicht tief begraben, viele Gräber sogar überirdisch angelegt. So entstand eine Friedhofsarchitektur mit **Grabmälern** und Wänden, die an die **Totenstädte in New Orleans** erinnert.

Eine schwierige Nachbarschaft: Key West und Kuba

Der Blick auf die Landkarte zeigt es klar und deutlich: von Key West ist es nach Kuba näher als nach Miami – vom Rest des Staates und der USA ganz zu schweigen. Und ständig stolpert man in Key West über Kubanisches. Ein Teil der Bevölkerung stammt von Einwanderern ab, die schon im 19. Jahrhundert aus Kuba hierher kamen. Sie brachten neben ihrer Sprache und der kubanischen Küche die **Zigarrenproduktion** auf die Insel, von der lange Jahre viele Bewohner lebten. Bis heute werden in Läden wie dem ***Cuba! Cuba!*** (155 Duval Street) kubanische Souvenirs verkauft. Der Tabak für die »kubanischen« Zigarren, die man überall erstehen kann, kommt allerdings nicht aus Kuba, sondern wegen des strengen Einfuhrverbots für kubanische Produkte meistens aus Honduras.

Vor der Revolution in Kuba war Key West auch verkehrstechnisch aufs engste mit der großen Nachbarinsel verbunden. Wo heute nördlich des Mallory Square das *Pier House* steht, befanden sich bis in die 1950er-Jahre die sogenannten ***Havana Docks***, Anleger der Autofähre nach Kuba. Auch die ersten Flüge von den USA nach Kuba starteten im Oktober 1927 in Key West. Diese erste Flugverbindung überhaupt, die von den USA ins Ausland ging, wurde von der heute nicht mehr existenten ***Pan Am*** betrieben. Sie hatte damals ihr Hauptbüro an der Ecke Whitehead Street und Caroline Street im selben Gebäude, in dem sich heute *Kelly's Caribbean Bar, Grill & Brewery* befindet.

Die **Künstlerkolonie** von Key West war schon immer vom benachbarten Kuba und dessen Kultur fasziniert. *Ernest Hemingway* zog sogar von Key West ganz nach Kuba um. *Tennessee Williams* stattete, während er in Key West lebte, *Fidel Castro* persönlich einen Besuch ab.

Obwohl in den 1960er-Jahren alle offiziellen Verbindungen mit Kuba unterbrochen wurden, ist man sich in Key West der Nähe zu Kuba nur zu bewusst. Als in den 1980ern die Präsenz der US-Navy in Key West massiv reduziert werden sollte, startete der Bürgermeister aus Sorge um Arbeitsplätze eine bemerkenswerte Protestaktion, wie es sie wohl nur auf Key West geben kann: er surfte nach Kuba, um die Bundesregierung daran zu erinnern, wie nahe Key West dem »Feind« Kuba ist.

Fidel Castro ist mittlerweile abgetreten, und die Verbindungen mit Kuba dürften früher oder später wieder aufgenommen werden. Aber die Gemüter erregt weniger die Frage nach dem Zeitpunkt als vielmehr nach den möglichen Folgen, die für Key West ein echtes Problem werden könnten. Ein kubanischer Einwandererstrom würde hier für Chaos sorgen und Urlauber abschrecken. Wenn sich Kuba seinerseits dem amerikanischen Tourismus öffnet, dürfte auch das die Tourismusindustrie in Key West in die Krise stürzen. Denn warum soll man im überfüllten und extrem überteuerten Key West Urlaub machen, wenn wenig weiter südlich das echte Kuba mit mehr Platz, mehr Exotik und günstigeren Preisen lockt? Key West wird dann nicht mehr der End-, sondern der Ausgangspunkt von Reisen sein, eine nette kleine Insel, auf der man ein paar Stunden verbringt, während man auf die **Fähre nach Kuba** wartet – genau wie in den 1950er-Jahren. So dürfte es kommen!

2.6 Abstecher auf die Dry Tortugas

»Fortsetzung« der Keys

Das Straßennetz der USA endet zwar in Key West, aber das heißt nicht, dass es keine weiteren Inseln mehr gibt. Westlich von Key West liegt in nur 30 km Entfernung zunächst die Inselgruppe der **Marquesa Keys**. Noch weiter westlich, gut 100 km von Key West entfernt, stößt man auf eine weitere Gruppe von sieben kleinen Inseln, die schon 1513 von *Ponce de León* entdeckt wurde. Er nannte die Inseln nach den dort auffallend vielen Schildkröten ***Las Tortugas***. Als sie später in amerikanischen Besitz übergingen, fügte man noch das Adjektiv ***dry*** hinzu, da es auf der ganzen Inselgruppe kein Frischwasser gibt.

Nutzung

Die Trockenheit verhinderte für lange Zeit eine Besiedelung. Erst 1825 wurde auf der **Garden Key** ein erstes Gebäude errichtet, ein Leuchtturm, der Schiffe vor den gefährlichen Riffen der umliegenden Gewässer warnen sollte. Gleichzeitig entwarf man weitreichende Pläne für die Inseln. Man wollte ihre exponierte Lage militärisch nutzen, um den Golf von Mexiko besser kontrollieren zu können. Der Plan für eine Befestigungsanlage auf den Dry Tortugas ging bereits auf Präsident *Thomas Jefferson* zurück (1801-1809). Aber erst 1846 begann man mit dem Bau des nach ihm benannten größten Küstenforts der USA mit 2 m dicken Mauern, ausgelegt für 450 Kanonen und eine Besatzung von 1.500 Soldaten.

Fort Jefferson

Genau wie im Fall von *Fort Zachary Taylor* auf Key West wurden die Bauarbeiten am ***Fort Jefferson*** zumindest in der ersten Phase von Sklaven ausgeführt. Nach Abschaffung der Sklaverei brachte man verurteilte Straftäter und Kriegsgefangene aus dem Bürgerkrieg auf die Insel. Das Ganze stand allerdings von Anfang an unter keinem guten Stern. Die Bauarbeiten kamen nur schleppend voran. Die ersten Mauern begannen bereits kurz nach Fertigstellung im weichen Sanduntergrund abzusacken. Später wurde ein Teil der Anlage von einem Orkan beschädigt. So zog man schon 1874 die wenigen dort effektiv stationierten Soldaten ab und überließ Fort Jefferson dem Zahn der Zeit.

Das bombastische Fort Jefferson besetzt bis auf einen Sandstreifen und eine kleine Landzunge die Insel Garden Key komplett

Das Wasserflugzeug landet nach nur einer halben Stunde am Strand von Garden Key, kostet dafür aber auch erheblich mehr als das Boot

Nichtsdestoweniger blieben die Außenmauern der riesigen, sechseckigen Anlage einigermaßen erhalten. Das rote Fort, umgeben von Palmen und kleinen weißen Strandstücken mitten im türkisblauen Meer, ist eine der eindrucksvollsten Sehenswürdigkeiten in Reichweite der Keys.

Dry Tortugas National Park

Seit 1992 bilden die 7 Inseln der ***Dry Tortugas*** einen **Nationalpark**, www.nps.gov/drto, den am wenigsten besuchten der USA. Das liegt natürlich in erster Linie daran, dass er faktisch nur via Key West per Flugzeug oder Ausflugsboot zu erreichen, und der Transport dorthin recht kostspielig ist. Der Zutritt kostet **$5/Person**.

Für Bootstrips ab Key West gibt es zwei Veranstalter (Adressen unten). Die Preise dafür sind nicht so überzogen, wie es auf den ersten Blick scheinen mag, denn außer dem reinen Transport sind Frühstück an Bord, ein Mittagsbuffet am Strand von Garden Key, unbegrenzte (nicht-alkoholische) Getränke, die Führung durchs Fort und die Ausleihe von Flossen, Taucherbrille und Schnorchel inbegriffen. Nach der gut zweistündigen Anfahrt und einer Führung durchs Fort hat man noch weitere 4 Stunden Zeit, um sich in aller Ruhe auf der Insel umzusehen, zu schwimmen und zu schnorcheln, bevor es wieder zurück nach Key West geht.

Transport im Detail

Der Katamaran ***Yankee Freedom II*** fährt ab Key West Seaport am Ende der Margaret Street zur Garden Key ($149, Kinder $109). Er legt täglich um 8 Uhr ab und ist abends um 18 Uhr wieder zurück, © 1-800-322-0013 oder © 305-294-7009. Der Katamaran ***Fast Cat II*** startet an der Ecke Greene/Elizabeth Street ($120, Kinder $85), Einchecken 7.30 Uhr, Abfahrt 8 Uhr, Rückkehr ca.17 Uhr, Information und Reservierung: © 1-800-236-7937 oder © 305-292-6100; www.drytortugas.com.

Mit ***Key West Seaplane Service*** (© 1-800-950-2359 und © 305-294-0709) geht's ab $229, Kinder $179 retour, schneller, aber ohne Verpflegung und Schnorchelausrüstung auf die Dry Tortugas.

Camping

Unterkünfte und Restaurants gibt es auf den Dry Tortugas nicht. Aber neben dem *Fort Jefferson* befindet sich ein traumhaft gelegener, wiewohl sanitär einfachster **Zeltplatz**: dort kann man unter Palmen direkt am Strand in himmlischer Ruhe campen (Auskunft unter © 305-242-7700, $3/Person).

Man muss allerdings gut ausgerüstet sein und – einschließlich Trinkwasser – alles selbst mitbringen und auch Abfall wieder abtransportieren. Reservierungen sind nicht möglich, aber wegen der exponierten Lage stehen selbst in der Saison die Chancen gut, dort Platz zu finden. Sowohl die *Yankee Freedom* als auch die *Fast Cat* transportieren gegen einen Aufpreis die Camputensilien und gestatten die Rückfahrt an einem beliebigen späteren Tag.

Traumhaftes Camping auf Garden Key in enger Nachbarschaft zum Fort Jefferson

Top Ten auf den Keys

1. Ausflug auf die **Dry Tortugas** machen
2. ***Fort Zachary Taylor*** besichtigen und den vorgelagerten Strand genießen
3. Sich ins nächtliche **Kneipenleben von Key West** stürzen
4. Das ***Dolphin Research Center*** auf Grassy Key besuchen
5. **Glasbodenbootstour** im *John Pennekamp Coral Reef State Park* buchen
6. An der **Sonnenuntergangsparty** auf dem Mallory Square teilnehmen
7. Das ***Hemingway*** und/oder ***Audubon House*** in Key West besichtigen
8. An der ***Sandspur Beach*** von Bahia Honda Island baden und ggf. campen
9. Per Leihfahrrad oder -moped **Key West umrunden**
10. Das ***Pigeon Key Museum*** an der **Seven Mile Bridge** besuchen

3. KÜSTE DER KONTRASTE: Von Miami nach Jacksonville

3.1 Zur Route

Von Miami Beach nach Fort Lauderdale

Wer von Miami in Richtung Norden fährt, kommt durch dicht besiedeltes Gebiet. Es macht keinen allzu großen Unterschied, ob man sich für die **Autobahn I-95**, die gebühren**pflichtige *Florida's Turnpike*, die Straße #1 oder die kleinere** #A1A entscheidet, denn viel zu sehen gibt es entlang der Strecke zunächst einmal nicht. Mit ausreichend Zeit und Nerven ist die A1A die interessanteste Route, weil sie direkt an der Küste entlang führt. Zwischen zahllosen luxuriösen, ansehnlichen und auch mal schäbigen Hotels und Motels sieht man auf ihr gelegentlich sogar das Meer.

Miami Beach geht praktisch nahtlos in North Miami Beach über. Es folgt **Hollywood**, eigentlich ein Bereich, der – von den hier wie im Umfeld schönen Stränden abgesehen – wenig bemerkenswert wäre (im Gegensatz zum namensgleichen Staddtteil in Los Angeles), gäbe es dort nicht die ***Seminole Indian Reservation***, auf der die Indianer einen riesigen Kasinokomplex mit ***Hard Rock Hotel & Café*** betreiben (Straßen #441/848). Mehr dazu auf Seite 389.

Von Fort Lauderdale nach Jacksonville

Ziemlich genau 300 mi sind es von Fort Lauderdale bis Jacksonville in der Nordostecke Floridas. En route entlang der Atlantikküste liegen mehrere Orte mit bekannten Namen:

- das reiche **Palm Beach** als Highlight der südlichen Küste

Ergänzend zur Karte links sei auf die Karten auf Seiten 188, 197 und 263 für die nördlicheren Küstenabschnitte bis hinauf nach Jacksonville hingewiesen.

3

- etwa auf halber Strecke das Raumfahrtzentrum **Cape Canaveral**
- nur 50 mi weiter das Motorsportzentrum **Daytona Beach**
- und 40 mi unterhalb Jacksonville das historische **St. Augustine**

Außerdem sind es auf der Höhe von **Cape Canaveral** nur rund 40 mi landeinwärts bis zur »Welthauptstadt« des konfektionierten Amusement, **Orlando**, der – ihrer touristischen Bedeutung entsprechend – ein großes Sonderkapitel gewidmet ist.

Straßen-alternativen

Auch oberhalb von Palm Beach laufen verschiedene Straßen parallel zur Küste bzw. unmittelbar an ihr entlang nach Norden. Bis Fort Pierce kommt man am schnellsten auf der gebührenpflichtigen und daher verkehrsärmeren ***Florida's Turnpike*** voran; ab Fort Pierce ist die gebührenfreie Autobahn I-95 die Alternative für Meilenfresser. Küstennäher, teilweise sogar unmittelbar am sog. *Intracoastal Waterway* zwischen den vorgelagerten Inseln und dem Festland verläuft die **Straße #1**, auf den Barrier Islands über große Strecken zusätzlich die **A1A**, ➤ Foto unten. Auf diesen Straßen kann sich die Fahrt wegen starker Verkehrsbelastung, Ortsdurchfahrten und Ampeln ziemlich in die Länge ziehen. Man handelt sich für die Mühe der Straße #1 aber nicht einmal eine überwiegend schöne Strecke ein, denn Küste und Hinterland sind flach und landschaftlich unspektakulär.

Straße A1A

Anders ist es auf **Teilstrecken der A1A**, auf der man Dünengebiete, viele schöne Strände, Naturschutzreservate, Sommervillen-Siedlungen und *State Parks* mit wunderbaren Picknick- und Campingplätzen passiert. Der Zeitbedarf dafür ist indessen ziemlich groß. Wer sich überwiegend an die A1A hält, benötigt z.B. für die Strecke von Fort Lauderdale bis Cape Canaveral selbst bei vielen Stunden am Steuer locker 2 Tage, auf der I-95 dagegen nur 3 bis 4 Stunden. Je nach individueller Schwerpunkt- und Zielsetzung macht es daher Sinn, auf Teilstrecken die nie weit entfernt voneinander verlaufenden Straßen zu wechseln.

*Der **Intracoastal Waterway** zwischen vorgelagerten Sandinseln und Festland besteht in Südflorida aus abwechselnd schmalen Kanälen und seenartigen Erweiterungen. An ihm entlang läuft die Straße A1A*

3.2 Städte im urbanen Streifen nördlich von Miami

3.2.1 Fort Lauderdale

Kennzeichnung

Geschichte

Knapp 30 mi nördlich von Miami Beach stößt man auf einen weiteren bekannten Badeort. Sein militärisch klingender Name geht auf ein Fort zurück, das ein *William Lauderdale* 1838 während der Seminolenkriege (➢ Seiten 184 + 399) dort errichtete. Weiße Siedler kamen erst Jahrzehnte später in größerer Zahl in diese Gegend. Den eigentlichen Durchbruch für die Stadtentwicklung brachte – genau wie im Fall Miami – erst der Bau der Eisenbahn kurz vor der Wende vom 19. zum 20. Jahrhundert.

Venice of America

Da die Stadt in einer ziemlich sumpfigen Ecke entstand, was den Hausbau erschwerte, kam man auf die Idee, reihenweise parallel verlaufende Entwässerungskanäle anzulegen und den Erdaushub zu länglichen Halbinseln aufzuschütten. Dadurch entstanden etwa 300 km Wasserwege mit Tausenden von Grundstücken mit privatem Bootsanleger vor der Tür. Sie trugen Fort Lauderdale die Bezeichnung ***Venice of America*** ein.

Die 160.000-Einwohner-Stadt ist außerdem für ihre Häfen bekannt, sowohl den edlen Yachthafen in der Innenstadt als auch den großen ***Port Everglades*** südlich des Zentrums, in dem viele Kreuzfahrtschiffe vor und nach dem Karibiktörn an- und ablegen.

Einstige Spring Break Hochburg

Neben Schifffahrt und -bau ist der **Tourismus** wichtigster Wirtschaftszweig. Fort Lauderdale galt in den 1960er- und 1970er-Jahren als eine Art »Ballermann« Floridas und war besonders bei College-Studenten beliebt. Doch in den 1980ern beschlossen die Stadtväter, weniger zahlungskräftige Sonnenanbeter systematisch abzuschrecken und statt dessen gezielt auf gutbetuchte Urlauber zu setzen. Dazu wurde hart durchgegriffen, das Trinken von alkoholischen Getränken im Freien verboten, ebenso Frisbee- und Ballspielen am Strand. Die Maßnahmen verfehlten ihre Wirkung nicht, und so lief bald Daytona Beach Fort Lauderdale den Rang als Studentenhochburg vor allem des sog. ***Spring Break*** ab. Zu diesem traditionellen Sauf- und Sexereignis reisen 'zigtausend Studenten in den Frühjahrsferien nach Florida, ➢ Seiten 262 & 338.

Praktisches

Information

Greater Fort Lauderdale Convention & Visitors Bureau, 100 East Broward Street, © 954-765-4466; www.sunny.org.

Parken

Neben dem Einkaufszentrum Las Olas Riverfront befindet sich ein Parkhaus, wo man gut das Auto abstellen kann, etwa um eine Bootstour zu unternehmen und/oder die Museen zu besichtigen.

Restaurants

- ***Burt & Jack's*** (Berth 23, Port Everglades), Spitzen-Seafood-Restaurant, das vom Glanz des Mitbesitzers *Burt Reynolds* zehrt.
- Für Salate und Sandwiches zum Lunch ist das ***Floridian*** (1410 E Las Olas Boulevard, 24 Stunden geöffnet) eine gute Wahl.

3

- *Italian Food* am Wasser gibt's im ***Serafina*** (926 NE 20th Ave).
- Fischgerichte und einen schönen Ausblick genießt man im ***Sea Watch*** (6002 E Ocean Boulevard)
- Als eines der besten Restaurants der Stadt ist das ***High Life Café*** (3000 North Federal Highway).

Unterkunft

- Das ***Fort Lauderdale Beach Hostel*** (2115 N Ocean Boulevard, © 954-567-9697, www.fortlauderdalehostel.com), 200 m bis zum Strand, und ***Floyd's Youth Hostel & Crew House*** (445 SE 16th Street beim *Port Everglades*, © 954-462-0631, www.floridahostel.com), beide ab $24 per Nacht und Bett, bieten nicht ganz den Komfort der besseren *Hostels* in Miami Beach.
- Von *Hostels* abgesehen muss man für preiswertere Unterkünfte ins Umfeld, etwa nach Pompano Beach (z.B. ***Ronny Dee Motel***, 717 S Ocean Boulevard, © 954-943-3020, ab $59) oder nach Hollywood (z.B. ***Sea Downs***, © 954-923-4969), ausweichen.
- Ein hübsches **B&B** in Fort Lauderdale ist das stilvolle ***Granada Bed and Breakfast Inn***, nur einen halben Block vom Strand entfernt (3011 Granada St, © 954-463-2032, $90-$150).
- Noch erschwinglich ist das ***Avalon Waterfront Inn*** (521 Fort Lauderdale Beach Blvd, © 1-800-543-2006, www.waterfrontinns.com, ab $90) unmittelbar am Strand; mit Küche ab $100.
- Ein schönes Quartier in günstiger zentraler Lage ist das ***Riverside Hotel*** (620 E Las Olas Boulevard, © 954-467-0671, ab $124).
- Am Strand liegt auch das ***A Little Inn By The Sea***, 4546 El Mar Drive, © 954/772-2450, $119-$169 inkl. Frühstück; www.alittleinn.com). Große Zimmer und Suiten (mit Küchenzeile).
- ***La Quinta Inn Sawgrass*** beim *Sawgrass Mills Outlet Center*, ➢ unten, © 1-800-531-5900

Camping

- Der ***Kozy Kampers RV Park*** in Fort Lauderdale liegt 5 mi vom Strand entfernt (3631 W Commercial Blvd, *Florida Turnpike Exit* 62/I-95 *Exit* 32, © 954/731-8570, ab ca. $30).
- Im Bereich Fort Lauderdale ist der ***Markham Park*** eine gute Wahl (Einfahrt bei 16001 Straße #84: von der I-595 (= I-75 westlich *Sawgrass Expressway*), *Exit* 1A, auf die #84 abbiegen, © 954-389-2000, ab $20). Mit Pool, See, Boots- und Fahrradverleih.
- Näher am Meer liegt der pinienumgebene ***Quiet Waters Park*** nördlich Fort Lauderdale in Pompano Beach (6601 Powerline Rd, von der I-95, *Exit* 42B, westlich auf Hillsboro Blvd, dann südlich Powerline Rd, © 954-360-1315, nur mit Reservierung!, ab $35).
- Westlich von Hollywood befindet sich in Pembroke Pines (I-95, *Exit* 20) der ***C.B. Smith Park*** an einem See (900 N Flamingo Rd, © 954-437-2650, ca. $20); Tennis, Boot- und Fahrradverleih.

Am Strand von Fort Lauderdale: gähnende Leere in der Vorsaison

Swimming Hall of Fame mit Johnny Weissmüller Abteilung

Stadtbesichtigung

Fort Lauderdale Beach

Über 10 km **heller Sandstrand** sind die Hauptattraktion der Stadt. Wer über die Straße A1A anfährt, gelangt direkt dorthin (Ocean Drive/Beach Boulevard). Die Strandpromenade entlang der A1A ist zugleich Flanierstrecke für Bikinischönheiten, Skating- und Bikeroute. Bars und Restaurants säumen in großer Zahl den Strand auf der gegenüberliegenden Straßenseite. Ab dem frühen Abend tobt dort das Leben. Außer fürs **High Life**, zum Schwimmen und Sonnenbaden kommen Urlauber zum **Tauchen** und zum **Wasserski**; auch ***Jet Skis*** sind in Fort Lauderdale sehr beliebt.

Neben Wasser, Sand und Sonne gibt es in Strandnähe auch zwei museale Sehenswürdigkeiten:

Schwimmtempel

- A1A etwa auf der Höhe der SE 5th Ave findet man die ***International Swimming Hall of Fame*** (1 Hall of Fame Drive, täglich 9-17 Uhr, Eintritt Erw. $8, Kinder unter 12 frei; www.ishof.org), in dem man die Fotos bekannter Schwimmer, Medaillen und verschiedenartigste Trophäen bewundern kann. Besonderer Raum ist dem legendären Schwimmer ***Johnny Weissmuller***, der als Tarzan-Darsteller berühmt wurde und in Fort Lauderdale lebte, und ***Mark Spitz*** gewidmet, der 7 Goldmedaillen bei den Olympischen Spielen in München 1972 gewann.

Bonnet House

- Gut eine Meile weiter nördlich ist das historische ***Bonnet House*** (900 N. Birch Road, Di-Sa 10-16 Uhr, So 12-16 Uhr, Eintritt $20, ermäßigt $16, ohne Haustour $10; www.bonnethouse.org) zu besichtigen, ein palastartiges Wohnhaus, in dem das Künstlerehepaar *Frederick* und *Evelyn Bartlett* zu Hause war, beide erfolgreiche Maler, denen das *Smithsonian Museum* in Washington schon Ausstellungen widmete. In den um einen Innenhof gelegenen Räumen sind vor allem Portraits und Stillleben von *Evelyn Bartlett* zu sehen.

 auch Karte Seite 179

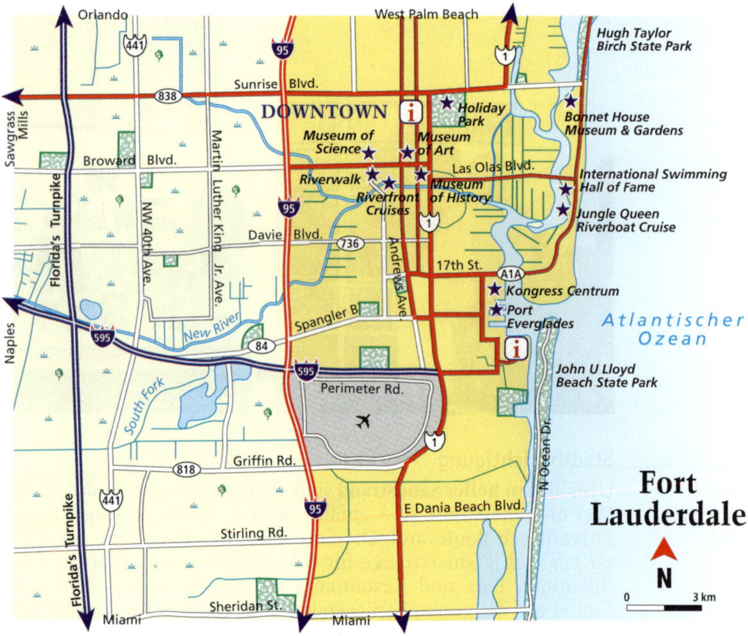

Mangroven & Lagunen

Nur wenig weiter nördlich beginnt die ***Hugh Taylor Birch State Recreation Area*** (täglich 8 Uhr bis Sonnenuntergang). In diesem Park kann man u.a. sehr schön zwischen Mangroven und Lagunen spazieren gehen (empfehlenswert der *Beach Hammock Trail*) oder auch ein Kanu leihen und herumpaddeln.

Downtown Fort Lauderdale

Neben seinem Strandbereich besitzt Fort Lauderdale auch eine recht attraktive Innenstadt mit schicken Geschäften, Cafés und Restaurants, einige »alte« Häuser und weitere Museen. So informiert das Museum der ***Fort Lauderdale Historical Society*** (219 SW 2nd Ave im ungewöhnlichen Gebäude des einstigen *New River Inn* aus dem Jahr 1905, Di-Sa 10-17, So 12-17 Uhr, Eintritt $10 Kinder $5; www.oldfortlauderdale.org) über die Geschichte der Stadt.

Die Ausstellung mit kleinen Abteilungen zu den Seminolen und zum Baseball in Fort Lauderdale muss man nicht unbedingt gesehen haben, was den Besuch aber lohnend macht, ist der in regelmäßigen Abständen vorgeführt kurze Dokumentarfilm über **Filme, die in Fort Lauderdale gedreht wurden**. In der Stummfilmzeit, bevor die Filmindustrie nach Hollywood übersiedelte, war Fort Lauderdale ein wichtiges Filmzentrum und auch später entstanden hier noch einige bekannte Streifen. In den 1990ern ***Cape Fear*** oder ***Striptease***, in dem neben *Demie Moore* auch der aus Florida stammende *Burt Reynolds* spielte.

Gleich neben dem Museum stehen zwei weitere alte Häuser, das ***Bryan House*** von 1905 und das ***King-Cromartie House*** von 1907.

Riverfront

Gegenüber dieser historischen Häuserreihe ist das **Einkaufszentrum *Las Olas Riverfront*** mit einer Vielzahl an Restaurants und Cafés kaum zu übersehen. Am Dock davor starten Boote zu Rundfahrten durch den Hafen *Port Everglades* und an Millionärs-Villen vorbei. Vom Wasser aus ergeben sich Einblicke in den beachtlichen Wohlstand und die Wohnkultur der (finanziellen) Oberschicht. Viele Anwesen verfügen hier über parkartige große Gärten mit weißen Luxusyachten am eigenen Steg.

Kunstmuseum

Ein Block östlich vom *Las Olas Dock* liegt das ***Museum of Art*** (1 East Las Olas Boulevard, tägl. außer Di 11-19 Uhr, Do bis 21 Uhr, Eintritt $10, Kinder bis 12 Jahre $7; www.moafl.org), eines der hochkarätigsten Kunstmuseen Floridas. Zur Sammlung gehören Werke von *Picasso, Dalí* und *Matisse*, aber auch amerikanische Künstler wie *Andy Warhol* sind vertreten. Das Museum verfügt daneben über kubanische, südamerikanische und afrikanische Werke. Nur ein Teil der Sammlung ist jeweils ausgestellt.

MODS

Im ***Museum of Discovery & Science*** (401 SW 2nd St, © 954-467-6637, Mo-Sa 10-17 Uhr, So 12-18 Uhr, Eintritt $10, Kinder bis 12 Jahre $8; www.mods.org) geht es mit interaktiven Ausstellungen und Experimenten in erster Linie um die regionale Flora und Fauna. Stark auf Kinder zugeschnitten ist die Umweltabteilung. Mit **IMAX-3D-Theater** und *Shop*.

Sawgrass Mills Outlet Mall

Eine der bekanntesten Attraktionen der Region ist die ***Sawgrass Mills Factory Outlet Mall*** in Sunrise, etwa 16 mi westlich von Downtown Fort Lauderdale am Sunrise Blvd (Straße #858, 2 mi östlich des *Sawgrass Expressway* #869, schnellste Anfahrt aber über I-595, dann Flamingo Road/#823 ca. 2,5 mi nach Norden). Mo-Sa 10-21.30 Uhr, So 11-20 Uhr; www.sawgrassmillsmall.com).

In dieser überdimensionalen reinen ***Indoor-Mall*** mit rund **270 *Factory Stores*** gibt`s fast alles, was das Konsumentenherz begehrt im preiswerten Direktverkauf, d.h., jede Menge bekannter Marken vor allem bei Textilien, Schuhen und Sportausstattung. *Sawgrass Mills* gilt als **größte *Outlet Mall* der USA** und wird jährlich von rund 20 Mio. Kunden besucht.

In Fort Lauderdale stehen nicht nur Mercedes und Porsche vor der Villa. Kanalseitig liegt die Yacht am Privatsteg

Seit über 10 Jahren bereisen **Isabel und Steffen Synnatschke** den amerikanischen Südwesten. Ihre Liebe zu Natur und Landschaftsfotografie ließ sie bis tief in die entlegensten Winkel dieses Felsenwunderlandes vordringen.

Wonderland of Rocks entführt den Leser auf einer fotografischen Reise in einige der spektakulärsten Nationalparks, vor allem aber in wilde, einsame Gegenden weit abseits ausgetretener Pfade des Tourismus. Es geht mitten hinein in faszinierende Felslandschaften im Bereich des Colorado Plateau, einem der schönsten Naturräume unserer Erde. Wind, Wasser und Eis schufen dort eine skurrile, farbenprächtige Welt aus Sandstein, die ihresgleichen sucht: pittoreske *Slot Canyons* und tiefe dunkle Schluchten, zu Stein erstarrte Meereswellen, bunt gestreifte *Badlands*, steinerne Pilze, lustige Gnomen, schlanke Felsnadeln und immer wieder imposante Steinbögen.

Diese Meisterwerke der Natur – großenteils kaum bekannt – wurden von den Autoren nicht weniger meisterhaft fotografisch festgehalten, außerdem indianische Felsmalereien und Relikte aus der Zeit der Dinosaurier.

Kleine Exkurse erläutern den geologischen Hintergrund der Felsformationen, -skulpturen und -bögen. Im Anhang befindet sich eine kompakte Beschreibung der hier gewählten Route durch das **Wonderland of Rocks** mit Karte und Tipps für die eigene Reiseplanung.

Dieser Bildband ist sowohl ein »Appetitanreger« für den nächsten USA-Urlaub, aber auch ein Erinnerungsstück oder Geschenk für alle, die bereits den US-Südwesten bereist haben und das eine oder andere Motiv aus eigenem Erleben kennen.

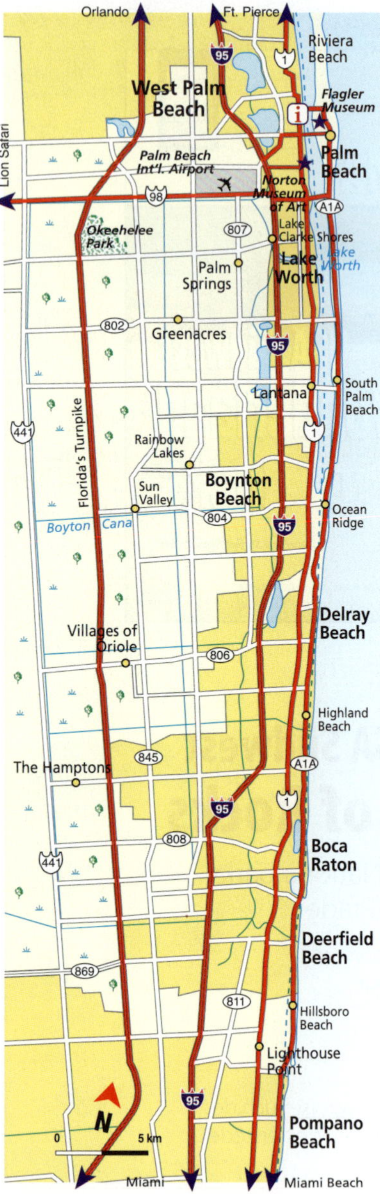

3.2.2 Boca Raton, Delray Beach und Lake Worth

Boca Raton

Gut 15 mi nördlich von Fort Lauderdale passiert man Boca Raton, eine wohlhabende 160.000-Einwohner-Stadt, in der ***Steffi Graf*** und ***Andrew Agassi*** ein Domizil besitzen. Sie ist besonders für ihre vielen Golfplätze bekannt. Das schönste Viertel heißt ***Old Floresta Historic District*** und befindet sich nördlich der W Palmetto Park Road westlich von *Downtown*. Dieses Viertel mit renovierten alten Häusern und traumhaften Gärten lädt zum Spaziergang ein. Besonders schön sind die **Hibiscus Street** und Teile der **Cardinal Avenue**.

Der Wohlstand der Stadt schlägt sich auch nieder im ***Mizner Park Shopping Center*** am Federal Highway (Straße #1) oberhalb der Palmetto Park Road (Straße #798). In edlen Gebäuden dominieren teure Boutiquen, Kunstgalerien, Juweliershops und viele Lokale; www.miznerpark.com. Zum Komplex gehört auch ein Kunst- und Veranstaltungszentrum mit Amphitheater: www.center4artsboca.com.

Tropischer Garten

Lohnenswert ist ein Besuch des ***Gumbo Limbo Nature Center*** (1801 Ocean Blvd, Mo-Sa 9-16 Uhr, So 12-16 Uhr, $3 als Spende erbeten; www.gumbolimbo.org). Neben üppigen tropischen Pflanzen gibt es dort auch Wasserschildkröten zu sehen, für die der Küstenabschnitt zwischen Palm Beach und Cape Canaveral bekannt ist, ➤ *Hobe Sound National Wildlife Refuge* auf Seite 198.

Information

Boca Raton Chamber of Commerce, 1800 North Dixie Highway, ✆ 561-395-4433; www.bocaratonchamber.com.

Delray Beach

7 mi nördlich von Boca Raton in Delray Beach sind das ***Morikami Park Museum & Japanese Gardens*** ebenfalls einen Besuch wert (4000 Morikami Park Road südwestlich von *Downtown*, Zufahrt ab I-95 westlich auf den Linton Blvd, dann links auf die Jog Road; Di-So 10-17 Uhr, Eintritt $10, ermäßigt $6; www.morikami.org). Diese Anlage erinnert daran, dass hier im frühen 20. Jahrhundert zahlreiche Japaner lebten und in der Landwirtschaft (Ananas-Anbau) arbeiteten. Sehenswert ist dort u.a. die **Bonsai**-Ausstellung. Die *Morikami Gardens* kamen in einer Bewertung durch japanische Institutionen auf Platz 8 von 300 im Ausland befindlichen japanischen Gärten.

Zu den *Morikami Gardens* gehört neben den Überresten der alten japanischen Siedlung u.a. ein Museum mit einem Teehaus, in dem manchmal die traditionelle japanische Teezeremonie vorgeführt wird. Außerdem gibt es wechselnde Ausstellungen über japanische Kunst und Kultur, einen großen Park mit einem Bonsai Garten, Seen, schöne Spazierwege und auch ein Café mit Sushi und anderen japanischen Spezialitäten.

Lake Worth

Die Lagune zwischen dem Festland und der oberhalb von Delray Beach neuerlich beginnenden Inselkette vor der Küste, Teil des *Intracoastal Waterway*, heißt an diesem Küstenabschnitt Lake Worth. Nach ihm ist der einzige größere Ort zwischen Delray Beach und Palm Beach benannt. Lake Worth war in den 1920er-Jahren einmal ein beliebter Badeort mit einem bekannten Kasino, ist aber heute eine eher verschlafene Kleinstadt mit einem hübschen Strand und zwei kleinen Museen (***Lake Worth Historical Museum***, 414 Lake Avenue, Di-Fr 9-13 und 14-16.30 Uhr; ***Palm Beach Community College Museum of Art***, 601 Lake Avenue, Di-So 12-17 Uhr). Wer in dieser Region übernachten möchte und auf das teure Palm Beach verzichten mag, findet in Lake Worth eine gute Auswahl an preiswerteren Unterkünften:

- Günstig sind z.B. das ***Budget Inn***, 828 South Dixie Highway, oder das ***Lago Motor Inn***, 714 South Dixie Highway, ca. $60.
- Schattige Stellplätze bietet der ***Campground*** im ***John Prince Park*** westlich von Lake Worth (I-95, *Exit* 63: 2700 6th Avenue, © 561-582-7992, ab ca. $20)

Mizner Park Tower und Amphitheater in Boca Raton, ➢ *links*

Flagler Museum

3.2.3 Palm Beach

Kennzeichnung

Luxuriöse Villensiedlungen gibt es in Florida wie Sand am Meer, doch Palm Beach ist selbst für Florida-Verhältnisse ungewöhnlich wohlhabend und mondän. Die Bevölkerung soll die reichste im ganzen Staat sein, und man demonstriert diesen Wohlstand. Außerdem ist Palm Beach auch bei gut situierten Touristen beliebt: den nur knapp 10.000 Einwohnern leisten in der Hauptsaison über 20.000 Urlauber Gesellschaft. Benannt ist der Ort nach den zahllosen **Palmen**, die dort viele Straßen säumen.

Luxus und Prominenz

Palm Beach liegt auf einer schmalen Insel vor der Küste und ist durch mehrere Brücken mit dem Festland verbunden. Die nobelsten Geschäfte mit teuren Markennamen wie *Cartier, Gucci, Armani, Chanel* und anderen findet man entlang der **Einkaufsstraße Worth Avenue**. Wer sich eher für die gehobene Wohnkultur der Residenten interessiert, sollte sich vor allem den **Ocean Boulevard** ansehen, der an der Atlantikküste entlangführt. Speziell dort lebt jede Menge Prominenz. Da aber viele Villen keine Hausnummern haben und die Touristeninformation die Adressen von Prominenten nicht herauszurückt, bleibt die **Frage »wer wohnt wo?«** weitgehend unbeantwortet.

Nicht zu übersehen ist indessen das größte Anwesen der Insel am Südende des Boulevards vor der Southern Boulevard Bridge. Dieser arabisch anmutende Palast heißt ***Mar-a-Lago*** und gehört ***Donald Trump***. Ganz im Norden des Ocean Boulevard haben die *Kennedys* einen ihrer Urlaubssitze. Dazwischen kann man raten, wo wohl die Familien ***Vanderbilt***, ***Astor*** und ***Krupp*** überwintern.

Flagler Museum

Wer sich auch für die Geschichte der Insel interessiert, sollte das sehenswerte ***Flagler Museum*** besuchen (Ecke Coconut Row und Whitehall Way auf der Festlandseite der Insel, Di-Sa 10-17 Uhr, So 12-17 Uhr, Eintritt $15, Jugendliche $8, Kinder bis 12 Jahre $3; www.flaglermuseum.us).

Den Palast ließ der Eisenbahnkönig *Henry Morrison Flagler* 1901 als Hochzeitsgeschenk für seine dritte Ehefrau errichten. Außer einer Sektion über *Flagler* und die Geschichte des Hauses, das zeitweise auch als Hotel diente, gibt es einige elegante Zimmer, die zeigen, wie nobel man schon vor 100 Jahren leben konnte. Neben dem Haus ist *Flaglers* privates Zugabteil zu besichtigen.

The Breakers

Ein weiterer Fixpunkt in Palm Beach ist das Hotel ***The Breakers*** (1 South County Road), das – vom *Flagler Museum* aus gesehen – an der gegenüberliegenden Inselseite am Atlantik steht, www.thebreakers.com. Es wurde in den 1920er-Jahren in einem Stil errichtet, der die ***Villa Medici*** in Rom nachempfindet, und gilt bis heute als eine der besten Hoteladressen in den USA. Die große Lobby mit ihrem eindrucksvollen Gewölbe sollte man sich auf jeden Fall ansehen. Jeweils mittwochs kann kann man um 15 Uhr an einer einstündigen kostenlosen Führung teilnehmen.

Information

Palm Beach Chamber of Commerce, 45 Coconut Row, © 561-655-3282; www.palmbeachchamber.com; www.palmbeachfl.com

Parken

Ganz offen versuchen die Bürger von Palm Beach, sich neugierige Touristen vom Leib zu halten, indem sie nur begrenzte Parkmöglichkeiten einräumen. Am Ocean Boulevard ist es so gut wie unmöglich anzuhalten oder das Auto abzustellen; vor dem Hotel ***The Breakers*** gibt es an der Zufahrt immerhin ein paar Parkplätze. Nur vor dem ***Flagler Museum*** sind ausreichend, sogar gebührenfreie Plätze vorhanden.

Restaurants

- Das ***Café L'Europe*** (331 S County Road) gilt als Treffpunkt der Schönen und Reichen; es befindet sich im zweiten Stock des ***Esplanande Shopping Center***.
- ***Florentine Dining Room*** (1 South County Road) ist ein renommiertes Restaurant im Edel-Hotel *The Breakers*.
- Das ***Amici Bar & Ristorante*** (375 South County Road) bietet gutes italienisches Essen.
- Im ***Garden Café*** (240 Worth Avenue) gibt es Salate, Sandwiches und Shakes zu zivilen Preisen.

Unterkunft

Palm Beach ist ein ausgesprochen teures Pflaster. Selbst in der Nebensaison im Hochsommer findet man kaum Zimmer unter $100, in der Hauptsaison schießen die Preise extrem in die Höhe.

- Wer sich den Kick des Besonderen gönnen will, findet im ***The Breakers*** (© 561-655-6611) Zimmer ab ca. $300, Winter ab $500.
- Nicht ganz so teuer ist es im ebenfalls pompösen, aber kleinen ***The Chesterfield*** (363 Coconut Row, © 561-659-5800; www.chesterfieldpb.com, ab ca. $200), britisch angehauchter Luxus.
- Ein schönes ***B&B*** ist das ***Palm Beach Historic Inn*** (365 South County Road, © 561-832-4009, ab $145, im Winter ab $225).

Billiger kommt man im benachbarten West Palm Beach oder in Lake Worth unter.

3.2.4 West Palm Beach

Charakter

Mit Palm Beach und seiner Nachbarstadt West Palm Beach verhält es sich ungefähr so wie mit Miami Beach und Miami. Der kleinere Strandort ist auf den ersten Blick schöner und schicker, dafür aber ein **reines Kunstprodukt**, während die **Stadt auf dem Festland** viel **größer und gegensätzlicher** ist – eine echte Stadt mit ansehnlichen und weniger ansehnlichen Vierteln und mit einer bunt gemischten Bevölkerung. Und so war es mit beiden Städten schon immer. Während gegen Ende des 19. Jahrhunderts in Palm Beach die ersten grandiosen Villen bezogen wurden, entstand West Palm Beach als Siedlung für Dienstmädchen, Köche und Gärtner.

Kunstmuseum

Trotz seiner ärmlichen Anfänge verfügt West Palm Beach heute über eine hochkarätige Sehenswürdigkeit, das ***Norton Museum of Art*** (1451 S. Olive Avenue, Mo-Sa 10-17 Uhr, So 13-17 Uhr, Mo nur im Winter, Eintritt $8, ermäßigt $3; www.norton.org), das als eines der **besten Kunstmuseen** in den südöstlichen USA gilt. 1941 vom Stahlmagnaten *Ralph Norton* gegründet, hat es eine Sammlung mit den Schwerpunkten: französischer und Post-Impressionismus, chinesische und amerikanische Kunst des 20. Jahrhunderts. U.a. hat man Gemälde *von Gauguin, Picasso* und *Pollock*.

Safari Park

In der Umgebung von West Palm Beach ist der ***Lion Country Safari Park*** in Loxahatchee ein beliebtes Ausflugsziel. Hier kann man die **Tierwelt Afrikas** – wie auf einer Safari – vom eigenen Auto aus und häufig aus nächster Nähe bewundern. Als der Park in den 1960er-Jahren angelegt wurde, galt er als revolutionär. In ihm komnte man die Tiere in ihrer – nachgebildeten – natürlichen Umgebung sehen und nicht in Käfigen oder winzigen Gehegen wie anderswo bis dato üblich; www.lioncountrysafari.com.

Der Park liegt an der Straße #98 in Richtung Lake Okeechobee ca. 15 mi abseits der Küste. Geöffnet täglich ca. 9.30-17.30 Uhr, letzter Einlass 16.30 Uhr (saisonabhängig). Eintritt $22, Kinder $17.

Information

West Palm Beach County Visitors Bureau, 1555 Palm Beach Lakes Blvd, © 561-233-3000; www.westpalmbeach.com.

Unterkunft

- An der #1, die hier *Dixie Highway* heißt, findet man diverse, auch preisgünstige, meist ältere Motels, z.B. die ***Park View Motor Lodge***, 4710 S Dixie Hwy, © 561-833-4644; $70-$100.
- Abseits der Hauptstraße und der Strände liegt unweit des Clear Lake das **Studio 6**, 1535 N Center Dr, © 1-888-897-0202; ab $99.
- Ein nettes, einfaches ***B&B*** ist das ***Hibiscus House*** (510 30th Street, © 561-863-5633); Zimmer ab $110, im Winter ab $140.
- Entlang der **I-95** (*Exits* #68-74) sind die Häuser der **Motelketten** unverfehlbar w.z.B. ***Knights*** oder ***Redroof Inn***, um die preiswertesten an der 45th Street zu nennen, und gute Häuser der Mittelklasse an der **Belvedere Road** (*Exit* 69) in Airport-Nähe, z.B. das ***Holiday Inn*** oder ***Hampton Inn***, beide ab ca. $130.

Camping

- Campen kann man unweit des *Lion Country Safari Park* in Loxahatchee im ***Lion Country Safari KOA***, © 561-793-9797, I-95 *Exit* 50, Southern Blvd, knapp 20 mi westlich, ab $33.

Restaurants

Die lebendigste Ecke von West Palm Beach ist die **Clematis Street** im Stadtzentrum, wo man jede Menge Cafés/Restaurants findet:

- ***Cabana Restaurant*** (118 S Clematis Street), kubanische Küche
- im ***Roxy's*** (309 Clematis Street) gibt`s *Burger* und *Seafood*
- In ***E.R. Bradley's Saloon*** (104 S Clematis Street) geht man wegen des schönen Blicks aufs Wasser.
- Zu den beliebtesten Bars der Gegend gehören ***O'Shea's Pub*** (531 Clematis) und ***Ray's Downtown Blues & Soul*** (519 Clematis) mit Live-Musik am Wochenende.

Das älteste Haus in Palm Beach ist ein vergleichsweise bescheidenes Anwesen

Nachzählen in West Palm Beach: Die Präsidentschaftswahlen 2000 und 2004

Nach der amerikanischen Präsidentschaftswahl im November 2000 schauten schon am Wahlabend alle Augen auf Florida, weil das Ergebnis dort so knapp ausgefallen war, dass alle Stimmzettel im Staat nachgezählt werden mussten. In den nächsten Tagen und Wochen verengte sich dann aber der Blickwinkel auf **wenige Wahlkreise** ganz im Südosten des Staates, nämlich vor allem auf die Bezirke Dade, Broward und Palm Beach.

In diesen Bezirken liegen die Städte Miami, Fort Lauderdale und West Palm Beach, alles traditionelle **Hochburgen der Demokraten**. Während die Bevölkerung an der Golfküste, im Norden und im Landesinneren eher republikanisch wählt, hat die demokratische Partei gerade im dicht besiedelten Südosten ihre meisten Anhänger. Dort leben viele afro-amerikanische und jüdische Wähler – beides Gruppen, die mehrheitlich demokratisch wählen. Und dort, was man als Urlauber kaum erkennt, befinden sich die sozialen Brennpunkte des Staates. Die Bewohner armer Einwandererviertel und schwarzer Ghettos leiden unter schlechten Schulen, hoher Kriminalität und Arbeitslosigkeit – Probleme, die Wähler traditionell motivieren, für die Demokraten zu stimmen.

So war es keine Überraschung, dass der demokratische Kandidat *Al Gore* bei den Wahlen am 7. November 2000 im Gebiet zwischen Miami und West Palm Beach haushoch gewann. Dies war einer der Gründe für die Demokraten, gerade hier eine weitere Zählung der Stimmen per Hand zu fordern. Da bei einer manuellen Zählung meistens deutlich mehr gültige Stimmen herauskommen als bei einer maschinellen Zählung, konnte man hoffen, dass ein gründliches Nachzählen zu weiteren Stimmen für ***Al Gore*** führen würde.

Während die Verantwortlichen in Miami und Fort Lauderdale noch zögerten, machte man sich in West Palm Beach sofort ans Nachzählen. Die Bilder, die im November 2000 um die Welt gingen und zeigten, wie die Mitglieder des Wahlausschusses jeden einzelnen Stimmzettel hochhielten, um möglichst genau zu erkennen, wo die Wähler die Lochkarte durchbohrt hatten, kamen daher aus **West Palm Beach**. Die Stadt verwandelte sich in den nächsten Wochen in einen regelrechten Zirkus. Die Parteien schickten Beobachter und Rechtsanwälte. Prominente Politiker tauchten auf und gaben Interviews. Der demokratische Aktivist *Jesse Jackson* war z.B. sofort zur Stelle, um darauf hinzuweisen, dass es besonders in schwarzen Gegenden Probleme gegeben hatte. Im Wahlbezirk Riviera Beach direkt bei West Palm Beach etwa, in dem 94 Prozent der Wähler Afro-Amerikaner sind, waren 20% der abgegebenen Stimmen ungültig gewesen. Irgend etwas war also offensichtlich schiefgelaufen.

West Palm Beach war dabei noch aus einem weiteren Grund das Zentrum des öffentlichen Interesses. Hier war nämlich ein **Wahlzettel** benutzt worden, den viele Wähler als so **verwirrend** empfanden, dass sie sich im Nachhinein nicht mehr sicher waren, für den richtigen Kandidaten gestimmt zu haben. ***Butterfly ballot*** nannten die Medien diesen Wahlzettel, weil er ein wenig wie ein Schmetterling aussah: die Namen der Kandidaten standen nicht wie üblich in einer Reihe untereinander, sondern waren links und rechts in zwei Gruppen aufgeteilt, was bei manchen Wählern zu Missverständnissen führte.

George W. Bush Name stand an erster Stelle und man hätte schon blind sein müssen, um nicht zu erkennen, dass für ihn das erste vorperforierte Loch zu durchbohren war. An zweiter Stelle folgte *Al Gore*; und viele Wähler, die andere Wahlzettel gewohnt waren oder einfach nicht genau hinsahen, ordneten das zweite Loch automatisch dem zweiten Kandidaten zu, also Al *Gore*. Doch das zweite Loch bezog sich dummerweise auf den gegenüber unter »ferner liefen« gelisteten *Pat Buchanan*, und erst das dritte auf *Al Gore*.

Wer aufmerksam hinsah, konnte das ohne weiteres erkennen, da von den Namen der Politiker Pfeile auf die jeweiligen Perforationen zeigten. Aber viele Wähler taten das offenbar nicht. Hunderte – wenn nicht sogar Tausende – von Wählern gaben ihre Stimme versehentlich einem Kandidaten, den sie eigentlich gar nicht wählen wollten. Insbesondere Rentner, die in West Palm Beach zahlreich vertreten sind, glaubten später, falsch abgestimmt zu haben. Eine Ironie dabei war, dass viele von ihnen dort jüdischer Abstammung sind und pro *Al Gore* motiviert waren, der für die Vizepräsidentschaft *Joe Lieberman* nominiert hatte. Erstmalig in der amerikanischen Geschichte bestand damit die Möglichkeit, bei einer Präsidentschaftswahl für einen jüdischen Kandidaten zu stimmen. Wer aber bei der Stimmabgabe für *Gore* und *Lieberman* um eine Reihe verrutschte, gab seine Stimme versehentlich ausgerechnet für den erzkonservativen *Pat Buchanan* ab, den viele für einen Antisemiten halten.

Unter normalen Umständen wären all dies nur Nebensächlichkeiten gewesen. Doch bei einer Wahl, in der eine Hand voll Stimmen darüber entschied, wer Präsident wurde, sorgte die Palm Beach Wahlproblematik weltweit für Schlagzeilen. Zumindest in Südflorida bewegt die Wahl bis heute die Gemüter, denn eins ist klar: Wenn sich die Wähler in West Palm Beach vor der Stimmabgabe ihre Stimmzettel besser angesehen hätten, wäre der spätere **Nobelpreisgewinner *Al Gore* (2007)** im Jahr 2000 Präsident der USA geworden, und einen Irakkrieg hätte es wohl kaum gegeben.

Bei der **Wahl 2004** schaute wieder die ganze Nation auf Florida. Aber dieses Mal gewann *George W. Bush* auch Florida mit großem Vorsprung, so dass es auf ein paar Stimmen aus Palm Beach, Dade und Broward nicht ankam.

3

Exkurs — Abstecher zum Lake Okeechobee (Karte Seite 383)

Anfahrt Der **größte See Floridas**, der **Lake Okeechobee**, dessen Name in der Sprache der Seminolen-Indianer »großes Wasser« bedeutet, ist von West Palm Beach aus in einer Stunde zu erreichen.

Seecharakter Die Region um den See herum ist **landwirtschaftlich** geprägt: Es werden Zitrusfrüchte, Gemüse und Zuckerrohr angebaut, manche Einwohner leben auch von der Viehzucht. Der Lebensstil dort hat mit dem der Küste nichts gemein. Man hört *Country Music*, geht auf Rodeos und fährt im *Pick-up* durch die Gegend. Da das Land **äußerst flach** ist, darf man keine dramatischen Blicke auf den See erwarten. Im Gegenteil: da er komplett von einem **Deich** umgeben ist (➤ dazu auch den Themenkasten »Phänomen Everglades« Seite 145), kann man ihn meistens auch dann nicht sehen, wenn man auf der ufernahen Straße unterwegs ist.

Scenic Trail

Auf diesem sog. ***Hoover Dike*** läuft ein ca. 180 km langer Schotterweg um den See, der 1993 *zum* ***Lake Okeechobee Scenic Trail*** erklärt wurde. Er steht Wanderern und Mountainbikern offen. Man kann von ihm aus gut Wasservögel und Alligatoren beobachten

Camping

Entlang des *Scenic Trail* gibt es mehrere **Campingplätze** direkt am Wasser. Manche der schönsten Plätze, etwa am Kissimmee River oder bei Lake Harbor, sind nur zu Fuß zugänglich. Per Auto ansteuern kann man aber den ***Everglades Adventures RV & Sailing*** bei Pahokee am Ostufer (190 Northlake Ave, © 561-924-7832, ab $27).

Information

Weitere Infos über den *Lake Okeechobee Scenic Trail+Campgrounds* gibt's bei den – für den Unterhalt der Deiche und Seeuferanlagen verantwortlichen – Pionieren der ***US Army: Corps of Engineers***, 525 Ridgelawn Road, Clewiston, © 941-983-8101.

Unterkunft

Das mit Antiquitäten eingerichtete ***Seminole Cypress Inn*** in Indiantown ist einen kleinen Umweg wert (15885 SW Warfield Blvd, © 772-597-3777 oder © 1-888-394-3777, ab $80).

3.3 Von Palm Beach nach Cape Canaveral

Zur Strecke

Nördlich von Palm Beach vermindert sich langsam die dichte Bebauung der Atlantikküste. Auch die Strände und Parks sind dort deutlich weniger besucht als weiter südlich. Besonders zwischen Palm Beach und Stuart gibt es mehrere **schöne *State Parks*** und ***Beaches***, die zu Stopps oder ggf. längeren Aufenthalten einladen.

Straßen #1 und A1A

Bei knapper Zeit macht es Sinn, die Straßen #1 oder A1A, auf denen es nur recht langsam vorangeht, zu meiden, stattdessen die **Autobahn I-95** vorzuziehen und von ihr ggf. gezielte Abstecher an die Küste zu unternehmen. Während die **Straße #1** durch eine weitgehend ebene Landschaft ohne besonderen Reiz führt, verläuft die **#A1A** ab Jupiter Island auf den der Küste vorgelagerten Inseln und Halbinseln, die den *Intracoastal Waterway* vor den Wellen des Atlantik schützen. Leider führt die Straße selten am Wasser und den endlosen Stränden entlang. Der Atlantik verbirgt sich hinter Dünen und Privatgrundstücken. **Öffentliche Strandzugänge** und Parkplätze sind aber immer wieder vorhanden.

Mc Arthur Beach

Der ***John D. McArthur Beach State Park*** (10900 Straße #703/A1A, täglich 8 Uhr bis Sonnenuntergang) liegt auf einer Halbinsel östlich von North Palm Beach. Zum Park gehören ein interessantes ***Nature Center*** (täglich 9-17 Uhr), das über die Ökosysteme des Bereichs informiert, lange **Strände** und kurze ***Trails***, darunter ein besonders schöner Weg durch die Dünen. Die **Hauptattraktionen** des Parks befinden sich indessen **im und unter Wasser**. Dort leben Schildkröten und Meereskühe und eine unglaubliche Menge tropischer Fische, Korallen und Schwämme. Am besten lernt diesen Park kennen, wer sich von Rangern geführten Spaziergängen und Schnorchel-Touren anschließt.

Jupiter

Ca. 7 mi nördlich des *McArthur Beach Park* erreicht die Küstenstraße die Kleinstadt Jupiter. Im Zentrum des 30.000-Einwohner-Ortes steht unübersehbar ein roter **Leuchtturm**, um den herum sich erst im 19. Jahrhundert die Siedlung entwickelte.

Jupiter beherbergt das ***Loxahatchee River Historical Museum***, 805 N Hwy #1, Di-Fr 10-17 Uhr, Sa+So 12-17 Uhr, Eintritt $5, bis 18 Jahre $3), das den Indianern Floridas und dem Eisenbahnbau viel Raum widmet.

Eine ganz originelle Sehenswürdigkeit ist die Ranch des Schauspielers ***Burt Reynolds***, dessen Familie aus Jupiter stammt und der dort auch aufwuchs. Zur ***Burt Reynolds Ranch*** (16133 Jupiter Farms Road, 13 mi westlich des Ortes, Mi-So 10-16 Uhr) gehören ein Museum und auch Filmstudios, in denen manche *Reynolds*-Filme gedreht wurden, so etwa *Smokey and the Bandit* von 1976 (deutscher Titel: »Ein ausgekochtes Schlitzohr«).

Dickinson State Park

Nur wenige Meilen nördlich von Jupiter passiert man auf der #1 einen weiteren attraktiven Park mit allerdings ganz anderem Charakter. Das weitläufige Areal des ***Jonathan Dickinson State Park*** (16450 Southeast Federal Highway, jeden Tag zugänglich ab 8 Uhr bis Sonnenuntergang) liegt zwischen (westlich) der Hauptstraße und dem romantischen **Loxahatchee River**. Durch Sumpfgelände und Mangroven führen Fahrrad-, Reit- und Wanderwege. Vor allem gibt es einen **Kanuverleih** für ganz wunderbare Paddeltouren.

Auch **Ausflugsboote** (Abfahrten um 9, 11, 13 und 15 Uhr, $14,50, Kinder bis 12 Jahre $9,50) befahren den verzweigten Fluß auf Rundkursen durch die Natur. Sie legen mitten im Park von einem eigenen Dock ab.

Camping

Jonathan Dickinson ist der einzige *State Park* in diesem Bereich, in dem man (auf zwei Plätzen) campen kann: der ***Campground* in Flußnähe** weitab der Straße verfügt über sehr schön angelegte Stellplätze (dort kommen auch und vozugsweise Zeltcamper unter); der straßennähere Platz ist dagegen relativ eng und Verkehrslärm ausgesetzt (besser reservieren, da der Park beliebt ist: ✆ 1-800-326-3521, ➤ auch Seite 69, ab $22).

Hobe Sound

Ein paar Meilen weiter nördlich liegt der Ort Hobe Sound. Das ***Hobe Sound National Wildlife Refuge*** (www.fws.gov/hobesound), ein Naturschutzgebiet, besitzt zwei separate Areale:

Das ***Hobe Sound Nature Center*** liegt nördlich der Parkeinfahrt auf dem Festland unweit des *Jonathan Dickinson Park*, der größere Teil jedoch auf der vorgelagerten Jupiter Island (von Hobe Sound über North Beach Road zu erreichen). Sein Gebiet umfasst Dünen, Salzwassermarschen und Mangrovenwälder; es ist bekannt als Brutgebiet für **Meeresschildkröten**. Im Juni und Juli finden geführte Wanderungen statt, auf denen es in erster Linie um die ***Sea Turtles*** geht.

Sehenswert ist die ***Blowing Rocks Preserve*** aus porösem Korallengestein. Wenn die Wellen dort mit Wucht auf die felsige Küste treffen und das Wasser mit großem Druck durch viele kleine Öffnungen im Fels drückt, schießt es Fontänen gleich in die Höhe.

St. Lucie Inlet State Park

Der letzte *State Park* an dieser Küste ist der ***St. Lucie Inlet Preserve State Park*** wiederum einige Meilen weiter. Der Park am nördlichen Zipfel von Jupiter Island verfügt über einen meilenlangen, unberührten Sandstrand, ist aber nur per Boot erreichbar.

Stuart

Das Hafenstädtchen **Stuart** am Lucie River eignet sich gut als Ausgangsbasis für Ausflüge zu den Parks der Umgebung und/oder eine Übernachtung auf einer Tour entlang der Küste. Der Innenbereich wurde saniert, und die Flußufer können sich sehen lassen. Im **Hafen** liegen ganze Flotten von Jachten und Sportfischerbooten.

Das ***Heritage Museum*** (eine Art Heimatmuseum in der 161 Flagler Avenue, Di-Sa 10-15 Uhr, Nov-Mai 9-13Uhr) muss man nicht gesehen haben. Wer aber einen Abend in Stuart verbringt, sollte den Besuch einer Show im liebevoll restaurierten ***Lyric Theatre*** aus den 1920er-Jahren in Erwägung ziehen (216 Flagler Avenue, ✆ 772-220-1942; www.lyrictheatre.com).

Hutchinson Island

Bei **Stuart Beach** kann man sich auf ***Hutchinson Island*** das ***Elliott Museum*** (825 NE Ocean Boulevard, Mo-Sa 10-16 Uhr, So ab 13 Uhr, Eintritt $7, bis 13 Jahre $2; www.elliottmuseumfl.org) ansehen, dessen rosafarbenes Gebäude in obendrein exponierter Position unverkennbar ist. Es widmet sich u.a. dem exzentrischen Erfinder *Harmon Elliott* und zeigt rekonstruierte Geschäfte und Wohnräume aus der Zeit des Übergangs vom 19. zum 20. Jahrhundert.

In Nachbarschaft zum *Elliott Museum* steht das ***Coastal Science Center*** (890 NE Ocean Blvd, Mo-Sa 10-17 Uhr) mit großen Aquarien und einem Lehrpfad zur Strand- und Küstenvegetation.

Apotheke der Zeit um 1900 im Elliott Museum

Ein Stück weiter nördlich, in **Jensen Beach**, informiert das Museum ***Energy Encounter*** (So-Fr 10-16 Uhr, frei) über die Atomenergie, die als saubere und sichere Angelegenheit dargestellt wird – kein Wunder, denn das kostenlose Museum gehört zum Atomkraftwerk *St. Lucie Nuclear Plant* gleich nebenan.

Information

Stuart Chamber of Commerce, 1650 S Kanner Highway, © 772-287-1088; www.goodnature.org.

Restaurants

- Im ***Black Marlin*** (53 W Osceola Street) gibt es Seafood.
- Das ***Nature's Way Café*** (25 SW Osceola Street) eignet sich fürs *Lunch* und hat *Sandwiches*, frisch gepresste Säfte etc.

Unterkunft

- Das ***Shepard's Park* Inn** (601 SW Ocean Blvd., © 772-781-4244) ist ein schönes ***B&B*** im historischen Zentrum; ab $85.
- Im ***Southwind Motel*** (603 South Federal Highway, © 772-287-0773) kommt man schon ab ca. $50 unter.

Camping

- Campen kann man – wie beschrieben – im nahen ***Jonathan Dickinson State Park*** oder auf Hutchinson Island (u.a. ***Holiday Out/Venture III***, 9803 South Ocean Drive, luxuriöser Platz mit Bootsanlegestelle und zwei Pools, ab $50).

Fort Pierce

Am nördlichen Ende von Hutchinson Island liegt – auf dem Festland – **Fort Pierce**. Die militärische Bezeichnung erinnert daran, dass sich hier während der Seminolenkriege ein Fort befand, von dem aus die Indianer der Umgebung bekämpft wurden. Die Stadt hat heute etwa 40.000 Einwohner und ist wichtiger Umschlagplatz für die landwirtschaftlichen Produkte der Gegend, besonders für Zitrusfrüchte und Gemüse. Sie gilt als Hauptstadt der ***Treasure Coast***. »Schatzküste« wird dieser Abschnitt genannt, da auf dem Meeresgrund davor noch die Wracks reich beladener spanischer Schiffe vermutet werden.

County Museum

Die belebteste Ecke der Stadt ist die Second Street westlich des Indian River, wo sich Rathaus, Geschäfte, Cafés und Restaurants befinden. Zu besichtigen gibt es das ***St. Lucie County Historical Museum*** (Di-Sa 10-16 Uhr, So 12-16 Uhr, Eintritt $4, ermäßigt $1,50) am Ostende der *South Bridge*, das über die Geschichte der Gegend, besonders über die spanische Kolonisierung, informiert.

Manatee-beobachtung

Interessant ist das ***Manatee Observation Center*** (480 N Indian River Drive, Oktober-Juni Di-Sa 10-17 Uhr, So 12-16 Uhr, Juli-Sept. Do-Sa 10-17 Uhr, Eintritt $1, © 772-466-1600, www.manateecenter.com.), wo man – zumindest im Winter – die großen, schwerfällig aussehenden Meereskühe beobachten kann.

Eine der seltenen Gelegenheiten, Manatees zu Gesicht zu bekommen, bietet das Manatee Observation Center in Fort Pierce (sonst noch im Homossassa Wildlife Park an der Westküste)

Seal Museum

Im Pepper Park steht noch ein weiteres Museum, das ***NAVYSEAL Museum*** (3300 A1A, Di-Sa 10-16 Uhr, So 12-16 Uhr, Eintritt $6/ $3; www.navysealmuseum.com), das sich der Eliteeinheit *SEALs*, den Unterwasserkampfeinheiten der US-Marine widmet, deren Ausbildung vom 2. Welt- bis zum Vietnamkrieg an der Küste im Bereich Fort Pierce stattfand.

Information

St. Lucie County Chamber of Commerce, 1850 SW Fountainview Blvd., © 772-340-1333; www.visitstluciefla.com.

Restaurant

Chuck's Seafood (822 Seaway Drive), Gastraum mit Meerblick

Vero Beach

Der nächste Ort ist Vero Beach, ein Kleinstadt, die vom Tourismus und der Landwirtschaft lebt. Urlauber kommen vor allem wegen der vielen **Golfplätze** und der bei Vero Beach leicht zugänglichen schönen **Strände** auf den vorgelagerten Inseln.

Wer sich für Details des Zitrusanbaus interessiert, findet in Vero Beach erschöpfende Informationen dazu im ***Indian River Citrus Museum*** (2140 14th Avenue, Di-Fr 10-16 Uhr).

Schon allein architektonisch attraktiv ist das ***Vero Beach Museum of Art*** (Riverside Park, Di-Sa 10-16.30 Uhr, So ab 13 Uhr, Di bis 20 Uhr, Nebensaison nur Sa, So und Di jeweils abends; www.vbmuseum.org; meist frei). Moderne regionale Kunstwerke.

Information

Indian River County Chamber of Commerce, 1216 21st Street, Vero Beach, ✆ 772-567-3491, www.indianriverchamber.com. Das ***Visitor Center*** befindet sich am Vero Beach Ocean Drive.

Disney`s Vero Beach

Wer es sich leisten kann, steigt in ***Disney's Vero Beach Resort*** ab, einer sündhaft teuren, im Stil der Südstaaten gehaltenen, riesigen Ferienanlage direkt am Strand. Sie liegt südlich der Straße #510 bzw. des ***Wabasso Causeway*** (Brücke über den *Intracoastal Waterway*) an der #A1A; dvc.disney.go.com.

Sea Turtles

Die ***Pelican Island National Wildlife Refuge*** (www.fws.gov/pelicanisland) zwischen *Sebastian Inlet* und *Wabasso Causeway* schützt ebenso wie die *Hobe Sound Refuge* (➤ Seite 198) u.a. die bedrohten Meeresschildkröten. Sie legen zwischen Mai und August ihre Eier im Sand der Strände ab. *Ranger* führen dort wie auch im *Sebastian Inlet State Park* auf ***Turtle Watch Tours*** Besucher zu Eier-Ablageplätzen und gerade geschlüpfte Junge.

Im ***Environmental Learning Center*** (Wabasso Island Lane, Straße #510, täglich 10-16 Uhr, frei) erfährt man noch mehr über die *Sea Turtles* und die Natur der Region.

Sebastian Inlet

Etwa auf halber Strecke zwischen Vero Beach und Melbourne liegt direkt an der Straße A1A die ***Sebastian Inlet State Recreation Area***. Sie ist mit jährlich einer halben Mio. Besuchern einer der fünf beliebtesten *State Parks* Floridas. Man kommt zum Schwimmen, Angeln, besonders zum Surfen und auch zur *Turtle*-Beobachtung hierher, ➤ vorstehenden Abschnitt. Der Park verfügt neben seinen Stränden und Bootsanlegern am *Intracoastal Waterway* über einen schönen, leider oft voll besetzten ***Campground*** auf der bewaldeten Westseite der Insel (Reservierung ✆ 1-800-326-3521, ➪ Seite 69, ab $23). Wer dort nicht unterkommt, findet einen gleichwertigen Platz im ***Long Point County Park*** (✆ 321-952-4532, ab $23) nördlich der Brücke über das Sebastian Inlet.

Zum *State Park* gehören auch zwei kleine Museen: das nicht so ganz spannende ***Fishing Museum*** (neben der *Camper Registration*; täglich 10-16 Uhr) und das ***McLarty Treasure Museum*** mit Schätzen aus vor Jahrhunderten gesunkenen spanischen Schiffen am Südende des Parks (täglich 10-16.30 Uhr, Eintritt $1).

Sebastian

Die Schatzsuche im Atlantik beleuchtet auch das ähnliche ***Mel Fisher's Treasure Museum*** im Ort Sebastian auf dem Festland (Mo-Sa 10-17 Uhr, So 12-17 Uhr, Eintritt $6,50/Kinder $2; www.melfisher.com), eine Filiale sozusagen des gleichnamigen Museums auf Key West.

Weiter nach Cape Canaveral

Auf dem Weg nach Cape Canaveral gibt es nördlich des Sebastian Inlet keine wesentlichen *Highlights* mehr, vielmehr wird ab der in den letzten Jahren rasant gewachsene Stadt Melbourne die A1A zur vierspurigen stark befahrenen Straße mit vielen Ampelkreuzungen, so dass man dort nur langsam vorankommt. Wer diesen Abschnitt vermeiden möchte, sollte ab Fort Pierce, spätestens ab Vero Beach auf die I-95 wechseln. Von dort erreicht man den *Nasa Causeway* zum *Kennedy Space Center* in ca. 1 Stunde.

3.4 Das Kennedy Space Center

Lage und Zufahrt

Das Gelände des ***John F. Kennedy Space Center*** befindet sich auf **Merritt Island** zwischen Festland und dem Cape Canaveral, unterhalb dessen der gleichnamige Ort und Hafen liegt. Von dort (#A1A), aber ebenso von Westen (Straße #1 oder I-95) führt der ***NASA Causeway*** quer über die Insel zum Raumfahrtzentrum, von dem aus 1969 die ersten Menschen zum Mond aufbrachen. Eine plastische Karte von Merritt Island mit allen Einrichtungen des Space Center findet man im Internet unter www.kennedyspacecenter.com/visitKSC/index.asp.

Charakterisierung

Das *Kennedy Space Center* ist für alle Florida-Reisenden ein echtes »Muss« und durchaus auch für Leute interessant, die sich sonst nicht so sehr für Raumfahrttechnik begeistern lassen. Für den Besuch sollte man mindestens 4-5 Stunden einplanen, kann aber dort einschließlich der Tour übers Gelände leicht einen kompletten Tag zubringen.

Zeiten und Eintritt

Die Anlage ist täglich 9-17.30 Uhr geöffnet, außer 25.12. und an Tagen mit *Shuttle*-Starts. **Eintritt $38+*tax* (Kinder bis 11 Jahre $28+)** inkl. Tour und IMAX-Kino, *Astronauts Hall of Fame* (➤ Seite 206) und *Shuttle Launch Experience*. Das Ticket gilt 2 Tage. U.a. können zusätzlich ***Lunch*** oder ***Dinner* mit einem Astronauten** gebucht werden: ab $23 bzw. $16 für Kinder bis 11 Jahre.

Saturn V-Rakete. Im Vordergrund eine der ersten Raumkapseln

Weitere Ticketinfos – speziell Zusatzprogramme – und aktualisierte Öffnungszeiten für Tage mit *Space Shuttle*-Starts) unter www.kennedyspacecenter. com/visitKSC/tickets.asp.

Visitor Complex

Das *Space Center* besteht für Besucher zunächst einmal aus dem *Visitor Complex*, mehreren miteinander verbundenen Gebäuden und open-air Ausstellungen samt Rocket Garden. Eine Übersicht über die Einrichtungen des Besucherkomplexes liefert die Website www.kennedyspacecenter.com/visitKSC/mapVC.asp.

3

Im *Visitor Complex* erfährt man anhand vieler Dokumente und Ausstellungsstücke alles über Geschichte und Zukunft der (amerikanischen) Raumfahrt, kann *Space Shuttle Explorer* im Original, Nachbauten der Raumstation aus der Nähe besichtigen und im *»Raketengarten«* alle wichtigen Modelle von der deutschen V 2 bis zur sagenhaft großen Saturn V bewundern.

Rocket Garden

Raumkapseln und -stationen und 1000 Objekte aus der Geschichte der Raumfahrt findet man in den Ausstellungshallen des Besucherkomplexes

IMAX-/ 3D-Kino

Zum Besucherkomplex gehört auch ein ***IMAX-Kino***, das technisch perfekte **3D-Filme** zeigt, 2008 stehen »*Walking on the Moon*« und »*Space Station*« auf dem Programm, beide unter Mitwirkung von *Tom Hanks*. Die Filme sind zwar nicht zuletzt Propaganda, um die hohen Kosten des Weltraumprogramms zu rechtfertigen und für die zukünftige Finanzierung zu werben, aber auf der riesigen Projektionsfläche höchst beeindruckend. Speziell gilt das für die im Weltraum aufgenommenen Bilder der Erde. Zumindest einen dieser 30- bis 40-minütigen Filme sollte man sich ansehen. Sie sind im Eintrittspreis enthalten, ➢ oben.

Simulierter Shuttle Start

Eine neue Attraktion ist das ***Shuttle Launch Experience*** in einem bombastischen Bau in der Südwestecke des Geländes neben einer Originalfähre in eindrucksvoller Größe und ihren Startraketen mit riesigem Zusatztanks auf der *Space Shuttle Plaza*. Die Besucher steigen dort in ein »originales« *Space Shuttle* und starten zum virtuellen Raumflug. Licht,- Ton- und *Special Effects* sind sagenhaft und vermitteln das Gefühl eines echten Raumflugs.

NASA Tour

Als Höhepunkt gilt die Rundfahrt über einen Teil des eigentlichen NASA-Geländes, die ebenfalls im Eintritt eingeschlossen ist. Während man sich hier früher zwischen verschiedenen Touren entscheiden musste, erspart man den Besuchern heute die Qual der Wahl. Es gibt nur noch eine **Rundstrecke**, auf die sich zwischen 10.00 Uhr und 14.45 Uhr in 15-min-Abständen Shuttlebusse begeben, die man an drei Stationen verlassen kann, um mit einem späteren Bus die Fahrt fortzusetzen.

Sowohl beim Start als auch für die Weiterfahrt bilden sich oft Warteschlangen. Die Dauer der Rundfahrt hängt wesentlich vom Zeitbedarf bei den individuellen Unterbrechungen und dem Andrang eines bestimmten Tages ab; unter zwei Stunden ist sie nicht zu machen.

Sie führt zunächst zum ***Launch Status Center*** in der Nähe der Raketenabschussrampen, wo beim Start der *Countdown* läuft, und zum ***Apollo/Saturn V Center***, wo die Geschichte das Apollo-Programms und der russisch-amerikanische Wettlauf zum Mond im Mittelpunkt stehen. Dritte Station ist das ***Space Station Center***, in dem es um den Bau der internationalen Raumstation geht.

Beurteilung und Close-up Tour

Tatsächlich ist die Rundfahrt ein wenig enttäuschend, da man sich nur in begrenzten Besucherarealen umsehen kann und sich Blicke »hinter die Kulissen« sehr in Grenzen halten. Filme und Nachbildungen der unterschiedlichsten Raketen und Raumfahrzeuge etc. »ersetzen« die Originale. Die riesige Montagehalle, in der die Raumfähren zusammengebaut werden, und das Gebäude mit den Raumsimulatoren für die Astronautenausbildung bekommt man nur aus der Distanz zu Gesicht. Auch Abschussrampe und Landebahn gehören nicht zum Standardprogramm. Um diese *Highlights* aus der Nähe zu sehen, muss man eine weitere Tour buchen, die sog. ***NASA close-up tour***, die allerdings $22 zusätzlich kostet (für Kinder bis zu 11 Jahren $16).

Information auf Deutsch

Die – nervig pausenlosen und für viele Besucher sicher überdetaillierten – Erläuterungen in den Bussen erfolgen ausschließlich in schnell gesprochenem Englisch, dem man auch mit passablen Sprachkenntnissen nicht immer folgen kann. Hilfreich ist hier ein **Audio-Führer in deutscher Sprache**, ein Walkman, der im Eingangsgebäude des *Space Center* auszuleihen ist.

Raketen-/ Shuttlestarts

Raketenstarts für die jeweils nächsten 12 Monate Informationen dazu im Internet unter www.nasa.gov/missions/highlights/schedule.html. Detaillierter für die unmittelbar bevostehenden Starts ist www.kennedyspacecenter.com/launches/scheduleStatus.asp

Anmeldung zu anstehenden **Raketenstarts** unter www.ksctickets.com/stspshat.html; telefonisch unter © (321) 441-4400. Mit Transport vom *Visitor Center* zum ***Viewing Site*** (6 mi von der Abschussrampe entfernt) kostet das zusätzlich zum üblichen Eintritt $13, also insgesamt $51.

Montagehalle Space Station Center

Astronaut Hall of Fame: lage & Zufahrt

Wer sich im *Space Center* noch nicht am Thema »Weltraum« sattgesehen hat, könnte zusätzlich einen Stopp in der nahen ***US Astronaut Hall of Fame*** einlegen. Werbung unübersehbar: 6225 Vectraspace Boulevard, Titusville, an der Zufahrt zum KSC gleich westlich der Brücke über den Indian River; © 321-449-4444, täglich 10-16.30 Uhr, separater Eintritt $17, bis 11 Jahre $13, aber bereits im Eintritt für das *Kennedy Space Center* enthalten; www.kennedyspacecenter.com/visitKSC/attractions/fame.asp.

Dort erfährt man noch mehr zur Geschichte der amerikanischen Astronauten und zur Raumfahrt (teilweise überschneidend mit dem *Space Center*). Das Museum wurde 1990 auf Initiative ehemaliger Mercury-Astronauten eröffnet und zeigt Instrumente, Gerätschaften und viele Fotos; es verfügt außerdem über Simulatoren und interaktive Bereiche. Die eigentliche *Hall of Fame* ist tatsächlich eine Art »Ruhmeshalle«, in der Astronauten wie *John H. Glenn, Alan B. Shepard* und *Neil Armstrong* über die Maßen gefeiert werden.

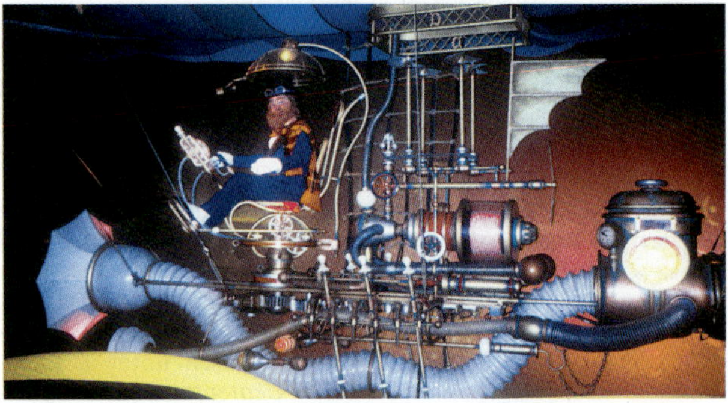

Modell aus den Anfängen der Raumfahrt

Unterkunft

- Entlang der I-95 findet man Kettenmotels wie das ***Kennedy Space Center Ramada*** (*Exit* 215, 3500 ChenMey Highway, © 321-269-5510), ***Days Inn*** (3755 Cheney Highway 3755, © 321-269-4480) oder ***Best Western*** (3455 Cheney Highway, © 321-269-9100).
- Preisgünstigere Motels gibt es in Cocoa und Cocoa Beach, nur wenige Meilen weiter südlich, u.a. ein ***Motel 6*** (in Cocoa Beach, 3701 N Atlantic Ave, © 321-783-3130) und eine ***EconoLodge*** (in Cocoa, 3220 N Cocoa Boulevard, © 321-632-4561).

Camping

- Wer die Nähe zum *Kennedy Space Center* sucht, sollte auf dem ***Jetty Park Campground*** im Ort Cape Canaveral campen, den man auf der Straße A1A erreicht (400 E Jetty Road, © 321-783-7111, ab $18; www.jettypark.org). Großzügiger komfortabler Platz (aber kaum Schatten) in unmittelbarer Strandnähe. Guter Standort zur Beobachtung von *Space Shuttle*-Starts.
- Schattiger ist der Platz im ***Manatee Hammock Park*** südlich von Titusville; Pool; 7275 S Highway #1, © 321-264-5083, ab $20.

Sonderkapitel
Orlando

ORLANDO

Welthauptstadt des Kommerztourismus'

Orlando ist eines der populärsten touristischen Ziele der Welt. Angeblich pilgern jährlich über 50 Mio. amerikanische wie internationale Besucher dorthin, um sich in *Disney World* und zahlreichen anderen Themenparks zu amüsieren. Die Freizeitindustrie ist der mit Abstand wichtigste Wirtschaftsfaktor der Region. Die Mehrheit der heute über 1 Mio. Einwohner des Großraums Orlando lebt direkt oder indirekt vom Tourismus.

Geschichte

Stadt Orlando

Die ersten Siedler ließen sich erst gegen Mitte des 19. Jahrhunderts in der Gegend um Orlando nieder, nachdem die letzten *Seminole*-Indianer vertrieben worden waren. Sie widmeten sich zunächst der Viehzucht und dem Anlegen von Baumwollfeldern; erst nach dem Bürgerkrieg gewannen Zitrusplantagen ihre dominierende Bedeutung. Als sich im 20. Jahrhundert in Florida – zunächst zaghaft – der Tourismus entwickelte, betraf dies nur die Küstenregionen. Landeinwärts liegende Gebiete und Städte wie Orlando waren davon nicht betroffen. Bis 1965 blieb Orlando ein ruhiges Städtchen mit gerade mal 30.000 Einwohnern.

Theme Parks

Dies änderte sich dank einer Entscheidung des Filmproduzenten und Zeichentrickmoguls ***Walt Disney***, der seit 1955 mit großem Erfolg im kalifornischen Anaheim bei Los Angeles *Disneyland* betrieben hatte. Er erstand in den 1960er-Jahren südwestlich von Orlando ein 111 km^2 großes Sumpfgelände, um dort ein noch attraktiveres »Reich der Fantasie« zu bauen.

Um zu vermeiden, dass sich rundherum – wie in Anaheim geschehen – wieder im Nu eine unerwünschte Infrastruktur billiger Motels und *Fast-Food Eateries* ausbreitete, wurde von vornherein nicht nur der Vergnügungspark geplant, sondern ***Disney World*** als komplettes Ferienresort mit Unterkunft, Transport, Verpflegung und Programm konzipiert.

Nachdem die Sümpfe weitgehend trockengelegt waren und 1971 das ***Magic Kingdom***, eine fast 1:1 Kopie des kalifornischen *Disneyland*, den Anfang gemacht hatte, entstanden in der Folge weitere Themenparks nicht nur in *Disney World (*1982 ***Epcot****)*, sondern auch im Umfeld außerhalb der Disneyschen Parkanlage.

Einer der größten Konkurrenten in Kalifornien, der Vergnügungsparkriese ***Sea World*** war schon in der 1970er-Jahren ebenfalls auf der Bildfläche erschienen, und auch die ***Universal Studios*** ließen sich nicht lumpen und eröffneten eine »Filiale« bei Orlando, kurz nachdem man in *Disney World* 1989 mit den (damals) ***MGM-Studios*** das Konzept des L.A. *Universal*-Originals nachgeahmt hatte.

Daneben entstanden weitere Attraktionen vom Horrormuseum über Wasserplansch- und Rutschenparks bis zu neuen Themenparks wie dem ***Animal Kingdom*** (*Disneyworld*) und ***Holy Land Experience***. Dazu expandierte eine mittlerweile kaum noch zu überschauende touristische Infrastruktur sowohl innerhalb des Geländes von *Disney World* als auch entlang der Autobahn I-4 zwischen Orlando und Winter Haven und vor allem an der Straße #192 zwischen Kissimee und *Disneyworld*.

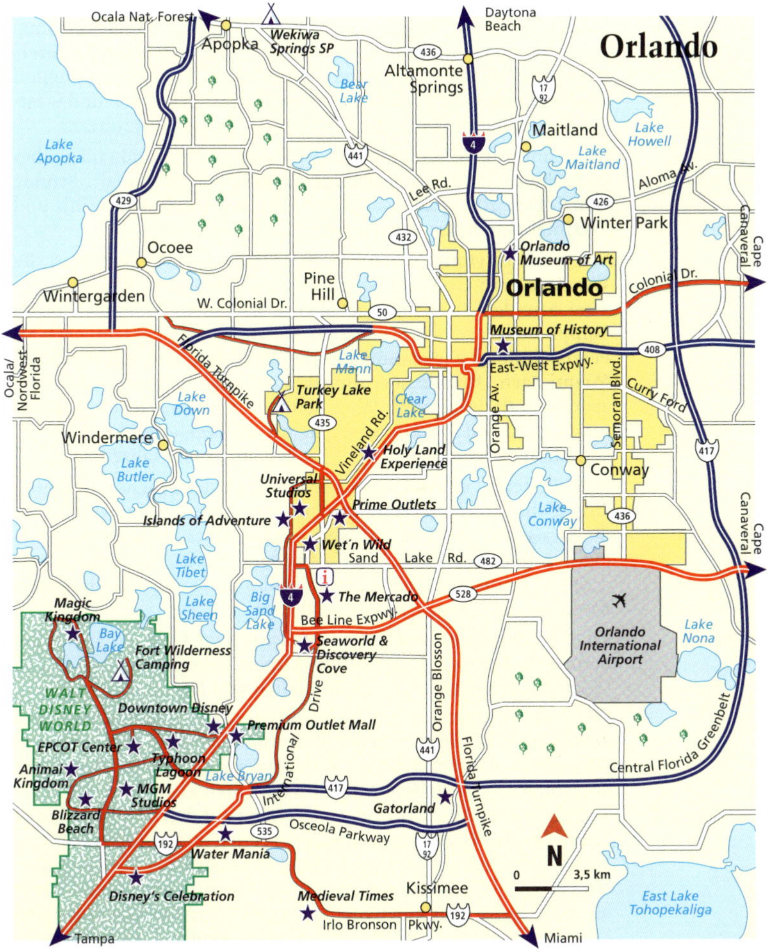

Praktisches

Orientierung, Information und öffentlicher Transport

Geographie

Die weitläufige eigentliche **Stadt Orlando** mit heute ca. 200.000 Einwohnern liegt rund 40 mi westlich von Cape Canaveral in flacher Landschaft zwischen einst unzugänglichen Sumpfgebieten und riesigen Zitrusplantagen im Süden, Osten und Westen und dem *Ocala National Forest* im Norden, dem größten Waldgebiet Floridas. Die **Vergnügungsparks** und die touristische Infrastruktur aus Hunderten von Hotels, Motels, Restaurants und Shoppingzonen befinden sich fast alle südlich der Stadt im Bereich der ***Interstate* #4** und der – dazu parallel verlaufenden – Businessmeilen des **International Drive** und der **Straße #192** (Kissimee und westlich davon durch den Südteil des Disneyschen Besitzungen).

Verkehrsanbindung

Die schnellste Verbindung von der Küste nach Orlando führt über den gebührenpflichtigen ***Beeline-Expressway*** (maximal 1 Stunde Fahrt). Den *Toll* spart, wer stattdessen die **Straße #50** wählt und maximal eine halbe Stunde länger unterwegs ist.

Von/nach **Daytona Beach** am Atlantik sind es 60 mi; und die **Westküste** am Golf von Mexico ist auf kürzestem Weg in guten zwei Stunden zu erreichen (80 mi bis Weeki Watchee). Nach **Tampa** sind es auf der Hauptroute ***Interstate* #4** ca. 90 mi, nach **St. Petersburg** und Clearwater 110 mi. Wer ohne Umweg rasch von **Miami nach Orlando** oder umgekehrt fahren möchte, nimmt die gebührenpflichtige und daher selten verstopfte ***Florida`s Turnpike*** – oder/und in Verbindung damit die **I-95** – und kann die ca. 230 mi ohne weiteres in vier Stunden am Steuer fahren.

Eine weitere – vierspurig ausgebaute und gemütlichere – Route, auf der die Strecke Orlando-Miami zur Ganztagesetappe wird, ist die **Straße #27**. Sie verläuft weit landeinwärts, passiert den Lake Okeechobee, den südlichen Teil der Seenplatte sowie die ausgedehnten Zitrusplantagen Zentralfloridas und stößt unterhalb von Kissimee und *Disney World* auf die I-4.

Airport

Viele Besucher Floridas fliegen zunächst nach Orlando. Der angenehme und großzügig gestaltete **Airport** liegt 10 mi südlich von Orlandos Innenstadt und 15 mi östlich von *Disney World*.

Wer hier als Individualtourist ankommt, hat am besten schon im voraus einen Mietwagen gebucht, denn nur wenige – überwiegend sehr teure – Unterkünfte im Bereich der *Amusement Parks* und die Hotels im Flughafenumfeld bieten einen kostenlosen *Shuttle Service*. Ohne Auto ist man weitgehend auf den **$18-Shuttle** der Firma ***Mears Motors*** angewiesen, der in nachfrageabhängiger Frequenz zwischen *Airport* und Hotel-Ballungsbereichen verkehrt. Nur wer viel Zeit hat, wartet auf die Abfahrt öffentlicher Busse für $1,50 in Richtung Vergnügungsparks (International Drive und Kissimee) und nach *Downtown* Orlando. Abfahrtszeiten und weitere Details am *Transport Booth* des *Main Terminal*.

Information

- Offizielle Orlando-Vertretung für Deutschland/Ö/CH:
  Orlando Tourism Angelbergstr. 7. 56076 Koblenz,
  ✆ 0261 9730673, ✆ 08001007325, Fax 0261 9730674
  Internet (englisch): www.orlandoinfo.com
- ***Orlando/Orange County Official Visitor Center***, 8723 International Drive (als Teil des ***Mercado Mediterranean Shopping Center***), ✆ 1-800-551-0181 oder ✆ (407) 363-587
  Dort gibt es Info-Material in Hülle und Fülle, darunter ***Discount Coupons*** für alles mögliche und einen **Ticketverkauf zu reduzierten Preisen** für fast alle Besucherattraktionen außer *Disney World* (!), ➢ Seite 227. Bei der Suche nach einer Unterkunft ist man dort ebenfalls behilflich. Werbezettel mit Sondertarifen weniger gut gebuchter Motels/Hotels finden sich immer.
- Ein Büro der ***Tourist Information*** befindet sich auch im *Main Terminal* des Flughafens
- **Weitere Internetadressen**:
  www.go2orlando.com
  www.orlando.citysearch.com
  www.ci.orlando.fl.us

Transport

Orlando gehört – wie oben bereits angedeutet – zu den Städten, in denen man **schlecht ohne Mietwagen** auskommt, denn viele Attraktionen lassen sich sonst nur mit Taxi oder – meist ebenfalls teuren – *Van Services* erreichen. Dabei ergeben sich rasch höhere Kosten als bei einer Automiete, zumal bei den günstigen Florida-Tarifen, ➢ Seite 34. Ausflüge in die Umgebung, wie z.B. nach *Cape Canaveral* oder den diversen Quellfluss-Parks (➢ Seite 259) sind ohne eigenes Fahrzeug gar nicht oder nur per Ausflugsbus zu meist ziemlich stolzen Preisen möglich.

Überraschung beim Transport durch den Jurassic Park (Universal)

Wegen der kundenfreundlichen Tarifstruktur (Einzelticket $1,75; exakten Betrag bereithalten, Wochenpass $14) sind im Großraum Orlando die Busse von ***Tri-County Transit Lynx*** (Infos unter © 407-841-2279, www.golynx.com). ggf. eine Alternative. Ihre Nutzung kostet wegen der auf den meisten Routen relativ geringen Frequenz indessen viel Zeit. Das Netz ist eher dünn, schließt aber den **Airport**, ***Downtown***, einige große ***Shopping Malls*** und alle wichtigen ***Amusement Parks*** mit ein.

Unterkunft

Situation

Ein Quartier in oder um Orlando zu finden, bereitet im allgemeinen keine Probleme. Denn dem Ansturm der Besucher gegenüber stehen enorme Kapazitäten. Orlando verfügt mit weit über 100.000 Hotelzimmern und ungezählten Wohnungen (*Condos/Suites*) und Häusern (*Vacation Homes*) zur Kurzmiete neben Las Vegas über die größte Ballung an Touristenquartieren in ganz Nordamerika. Nur zum Jahreswechsel, an Winter- und Feiertagswochenenden sowie zu Ostern kann es eng werden.

Lage der Unterkünfte

Die teuersten Unterkünfte findet man innerhalb *Disney World*. Erheblich preiswerter sind die **Hotels** und **Motels** an den Ausfallstraßen rund um die Parks und in der Stadt, besonders an der **Straße #192** (***Irlo Bronson Memorial Highway***, östlich und westlich der I-4 auf einer Länge von ca. 15 mi!) und am ebenfalls meilenlangen ***International Drive*** parallel zur I-4.

Wer zunächst lieber im **Airportbereich** unterkommen will, etwa wegen später Ankunft, hat neben dem feinen ***Hyatt Airport*** im Hauptterminal (ab ca. $200) und der preislichen Oberklasse wie z.B. ***Sheraton Suites*** (ab $116) die Wahl unter diversen Mittelklasse-Häusern (***Hampton Inn***, ***Marriott Courtyard***, ***Quality Inn***, ***Holiday Inn Express***, ***La Quinta Inn***); alle **800-Nummern** Seite 61.

Preisniveau

Zu Zeiten geringerer Auslastung werben selbst Hotels der Mittelklasse mit Preisen ab $49 fürs Doppelzimmer; einfache Motels gibt es dann unter $40, teilweise sogar noch darunter. Die Angebote sind vor allem entlang der #192 unübersehbar. Dort ist es oft auch kein Problem, prima Zimmer in einer der attraktiven Resortanlagen ab $80-$100 zu finden (nicht so in *Disney World*).

Orlando gehört zu den wenigen Orten, in denen man – mit etwas Geschick – bei den Motelpreisen handeln kann, zumindest in der Nebensaison. Wie gesagt, findet man aktuelle ***Hoteldiscounts***, individuell und in heftförmiger Listung, bei der ***Visitor Information*** am *Mercado Shopping Center*.

Hilfreich für eine Vorauswahl sind die Hotelübersichten im ***AAA TourBook Florida*** (➤ Seite 14) und auch – speziell bei der Suche nach Schnäppchen – ***Florida Coupon-Books*** (➤ Seite 59).

In Orlando im Vorwege reservieren sollte nur, wer hochsaisonale Auslastung befürchtet (➤ oben) oder in ganz bestimmten Häusern, vor allem auf dem *Disney World*-Gelände unterkommen möchte.

Disney Hotels

Disneyeigene Hotels sind ausnahmslos hochpreisig. Preiswerter, aber ebenfalls noch deutlich teurer als vergleichbare Häuser außerhalb *Disney World* sind die Großhotels anderer Betreiber im sog. ***Disney World Village*** in der Nähe des Lake Buena Vista. Bei ggf. kurzfristiger Buchung vor Ort zahlt man dort leicht mehr als bei Buchung im voraus über Reiseveranstalter bei uns. Das Gros der Gäste dort hat Pauschalreisen gebucht, die Anreise, Tickets etc. enthalten und sich erst dadurch rechnen. Auch in Veranstalterkatalogen bei uns findet man solche ***Disney-Packages***. Sie lassen sich auch ***online*** direkt **buchen**, Adresse ➤ Seite 226.

Der Vorteil der Nähe der DW-Hotels zu den Hauptzielen und des – für Hotelgäste auf dem Gelände – freien Transports innerhalb von *Disney World* ohne Notwendigkeit, Auto fahren und immer wieder neu parken zu müssen, wird dabei teuer erkauft.

Unterkünfte im Einzelnen

Aus dem nahezu unüberschaubaren Angebot an Quartieren außerhalb von *Disney World* hier einige Beispiele:

An der Straße #192zahlt man in folgenden Häusern oft unter $50:

- ***Comfort Inn***, 9330 W Highway 192, © 863-424-8420
- ***Rodeway Inn***, 5995 W Irlo Bronson Mem. Hwy., © 407-396-4300,
- ***Day Inn,*** 5840 W Irlo Bronson Mem. Hwy., © 407-396-7969
- ***EconoLodge***, 7514 W Highway 192, © 407-396-2000

Ostern, Weihnachten oder an Wochenenden mit hoher Nachfrage können die Preise erheblich höher sein. Generell teurer als im Bereich Kissimee und entlang der #192 sind die Unterkünfte am International Drive. Aber auch dort sind Tarife ab ca. $50/DZ ohne weiteres »drin«. Die Häuser dieses Bereichs bieten fast immer einen *Shuttle Service* zu den wichtigsten Parks, z.B.:

- ***Days Inn***, 7200 International Drive, © 407-351-1200
- ***Holiday Inn Express***, 6323 Int'l Drive, © 407-351-4430
- ***Howard Johnson***, 6603 International Drive, © 407-351-2900
- ***Best Western***, 8738 International Drive, © 407-345-8195

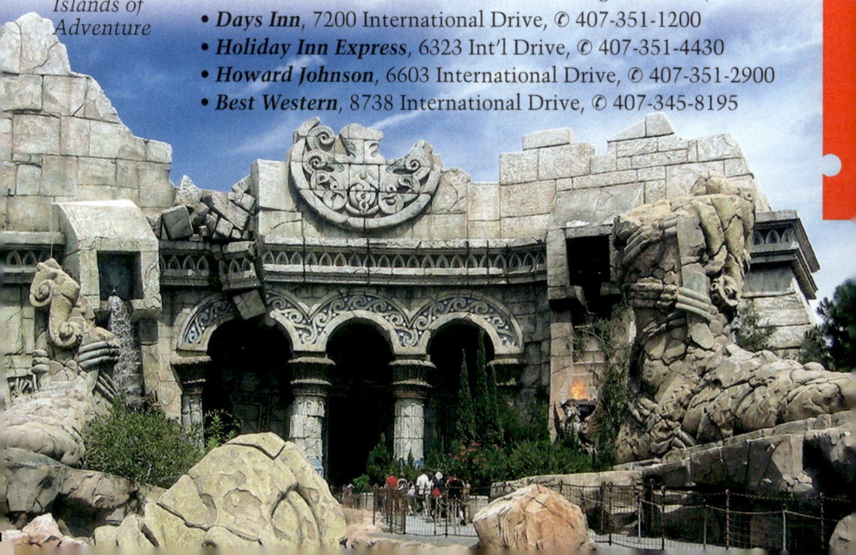

Zerborstener Palast »Poseidon's Fury« im Islands of Adventure

Im Bereich Lake Buena Vista direkt bei *Disney World* ist das

- ***Holiday Inn SunSpree Resort***, Lake Buena Vista,13351 #535, © 407/239-4500, www.kidsuites.com; mit Kindern ab $99.

erschwinglich und eignet sich gut für **Familien mit Kindern**.

Wer **hochklassiger** logieren möchte, findet u.a. mit den folgenden beiden Hotels angemessene Adressen (ab ca. $150):

- ***Orlando Peabody***, 9801 International Drive, © 407-352-4000. Das Hotel ist dem gleichnamigen historischen Luxushotel in Memphis nachempfunden.
- ***Stouffer Renaissance Orlando Resort***, Sea Harbor Dr, © 407-351-5555. Diese Anlage befindet sich bei *Sea World*.

Tipp

Für eine Gesamtübersicht eignet sich wie kaum eine andere die **Website www.orbitz.com**. Dort »Hotels« anklicken, dann Orlando und irgendein Datum eintragen, dann »find« klicken mit überwältigendem Ergebnis, das noch nach persönlichen Präferenzen geordnet werden kann.

Camping

Camping Disneyworld

Von der Qualität wie der Lage her ist Disney`s ***Fort Wilderness Campground*** nicht zu schlagen. Service, Komfort und parkartige Gestaltung sind vorbildlich. *Fort Wilderness* besteht aus Teilarealen, von denen die meisten rund um einen zentralen Bereich liegen mit großem **Pool**, *Shop*, Bootsverleih und **Open-air-Kino**, wo jeden Abend ab Dunkelheit Disney-Filme laufen. Busse sorgen für kostenlosen Transport zu den *Theme Parks* bzw. zur Anlegestelle des Schiffs in Richtung *Magic Kingdom*. Zwar kosten die Stellplätze je nach Saison und Komfort **$42-$99 (!)**, bieten dafür aber einen handfesten Gegenwert. Reservierung unbedingt nötig:

© **(407) 939-6244** oder online: http://disneyworld.disney.go.com.

Dort »***Resorts***« anklicken und dann den Menupunkt »***Cabins and Campground***«.

Eine Kombination aus Komfort-Apartment und Aufenthalt im Grünen bieten die ***Fort Wilderness Cabins*** (Blockhäuser) neben den Campingarealen. Auch sie sind mit Tarifen ab $255 pro Tag kostspielig, bieten aber bis zu 6 Personen Platz.

Weitere Campingplätze

Von den preiswerteren *Campgrounds* zu gerade einem Drittel bis zur Hälfte des Disneytarifs liegt der in jeder Beziehung hervorragende und gar nicht so stark frequentierte

- ***Turkey Lake Park*** mit großen Pools, **Abenteuerspielplatz** und viel Platz auch für Zeltcamper nur 20 Autominuten von *Disney World* und 5 min von den *Universal Studios* entfernt: I-4 *Exit* 75B, dann nördlich #435, dann links Conroy Windermere, dann rechts Hiawassee Road. Aber **Ankunft vor 17 Uhr nötig**, sonst ist das Tor zu; Camper erhalten Schlüssel. Reservierung unter © (407) 299-5581/5594; Zelte $10; Campmobile ab $18. Auch einfache ***Cabins*** können gemietet werden, ca. $40. Keine Internetreservierung möglich.

- Recht nah an *Disney World* liegt das ***Racoon Lake Camp Resort***: I-4 *Exit* 64B, 8555 Bronson Mem. Hwy, © 407-239-4148, ab $40. Pool, Boots- und Kanuverleih, Minigolf, Restaurant.
- Ein großer ***KOA Campground*** befindet sich in Kissimmee an der #192 (4771 W Bronson Mem. Hwy), © 1-800-562-7791, ab $50. Der KOA-Platz bei Orlando (vom *Bee Line Expressway Exit* 13, dann 12343 Narcoossee Rd, © 407-277-5075) ist weniger ansprechend.
- Ebenfalls an der #192 liegt das ***Tropical Palms Resort*** (von der I-4 *Exit* 64A, 2650 Holiday Trail, © 407-396-4595, ab $45). Auch hübsche Cottages verfügbar, www.tropicalpalms.com.

Weitere Plätze liegen etwas näher an *Disney World* an der I-4, sind aber wegen der Autobahn recht lärmgeplagt.

- Über besonders schöne Campingplätze verfügen die State Parks der Umgebung, ***Wekiwa Springs*** (nördlich Orlando, ➤ Seite 260) und ***Lake Kissimmee State Park***, ca. 40 mi südlich von Kissimee: Straße #27 bis Lake Wales, dann östlich auf der #60, links Boy Scout Rd, dann Camp Mack Rd, © 863-696-1112, Zelte ab $12.

Essengehen, Abendunterhaltung und Shopping

Park Eateries

In allen Vergnügungsparks können die Besucher in zahlreichen *Snack Bars* und Restaurants zu meist happigen Preisen ihren Hunger stillen. Die in dieser Beziehung beste Auswahl hat ***Epcot*** in seinen Länderpavillons.

Disney World/ Universal

Auf dem Gelände von *Disney World* und *Universal* bieten sich vor allem fürs Abendessen und den Kneipen-/Disco-Abend ***Downtown Disney*** und ***Universals Citywalk*** an (➤ Seiten 246 und 252). Vielfalt und Qualität lassen dort nichts zu wünschen übrig, vorausgesetzt, es kommt auf den Dollar nicht so besonders an.

Im Hard Rock Café der Universal Studios (Bereich City Walk)

International Drive

Wie bei den Unterkünften gibt es zahllose Restaurants und *Fast Food Eateries* am **Irlo Bronson Hwy** (#192) und entlang des **International Drive** mit Spezialitäten aus aller Herren Ländern, z.B.:

- ***Passage to India***, 5332 International Drive
- ***Bella Roma Ristorante Italiano***, 6432 International Drive
- ***Kobe Japanese Steakhouse***, 8350 International Drive
- ***Damon's the Place for Ribs***, 8445 International Drive

Discount Coupons

Und nicht zu vergessen: In Orlando gibt es ***Coupons*** für alles und jedes, auch **für den Restaurantbesuch**, sei es der zweite Drink frei oder 10% Discount, ein Blick in die Coupon-Seiten der zahllosen Werbebroschüren lohnt sich bestimmt.

Dinner Shows

Neben den Abendprogrammen in den Themenparks sind ***Dinner Shows*** eine der beliebtesten Formen der Abendunterhaltung in Orlando. Sie kombinieren ***Dinner*** mit ***Entertainment*** in Form von Theater, Spektakel und Musik. In den letzten Jahren haben die Großen der Branche es geschafft, ihr Publikum mehr und mehr auch noch in den Abendstunden mit eigenen Programmen auf dem Gelände zu halten, ➤ z.B. ***Downtown Disney*** (Seite 246) und ***Universal City Walk*** (Seite 252). Nach und nach schlossen als Folge dieser Entwicklung mehrere unabhängige Dinnertheater und anderes mehr, darunter auch die als einzige nicht irgendwo außerhalb, sondern mitten in Orlando liegende *Church Street Station*. Es gibt sogar eine ***Website***, die im Zeitablauf »verlorene« Attraktionen Floridas virtuell weiterleben läßt: www.lostparks.com. Noch existieren aber u.a. folgende *Dinner Shows* außerhalb der Parks (Kosten um $45-$50, Kinder bis 11 $25-$30, aber Reduktionen durch Discount Coupons, die man sich teilweise selbst ausdrucken kann):

- ***Capone's Dinner Show***, 4740 W Irlo Bronson Memorial Blvd, ✆ 407-397-2379 oder ✆ 1-800-220-8428; www.alcapones.com. Dabei stehen Chicagos Gangster der 1920er-Jahre und die Prohibition im Mittelpunkt.
- ***Arabian Nights***, 6225 W Irlo Bronson Memorial Blvd, ✆ 407-239-9223 oder ✆ 1-800-5536116; www.arabian-nights.com. Ein Rührstück mit Stunts und vielen weißen Araberhengsten. Etwas für Pferdenarren.
- ***Pirate's Dinner Adventure***, 6400 Carrier Drive (=Parallelstraße zum Int'l Drive unweit Universal Blvd), ✆ 407-248-0590 oder ✆ 1-800-866-2469; www.piratesdinneradventure.com. Musical mit schlichter Story und wüsten Kämpfen rund um ein und auf einem Piratenschiff.

- Eine der erstaunlicherweise populärsten Shows heißt ***Medieval Times Dinner and Tournament*** in einem künstlichen Burggemäuer (4510 W. Irlo Bronson Memorial Boulevard, © 407-396-1518 oder © 1-800-229-8300; www.medievaltimes.com). Durchaus eindrucksvolle reiterische Leistungen mittelalterlich kostümierter »Ritter« kontrastieren mit flachsten Spielchen unter Beteiligung des Publikums, das derweil die Hähnchen auf dem Blechteller mit den Fingern zerteilt und alkoholfreie Getränke aus Plastikbechern trinkt.

Shopping Malls

Im Bereich des mittleren **International Drive** stehen die Gebäude der ***Premium Outlet Mall*** (110 Shops der »Oberklasse« *Burberry, Giorgio Armani, Ralf Lauren* u.v. m, I-4, *Exit* 68, vom Int'l Drive abbiegen in die Vineland Ave, www.premiumoutlets.com).

Weiter nördlich befindet sich eine der größten *Malls* dieser Art in den USA, die ***Prime Outlet Mall*** (170 Shops unweit *Wet'n Wild*, I-4/*Exit* 75A, vom Int'l Drive abbiegen in die Oakridge Road, www.primeoutlets.com).

Ein »normales« Einkaufszentren ist ***Mercado*** (8445 S International Dr bei der Tourist Information). An der #482 (vom International Blvd in Richtung Flughafen) befindet sich die ***Florida Mall*** mit über 100 Läden, *Fast Food* und Restaurants (empfehlenswert hier: ***California Café Bar & Grille***).

In Kissimmee warten über 70 Shops im ***Old Town Shopping Center*** (5770 W Irlo Bronson Memorial Hwy/#192). Wer *Disneyworld*, die *Universal Studios* u.a. besucht, wird auch in den Parks »erschlagen« von den Shopping-Angeboten, auf die ***Disney Village Marketplace*** und ***Citywalk*** (*Universal*) noch »eins draufsetzen«.

In Kissimmee warten 80 Shops im ***Old Town Shopping Center*** (5770 W Irlo Bronson Memorial Hwy/#192).

Weitere große ***Shopping Malls*** liegen entlang der Orlando weiträumig nordöstlich umgehenden Straße #436.

***Celebration**, nagelneue, perfekte Musterstadt nach – architektonisch – alten Vorbildern,* ➤ *folgende Seite*

Auch in den Themenparks wird man fast »erschlagen« von den Shopping-Angeboten. Aber ***Disney Village Marketplace*** und ***Citywalk*** (*Universal*) setzen noch »eins drauf«.

Disney's Celebration

Eine neue **Spielart des Erlebniseinkaufs** bietet die disneyeigene Wohnsiedlung ***Celebration*** mit einer »***Market Street at Celebration***« (Celebration Ave, I-4, *Exit* 64A, dann #192 East, Mo-Sa 10-21 Uhr, So 12-18 Uhr, www.celebrationFL.com).

Celebration: Mickeys Musterstadt

Bereits *Walt Disney* hatte die Vision von einer »idealen« Stadt der Zukunft und diese ursprünglich mit dem *Epcot Center* (➤ Seite 234) verbunden. Die *Disney*-Verantwortlichen waren nach dem Tod des Gründers zwar von diesem Konzept abgewichen und hatten stattdessen einem weiteren Vergnügungspark den Vorzug gegeben, aber die Idee eines möglichst perfekten Ortes ließ sie offenbar nicht mehr los. Und so entschloss sich der Konzern, in Nachbarschaft zur Kunstwelt der *Disney*-Themenparks eine »richtige« Stadt zu gründen. 1996 wurde mit dem Bau der zunächst auf 20.000 Einwohner ausgelegten Ortschaft begonnen, und man gab ihr den Namen ***Celebration*** (»Feier«). Die Hauptstraße und einige Nebenstraßen mit Geschäften und Restaurants und mehrere Wohnviertel sind fertig und von Hauserwerbern wie Mietern bezogen.

Celebration ist eine seltsame Mischung. Der Ort ist einerseits hochmodern. Alle Häuser sind von vornherein mit Internetanschlüssen versehen und per Intranet miteinander vernetzt. Auch Schule und Krankenhaus wurden hypermodern ausgestattet. Andererseits ist die Architektur aller Gebäude ausgesprochen traditionell, genaugenommen sogar altmodisch und rückwärts gewandt. Die Läden etwa an der Market Street wurden historischen Vorbildern aus den Städten *Savannah* und *Charleston* nachempfunden. Bei den Wohnhäusern haben die Käufer die Wahl zwischen verschiedenen Stilrichtungen wie klassisch, viktorianisch oder kolonial, amerikanischen Baustilen der Vergangenheit. Dadurch wirken die Wohnviertel zwar nicht total uniform, aber doch auf fast beklemmende Weise einheitlich, zumal die Materialien für Dächer, Fassaden etc. und der dezente Anstrich immer identisch sind.

Wer nach Celebration zieht, muss sich auch persönlich in das – auf eine gegenseitige Harmonie ausgelegte – Gesamtkonzept einfügen. Undenkbar, dass hier z.B. jemand sein Haus einfach nach persönlichem Gutdünken neu streichen könnte. Der *Disney*-Konzern hat die totale Kontrolle über das Erscheinungsbild des Ortes. Die Bürger von Celebration dürfen auch ihre Gärten nicht nach eigenen Vorstellungen gestalten. Gartenanlage und die in Frage kommende Bepflanzung sind vorgeschrieben, Wäscheleinen etwa komplett verboten. Und alle Vorhänge, die von der Straße aus sichtbar sind, haben weiß zu sein.

Um eventuellen Problemen mit aufmüpfigen Bürgern vorzubeugen, hat sich *Disney* in Celebration umfassende Vollmachten gesichert, deren Anerkennung jeder »Neusiedler« unterschreiben muss. U.a. die Demokratie ist dadurch außer Kraft gesetzt: Celebration besitzt weder einen gewählten Stadtrat noch einen Bürgermeister. Wer im Laufe der Jahre feststellen sollte, dass ihm die »*Disney*-Diktatur« nicht passt, hat nur eine Wahl, nämlich den Umzug zurück in die reale Welt mit all ihren Unzulänglichkeiten.

Nostalgischer Drive-in Dinner in Orlandos Universal Studios

Stadt Orlando

Die I-4 läuft in Nord Süd-Richtung mitten durch Orlando und tangiert dabei das – durch ein Handvoll Hochhäuser deutlich identifizierbare – Zentrum östlich der Autobahn. Die Hauptachse der Stadt ist der Colonial Drive/Straße #50 (*Exit* #41 von der I-4).

***Downtown* Orlando** liegt im wesentlichen südlich davon etwa bis Magnolia Ave mit Schwerpunkt in der Orange Ave.

Downtown/ Church Street

In Orlando gibt es nur wenige ältere und kaum stadtgeschichtlich bedeutsame Gebäude. Lediglich im Bereich der Church Street (*Exit* #38 von der I-4) kann man sich ansatzweise vorstellen, dass hier bereits im 19. Jahrhundert ein Ort existierte. Dort steht noch eine Reihe alter Häuser aus den Anfängen Orlandos. Ein Gebäudekomplex rund um den ehemaligen Bahnhof wurde dort vor Jahren zum Entertainmentkomplex *Church Street Station* aufgepeppt und bildete lange die einzige echte Touristenattraktion in der Stadt selbst. Dann aber ging das Unternehmen dank der Konkurrenz durch *Disney* und andere Konkurs. Nach langer Agonie sind in der Church Street zwar neue Kneipen, Restaurants und Geschäfte eingezogen, bilden aber keinen zur Zeit für Orlandobesucher schon wieder interessanten Anlaufpunkt.

Geschichts-museum

Recht anspruchsvoll und besuchenswert ist das noch relativ neue ***Orange County Regional History Museum*** an der Ecke Central Blvd und Magnolia Ave, nur einige Blocks von der I-4/Church Street entfernt (65 E Central Blvd, Mo-Sa 10-17 Uhr, So 12-17 Uhr; Eintritt $7, Kinder bis 12 Jahre 50%; www.thehistorycenter.org). Es betont die Geschichte Zentralfloridas, u.a. die der Indianer und der Zitrusindustrie. Besonders interessant ist die Ausstellung ***The Day We Changed***. Sie bezieht sich auf den Tag, an dem *Walt Disney* sich entschloss, *Disney World* bei Orlando zu errichten. Nur dort erfährt man objektive Details zu Planung und Bau des ersten Vergnügungsparks *Magic Kingdom* und ausnahmsweise auch mal **Kritisches zum *Disney*-Projekt** und der nachfolgenden Entwicklung: »*I wish the mouse had stayed in*

California«, wird etwa ein Politiker zitiert. Durch die *Amusement Parks* in der Umgebung entstanden nämlich nicht nur viele Arbeitsplätze, sondern auch Probleme, so teilweise chaotische Verkehrsverhältnisse, Trinkwasserknappheit, Umweltschäden und – für manche Bürger wenig erfreulich – extrem gestiegene Immobilienpreise.

Das Orange County Regional History Museum ist durchaus sehenswert

Loch Haven Park

Die beiden anderen wichtigen Museen der Stadt findet man etwas nördlich von Downtown im *Loch Haven Park*. Man erreicht ihn am besten über die I-4, *Exit* 85.

- Das ***Orlando Science Center*** (777 Princeton Street, So-Do 10-18 Uhr, Fr+Sa 10-21 Uhr, Eintritt $23, Kinder bis 11 Jahre $18 inkl. Film und *Titanic Experience*; www.osc.org) befindet sich in einem äußerst eindrucksvollen Bau. Der Schwerpunkt liegt auf der Naturgeschichte Floridas. Es beherbergt außerdem ein IMAX-Kino, Planetarium und Titanic Experience mit 1:1 Nachbauten von Teilbereichen des Schiffs. Speziell für Familien mit Kindern ein sinnvolles, wenngleich auch nicht eben billiges Kontrastprogramm zu den Vergnügungsparks.
- Das ***Orlando Museum of Art*** steht in der Nähe (2416 N Mills Ave, Di-Fr 10-16 Uhr, Sa+So 12-16 Uhr, $12, bis 17 Jahre $5; www.omart.org). Es besitzt u.a. eine ansehnliche Sammlung präkolumbischer Kunstwerke. Wechselausstellungen ergänzen die permanente Kollektion.

Wenn man schon die Fahrt zum *Loch Haven Park* unternommen hat, lohnt sich auch der Besuch der ***Harry P. Leu Gardens*** nebenan (1920 N Forest Ave, täglich 9-17 Uhr, Eintritt $7, Kinder bis 12 Jahre $2; www.leugardens.org). Dieser große botanische Garten ist vor allem für seine vielen Kamelienarten aus allen Erdteilen bekannt. Anfahrt über I-4, Exit 85, dann Princeton Street, Ausschilderung folgen.

Stimme des schwarzen Florida: Zora Neale Hurston

Zora Neale Hurston kam 1891 in einem für die USA ungewöhnlichen Ort auf die Welt: Die Kleinstadt **Eatonville**, wenige Meilen nördlich von Orlando (I-4, Exit 46), wurde ausnahmslos von Schwarzen bewohnt. Die Gemeinde war 1887 zu eben diesem Zweck gegründet worden und gilt als **erste rein afro-amerikanische Stadt** der USA.

Die Initiatoren wollten ihren Ort ohne weiße Einmischung selbst verwalten. *Zoras* Vater, der Prediger *John Hurston*, der selbst noch als Sklave zur Welt gekommen war, beteiligte sich maßgeblich daran. Er wurde von den Bürgern Eatonvilles wiederholt zum Bürgermeister gewählt.

Zora wuchs daher in einer Umgebung auf, in der sich die afro-amerikanische Kultur freier entfalten konnte als andernorts. Besonders die Tradition des **Geschichtenerzählens** wurde in Eatonville gepflegt. Abends versammelten sich Jung und Alt regelmäßig, um sich von phantasievollen Erzählungen unterhalten zu lassen. Diese Geschichten prägten *Zora Neale Hurston*. Zum einen setzte sie die Tradition selbst fort, indem sie Kurzgeschichten und Romane schrieb, zum anderen widmete sie sich dem Sammeln und Aufschreiben. So verbrachte sie viele Jahre damit, ältere Afroamerikaner erzählen zu lassen und ihre Geschichten für die Nachwelt festzuhalten. Dabei konzentrierte sie sich zunächst auf Florida; später interessierte sie sich auch für andere Südstaaten und die Karibikinseln.

Ihr bekanntestes Werk ist ***Their Eyes Were Watching God*** (1937), das unter dem Titel »Und ihre Augen schauten Gott« auch auf Deutsch erschien und als erster feministischer Roman einer afro-amerikanischen Autorin gilt. Seine Handlung führt die eigenwillige Heldin von Eatonville tief in die *Everglades* und bleibt dabei fest in Kultur und Natur Floridas verankert.

Zu Lebzeiten blieb *Zora Neale Hurston* Anerkennung weitgehend versagt. Andere schwarze Schriftsteller verrissen ihre Werke, weil sie ihnen zu unpolitisch waren und Themen wie Rassismus und Diskriminierung zu ignorieren schienen. Von ihrer Schriftstellerei konnte sie nicht leben, so dass sie als Lehrerin, Journalistin oder auch Kellnerin arbeiten musste. Als sie 1960 in Fort Pierce starb, wurde sie in einem Massengrab für Arme beigesetzt.

Die **Wiederentdeckung** der Schriftstellerin ist vor allem *Alice Walker* zu verdanken, die in Büchern und Interviews immer wieder auf ihre große Bedeutung hinwies. *Walker* sorgte dafür, dass *Their Eyes Were Watching God* neu aufgelegt wurde und gab selbst das autobiografische Werk *I love myself when I am laughing* heraus (deutscher Titel »Ich mag mich, wenn ich lache«)t.

Wer sich für *Zora Neale Hurstons* interessiert, sollte sich **Eatonville** ansehen. *The Town that Freedom Built* heißt heute noch das Motto auf dem bunten Stadtsiegel. Die ärmliche Kleinstadt mit nur 3000 fast ausnahmslos schwarzen Einwohnern ist heute ein Vorort Orlandos. Das Geburtshaus der Schriftstellerin wurde schon vor Jahren abgerissen, aber man kann im kleinen ***Zora Neale Hurston Museum of Art*** (227 E Kennedy Boulevard, Mo-Fr 9-16 Uhr) einiges über sie erfahren. Seit 1990 feiert Eatonville seine bekannteste Einwohnerin außerdem am letzten Wochenende im Januar mit einem ***Festival***.

WALT DISNEY WORLD

Geographie, Zeiten und Tickets

Trotz aller Konkurrenz ist und bleibt *Disney World* unangefochtenes Zugpferd der Orlando Vernügungspark-Agglomeration

Die vier Themenparks

Disney World beherbergt mit dem ***Magic Kingdom***, dem ***Epcot Center***, dem ***Animal Kingdom*** und ***Disney's Hollywood Studios*** vier der beliebtesten Themenparks im Raum Orlando. Sie liegen allesamt in der nördlichen Hälfte des weitläufigen, üppig grünen und von Seen durchsetzten Disney-Geländes. Mit der Außenwelt (hier I-4 und Straße #192) und untereinander sind sie über ein eigenes autobahnartiges Straßennetz verbunden.

Neben den Themenparks betreibt die *Disney Corporation* auf ihrem Gelände außerdem den Shopping-, Restaurant- und Discokomplex ***Downtown Disney*** mit ***Disney Quest***, das ***Disney Institute***, das Kurse und Workshops anbietet, das Sportzentrum ***Disney's Wide World of Sports***, die Auto- und Motorradrennbahn ***Walt Disney World Speedway***, mit der ***Typhoon Lagoon*** und ***Blizzard Beach*** zwei Plansch- und Wasserrutschenparks, sechs **Golfplätze**, an die zwanzig **Hotelanlagen** und einen, das muss man zugeben, vorbildlich angelegten **Campingplatz** (➤ Seite 214).

Zeiten

Die **Öffnungszeiten** der prinzipiell ganzjährig operierenden Parks hängen ab von Andrang und Jahreszeit. ***Magic Kingdom*** und das ***Epcot Center*** sind meistens 9-21 Uhr geöffnet, ***Animal Kingdom*** 8-17/19 Uhr und ***Disney's Hollywood Studios*** 9.30-20.30 Uhr.

Diese Zeiten sind aber flexibel. An Feiertagen, bei besonderen Veranstaltungen und in der Hochsaison bleiben die Parks ein, zwei und mehr Stunden länger geöffnet. Manchmal werden die Tore auch morgens für Frühaufsteher eine Stunde vor der offiziellen Zeit aufgeschlossen – Infotafeln jeweils an den Eingängen.

Bei den Touristeninformationen und in allen Hotels und Motels liegt die monatlich neue Broschüre ***Disney: Times & Information***, in der man die aktuellen Zeiten und weitere Informationen, z.B. zu besonderen Veranstaltungen finden kann.

Tagestickets (3/2008)

Der **Eintritt** ist für alle Themenparks identisch (andere Bereiche ➤ Seite 245 + 246). Die **Tagestickets** kosten am als ***One-day-one-park-Pass*** **$71** für Erwachsene und Kinder ab zehn Jahren, **$60** für Kinder von drei bis neun Jahren, jeweils **plus 6,5% Umsatzsteuer**. Kinder unter 3 Jahren benötigen kein Ticket. Wer an einem Tag zwei Parks besuchen möchte, muss $45 zusätzlich zahlen, für plus $50 pro Tag gibt's »***Magic your Way***« mit Zugangsberechtigung auch zu den Wasserparks und der Abendunterhaltung auf *Pleasure Island*. Alle Tickets kann man an der Kasse des jeweiligen Parks, im Internet und in den *Disney*-Hotels kaufen.

Hinweis: *Disney* erhöhte in der Vergangenheit die Eintrittspreise jedes Jahr und veränderte ebenso immer wieder die (einschränkenden) Details der Nutzung.

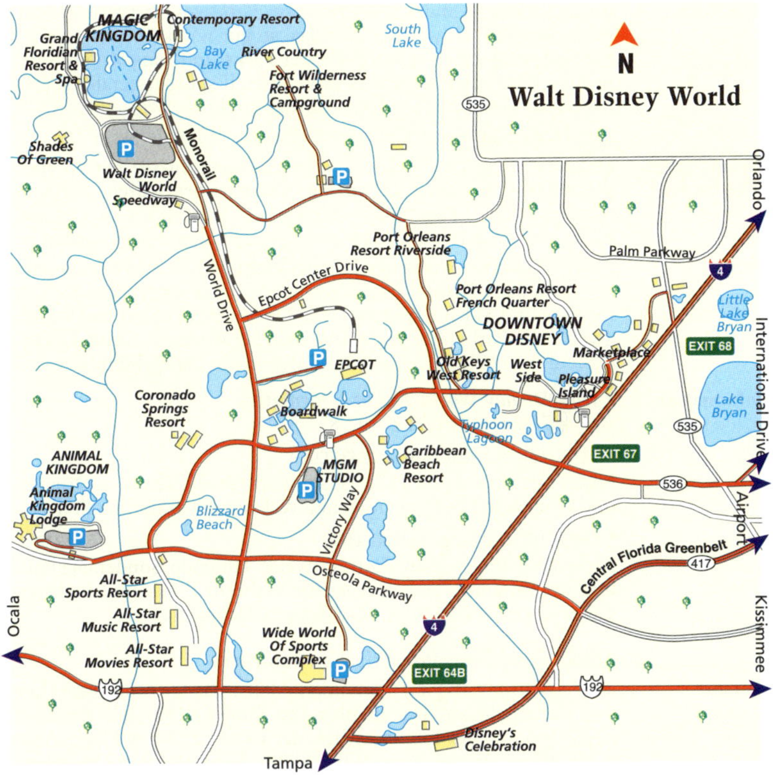

Mehrtagespässe/ Parkhopper

Mit Mehrtagespässen – beliebig für 2-10 Tage erhältlich – spart man gegenüber mehreren Tageskarten bis zu 3 Tagen nur wenig, nur wer länger bleibt, kommt in den Genuß von substanziellen Ermäßigungen pro Tag (➤ dazu vor allem die Website www.wdwinfo.com, dort Schaltfläche »*Tickets*« mit detaillierten Preisen inkl. Steuern, und Kasten »**Tipps und Hinweise**« auf Seite 226).

«Einfache« Mehrtagespässe beziehen sich indessen nur auf einen Park pro Tag. Wer innerhalb eines Tages wechseln möchte, braucht einen ***Park Hopper Pass*** und zahlt dafür 2008 bei 2 Tagen **$184, Kinder $162 plus 6,5%** ***tax***. Mit Wasserparks etc. (»***Magic your Way Passes***«) kostet das **$189/$167**.

Die – sich erfahrungsgemäß alljährlich ändernden – Einzelheiten entnimmt man der **Disney-Website**, http://disneyworld.disney.go.com, Schaltfläche »*Tickets & Reservations*«, oder – wie gesagt, unkomplizierter und übersichtlicher ohne eigene Dateneingabe – dem »inoffiziellen« Disneyworldportal www.wdwinfo.com.

Discounts

Im Gegensatz zu anderen *Amusement Parks* gewährt *Disney* (mit Ausnahme für Einwohner Floridas) so gut wie keine *Discounts*, zumindest nicht an den Kassen der Parks und sonstwo vor Ort. Lediglich im Internet gibt es ganz offiziell spürbar herabgesetzte Preise für Vorausbucher von Mehrtagestickets.

Zur Problematik sog. *Discount Ticket* für WDW ➤ Seite 227.

Tickets schon hier kaufen?

Es kann gelegentlich **günstig sein, Mehrtagespässe bereits hier (Reisebüros, Veranstalter) vor der Reise zu beschaffen**, wenn es Aktionen wie »1 Pass zum vollen Preis, 2. Pass 50%« o.ä. gibt, die nicht vor Ort gelten und nicht im Internet annonciert werden.

Parken

Zu den Eintrittspreisen der Themenparks addiert sich für alle, die per Auto nach *Disney World* kommen, eine Parkgebühr von $10 für Pkw und $11 für Wohnmobile. Das Parkticket gilt den vollen Tag für alle Parkplätze der WDW auch bei Wechsel. Gäste der Hotels auf dem WDW-Gelände bezahlen keine Parkgebühren.

Information

- ***Walt Disney World Ticket Information***:
  © 407-824-4321 und © 407-827-5141
- http://disneyworld.disney.go.com

Nicht nur für Disney-Tickets, sondern für alle Parks in Orlando und Umgebung zeigt die folgende Website die aktuellen Preise:

- www.officialticketcenter.com

Außerdem findet man dort zeitweise laufende Sonderangebote und kombinierte Ticketpreise für mehrere Parks und mehrere Tage einschließlich *Busch Gardens* in Tampa etc.

Anfahrt und Transport zwischen den Parks

Anfahrt

Zu den *Disney Word* Themenparks fährt das Gros der Besucher von außerhalb am besten über die **Straße #192** (*Irlo Bronson Highway*) an oder folgt westlich der I-4 (*Exits* 64 A/B) der Ausschilderung *Disney*. Einmal in *Disney World* kann nichts mehr schiefgehen. Die Verkehrsleitung zu den Parks ist narrensicher.

Wer indessen auf der **I-4 von Norden** anfährt, kann die *MGM Studios* und *Epcot* besser über den Exit #65 direkt und ohne Umweg (über die Straße #192) ansteuern.

Bei Anfahrt über den ***Central Florida Greenway*** (etwa aus dem Airportbereich) verläßt man ihn über den *Exit* #3 und erreicht auf dem *Osceola Parkway* die Hauptzufahrt *World Drive*.

Bei Ziel ***Downtown Disney*** bietet der Exit #65 von der I-4 immer die schnellste Zufahrt.

Transport

In *Disney World* gibt es ein **ausgezeichnetes kostenloses Transportsystem**. Das ***Epcot Center*** ist durch eine Hochbahn mit dem ***Ticket & Transportation Center*** verbunden, das sich dem *Magic Kingdom* gegenüber am Südufer der *Seven Seas Lagoon* befindet. Von dort geht es entweder wieder per Hochbahn oder mit einer Fähre hinüber zum ***Magic Kingdom***. Ein **Boot** verbindet auchden Campingplatz *Fort Wilderness* mit dem *Ticket Center*.

Das ***Animal Kingdom***, die ***Disney-MGM Studios***, ***Downtown Disney***, die **Wasserparks** und alle Hotels sind über ein engmaschiges Busroutennetz miteinander verbunden. Die Frequenzen werden flexibel der Nachfrage angepaßt. Aktuelle Fahrpläne gibt`s im ***Ticket & Transportation Center***.

Luxusresort Grand Floridian auf dem Disneyworld Gelände unweit des Magic Kingdom

Unterkommen in Disney World

Situation

Der *Disney*-Konzern betreibt auf dem Gelände der *Walt Disney World* selbst eine ganze Reihe von Hotels. In einem dieser Hotels abzusteigen bietet – von der Nähe zu den Parks ganz abgesehen – eine Reihe von Vorteilen: Der Besucher kann sein Auto auf dem Hotelparkplatz stehen lassen und bequem mit den öffentlichen Verkehrsmitteln (Busse und Hochbahn) in die Parks gelangen. Außerdem erlaubt *Disney* seinen Hotelgästen einen frühzeitigeren Einlass in jeweils einen Park, bevor er offiziell für alle Tikketinhaber geöffnet wird. Zu den Unterkünften im einzelnen:

Einfache/ mittlere Kategorie

Das preisgünstigste *Disney*-Quartier (ca. $85-$150) ist der riesige Komplex des **All Stars Sports & Music Resort** mit 6.000 relativ einfachen und kleinen, thematisch gestalteten Zimmern. Auch die Außenbereiche der Anlage wurden dem jeweiligen Thema angepaßt, so sind etwa im ***All Stars Sports Resort*** Footballhelme, Baseball- und Tennisschläger bevorzugte Dekoration. Selbst die Pools sind entsprechend geformt, im ***All Star Music Resort*** kann man in einer »Gitarre« schwimmen.

Gehobenes Niveau

Der nächsten Preis- und Komfortstufe entsprechen die Komplexe ***Coronado Springs***, ***Port Orleans*** und ***Caribbean Beach Resort*** (ca. $145-$220) mit ebenfalls thematisch angepaßter Gestaltung.

Luxusquartiere

Zu den (noch) teureren Quartieren gehören u.a.:

- die ***Wilderness Lodge*** (ca. ab $200) beim *Magic Kingdom*, wobei es sich um eine Luxusversion der rustikalen ***Lodges*** handelt, die man aus Nationalparks des US-Westens kennt

- das ***Beach Club Resort*** beim *Epcot Center* (ca. $300-$700)
- die afrikanisch inspirierte ***Animal Kingdom Lodge*** ($200-$640)
- das ***Grand Floridian Beach Resort*** im Stil eines viktorianischen Seebades, die luxuriöseste Unterkunft (ca. $350-$860)

Hinweise/ Reservierung

In allen Hotel-Komplexen befinden sich *Shops* und Restaurants, die sich in die jeweiligen Themen einfügen.

Für **Reservierungen** bemüht man ein Reisebüro oder erledigt das im Internet: http://disneyworld.disney.go.com, dann Schaltfläche »*Resorts*«. Keine 800-Nummer für telefonische Reservierung!

Zum Preisniveau

Trotz aller Vorzüge, die mit der Übernachtung direkt in *Disney World* verbunden sind, ist das Preisniveau happig, insbesondere, wenn man bedenkt, dass die Tarife entlang der nahe Straße #192 oder am International Drive (➤ Karte Seite 209) in vergleichbaren Kategorien oft nur halb so hoch liegen. Außerdem ist zu bedenken, dass man in *Disney World* im allgemeinen ohnehin nur wenig Zeit in seinem Zimmer zubringen dürfte.

Camping

Der bereits (abgesehen von den hohen Kosten von $42-$99) oben gelobte ***Fort Wilderness Campground*** (➤ Seite 214) hat rund 800 Stellplätze. Die unterschiedlich hohen Preise ergeben sich aus saisonalen Abgrenzungen, aus der Entfernung des Stellplatzes zu Pool und Kino-Amphitheater und unterschiedlichem Komfort (Zelt/RV). Praktisch ist die Bootsverbindung zwischen Campingplatz und *Magic Kingdom*, angenehm sind dort die Ruhe abseits der großen Straßen und der Strand mit Kanuverleih.

Tipps und Hinweise

Park Hopper: Wer ein Ticket gekauft hat, mit dem man zwischen den *Disney*-Parks wechseln kann, darf beim Verlassen eines Parks auf keinen Fall vergessen, sich die Hand stempeln zu lassen, denn man kann den nächsten Park nur betreten, wenn man sein Ticket und den (für das bloße Auge unsichtbaren) Stempel vorweisen kann. Grund dafür: Vermeidung einer Weitergabe der Pässe an Dritte).

Fast Pass: Damit sollen Wartezeiten verkürzt werden. Der Besucher kann sich bei ausgewählten Shows und Fahrten für eine bestimmte Uhrzeit einen *Fast Pass* holen. Wenn er dann pünktlich wieder erscheint, muss er/sie nur wenige Minuten warten. *Disney* hat den *Fastpass* weniger zur Frustrationsminderung der Besucher als vielmehr aus folgender Erkenntnis eingeführt: Wer Schlange steht, der gibt kein Geld aus. Wer weiß, dass er bis zur nächsten Fahrt eine Stunde Zeit hat, wird sie höchstwahrscheinlich in Geschäften oder *Eateries* zubringen und dort den Umsatz erhöhen, was ganz im Sinn des Erfinders ist.

Discounttickets: Bei Angeboten für *Disney*-Tickets zu Discountpreisen ist allergrößte Vorsicht geboten. In und um Orlando bieten Läden und inoffizielle Touristeninformationen immer mal wieder Eintrittskarten für *Disney Parks* zu verbilligten Tarifen an. Dabei sollen gelegentlich sogar Fälschungen vorkommen; der Eintritt klappt damit nicht.

Häufiger jedoch handelt es sich um angeblich nicht komplett aufgebrauchte Mehrtagespässe, was plausibel erscheint. Aber auch von ihnen sollte man besser die Finger lassen. Denn abgesehen davon, dass die Weitergabe dieser Tickets illegal ist (sie gelten im Prinzip nur in Verbindung mit einem Ausweis, was aber so gut wie nie kontrolliert wird), kann nur elektronisch überprüft werden, ob die Karten wirklich noch eine Restgültigkeit aufweisen. Man muss also den Angaben des Verkäufers Glauben schenken. Stimmt's nicht, ist das Geld weg.

Coupons: Für kleinere Parks wie *Gatorland, Holy Land Experience* und die nicht von *Disney* betriebenen Wasserparks u.a.m. gibt es Discountcoupons bei der Touristeninformation, an Hotelrezeptionen, zum Ausschneiden aus Werbebroschüren oder zum Selbstausdrucken im Internet., mit denen sich ein paar Dollars sparen lassen, ➢ Seite 216. Nur für *Disney Parks* sind grundsätzlich keine Coupons erhältlich – nie.

Schlechtes Wetter: Regen in Orlando? Kein Problem. Am besten besucht man gerade dann die Themenparks, denn bei Regen sind sie leerer.Ffast alle *Rides* und *Shows* finden in Gebäuden statt, die Wartebereiche sind immer überdacht.

Nur ein Park? Wer aus zeitlichen oder finanziellen Gründen nur einen Park besuchen möchte, hat die Qual der Wahl. Bei speziellen Interessen an Filmen oder Tieren fällt die Entscheidung für die *Disney-MGM Studios* (dort auch das beste »Abendabschlussprogramm«!) bzw. das *Animal Kingdom* leicht. Ansonsten ist das *Magic Kingdom* der abwechslungsreichste Park.

Planet Hollywood, mit Filmrequisiten ausstaffiertes Restaurant im Bereich Downtown Disney/West Side bei Disney Quest

Achterbahn durch den Wilden Westen: Big Thunder Mountain Railroad

Englischkenntnisse: *Disney* bemüht sich sehr um internationale Besucher und hält z.B. die Parkübersichten (*Park Guides*) auch in deutscher und in anderen fremdsprachigen Versionen bereit. Sie sind bei der Orientierung in den Parks und bei der Suche nach Attraktionen unabdingbar. In den einzelnen Shows und während mancher *Rides* kommt es dann aber doch auf Sprachkenntnisse an. Je besser man Englisch versteht, desto mehr Spaß hat man, wobei die Sprache in den verschiedenen Parks unterschiedlich wichtig ist. Im *Animal* und *Magic Kingdom* kommt man mit wenig Englisch vergleichsweise am besten zurecht, während vieles in den *Disney-MGM Studios* und besonders in der *Futureworld* im *Epcot Center* ohne gute Englischkenntnisse nur schwer zu verstehen ist.

Filmkenntnisse: Vorteilhaft ist in allen Parks, bestimmte Filme gesehen zu haben, auf die sich *Shows* oder *Rides* beziehen. Im Fall filmbezogener Attraktionen ist natürlich auch ohne die Kenntnis von Details der entsprechenden Filme oder der Hauptfiguren z.B. eine Achterbahnfahrt durchaus aufregend, aber der eigentliche »Witz« bleibt dann gelegentlich verborgen.

Folgende Filme zu kennen, kann nicht schaden:

Magic Kingdom: »Peter Pan«, »König der Löwen«, »Die Schöne und das Biest«

Epcot: »Liebling, ich habe die Kinder geschrumpft«

Animal Kingdom: »König der Löwen« und »Pocahontas«

Disney-MGM: »Die kleine Meerjungfrau«, »Die Schöne und das Biest«, einen »Indiana Jones-« und einen »Star Wars-«Film.

Lesetipp: Wer sich für genauere Details zu *Disney* World interessiert, dem sei folgendes Buch empfohlen: Eve Zibart, »*Inside Disney: The Incredible Story of Walt Disney World and the Man behind the Mouse*«,

Die vier Disney Themenparks

Magic Kingdom

Kennzeichnung

Das bereits am 1. Oktober 1971 eröffnete ***Magic Kingdom*** ist der Klassiker unter den Themenparks, die kaum veränderte, etwas größere Kopie des kalifornischen *Disneyland* und bis heute der populärste der vier Parks. Der Besuch ist nach wie vor ein Erlebnis. An »guten« Tagen, die man aber lieber vermeidet, kommen über 50.000, das Tagesmaximum steht bei 92.000 Besucher.

Eingang

Vor dem Einlass in das magische Königreich steht die kurze Fahrt vom Parkplatz mit dem *Park Shuttle* zur Ablegestelle der Raddampfer über die **Lagune der sieben Meere** und zur Station einer ***Monorail*-Bahn**, die die Besucher alternativ zum eigentlichen Eingang befördern.

Bereiche

Sieben Bereiche

Der Park besteht aus **sieben Bereichen**, die sich um sein »Wahrzeichen« *Cinderella's Castle* herum gruppieren. Diese fast 60 m hohe Burg mit Türmchen und Zinnen soll der Königsburg im spanischen Segovia nachempfunden sein; deutsche Besucher werden sich eher an Neuschwanstein erinnert fühlen.

Auf der Freifläche davor finden häufig Musik- und Tanzshows statt, bei denen natürlich auch *Mickey*, *Minnie* und andere *Disney*-Charaktere auftreten. Im Foyer empfängt manchmal *Cinderella* höchstpersönlich die Besucher. Und wie jede europäische Burg, die auf sich hält, hat auch *Cinderella's Castle* ihre eigene Sage und eine Art Hausgeist. Man erzählt sich, dass der schon 1965 kurz nach Erwerb der Ländereien für *Disney World* verstorbene *Walt Disney* unter ihr begraben liegt.

Die ineinander übergehenden Bereiche sind

- ***Main Street** & **Disney World Railroad,***
- ***Tomorrowland,***
- ***Toontown,***
- ***Fantasyland,***
- ***Liberty Square,***
- ***Frontierland,***
- ***Adventureland***

Main Street

Hinter den Eingangstoren gerät man quasi automatisch auf die in Richtung Burg laufende Main Street. So sieht die idealisierte amerikanische Kleinstadt aus *Disney*-Sicht aus: sauber, nett, pastellfarben – und voller *Shops*, in denen man teure *Disney*-Produkte kaufen kann. Nur der Besuch im ***Main Street Cinema*** lohnt, im Grunde auch ein Laden, an dessen Rückwand Zeichentrickfilme laufen, darunter *Steamboat Willie*, der erste Film mit *Mickey*.

Eisenbahn

Vom hochgelegenen Bahnhof über der Eingangsplaza fährt die ***Walt Disney World Railroad*** ab, die – mit mehreren Zwischenstopps –

in 20 Minuten das Parkgelände umrundet. Die offenen Wagen werden von einer alten Dampflok aus den 1920er-Jahren gezogen. Die Fahrt eignet sich gut – möglichst mit der Karte in der Hand – für einen ersten Überblick über alle Bereiche.

Vorm Bahnhof weht die amerikanische Flagge, die jeden Abend um 17.00 Uhr mit Musikbegleitung feierlich eingeholt wird.

Tomorrowland

Im Bereich Tomorrowland rechts der Main Street geht es – mal mehr, mal weniger ernsthaft – um die Technologien der Zukunft. U.a. kann man im ***Astro Orbiter*** scheinbar selbst ein Raumschiff ein paar Minuten lang ins All steuern. Der ***Timekeeper*** bietet in einem 360°-Kino eine kurze spannende Zeitreise in die Vergangenheit und Zukunft. In ***Stitch's Great Escape*** geht es um intergalaktische Bösewichte, die von den Teilnehmern des *Ride* ihrer Strafe zugeführt werden sollen. Aber die Reise durch den Weltraum ist gefährlich, denn ein Oberbösewicht möchte seine Artgenossen befreien. Am Ende siegt das Gute nach vielen Laser- und Lichteffekten in einer furchteinflößenden Galaxis.

Durch dieselbe jagt auch die Achterbahn ***Space Mountain***, in der durch enge Kurvenfahrten in der Dunkelheit des »Weltalls« die Illusion einer enormen Geschwindigkeit erzeugt wird.

Tomorrowland gehört eher zu den etwas »schwächeren« Bereichen, in denen sich Anstehen weniger lohnt.

Tomorrowland, einerseits futuristisch, andererseits nicht so aufregend

Toontown

Der benachbarte ***Mickeys Toontown Fair*** zielt in erster Linie auf **Kleinkinder** und absolute Fans der *Disney*-Figuren. *Toon* ist eine Abkürzung für *Cartoon*. Und um die bekanntesten *Cartoon*-Charaktere geht es hier auch. Zudem sind Entenhausen (*Duckburg*), *Mickeys* Haus und *Donalds* Boot zu besichtigen, und zu den Autogrammstunden unterschreiben *Goofy, Mickey, Minnie, Donald Duck, Onkel Dagobert* (*Uncle Scrooge McDuck*) oder *Tick, Trick* und *Track* (*Hewey, Dewey* und *Louie*) persönlich.

Fantasyland

Auch im Bereich ***Fantasyland*** kann man auf den Spuren bekannter *Disney*-Figuren wandeln. Bei ***Peter Pan's Flight*** etwa »fliegt« man wie *Peter Pan* über das nächtliche London.

Unbedingt ansehenswert ist die relativ neue 3D-Show ***Mickey's PhilharMagic***. Zwar handelt es sich um eine typisch Disney' sche Zeichentrickgeschichte für Kinder, aber allein schon die technische Brillanz lohnt den Besuch auch für Erwachsene.

Small World

Der beliebteste *Ride* im *Fantasyland* ist ***It's a Small World***: per Boot schaukeln die Besucher durch Erdteilbereiche voller Kinderfiguren in verkitschten Trachten unterschiedlichster Kulturkreise, die in zahlreichen Sprachen endlos den »Ohrwurm« *It's a Small World* singen. Obwohl hier naive Klischeevorstellungen von fremden Ländern noch verstärkt werden, ist nicht zu bestreiten, dass diese Fahrt nicht nur Kinder emotional anspricht. Sie versucht außerdem, zur Völkerverständigung beizutragen.

Auf weiteren, speziell für Kinder bis 10 Jahren gedachten, aber auch von vielen Erwachsenen ganz ohne Kinder genutzten *Rides* trifft man u.a. *Winnie the Pooh, Schneewittchen* und *Dumbo*, den fliegenden Elefanten.

Liberty Square

Rund um den *Liberty Square*, den Platz der Freiheit, steht die Geschichte der USA im Mittelpunkt:

In der ***Hall of Presidents*** läuft ein Film über die amerikanische Verfassung, und alle 43 Präsidenten haben darin ihren kurzen Auftritt. Dabei richten *Abraham Lincoln* und der jeweils amtierende Präsident ein paar »persönliche« Worte ans Publikum.

Mississippidampfer

Ganz nett ist die gemächliche Runde auf dem ***Liberty Square Riverboat*** um *Tom Sawyer Island*.

Geisterbahn

Einen Höhepunkt bietet das englische Spukhaus ***The Haunted Mansion***. Nach dem Überstehen gruseliger Fahrstuhlbewegungen geht es auf kleinen Wagen durch dunkle Räume vorbei an Spinnweben, Geistern, Grabsteinen und unheimlichen Vorkommnissen. **Eine bessere Geisterbahn gibt es nicht**.

Haunted Mansion

Von außen harmloses altenglisches Gemäuer, aber drinnen herrscht das »Grauen«.

Frontierland

Thema im ***Frontierland*** ist der **Wilde Westen**, und so läuft dort das Personal in Cowboystiefeln und -hüten herum. Ausgesprochen witzig und unterhaltsam ist das ***Country Bear Jamboree***. Dafür benötigt man kaum Englischkenntnisse.

Als einer der besten *Rides* des *Magic Kingdom* gilt die Achterbahn ***Big Thunder Mountain Railroad***. Sie ist nicht superschnell, aber führt auf einer relativ langen Strecke rund um einen Berg, durch mehrere Tunnel und »echte« Wildwest-Landschaft.

Am ebenfalls populären ***Splash Mountain*** geht es in einem ausgehöhlten Baumstamm nach einem zahmen Anfang durch leichte Wildwasser zum krönenden Abschluss mit rasanter Geschwindigkeit einen Wasserfall hinunter.

Adventureland/Jungle Cruise

Im **»Abenteuerland«** ist Exotik angesagt. Die Boote der ***Jungle Cruise*** schippern durch tropische Vegetation über Amazonas, Nil, Mekong und Kongo gleichzeitig. Lebensechte Krokodile, Elefanten und Affen aus Plastik säumen – von Robotern bewegt – die Ufer und erschrecken hier und dort die Bootspassagiere.

Computeranimierter Plastikelefant »genießt« die Wasserfälle

Baumhaus

Das ***Swiss Family Treehouse*** bezieht sich auf einen alten *Disney*-Film von 1960, der beschreibt, wie eine Familie aus der Schweiz bei der Atlantiküberquerung Schiffbruch erleidet, auf einer einsamen Insel landet, sich dort ein Baumhaus baut und allerlei Abenteuer erlebt. Der fantasievolle Nachbau dieses Baumhauses in schwindelnder Höhe sprüht förmlich vor Einfällen zur Optimierung des Wohnkomforts allein mit Hilfe natürlicher Resourcen, die sich auf einer tropischen Insel finden.

Pirates of the Caribbean

Der beste *Ride* im *Adventureland*, vielleicht des ganzen *Kingdom*, ist die Bootstour ***Pirates of the Caribbean*** in sternenklarer karibischer Nacht, auf der man Zeuge blutiger Seeschlachten und Piratenüberfälle wird und die Brandschatzung ganzer Städte miterlebt. Alles perfekt und locker inszeniert mit schmissiger Musik, die das grausige Geschehen zur angenehmen Unterhaltung macht.

Enchanted Tiki Room

Obwohl im Grundmuster schon 40 Jahre alt und und zwischenzeitlich abgesetzt, wurde diese Show wohl der großen Nachfrage wegen modernisiert und wiederbelebt, eine alberne Kurzrevue im Hula Sound mit Hawaii-Ambiente. Muss man nicht sehen.

Programm und Gastronomie

Programm

Außer Fahrten und laufend wiederholten Shows gehören im *Magic Kingdom* auch Umzüge (*Disney Dreams come true Parade*), Tänze, Auftritte von *Mickey* und seinen Freunden, die tolle *Light Show* ***Spectromagic*** sowie das abendliche Feuerwerk ***»Wishes«*** zum Programm. Die aktuellen Anfangszeiten aller Veranstaltungen findet man auf Parkübersichten (*Guidemap*), die es gleich eingangs in der *City Hall* gibt. Tageskartenkäufer erhalten sie automatisch am Ticketschalter.

Tipp: Hier besser die englischsprachige Übersicht nehmen; sie wird wöchentlich neu gedruckt und ist daher immer auf dem letzten Stand. Auf deutschen und anderen fremdsprachigen Papieren fehlen die aktuellen Zeiten für Shows und Vorführungen.

Restaurants

Restaurants, *Fast Food* wie *Full Service*, gibt es jede Menge und zwar zu Preisen, die sich gewaschen haben, aber Eurobesitzer z.Zt. zumindest nicht mehr ganz so erschecken wie noch vor kurzem. Erschwinglich sind nur kleinere Snacks wie *Hot Dogs* und *Pretzels* an den zahlreichen *Food Stands*. Im Rahmen des *Disney*-Angebots sind folgende *Eateries* nicht schlecht:

- ***Cinderella's Royal Table*** (im *Fantasyland*) lädt zum Frühstücksbuffet mit *Disney*-Charakteren ein (mit Kindern prima).
- Im ***Pecos Bill Café*** (im *Frontierland*) gibt es ordentliche *Sandwiches* und große Burger.
- ***The Plaza*** (an der Main Street) eignet sich gut zum Mittagessen wie auch für eine Kaffeepause zwischendurch.

Die tägliche Nachmittagsparade durch die MainStreet

Epcot Center

Kennzeichnung und Bereiche

»Stadt der Zukunft«

Die Bezeichnung dieses zweiten, erst 1982 eröffneten Themenparks steht für ***E**xperimental **p**rototype **c**ommunity **o**f **t**omorrow*, »Experimenteller Prototyp eines Gemeinwesens der Zukunft«. So zumindest war *Epcot* geplant. Aber *Walt Disneys* Konzept, hier eine menschen- und umweltfreundliche Stadt zu errichten und zukunftsweisende Lebens- und Arbeitsmodelle unterhaltsam und verständlich zu präsentieren, wurde nicht umgesetzt. Die *Disney Corporation* sorgte stattdessen für einen zusätzlichen Vergnügungspark, der – eher unkritisch – Fortschrittsglauben propagiert, großen Konzernen ein Forum zur Selbstdarstellung bietet und (amerikanische) Klischeevorstellungen vom Leben anderer Völker manifestiert.

Im Gegensatz zum rein spielerischen *Magic Kingdom* hat das *Epcot Center* immerhin einen bildenden Anspruch. Die Besucher können, wenn sie *Epcot* aufmerksam – und mit den entsprechenden Englischkenntnissen – besichtigen, tatsächlich vom Besuch dieses Parks profitieren. Dafür fehlt der »magische« Charme.

Teile

Unter der Bezeichnung ***Future World*** geht es im vorderen Teil des Parks um Technologie und Fortschritt. Dahinter erstreckt sich rund um einen See der ***World Showcase***, wo verschiedene Länder und Kulturen vorgestellt werden. Diese Mischung aus werbewirksam gesponserten technologischen Pavillons sowie länderspezifischen Bereichen mit Volkstanz und kulinarischen Spezialitäten andererseits wird manchem bekannt vorkommen, der zum Beispiel die *Expo 2000* in Hannover und Ähnliches besucht hat.

Future World

Die von *Sponsoring* beherrschte ***Futureworld*** erinnert zunächst eher an die Gegenwart. *Exxon, Nestle, General Motors* und neuerdings auch Siemens präsentieren belehrend unterhaltende Ausstellungen und Zeitrafferfahrten durch die Entwicklungsgeschichte der Energie, des Transports, der Kommunikation und Raumfahrt, der agrarischen Nutzung der Erde etc. Die teilweise mit der Bezeichnung des Gebäudes, in dem sie stattfinden, übereinstimmenden *Rides* sind meist gut gemacht, ganz interessant und manchmal sogar spannend. Zu den Angeboten im einzelnen:

Spaceship Earth

Ein heller runder Komplex in Form eines überdimensionalen Golfballs dominiert den Eingangsbereich. Im Inneren gibt`s die 15-minütige Show ***Spaceship Earth***, Raumschiff Erde, in der die Erd- und Menschheitsgeschichte interaktiv und mit vielen gelungenen Spezialeffekten präsentiert wird.

Universe of Energy

Das Programm der von *Exxon* gesponsorten *Show* zur Energiegewinnung gestern, heute und morgen im ***Universe of Energy*** findet in einem Pavillon statt, dessen Energiebedarf komplett von Solarzellen gedeckt wird.

Mission: Space Ein **futuristischer Pavillon** ist der Raumfahrt gewidmet. Höhepunkt ist der *Ride*, ein simulierter Raketenstart mit *G-Force* und Flug in die Schwerelosigkeit, während der die jeweils 4 Astronauten allerhand Aufgaben lösen müssen. Gut gemacht!

Test Track *General Motors* sponsert im Pavillon ***Test Track*** eine Teststrecke, auf der es Hindernisse, scharfe Kurven und wechselnde Witterungsverhältnisse zu bewältigen gilt. Wer hier die Wartezeit verkürzen möchte, kann sich in die Schlange *»single riders«* stellen, wofür man sich von seinen Begleitpersonen trennen muss.

eWorld Auch im Bereich ***Innoventions*** (eine Wortschöpfung aus *innovations*/Neuerungen – und *inventions*/Erfindungen) läuft – direkt und indirekt – reichlich Werbung. Dort präsentieren vor allem große IT-Firmen ihre Produkte und vermitteln einen Ausblick auf das, was »morgen« möglich sein könnte. Vor noch nicht einmal einer Dekade staunte das Publikum noch über Fotos, die – gerade aufgenommen – per Email-Anhang sogleich weltweit zur Verfügung standen.

Imagination Die ***Journey into Imagination*** bietet eine bunte Fahrt durch Formen und Farben; es geht um Magie und Phantasie. In der ganz amüsanten 3D-Show *Honey, I Shrunk the Audience!* wird das Publikum von einem exzentrischen Wissenschaftler »versehentlich« verkleinert und durchlebt allerlei witzige Abenteuer, bevor es wieder zu seiner normalen Größe zurückkehrt.

Aquarium In ***The Living Seas*** gelangen die Besucher per Fahrstuhl auf den »Meeresboden«. Auf der Vorbeifahrt an verschiedenen riesigen Aquarien befindet man sich scheinbar selbst unter Wasser.

The Land Der von *Nestlé* gesponsorte Pavillon *The Land* widmet sich – was nicht überrascht – Ernährungsfragen. Am lohnendsten ist dort die Bootsfahrt ***Living with the Land*** durch verschiedene Klimazonen und anschließend durch mehrere Gewächshäuser, in denen *Disney* mit neuartigen Anbaumethoden experimentiert.

Pavillon der Mission Space

Soarin'

Das Verb »to soar« bedeutet »hoch-/aufsteigen«, hier im Sinne von fliegen. Im neuen Ride ***Soarin'*** »fliegt« man auf einer Art Hollywood-Schaukel in rasendem Tempo über Naturwunder und ekannte Sehenswürdigkeiten Kaliforniens, sozusagen die weiterentwickelte Form der *Circle Vision* und teilnehmenswert.

Pavillon der Show Universe of Energy

World Showcase

Länderpavillons

Die elf Länderpavillons (Mexiko, Norwegen, China, Deutschland, Italien, die USA, Japan, Marokko, Frankreich, England und Kanada) des »Schaufensters der Welt« sind rund um einen künstlichen See herum angeordnet. In ihnen gibt es Replika bekannter Sehenswürdigkeiten, *Shops* für landestypische Produkte und Restaurants mit Spezialitäten. Das Personal stammt immer wirklich aus den jeweils dargestellten Ländern und ist in Landestracht gekleidet. Das Ganze wirkt zwar stereotyp – Franzosen tragen Baskenmützen, Deutsche Lederhosen etc., ist aber gut gemacht.

Germany

Der deutsche Pavillon sollte passender einfach »Bayern« heißen – trotz Becks Bier. Hinter mittelalterlichen Fassaden nach dem Vorbild Rothenburg befinden sich Souvenirläden mit so schönen Bezeichnungen wie »Volkskunst«, »Süßigkeiten« oder »Das Kaufhaus«. Zum Programm gehören Volkstanz und Alphornblasen. Wen hier das Heimweh packt, darf im Biergarten bei Sauerkraut und Weißwurst vergessen, dass die Heimat 8000 km entfernt ist.

Empfehlungen

Sehenswert sind die **Filme** im chinesischen, kanadischen (beide *Circle Vision*) und französischen und nicht nur für Patrioten anhörenswert der a-capella-Chor ***Voices of Liberty*** im USA-Bereich. Beachtliche Architektur sieht man in Japan und Marokko.

Rides

Zwei – kurzweilige – *Rides* ergänzen das«kulturelle« und gastronomische Angebot im *World Showcase*: Zunächst ist da die ***Gran Fiesta Tour*** im Mexico-Pavillon, auf dem der Besucher u.a. per Boot eine Reise durch Mexico unternimmt.

Und in Norwegen geht's per Wikingerboot mit 16 Besatzungsmitgliedern im ***Maelstrom*** durch die Welt der Fjorde und Trolle.

Geschichte mit Glorie

Gesehen haben muss man das ***American Adventure***, eine bombastische von *Benjamin Franklin* und *Mark Twain* »persönlich« kommentierte Multi-Media-Show, in der die Geschichte der USA im Schnelldurchgang glorifizierend dargestellt wird.

Feuerwerk

Nach Einbruch der Dunkelheit finden allabendlich um 21 Uhr über dem See, der *World Showcase Lagoon*, zu Klassikklängen ***IllumiNations: Reflections on Earth*** statt, eine *Sound & Light Show* mit Lasereffekten und einem tollen Feuerwerk.

Gastronomie

Im *Epcot Center* gelten die Restaurants mit landestypischen Gerichten als besondere Attraktion. Besucher aus den jeweiligen Weltregionen werden aber deren »Amerikanisierung« registrieren. In den verschiedenen Ländersektionen zu empfehlen sind:

- ***Cantina de San Angel*** in Mexico u.a. wegen gefüllter Tortillas.
- ***Restaurant Akershus*** in Norwegen, das wie ein mittelalterliches Fort aussieht. Gut ist dort das üppiges Fischbuffet.
- ***Nine Dragons*** mit den vier besten regionalen Küchen Chinas
- ***Alfredo*** in Italien wegen hausgemachter frischer Pasta.

In **Japan** gibt es *Sushi*, in **Frankreich** *Quiche Lorraine*, in **England** *Fish & Chips*.

Auch hier – wie bereits fürs *Magic Kingdom* festgestellt – gilt ein ziemlich hohes Preisniveau für alle Genüsse. Namentlich für Bier und Wein ist tief in die Tasche zu greifen.

Sunset Boulevard in den Hollywood Studios mit reichlich Shops und Eateries an der »Laufmeile Richtung Tower of Terror (➤ Seite 238/9)

Disney's Hollywood Studios

Kennzeichnung

Der dritte –zunächst in Kooperation mit *Metro-Goldwyn-Meyer* betriebene – Themenpark ist der Welt des Films gewidmet und war 1989 eine Kampfansage an den Konkurrenten *Universal,* der seit langem in Los Angeles die Vermarktung des Themas »Hinter den Kulissen der Filmproduktion« betreibt und 1991 nur wenige Meilen nördlich von *Disney World* die Florida-Variante der *Universal Studios* eröffnete (➢ Seite 247). Beide sind eine Kombination aus Vergnügungspark und echten Filmstudios.

Bereiche

Bereiche

Die Hollywood-Studios umfassen vier Bereiche:

- ***Hollywood Boulevard,***
- ***Sunset Boulevard,***
- ***Mickey Avenue Animation Courtyard,***
- ***Backlot***

Hollywood Boulevard

Der palmengesäumte *Hollywood Boulevard* entspricht der Main Street im *Magic Kingdom.* Es reihen sich Geschäfte und Stände aneinander; dort geht's ums Shoppen und leibliche Wohl.

Filmfans sollten ***The Great Movie Ride*** in einem – dem bekannten *Chinese Theater* in Hollywood nachempfundenen – Bau am Kopfende des Boulevards nicht auslassen. An zahlreiche klassische Streifen der Filmgeschichte, soweit von MGM produziert, wird die Erinnerung wachgerufen. *Tarzan, Mary Poppins* oder *Indiana Jones* u.v.a., hier sieht man sie alle wieder und außerdem nachgestellte Szenen aus bekannten Filmen wie *Alien* oder *Casablanca.*

Sunset Boulevard

Auf dem *Sunset Boulevard,* vom *Hollywood Boulevard* rechts, geht es zunächst mit Souvenirgeschäften weiter. Kenner werden manche Fassade aus alten Filmen wiedererkennen.

Turm des Schreckens

Als Hauptattraktion gilt hier ***Twilight Zone Tower of Terror***. Ein scheinbar heruntergekommenes rotes Hochhaus mit der Aufschrift *The Hollywood Tower Hotel* lehrt die Besucher das Fürchten. Amerikaner kennen das Gebäude aus der TV-Gruselserie *Twilight Zone.* Im noblen 1930er-Jahre Haus geht es durch eine stilvolle Lobby in den Keller und dann in einen Fahrstuhl. Schon während der Auffahrt geschehen merkwürdige Dinge, bis plötzlich die Technik versagt und der Fahrstuhl acht Stockwerke nach unten rauscht, sofort wieder nach oben rast, um abschließend dann noch einmal in scheinbar freiem Fall nach unten zu stürzen: Absolut nichts für schwache Nerven und Mägen und vielleicht der unheimlichste *Ride* in ganz *Disney World.*

Show und Achterbahn

Schräg gegenüber wird mehrmals am Tag eine Kurzfassung des *Broadway Musicals* ***Beauty and the Beast*** aufgeführt, und auf der anderen Seite des *Tower of Terror* steht die Achterbahn ***Rock'n'-Roller Coaster***. Für echte Achterbahn-Freunde ist sie vielleicht ein wenig zahm, aber bei *Disney* geht es eben nicht so sehr um

eine besonders schnelle und wilde Fahrt, sondern um die phantasievolle Abrundung des Ganzen. Mit dem *Rock'-n'Roller Coaster* rast man (*indoor*) durch die kalifornische Nacht, während einem dabei *Arrowsmith*-Klänge um die Ohren wehen.

Animation Courtyard

Im sich anschließenden Bereich wird in ***The Voyage of the Little Mermaid*** die Geschichte der kleinen Meerjungfrau erzählt, und auf der aufschlussreichen Tour ***Magic of Disney Animation*** die Zeichentrick-Produktion erläutert. Hier arbeiten sogar echte Trickzeichner, denen man bei der Arbeit zusehen kann.

«Live« auf der Bühne agieren alle möglichen Disney-Charaktere von *Mickey* bis *Little Einsteins* in der *Show* ***Playhouse Disney*** – *Live on Stage* – eher was für amerikanische Kinder.

Und das ***American Film Institute Showcase*** zeigt Requisiten aus Filmen wie *Dick Tracy* oder *My Fair Lady* und die dazu passenden Filmausschnitte.

Backlot Tour

Auf der 35-minütigen ***Studios Backlot Tour*** geht es zunächst um Aufnahmetechniken und dabei angewandte Tricks; danach fahren die Teilnehmer über das Studiogelände voller aus Filmen bekannten Gebäude, Fassaden und Requisiten. Höhepunkt der Tour ist eine Explosion mit desaströsen Folgen im *Catastrophe Canyon* unmittelbar neben den Wagen der Besucher.

Backlot

Kein Versehen: die *Backlot Tour* findet tatsächlich im *Animation Courtyard* statt. Die größte Attraktion im Bereich *Backlot* ist die beachtliche ***Stunt Show Light, Motors and Action***. Dort sieht man live wie die aus vielen Filmen bekannten Irrsinnsverfolgungsjagden im Auto tatsächlich realisiert werden und einiges mehr am Verrücktheiten.

Indiana Jones

Im ***Indiana Jones Epic Stunt Spectacular*** sind auf und vor einer riesigen Showbühne voller Requisiten aus »Jäger des verlorenen Schatzes« *Stunts* und besonders spektakuläre Szenen aus *Indiana Jones*-Filmen zu sehen. Bei jeder Show dürfen Zuschauer in Minirollen und als Statisten mitspielen.

Star Tours

Bei ***Star Tours, the ultimate Star Wars Thrill Ride*** handelt es sich um die Simulation eines intergalaktisches Fluges. Man »jagt« in einem raumschiffähnlichen Fahrzeug, das sich in Wahrheit natürlich nicht von der Stelle bewegt, scheinbar durchs All. Die Illusion der Weltraumfahrt entsteht – wie auch in ähnlichen *Rides* anderswo – mit Hilfe von Ton- und Rütteleffekten und eines vor den Augen der »Astronauten« abgespulten Films.

Und im *Sound Studio* geht es in einer sehenswerten Vorführung ***Sounds Dangerous*** um Toneffekte. Die Vertonung von Filmen wird dabei anschaulich und unterhaltsam erklärt.

Programm und Gastronomie

Fantasmic

Zum Abschluss bieten die *Hollywood Studios* jeden Abend mit ***Fantasmic*** eine außerordentliche Veranstaltung. Diese halbstündige multimediale Show mit Feuerwerk, Laser- und Spezialeffekten ist ein absoluter Höhepunk und mit Abstand beeindruckender als die Feuerwerke im *Magic Kingdom* oder im *Epcot Center*.

Aber »nur« maximal 10.000 Besucher haben Platz (davon 7000 auf Sitzplätzen) im ***Hollywood Hills Amphitheater*** hinter dem *Tower of Terror*. mit der Folge, dass es sich früh füllt. Wer mit guter Sicht auf die – aus einem See mit Insel bestehende – »Bühne« im zentralen Bereich des Open-air-Runds sitzen möchte, sollte schon 60 min. und mehr vor Beginn dort sein – je nach Andrang des Tages. Die Anfangszeiten variieren mit der Jahreszeit.

Restaurants

Die Auswahl an Restaurants und Fast Food ist wie in allen Parks groß. Empfehlenswert sind z.B.

- ***Soundstage***, wo auch schon mal der Glöckner von Notre Dame oder *Aladdin* höchstpersönlich auftauchen
- ***50s Prime Time Café***, wo man bei *Burgers* und *French Fries* von alten Filmen unterhalten wird.
- ***Sci Fi Dinner Theater***, wo »aufgeschnittene« Nostalgieautos der 1950er-Jahre mit Rücksitzsofa und Tisch in Richtung Leinwand aufgestellt sind und das typische Autokino der 2. Hälfte des 20. Jahrhunderts simulieren. Beim Verzehr der *American Items* läuft auf der Leinwand ein Filmprogramm.

Disney's Animal Kingdom

Kenn-zeichnung

Der jüngste *Disney Theme Park* ist nun auch schon 10 Jahre alt. Das *Animal Kingdom* ist eine **Kombination aus Zoo und Vergnügungspark**. Dabei stehen Spaß und Unterhaltung eindeutig im Vordergrund. Wer hier besonders viele und/oder exotische Tiere erwartet, könnte leicht enttäuscht sein, denn in jedem mittelgroßen Zoo bekommt man mehr davon zu sehen.

Eingang zum Themenpark Nummer 4

Das *Königreich der Tiere* ist mit über 200 Hektar zwar der flächenmäßig größte Park in *Disney World*, blieb aber leicht überschaubar. Das Angebot an Fahrten und *Shows* ist begrenzter als in anderen Parks. Man kann – sofern er nicht überfüllt ist und man nicht zuviel Zeit in Warteschlangen verliert – durchaus an einem langen Vor- oder Nachmittag fast alles sehen bzw. mitmachen.

Echt oder künstlich

Was die Tierwelt betrifft, geht es im *Animal Kingdom* in erster Linie um Afrika und Asien, wobei die Grenzen zwischen sorgfältig gestaltetem natürlichen Lebensraum und verblüffend real aussehenden künstlichen Kreationen verwischen. Oft ist kaum zu erkennen, ob ein Tier lebendig oder ein animiertes Teil, ob ein Fels aus Plastik oder echt ist. Neben existierenden lebendigen oder künstlichen Tieren gibt es Dinosaurier und *Disney*-Figuren wie *Mickey* oder *Minnie*, die im Safari-Outfit herumlaufen.

Discovery Island

Oasis und Baum des Lebens

Gleich hinter dem Eingang passiert man zunächst die ***Oasis***, einen grünen tropischen Garten voller exotischer Pflanzen und Tiere. Von dort geht es geradeaus weiter in Richtung *Discovery Island*, eine große Insel inmitten eines künstlichen Sees. Sie dient als zentraler »Verteiler« für die verschiedenen Bereiche des Parks. Optisches Zentrum und mit 50 m Höhe das alles überragende Wahrzeichen des *Animal Kingdom* ist der ***Tree of Life***. Erst bei genauem Hinsehen erkennt man, dass seine Blätter aus Plastik und der Stamm und die Äste ebenfalls künstlich sind. In seinen Wurzeln und rund um Stamm und Äste verbergen sich Hunderte von – wie geschnitzt wirkende – Tierskulpturen, die bei weniger intensiver Betrachtung und aus der Distanz insgesamt wie runzlige Baumrinde aussehen. Dass ausgerechnet ein »Lebensbaum« aus Plastik und Zement besteht, scheint niemanden zu stören.

Unter dem Wurzelwerk des großen Baums verbirgt sich ein Auditorium, in dem der hervorragende 3D-Film ***It's Tough to Be a Bug*** vorgeführt wird. Sein etwas alberner Titel tut der Qualität dieses kurzen Streifens mit tollen Spezialeffekten keinen Abbruch.

Der phänomenale »Tree of Life«, in dessen Stamm, Äste und Wurzeln Hunderte von Tieren eingearbeitet wurden

Die Bereiche

Um *Discovery Island* gruppieren sich jenseits des Sees folgende fünf Bereiche (von links nach rechts):

- ***Camp Minnie-Mickey***
- ***Africa***
- ***Rafiki's Planet Watch***
- ***Asia***
- ***Dinoland USA***

Alle Bereiche sind über Brücken zu erreichen und auch miteinander verbunden. *Asia* und und *Dinoland USA* kann man zusätzlich mit den *Discovery Riverboats* ansteuern.

Camp Minnie-Mickey

Die Bereich *Camp Minnie-Mickey* ist auf Kinder zugeschnitten. Man trifft dort jede Menge *Disney*-Kreationen, aber keine echten Tiere. Die Figuren schütteln Hände, nehmen Kinder in den Arm, posieren für Fotos und geben auch Autogramme.

König der Löwen

Auf einer riesigen Showbühne läuft mehrfach täglich das ***Festival of the Lion King*** mir Charakteren aus dem gleichnamigen Film. Die abwechslungsreiche, vielen sicher sehenswert erscheinende Aufführung kombiniert Gesang, Tanz und Akrobatik.

Pocahontas In ***Grandmother Willow's Grove*** tritt ***Pocahontas*** in einer eher mäßigen Show als Beschützerin von Umwelt und Natur auf.

Africa Löwen, Zebras, Giraffen, Affen, Nilpferde und alle möglichen anderen Tiere, die man mit Afrika verbindet, sind nur Teil der Szenerie in diesem Bereich. Auch Landschaft und Vegetation imitieren hier Afrika, besonders **Kenia**, wo die *Disney*-Vordenker ausgiebig recherchierten.

Safari Populär ist hier die ***Kilimanjaro Safari***, bei der man wie auf einer echten Safari im offenen Jeep durch eine erstaunlich echt nachgebildete Savanne fährt. Dabei bleibt die afrikanische Tierwelt häufig leider auf Distanz. Ganz ohne Show, und sei sie noch so simpel, wäre die Safari aber keine *Disney*-Attraktion. Die Jeepinsassen werden zunächst Zeuge von Wildfrevel an Elefanten, und danach der Verfolgung der Bösewichter. Am Ende steht die Gefangennahme der Wilderer.

Die Safari ist eine der wenigen Fahrten in *Disney World*, die jedes Mal etwas anders läuft, weil man Tiere an immer wieder anderen Stellen sieht. *Disney* versucht zwar mit allerlei Tricks – z.B. mit beheizten Felsen – Tiere an bestimmte Plätze entlang der Jeeproute zu locken, aber das klappt nur bedingt.

Lehrpfad Der ***Pangani Forest Exploration Trail*** muss zu Fuß erkundet werden, und das lohnt sich auch. Dort sind neben üppiger Vegetation Nilpferde und Gorillas die Hauptattraktion.

Im ***Harambe Village*** erholt man sich schließlich von der Besichtigung Afrikas, probiert als afrikanisch ausgegebene Speisen und Getränke und findet die passenden Souvenirs.

Rafikis Planet Watch Von Harambe kann, wer will, im *Wildlife Express*, einem »britischen« Zug aus der Kolonialzeit Indiens, zur ***Conservation Station*** fahren. Bereits während der Fahrt belehrt man die Passagiere über die Logistik des Parks, darüber, wo die Tiere nachts bleiben, etc. In der *Conservation Station* geht's um Artenschutz und Pflege kranker Tiere. Ein Streichelzoo heißt hier *Affection Section*.

Asien Auch im »asiatischen« Bereich, der sich im wesentlichen auf Indien beschränkt, sind Landschaft, Bauten, Vegetation und Tierbesatz perfekt aufeinander abgestimmt. Im Zentrum befindet sich die Ortschaft ***Anandapur*** mit der übliche Infrastruktur.

Auf einem Spaziergang durch den ***Maharajah Jungle*** sieht man exotische Vögel, Fledermäuse, Affen und Tiger. Das **Tigergehege** ist eindrucksvoll: dicht bepflanzt und in die malerischen Ruinen eines Maharadscha-Palastes integriert.

Auf dem Wildwasser-Bootstrip ***Kali River Rapids*** geht es an Bambuswäldern und Tempeln vorbei mit hoher Geschwindigkeit den reißenden Kali River hinunter. Diese Fahrt ist nur bei warmem Wetter zu empfehlen, denn die Passagiere der Rundflösse werden oft bis auf die Haut nass.

In der märchenhaften Show ***Flights of Wonder at Caravan Stage*** geht ein kleiner Junge mit dem Sagenvogel *Phönix* auf die Reise.

Expedition Everest

Mit rund 60 m Höhe weithin sichtbar ist in Florida seit 2006 der ***Mount Everest***, Kulisse und Gipfelpunkt eines ***Super-Rollercoasters***. Die Achterbahn läuft durch Bambusdschungel in der Ebene, durch Eishöhlen und über Gletscher auf das Massiv des Everest.

Dinoland USA

Der letzte Bereich bezieht sich auf die Welt der Dinosaurier. Im ***Boneyard*** können die Besucher im Sand nach *Disney*-Dinosaurierknochen graben. Der ***Cretaceuos Trail*** ist eine Art Lehrpfad, der sich auf Tiere wie Krokodile und Schildkröten bezieht, deren Vorfahren noch aus der Dinosaurierzeit stammen.

Achterbahn

Der erste *Rollercoaster* im Animal Kingdom war ***Primeval Whirl***, eine »Primaten Achterbahn«, deren Wagen sich während der Auf- und Ab-Fahrt noch um sich selbst drehen.

Dinosaur

Highlight des *Dinoland USA* ist indessen der *Ride* ***Dinosaur***, ein wilder, furchterregender Trip (»Zeitreise«) in die Welt der Dinos.

Gastronomie

Gastronomie

Im *Animal Kingdom* sind attraktive *Eateries*

- ***Flame Tree Barbecue*** im *Safari Village* und das
- ***Rainforest Café*** am Eingang (auch von außerhalb des Parks zugänglich), wo man in einem schummrig grünbunten Plastikdschungel voller exotischer Früchte und Vögel sitzt. Mittlerweile auch in *Downtown Disney* und in vielen Städten.

Wasserparks

Welt des Wassers

Etwas seltsam ist es ja schon, nur 1-2 Autostunden von traumhaften Sandstränden und vom Meer entfernt, exorbitante Eintrittspreise zu bezahlen, um sich in einem Wasserpark in die Brandung zu werfen oder sich gar an einem künstlichen Strand in die Sonne zu legen. Wer indessen nach Orlando kommt, wenn die Temperaturen – wie häufig – über 30°C liegen, wird der Versuchung aber oft nicht widerstehen können, zwischen Besuchen in den großen Themenparks einfach mal ein paar Stunden zu relaxen und sich abzukühlen. Allein *Disney World* verfügt über zwei Wasserparks.

Typhoon Lagoon

Den parkartig angelegten Wasserpark ***Typhoon Lagoon*** betritt man durch einen tropischen Regenwald und überquert erst einmal den Kanal fürs ***Inner Tubing***, wo man sich auf einem Plastikreifen rund um die ganze Anlage treiben lassen kann. Bei der Eröffnung vor nun schon über 20 Jahren übertrafen seine Rutschen zwar durchaus nicht die in der damaligen Paradeanlage *Wet'n Wild* (➤ Seite 257), waren aber viel fantasievoller angelegt.

Dasselbe gilt fürs riesige Wellenbad. Es ist größer als vergleichbare Becken in anderen Parks, und seine gleichmäßig 2 m hohen Wellen laufen zum flachen Ende hin kleiner und harmloser aus.

Etwas ganz Besonderes ist das ***Shark Reef***, ein Salzwasserpool mit echten Fischen, in dem die Besucher mit Taucherbrille, Schnorchel und Schwimmflossen (werden ohne Aufpreis gestellt) herumpaddeln können.

Künstliche Brandung in der Typhoon Lagoon

Blizzard Beach

Der zweite Wasserpark heißt ***Blizzard Beach***. Für ihn hat man sich eine phantasievolle Entstehungsgeschichte ausgedacht. In einem ungewöhnlich kalten Winter, so heißt es, kam ein geschäftstüchtiger Unternehmer auf die Idee, in Florida einen Skiferienort zu bauen mit rustikalem Hotel im Stil der Alpen, mit Skiliften und allem, was sonst noch so dazugehört. Mit dem nächsten Frühling aber schmolz der Schnee, die Palmen wuchsen nach, und das Skiresort wurde zum Wasserpark umgebaut. Die winterlichen Details blieben bestehen. Man sieht immer noch einige Schneereste und Eiszapfen. Auch die Skilifte sind noch da. Die Bobrennbahn wurde in eine große Wasserrutsche umgewandelt. Die Rutschen sind hier länger und wilder als anderswo, und es gibt davon immerhin siebzehn. Wellenbecken und Rundkurs fürs *Inner Tubing* fehlen auch nicht.

Eintritt und Zeiten

Einzeltickets kosten für ***Blizzard Beach*** und ***Typhoon Lagoon*** für Erwachsene je **$39**, für **Kinder $33** (+ 6,5% *tax*!), viel Geld für den nassen Spaß. Dazu kommen noch Schließfachkosten ($6). Erschwinglicher sind die Wasserparks nur für die Inhaber von ***Magic your way Passes***, die dafür – bei mehrfacher Nutzung am besten in den Randstunden – nur $5 Aufpreis bezahlen.

Die Planschparks sind üblicherweise nur **9/10-18/19 Uhr geöffnet**, denn die Leute sollen ja abends zurück in die Themenparks oder nach *Downtown Disney* (➤ nächster Abschnitt) strömen und dort (weiter) konsumieren.

Wie auch in den Themenparks bilden lange **Wartezeiten** vor den Attraktionen, hier: Rutschen, oft ein Problem. Es macht Sinn, sich für den aktiven Besuch Randstunden am Morgen oder vor Schluss auszusuchen, wenn der Andrang abebbt, sonst wartet man mehr als man rutscht und das für – inkl. *Tax* – über $40 Eintritt.

Downtown Disney

Wer nach Besuch der Themen- und Wasserparks noch Energien besitzt, wird in *Disney World* nicht allein gelassen: ***Downtown Disney*** sorgt – schick und attraktiv – für ein volles Programm mit *Shops, Restaurants, Showplaces* und *Discos*. Und es gibt sogar Leute, die ohne Umweg über die Themenparks *Downtown Disney* besuchen, etwa Gäste aus der angrenzenden *Hotel Row* und Einwohner aus Orlando und Umgebung.

Marketplace

- Im Bereich ***Marketplace*** am östlichen Ende von *Downtown Disney* findet man vor allem Geschäfte, darunter den **weltgrößten *Disney Store***, wo man Spielzeug, Kleidung und jede Menge Souvenirs erstehen kann, sowie das tolle ***Lego Imagination Center***.

  Von den Restaurants in diesem Bereich sind das ***Cap'n Jack's*** in einem Mississippi-Dampfer, in dem es vor allem *Sea Food* gibt, und – wiederum (➤ im *Animal Kingdom*, Seite 244) – das ***Rainforest Café*** zu empfehlen, das für große Portionen bekannt ist.

Pleasure Island

- Im anschließenden Bereich, der Musik- und Discozone ***Pleasure Island***, gibt es gleich eine ganze Reihe von Tanzschuppen für alle Geschmäcker und Altersgruppen. Nach 19 Uhr fällt dort Eintritt an ($22+ *tax*), und außerdem muss über 18 Jahre alt sein, wer sich dort amüsieren möchte. Mit dieser Zahlung ist pauschal der Zutritt zu allen Lokalitäten abgegolten. Für den Einlass in zwei Clubs – ***Hip-Hop Club BET Soundstage*** und die große Diskothek ***Mannequins Dance Palace*** – ist das Mindestalter 21 Jahre.

Westside

- Der dritte Bereich von *Downtown Disney* nennt sich ***West Side***. Neben einem ***Super Cinema Center*** mit 24 Leinwänden und ***Disney Quest***, einem elektronischen, interaktiven ***Entertainment Center*** (Eintritt $37!+ *tax*), findet man dort u.a. das ***House of Blues*** mit jeden Abend *Live Music*, ein enormes ***Planet Hollywood***-Restaurant (➤ Foto Seite 226) und einen ***Virgin Megastore***.
- Im großen zeltähnlichen Komplex ganz im Westen tritt – außer dienstags und mittwochs – täglich zweimal der ***Cirque du Soleil*** auf (Reservierung unter: © 407-939-7600, aber die Vorstellung dieses akrobatischsten aller Show-Zirkusse kostet ab $63+6,5%).

Mississippi Riverboat als Restaurant auf dem Lake Buena Vista im Bereich Pleasure Island.

Eingang zu den Universal Studios

Die Universal Parks

Universal Studios

Seit 1991 macht der Film-Themenpark *Universal Studios* den *Disney*-Parks, speziell den *Disney's Hollywood Studios* Konkurrenz. Der erweiterte und modifizierte Nachbau der *Universal City Studios* von Los Angeles bietet gegenüber dem »Original« durchaus Neues, die anfangs starken Übereinstimmungen der Hauptshows und *Rides* an beiden Orten nahmen über die Jahre ab.

Anfahrt, Eintritt & Information

Anfahrt

Die *Universal Studios.* befinden sich westlich der Kreuzung der ***Florida Turnpike*** mit der Autobahn **I-4** und damit bereits im Bereich der südwestlichen Vororte von Orlando. Bestgeeignete Abfahrt ist der ***Exit* #75A** von der I-4, dann Universal Blvd, möglich auch ***Exit* #74A**, dann Sandlake Road zum »Hintereingang«.

Parken

Wer mit dem Auto kommt taucht schon beim Parken (Pkw $11) ein in die »glanzvolle« Welt des Films. Die verschiedenen Teile des riesigen Parkhauses sind nach erfolgreichen Streifen wie *Jaws* (»Der weiße Hai«), *King Kong* oder *Jurassic Park* benannt. Für Campmobile/hohe Fahrzeuge gibt es eine Freifläche ($12).

Doppelpark

Vom Parkplatz/Parkhaus geht es zunächst durch einen *Downtown Disney* entsprechenden eintrittsfreien Restaurant- und Discobereich ***City Walk*** (➤ Seite 252). Danach trennen sich die Wege für ***Islands of Adventure*** (➤ Seite 251) und die ***Universal Studios***; Website: www.universalorlando.com/usf_index.html.

Eintritt Discounts, Zeiten

Universal liegt mit seinen offiziellen Eintrittspreisen unter den *Disney World*-Tarifen: **Ein Tagesticket (für einen Park) für Erwachsene kostet an der Tageskasse $71, für Kinder bis 9 Jahre $60, jeweils inkl. *tax***. Bei **online-Beschaffung** spart man jeweils etwa $2/Ticket. Ein **Tagesticket zum Besuch beider Parks** kostet $83 bzw $73 mit Ersparnis von $8/Ticket bei online-Kauf.

Für **$90** ist man **2 Tage in beiden Parks** dabei, **online für $80**.

Eine Spezialität (man könte in Anbetracht der hohen Normal-Ticketpreise auch sagen Unverschämtheit) sind hier sog. ***Express***

Plus Passes, die zusätzlich zum jeweiligen Eintritt erworben werden können. Mit ihnen umgeht man die normale Warteschlange und wartet an keinem *Ride* länger als maximal 15 min. Je nach Saison kosten diese Pässe $26-$56 und erlauben nur jeweils einen Durchgang auf der Schnellschiene für jeden verfügbaren *Ride*.

Geöffnet täglich ab 9 Uhr bis mindestens 19 Uhr, Fr+Sa bis 22 Uhr, ansonsten saisonal variierende Schlusszeiten.

Tickets im Internet:

- http://tickets.universalstudios.com
- www.officialticketcenter.com

Flextickets

Weitere ***Discounts*** gibt es für Intensivbesucher von Vergnügungsparks in Form von ***Flex Tickets***, die 14 Tage gelten.und für 5 bzw. 6 Parks gekauft werden können (*Universal Studios, Islands of Adventure, Seaworld, Wet'n Wild* und *Aquatica* plus ggf. die *Busch Gardens* in Tampa als #6): $238 bzw. $280; für Kinder bis 9 Jahre $196 bzw. $233.

Die Bereiche

Ähnlich wie die *Disney Parks* ist das *Universal*-Gelände in ineinander übergehende, aber Bereiche unterteilt:

- ***Production Central***
- ***New York***
- ***San Francisco & Amity Island***
- ***World Expo***
- ***Kid Zone***
- ***Hollywood***

Außerdem gibt es einen zentralen See, um den sich alles gruppiert. Auf ihm lief früher die mittlerweile eingestellte *Action Show Stuntacular*, während der nach und nach alles in die Luft flog.

Production Central

Im ersten Bereich hinter der Eingangsplaza mit den *Guest Services* geht es links zunächst zu Studios des bekannten amerikanischen Kindersenders *Nickelodeon*, wo das Publikum u.a. einen offenbar in den USA wohlbekannten Helden des Genres »*Cartoon* und Animation« in der Show ***Jimmy Neutrons Blast*** auf einer etwas albernen Jagd durch den Weltraum »unterstützen« darf.

Shrek

Das gegenüberliegende Gebäude wurde erst kürzlich dem Kassenhit »***Shrek***« gewidmet. Diesen 2005 überaus erfolgreichen komplett computeranimierten 3D-Film hat man um eine »vierte«, die *special effect*-Dimension erweitert und bewirkt damit tatsächlich Unglaubliches. ***4D-Shrek*** muss man gesehen haben, auch wenn Charaktere und Handlung auf *Jimmy Neutrons* Ebene liegen.

New York/ Tornado

Der nächste Bereich ist trickreich den Straßen New Yorks nachempfunden. In ***Twister ... ride it out*** entgeht das Publikum nur knapp den verheerenden Wirkungen eines vorbeiziehenden Tornados, der Überschwemmungen verursacht, Kühe fliegen läßt, Strommasten umreißt und eine Tankstelle in Brand setzt.

Achterbahn und Mumien

Und wo über Jahre *King Kong* sein Unwesen trieb, versetzt nun der schnellste ***Indoor-Rollercoaster*** der Welt in ***Revenge of the Mummy*** in seiner Fahrt durch Dunkelheit und Feuer mit furchteinflößenden wiederauferstandenen Mumien und – keine Frage – sagenhaften Lasereffekten seine Fahrgäste in Angst und Schrecken.

Blues Brothers

In einer Seitenstraße treten in regelmäßigen Abständen ***The Blues Brothers*** auf und unterhalten das Publikum mit einigen ihrer Songs (obwohl der Kultfilm nicht in New York, sondern in Chicago spielt, aber so genau nimmt man's hier nicht).

Graveyard Revue

Der nächste Stadtbereich erinnert an **San Francisco**. Dort läuft die ***Beetlejuice's Graveyard Revue***, ein 20-minütiges »*Spooktecular Musical*« mit tanzenden Monstern und Pyrotechnik.

Erdbeben

Bei ***Desaster*** besteigen die Besucher eine U-Bahn, die auf ihrer Fahrt durch San Francisco von einem Erbeben der Stärke 8,3 auf der Richter Skala überrascht wird und ins Chaos stürzt.

Amity Island

Gleich hinter San Francisco liegt Amity, ein beschaulicher Badeort am Atlantik, wohlbekannt aus dem Film »Der Weiße Hai«. Der *Ride* heißt hier – wie der Film – ***Jaws***: zum Schrecken, wenn der Hai auftaucht und sich am Gestänge der Wagen verbeißt, werden dabei viele Passagiere auch noch patschnass. Der erlegte Hai ist in Amity als Trophäe auf dem Dorfplatz aufgehängt.

Stunt- und Ekel Show

Eine erfolgreiche *Realty TV-Show* ist ***Fear Factor Live***, wobei – daher die Bezeichnung – »lebende« Freiwillige entweder (scheinbar) extrem gefährliche Stunts absolvieren oder ihren Ekel überwinden müssen, wenn der Cornflakes Teller voller lebender Insekten oder Maden liegt, die nichtsdestoweniger zu schlucken

Als Fotomotiv aufgehängter Riesenhai auf Amity Island, dem Schauplatz der Weiße Hai-Filme

sind, siehe »Dschungelcamp« bei uns. Hier werden Kandidaten aus dem Publikum für die Shows gecastet und bei »Eignung« vorgeführt. Schreck- und Gruselunterhaltung mit Sequenzen aus der Sendung und *Live Acts* der »Opfer« etwa im Rattenkäfig oder Terrarium voller Spinnen.

World Expo(sition)

Der vierte Bereich heißt zwar »Weltausstellung«, aber außer dem ***International Food und Film Festival*** ist es nix mit *World Expo.*

Zwei *Rides* liegen hier an: Im neuen ***The Simpson's Ride*** (ab Mai 2008) passieren große Dinge, die bei Redaktionsschluß noch nicht veröffentlicht waren. ***Men in Black – Alien Attack*** wurde dem gleichnamigen Film nachempfunden. Hier darf man während einer interaktiven Tour auf Außerirdische schießen. Die Treffer werden gezählt und am Ende erfährt man, welche der beiden gegeneinander aufgestellten Besuchergruppen gewonnen hat. Da *Men in Black* ein besonders populärer *Ride* ist, sind dort die Wartezeiten meist lang.

Wartezeit verkürzen

Wer bereit ist, sich für die Fahrt von seinen Begleitern zu trennen und sich neben Fremde zu setzen, stellt sich bei ***single riders*** an. Da hier immer drei Personen in einer Reihe sitzen, die meisten Besucher aber zu zweit sind und sich ungern trennen, wurde die »Sonderschlange zur Auffüllung des 3. Platzes« eingeführt. In der ist man rasch dran; nebenan warten Hunderte 30-60 min.

Kidzone

Die ***Kidzone*** wurde speziell für **Kleinkinder** geplant. In ***A Day in the Park with Barney*** können sie mit *Cartoon*-Figuren singen und klatschen. Der ausgezeichnete Spielplatz ***Fievel's Playland*** erinnert an den Zeichentrickfilm »Fievel, der Mauswanderer«. Im harmlosen ***Woody Woodpecker's Nuthouse Coaster*** geht's durch eine Nussfabrik, bei ***E.T. Adventure*** per Fahrrad in Richtung Himmel zur Rettung des kleinen Außerirdischen.

Hollywood

Im letzten Teil der *Studios* lehnt sich die Show bei ***Terminator 2: 3D Battle Across Time*** an den gleichnamigen Film an.

Eine interessante Attraktion ist die ***Universal Horror Make-Up Show***, bei der es um Maskentricks geht. Kurze Filmbeispiele von *Psycho* über *American Werwolf* bis zu *The Mummy* zeigen besonders »gelungene« unheimliche Masken.

Blue Man Group

Seit Sommer 2007 hat die mittlerweile weltweit bekannte ***Blue Man Group*** ihre Zelte dauerhaft im ***Aquos Theater*** auf dem Universal Gelände aufgeschlagen. Die 100 min Show läuft täglich; Eintritt \$59-\$74; Kinder \$49-\$64. Um diese Show zu besuchen, benötigt man kein Ticket für die Parks. Ab 18 Uhr ist außerdem das Parken frei. Alle Details unter www.universalorlando.com.

Gastronomie

An Angeboten fürs leibliche Wohl herrscht natürlich in keiner Ecke der Studios Mangel, aber die Kosten sind nicht niedrig.

Es gibt nur zwei Service-Restaurants innerhalb des Geländes:

Restaurants

- ***Finnegan's Bar & Grill*** in New York
- ***Lombard's Landing*** in San Francisco.

Außerdem das ***Hard Rock Café***, das mit dem ***City Walk*** verbunden und von beiden Seiten zugänglich ist, ➢ Foto Seite 105.

Im ***Mel's Drive-in*** in Hollywood kann man in einem wunderbaren 1950er-Jahre-Ambiente *Milk Shakes* trinken.

Islands of Adventure

Eintritt

Der zweite Vergnügungspark von *Universal* befindet sich direkt neben den *Universal Studios*. Auch die Eintrittspreise und Öffnungszeiten sind identisch, ➢ oben Seite 247.

Information

Universal's Islands of Adventure, ✆ 407-363-8000

Internet: www.universalorlando.com/ioa_index.html

Bereiche

Islands of Adventure hat fünf thematische Bereiche, die sich um einen See herum gruppieren:

- **Marvel Super Hero Island**
- **Toon Lagoon**
- **Jurassic Park**
- **Lost Continent**
- **Seuss Landing**

Thrill Rides

Im Prinzip handelt es sich hier um einen konventionellen *Amusementpark* wobei ein Teil der *Rides* von Filmen und *Comics* inspiriert wurde, so etwa der sagenhafte Rollercoaster ***Incredible Hulk*** (➢ Foto Seite 84), die simulierten ***Adventures of Spiderman***, der irre und feuchte Floßtrip ***Popeye & Bluto's Bilge Red Barges***, die Fahrt im ***Jurassic Park River Adventure*** vorbei an »lebenden« Dinosauriern, das Wildwasser-/Rutschabenteuer im Baumstamm ***Dudley Do-Right´s Ripsaw Falls*** oder die Doppelachterbahn ***Dueling Dragons***.

Shows

Sehenswert sind die Action Shows ***The eighth Voyage of Sindbad*** und ***Poseidon´s Fury***.

Charakteristik

Im Gegensatz zu den *Disney*-Parks geht es hier weniger um die phantasievolle Gestaltung und Geschichten, die mit den *Rides* zusammenhängen, sondern fast immer um Extremsituationen. Die ***Thrill Rides*** sind hier die absolute Spezialität. Die Teilnehmer werden durch hohe Geschwindigkeit, extreme Höhenwechsel, plötzliche Dunkelheit, durch spät abgefangene oder simulierte Stürze oder Kollisionen in Angst und Schrecken versetzt.

City Walk

Der Bereich *City Walk* am Eingang zu den beiden Themenparks ist *Universals* Antwort auf *Downtown Disney*. Hier gibt`s ebenfalls ein großes Kino und eine ganz ähnliche Mischung aus *Shops*, Restaurants und Clubs, u.a. Jazz und ein Reggae Club, ein ***Hard Rock Café***, die Tanzclubs ***Red Coconut Club*** und ***The Groove***, die Kneipen ***Margaritaville*** und ***Pat O'Brien's*** u.a.m.

Im Gegensatz zu *Downtown Disney* muss man hier, ein Vorteil, keinen Pauschaleintritt bezahlen, kann das aber ($12 oder $15 inkl. Kino + *tax* für einen ***Party Pass*** ggf. *plus Movie*). In den Clubs ist sonst immer eine ***cover charge*** von $7 bei Einzelzutritt fällig.

Weitere Themenparks

Sea World Adventure Park

Neben den *Universal Parks* ist *Sea World* die Hauptkonkurrenz oder Ergänzung zu den *Disney Parks*, wie man's nimmt.

Kennzeichnung Der *Sea World Adventure Park* begann in den 1970er-Jahren mit ein paar Aquarien, Meerestieren in Pools und den damals schon beliebten Killerwal- und Delphinvorführungen. Im Laufe der Jahre wurde *Sea World* zu einem ausgewachsenen Vergnügungspark weiterentwickelt. Übergeordnetes Thema ist nach wie vor der »Lebensraum Meer«. Im Jahr 2000 eröffnete der exklusive Delphin-Erlebnispark ***Discovery Cove*** gleich nebenan und im April 2008 der neue Wasserrutschenpark ***Aquatica*** im Umfeld.

Lage Der ***Seaworld-Komplex*** liegt auf etwa halbem Weg zwischen *Universal* und *Disney World* nördlich des *Beeline Expressway* zwischen I-4 und International Drive. Bestgeeignete Abfahrt von der I-4 ist der ***Exit #71*** (*Central Florida Parkway*), möglich ist auch ***Exit #72*** (*Beeline Expressway*).

Parken Parken Pkw $10, Wohnmobile $12. Ein *Shuttle Service* sorgt für den Transport zwischen Parkplatz und Eingangsplaza.

Eintritt/ Discounts *Sea World* ist der dritte Park im Bunde der höchsten Basispreise; **Tagesticket für Erwachsene $68, für Kinder bis 9 Jahre $58**, jeweils **plus 6,5% tax**. Aber bei Kauf im Internet im voraus gibt's $10 Rabatt auf jedes Ticket. **In Verbindung mit dem neuen Wasserpark *Aquatica* kostet das immer 2 Tage gültige Ticket $90 bzw. $80**. Ein **2-Tage-Pass für *Seaworld* und *Busch Gardens* in Tampa kostet $100 bzw. $92**. (inkl. freiem Bustransport; Gültigkeit 7 Tage, der Besuch muss also nicht an 2 aufeinanderfolgenden Tagen sein). Zusätzlich findet man im Fall *Seaworld Discount Coupons* und ***Flex Tickets*** für den Besuch mehrerer Parks.

Öffnungszeiten ab 9 bis mindestens 18 Uhr oder 19 Uhr täglich, im Frühjahr und in Ferienwochen länger, dann Fr+Sa bis 22 Uhr.

Information ✆ 407-551-3600 oder ✆ 1-800-327-2424

Internet: www.seaworld.com

Rides

In *Sea World* gibt es nur drei *Rides*, zwei sind beachtlich:

- die in der Eigenwerbung »*Water Coaster*« genannte ***Journey to Atlantis*** ist ein wilder Trip durch das versunkene Atlantis auf Wildwasserkanälen mit einer abschließenden steilen Abfahrt. Die Bootsinsassen nehmen dabei regelmäßig ein Duschbad.
- ***Kraken*** ist ein Riesen-***Rollercoaster***, der bei weitem schneller und wilder war als jede andere Achterbahn in *Orlando* bis *Universal* den *Incredible Hulk Coaster* installierte.
- Auf der simulierten Reise ***Wild Arctic*** geht es per Helikopter zu einer Forschungsstation im ewigen Eis, wo Eisbären, Wale und Walrosse und allerhand Gefahren warten.

Journey to Atlantis: Abschließende Schußfahrt hinunter in den Teich ...

Shows

Unter den diversen *Shows* laufen einige schon seit vielen Jahren. Sie wurden kürzlich mit neuen Namen an den anspruchsvoller werdenden Publikumsgeschmack angepasst.

Killerwale

Aus der *Shamu Adventure Show* wurde **»Believe«**. Darin vollbringen schwarzweiße Killerwale alle möglichen erstaunlichen Kunststücke. Die Zusammenarbeit zwischen den Walen und Trainern ist unglaublich: Die Betreuer reiten u.a. auf den Walen, oder die Wale schieben sie im Wasser bei hohen Geschwindigkeiten vor sich her und werfen sie in die Luft.

Seelöwen

Ganz amüsant ist die Show im ***Sea Lion & Otter Stadium***. Die Auftritte von zwei Seelöwen und mehreren Ottern werden in eine kurzes Theaterstück (*Clyde & Seamore* oder *Sea Lions tonight*) eingebaut. Die flachen Witzchen sind nicht jedermanns Geschmack, aber die Leistungen der Tiere außerordentlich.

Wale & Delphine & Zirkus

In ***Blue Horizons*** werden die Schwimmkünste von Walen und Delphinen mit menschlichen Stunts kombiniert. Und im *Nautilus Theater* geht es in der Show ***Odyssea*** endgültig nicht mehr um tierische Meeresbewohner, sondern um Akrobatik und zirkusartige Vorführungen unter und über Wasser.

Show Blue Horizons mit Delphinen

Haie und Pinguine

Eine tolle Sache ist auch der transparente Tunnel durch das Haifischbecken des Aquariums. Und die Kühlhalle voller Piguine in einer Art antarktischem Habitat ist sehenswert, obwohl im Klima Floridas eigentlich verrückt (***Shark/Penguin Encounter***).

Für Kinder

In der ***Delphin Cove*** lasssen sich Delphine ganz aus der Nähe betrachten, sogar streicheln. Ebenfalls in einem eigenen Teich darf das Publikum selbst Seelöwen mit Fischen füttern. Und der tolle **Spielplatz** für die Kleinen heißt hier ***Shamu`s Happy Harbor***.

Discovery Cove

Exklusiver Marinepark

In unmittelbarer Nachbarschaft zu *Sea World* liegt ***Discovery Cove***, ein exklusiver Marinepark, in dem die Besucher einen Tag auf einer künstlichen Südseeinsel verbringen und – von Haien nur durch Plexiglas getrennt – unter Wasser mit Meeresbewohnern auf Tuchfühlung gehen. Gegen Aufpreis kann man sogar mit Delphinen schwimmen. Ein Korallenriff voller tropischer Fische vermittelt Schnorchlern die Illusion des Roten Meers.

Tickets & Infos

Obwohl diese Vergnügen einen extrem hohen Eintritt kosten (saisonabhängig **$269-$289** mit, **$100** weniger ohne Delphinschwimmen! Keine Kinderermäßigung), sind die maximal 1.000 Tickets pro Tag oft schon lange im voraus vergeben. Wer noch ein bißchen mehr ausgeben möchte/kann ($468-$488), darf ***Trainer for a day*** spielen, so eine Art Lehrling beim Delphintraining. Ohne Reservierung hat man selten eine Chance.

Information unter © 1-877-557-7404; www.discoverycove.com

Aquatica

2008 Im April 2008 wird der neue Wasserpark am International Drive gegenüber vom Seaworld-Komplex eröffnet. Wie es aussieht übertrifft ***Aquatica*** seine Vorbilder in Disneyworld in Größe, Anzahl der Rutschen und Raffinesse. Riesige Strandlagunen mit ozeanischer Anmutung und Seegang sind umringt von 36 Wasserrutschen und Kanälen mit Stromschnellen fürs gemütliche Inner Tubing. Der Clou der Rutschen ist *Dolphin Plunge,* ein Riesenrohr, das am Ende transparent durch einen See voller Großfische läuft. Alle Details entnimmt man der Website:

Information www.aquaticabyseaworld.com

The Holy Land Experience

Kennzeichnung Der jüngste Zuwachs unter den Parks im Großraum Orlando wurde erst 2001 eröffnet: ***The Holy Land Experience*** ist ein biblischer Themenpark. Er besteht aus Nachbildungen von Bauwerken des Heiligen Landes und unterhält seine Besucher mit einem – für Europäer eher befremdlich wirkenden – Programm aus Gesang, Theater und Film. Interessant ist er vielleicht gerade deshalb.

Anfahrt Der »Bibelpark« liegt unweit der *Universal Studios* und der Kreuzung I-4 und *Beeline Expressway* an der Vineland Road. Beste Abfahrt ist *Exit* #3 1, aber auch *Exit* 30B von der I-4 ist möglich.

Eintritt und Zeiten Erwachsene und Jugendliche ab 13 Jahren bezahlen $35, Kinder vier bis zwölf Jahre $20; Senioren ab 55 $30, jeweils + 6,5% *tax*. Der Park ist Mo-Sa 10-18 Uhr geöffnet.

Information © 877-872-2272; www.theholylandexperience.com

Gegebenheiten Man betritt das *Heilige Land* durch die rekonstruierten Stadtmauern Jerusalems und kommt zunächst durch einen verwinkelten Markt. Eine blendend weiße Nachbildung des **Tempels des**

Bekannte biblische Szenen werden im Theater of Herodes mehrfach täglich nachgespielt

Biblische Szenerie wie zu Abrahams Zeiten im Heiligen Land

Herodes ist optisches Zentrum des Parks. Auf seinen Stufen werden biblische Szenen nachgespielt. Drinnen läuft ein erbaulicher Film mit biblischem Bezug.

U.a. sind die ***Via Dolorosa*** und das **Felsengrab am Kalvarienberg** zu besichtigen, außerdem ein detailliertes Modell von Jerusalem so, wie die Stadt im Jahr 66 n.Chr. ausgesehen haben soll. Das ***Scriptorium***, ein bibelbezogenes Museum, beherbergt alte Schriften und religiös bedeutsame Gegenstände.

Atmosphäre Das Gelände des Parks ist der Landschaft im Nahen Osten nachempfunden. Akazien, Papyrus und Zypressen wurden eigens aus Israel eingeführt. Aus Lautsprechern überall rieselt besinnliche Musik. Das Parkpersonal läuft barfuß, trägt wallende Gewänder und begrüßt die Besucher mit »*Shalom*«.

Souvenirs ***The Old Scroll Shop*** und ***Methuselah's Mosaic*** verkaufen neben T-Shirts, Postkarten aus Israel und ausgestopften Kamelen auch inspirierende Schriften und DVDs.

Zion's Hope Die übermittelten Botschaften sind allgemein christlicher Natur und an keine bestimmte Konfession gebunden. Hinter allem steht die erzkonservative **protestantische Kirche *Zion's Hope*,** www.zionshope.org. Ein Hauptziel von *Zion's Hope* ist es, Juden zum Christentum zu bekehren. Die Eröffnung des Parks wurde denn auch von Protesten jüdischer Organisationen begleitet.

Gatorland

Kennzeichnung Etwas ganz Anderes erwartet die Besucher im *Gatorland*, einer Farm mit über 5000 Alligatoren und Krokodilen, um die herum ein Zoo mit tropischer Tierbesetzung eingerichtet wurde. In der – mittlerweile etwas in die Jahre gekommenen – Anlage gibt es keine Filme, keine Fahrten und keine moderne Technologie.

Anfahrt *Gatorland* befindet sich nördlich von Kissimmee etwas unterhalb östlich der Kreuzung *Central Florida Greenway/Orange Blossom Trail* (Straße #17/#92/#441) am 14501 *S Orange Blossom Trail.*

Eintritt, Zeiten & Info

Tickets für Erwachsene kosten $23, für Kinder $15, bei online-Kauf nur $20 bzw. $12.

9-17 Uhr täglich; © 1-800-393-5297, www.gatorland.com

Exotische Tierwelt

Alligatoren und Krokodile kann man hier aus nächster Nähe bestaunen, füttern und für Fotos sogar mit ihnen posieren.

Zu den mehrfach täglichen Vorführungen gehört das so genannte ***Gator Wrestling***, bei dem einer der Wärter den einen oder anderen Alligator einfängt, ihn auf den Rücken wirft und ihm dann den Rachen öffnet. Solche gestellten »Alligatoren-Ringkämpfe« konnte man früher fast überall in Florida sehen. Heute sind sie unter dem Eindruck von Tierschützer-Protesten selten geworden. Die hier vorgeführte Form des *Wrestling* erscheint harmlos.

Neben mehreren Alligator- und Krokodilrassen gibt es im *Gatorland* Schlangen, Iguanas, Flamingos, Papageien, einen Bären etc. Der Besuch entspricht in etwa einem 3-Stunden-Programm.

Restaurant

Stärken kann man sich in ***Pearl's Patio Smokehouse*** mit – ganz passend – geräuchertem oder frittiertem Alligator.

Junge Alligatoren en masse im Gatorland

Wet'n Wild

Von den Wasserparks in *Disney World* und ihrer Charakteristik war bereits ausführlich die Rede (➤ Seite 244). Nur ein weiterer Park bietet an heißen Tagen außerhalb von *Disney World* und Seaworld Abkühlung und Rutschenspaß:

Der erste und einst größte Wasserpark der USA ist ***Wet 'n' Wild*** am oberen International Drive unweit *Universal* (von der I-4 *Exit* #75A). Er verfügt über viele besonders lange und aufregende Rutschen. Auch ein großes Wellenbad (ohne Strand) und ein nasser Spielplatz mit Wasserkanonen und Wasserspaß für die Kleinen sind vorhanden. Die Gestaltung der Anlage ist jedoch weniger fantasievoll als in den *Disney Parks* oder in *Aquatica*.

Erwachsene $40, Kinder $34, geöffnet täglich, meis ab 9/10 Uhr bis 18/19 Uhr, um Nov. und Dez. bis 17 Uhr, in den Sommermonaten bis 23 Uhr. Exakte **Info** unter www.wetnwild.com.

Fortsetzung einer Rundreise durch Florida ab Orlando

Nach Daytona Beach und weiter

Nach dem eingeschobenen Sonderkapitel »Orlando« geht es in diesem Buch (Seite 262) weiter via Daytona Beach an der Atlantikküste entlang weiter nach Norden. Nach Daytona Beach sind es auf der ***Interstate #4*** nur rund 60 mi, es sei denn, man legt einen – empfehlenswerten – Abstecher zu einem der Quellfluss-Parks ein. Nur wenig abseits der I-4 liegt der ***Blue Springs State Park***, dessen Besuch man auf dieser Route nicht auslassen sollte.

Nach Norden/ Nordwesten via Ocala

Wer von Orlando direkt nach Norden bzw in Richtung Nordwesten (Tallahassee/New Orleans) fahren möchte, erkennt leicht als schnellste Verbindung *Florida`s Turnpike* und die I-75. Nach Ocala könnte man aber auch via ***Ocala National Forest*** und die ebenfalls im Folgenden beschriebenen Parks ***Alexander*** und/oder ***Juniper Springs*** fahren.

Wer auf der Weiterfahrt nicht die Autobahn wählt, sondern die breit ausgebauten Straßen #27 und #27A, passiert bei Chiefland außerdem noch den ***Manatee Springs State Park***, ➢ Seite 343.

Ocala

Ocala hat 50.000 Einwohner und ist kein vorrangiges Besuchsziel außer für Pferdeliebhaber. In seiner Umgebung werden vor allem arabische Vollblüter gezüchtet. Einige **Gestüte** können besichtigt werden, so etwa der Hof ***Ocala Stud Inc***. (SW 27th Avenue, Anfahrt über die Straße #200, ✆ 352-237-2171).

Information

Ocala County Chamber of Commerce, 110 E Silver Springs Blvd, ✆ 352-629-8051; www.ocalacc.com und www.accessocala.com

Silver Springs

Nur wenige Meilen östlich von Ocala (Straße #40) befinden sich die ***Silver Springs***. Aus gleich 150 Quellen sprudeln dort täglich 2 Mio. m^3 kristallklaren Wassers an die Oberfläche und bilden den **Silver River**. Bereits seit 1878 können Besucher ihm dank der ersten – angeblich dort erfundenen – Glasbodenboote bis auf den Grund blicken. Der Fluss und die üppige Vegetation an seinen Ufern bilden die Basis für einen Themenpark mit exotischer Flora, Freigelände-Zoo, Unterhaltung, Shops und Restaurants, ➢ Kasten rechts. Nebenan steht ein Wasserpark.

Geöffnet täglich 10-17 Uhr; Eintritt $34, Kinder bis 10 Jahren $25. Kombiticket mit Wasserpark. Info unter ✆ 352-236-2121; www.silversprings.com.

Achtung: *Discount Coupons* und Sonderaktionen reduzieren hier den Eintritt ggf. substanziell. Im Sommer 2007 qualifizierte schon das Mitbringen einer Coca Cola Dose für $3 Discount.

Von Orlando nach Tampa

Wer von Orlando nicht mehr weiter nach Norden fahren möchte, wird in vielen Fällen seine Rundreise über die Westküste nach Süden fortsetzen wollen. Auf direkter Strecke (I-4) sind das gerade 90 mi oder maximal 2 Stunden Fahrt bei – hier häufig – dichtem Verkehr. Die Beschreibung der **Tri City Tampa/St. Petersburg/ Clearwater findet sich ab ➢ Seite 347**.

Umweg über Homosassa Springs und Weeki Wachee

Bei ebensolchen Reiseplänen (nach Süden via Westküste) könnte man zunächst einen kleinen Umweg über die ***Homosassa Springs*** einbauen, ➢ Kasten. Über *Florida's Turnpike* und die Straßen #44/ #400 ist es von Orlando dorthin ebensoweit wie nach Tampa. Über den gebührenpflichtigen *Suncoast Parkway* oder die Straße #19 geht es dann von dort nach Tampa bzw. Clearwater. Am Wege liegen noch die ***Weekie Wachee Springs*** und die Schwammtaucherstadt **Tarpon Springs**, ➢ Seiten 346+366.

Floridas Quellflüsse und Springs Park

Eine spezifische Attraktion Floridas sind seine Quellflüsse, die insbesondere **nördlich und westlich von Orlando** von ergiebigen ***Springs*** gespeist werden. Wassermengen zwischen »nur« 35.000 m³ (*Wekiwa Springs*) und über 2 Mio. m³ (*Silver Springs*) treten dort Tag für Tag an die Oberfläche. Die rund um die Quellen und um die ersten Kilometer ihrer Abflüsse herum entstandene Vegetation und die unerhörteWassertransparenz bei sommers wie winters gleichen Temperaturen zwischen 20°C und 23°C sorgte früh für die Anlage von Parks.

Einige dieser Parks (***Silver*** und ***Weeki Wachee Springs***) sind in **Privathand** und machen das große Geschäft mit Touristen, die für Unterwassershows, Bootsfahrten durch »Dschungel« mit wilden Tieren, Badelandschaft mit Wasserrutschen und viel »Drumherum« kräftig zur Kasse gebeten werden. Die Mehrheit befindet sich in Staatshand. Herrlich angelegte ***State*** und ***National Forest Parks*** laden zum Baden, Campen und Kanu-Paddeln ein.

Von den staatlich betreuten *Springs Parks*, die von Orlando und hier beschriebenen Routen leicht erreichbar sind, seien besonders hervorgehoben:

- ***Blue Springs State Park*** bei Orange City (I-4 *Exit* 108 oder 111, dann Straße #17), tiefer Quellfluß nur für Schwimmer; die Austrittsöffnung darf von Gerätetauchern erkundet werden; im Winter Heimstatt von *Manatees*/Seekühen; **Kanuverleih**; **Campingplatz** relativ weit entfernt vom Wasser.
- ***Alexander Springs*** im *Ocala National Forest* (Straßen #19/#445) ist eine schöne Anlage mit flachem Badestrand und großer Campingkapazität, daher beliebt bei Familien mit Kindern, aber z.T. weite Wege vom ***Campground***.

Das Quellwasser Schwimmbecken von Juniper Springs

- ***Juniper Springs*** im *Ocala National Forest* mit einer gemauerten Badestelle rund um den Quellbereich hat keinen Strand, ist aber auch für kleine Kinder geeignet. Der Clou sind **Kanutouren** über 11 km den Juniper Creek hinunter, mit Rücktransport $31-$50 nach Größe; am besten am Vortag reservieren unter © (352) 625-2808 (+$2); sehr schön angelegter ***Campground***.
- ***Wekiwa Springs State Park*** ist der Orlando am nächsten gelegene *State Park* mit einer äußerst gepflegten Anlage, großem Badesee und Kanuverleih; der eher schlichte **Campingplatz** liegt weit weg vom Wasser.
- ***Homosassa Springs Wildlife Park*** an der Küstenstraße #98/19 bietet einen längeren Bootstrip zu einem Zoo der Florida-Tierwelt samt ***Manatees***, die man sonst kaum zu Gesicht bekommt. Der Park ist die **sanfte Alternative zu den *Silver Springs***; Eintritt $9, Kinder $5. Kein Campingplatz, ➤ Seiten 346.
- ***Manatee*** und ***Wakulla Springs State Parks***, ➤ Seiten 343 und 295.

An Wochenenden, Feiertagen und während Schulferien werden die Parks stark frequentiert. Auf den ***Campgrounds*** kommt man dann oft nur schwer unter.

Von Orlando nach Miami

Wer von Orlando auf schnellstem Weg nach Miami (zurück) möchte, schafft die Fahrt auf *Florida's Turnpike* in 4 Stunden oder weniger und etwa einer Stunde mehr bei Wechsel auf die gebührenfreie I-95 bei Fort Pierce bzw. Fahrt über den *Beeline Expressway* und dann ebenfalls I-95.

Schöner sind natürlich die Routen entlang der Atlantikküste (➤ Seiten 179-206) oder der Golfküste (➤ Seiten 347ff), für die man aber selbst bei nur kleinen Unterbrechungen mindestens drei Tage einplanen sollte. Wer schon beide Strecken kennt oder Zeit/Lust auf eine alternative Route hat, die mindestens einen langen Tag dauert, könnte auch die **Straße #27** durchs Landesinnere **via Lake Okeechobee** nehmen. Die Strecke ist zwar weitgehend unspektakulär, am Weg liegen dennoch einige Ziele für kurze oder auch längere Zwischenstopps.

Auf diese Route gelangt man verkehrstechnisch am besten zunächst über die **I-4** in Richtung Tampa, ***Exit* #55**.

Bok Tower

Nördlich der Kleinstadt Lake Wales bietet das ***Historic Bok Sanctuary*** das Kontrastprogramm zur aktionsgeladenen Unterhaltung des Orlando-Umfelds; www.boksanctuary.org. Anfahrt von Norden durch Waverly auf die Straße #17A (6 mi von der #27) oder von Süden via Lake Wales.

Es handelt sich um einen schon im frühen 20. Jahrhundert attraktiv angelegten Park (Palmen, Magnolien und Azaleen) um Floridas höchste Erhebung herum, auf dem ein Glockenturm, der ***Bok Tower***, steht (mehrmals täglich gibt's ein Glockenkonzert).

Geöffnet täglich 8-18 Uhr, **Eintritt** $10, Kinder $3.

Highland Hammock State Park

Rund 30 mi weiter südlich passiert die #27 beim Lake Jackso (Sebring) die Zufahrt (Straße #634) zum schönen *State Park* ***Highland Hammock***. Das Gelände stand schon unter Naturschutz, bevor das *State Park*-System installiert wurde.

Der Park ist nach typisch subtropischen *Hammocks* benannt, waldigen Inseln im Sumpfgebiet. Es gibt eine Reihe von Fuß- und Radwegen (Fahrradverleih) und ein Museum zur Geschichte des *Civilian Conservation Corps*. Diese Organisation hatte während der Weltwirtschaftskrise Anfang der 1930er-Jahre das *State Park*-System als landesweite Arbeitsbeschaffungsmaßnahme mit aufgebaut.

Auch ein guter **Campingplatz** ist vorhanden; © 863-386-6094; $18.

Lake June in Winter

Ein weiterer schöner ***State Park*** wurde erst kürzlich am Lake June in Winter unweit der Kleinstadt Lake Placid eingerichtet, bislang kein Camping, aber tolle Lage am See mit **Badestrand** und klaren Quellen auf dem Gelände.

Lake Okeechobee

Von Lake Placid ist es nicht mehr weit bis zum riesigen Lake Okeechobee, dem größten See Floridas, ➤ Seite 195. Die Straße #27 führt ab Clewiston bis South Bay für 13 mi an dessen Südufer entlang. Wegen des Deiches ist der See aber von dieser Straße aus nicht zu sehen.

Von South Bay kann man auf der autobahnartig ausgebauten Strecke in einer guten Stunde Miami erreichen.

Unterkunft en route

- In **Lake Wales** und Umgebung gibt es eine Reihe guter *B&Bs*, z.B. das ***Stanford Inn*** (555 East Stanford Street im Nachbarort Bartow) ab $95; © 863-533-2393.
- Bei **Lake Placid** ist das ***Ramada Inn*** o.k. (ab $80).
- **Campen** läßt es sich – wie erwähnt – besonders schön im ***Highland Hammock Park***, $18 ohne *Hook-up*.
- Am Lake Okeechobee wurde bereits oben ***Pahokee Marina & Campground*** beim gleichnamigen Ort empfohlen. Nur zu Fuß oder mit Fahrrad oder Boot zugänglich sind Plätze direkt am Seeufer, ➤ Seite 196.

Dreidimensional wirkendes Wandgemälde (nur der Steg in der Mitte ist echt, der lange Zaun gemalt) an einem Supermarkt in Lake Placid. Hufgetrappel, Wiehern und Muhen kommen dazu aus verborgenen Lautsprechern

3.5 Die Nordostküste von Daytona Beach bis Jacksonville

3.5.1 Daytona Beach

Kennzeichnung

Vom *Kennedy Space Center* nach **Daytona Beach**, einem weiteren populären Seebad, ist es eine gute Stunde Fahrt (ca. 70 mi). Im Gegensatz zu Miami Beach, Fort Lauderdale oder Palm Beach gilt es als Floridas **Billigbadeort**, in dem sich im Frühjahr vor allem **College-Studenten**, die ***Spring Breakers***, sonst Familien tummeln. Das Strandleben ist dort tatsächlich ganz anders als in Südflorida. Es geht lauter und lebhafter zu. Der Strand darf sogar – in Einbahnspuren – mit Autos befahren werden. **Zentrum des *High Life*** sind der Pier am Ende der Main Street und die Strandpromenade voller billiger Shops und *Fast Food*-Lokale.

Im Sommer finden jeden Freitag die ***Daytona Nights*** statt, Straßenfeste, oft verbunden mit *Auto Shows*, auf denen – sogar openair – der Alkohol in Strömen fließt.

Themenpark und Rennsport-museum in einem: Daytona 500 Experience

Daytona Speedway

Neben diesem Auto-Strand ist Daytona Beach für seine Rennstrecke bekannt. Als 1902 das erste Autorennen stattfand, rasten die Fahrer noch auf dem Sand direkt am Meer um die Wette. Doch seit den 1960er-Jahren finden die Rennen auf dem ***Daytona International Speedway*** statt (westlich der Innenstadt an der Straße #92). Er ist – nach Indianapolis – die legendärste Autorennbahn der USA. Höhepunkt der Rennsaison sind die ***Daytona 500*** Anfang Februar, aber auch zu anderen Rennen, wie der ***Bike Week*** im März (mit angeblich einer halben Million *Bike Fans* aus aller Welt) oder den ***Pepsi 400*** Anfang Juli kommen Zehntausende von Fans in die Stadt. Wenn gerade keine Rennen stattfinden, kann man an Führungen auf der Strecke teilnehmen.

Daytona 500 Experience

Daytona 500 Experience (1801 W International Speedway Blvd, täglich 9-17 Uhr, Eintritt $24, bis 12 Jahre $19; www.daytona500experience.com) gleich neben dem *Speedway* bietet eine ganz interessante Mischung aus **Themenpark** und **Rennsport-Museum**; das

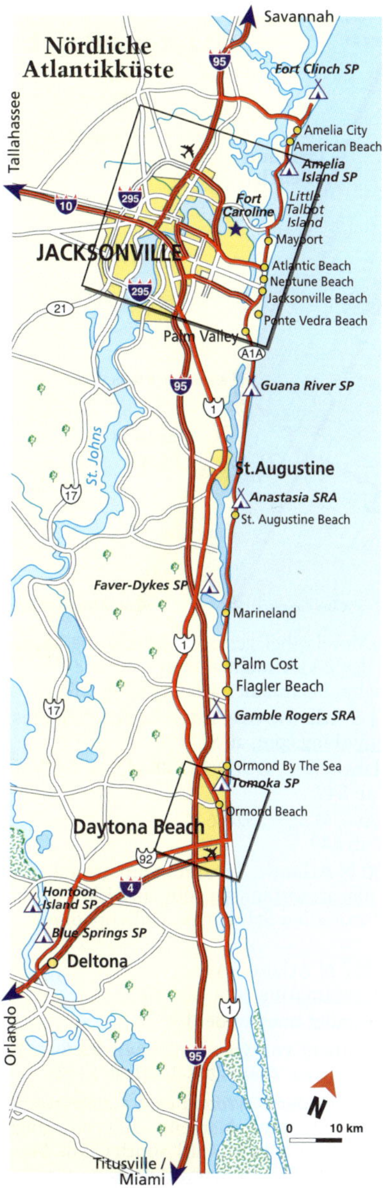

gilt zumindest für Fans. In interaktiven Ausstellungsbereichen kann man Rennwagen testen und in Simulatoren erleben, wie sie sich fahren. Außerdem dürfen Besucher dort eigenhändig an einem *pit stop* versuchen, die Reifen eines Rennwagens so schnell wie möglich zu wechseln.

Als ultimatives Highlight für Autorennfans gilt das ***Driving Experience***: für $140 als Beifahrer in einem echten Nascar-Rennwagen ein paar Runden auf dem *Daytona Speedway* drehen, bis der Herzinfarkt droht.

Von *Daytona 500* starten auch Führungen hinüber zum *Speedway*.

Halifax Historical Museum

Einen Überblick über die Geschichte der Region und Autorennen mit vielen Erinnerungsstücken findet man im ***Halifax Historical Museum*** (252 S Beach Street, Di-Fr 10-16 Uhr, Sa/So 10-12 Uhr, Eintritt $4, bis 12 Jahre $1; www.halifaxhistorical.org).

Daytona Flea & Farmers Market

An der Tomoka Farms Road (westlich I-95/nördlich I-4/*Exits* 260 bzw. 132) findet Fr-So 8-17 Uhr der ***Flea & Farmers Market*** statt, einer der größten Flohmärkte in Florida. Neben typischem Trödel gibt's dort Farmprodukte billiger als im Supermarkt.

Information

Daytona Beach Area Convention & Visitors Bureau, 126 E Orange Ave, © 386-255-0415; www.daytonabeach.com. Ein Infostand befindet sich auch in der Eingangshalle von *Daytona 500*.

Unterkunft

Normalerweise ist es kein Problem, in Daytona Beach ein Motelzimmer für unter $50 zu finden, nur während der ***Spring Break*** im März und bei besonderen Veranstaltungen wird es eng; dann steigen auch die Preise.

Zahlreiche preiswerte H/Motels (bei geringer Auslastung ab ca. $40) finden sich entlang der #A1A nicht nur in Daytona Beach, sondern auch noch nördlicher bis hinauf nach Ormond, z.B.

- ***Sun Viking Lodge***, 2411 S Atlantic Ave, Daytona Beach Shores, © 386/ 252-6252, www.sunviking.com, ab $77
- ***Ocean Villa,*** 828 N Atlantic Ave, © 904/252-4644, www.ocean-villa.com, ab $49
- ***Capri***, 832 N Atlantic Ave, © 386/252-4644, www.capri-motel.com, ab $49
- ***Plaza Resort & Spa***, 600 N Atlantic Ave direkt am Strand. © 386/255-4471, www.plazaresortandspa.com, ab $150. Großes Vierstern-Hotel mit allen Schikanen, Hallenpool und Wellness-Angeboten.
  - ***Casa Marina Motels***, 837 N Atlantic Ave, © 386/252-4644, www.casamarina.com, ab $50
- Häuser der **Motelketten** findet man an der I-95.

Edler übernachtet man in einem von vielen schönen ***B&Bs*** (z.B. ***The Villa***, 801 N Peninsula Drive, © 386-248-2020, ab $125).

Camping

- Südlich von Daytona Beach ist der ***Daytona Beach Campground*** eine gute Wahl. Er gehört – trotz seines Namens – zu Port Orange (I-95, *Exit* 260A, östlich auf Straße #400, 4601 South Clyde Morris Boulevard, © 386-761-2663, ab $35; www.rvdaytona.com).

- Der ***Campground*** im ***Tomoka State Park*** etwa 10 mi nördlich von Daytona Beach (I-95, *Exit* 268, östlich auf die Straße #40 abbiegen, 2099 North Beach Street, © 386-676-4050, ab $20) ist großzügiger angelegt als die privat geführte Konkurrenz.

Im übrigen passiert man auf der #A1A im Abschnitt **zwischen Daytona und Flagler Beach** noch eine ganze Reihe kommerziell geführter **Plätze direkt am Strand** und die

- ***Gamble Rogers Memorial State Rec. Area*** nahe Flagler Beach, 3100 S Straße #A1A, © 386/439-2474, Strandcamping ab $23.

Nördlich von Flagler Beach passiert man das

- ***Beverly Beach Camptown RV Resort*** (2816 N Ocean Shore Rd) © 386/439-3111, www.beverlybeachcamptown.com, ab $35

Restaurants

- ***Dancing Avocado Kitchen*** (110 S Beach Street), Säfte und *Health Food*; vegetarische Küche.
- ***Angell & Phelps Cafe***, 156 S Beach Street, das Restaurant (Salate, Steak, Seafood und mehr) neben der gleichnamigen Schokoladen- und Pralinenfabrik, Samstagabend Live-Musik.
- Das ***Steak & Shake*** (1000 International Speedway Boulevard) hat *Burger*, *Sandwiches* und *Steaks* rund um die Uhr.
- Im ***Ocean Deck*** (127 S Ocean Avenue) einen guten Block südlich des Piers gibt es frischen Fisch und Seafood.

3.5.2 Von Daytona Beach nach St. Augustine

Zur Strecke

Auf der **I-95** erreicht man in einer guten weiteren Stunde St. Augustine. Wer ab Daytona Beach die Autobahn wählt, verpasst zwar nicht viel, aber bei mehr Zeit ist wieder einmal die Straße **A1A** die bessere Alternative. Sie läuft auf den schmalen Barrier Islands in diesem Abschnitt oft **direkt am Wasser** entlang und passiert weitere, durchweg kleine Badeorte wie Ormond Beach, Flagler, Beverly und Crescent Beach. Mehrere *State Parks* liegen am Wege. Der erwähnte (➢ links) ***Tomoka State Park*** liegt westlich des *Intracoastal Waterway* zwischen Ormond Beach und Ormond by the Sea und besitzt neben schattigem Picknick- und Campingplatz auch einen Kanuverleih am reizvollen Tomoka River. Die ***Gamble Rogers State Recreation Area*** südlich Flagler Beach bietet die Möglichkeit, direkt am Strand zu campen, ➢ oben.

Nur im Bereich Daytona Beach lässt man in Florida Autos auf den Strand

Dolphin Conservation Center

Aus dem früheren ***Marineland of Florida*** wurde nach Konkurs wurde ein ***Dolphin Conservation Center*** (10 mi nördlich von Palm Coast, 9507 Ocean Shore Blvd/#A1A, täglich 8.30-16.30 Uhr, © 904-460-1275; © 1-888-279-9194). Dort kann man für $6 (Kinder bis 12 die Hälfte) ganz einfach Delphinen zuschauen oder teure Programme mit Delphinkontakt und/oder Delphinschwimmen dazubuchen, ➢ auch Seite 158. Bis zu $500 zahlt, wer »*Trainer for a Day*« sein möchte (➢ auch ähnliches Angebot im *Seaworld Park Discovery Cove*, Seite 254). Vorherige Anmeldung notwendig, Kurzprogramme ab $75; www.marineland.net.

Camping

Weiter landeinwärts zwischen Mangroven und dichter Vegetation liegt der ***Fayer-Dykes State Park***, den man am besten über die #1 erreicht (ab Crescent Beach zurück aufs Festland auf der #206). Von der Hauptstraße #1 (auch ab der I-95, *Exit* 298) geht es dorthin auf einem Sandweg mehrere Meilen durch trockengelegte Sümpfe. Ein schöner, seltener volle Platz; moderate Gebühren (ab $15).

Fort Mantanzas

15 mi südlich von St. Augustine steht das ***Fort Mantanzas National Monument*** auf **Rattlesnake Island** (Zufahrt ausgeschildert, täglich 9-17.30 Uhr, © 904-471-0116; www.nps.gov/foma, frei). Zwischen 9.30 Uhr und 16.30 Uhr stündliche Fähre zur Insel. Die 1740 von Spaniern errichtete Befestigung ähnelt dem *Castillo de San Marcos* in St. Augustine. Sie ging ebenso 1821 auf die USA über. Bei gutem Wetter ein empfehlenswerter Abstecher.

Außenanlage des alten Castillo de San Marcos in St. Augustine

3.5.3 St. Augustine

Kennzeichnung

Rund 70 mi nördlich von Daytona Beach liegt die älteste von Europäern gegründete Stadt der Vereinigten Staaten. St. Augustine ist ein **echtes Juwel** und **jeden Umweg wert**. Es besitzt einen sehr schönen alten Stadtkern mit Kopfsteinpflaster-Straßen und vielen restaurierten Häusern, die teilweise noch aus der spanischen Kolonialzeit stammen. Für historisch Interessierte ist St. Augustine sicher die interessanteste Stadt in ganz Florida.

Geschichte

Spanien und Frankreich

Ostern 1513 betrat ***Don Juan Ponce de León*** irgendwo an der Küste zwischen St. Augustine und Jacksonville als erster Europäer den Boden Floridas und erklärte kurzerhand die ganze – von ihm dafür gehaltene – »Insel« zu spanischem Besitz, ➤ Seite 394. In den folgenden Jahrzehnten unternahm die spanische Krone mehrere erfolglose Versuche, in der neuen Kolonie mit Siedlungen dauerhaft Fuß zu fassen. Aber erst als **Frankreich** ebenfalls Ansprüche auf Florida erhob und sogar in der Nähe des heutigen Jacksonville ein Fort errichtete, wurde den Spaniern klar, dass sie in Florida ernsthafte Präsenz zeigen mussten. Also ernannte der spanische König *Phillip II* ***Don Pedro Menéndez de Avilés*** zum Gouverneur und entsandte ihn nach Florida. *Menéndez* traf im August 1565 mit 800 Soldaten und Siedlern ein und gründete eine erste Siedlung, die er nach dem Heiligen Augustinus benannte, da der Tag seiner Ankunft auf dessen Feiertag fiel. Seine ersten Aktivitäten bezogen sich auf die Vertreibung der Franzosen, um so den spanischen Besitzanspruch durchzusetzen, ➤ Seite 394

St. Augustine durchlebte in den folgenden Jahrzehnten zwar manche Krise – z.B. 1586 Plünderung durch den Piraten *Francis Drake* –, es wurde aber nie aufgegeben und kann somit völlig zu Recht für sich beanspruchen, die **älteste Stadt der USA** zu sein.

Praktisches

Information

Visitor Information Center, 10 Castillo Dr/San Marco Ave, ✆ 904-825-1000, www.oldcity.com und www.staugustine.com/visit.

Unterkunft

In St. Augustine hat man die Wahl zwischen zahlreichen Hotels und Motels und einer ganz en Reihe *B&Bs* in historischen Gebäuden im Stadtzentrum.

- Zu den attraktiven *B&Bs* im Zentrum zählen z.B. das ***Southern Wind Inn*** (18 Cordova Street, ✆ 904-825-3623, ab $99), das ***St. Francis Inn*** (279 St. George Street, ✆ 904-824-6068, ab $99) oder das ***Kennwood Inn*** (38 Marine Street, ✆ 904-824-2116, ab $95).
- Wer sich etwas Besonderes gönnen möchte, übernachtet edel im ***Casa Monica Hotel*** (95 Cordova Street, ✆ 904-827-1888 oder ✆ 800-648-1888, www.casamonica.com; ab $170).
- In idealer Lage am Rand der Altstadt befindet sich ein ***Best Western Inn*** (6 Castillo Drive, ✆ 904-824-4457; ab $99).

Im Hintergrund steht das nostalgische Hotel Casa Monica

- Auf Anastasia Island bieten ein ordentliches Preis-/Leistungsverhältnis das ***Sleep Inn*** (601 Anastasia Boulevard, © 904-825-4535) und das ***Anchorage Inn***, von dem aus man die *Bridge of Lions* und das andere Flussufer überblickt (1 Dolphin Drive, © 904-829-9041), beide ab ca. $55.
- Entlang der **A1A auf Anastasia Island** findet man viele weitere unabhängige wie Kettenmotels, ebenso an der **Straße #1**, die hier Ponce de Leon Boulevard heißt.
- Das ***St. Augustine Hostel Pirate Haus*** (32 Treasury Street, © 904-808-1999, www.PirateHaus.com; ab $19 ***Dormitory*** mit Frühstück) liegt sehr günstig mitten im Zentrum.

Camping

- Der Campingplatz in der ***Anastasia State Recreation Area*** (© 904-461-2033, ab $25) auf der gleichnamigen Insel liegt etwas abseits der Küste in einem Wäldchen und ist wegen der Nähe zu St. Augustine und des nahen Strandes beliebt, d.h. oft voll.
- In der Umgebung von St. Augustine gibt es zwei ***KOA Campgrounds***, der stadtnähere ist ***St. Augustine Beach*** ebenfalls auf Anastasia Island (525 W Pope Road, © 904-471-3113, ab $40), Strandzugang und *Shuttle-Bus* zum Stadtzentrum!
- ***Indian Forest Campground***, 1505 Straße #207 in einem Wald an einem See, ab I-95 *Exit* 94, © 904-824-3574, ab $25.

Restaurants

- Zum Frühstück (oder Lunch) empfiehlt sich die ***The Bunnery Bakery & Café*** mitten in der Altstadt (121 St. George Street).
- Das alte ***Columbia Restaurant***, nur wenig weiter (98 St. George Street), hat spanische Küche, perfekt passend zur Umgebung.
- Guten Fisch gibt es bei ***O.C. White's Seafood & Spirits*** (118 Avenida Menendez) mit schönem Blick auf den Hafen.
- Mexikanische Gerichte serviert das ***El Potro*** in der 226 San Marcos Avenue.
- Sandwiches, Salate und frisch gepresste Säfte gibt`s im ***Manatee Café*** etwas nördlich des Stadtkerns (179A San Marcos Avenue).
- Für hausgebrautes **Bier** (*Ale & Lager*) geht man ins ***A1A*** (in der 1 King Street), wo häufig auch Live-Musik läuft.

Stadtbesichtigung

Start

Die Erkundung von St. Augustine beginnt man am besten erst nach einem Besuch im großen *Visitor Information Center* am Nordrand der historischen Innenstadt (10 Castillo Drive, ausgeschildert). Dort gibt es eine informative Ausstellung zu den Anfängen der Stadt, Karten und jede Menge Infomaterial. Der dort laufend gezeigte **Film** über die Frühgeschichte von St. Augustine ist eine gute Einstimmung auf den Besuch. Außerdem empfiehlt es sich, das Auto auf dem **Parkplatz** neben dem Besucherzentrum abzustellen, denn in der Altstadt ist das Parken problematisch. Viele Straßen sind überdies Einbahnstraßen und z.T. ganz für den Autoverkehr gesperrt. Man kommt zu Fuß besser zurecht.

Castillo de San Marcos NM

Die erste, beim Einfahren über die San Marco Ave oder über die A1A von Süden nach St. Augustine nicht zu übersehende Attraktion ist das ***Castillo de San Marcos*** in strategisch günstiger Lage am Ufer des **Mantanzas River** (*Intracoastal Waterway*, © 904-829-6506, täglich 8.45-16.45 Uhr, Eintritt $6, bis 15 Jahre frei; www.nps.gov/casa).

Nachdem die Franzosen aus Florida vertrieben worden waren, fürchteten die Spanier vor allem ihre nördlichen Nachbarn, d.h. die Briten in Georgia und den Carolinas. Daher baute man im späten 17. Jahrhundert diese enorme Anlage im Lauf von über 20 Jahren aus sog. *coquina,* einer mit Muscheln durchsetzten Kalksteinart. Die älteste erhaltene Festung der USA widerstand in der Folge tatsächlich diversen Attacken der Briten. 1821 übernahmen die USA das Fort und machten daraus 1924 ein ***National Monument***. Seither kann man das Kastell mit allen seinen Einrichtungen besichtigen, bis zu 4 m dicke

Mauern und zahlreiche alte Kanonen bewundern und den Blick über die historische Altstadt und den breiten Fluss genießen.

St. George Street

Egal, ob man vom *Castillo de San Marcos* oder vom *Visitor Information Center* kommt, man betritt die historische Innenstadt am besten durch das **alte Stadttor** an der Orange Street. Dann geht es ganz automatisch auf die **St. George Street** (auch *Calle Real* genannt), die wichtigste Straße im Zentrum, an der einige der schönsten Häuser der Stadt stehen. Rechts, ganz am Anfang der Straße, befindet sich das sogenannte ***Oldest Wooden Schoolhouse*** (14 St. George Street, täglich 9-17 Uhr, Eintritt $3, Kinder $2; www.oldestwoodenschoolhouse.com) aus den 1750ern, eines der ältesten Schulgebäude in den USA.

Ein Stück weiter stößt man auf das ***Spanish Quarter Living History Museum*** (33 St. George Street, täglich 9-17.30 Uhr, $6,50, bis 18 $4, Familienticket $16; www.historicstaugustine.com/csq/history.html) auf der gegenüberliegenden Straßenseite. Dieser sehenswerte Komplex mit Wohnhäusern, Taverne, Schmiede,

Glasbläserei u.a. vermittelt einen Eindruck vom täglichen Leben während der spanischen Kolonialzeit. Zeitgenössisch kostümiertes Personal spielt die Rolle der damaligen Einwohner der Stadt und beantwortet die Fragen der Besucher.

Nur ein wenig weiter steht die ***Casa Avero*** (41 St. George Street), in der sich eine griechisch-orthodoxe Kirche und ein kleines Museum befinden. Sie erinnern an eine Gruppe griechischer Einwanderer, die im 18. Jahrhundert nach St. Augustine kam.

Imposanter Komplex des Flagler College

Plaza und Government House

Zwischen Cuna und Hypolita Street passiert man die ***Casa de Nicholas de Ortega*** aus den 1740ern, das ***Villalonga House*** und das **Acosta House**, die beide aus dem frühen 19. Jahrhundert stammen. Einen Block weiter folgen das ***Rodriguez-Avero-Sánchez House*** und das ***Peña-Peck House*** an der Kreuzung St. George und Treasury Street. Beide stammen aus dem frühen 18. Jahrhundert. Von dort ist es nur noch einen Block weit bis zur ***Plaza de la Constitución***, dem zentralen Platz der Innenstadt, an dem auch die 1797 im Stil einer spanischen Mission erbaute Kathedrale ***Basilica of St. Augustine*** steht. Die Westseite der *Plaza* wird vom früheren Sitz die spanischen Kolonialregierung dominiert. Heute beherbergt es das ***Government House Museum*** (48 King Street, täglich 9-17 Uhr, Eintritt $2,50/$1), das detailliert die Geschichte der Region darstellt. An der Ostseite des Platzes beginnt die schöne ***Bridge of Lions***, eine mit Löwenfiguren verzierte alte Brücke, die nach Anastasia Island hinüber führt.

Flagler College

Von der *Plaza de la Constitución* sollte man einen kleinen Abstecher nach Westen unternehmen und einen Blick auf das (heutige) ***Flagler College*** (www.flagler.edu; 78 King Street) werfen. Der Bau am Haupteingang des *College* an der Ecke von King und Cordova Street ist das ehemalige ***Hotel Ponce de León***, das in den 1880ern vom Eisenbahnkönig *Henry Flagler* errichtet wurde. Er hatte mit der Verlegung des Schienenstrangs entlang der Atlantikküste schon einiges für die Entwicklung von St. Augustine getan und versuchte mit dem Bau von Luxushotels den Tourismus weiter zu fördern. Während das *Hotel Ponce de León* seit den 1960er-Jahren zum *Flagler College* gehört, ist ein weiteres Hotel an der gegenüberliegenden Seite der Kreuzung kürzlich unter dem Namen ***Casa Monica*** wieder neu eröffnet worden.

Lightner Museum

Ein drittes auf *Flagler* zurückgehendes Hotel beherbergt heute die Stadtverwaltung und das ***Lightner Museum*** (75 King Street, täglich 9-17 Uhr, Eintritt $8/$2; www.lightnermuseum.org) mit einer Sammlung europäischer und amerikanischer Kunst, von Gemälden, Stilmöbeln etc., die größtenteils aus Werken besteht, die früher das *Hotel Alcazar* zierten. Gleichzeitig vermittelt das Museum einen Eindruck vom Luxus, der hier zu Beginn des 20. Jahrhunderts geherrscht hat. U.a. sind ein türkisches Bad und ein pompöser Ballsaal zu sehen, von dem aus man auf das einstige Schwimmbad schaut. Es war seinerzeit der größte überdachte Pool der Welt; heute beherbergt die Halle das Museumsrestaurant. Das *Lightner Museum* kann nicht genug empfohlen werden.

Zorayda Castle

Nur einen Block vom *Flagler College* entfernt steht das ***Zorayda Castle*** (83 King Street), ein Nachbau eines Teils der Alhambra von Granada/Spanien.

Old St. Augustine Village Museum

Zurück auf der St. George Street kommt man südlich bald zum ***Old St. Augustine Village Museum***, einem weiteren Museumskomplex, der aus 9 schönen Häusern zwischen St. George Street, Palm Row, Cordova und Bridge Street besteht (250 St. George, Haupteingang an der Bridge Street, Mo-Sa 10-16.30, So 11-16.30 Uhr, Eintritt $9, bis 11 Jahre $7; www.old-staug-village.com).

Dieses noch relativ neue Museum ist im Gegensatz zum *Spanish Quarter Museum* weiter nördlich kein *Living History Museum*, das Personal ist nicht zeitgenössisch kostümiert. Es geht dort nicht nur um die spanische Periode der Stadtgeschichte, sondern auch um spätere Phasen. Und die Häuser sind alle wirklich »echt«, während es sich im *Spanish Quarter* – mit einer Ausnahme – um Rekonstruktionen handelt.

Ältestes Haus der USA

Das bekannteste Haus des Zentrums steht noch ein Stück weiter südlich an der St. Francis Street am südlichen Ende der Innenstadt. Beim ***González-Alvarez House*** (14 St. Francis Street, täglich 9-17

Stadttor der Old Town

Uhr, $8/$4; www.oldcity.com/oldhouse) handelt es sich um das angeblich **älteste Wohnhaus in den ganzen USA** (kurz nach 1600). Da man sich nicht sicher ist, wann genau das Haus erbaut wurde, lässt sich das zwar nicht wirklich beweisen, zumal es in Santa Fe in Neu Mexiko eine ernsthafte Konkurrenz für diesen Anspruch gibt. Aber es handelt sich zweifellos um das älteste von Europäern erbaute und noch erhaltene Gebäude im Südosten der USA.

Ältestes Haus der USA mit »Originalmöblierung« aus der Zeit um Anfang des 17. Jahrhunderts

Nombre de Dios

Östlich der Kreuzung von San Marco Ave und Ocean Street – nur wenige Minuten nördlich des historischen Stadtkerns – steht ein riesiges **Metallkreuz** an der Stelle, an der die eben gelandeten Spanier 1565 den ersten Gottesdienst gefeiert haben sollen. Später entstand dort die **Missionskirche *Nombre de Díos***, von der aus franziskanische Mönche versuchten, die Indianer zum Katholizismus zu bekehren. Die Mission ist nicht erhalten geblieben, aber dafür kann man sich an dieser Stelle den ältesten Marienschrein auf amerikanischem Boden ansehen. Außerdem steht in der Grünanlage um das Kreuz und den Schrein auch eine Statue des spanischen Entdeckers *Ponce de León*.

Jungbrunnen

Direkt nördlich dieser Anlage befindet sich in einem Park der sog. ***Fountain of Youth*** (11 Magnolia Ave, täglich 9-17 Uhr; Eintritt $7/Kinder bis 12 Jahre $4, www.fountainofyouthflorida.com), der Jungbrunnen, den *Ponce de León* in Florida suchte und scheinbar fand. Es handelt sich um nichts anderes als eine schlichte Quelle in einem etwas heruntergekommenen Brunnenhaus.

Gefängnis

Wiederum ein Stück weiter nördlich stößt man – ebenfalls an der Straße #1 – auf das alte Gefängnis von St. Augustine (167 San Marco Avenue, täglich 8.30-17 Uhr, $8, Kinder bis 12 Jahre $5). Außer den Zellen und einer Waffensammlung ist auch das restaurierte Wohnhaus des ersten Sheriffs der Stadt zu sehen.

Weingut

Westlich des Zentrums ist die ***San Sebastian Winery*** (157 King Street, Mo-Sa 10-18 Uhr, So ab 11 Uhr; www.sansebastianwinery.com) ein lohnendes Ziel zumindest für alle, die sich für Wein interessieren. Das **älteste Weingut** weit und breit bietet kostenlose Führungen und Weinproben.

Anastasia Island

Verlässt man St. Augustine in Südrichtung auf der #A1A über die *Bridge of Lions*, gelangt man nach **St. Augustine Beach** auf ***Anastasia Island***. Dieser Stadtteil ist nicht nur wegen seiner – befahrbaren – Strände den Besuch wert.

Alligator Farm

Unweit der Brücke passiert man den ***St. Augustine Alligator Farm & Zoological Park***, in dem u.a. über 20 Arten von Krokodilen und Alligatoren sowie Schlangen in großer Zahl Besucher anlocken (999 Anastasia Blvd=A1A, täglich 9-17 Uhr, © 904-824-3337, Eintritt $20, bis 11 Jahre $11; www.alligatorfarm.com). Fütterungen und stündliche Alligator-/Reptilien-Shows. Interessant, aber im Verhältnis zum Gebotenen recht kostspielig.

Hunderte von Alligatoren, Krokodilen und Reptilien warten in der Alligator Farm auf Besucher

Leuchtturm

Fast gegenüber der *Alligator Farm* ist das ***St. Augustine Lighthouse*** nicht zu übersehen. Neben dem malerischen schwarz-weißen **Leuchtturm** mit seiner roten Spitze – toller Blick von oben – steht das frühere Haus des Leuchtturmwärters, in dem heute das ***Lighthouse Museum of St. Augustine*** untergebracht ist (81 Lighthouse Avenue, von der A1A auf Red Cox Drive abbiegen, täglich 9-18 Uhr, Eintritt $8 inkl. Turmaufstieg, etwas zu teuer).

Strand

Auf ***Anastasia Island*** befindet sich die gleichnamige ***State Rec. Area*** hinter schneeweißen Badestränden und Dünen, ➤ Seite 268.

Amphitheater

Ebenfalls auf ***Anastasia Island*** liegt benachbart zum *State Park* das St. Augustine Amphitheater mit open air-Theaterstücken und -Konzerten. Programm im *Visitor Center*, ➤ Seite 267.

Ripley's Believe It or Not! www.ripleys.com

Gegenüber dem *Visitor Information Center* wartet in St. Augustine eine Sehenswürdigkeit auf Besucher, die es auch anderswo noch gibt: *Ripley's Believe It or Not!* Das im historischen *Castle Warden* untergebrachte Museum ist das älteste in einer Kette von mittlerweile 15 *Ripley's* in den USA und 12 weiteren im Rest der Welt. Obwohl alle diese Museen etwas anders gestaltet sind und eigene Exponate zeigen, verbindet sie doch dieselbe Grundidee. Es handelt sich um **Kuriositätenkabinette**, die von Leben und Werk des Journalisten, Karikaturisten und Weltreisenden *Robert Ripley* inspiriert wurden.

Robert Ripley wurde 1893 in Santa Rosa in Kalifornien geboren. Schon als Jugendlicher begann er zu zeichnen. Dieses Talent verhalf ihm zu seiner ersten Stelle als **Karikaturist** bei der Zeitung *San Francisco Chronicle.* Aber erst nachdem er nach New York umgezogen war, wurde er wirklich bekannt. Den Durchbruch brachte seine Cartoon-Serie *Believe It or Not,* in der er zunächst ungewöhnliche sportliche Leistungen darstellte, die vom Rekord im Seilspringen bis zum weltschnellsten Rückwärts-Sprinter reichten.

Nachdem *Ripley* sich als Karikaturist etabliert hatte, begann er in den 1920er-Jahren die ganze Welt zu bereisen, immer auf der Suche nach dem Ungewöhnlichen und Seltsamen. Über seine außergewöhnlichsten Funde berichtete er in einer Cartoon-Reihe, die damals in über 300 amerikanischen Zeitungen gedruckt wurde. In St. Augustine – ebenso wie in anderen *Ripley's Believe It or Not!* – kann man sich Exemplare dieser alten Cartoons ansehen.

Robert Ripley veröffentlichte außerdem eine **Buchreihe**, produzierte **Radiosendungen**, in denen er ungewöhnliche Personen interviewte, und moderierte Ende der 1940er-Jahre eine der ersten regelmäßigen **Fernsehshows**. Bei der Weltausstellung in Chicago zeigt er 1933 seine Cartoons und eine Sammlung ungewöhnlicher Exponate, die er von seinen vielen Reisen mitgebracht hatte. Die staunenden Besucher konnten dort u.a. Schrumpfköpfe vom Amazonas und mittelalterliche Folterinstrumente sehen oder dabei zuschauen, wie jemand Rasierklingen oder einen Baseball verschluckte.

Der unglaubliche Erfolg dieser Show, die nach der Weltausstellung in vielen amerikanischen Städten gezeigt wurde, führte zur Eröffnung der ersten permanenten Museen, die – wie die Cartoon-Serie – bis heute noch wie schon damals heißen.

Zu den festen Bestandteilen gehören nach wie vor die Karikaturen des 1949 verstorbenen *Robert Ripley* und eine Sammlung exotischer Kuriositäten. In St. Augustine sind z.B. eine Menschenfressergabel von den Fidji-Inseln zu sehen, eine mumifizierte Katze aus Ägypten, ein ausgestopfter Stier mit sechs Beinen und ein Indianer-Skalp, außerdem eine Nachbildung der Londoner *Tower Bridge* aus Streichhölzern und ein Paar winziger chinesischer Seidenschuhe, die zeigen, wie klein Frauen in China früher die Füße geschnürt wurden. Ungewöhnliche oder missgebildete Menschen kann man heute natürlich nicht mehr im Original zeigen, aber immer noch als **Wachsfiguren**, in St. Augustine z.B. einen Mann mit vier Pupillen oder eine Frau, die mit 101 Jahren ein Baby bekam.

Der Witz bei der Besichtigung eines solchen Kuriositätenkabinetts ist, dass einem nicht verraten wird, welche Geschichten und Exponate echt sind und welche nicht – daher der Name: *Believe It or Not!*

In Florida gibt es vier *Ripley's.* Das älteste in St. Augustine (19 San Marco Avenue) ist in einem burgartigen alten Haus untergebracht, in dem es natürlich spukt. In Orlando (8201 International Drive) kann man sich eine ähnliche Kuriositätensammlung in einem Haus ansehen, das im Boden versinkt. Das kleinere *Ripley's Believe It or Not!* in Key West findet man in einem bunten Gebäude direkt an der belebten Duval Street (#527). Ganz neu ist das Panama City Beach *Ripleys* als sinkender Ozeandampfer, ➤ Seite 339.

3

3.5.4 Jacksonville und Umgebung

Straße A1A

Zwischen St. Augustine und Jacksonville zeigt sich die Straße A1A von ihrer besten Seite. Man sollte dieses Teilstück nicht auslassen und nur im zeitlichen »Notfall« die I-95 oder Straße #1 nehmen. Die #A1A führt hier nah an der Küste entlang und mitten durch den ***Guana River State Park***, der neben Wander- und Fahrradwegen 4 mi Sandstrand bietet. Wer ihr ohne Abstecher in die Großstadt Jacksonville nach Norden folgt und mit der kleinen Fähre über den **St. John's River** setzt, erreicht quasi automatisch die beiden »echten« Sehenswürdigkeiten der Region, die ***Kingsley Plantation*** und das ***Fort Clinch*** am Nordende von Amelia Island.

Jacksonville

Kennzeichnung

In Jacksonville ist man nur rund 40 mi von St. Augustine entfernt und dennoch in einer völlig anderen Welt. Während das kleine, gepflegte St. Augustine vom Tourismus lebt, ist das große Jacksonville eine auf den ersten Blick nicht eben einladende **Industrie- und Hafenstadt**. Ein Großteil der 700.000 Einwohner arbeitet bei der US-Marine, dem wichtigsten Arbeitgeber vor Ort.

Jacksonville ist also kein Reiseziel, sondern, insbesondere wenn man gerade aus St. Augustine kommt, vergleichsweise enttäuschend. Mit 2.000 km^2 Ausdehnung ist Jacksonville – nebenbei – die flächenmäßig größte Stadt der USA mit dementsprechend enormen innerstädtischen Entfernungen.

Praktische Informationen

Information

Jacksonville* and *the Beaches Convention* & *Visitors Bureau, 550 Water Street, © 904-798-9111; www.jaxcvb.com. Außerdem residiert ein gut bestücktes Info-Büro im ersten Stock des Einkaufszentrums ***Jacksonville Landing***.

Unterkunft

Im Großraum Jacksonville gibt es ein Überangebot an H/Motels (➪ *Jacksonville Beach* und *Amelia Island*), vor allem entlang der *Interstates* #10, #95 und #295.

Tipps für **Budgetbewusste** (alle ab ca. $50-$60):

- ***Days Inn South***, 5649 Cagle Rd, I-95 *Exit* 346B, © 904/733-3890
- ***Microtel Inn***, 4940 Mustang Rd, I-95 *Exit* 344, © 904/281-2244

Am **Flughafen** findet man weitere Häuser der nationalen Ketten, u.a. ***Holiday Inn*** (I-95/Airport Rd, © 904-741-4404, um $120), ***Motel 6*** (10885 Harts Road, © 904-757-8600, ab $45) und das ***Red Roof Inn***, 14701 Airport Entrance Rd, © 904/741-4488, ab $59.

Direkt im Zentrum befinden sich an der *Jacksonville Landing*

- ***Radisson Riverwalk Hotel***, 1515 Prudential Dr, © 904/396-5100, Fax 396-8007, ab $100 mit hervorragender Aussicht
- ***Omni Hotel***, 245 Water St, © 904/355-6664, ab $120

Wer in angenehmer Umgebung in einem ***B&B*** übernachten will, sollte nach Fernandina oder Jacksonville Beach ausweichen (z.B. ***Fig Tree Inn B & B***, 185 4th Avenue, © 904-246-8855, ab $145).

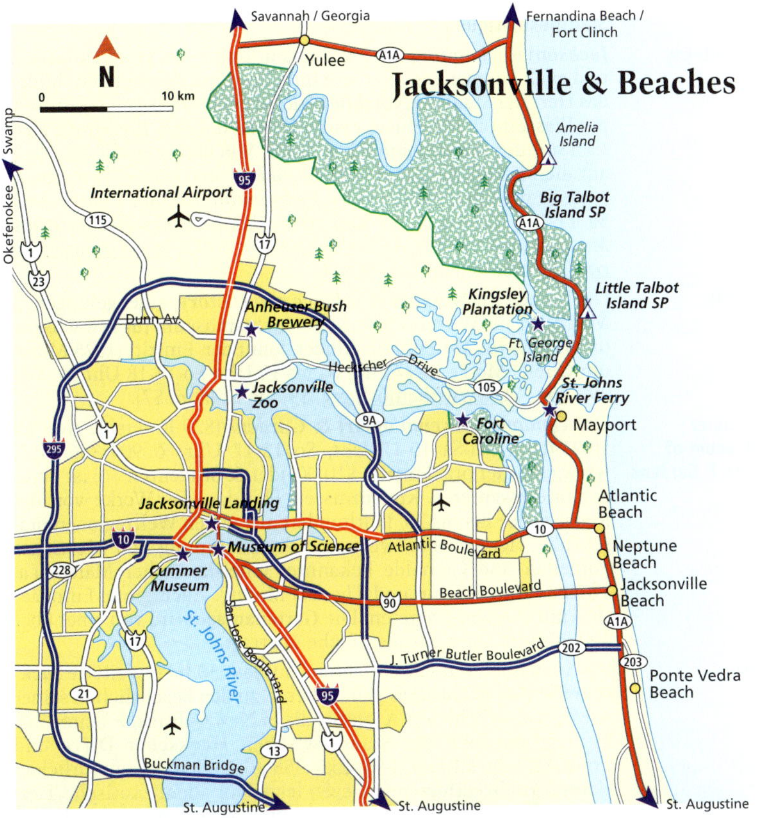

Camping

Campen ist bei Jacksonville schwierig; der ***North Jacksonville KOA*** z.B. befindet sich bereits in Georgia.

- Sehr schöne Stellplätze hat aber der ***Myrtle Creek Campground*** (schattig unter Eichen) im ***Little Talbot Island State Park*** (von der I-95 *Exit* 358A, östlich auf Heckscher Drive/Straße #105 ca. 20 mi; dorthin auch von der #A1A mit der *Mayport Ferry*, Zufahrt zunächst wie zur *Kingsley Plantation*, ➤ Seite 279; ✆ 1-866-422-6735, $19). Kanu- und Fahrradverleih im Park.

Restaurants

Am Nordufer des St. Johns River erstreckt sich ***Jacksonville Landing*** (2 Independent Drive) mit diversen Lokalen, darunter zwei ***Microbreweries*** (***The Mill***, ***Southern Brewery & Smokehouse***), Bars, Cafés und ***Food Court***. In *Downtown sind zu* empfehlen

- ***Blue Diner***, 416 Julia, ✆ 904/632-1270
- ***Flamer's Charbroiled Burgers***, 126 W Adams, ✆ 904/632-1997

Stadtbesichtigung

Downtown

Jacksonville Landing am Independent Drive, ein architektonisch und auch von der Lage her ansehnliches Einkaufszentrum, bildet das Herz der Stadt im ***Northbank Riverfront District***. Gegenüber, per Wassertaxi erreichbar, erstreckt sich der sog. *Riverfront District* mit dem ***Southbank River Walk***. Von dort aus fällt der Blick auf die Skyline der Stadt. An der über 3 km langen Promenade passiert man drei Museen: das ***Jacksonville History Center*** (Mo-Sa 11-17 Uhr, So ab 17 Uhr, frei), das ***Jacksonville Maritime Museum*** (Mo-Sa 10.30-15.30 Uhr, So 13-17 Uhr, www.jaxmarmus.com, Spende) sowie das ***MOSH***.

MOSH

Der Besuch im ***Museum of Science and History***, einer gelungenen Mischung aus Wissenschafts-/Geschichtsmuseum für Erwachsene und *Hands-on-Museum* für Kinder, lohnt den Eintritt (1025 Museum Circle, Mo-Fr 10-17 Uhr, Sa bis 18 Uhr, So 13-18 Uhr, ✆ 904/396-766742, www.themosh.org, $9, bis 12 Jahre $7).

Cummer Museum of Arts & Gardens

Das ***Cummer Museum of Art & Gardens*** (829 Riverside Ave, Di 10-21 Uhr, Mi-Sa 10-17 Uhr, So 12-17 Uhr, ✆ 904/356-6857; www.cummer.org, Eintritt $10, Kinder & Studenten $6) ist eines der interessanteren Kunstmuseen Floridas, das Werke von der Renaissance bis ins 20. Jahrhundert aus vielen Weltregionen präsentiert. Hervorhebenswert sind die Sammlung von Meissener Porzellan und Gemälde bekannter amerikanischer Maler (u.a. *Thomas Hart Benton* und *Thomas Moran*). Auch große Europäer sind mit Werken vertreten. Die **Gartenanlage** wird von einer über 400-jährigen immergrünen Eiche überragt.

Zoo

Der in den letzten Jahren laufend auf fast 50 ha erweiterte ***Jacksonville Zoo & Gardens*** gehört heute zu den beachtlichen seiner Art in den östlichen USA (größer als in New Orleans, ➤ Seite 327). Er liegt nördlich der Stadt zwischen **Heckscher Drive** und Trout/St. John's River (I-95, Exit 358 A). In den dem natürlichen Habitat nachgebildeten Gehegen leben vor allem exotische Tierarten aller Erdteile. Täglich 9-17 Uhr, im Sommer Sa+So bis 18 Uhr. Eintritt $12, Kinder bis 12 Jahre $7,50; www.jaxzoo.org.

Blick auf Jacksonville vom Südufer des St. John's River aus; unterhalb der Hochhäuser erkennt man den Shopping- und Restaurantbereich Jacksonville Landing

Schlichte, aber historisch interessante Kingsley Plantation in schöner Lage am Wasser auf Fort George Island

Timucuan Ecological & Historic Preserve

Fort Caroline

Interessanter sind Ziele nordöstlich des Stadtgebietes, so am Süd-ufer des St. John's River – bereits als Teil des *Timucuan*-Schutzgebietes das ***Fort Caroline National Memorial*** (12713 Fort Caroline Road etwas langwierige Anfahrt, täglich 9-17 Uhr, frei, www.nps.gov/foca), eine Nachbildung des Forts, das hier 1562 von französischen Hugenotten errichtet wurde und die spanische Krone zur Gründung von St. Augustine veranlasste (➤ Seite 394).

Kingsley Plantation

Auch die sehenswerte ***Kingsley Plantation*** (auf **Fort George Island**, täglich 9-17 Uhr, frei) aus dem frühen 19. Jahrhundert ist Teil der *Timucuan Preserve.* Von Süden erreicht man diese Plantage, auf der einst Baumwolle, Zuckerrohr und Zitrusfrüchte angebaut wurden, **via Mayport mit der Fähre über den St. John's River**. Die 3-mi-Zufahrt durch ein dichtes mit Palmen durchsetztes Waldgebiet führen zu einem Herrenhaus und Überresten alter Sklavenquartiere in traumhafter Lage direkt am Wasser.

Die *Kingsley Plantation* ist zwar nicht annähernd so prächtig wie die großen Plantagenvillen am unteren Mississippi und das Herrenhaus nicht möbliert, die Gesamtanlage aber gut erhalten.

Amelia Island

Kennzeichnung

Zwischen Jacksonville und der Grenze zu Georgia liegt vor der Küste die 12 mi lange Amelia Island. Sie ist über eine *Toll Bridge* mit Fort George Island verbunden, weiter nördlich mit dem Festland. Engländer, die dort erste Plantagen gründeten, nannten die nördlichste Insel Floridas nach Prinzessin *Amelia*, der Tochter von König *George II*. Die Orte der Insel sind dank ihrer endlosen Sandstränden und -dünen beliebte Ferienziele. Nebenbei gelten die vor Amelia Island gefangenen *Shrimps* als Attraktion.

American Beach

Eine interessante Geschichte betrifft **American Beach** im Inselsüden. Der Ort wurde 1935 speziell für Afroamerikaner gegründet, da damals die Strände in Florida noch rassengetrennt waren und Schwarze kaum eine Möglichkeit hatten, Ferien an der See zu ver-

3

bringen. Bemerkenswerterweise wird American Beach auch heute noch in erster Linier von schwarzen Urlaubern aufgesucht.

Fernandina Beach

Am nördlichen Inselzipfel liegt mit Fernandina Beach der Hauptort von Amelia Island mit einem ***Historic District***. In seinen viktorianischen Häusern findet man – vor allem entlang der Centre Street – Läden, kleine Cafés und Kneipen.

Das ***Amelia Island Museum of History*** (233 S 3rd Street, Führungen 11 und 14 Uhr, Mo-Sa 10-16, So 13-16 Uhr, Eintritt $7/$4) informiert über die Geschichte dieses Ortes.

Fort Clinch SP

Unmittelbar nördlich von Fernandina Beach steht die sehenswerte **Festung *Fort Clinch*** aus dem frühen 19. Jahrhundert im gleichnamigen ***State Park***, das in den Seminolenkriegen und später im Bürgerkrieg von Bedeutung war. Der Park bietet außerdem Strände, Wanderwege und Camping: Der kleinere ***Beech*** und der ***Amelia River Campground*** (✆ 904-277-7274, $22) liegen beide idyllisch an der Nordspitze der Insel (reservieren, da oft voll).

Information

Chamber of Commerce and Visitors Center im ehemaligen Bahnhof an der Centre Street, ✆ 904-261-3248, oder ***Amelia Island Tourist Developement Council***, ✆ 1-800-2-AMELIA oder ✆ 904-277-0717; www.ameliaisland.org.

Unterkunft

- Wer sich etwas Besonders leisten möchte, sollte das noble ***Ritz Carlton*** (4750 Amelia Island Pkwy, ✆ 904/277-1100, ab $179, www.ritzcarlton.com) buchen. Zwei Pools, Tennisplätze, Golfplatz, Fahrradverleih, Privatstrand und Restaurants, ➤ unten.
- In Fernandina Beach ist die Auswahl an ***B&Bs*** groß. Beim ***Florida House Inn*** handelt es sich um eines der ältesten Hotels in ganz Florida (22 S 3rd Street, ✆ 904-261-3300, ab $129).

Preiswerter übernachtet man z.B. im

- ***Best Western Inn*** (2707 Sadler Rd, ✆ 904-277-2300, ab ca. $70).
- ***Hampton Inn***, 2549 Sadler Road, ✆ 904/321-1111, ab $90

Restaurants

- Gute ***Seafood*** gibt es im ***Beech Street Grill*** (801 Beech Street).
- Das ***Marina Restaurant*** (101 Centre Street) ist speziell für seine Fischsuppen bekannt.
- Vor allem Sandwiches und Kleinigkeiten stehen im ***Angel's Porch Café*** (708 Centre Street) auf der Karte.
- Im ***Ritz Carlton*** befindet sich das ***Café 4750*** mit *Deli, Brunch Buffet* und frischgebackenem Brot. Das Toprestaurant des Hotels, ***The Grill***, zählt zu den besten der USA.

Fort Caroline, eine geschichtsträchtige Rekonstruktion aus den Tagen französisch-spanischer Auseinandersetzungen

Top Ten an der Atlantikküste

1. Das ***Kennedy Space Center*** *besuchen*
2. Die **Altstadt** und das ***Castillo de San Marcos*** *in St. Augustine* besichtigen
3. Die **Strände der Atlantikküste** von Jupiter bis Amelia Island genießen
4. Sich im Hotel ***The Breakers*** in Palm Beach einen Cocktail gönnen
5. Im ***Flagler Museum*** in Palm Beach den Reichtum und Besitz des einstigen Eisenbahnmagnaten bestaunen
6. In der *Hobe Sound National Wild Life Refuge* **Meeresschildkröten** und/oder im *Manatee Observation Center* in Fort Pierce ***Manatees*** sehen
7. Eine **Rundfahrt** durch die Kanäle von **Fort Lauderdale** buchen
8. Die ***Kingsley Plantation*** auf Fort George Island bei Jacksonville besichtigen
9. Abstecher nach **Amelia Island** (Fernandina Beach/*Fort Clinch*) machen
10. In Daytona Beach die Gelegenheit nutzen, **am Strand Auto** zu **fahren**

3.6 Abstecher nach Savannah

Kennzeichnung

Von Jacksonville nach Savannah in Georgia sind es auf der I-95 immerhin 130 mi, doch der Abstecher lohnt sich, denn Savannah ist eine der schönsten Städte der US-Ostküste. Ihr historischer Kern, den man am besten zu Fuß erschließt, reflektiert Architektur und Atmosphäre des alten Südens. Die geometrische Anlage der Stadt erinnert an das schachbrettartige Gittermuster, das auch für viele später gegründete amerikanische Städte so charakteristisch ist. Schon beim ersten Blick auf Savannahs Stadtplan fallen außerdem die vielen planvoll angelegten Plätze auf.

Roman über Savannah

Mit dem Buch ***»Midnight in the Garden of Good and Evil«*** von *John Berendt* und dessen Verfilmung 1997 (Regisseur: *Clint Eastwood*) erfuhr Savannah eine international beachtete literarische Würdigung. Das Buch (deutsch: »Mitternacht im Garten von Gut und Böse«, Goldmann TB 1997) schildert einen abstrusen Kriminalfall. Lesenswert ist es vor allem wegen der genauen Stadtbeschreibung und der brillanten Charakterisierung real existierender Exzentriker Savannahs.

Praktisches

Information

Savannah Area CVB, © 912-944-0456, www.savannahvisit.com. ***Savannah Visitor Center*** im alten Bahnhof, 301 M.L. King Blvd, Mo-Fr 8.30-17, Sa-So 9-17 Uhr; © 912-944-0455. **Infostände** auch 101 E Bay Street, auf Tybee Island; und im *Savannah Airport*.
Im Besucherzentrum gibt es einen kostenlosen **Reservierungsservice** für Hotels, Motels sowie *B&B*: © 1-877-728-2662.

Parken

Das **zentral** am westlichen Rand des historischen Savannah gelegene ***Visitor Center*** ist ein guter Ausgangspunkt für einen Stadtrundgang zu Fuß, zumal man dort und im Umfeld im allgemeinen auch freie Parkplätze findet. .

Unterkunft

Wer sich Luxus und nostalgisches Flair gönnen möchte, findet ***über 30 Historic Inns***. Direktbuchung oder über eine spezielle Reservierung, z.B. ✆ 1-800-791-9393; www.savannahinns.com, Tarife ab minimal $120 bis über $400.

Hotels im Zentralbereich

Aber es gibt auch die ganz normalen Kettenmotels und *Motor Inns* zu moderateren Tarifen. Wobei gilt: je weiter vom Zentrum entfernt, umso preiswerter. Die meisten Hotels der Mittel- bis Oberklasse im Innenbereich stehen entlang Bay Street zwischen Savannah River/*Factors Walk* und der Altstadt, darunter eng beieinander an der **West Bay Street** mit noch relativ erschwinglichen Tarifen ***Best Western***, ***Quality Inn*** und ***Comfort Suites***. In Nachbarschaft zum *Visitors Bureau* liegen ***Hampton Inn*** und eine ***Econolodge***. Dort sind auch die Parkmöglichkeiten besser als anderswo.

Savannah Gateway

Für Besucher ohne Vorausplanung gibt's nichts Besseres als die Motel- und Innkonzentration am ***Savannah Gateway***, *Exit* #94 von der I-95. Die Ketten der unteren bis mittleren Kategorie sind dort mit neueren Häusern fast komplett vertreten und werden ergänzt durch eine passende *Fast Food*-Gastronomie. Dort kommt man ab $60 gut unter. Nachteil sind die 13 mi bis in die City.

Sonstige

Ein gutes Preis-/Leistungsverhältnis in weniger weit von Savannah entfernter Lage (ca. 5 mi) bieten z.B.

- ***Masters Inn & Suites***, 7110 Hodgson Memorial Dr, ab Abercorn Street (#204) via Eisenhower Drive, ✆ 912/354-8560, ab $60
- ***Best West. Central***, 45 Eisenhower Drive, ✆ 912/355-1000, ab $65

Ein »Geheimtipp«, da abgelegen, aber in schöner Umgebung im Grünen zwischen Airport und City (Exit #102), ist das

- ***Days Inn***, Dean Forest Road (#307), ✆ 912/966-5000, ab $70

Billige Quartiere

Das ***Savannah International Hostel (HI)***, 304 E Hall Street am südlichen Rand der Altstadt, ist mit $35/Bett ungewöhnlich teuer, ✆ 912/236-7744; März bis Oktober. Nicht viel mehr zahlt man ggf. in einem der **Billigmotels** entlang der Ogeechee Road (#17).

Camping

Im Stadtbereich gibt es keine Campingplätze. Die nächstgelegenen kommerziell geführten Plätze befinden sich auf Tybee Island (➪ unten) und westlich der I-95: ***Bellaire Woods Campground***, ein schattiger Platz am Fluss, ca. 3 mi ab *Exit* 94 auf der Straße #204 westlich, ✆ 1-800-851-0717, www.bellairewoods.com.

Einen guten *Campground* hat der ***Skidaway Island State Park*** (52 Diamond Causeway, ✆ 912-598-2300, Strand und Pool, ab $25) auf der rund 14 mi von der Stadt entfernten Insel.

Essen & Trinken

Am ***City Market***, Bull und Broughton Streets, findet man eine ganze Reihe beliebter Restaurants wie ***The Lady & Sons*** (www.ladyandsons.com), das ***Bistro Savannah*** (beide W Congress), ***Seasons*** oder ***City Market Café***. Im Bereich ***Riverfront*** kämen u.a. die ***Moon River Brewery*** (Front Street, www.moonriverbrewing.com), ***The Boar's Head*** (1 N Lincoln/River Street) oder das ***Olympic Café*** (5 East River Street, der »Grieche« der Stadt). in Frage. ***Seafood Restaurants*** gibt's besser auf Tybee Island, ➪ unten.

Spezifisch zu empfehlen sind außerdem:

- ***Mrs. Wilkes Dining Room***, 107 W Jones Street, nur ***Lunch*** Mo-Fr 11-15 Uhr, © 912/232-5997, www.mrswilkes.com. Ihre Südstaatenküche *family style* ist ein Muss trotz oft Warteschlange: Fleisch und Beilagen kommen in laufend nachgefüllten Schüsseln an die großen Tische. Self-service-Pauschalpreis ($14).
- ***Clary's Café*** (404 Abercorn St) wurde zwar nach *John Berendts* Romanveröffentlichung (➪ oben) noch bekannter, gehörte aber bereits vorher zur Altstadtszene; www.claryscafesavannah.com.

Freier Transport

Catch the Cat Shuttle verkehrt **gratis** durch die historische Altstadt und berührt auf seiner weitläufigen Route die besonders reizvollen Squares und Strecken mit 32 Stopps. Ideal im Wechsel mit Spaziergängen, aber auch für einen Gesamteindruck. Gleichzeitig stellt der *Shuttle* an bestimmten Haltepunkten die Verbindung mit dem lokalen Bussystem (CAT) her.

Besichtigung der Altstadt

Orientierung & Parken

Die Orientierung in Savannah fällt nicht schwer: Von der *Riverfront* ausgehend bildet die **Bull Street** die **Nord-Süd-Hauptachse**. An ihr liegen fünf Squares, beginnend mit den beiden ältesten, Johnson und Wright Square. Weitere 17 Squares unterbrechen jeweils östlich und westlich in regelmäßigen Abständen von 4 Blocks (Nord-Süd) bzw. 2 Blocks (Ost-West) den Straßenlauf zwischen diesen Plätzen. Sie sind fast alle nach Persönlichkeiten benannt, deren Denkmäler auf der Platzmitte stehen. Die ohne Unterbrechung durch Squares verlaufenden doppelspurigen **Oglethorpe** und **Liberty Aves** mit breiten Mittelstreifen voller uralter Eichen sind neben dem die Altstadt nach Süden abschließenden **Victory Drive** die zentralen Ost-West-Achsen.

Die folgende Beschreibung entspricht einem möglichen Stadtrundgang, der alle wichtigen Anlaufpunkte mit einschließt:

Factor`s Walk

Einen Rundgang durch Savannah kann man gut am Savannah River bzw. am *Factor's Walk* beginnen. Wo früher mit Baumwolle gehandelt wurde, dominieren heute Shops und eine Gastronomie für Touristen. Über Treppen, Fahrstuhl oder steile Kopfsteinpflastergassen geht es hinauf zum ***Factor's Walk***, einer Straße entlang der Obergeschosse ehemaligen Lagerhallen und Büros der Baumwollhändler, die zu Wohnungen, Boutiquen und Restaurants umgebaut wurden. Man achte auf das rote Gemäuer der ***Cotton Exchang***, die Baumwollbörse, einst die *Wall Street d*er Südstaaten.

Historical District

Die **Bull Street** eignet sich gut als »Einstieg« in den *Historical District*. Schon nach wenigen Schritten gelangt man auf den ältesten der **24 Plätze** der Stadt. Der **Johnson Square** ist – wie alle Plätze – eine üppig bepflanzte Grünanlage. Große *Live Oaks* spenden Schatten. Dort steht außerdem die erste Kirche Georgias, die 1733 gegründete *Christ Episcopal Church*.

Atmosphäre

Der nächste Platz, der **Wright Square**, folgt wenig später. Dieser Teil Savannahs ist zwar nicht spektakulär, hat aber viel Charme.

In manchen Straßen steht ein historisches Wohnhaus neben dem anderen. Man sollte sich die Zeit für einen längeren Spaziergang durch dieses Viertel nehmen. Es sind weniger einzelne Gebäude, sondern Gesamteindruck und Atmosphäre, die den Reiz des Bereichs ausmachen: Schmiedeeiserne Gitter, einladende Veranden und hölzerne Fensterläden – nur wenig erinnert hier an die langweilige Einheitsarchitektur vieler amerikanischer Städte.

James Oglethorpe

Nachdem man die Oglethorpe Ave überquert hat, ist der nächste Platz der **Chippewa Square**. Auf ihm steht in Bronze der Gründer der Stadt ***James Oglethorpe***, zugleich der erste Gouverneur Georgias. Aber ausgerechnet der einzige nach einem Indianerstamm benannte Platz wird von der Statue des mit gezücktem Schwert posierenden Eroberers dominiert.

Als **Hafenstadt** spielte Savannah in der Erschließung Georgias eine wichtige Rolle. Savannah und seine Bevölkerung unterschieden sich in den ersten Jahren in mancher Hinsicht von den nördlicheren Siedlungen. Sie war die am wenigsten englische Siedlung der britischen Kolonien, denn gut die Hälfte der Bewohner stammte aus Deutschland, der Schweiz und Schottland. Schon unter den frühen Einwanderern befanden sich auch viele Juden.

Tom Hanks

Auf dem *Chippewa Square* stand – nebenbei – die **Parkbank**, auf der ***Tom Hanks*** in ***Forrest Gump*** auf den Bus wartete und währenddessen Passanten seine Lebensgeschichte erzählte.

Madison Square

Auf den Chippewa Square folgt der ***Madison Square***. Die East Gordon Street führt von dort (östlich) zum Calhoun Square. Im ***Massie Heritage Interpretation Center*** (207 E Gordon Street, Mo-Fr 9 -16 Uhr) gibt es eine Übersicht über die verschiedenen in Savannah vertretenen Baustile.

Clary`s Café

Zwischen Calhoun und Lafayette Square sollte man rechts auf das Haus **Abercorn 404** achten. In dem eher unscheinbar wirkenden ***Clary's Café*** spielen einige Szenen des Buches *Midnight in the Garden of Good and Evil*; daher pilgern Krimi- und Filmfans dorthin. Die Speisekarte bezieht sich immer noch auf das Buch; so heißt es z.B. für Salate »*from our garden of good and evil*«.

Friedhof

Nördlich des Lafayette Square beginnt der Friedhof ***Colonial Park Cemetery***. Von dort gelangt man weiter geradeaus über Oglethorpe und Reynolds Squares zurück zum Savannah River mit seinen **Ausflugsbooten à la Mississippi**.

Weiter nach Tybee Island

Einmal in Savannah sollte man auch einen Abstecher ans Meer nach Tybee Island in Erwägung ziehen. Am Wege liegen zwei alte Fortanlagen. Von der Bay Street/*Riverfront* in *Downtown* Savannah führt die President Street als ***Island Expressway*** zur Insel. Ebenso gelangt man über die Verlängerung des **Victory Drive** (Straße #26) nach Tybee Island. Die letzten Meilen vor der Insel führen durch eine pittoreske Marschlandschaft. Über eine Hochbrücke erreicht man nach ca. 18 mi Tybee Island..

Fort Jackson NHS

Den ***Fort Jackson State Historic Park*** erreicht man über die Fort Jackson Road, die 3 mi östlich der *Riverfront* vom *Expressway* abzweigt. Das alte Backsteinfort am Fluß ist nur bei gutem Wetter besuchenswert (kleines *Visitor Center*, täglich 9-17 Uhr, $4,50).

Fort Pulaski NM

Interessanter ist das 1829-1847 errichtete ***Fort Pulaski*** auf Cockspur Island, heute ein ***National Monument*** ca. 15 mi östlich von Savannah (täglich 8.30-17.15 Uhr, ✆ 912-786-5787, Eintritt $2). Die meterdicken Mauern der Festung galten als unzerstörbar durch weit entfernte Artillerie. Dank neu entwickelter Kanonen größerer Durchschlagskraft hielten sie aber 1862 einem Dauerfeuer der Unionsartillerie auf Tybee Island nicht lange stand.

Das Fort liegt in einem großen Park mit Zugang über ein ***Visitor Center***. Vom offenen Obergeschoß des enormen, mit alten Kanonen armierten Bauwerks hat man einen tollen Weitblick.

Tybee Island

Tybee Island, die nördlichste der der Georgia-Küste vorgelagerten *Barrier Islands*, erreicht man über eine Hochbrücke.

Das ***Visitor Center*** am Ortseingang an der Hauptstraße #80 lässt sich nicht übersehen. Dort ist man auch bei einer Quartiersuche behilflich, ✆ 1-800-868-BEACH, www.tybeevisit.com.

An der Nordspitze steht unübersehbar der alte **Leuchtturm** von 1773 (Aussichtsplattform in 45 m Höhe) mit einem – mäßig interessanten – Regionalmuseum.

Von der Hauptroute Butler Ave führen kurze Stichstraßen in Richtung *Beach*. An deren Ende findet man Fußwege durch die Dünen zum Strand. Oft ist dort aber der Parkraum rar; mehr Platz steht auf Höhe der Seebrücke (*Fishing Pier*) im Süden zur Verfügung.

Restaurant

Originell ist ***The Crab Shack*** *(at Chimney Creek)*, gleich hinter der Brücke rechts ab, ✆ 912/786-9857, www.thecrabshack.com. Dort gibt's *Seafood* mit dem besten Preis/Leistungsverhältnis weit und breit in subtropischem Ambiente am Wasser. Auch für einen Krabbencocktail oder ein Bier lohnt der Besuch (ausgeschildert).

4. NORDFLORIDA UND DER PANHANDLE

Kurzkennzeichnung

Man muss schon ganz in den Norden des Staates fahren, um zu erkennen, dass Florida zu den amerikanischen Südstaaten gehört. Landschaft und Kultur ähneln dort mehr den Nachbarn Georgia und Alabama als dem mittelamerikanisch-karibisch geprägten Südflorida. Ausländische Touristen sieht man in Nordflorida mit dem weit nach Westen reichenden sog. *Panhandle* (➤ Seite 16) eher selten. Bei amerikanischen Urlaubern dagegen ist vor allem der *Panhandle* ein beliebtes Reiseziel, denn dessen schneeweiße Strände mit ihrer türkis leuchtenden Wassertransparenz sind dort mindestens genauso schön wie im Süden und vielfach sogar attraktiver. Dabei ist das Preisniveau im Norden deutlich ziviler.

Tallahassee abseits der Küstenroute

Weitab der Bevölkerungszentren liegt die Hauptstadt **Tallahassee** sozusagen eingangs des »Pfannenstiels«. Wer der im folgenden beschriebenen Route ab Jacksonville oder – von Süden aus – der *Interstate*-Kombination I-75/I-10 folgt, wird Tallahassee nicht auslassen. Andererseits ist die Kapitale Floridas nicht so spannend, dass ihretwegen größere Umwege lohnen. Anders ausgedrückt: bei einer Fahrt *one-way* nach Westen oder von Westen nach Osten (etwa mit Ausgangspunkt New Orleans) durch Floridas Nordwesten ist die Küstenroute am empfehlenswertesten, wobei ein Abstecher nach Tallahassee über die ***Wakulla Springs*** durchaus in Erwägung zu ziehen wäre, wenn die Zeit reicht.

4.1 Durch Florida von Ost nach West

4.1.1 Von Jacksonville nach Tallahassee

I-10/ Straße #90

Von der Atlantikküste im Bereich Jacksonville/St. Augustine liegt Tallahassee – je nach Ausgangspunkt – nur 170-200 mi entfernt, eine Distanz, die auf der **I-10** in drei Autostunden zurückgelegt werden kann. Wer etwas mehr vom dünn besiedelten, ganz anderen Nordflorida sehen möchte, fährt aber zumindest abschnittsweise auf der parallel zur *Interstate* verlaufenden **Straße #90**.

Olustee Battlefield

Beide Routen führen durch den ***Osceola National Forest***, ein Pinienwaldgebiet 50 mi westlich des Atlantik, an dessen Ostrand der ***Olustee Battlefield State Historic Site*** liegt, der älteste historische Park Floridas (Zufahrt über die #90, von der I-10 Ausfahrt 324). Dort, in der Nähe der Ortschaft Olustee, fand am 20. Februar 1864 die größte der in Florida ausgefochtenen Schlachten des Bürgerkrieges statt. Der damalige Sieg der Südstaatentruppen wird alljährlich zum Jahrestag aufwendig nachgespielt (*Battle of Olustee Re-enactment*). Ein Museum und Schilder mit Erläuterungen an einstigen Stellungen und Kampflinien informieren über Details des Geschehens vor 140 Jahren. Lediglich in der Landschaft verstreute Kanonen erinnern noch an ein Schlachtfeld. Zugang zum Gelände 8 Uhr bis Sonnenuntergang, Museum 9-17 Uhr, frei.

Camping

Mitten im ***Osceola NF*** liegt der wunderbare ***Ocean Pond Campground*** (Straße #90, dann #250A) unmittelbar am namensgebenden großen See. Viele Stellplätze wurden dort direkt am Wasser angelegt. Der komfortable Platz verfügt über einen Badestrand und ist Ausgangspunkt von Wanderwegen. Zeltcamper zahlen ab $8, Campmobile mit Hook-up $18.

Lake City

Nur wenig westlich des *Osceola National Forest* liegt zwischen den sich hier kreuzenden Autobahnen I-10 und I-75 die Kleinstadt **Lake City (12.000 Einwohner)**. Sie versucht, sich als »Tor zum *Osceola National Forest*« touristisch zu profilieren. Immerhin verfügt sie über erhebliche Hotel-/Motelkapazitäten im Bereich der Autobahnausfahrten.(#301 und #303 der I-10 nördlich, #427 und #423 der I-75 südwestlich). Entlang ihrer Main Street stehen einige ansehnlich renovierte alte Holzhäuser.

Stephen Foster State Park

Wer sich für amerikanische Musik interessiert, sollte dem ***Stephen Foster State Folk Culture Center State Park*** einen Besuch abstatten, tägl 9-17 Uhr. Dieses Kulturzentrum liegt bei White Springs (Straße #41), ca. 13 mi nördlich von Lake City, schön am Ufer des Suwannee River. Es ehrt mit *Stephen Foster* den ersten professionellen *Songwriter* der USA. Er schrieb u.a. *»Oh, Susanna«*, *»My Old Kentucky Home«* und *»Old Folks at Home«*; letztere ist heute Floridas Staatshymne. Zum *Culture Center* gehören ein Glockenspiel, das jeweils zur vollen Stunde einige seiner bekanntesten Melodien intoniert, eine gepflegte Parkanlage und ein Museum über das Leben von *Stephen Foster*.

Nebenbei verfügt der *State Park* über einen guten **Campingplatz** am Suwanee River. Reservierung möglich, ➤ Seite 70.

Suwannee River State Park

Ein weiterer schöner *State Park* liegt nicht nur ebenfalls am Suwannee River, ca. 30 mi weiter westlich, sondern heißt auch so – Zufahrt über die Ausfahrt #275, dann Straße #90 der Ausschilderung nach. Der Park ist Ausgangspunkt des ***Suwannee River Canoe Trail***, einer Kanustrecke bis zur Mündung des Flusses in den Golf von Mexico, ➤ auch Seite 343 (*Manatee Springs State Park*). Neben einem **Kanuverleih** und einigen Wanderwegen gibt es in der dichten Waldlandschaft des Parks einen schattigen **Campingplatz** (✆ 386-362-2746, www.reserveamerica.com, $15). Von dort sind es noch etwa 70 mi bis Tallahassee.

Stephen Foster Culture Center

Exkurs

Von Lake City nach Süden

Routenüberlegungen

Wer die Atlantikküste bis Jacksonville hinaufgefahren ist und nicht beabsichtigt, auch noch Tallahassee und den *Panhandle* zu besuchen, gelangt via I-75 rasch (zurück) in den Süden Floridas bzw. an die Golfküste an und unterhalb der Tampa Bay. Sofern man auf einen Zwischenstopp im *Osceola National Forest* und in Lake City verzichtet, spart man auf der direkten **Straße #301** (ab *Exit* #343 von der I-10) nach Gainesville/Ocala erhebliche Meilen. Wer auf der Küstenroute zunächst Orlando zugunsten eines späteren Besuchs ausgelassen hat, findet mit dieser Inlandsstrecke auch eine gute **Alternative zur I-95/I-4**.

Gleichzeitig ist die I-75 für Floridatouristen, die in oder via Orlando oder Tampa starten und in den Norden bzw. Nordwesten wollen, der schnellste Zubringer mit Möglichkeiten für Zwischenstopps wie im folgenden beschrieben.

Abstecher von der I-75

Zwischen Lake City und Gainesville liegen **2 *Springs Parks***, die manchem einen Abstecher von der Autobahn wert sein dürften.

Ichetucknee Springs

Da wäre zum einen der ***Ichetucknee Springs State Park*** bei Hildreth (von Norden Ausfahrt #423, dann Straßen #47/27; von Süden Ausfahrt #399, Straßen #441/27). Der kleine quellgespeiste und daher glasklare Ichetucknee River mäandert dort durch eine hübsche Parklandschaft und gilt zu Recht als ideales Revier fürs ***River Tubing***, ➤ Seite 82. Seine Uferbereiche sind *State Park* Gelände. Wer sich auf dem Fluß treiben lassen möchte, bringt entweder seinen eigenen »Reifen« oder sein Kanu mit oder leiht sich an einer der Stationen unmittelbar außerhalb des Parks den gewünschten Untersatz.

Taucher in den Ichetucknee Springs

Die ***Tubes*** kosten ab $5 Leihgebühr/Tag; Eintritt in den *Park* $5/Auto. Zwischen Start- und Abholpunkten gibt es einen *Shuttle Service*. Beliebt ist dieser wie andere *Springs Parks* auch bei Gerätetauchern (*Scuba Diving*), die tief in die Quellöffnungen hinunterschwimmen bzw. -tauchen können.

Wer einen entsprechenden Tauchschein mitbringt, kann komplette Tauchausrüstungen leihen; © 386-497-2511.

Ginnie Springs

Ein weiteres *Tubing*- und *Scuba*-Revier sind die ***Ginnie Springs*** (und weitere *Springs*) bei der Ortschaft High Springs (Straße #441/ #27; Ausfahrten #399+ #414 von der I-75), die in den Santa Fe River abfließen. Dieser Park wird kommerziell betrieben und hat nicht ganz das Ambiente von *Ichetucknee*, aber mehrere schöne Quellteiche. Eintritt $12, Kinder $3; *Tubes* $6.

Dort gibt es außerdem einen **Campingplatz** (ab $18, Kinder (7-14) $6); © 386-454-7188; www.ginniespringsoutdoors.com.

Campen (und schwimmen) kann man auch im ***O'Leno State Park***, 10 mi nördlich von High Springs ebenfalls am erwähnten Santa Fe River, © 386-454-1853; Eintritt $5, Camping ab $15, Reservierung unter www.reserveamerica.com.

Gainesville

Kennzeichnung

Gainesville ist von Stränden und Urlaubsorten so weit entfernt, wie es in Florida eben möglich ist, und wird ganz von der ***University of Florida*** dominiert, der ältesten Universität im Staat. Rund 44.000 der 110.000 Einwohner sind Studenten, die das Leben nicht nur auf dem Campus, sondern auch in der Innenstadt prägen. Entlang der West University Avenue, der belebten Hauptstraße im Stadtzentrum, findet man viele Buchhandlungen und von jungen Leuten bevölkerte preiswerte *Eateries* und Cafés.

Information

- ***Alachua County Visitors & Convention Bureau***, 30 East University Avenue, © 1-866-778-5002, www.visitgainesville.net.

Unterkunft

- Unter den zahlreichen Motels bieten das ***Super 8*** (4202 SW 40 Blvd., © 800-800-8000) und das ***Days Inn*** (7516 Newberry Road, © 352-332-3033) ordentliche Quartiere (beide ab $60)
- ***The Magnolia Plantation*** (309 SE 7th Street, © 352-375-6653, ab $115; www.magnoliabnb.com) hat Atmosphäre in guter Lage.

Camping

Die ***Paynes Prairie State Preserve*** verfügt über einen kleinen *Campground* und Picknickplatz am Lake Wauberg bei Micanopy etwas südlich von Gainesville (vom I-75 *Exit* 374 östlich, dann Straße #441, 100 Savannah Boulevard, © 352-466-3397, ab $15).

Essen und Trinken

- Das ***Panache*** (113 N Main Street), ein Bistro mit Käse- und Weinshop eignet sich gut zum Lunch, © 352-372-8446.
- Das ***Porters*** an der Ecke von Main Street und University Avenue mitten in der Innenstadt serviert Steaks und andere klassische amerikanische Gerichte, © 352-372-0101.
- Im ***Ale House & Raw Bar***, 3950 SW.Archer Road, gibt es gute Fischgerichte und eine große Bierauswahl, © 352-371-0818.

Grafitti-Art

Westlich der 13th Street beginnt der Campus. Dessen Ausdehnung ist größer als ganz *Downtown* und reicht bis zur 34th Street, wo man südlich der Kreuzung mit der 2nd Avenue eine wild bemalte bunte Mauer kaum übersehen kann. Diese sog. ***34th Street Wall*** ist eine Art »Denkmal für Toleranz«. Sie wurde ganz offiziell freigegeben für Grafitti-Künstler, die sich an ihr austoben dürfen und der Mauer ein immer wieder neues Aussehen geben.

Museumsmeile

Der Campuskomplex umfasst über 800 Gebäude und Sportanlagen, darunter 3 eintrittsfreie Museen (um Spenden wird gebeten):

- Im Gebäudeteil B des ***Fine Arts Complex*** befindet sich die ***University Gallery*** (Di 10-20 Uhr, Mi-Fr 10-17 Uhr, So 13-17 Uhr) mit wechselnden Ausstellungen.
- Das ***Samuel P. Harn Museum of Art*** (Ecke SW 34th Street & Hull Road, Di-Fr 11-17 Uhr, Sa ab 10 Uhr, So ab 13 Uhr) am Westende des Campus in einem postmodernen Bau zeigt afrikanische, asiatische und amerikanische Kunst.
- Nebenan befindet sich das ***Florida Museum of Natural History*** (Ecke Museum Road & Newell Drive, Mo-Sa 10-17 Uhr, So ab 13 Uhr). Dort geht es anschaulich um die Naturgeschichte Floridas.

Kanapahah Botanical Gardens

Ein wunderbar angelegter **Botanischer Garten** mit vielen unterschiedlichen Teilbereichen und einem kleinen Arboretum liegt am **Lake Kanapah** westlich der I-75. Auch ein Picknickplatz ist vorhanden. Erreichbar sind die *Botanical Gardens* auf der Straße #24 (SW Archer Road), von der I-75 *Exit* 384. Geöffnet Mo, Di, Do+Fr 9-17 Uhr, Sa+So 9 Uhr bis Dämmerung. Eintritt $6, Kinder bis 13 Jahre $3; ☏ 352-372-4981; www.kanapaha.org.

Marjorie Kinnan Rawlings

Ein Ausflugsziel für Literaturbegeisterte ist der ***Marjorie Kinnan Rawlings State Historic Site*** zwischen Island Grove und Micanopy an der Straße #325, schon fast auf halber Strecke von Gainesville nach Ocala. Der bekannteste Roman der Schriftstellerin ist *The Yearling* (deutsch: »Frühling des Lebens«). Für ihn erhielt sie den Pulitzerpreis. Sie beschreibt darin eine Kindheit im ländlichen Florida. Das Gelände ist täglich 9-17 Uhr geöffnet, Führungen finden Do-So Oktober-Juli 10, 11, 13, 14, 15, 16 Uhr statt.

Ocala

Ocala, rund 40 mi südlich von Gainesville, und die Möglichkeit eines Abstechers in den ***Ocala National Forest*** mit seinen Quellflüssen wurden bereits als Abschluß des Kapitels »Orlando« beschrieben, ➤ Seite 258.

4.1.2 Tallahassee

Geschichte

Tallahassee heißt in der Sprache der einheimischen Indianer »alte Stadt«. Obwohl nur wenige Gebäude älter als 150 Jahre sind, ist der Name durchaus passend, denn der Ort blickt auf eine lange Siedlungsgeschichte zurück. Indianische Grabhügel am Südufer des Lake Jackson nördlich der Innenstadt beweisen, dass sich dort schon um das Jahr 1200 eine indianische Kultstätte befand. Der spanische Entdecker *Hernando de Soto* soll das Gebiet bereits um 1530 erforscht und mit seinen Leuten am Lake Jackson überwintert haben. Später errichteten die Spanier etwas westlich der heutigen Innenstadt eine Missionsstation, von der aus Franziskaner-Mönche die Bekehrung der Indianer Nordfloridas betrieben.

Mission San Luis

Überreste der 1656 erbauten Kirche sind im ***San Luis Archeological & Historical Site*** zu sehen (2020 Mission Rd, ausgeschildert als ***Mission San Luis;*** www.missionsanluis.org). Auch die Ruinen eines spanischen Forts stehen dort. Die Mission, das Fort und die umliegende Siedlung wurden in den letzten Jahren rekonstruiert und sind Teil eines noch im Aufbau begriffenen sehenswerten Freilichtmuseums. Ein ***Visitor Center*** (aufschlußreicher einführenden Film) und Gelände sind Di-So 10-16 Uhr geöffnet, kein Eintritt, aber Spende.

Hauptstadt

Bereits kurz nachdem Florida 1821 von den USA übernommen worden war, einigte sich die verfassungsgebende Versammlung des zukünftigen US-Bundesstaats auf Tallahassee als – noch zu errichtende – Hauptstadt, ➤ Seite 340. Zu der Zeit war Südflorida ein undurchdringliches Sumpfgebiet; Pensacola im Westen und St. Augustine an der Ostküste waren die einzigen Städte.

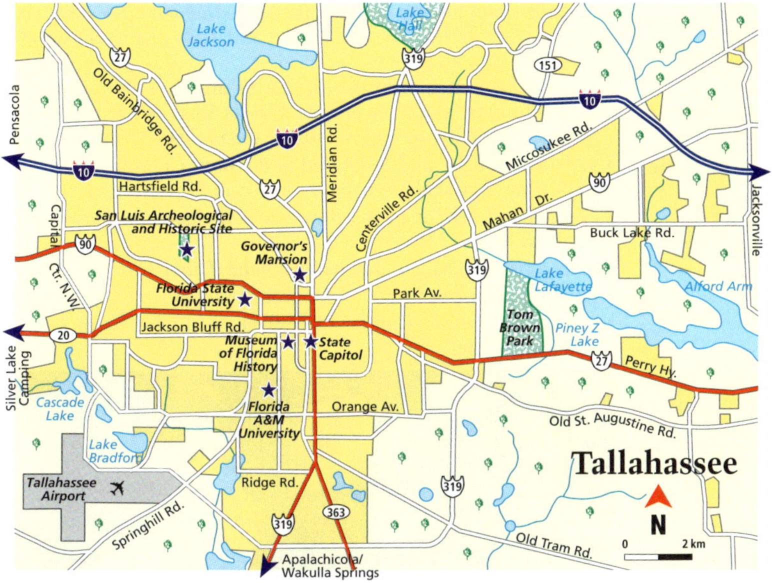

Praktisches

Information

- ***Tallahassee Area Visitor Information Center,*** 106 E Jefferson Street, ✆ 850-606-2305, und das – günstiger gelegene – ***Visitors Center*** im ***New State Capitol*** (Eingang Duval Street). Beide haben Informationsmaterial/Karten zu Tallahassee und zum gesamten Staat Florida.
- www.seetallahassee.com und www.visittallahassee.com

Unterkunft

Im Umfeld der Ausfahrten der Autobahn I-10 ballen sich die Häuser der bekannten Motelketten, speziell an der Monroe Street (Straße #27, Ausfahrt #199) und der Thomasville Road (Straße #61, Ausfahrt #203), die beide direkt ins Stadtzentrum führen. Relativ preiswert ab $60 sind u.a.

- ***Super 8 Motel***, 2801 N Monroe Street, ✆ 850-386-8286
- ***Howard Johnson***, 2726 N Monroe Street, ✆ 850-386-5000

Als edelste Unterkunft der Stadt gilt das ***Governor's Inn*** mitten im Zentrum (209 S Adams Street, ✆ 850-681-6855, ab $160).

Im ***Wakulla Springs State Park***, ca. 15 mi südlich der Hauptstadt, gibt es eine schöne ***Lodge*** in traumhafter Lage unmittelbar am Wasser (✆ 850-224-5950, ab $85).

Camping

- Am Lake Jackson nördlich der Stadt befindet sich das ***Red and Sam's Fish Camp*** mit Campplätzen ab $15 (5563 North Monroe Street, ✆ 850-562-3083).

- Nur für Campmobile geeignet ist der ***Tallahassee RV Park*** (ab der I-10 *Exit* 209A, westlich auf der #90, 6504 Mahan Drive, © 850-878-7082, ab $38).

- Im ***Withlacoochee State Forest*** gibt es diverse schön gelegene *Campgrounds*; stadtnah und an Wasser liegt der Platz ***Silver Lake*** (Straße #20, ca. 8 mi westlich, © 352-754-6896).

Gastronomie

- Südstaatenküche und *BBQ* wird in ***Po' Boys Creole Café*** in der 1944 West Pensacola Ave und in weiteren Filialen serviert.
- Für *Seafood* geht man ins ***Barnacle Bill's Seafood Emporium*** (1830 N. Monroe Street).
- Preisgünstige Thaigerichte hat das ***Bahn Thai*** (1319 S Monroe)
- Im ***China Gourmet*** (2580 N Monroe Street) gibt`s *China Food*
- Das kleine ***Uptown Café*** (111 E College Avenue) steht für Salate und Sandwiches

Floridas Old State Capitol, dahinter das Hochhaus des New State Capitol

Stadtbesichtigung

New State Capitol

Das Zentrum der 140.000-Einwohner-Stadt wird in jeder Hinsicht von der **Staatsregierung** dominiert, die für fast 50% der Arbeitsplätze Tallahassees verantwortlich zeichnet. Ihren Sitz hat sie im nicht zu übersehenden ***Florida (New) State Capitol***, einem eher unansehnlichen Betonklotz im Herzen von *Downtown* (401 S Monroe St). Von dessen ***Observation Deck*** im 22. Stock erkennt man immerhin, was für eine grüne Stadt Tallahassee ist. Außer an den Sitzungstagen des Parlaments kann man an kostenlosen Führungen teilnehmen (jeweils um 9, 10, 11, 13, 14 und 15 Uhr).

Old State Capitol

Das nüchterne *New State Capitol* ist erst seit den 1970er-Jahren Regierungssitz. Vorher genossen Gouverneur und Abgeordnete im ***Old State Capitol*** ein deutlich stilvolleres Ambiente. Das alte Gebäude steht direkt neben dem *New State Capitol* und ist einen Besuch wert (Ecke South Monroe St & Apalachee Parkway, Mo-Fr 9-16.30 Uhr, Sa ab 10 Uhr, So ab 12 Uhr).

Geschichts-museum

Ein Besuch des ***Museum of Florida History*** in der 500 S Bronough Street sollte neben der Besichtigung der *Mission San Luis* und des alten Kapitols zum Mindestprogramm in Tallahassee gehören (www.flheritage.com/museum). Neben Austellungen zu Indianern, der spanischen Zeit und zum Bürgerkrieg gibt es wechselnde Präsentationen mit lokalem Bezug. Geöffnet Mo-Fr 9-16.30 Uhr, Sa 10-16.30 Uhr, So 12-16.30 Uhr; kein Eintritt, Spende erbeten.

Südstaaten-villen

Tallahassee ist für seine schönen Alleen und vielen Villen bekannt, die typisch sind für den tiefen Süden. In der nördlichen Calhoun Street und der Park Ave sieht man einige beachtliche Beispiele , so etwa das ***The Columns*** an der Kreuzung Bronough Street/Park Avenue. Zu den öffentlich zugänglichen Häusern gehören das ***Lewis House*** (316 Park Avenue, Mo-Fr 10-15 Uhr) und das ***Knott House*** (301 Park Avenue, Mi-Fr 13-16, Sa 10-16 Uhr).

Governor's Mansion

Besonders interessant ist das ***Governor's Mansion*** (700 N Adams Street), in dem bis 2006 Jeb Bush, der Bruder edes ungeliebten Präsidenten *George Bush* residierte. Es steht eingeschränkt zur Besichtigung offen (März bis Mai: Mo, Mi., Fr 10-12 Uhr).

Wakulla Springs

Keine halbe Autostunde südlich von Tallahassee befindet sich der ***Wakulla Springs State Park*** (Straße #267), ein weiterer attraktiver *Springs Park*, ➤ Seite 259. Mit ca. 2 Mio. m^3, die dort im täglichen Durchschnitt an die Oberfläche treten, sind die *Wakulla Springs* neben den *Silver Springs* bei Ocala die ergiebigsten Quellen Floridas. Man kann am geschützten kleinen Strand alligatorsicher baden und zu zivilen Tarifen im Park logieren, ➤ Seite 294.

Unbedingt buchen sollte man eine der 45-minütigen Bootstouren auf dem kristallklaren Quellfluß *Wakulla River*. Sie führen durch unberührten Florida-Dschungel, ein Paradies für exotische Vögel, Fische und Alligatoren. Nicht von ungefähr diente der Park als Kulisse für die ersten drei Tarzanfilme.

Täglich ab 8 Uhr bis Dämmerung geöffnet, Eintritt $4 pro Fahrzeug. Bootstouren ($6) finden halbstündlich statt. Im Sommer 9.30-17 Uhr, im Winterhalbjahr 9-14.30 Uhr.

Grey Heron (Graureiher) bei den Wakulla Springs. Fast 200 Vogelarten wurden im Bereich dieser Quellen und der Ufer des St. Mark's River bereits gesichtet

4.1.3 Von Tallahassee nach Pensacola

I-10 und Straße #90

Auch westlich von Tallahasse verlaufen die I-10 und die Bundesstraße #90 nach wie vor parallel, wobei es auch im weiteren Verlauf durch Alabama und Mississippi bis New Orleans – und darüberhinaus sogar bis San Antonio in Texas – bleibt. Es bleibt daher weiter bei der Möglichkeit, alternativ die Autobahn oder die Landstraße zu benutzen.

Zeitzonenwechsel

Etwa 40 mi westlich von Tallahassee überquert man auf beiden Routen den **Apalachicola River**. Der Flusslauf markiert in Nordflorida – sieht man ab vom Mündungsbereich – den Übergang von der *Eastern Time* zur *Central Time.* Je nach Fahrtrichtung muss man dort beim Zeitzonenwechsel die Uhr um eine Stunde vor- oder (hier) zurückstellen.

Three Rivers State Park

An der Grenze mit Georgia bildet der aufgestaute Apalachicola River den großen, vielarmigen **Lake Seminole**, ein beliebtes Naherholungsgebiet. Die Straße #90 passiert den See in nur kurzer Distanz. Am Seeufer liegt der ***Three Rivers State Park***, dessen Bezeichnung auf die drei Flüsse Chattahoochee, Flint und Apalachicola zurückgeht. Die ersten beiden vereinigten sich dort, wo heute der Stausee ist, zum Apalachicola River. Den *State Park* erreicht man auf der Straße #271 ab Sneads. Er verfügt über Picknick.und Spielplätze, Bootsanleger, Angelpier und einen **Campingplatz** (© 850-482-9006, ab $12). Die Pioniere der *US Army* betreiben am Ufer des Lake Seminole ganz in der Nähe ebenfalls einen ***Campground*** (»***Eastbank***«, ca. 1 mi nördlich Chattahoochee auf der Boliver Street; $12-$16, © 229-662-2001).

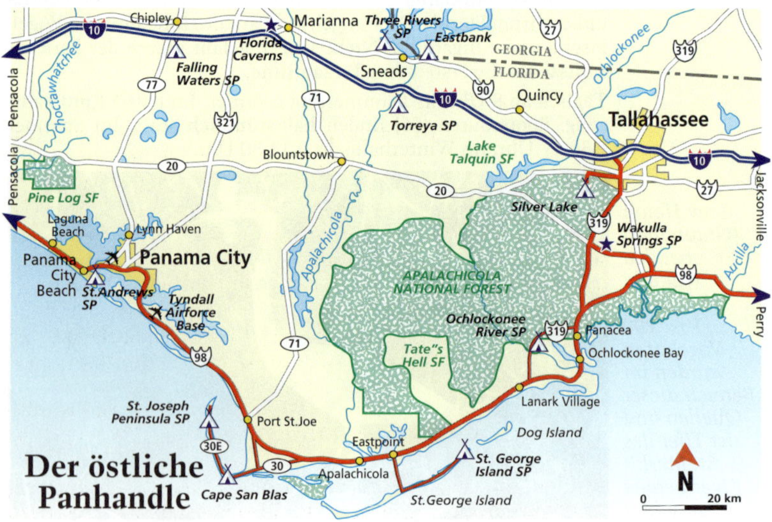

Tropfsteinhöhle

Nahe der Kleinstadt **Marianna** sind im ***Florida Caverns State Park*** Tropfsteinhöhlen zu besichtigen. Ein *Visitors Center* informiert über Entstehung und Geschichte der Höhlen und ist für sich schon den Besuch wert. Darüberhinaus kann man dort auch campen und auf dem Chipola River paddeln - Kanuverleih vorhanden. Zufahrt ab Marianna auf der Straße #166, Parkeintritt $4/Auto; Höhlen täglich 9-16 Uhr, Eintritt $7. **Camping** $17.

Ponce de Leon Springs

Unweit der Ausfahrt #104 von der I-10 liegt nahe der Straße #90 der ***Ponce de Leon Springs State Park***, ein weiterer um einen Quellfluss herum entstandener Park. Im glasklaren Wasser darf gebadet werden. Park geöffnet 8 Uhr bis Dämmerung, $3/Auto.

Militärflugzeugmuseum

Westlich von De Funiak Springs passiert die I-10 auf einer Strecke von fast 60 mi die ***Eglin Air Force Base***, den größten Luftwaffenstützpunkt der USA. Über die Straße #85 kann man durch das Gebiet der *Air Base* auf dessen Südseite fahren und dort das ***Air Force Armament Museum*** besuchen. Über 30 Bomber und Kampfjets samt eines SR 71-Spionageflugzeugs mit Bewaffnung und Bomben sind dort ausgestellt. Mo-Sa 9.30-16.30 Uhr außer an Feiertagen; der Eintritt ist frei; www.afarmamentmuseum.com.

Blackwater River Forest

Westlich von Crestview liegt nördlich von Autobahn und Straße #90 der ***Blackwater River State Forest***, ein ausgedehntes Waldgebiet unter Staatsverwaltung. Dessen schönster südlicher Teil gehört zum ***Blackwater River State Park***. Entlang der Zufahrt zum Park verleihen mehrere Firmen **Kanus und *Tubes*** (➤ Seite 82 und 290), denn der wegen seines Untergrundes zwar dunkle, aber glasklare Fluss bietet fürs *Canoeing* und *Tubing* traumhafte Bedingungen. An den schönen, teils hellsandigen Ufern darf man sogar zelten. Der Park verfügt auch über einen ganz normalen ***State Park Campground*** ($12; ✆ 850-983-5363).

4.1.4 Pensacola und Beach

Kennzeichnung

Mit Pensacola erreicht man nicht nur die nordwestlichste Stadt Floridas, sondern die mit 400.000 Einwohnern zugleich größte Stadt zwischen Jacksonville oder Tampa und New Orleans. Von Key West im äussersten Süden ist sie über 800 mi entfernt.

Dank einer wechselvollen Geschichte verfügt Pensacola über ein sehenswertes historisches Zentrum und in Pensacola Beach auf der vorgelagerten Santa Rosa Island über herrliche schneeweiße Sandstrände.

Geschichte

Die ersten spanischen Siedler, die sich 1559 an der Bucht, die sich heute Pensacola Bay nennt, niedergelassen hatten, gaben nach wenigen Jahren auf. Wären sie geblieben, dann könnte Pensacola für sich in Anspruch nehmen, die älteste von Europäern gegründete Stadt in ganz Nordamerika zu sein. Diese Ehre wurde dadurch St. Augustine zuteil.

Erst 1698 gründeten die Spanier erneut eine nun dauerhafte Siedlung. Aber die spanische Flagge wehte nicht lange über der Stadt.

Die Kolonialherren wechselten immer wieder, wie unter »Geschichte Floridas« beschrieben, ➤ Seite 394ff. Pensacola konnte auf Perioden spanischer, französischer, britischer und wieder spanischer Herrschaft zurückblicken, als Florida 1821 endgültig an die USA ging. Die Bewohner Pensacolas wurden damals unmittelbare Zeugen dieses Ereignisses, da die offizielle Übergabe Floridas durch Spanien in ihrer Stadt erfolgte. Nur ein Jahr lang war Pensacola danach Hauptstadt des neuen amerikanischen Territoriums, bevor Tallahassee zum Regierungssitz bestimmt wurde.

Wichtigste Wirtschaftszweige Pensacolas waren lange Fischerei und Holzindustrie, aber im 20. Jahrhundert wurde die US-Marine der dominierende Faktor der Region. Die massive Militärpräsenz ist in Pensacola und Umgebung kaum zu übersehen.

Praktisches

Information

- ***Pensacola Visitors Information Center***, 1401 E. Gregory Street, © 1-800-874-1234; www.visitpensacola.com

Unterkunft

Viele **H/Motels** liegen entlang der #98 und I-10/*Exits* #7-13, z.B.

- ***Redroof Inn***, 7340 Plantation Road, I-10 *Exit* 13, © 850/475-7960, ab $55
- ***Rodeway Inn***, 8500 Pine Forest Road, I-10 *Exit* #7, © 850/477-9150, ab $49
- Unweit des *Historic Pensacola Village* ist das ***New World Inn*** ein akzeptables kleines Hotel der unteren Mittelklasse (600 S Palafox St, © 850-434-7736, ab ca. $120).

Bed & Breakfast-Quartiere finden sich im historischen Zentrum:

- ***The Marsh House B&B***, 205 Cevallos St, © 850/433-4866, ab $100
- ***Yacht House B&B Inn***, 820 Cypress St, © 850/433-3634, ab $110
- ***Noble Manor*** (110 West Strong Street, © 850-434-9544, ab $95).

Wer **Strandnähe** sucht, fährt hinüber nach **Pensacola Beach** auf Santa Rosa Island, ➤ unten. Dort gibt es Motels, Hotels an der Strandstraße Via de Luna und jede Menge Ferienhäuser, die teilweise auch für nur ein Wochenende vermietet werden. Je nach Saison und Auslastung schwanken die Preise dort stark.

Am Strand von Santa Rosa Island bei Pensacola Beach

Camping

- Erste Wahl bei Pensacola ist der *Campground* der ***Gulf Islands National Seashore*** am Westende von Santa Rosa Island beim *Fort Pickens* (✆ 850-934-2621, Reservierung ➤ Seite 70, ab $15).
- Über einen sehr schönen, wenn auch strand- und wasserfernen ***Campground*** verfügt der ***Big Lagoon State Park***: 20 mi südwestlich von Pensacola auf der Straße #292, dann östlich auf dem Gulf Beach Highway, ✆ 850-492-1595, ab $16. Wer vom *Museum of Naval Aviation* kommt, fährt weiter westlich bis zur Straße #292A, dann links, ca. 7 mi.

Gastronomie

- Das ***Wisteria Café*** (221 East Zaragoza Street) befindet sich in einem kleinen alten Haus mitten im *Historic Pensacola Village*
- Guten Kaffee hat das ***Breaktime Espresso Café*** (34 Palafox Place)
- Für *Seafood* ist das ***Fish House*** am Hafen eine gute Wahl

Im ***Seville Quarter Historic District*** (130 E Government St) ballen sich Kneipen und Restaurants, in diesem Komplex befinden sich

- der *Saloon* ***Rosie O'Grady's Goodtime Emporium***
- die urige Kneipe ***Lili Marlene's Aviator Pub***
- die ***Palace Oyster Bar***, in der es außer Austern auch noch andere regionale Spezialitäten gibt
- die ***End of the Alley Bar***, wo in einem hübschen kleinen Innenhof u.a. Cocktails serviert werden

Alle im Internet in der witzigen Website www.rosies.com.

Stadtbesichtigung

Seville Square

Die alte Innenstadt von Pensacola liegt unweit der Pensacola Bay südlich der Straße #98 und der Autobahn I-110. Mehrere **historische Straßenzüge** stehen dort unter Denkmalschutz. Die renovierten Häuser um den ***Seville Square*** erinnern mit schmiedeeisernen Balkonen und Verzierungen ein wenig an die Architektur des *French Quarter* in New Orleans.

Historic Village

Einige nah beieinander liegende historische Gebäude sind als ***Historic Pensacola Village*** definiert und können besichtigt werden. Dafür gibt es ein gemeinsames Ticket, das man im ***Tivoli House*** kaufen kann (205 E Zaragoza Street, geöffnet Mo-Sa 10-16 Uhr; $6, Kinder bis 16 $2,50; www.historicpensacola.org). Dort beginnen auch geführte Rundgänge.

Museen

Zum *Village* gehören auch drei Museen, deren Besuch im Eintrittspreis inbegriffen ist:

- das ***T.T. Wentworth Museum*** (330 Jefferson Street) mit einer etwas eigenartigen Auswahl an Exponaten, die vom Kunsthandwerk der Kolonialzeit bis zu ausgestopften Kodiakbären reicht,
- das ***Museum of Industry*** (200 E Zaragoza Street) mit einer Sammlung von Photos und Werkzeugen verschiedener Handwerksberufe und
- das ***Museum of Commerce*** (201 E Zaragoza Street neben dem *Tivoli House*), in dem u.a. historische Transportmittel, ein alter Laden, eine ganze Häuserzeile aus der Zeit um die vorletzte Jahrhundertwende und eine alte Druckerei gezeigt werden.

In der Nähe des *Historic Pensacola Village* befinden sich noch

- das ***Pensacola Historical Museum*** (115 Zaragoza, Mo-Sa 10-16.30 Uhr, Eintritt frei) zur Geschichte der Stadt und
- das nur mäßig interessante ***Pensacola Museum of Art*** (407 S Jefferson Street, Di-Fr 10-17 Uhr, Sa, So 12-17 Uhr, $5).
- Ein paar Blocks weiter nördlich stößt man auf das kleine ***Civil War Soldiers Museum*** (108 Palafox Place, Di-Sa 10-16 Uhr, $6),

Haus aus der französischen Periode mit typischen Arkadengittern, wie man sie sonst nur in New Orleans findet, in Old Pensacola

F-14 vor dem Museum of Naval Aviation bei Pensacola

das Soldatenunterkünfte, Versorgung, Uniformen, Waffen und andere Aspekte des Bürgerkriegs beleuchtet. Es gibt außerdem einen kurzen Film über Pensacola im Bürgerkrieg.

Militär-flugzeug Museum

Ca. **5 mi südwestlich** der Stadt liegt die *Pensacola Naval Air Station*, ein großer Stützpunkt der Marineflieger mit dem grandiosen ***National Museum of Naval Aviation***; www.navalaviation-museum.org. Es ist mit jährlich 1 Mio. Besuchern das populärste Museum in ganz Florida und die größte Sehenswürdigkeit weit und breit. Zufahrt ab *Downtown* am besten über den Straßenzug Main Street/Barrancas Ave (Straße #292)/Navy Blvd (Straße #295) und dann Brücke über den Bayou Grande auf das Militärgelände.

Im *Open-Air* Bereich und Museumsgebäude stehen und hängen 180 Militärflugzeuge aller Generationen, teilweise integriert in Kriegsschauplätze (z.B. Hangar eines Flugzeugträgers, Marinefliegerbasis im Pazifik). Unbedingt einen Blick sollte man in die legendäre originale ***Cubi Bar*** von 1944 werfen.

Blue Angels

Außerdem gibt es Flugsimulatoren und ein IMAX-Kino, in dem u.a. Filme gezeigt werden, die im Cockpit der bekannten **Kunstflugstaffel *Blue Angels*** gedreht wurden. Aus der Perspektive der Piloten vollzieht man als Zuschauer waghalsige Flugmanöver nach. Da Pensacola Heimatbasis der *Blue Angels* ist, kann man sie nicht nur im Kino bewundern, sondern ihre A4-*Skyhawks* auch im Museum unter der Decke »fliegend« und – mit Glück – die Piloten beim Training (jeweils dienstags und mittwochs am Vormittag, Info zu den Trainingszeiten: ✆ 850-452-2466, www.airshow.com/blueangels.htm). Das *Naval Air Field liegt* hinter dem Museum.

Museum geöffnet täglich 9-17 Uhr, Eintritt frei; IMAX $8.

Fort Barrancas

Schräg gegenüber vom Museum steht das vom *National Park Service* verwaltete ***Fort Barrancas*** (täglich 9.30-16 Uhr; www.nps.gov/guis), freier Zutritt), eine mächtige Anlage mit alten Originalkanonen, das einst zusammen mit dem *Fort Pickens* auf Santa Rosa Island die Einfahrt in die Pensacola Bay sperrte.

Pensacola Beach

Weiße Strände

Historisches Zentrum hin, Flugzeugmuseum her – das beste an Pensacola sind die Strände auf den vorgelagerten Inseln, die man über die *Pensacola Bay Bridge* und die *Bob Sikes Bridge* erreicht. ***World's Whitest Beaches*** verkündet ein altes Schild. Die Sandstrände sind hier wirklich blendend weiß, das Wasser ist kristallklar und schimmert türkis. **Pensacola Beach** ist ein – wegen zahlreicher Sommerhäuser zwischen Stränden und Durchgangsstraße #399 – recht weitläufiger Ferienort mit Hotels und Motels auch unmittelbar hinter dem Strand; www.pensacolabeach.com.

Gulf Islands National Seashore

Große Teile der langgestreckten schmalen **Santa Rosa Island** gehören jedoch zur ***Gulf Islands National Seashore***, in der es keine private Bebauung gibt. Zu diesem Nationalpark sind neben Santa Rosa die weiter westliche Insel **Perdido Key**, ein Sumpfgebiet und einige Inseln vor der Küste von Mississippi zusammengefaßt. Das **Besucherzentrum** der Nationalküste befindet sich bei Gulf Breeze (Landzunge zwischen den beiden erwähnten Brücken) in der ***Live Oaks Area*** an der Straße #98; www.nps.gov/guis.

Fort Pickens

Von Pensacola Beach sind es fast 10 mi durch den Nationalpark bis zum ***Fort Pickens*** am Westende von Santa Rosa (täglich 9-17 Uhr; Zutritt in die *National Seashore* $8/Auto mit Insassen). Das fünfeckige Backsteinfort entstand – wie auch das schon erwähnte *Fort Barrancas* auf der gegenüberliegenden Seite der Einfahrt in die Pensacola Bay – im frühen 19. Jahrhundert. Während des ganzen Bürgerkriegs war *Fort Pickens* von der Union besetzt, während *Fort Barrancas* in der Anfangsphase des Kriegs noch von der Südstaatenarmee gehalten werden konnte. Bekannt wurde das Fort, als es in den 1880er-Jahren als Gefängnis für den Apachenhäuptling ***Geronimo*** und 17 seiner Krieger diente.

Die gesamte Inselküste ist eine einzige Strandlinie; in den Abschnitten der Nationalküste gibt es eine Reihe von **Strandzugängen** ohne kommerzielle Infrastruktur. Ein kleines *Visitor Center* ist ebenfalls vorhanden. In dessen Nähe liegt auf der Bayseite ein guter **Campingplatz**, der reserviert werden kann, $10, ➤ Seite 69.

Hinweis Eintritt

Auch wer nach Westen weiterfährt, sollte ggf. die Eintrittsquittung aufbewahren. Der Eintritt ist eine komplette Woche und für alle Teile der *Gulf Islands National Seashore* gültig.

Pensacola Beach Nordstrand am Santa Rosa Sound mit Blick auf Gulf Breeze und Sikes Bridge

4.2 Abstecher nach New Orleans

4.2.1 Lohnenswert?

Lohnt sich ein Abstecher nach New Orleans? Für viele Ziele muss man in Abhängigkeit von Interessen und Präferenzen sagen: » Es kommt darauf, je nach dem ...«. Im Fall New Orleans gilt für fast jeden Geschmack: ja, wenn der Zeitrahmen nicht zu eng wird. Die möglichen Zwischenstopps am Wege und vor allem das Ziel selbst bieten auch nach ***Hurricane Katrina*** (immer noch oder wieder) eine Menge, was in Florida nicht zu finden ist.

Route und Zeitbedarf

Von Pensacola sind es auf der *Interstate* #10 noch gut 200 mi bis New Orleans. Mit einer Unterbrechung am **Schlachtschiff *»Alabama«*** am Ufer der Mobile Bay, vielleicht noch kurz im alten Zentrum von Mobile und einem kleinen Umweg über die Mississippi-Küste werden daraus schnell 250 mi und eine lange Ganztagsunternehmung. Selbst zwei Tage kann dabei ohne weiteres en route »verbrauchen«, wer auch nur kurz an Alabamas oder Mississippis Stränden pausiert oder sich zum Besuch der frisch renovierten Spielkasinos in Biloxi und Gulfport animieren lässt.

Ein Aufenthalt in New Orleans unter 2 Tagen und mindestens einem Abend ist definitiv zu kurz, ein bißchen mehr wäre besser. Das vorausgeschickt ergibt sich ein absolutes Zeitminimum für einen Abstecher nach New Orleans von 3 Tagen (von Pensacola retour), entspannter ein bißchen mehr Zeit, wenn zumindest eine Strecke nicht voll auf der Autobahn »abgerissen« werden soll.

4.2.2 Durch Alabama und Mississippi

Alabamas Küste

Die Strandqualität des *Florida Panhandle* setzt sich fort bis Alabama. Wen das lockt: Über die Insel ***Perdido Key*** kann man ohne Umwegmeilen weiter der Küste folgen, hier und dort eine Strandpause einlegen und vom ***Fort Morgan*** nach ***Fort Gaines*** auf Dauphin Island (sie ähneln den oben beschriebenen *Forts Pickens* und *Barrancas*; beide wurden bereits zu Anfang des Bürgerkriegs von Unionstruppen erobert; zugänglich 9-17/18 Uhr; Eintritt $3 bzw. $5) die **Fähre** nehmen (zahlreiche tägliche Abfahrten, keine Reservierung, ca. 30 min; Auto/Fahrer $14, Person $4; RV/Fahrer $29; www.mobilebayferry.com). Über die Straße #188 stößt man westlich von Mobile auf die Straße #90 oder die I-10.

Fähre über die Mobile Bay nach Dauphine Island (von dort Brücke zum Festland)

Battleship Park in Alabama

Auf der Küstenroute lässt man indessen südlich von **Mobile** den ***Battleship Memorial Park*** »links« liegen. Wer diesen besichtigen möchte, sollte ab Pensacola die I-10 nehmen. Zunächst der Alabamaküste zu folgen und ab Orange Beach/Gulf Shores wieder landeinwärts Richtung Mobile zu fahren, macht nur Sinn für Camper, die im *Big Lagoon State Park* übernachten, und ggf. für Besucher des *National Museum of Naval Aviation*, ➢ Seite 301, die sich dort relativ weit südlich der I-10 befinden.

Das riesige **Weltkrieg-II-Schlachtschiff *Alabama*** (Straße #90 etwa 2 mi östlich von Mobile) ist Mittelpunkt des Waffenparks mit ausrangiertem U-Boot, B-52-Bomber, A-2-*Blackbird* und weiteren Flugzeugen, Panzerfahrzeugen und Geschützen. Das waffenstarrende Ungetüm darf von der Kommandobrücke bis zum Maschinenraum auf eigene Faust erkundet werden, ebenso das U-Boot. Täglich im Sommer 8-18 Uhr, sonst bis 16 Uhr; Eintritt $12; Kinder bis 11 Jahren $6; Parken $2; www.ussalabama.com.

Mobile

Wer nicht nach Mobile hineinfährt, versäumt nicht so ganz viel. Die 200.000-Einwohner-Stadt wirbt zwar gerne mit ihrem Bestand an schönen *Antebellum Mansions* und *Historical Districts*, aber gesehen haben »muss« man das nicht, zumal Ähnliches in New Orleans (nach wie vor) noch eindrucksvoller geboten wird. Die ***Old Town Houses*** gleich neben dem **Fort Condé** unterhalb der I-10 (dort auch die ***Visitor Information***; www.mobile.org) rechtfertigen aber durchaus einen Zwischenstopp.

Da Mobile Kreuzungspunkt der I-65 mit der I-10 und Kongressstadt mit einem architektonisch beachtlichen ***Convention Center*** am Mobile River ist (Water Street), gibt es hohe **Unterkunftskapazitäten**. Wenn nicht gerade ein Kongress stattfindet, sind daher Motelzimmer reichlich und preiswert vorhanden.

Schlachtschiff Alabama am frühen Abend

Mississippi

Die Golfküste des Staates Mississippi ist nicht mit natürlichen Stränden gesegnet. Versumpfte Uferbereiche erstreck(t)en sich vom westlichen Alabama über Hunderte von Meilen bis nach Texas. Die breiten **Sandstrände** zwischen **Biloxi** und **Bay St. Louis** wurden **aufgespült**, die Sümpfe dort trockengelegt.

Strände

Echte Sandstrände und Dünen gibt es nur auf den vorgelagerten Inseln der ***Gulf Islands National Seashore***; www.nps.gov/guis. Von Gulfport & Biloxi fahren Ausflugsboote nach Ship Island.

Kasinos

Seit der Staat Mississippi Anfang der 1990er-Jahre zunächst nur den Betrieb schwimmender Kasinos erlaubt hatte, dauerte es nicht lange, bis auf dem Mississippi River und an der Golfküste in Biloxi, Gulfport und Bay St. Louis die ersten Kasinoschiffe festmachten. Im Laufe der Zeit wurde das Privileg auch aufs Land ausgedehnt, und so entstanden **Kasinokomplexe** vor allem bei und in Biloxi.

Küstenstraße #90

Auch wer sich nicht für Spielkasinos interessiert, sollte die #90 der I-10 vorziehen. Ihr Verlauf an dieser Küste hat durchaus seinen Reiz (nicht zuletzt nach dem Wiederaufbau, ➤ unten). In **Motels/ Hotels** kommt man dort oft zu moderaten Tarifen unter.

Davis Bayou

Noch vor Biloxi passiert die Straße bei **Ocean Springs** die Einfahrt zum ***Davis Bayou*** der *Gulf Islands National Seashore*, einem Mangrovensumpfgebiet mit *Visitor Center*, *Nature-* und *Canoe-Trails*, das vor der Trockenlegung bewahrt wurde, aber naturbelassenen blieb. Auch ein schöner, aber einfacher ***Campground*** gehört dazu.

Auswirkungen Katrina

Nachdem im August 2005 der **Hurrikan *Katrina*** nicht nur New Orleans, sondern auch die Mississippi Golfküste arg in Mitleidenschaft gezogen hatte, dauerte die Schadensbeseitigung und Rücksiedlung von über 100.000 obdachlos gewordenen Bewohnern zwar länger als angekündigt, aber in der Zwischenzeit sind rund 98% der Bevölkerung wieder zurück.

Die Hauptküstenstraße #90 ist seit Anfang 2008 dank neuer Brücken wieder durchgehend befahrbar. Ebenfalls weitgehend wiederhergestellt ist die touristische Infrastruktur. Insgesamt wurden bis Anfang 2008 allein in Mississippi $10 Mrd. investiert. **Als »Gewinner« des Desasters gelten die Kasinos**. Sie wurden nicht nur rasch, sondern teilweise in günstigerer Lage am Wasser wieder aufgebaut. Faktisch gibt es heute einschließlich neuer im Bau befindlicher Spielpaläste mehr Kasinos an Mississippis Golfküste als vor *Katrina*; mehr unter www.gulfcoast.org.

4.2.3 New Orleans

Anfahrt von Osten

Ab Mobile sind es bis New Orleans auf der I-10 rund 140 mi, bei Wahl der #90 entlang der Mississippi-Küste noch ein bißchen mehr. Die Einfahrt von Osten ist gekennzeichnet durch spektakuläre Brückenkonstruktionen über zahlreiche *Bayous* und Kanäle. Ebenfalls beeindruckend ist die Fahrt nach New Orleans über den ***Lake Pontchartrain Causeway***, eine 23 mi lange Brückentrasse ab Mandeville, die man ab der I-10/Slidell über zwanzig weitere Meilen auf der I-12 in Richtung Westen erreicht. Wer so auf New Orleans zufährt, könnte meinen, sich einer Insel zu nähern, die nur durch diese schmale Brücke mit dem amerikanischen Festland verbunden ist.

Wissenswertes

Lage

New Orleans liegt tatsächlich inselartig zwischen **Mississippi** und **Lake Pontchartrain**, einem großen, vom Meer gespeisten Binnensee. Der alte Stadtkern befindet sich in einer weiten sichelförmigen Biegung des Flusses und ist auf einstigem Sumpfgelände errichtet, das großenteils unter den Hochwassermarken von Fluss und See liegt. Entwässerungskanäle und laufend betriebene Pumpanlagen sorgen dort (nach *Katrina* wieder) für trockenes Gelände.

Klima

Das Klima in diesem Bereich ist fast **subtropisch** mit Temperaturen von ca. 20°C (max. 26°C, min. 15°C) im Jahresmittel. Die Sommerdurchschnittstemperaturen (Juni-August) betragen 27°C, im Winter liegt der Durchschnitt bei beachtlichen 12°C, in den Frühjahrs- und Herbstmonaten sind es angenehme 21°C. Man beachte, dass es sich hier um 24-Stunden-Durchschnitte handelt.

Weniger angenehm sind eine meist sehr hohe **Luftfeuchtigkeit** und starke **Regenfälle**: rund 1800 mm Niederschlag pro Jahr machen New Orleans zur regenreichsten Großstadt der USA.

Reisezeiten

Für Besucher ist folgendes wichtig zu wissen: **Tagestemperaturen über 30°C bis zu 40°C** sorgen in Verbindung mit der Schwüle **von Mai bis einschließlich September** für ein Klima, das ohne *Air Conditioning* nur schwer zu ertragen wäre. Nachts sinken die Temperaturen in dieser Zeit selten unter 20°C und bleiben oft deutlich darüber. Gewitter mit sintflutartigen Güssen kommen vor allem im Juli und August vor, wenn fast jeder zweite Tag Regen mit sich bringt. Die **Winter** sind mild mit einer – nach unseren Maßstäben – frühlingshaften bis frühsommerlichen Witterung. Aber Kälteeinbrüche mit Nachtfrösten sind möglich. **Beste Besuchszeit** sind die Monate **März/April** und **Oktober/November**.

Historisches

1718 von Franzosen gegründet wurde die Stadt 1763 Teil der spanischen Kolonialreiches und fiel 1800 offiziell wieder an Frankreich, bevor sie 1803 im Rahmen des *Louisiana Purchase* von den Vereinigten Staaten gekauft wurde. Nach einer wirtschaftlichen Blütezeit – New Orleans entwickelte sich (seit 1812 bis 18949) als Hauptstadt Louisianas zur viertgrößten Stadt der USA – brachen mit dem **Bürgerkrieg** schwere Jahre an. Da Louisiana zur Konföderation gehörte, besetzten Unionstruppen 1862 schon bald nach Kriegsbeginn die Stadt und sicherten damit für die Kanonenboote der Union den Zugang zum Mississippi.

Wirtschaft

Nach dem Krieg ließ die wirtschaftliche Erholung lange auf sich warten. Erst nach Entdeckung von Ölquellen 1901 ging es mit der Region wieder aufwärts. Industrie entwickelte sich, und New Orleans wurde dank der Ausbaggerung eines Tiefwasserkanals im Hauptstrom des Mississippideltas zu einer der wichtigsten Hafenstädte der USA. Industrie- und Hafenanlagen wurden durch ***Katrina*** kaum beschädigt und funktionieren lange wieder normal.

Bevölkerung

Im **Großraum New Orleans** leben heute – nach *Katrina* – etwa 1,1 Mio Menschen, in der City Anfang 2008 nur etwas über 300.000, ca. 65% der 485.000 vor *Katrina*. Rund 60% der Bevölkerung waren früher Afro-Amerikaner. Zur Zeit sind es nur 30%-40%. Die **Kreolen**, Nachkommen der ersten Siedler aus Spanien und Frankreich, bilden die gesellschaftliche Elite der Stadt.

Sprache

Erst mit dem vermehrten Zuzug von Amerikanern wurde Französisch als Hauptsprache 1821 vom Englischen abgelöst. Dennoch haben sich bis heute viele französische Begriffe erhalten, wenn auch oft mit verballhornter amerikanischer Aussprache..

Fazit

Die spanischen und französischen – aber auch afrikanischen und karibischen – Einflüsse machen New Orleans zur exotischsten Stadt der USA mit einem ganz eigenen Rhythmus und Charakter. Der blieb trotz *Katrina* gegen alle Unkenrufe 2005 erhalten.

Jeanne d'Arc in Gold und die Trikolore symbolisieren am Rande der Altstadt die Verbundenheit mit der Schwesterstadt Orleans

»Rebirth« of New Orleans nach »Katrina«

Hurricane Katrina

Nachdem **Hurrikan *Katrina*** über die Golfküste von Louisiana bis Alabama gezogen war und speziell in und um New Orleans und entlang der Küste des Staates Mississippi eine Spur der Verwüstung hinterlassen hatte, glaubte niemand an eine rasche »Wiederauferstehung« von New Orleans. Wiewohl sich die offizielle Tourismusbehörde ***New Orleans Convention & Visitors Bureau*** auf ihrer Website bereits 12 Tage nach der Katastrophe, als 60% der Stadt noch unter Wasser standen, erstmalig an »alte Freunde und Besucher« wandte, die weitgehende Unversehrtheit der Altstadt erläuterte und gleichzeitig die Wiederherstellung der alten Herrlichkeit in naher Zukunft ankündigte.

Comeback bereits 2006

Als im Februar 2006 tatsächlich schon wieder der Karneval ***Mardi Gras***, wenn auch in leicht reduziertem Rahmen, stattfand und im April/Mai ebenso das traditionelle ***Spring Jazz Festival***, machte trotz aller noch bestehenden Probleme das Schlagwort von der »***Rebirth of New Orleans***« die Runde. Untermauert wurde diese Feststellung durch einen bereits im Januar veröffentlichten Artikel »***Comeback of the Year: New Orleans***« der *New York Times*. Und bei uns schrieb im August sogar der ***Spiegel***: »*Comeback* mit Pauken und Trompeten, die *Big Easy* ist zurück«.

2008

Vielleicht war diese Feststellung – bei Licht betrachtet – 2006 noch ein wenig verfrüht, aber eineinhalb Jahre später, im Frühjahr 2008, ist New Orleans' »Wiederauferstehung« Fakt.

Im **folgenden Kasten** sind die wichtigsten Daten zum Desaster um *Katrina* noch einmal kurz beschrieben.

Hurrikan »Katrina« und die Folgen

Der Hurrikan *Katrina* sorgte am 29. August 2005 in New Orleans und den Küstenregionen des Staates Mississsippi für die schwersten Schäden durch eine Naturkatastrophe in den USA seit dem großen Erdbeben in San Francisco im Jahr 1906. Dabei richteten nicht so sehr die direkten Wirkungen des Sturms den größten Schaden an, sondern die nachfolgenden Flutwellen. Die durch keinerlei Deiche geschützten Küstenstriche Louisianas nordöstlich New Orleans und Mississippis wurden kurzzeitig von einer Riesenwelle überrollt. Der mit dem Golf von Mexico verbundene Binnensee Lake Pontchartrain (maximale Breite ca. 36 km, Länge ca. 60 km), unter dem sich im wahrsten Sinne des Wortes ein Großteil von New Orleans erstreckt, trat über seine ebenfalls ungeschützten Nordufer und setzte die dort liegenden Orte unter Wasser, zog sich aber im Gegensatz zum offenen Meer nicht wieder binnen kurzem zurück. Gleichzeitig drückte er auf und über die New Orleans schützenden Deiche des Südufers. Gleichzeitig auf die Schutzmauern entlang breiter die Stadt durchziehende Entwässerungskanäle und eine Verbindung zum Mississippi. An mehreren Stellen kam es zu Deich- bzw. Mauerbrüchen. Alle unter dem Pegel des Sees liegenden Stadtteile liefen voll Wasser. 160.000 Häuser wurden zerstört oder irreparabel ruiniert. Weit über 300.000 Einwohner konnten lange nicht in die Stadt zurückkehren.

Autobahnen und alle großen Zufahrtstraßen sind samt Brücken mittlerweile wieder intakt. Deiche, Wehre und Pumpstationen, so heißt es, heute in einem besseren Zustand als 2005. Und es wird weiter gebaut und verstärkt. Kritische Stimmen behaupten indessen, die Situation sei weit weniger positiv als offiziell dargestellt, ein neuer Sturm der *Katrina*-Kategorie würde New Orleans ein weiteres Mal unter Wasser setzen. Kritik erhebt sich auch am nach wie vor desolaten Zustand weiter Teile der seinerzeit überfluteten Gebiete. Neben Schlamperei und Korruption gäbe es politische Ränkespiele und Bodenspekulation. Bestimmte Kreise hätten ein Interesse daran, dass das in erster Linie betroffene schwarze Prekariat möglichst nicht zurückkehrt.

Wer sich ein aktuelles, wenn auch etwas geschöntes Bild machen möchte, sollte einmal die offizielle Website der *New Orleans Visitor Information* aufrufen: www.neworleanscvb.com, die mit den Worten lockt: »*New Orleans returned stronger and better than ever, and we are eager to welcome you*«.

Praktisches

Info-Centers/ Websites

- ***New Orleans Convention & Visitors Bureau***, 2020 St. Charles Avenue, New Orleans LA 70130, **Hotline**: © 1-800-672-6124.
- In der **529 St. Ann Street** (am **Jackson Square** mitten im *French Quarter*) befindet sich die offizielle ***New Orleans Visitor Information***, © 504-566-5031; www.neworleanscvb.com.

Weitere Websites für New Orleans Infos sind:

www.neworleans.com
www.neworleansonline.com
www.bestofneworleans.com
www.discoverneworleans.com
www.mapneworleans.com

In den Besucherinformationen, aber auch in den Rezeptionen vieler Hotels liegen **kostenlose Stadtmagazine** aus, die über aktuelle Zeiten (Fahrpläne, Museen etc), Preise und Veranstaltungstermine informieren.

Orientierung

Anfahrt

Die ***Interstate* #10** läuft durch die ganze Stadt und besitzt mehrere Ausfahrten in Zentrumsnähe. Die ebenfalls als *Freeway* ausgebaute **Straße #90** überquert den Mississippi zwischen *French Quarter* und *Garden District*. Zum Besuch von *Downtown* verlässt man sie am besten über die Ausfahrt St. Charles Ave.

Bezirke

Downtown umfasst den ***Central Business District*** (Kürzel: ***CBD***) und das angrenzende ***French Quarter***. ***Uptown*** oder ***Upriver*** nennt man Stadtteile weiter stromaufwärts, i.e. westlich des *CBD*. Dazu gehören u.a. der ***Garden District***, das **Universitätsviertel**, der ***Audubon Park*** und **Carrollton**. Den großen Bereich zwischen Carollton Ave, Esplanade Ave und Mississippi nennt man auch **Riverside** im Gegensatz zu **Lakeside**, das sich nördlich der I-10/I-610 erstreckt und 2005 weitgehend »absoff« .

Parken Es ist so gut wie unmöglich, im zentralen Bereich von New Orleans kostenlos zu parken. Im ***CBD*** (westlich der zentralen Achse Canal Street) steht eine Reihe gut ausgeschilderter **Parkhäuser**.

Großflächige **Parkplätze** befinden sich zwischen *French Quarter* und Canal Street (ab $4-$6/Stunde!). Es gibt zwar in der ganzen Stadt und im wie rund um das ***French Quarter*** viele **Parkuhrenplätze**, doch die sind oft besetzt; außerdem gelten dort begrenzte Parkzeiten (freie Parkuhren finden sich noch am ehesten an der Rampart Street oder an der Esplanade Ave, ➤ Karte Seite 319).

Eine gute Parkoption (nicht für Campfahrzeuge, mit denen man aber ohnehin lieber nicht in die Innenstadt fahren sollte) im zentralen Bereich ist das **Parkhaus über der *Shopping Mall »Canal Place«*** am unteren Ende der Canal Street. Zwischen den 3 Stockwerken des *Canal Place* und dem *Westin Hotel* in den oberen Etagen ist dort viel Platz. **Zufahrt** am besten über die St. Peter Street, dann *Canal Place* passieren und rechts ab in die Iberville Street und wieder rechts Front Street zur Einfahrt (hört sich komplizierter an, als es ist).

Wer einigermaßen zentral übernachtet und einen **Parkplatz am Hotel** hat, sollte das Auto am besten dort stehen lassen, zu Fuß gehen, per Taxi fahren oder öffentliche Verkehrsmittel nutzen.

Öffentlicher Transport und Touren

Streetcars Tatsächlich lassen sich von einem günstigen Ausgangspunkt in *Downtown* oder *Garden District* die wichigsten Attraktionen in New Orleans zu Fuß oder per Straßenbahn erreichen.

Die ***Riverfront Line*** verkehrt trotz der Bezeichnung außer Sichtweite des Mississippi jenseits der Eindeichung. Eine weitere Straßenbahn fährt auf der **Canal Street** von der *Riverfront* bis zum *City Park (Museum of Art).*

Uralt, und daher eine eigenständige Sehenswürdigkeit, aber nach Katrina technisch überholt sind die ***St. Charles Streetcars*** ($1,25).

Busse Außerdem gibt es ein relativ gut ausgebautes Netz von Buslinien. Nach *Katrina* war die Benutzung öffentlicher Verkehrsmittel fast ein Jahr lang gratis. Seither gelten wieder die »alten« Tarife: $1,25, Umsteiger (*Transfer*) $0,25; Expressbus $1,50.

Tages-tickets Es gibt auch wieder 1-Tages-Pässe für $5 und 3-Tage-Pässe für $12 für Streetcars und Busse; www.norta.com/fares.

Aktuelle Information zu Fahrplänen und Tarifen bei der ***Regional Transit Authority***, © 504-248-3900; www.norta.com/fares.

Geführte Touren In New Orleans wurden und werden wieder zahlreiche geführte Trips angeboten, seien es Stadtrundfahrten oder Ausflüge zu Attraktionen der Umgebung wie den ***Bayous*** und ***Ante Bellum Plantations***. Auch an ***Voodoo-Ritualen*** und ***Jazz Funerals*** (Beerdigungen mit Jazzmusik) kann man teilnehmen. Gemeinsam ist allen Touren ein recht hohes Preisniveau.

Post Katrina Tours

Immer noch und wohl noch eine ganze Weile haben Touren durch die von den Fluten nach Katrina zerstörten und und verlassenen Stadtteile – ***Post Katrina Tours*** – Konjunktur, z.B. von:

- ***Tours by Isabelle***, ca. 3-4 Stunden im Van bis zu 12 Personen, $53; © 1-877-665-8687; www.toursbyisabelle.com.

Walking Tours

Kostenlos und empfehlenswert sind die ab ***Jean Lafitte Center*** (419 Decatur) von Rangern durchgeführten Touren, z.B. ***History of New Orleans Tour***.

Mehrere Veranstalter haben sich spezialisiert, z.B. auf Touren durch den *Garden District* oder über Friedhöfe – z.B. ***Hidden Treasures*** (© 504-529-4507) oder ***Historic New Orleans Walking Tours*** (© 504-947-2120). ***Haunted History Tours*** (© 504-861-2727, www.hauntedhistorytours.com).

Swamp Tours

Im Umkreis von New Orleans gibt es auch diverse Touren durch die Sümpfe teils mit lauten ***Airboats***, teils mit **Ruderbooten** mit großen Gruppen oder nur für ein paar Leute. Angebote bei der *Visitor Information*. Auch nach Katrina wieder aktiv sind

- ***Pure Cajun Boardwalk Swamp Tours***, © 504-633-9306; zu Fuß auf einem Holzbohlenweg unter fachkundiger Führung.
- ***Dr. Wagner's Honey Island Swamp Tour*** ab Slidell, © 504-641-1769; mit dem Ökologen Dr. Paul Wagner auf relativ kleinen geräuscharmen Flachbooten, www.honeyislandswamp.com.

Riverboats

Von der *Spanish Plaza/Riverwalk* (Ende der Canal Street) und dem Anleger an der *Jax Brewery* starten mehrere ***Mississippi Riverboats*** (am ansehnlichsten ist die große ***Natchez***, ➤ auch weiter unten) zu kurzen Flussfahrten mehrfach täglich.

Die Natchez

Unterkunft & Camping

Unterkunft im French Quarter

Als touristische Hochburg und Kongressstadt verfügt New Orleans über ungezählte Quartiere in allen Preislagen. Es gilt aber nach wie vor: **je näher am *French Quarter*, umso teurer wird es**. Für das *French Quarter* oder den *Garden District* sprechen auch die dort zu findenden kleinen Hotels mit Nostalgie-Charakter. Sie sind nicht eben billig (ab ca. $120, aber abhängig von Saison und Auslastung kommt man dort bisweilen auch in guten Häusern schon ab $80 unter. In den Info Centers finden sich die entsprechenden Angebote. Dabei sind die Nächte von Sonntag- bis Mittwoch-/Donnerstag-Abend günstiger als Wochenenden. Vor allem aber gibt es dann eher Platz im Wunschquartier.

Außerhalb

In der weiteren Umgebung der Stadt findet man in erster Linie die Häuser der bekannten Motel- und Hotelketten. Wer abends ggf. noch 20 mi oder mehr Fahrt in Kauf nimmt, kommt in und um **Slidell** (I-10/I-59/I-12), bei **Mandeville** und **Covington** (jenseits der Brücke über den Lake Pontchartrain) und westlich des *New Orleans International Airport* in **Metairie** entlang der I-10 zu geringeren Tarifen unter (ab und durchaus unter $70 in der einfachen Kategorie und unteren Mittelklasse) als in *Downtown*.

Steuern

Auf alle Unterkunftsrechnungen wird in New Orleans 13% *hotel tax* und mindestens $1 *room tax* pro Nacht aufgeschlagen.

Reservierung/ B & B

Bei der Unterkunftssuche und -reservierung sind behilflich

- ***Reserve New Orleans***, 1133,St. Patrick Street, © 504-561-9080, und © 1-866-867-6309, wwwreserveneworleans.com
- ***New Orleans B&B* and *Accommodations***, 671 Rosa Ave, © 504-838-0140 und © 1-888-240-0070, www.neworleansbandb.com

Hostels

- Im *Garden District* befindet sich das ***Marquette House New Orleans International Hostel***, 2235 Carondelet St., © 504-523-3014, das aus mehreren Häusern besteht. Die Nacht im Mehrbettzimmer kostet $25, auch DZ mit/ohne Bad $50/$70.
- Das ***India House International Hostel***, 124 South Lopez Street, © 504-821-1904; www.indiahousehostel.com, liegt in einer weniger erfreulichen Gegend, aber dafür in Fußgängerdistanz zum *French Quarter*; Bett ab $17, DZ ab $45. Sehr einfach. Pool.

Moderat

Erschwinglich sind:

- ***St. Peter Guest House***, 1005 St. Peter, © 504-524-9232, www.stpeterhouse.com, Bau aus dem 18. Jahrhundert mit hübschen Balkonen und Innenhof; 17 Zimmer, 6 Suiten, ab $75.
- ***The Frenchmen***, 417 Frenchmen, © 504-948-2166, www.frenchmenhotel.com; 2 kreolische Stadthäuser aus dem 19. Jh. mit Pool und Spa im Innenhof; *French Quarter*-Randlage, ab $59
- ***Place d'Armes Hotel***, 625 St. Ann Street, © 504-524-4531, ganz nah am Jackson Square mit Innenhof; mit Glück ab $59
- ***Green House Inn***, 1212 Magazine St., © 504-525-1333, stilvolles ***B&B*** in Gehweite des French Quarter, ab $70

- ***Prytania Inns***, 1415-2041 und 2127 Prytania, © 504-566-1515; drei leicht in die Jahre gekommene Antebellum-Häuser mit einfachen kleinen Zimmern; ab $70
- ***Prytania Park Hotel***, 1525 Prytania, © 504-524-0427, www.prytaniaparkhotel.com; »plüschiges« Boutique-Hotel, ab $70

Mittlere Preislage

Ein paar Dollar mehr kosten:

- ***Le Richelieu***, 1234 Chartes Street, © 504-529-2492, ab $110
- ***Monteleone Hotel***, 214 Royal St, © 504-523-3341, www.hotelmonteleone.com; in günstiger *French Quarter*-Lage, ab $105.
- ***Parc St. Charles*** (*Best Western*), 500 St. Charles Ave, © 504-522-9000; neuer Komfort in prima Lage mit Pool und Café, ab $99.

Höhere Kategorie

Amerikanischen Komfort und Mississippiblick bietet:

- ***The Westin Hotel at Canal Plac**e*, © 504-7008, www.westin.com; ab $160, moderner Luxus über der *Canal Place Shopping Mall*. Weitblick aus allen Zimmern, auch vom Restaurant im 11. Stock. Ideale Lage in Gehweite zu Aquarium, *Riverfront*, Kasino und *French Quarter*. Parkgarage des Einkaufszentrums.

Camping

Von Anlage und Ausstattung her zu empfehlen sind Campern die *Campgrounds* der ***State Parks*** im Umfeld von New Orleans. Zentrale Reservierung unter www.reserveamerica.com, ➤ Seite 69:

- ***Bayou Segnette***, auf der Westbank, nur ca. 10 mi von der City entfernt, hat nicht nur einen Campingplatz, sondern auch ein Wellenbad und schön am Bayou übers Wasser gebaute Häuschen.
- ***Fontainebleau*** und ***Fairview Riverside*** liegen beide am Nordufer des Lake Pontchartrain einige Meilen östlich bzw. westlich von Mandeville; Anfahrt auf der Brücke über den See.
- Vergleichsweise citynah im Stadtwesten liegt der **KOA-Platz *New Orleans West***: 11129 Jefferson Hwy/Straße #48 unweit des Mississippi und des Flughafens (ab I-10/*Exit* 223A), © 504-467-1792, www.neworleansrvcamp.com. Hoher Komfort mit Gratis-WLAN (*Wifi*), nicht billig. *Shuttle Service* in die City und zurück.

Essen & Trinken

Cajun & Creole Cooking

Ein Besonderheit der Region Südost-Louisiana sind die ***Cajuns*** (Kàih-dschns). Das seltsame Wort *Cajun* geht auf eine eigenwillige Aussprache der Bezeichnung *Acadians* für französischstämmige Siedler zurück, die nach der Einnahme der Kolonie Acadia (in etwa die heutigen maritimen Atlantik-Provinzen Canadas) durch die Briten um 1755 in Louisiana eine neue Heimat fanden. In und um New Orleans existiert eine eigene *Cajun Culture*, vom Touristen am ehesten wahrzunehmen auf den Speisekarten der Restaurants: ***Cajun Cooking*** bietet mit ihren Fisch- und Krabbenspezialitäten eine angenehme Abwechslung zum amerikanischen Einerlei der Hamburger-, Steak- und Chickengerichte. Das gilt auch für die ähnliche, aber etwas »feinere« ***Creole Cuisine***, die kreolische Küche, deren Ursprung auf den spanisch-französischen Einfluss der Gründerzeit zurückgeht.

Reich sortierter Liquor Store im French Quarter. Hier darf jeder ungestraft die Flasche in der Öffentlichkeit an der Hals setzen, anderswo ein Haftgrund.

French Quarter

Besonders viele Restaurants konkurrieren im ***French Quarter*** um Gäste, wo ein hohes Preisniveau nicht unbedingt auch überdurchschnittliche Qualität bedeutet.

Mit folgenden Lokalen kann man wenig verkehrt machen:

- Ein *Café au lait* mit *Beignets* (süßes Gebäck) im ***Café du Monde*** (800 Decatur/Jackson Square am Rande des *French Market*) gehört zu jedem New Orleans-Besuch; geöffnet rund um die Uhr, ➢ weiter unten, www.cafedumonde.com (witzige Seite). Wer dort keinen freien Tisch findet, hat wenig Mühe, im weiteren Verlauf der Decatur Street in Richtung Esplanade Ave ein anderes gutes Straßencafé zu finden.
- Im ***Gumbo Shop*** (630 St. Peter Street, www.gumboshop.com) gibt es den besten *Gumbo* des *French Quarter*.
- Im attraktiven, wiewohl touristischen ***Court of Two Sisters*** (613 Royal, ✆ 504-522-7261, www.courtoftwosisters.com) ist es immer voll, vor allem beim täglichen (!) *Jazz Brunch Buffet*.
- Das ***Pat O'Brien's*** (718 St. Peter St, Zugang von der Bourbon St, www.patobriens.com) ist bekannt für seine **Cocktails *Hurricane*** und ***Mint Julep***.

Garden District

- ***Kelsey's Restaurant*** (3923 Magazine St, ✆ 504- 879-6722) ist bekannt für kreative Küche: *Creole*, *Cajun* und *West Coast*.
- ***Upperline Restaurant*** (1413 Upperline/Uptown, ✆ 504-891-9822, www.upperline.com), erstklasssige Küche, Menüs zu dafür sehr akzeptablen Preisen.

Außerhalb (Mandeville/ Lacombe)

Wegen seiner ungewöhnlichen kulinarischen Qualität bei einem gleichzeitig moderaten Preisniveau muss man das ***La Provence*** an der Straße #190 zwischen Mandeville und Lacombe jenseits des Lake Pontchartrain (ca. 7 mi ab *Causeway*-Ende in Mandeville) einfach erwähnen. Die **französische Küche** mit kreolischem Einschlag genießt man am besten im Garten. Drinnen das Restaurant ist rustikal. Auf der Website ist die komplette Speisekarte abgebildet: www.laprovencerestaurant.com; ✆ 985-626-7662.

Unterhaltung

Musik, Jazz

Artisten aller Art und **Straßenmusiker** unterhalten tagtäglich das touristische Publikum rund um den Jackson Square und am kleinen Washington Artillery Park zwischen *Jax Brewery* und *French Market*. Die Bourbon Street, vor allem die Blocks ab Bienville bis St. Ann Street, sind bekannt für ihre dichte **Kneipenszene**, in denen Bier und Cocktails in Strömen fließen. **Jazz pur** gibt es bekanntlich in der ***Preservation Hall***, aber auch in einer Reihe von Jazzkneipen und auf dem Dinnertrip des ***Riverboat Natchez***:

Empfehlenswerte ***Live Jazz Places*** sind:

- ***Crescent City Brewhouse***, 527 Decatur, © 504-522-0571, www.crescentcitybrewhouse.com; Minibrauerei mit diversen Biersorten, gute *Southern Food*-Karte, aber nicht ganz billig.
- ***House of Blues***, 225 Decatur, © 504-529-1421; eine riesengroße *Dance Hall*, in der nicht nur Blues gespielt wird. Bar und Restaurant; www. hob.com/venues/clubvenues/neworleans.
- ***Preservation Hall***, 726 St Peter, © 504-523-8939, www.preservationhall.com, die unschlagbare Legende ohne Ausschank.
- ***Krazy Korner***, 640 Bourbon Street, © 504-524-3157, www.krazykorner.com; *Cajun, Rythm & Blues*
- ***Funky Pirate***, 727 Bourbon Street, © 1-800-475-3649, Kneipe mit Blues-Show, www.tropicalisle.com.
- ***Palm Court Jazz Café*** (1204 Decatur Street, © 504-525-0200, www.palmcourtcafe.com) mit kreolischer Küche bei *Old Time Jazz*, aber nur Mi-So 19-23 Uhr geöffnet.
- ***Tipitina's***, 501 Napoleon Ave (Nähe *Garden District*), © 504-558-0204, www.tipitinas.com; bekannter Club mit Bands diverser Stilrichtungen, Mi-So ab 22.30 Uhr; *Cover Charge* $5-$30.

Wem nach Spielkasino à la Las Vegas zumute ist, der findet zwischen Canal und Poydras Street (gegenüber *Convention Center)* den unübersehbaren Rundbau des ***Harrah's Casino***; www.harrahs.com/casinos/harrahs-new-orleans/hotel-casino.

Harrah's Spielkasino

Shopping

Tax free Dank des ***Louisiana Tax Free Shopping Program (LFTS**, www.louisianataxfree.com*), an dem viele Geschäfte auch in New Orleans teilnehmen (unübersehbare *Tax Free*-Aufkleber im Fenster oder an der Tür), können sich ausländische Besucher – gegen Vorlage des Reisepasses, des Airline-Tickets und der Kaufquittungen plus Voucher, der die gezahlte Umsatzsteuer ausweist – im *Riverwalk Marketplace* und im *New Orleans International Airport* die entrichteten *Sales Tax*-Beträge erstatten lassen. Dies gilt nicht für Umsatzsteuern auf Dienstleistungen.

Situation Speziell in den Straßen des ***French Quarter*** und in der **Magazin Street** im Bereich des *Garden District* gibt es ungewöhnlich viele originelle Läden für alles und jedes. Zwischen Decatur und North St. Peters Streets erstreckt sich außerdem der ***French Market*** mit jeder Menge Ständen für Souvenirs, T-Shirts, Schmuck und allem, was man Touristen in New Orleans verkaufen kann.

Shopping Malls Wer in Anbetracht von Hitze und meist hoher Luftfeuchtigkeit lieber in klimatisierten *Shopping Malls* einkauft, findet mit der ***Jackson Brewery*** zwischen Jackson Square und Mississippi-Riverfront einen von der Brauerei zum feinen Einkaufs- und Restaurantzentrum umfunktionierten Komplex. Noch distinguierter geht es in den teuren Edelmarken-***Shops at Canal Place*** am unteren Ende der Canal Street zu. Die ***Riverwalk Mall*** unmittelbar am Mississippi westlich der Canal Street mit Haupteingang an der Spanish Plaza erstreckt sich mit rund 150 Läden und Restaurants der mittleren Kategorien samt *Food Court* unter dem *Convention Center* über mehrere hundert Meter Länge.

Kennzeichen des French Quarter sind die umlaufenden schmiedeeisernen Arkaden- und Balkongitter vor den Gebäuden.

4

Stadtbesichtigung

French Quarter und Umgebung

Kennzeichnung

Als New Orleans ein Teil der USA wurde, hatte es ganze 8000 Einwohner und bestand in etwa aus dem Gebiet des heutigen ***Vieux Carré*** oder ***French Quarter***. In diesem ältesten Viertel schlägt das Herz der Stadt, die gerne ***Big Easy*** genannt wird.

Das *French Quarter* ist eigentlich ein *Spanish Quarter*, denn als es nach dem großen Brand von 1788 wieder aufgebaut wurde, befand sich New Orleans in spanischem Besitz. Viele Stilelemente der französischen Zeit davor blieben dennoch erhalten bzw. wurden restauriert, vor allem die schmiedeeisernen, oft reich verzierten **Balkon-** und **Arkadengitter** im ersten und zweiten Stock der Gebäude. Sie sind typisch für die Altstadt. Ebenso wie der Jazz und die dichte kommerzielle Infrastruktur.

Souvenirshops, Boutiquen aller Art, Restaurants und Kneipen machen mit dem Tourismus ein Bombengeschäft. Das Leben und Treiben konzentriert sich dabei im wesentlichen auf den Bereich zwischen dem Mississippi (*Moonwalk*) bzw. der Decatur Street und der Bourbon Street (Fußgängerzone), mehr im Internet unter http://frenchquarterneworleans.com.

Orientierung

Die Orientierung im ältesten historischen Stadtkern der USA ist dank des schachbrettartigen Straßenrasters, der überschaubaren Größe (1,5 km²) und des begrenzenden Mississippiufers kein Problem. Das Zentrum des *French Quarter* bildet der grüne **Jackson Square**. Der Platz ist nach *Andrew Jackson* benannt, dem Sieger der *Battle of New Orleans* 1815. Die Reiterstatue des Generals und späteren Präsidenten der USA ist nicht zu übersehen.

Jackson Square

Der Jackson Square war in französischer und spanischer Zeit Zentrum des politisch- religiösen Lebens der Stadt, später Parade- und Aufmarschplatz. Heute sorgen dort, speziell in der Chartres St vor der Kathedrale Straßenkünstler für Unterhaltung der Touristen.

Kathedrale

Die den Platz überragende weiße ***St. Louis Cathedral*** ist zwar eine französische Gründung; http://stlouiscathedral.org, aber das ursprüngliche Gebäude wurde – wie die meisten Häuser im historischen Stadtkern – bei einem großen Feuer zerstört und 1851 wieder aufgebaut. Diese älteste Kathedrale der USA reflektiert den hier starken Katholizismus. Bis heute ist New Orleans die einzige amerikanische Großstadt mit überwiegend katholischer Bevölkerung und Sitz einer Erzdiözese.

Cabildo

Gleich neben der Kirche (Chartres/St. Peter) befindet sich das sog. ***Cabildo***, einst Regierungssitz des spanischen Gouverneurs. In ihm wurde 1803 das wieder französische Louisiana offiziell an die USA übergeben. Heute beherbergt es ein ***Museum of History***. Dort erfährt man alles über die Geschichte des Staates Louisiana von der Ankunft der ersten europäischen Siedler über New Orleans' Rolle im Sklavenmarkt und die Zeit des Bürgerkriegs bis heute; http://lsm.crt.state.la.us/cabildo/cabildo.htm.

Presbytère

Auf der anderen Seite der Kathedrale (Ecke Chartres/St. Ann) steht das sog. ***Presbytère***, es fungiert als – sehenswertes – ***Mardi Gras-Museum*** zur Entwicklung des Karnevals in Louisiana.

Pontalba Buildings

Die den Platz seitlich flankierenden Gebäude stammen aus den Jahren 1849-51 und gehen zurück auf *eine Baroness de Pontalba*. Diese Dame ließ 16 Apartmenthäuser mit je vier Stockwerken errichten: Unter dem Dach hausten die Sklaven, im Erdgeschoss befanden sich Läden, dazwischen komfortable Wohnetagen mit Gasleitungen, fließend Wasser und WCs, damals hochmodern.

Durch das *Lower Pontalba Building*, dem ***1850 House*** (523 St. Ann), finden stündlich Führungen statt, die eine gute Vorstellung vom Leben der kreolischen Oberschicht vor 150 Jahren vermitteln; http://lsm. crt.state.la.us/1850ex.htm.

Louisiana State Museum

Alle genannten Gebäude sind Teil des ***Louisiana State Museum*** Komplexes mit insgesamt 6 Häusern (*Cabildo, Presbytère, Arsenal, Old US Mint, 1850 House* und *Madame John's Legacy*). Alle sind **geöffnet Di-So 9-17 Uhr** und kosten $3 oder $6 Eintritt, © 504-568-6968, http://lsm.crt.state.la.us.

Moonwalk

Das pralle Leben am Jackson Square setzt sich fort vor der Bühne am kleinen ***Artillery Park*** zwischen Decatur Street und Mississippi. Dahinter läuft – auf und vor dem Flussdeich mit weitem Blick über den Mississippi und auf die Hochbrücken weiter westlich – die Promenade ***Moonwalk***. Sie führt vom French Quarter zum *Aquarium of the Americas* und weiter über die Spanish Plaza bis zur *Shopping Mall Riverwalk Marketplace*.

Akrobatische Vorführung unter Publikumsbeteiligung am Jackson Square. Im Karton werden hinterher Dollars eingesammelt

Mississippi Dampfer

Gleich hinter der *Jackson (Jax) Brewery*, einer ehemaligen Brauerei, die zu einem Edel-*Shopping Center* umgebaut wurde, befindet sich der Anleger des hier größten Mississippidampfers, der »***Natchez***«. Wenn ein Mississippitrip in New Orleans (ab $20; Abfahrten mehrfach täglich, www.steamboatnatchez. com), dann mit diesem Boot. In seinem Maschinenraum wird eindrucksvoll die Funktionsweise des Heckantriebs solcher *Sternwheeler* demonstriert. Nicht billig, aber stimmungsvoll sind abendliche ***Buffet Dinner Cruises*** mit einer Jazzband im Restaurant.

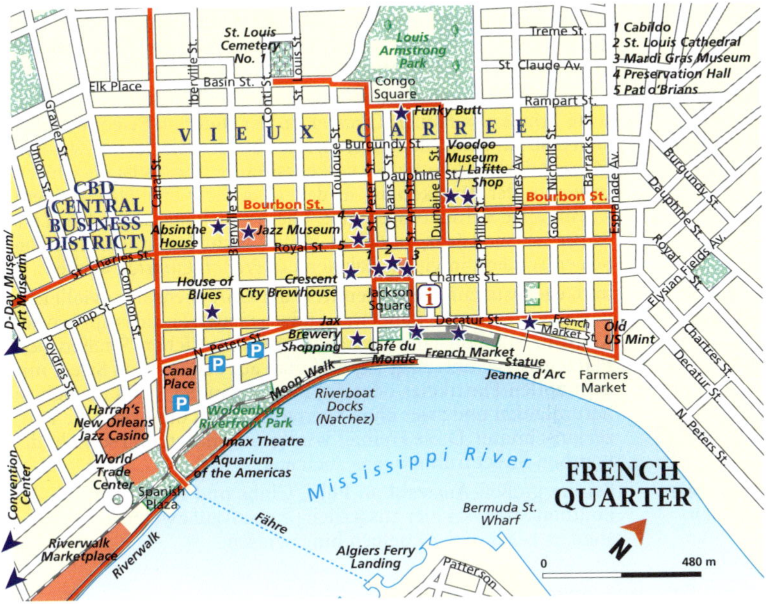

William Faulkner/ Tennessee Williams

Vom Jackson Square führen zwei schmale (Fußgängerstraßen an der Kathedrale und dem dahinterliegenden *St. Anthony's Garden* entlang in Richtung Royal Street. In der Nummer 624 der ***Pirate Alley*** lebte in den 1920er-Jahren ***William Faulkner***. Er schrieb hier seinen ersten Roman, *A Soldier's Pay*. Aber *Faulkner* war nicht der einzige Literat, der sich von New Orleans angezogen fühlte. So schrieb etwa auch ***Tennessee Williams*** sein Stück ***A Streetcar Named Desire*** im *Vieux Carré*. Die Straßenbahn fuhr früher noch durch das Viertel und trug den Namen ihrer Endstation – »Sehnsucht«. *Das* ***Petit Théâtre de Vieux Carré*** (616 St. Peter St) ist jedes Frühjahr Zentrum eines *Tennessee Williams Festival*.

Napoleon House

An der Ecke St. Louis/Chartres steht das ***Napoleon House*** (www.napoleonhouse.com), in dem Napoleon nach seiner Abdankung Zuflucht nehmen sollte. Bekanntlich kam es anders.

Royal Street

In der Royal Street ballen sich Kunst- und Antiquitätengeschäfte. Dort könnte man einen Blick in die ***Historic New Orleans Collection*** werfen (533 Royal St, Di-Sa 10-16.45 Uhr, www.hnoc.org, frei), ein historisches Kabinett mit Dokumenten und Gemälden, dazu eine Ausstellung zur Geschichte Louisianas und der Stadt.

Gallier House Museum

Ein Prachtstück unter den Privathäusern ist das ***Gallier House***, das sich der Architekt *James G.* noch vor dem Bürgerkrieg, bauen ließ (1118-1132 Royal Street, Mo-Sa 10-15.30 Uhr, Touren stündlich, Eintritt mit Führung $6, © 504-525-5661, www.hgghh.org).

Neben sehenswerter zeitgenössischer Möblierung beeindruckt die luxuriöse Ausstattung mit sanitären Anlagen (u.a. fließend Wasser, WC) und Klimatisierung.

Bourbon Street/ Live Music

Nur einen Block oberhalb der der Royal Street läuft die bekannteste Straße des *French Quarter*. In der **Bourbon Street** befindet sich eine Bar neben der anderen, und abends wälzen sich (wieder!) Massen durch die teilweise verkehrsfreie Straße. Es ist oft schwer, in einem der **Musikclubs**, in denen es nicht nur Jazz, sondern Musik aller Stilrichtungen gibt, überhaupt Platz zu finden. ***Live Music***, speziell **Jazz**, findet man aber nicht nur in der Bourbon Street, sondern in vielen Lokalen des *French Quarter*, ➤ oben.

Open-air Alkohol

Im Gegensatz zum gesamten Rest der USA (sieht man vielleicht von Key West an der äußersten Südwestspitze Floridas ab), wo der Konsum alkoholischer Getränke auf öffentlichen Straßen und Plätzen streng untersagt ist, darf man auf der Bourbon Street mit dem vollen Plastikglas oder der Bierdose in der Hand einfach so herumlaufen und zwar ohne Sperrstunde und ohne dass die Polizei einschreitet. Diese Freiheit wird gern genutzt, und so sieht die Bourbon Street frühmorgens auch aus.

Besondere Kneipen

Bei der großen Auswahl an Pubs, Clubs und Restaurants in der Bourbon Street sei hier zusätzlich (➤ oben) auf zwei historisch besonders beachtliche Kneipen hingewiesen:

New Orleans Jazz

Die Ursprünge des Jazz liegen in Afrika. Die aus ihrer Heimat verschleppten Schwarzen bewahrten sich auch in der Gefangenschaft die gewohnten Rhythmen, die sich allmählich mit populärer »weißer« Musik vermischten. Das Ergebnis waren *Spirituals* und *Gospel Songs*.

Ab der Jahrhundertwende entwickelte sich der *New Orleans Jazz*. Es heißt, er sei im damaligen Rotlichtviertel *Storyville* entstanden, aber manches spricht dafür, dass er auf ältere Straßenmusik zurückgeht. Denn in den Jahren nach dem Bürgerkrieg wurden die Instrumente der Militärkapellen billig verkauft. Viele schwarze Musiker gelangten so an gebrauchte – vor allem – Blasinstrumente und schlossen sich zu *Marching Bands* zusammen, die bei Paraden, Tanzveranstaltungen und Beerdigungen aufspielten. Auf dem Weg zum Friedhof war tragende religiöse Musik üblich, aber auf dem Rückweg improvisierte man lebendigere Varianten (*jazzing them up)*, die Anfänge des Jazz. Er wurde zwar zunächst vorwiegend von Schwarzen gespielt, bald aber auch von weißen Musikern übernommen und weiterentwickelt.

Voodookönigin Marie Laveau

Der Ursprung des *Voodoo*-Kultes ist afrikanisch. Der Voodooglaube basiert auf der Annahme, dass man Geister durch Zeremonien oder das Tragen von Amuletten und Talismanen beeinflussen kann. Außerdem äußert sich der Kult in von wilden Tänzen und Gesängen begleiteten Ritualen, bei denen Schlangen angebetet und Hühner blutig geopfert werden.

In Louisiana verstand man es, *Voodoo* und Katholizismus miteinander zu kombinieren und *Voodoo*-Geister mit katholischen Heiligen zu identifizieren.

Mit bestimmten Objekten (*Gris-Gris*), die im Museum wie im ***Marie Laveau House of Voodoo***, 739 Bourbon Street, einem winzigen, gruselig wirkenden Laden, nach wie vor angeboten werden, soll man sich Gesundheit, Liebe oder Geld sichern und ggf. auch anderen helfen – oder schaden – können.

Marie Laveau, berühmteste *Voodoo*-Priesterin aller Zeiten, habe sogar einige ihrer Konkurrentinnen durch *Voodoo*-Zauber, so munkelt man, unauffällig aus dem Weg geräumt. Unter ihr war der Kult zeitweise gar gesellschaftsfähig.

Marie Laveau liegt auf dem ältesten Friedhof der Stadt begraben, dem ***St. Louis Cemetery No. 1*** (Basin/St. Louis Street, einen Block über der North Rampart Street westlich des *Louis Armstrong Park*, www.graveaddiction.com/ 1stlouis.html), und ist offenbar unvergessen. Vor ihrem Grab finden sich immer wieder neue Opfergaben dankbarer Anhänger, denen die Verstorbene sogar posthum noch Wünsche erfüllen konnte.

- Einer hochprozentigen Mixtur aus Wermut, Anis, Lakritze, Fenchel und Koriander verdankt das ***Old Absinthe House*** an der Ecke Bourbon und Bienville Street seinen Namen, www.oldabsinthehouse.com. Der gelbgrüne Absinth wurde wegen seiner durchschlagenden Wirkung in den USA bereits 1912 verboten, und so gibt's im *Old Absinthe House* (oder in der ***Old Absinthe Bar*** an der Ecke von Bourbon und Conti Street) allenfalls noch *Pernod* oder *Pastis* als erlaubte, aber verwässerte Varianten.
- Eine der urigsten Kneipen, ***Lafitte's Blacksmith Shop***, liegt am etwas ruhigeren östlichen Ende der Bourbon Street (941, Ecke St. Philip). Das Fachwerkhaus der »Schmiedewerkstatt« soll einst den berüchtigten Piraten *Jean* und *Pierre Lafitte* gehört haben.

Preservation Hall

Von der Bourbon Street sind es nur ein paar Schritte um die Ecke in die 726 St. Peter Street zur ***Preservation Hall***, dem Mekka des traditionellen Jazz. Dort spielt in einem kleinen kargen Raum mit nur wenigen Sitzplätzen tagtäglich bis Mitternacht *The Preservation Hall Jazz Band* mit täglich wechselnder Besetzung und Gastmusikern, dann und wann sogar mit einem Altstar der Szene. Für frühen Einlass muss man lange vor Öffnung der Türen (20 Uhr) anstehen. Oft werden den ganzen Abend die Schlangen nicht kürzer; nachgerückt wird in Schüben. Nach jeweils einer guten halben Stunde wird Platz für neues Publikum gemacht. Spät am Abend geht's schneller, aber um Mitternacht ist definitiv Schluss, von der Zugabe abgesehen. Eintritt meist $10; www.preservationhall.com.

Pat O'Briens Neben der *Preservation Hall* ist ***Pat O'Brien's*** unübersehbar, ein immer volles Lokal und Institution des *Quarter*, ➢ Seite 314.

Voodoo Museum An der Dumaine Street zwischen Bourbon und Dauphine befindet sich das ***Historic Voodoo Museum,*** www.voodoomuseum.com. Dort lassen sich in engen, vollgestopften Räumen Voodoo-utensilien wie Schrumpf- und Totenköpfe, Schlangen und Knochen, ein Voodooaltar und auch das Portrait der Voodoopriesterin ***Marie Laveau*** bewundern. Geöffnet So-Do 10 Uhr bis Sonnenuntergang, Fr-Sa 10-22 Uhr, $7, www.voodoomuseum.com.

Congo Square Der einst berüchtigte ***Congo Square*** zwischen der St. Ann und St. Peter Street ist heute Teil des ***Louis Armstrong Park***, in dem der berühmteste Sohn der Stadt mit einer Statue geehrt wurde. Auf dem Platz durften sich einst (ausnahmsweise) Sklaven versammeln, die eigene Musik spielen und ihre Religion praktizieren. Im Gegensatz zu anderen Regionen der USA konnten sich daher in New Orleans afrikanische Musiktraditionen öffentlich entfalten; www.nps.gov/archive/jazz/Armstrong%20Park.htm.

US Mint In der nordöstlichen Ecke des ***French Quarter*** befindet sich an der Decatur Street die ***Old US Mint*** (Eingang 400 Esplanade Ave), einst Münzprägeanstalt (Ausstellung dazu im Untergeschoss) und heute Heimat des ***New Orleans Jazz Museum*** voller Fotos und Instrumente. Interessant sind Hörproben von Jazzgrößen wie *Armstrong, the Original Dixieland Jazz Band, Sidney Bechet* u.a. Di-So 9-17 Uhr, $6, http://lsm.crt. state.la.us/mintex.htm.

French Market Zwischen US Mint und dem Jackson Square erstreckt sich entlang North Peters und Decatur Streets der ***French Market*** mit Teilbereichen wie ***Farmers*** und ***Vegetable Market***, vor allem jedoch voller Verkaufsstände für New Orleans Souvenirs und 1000 Produkte aus aller Welt; www.frenchmarket.org.

Café du Monde An der Ecke Jackson Square/French Market ist das ***Café du Monde*** nicht zu übersehen. Dort »muss« man einfach heiße ***Beignets*** und einen ***Café au lait*** bestellen, www.cafedumonde.com.

Aquarium und Imax Kino am Ufer des Mississippi

Central Business & Warehouse District

Canal Street

Die **Canal Street** markiert die **Trennline** zwischen ***French Quarter*** und ***Central Business District***. Sie separierte bis weit ins 19. Jahrhundert hinein den kreolischen und amerikanischen Teil der Stadt und war ursprünglich nicht als Straße, sondern als Kanal zwischen Mississippi und Lake Pontchartrain geplant, was ihre ungewöhnliche Breite von 55 m erklärt. Hauptverkehrsader in diesem Teil der Stadt ist dennoch die Poydras Street mit sehenswerter moderner Hochhausarchitektur.

Mississippifähre gratis

Am Ende der Canal Street geht es abwärts zum Anleger der Autofähre zum Westufer des Flusses nach Algiers. Die ***Canal Street Ferry*** ist für Personen frei und bietet die Möglichkeit, die *Skyline* von New Orleans vom Wasser aus auf sich wirken zu lassen.

Aquarium

Unmittelbar am Wasser befindet sich oberhalb der Fährenzufahrt das grandiose ***Aquarium of the Americas*** mit IMAX-Kino am Ende des *Moonwalk*. Geöffnet Di-Fr 10-16 Uhr, Sa+So bis 16 Uhr, Eintritt $17; Kinder bis 12 Jahre $10; Kombitickets mit IMAX $22 bzw. $12; www.auduboninstitute.org. Es gibt auch eine erweiterte Kombination in Kooperation mit dem *Audubon Zoo* für $22/$18.

Spanish Plaza

Gegenüber dem Aquarium auf der Westseite der Canal Street steht das Hochhaus des ***World Trade Center***, davor liegt als Aussichtsterrasse über dem Mississippi die ***Spanish Plaza***. Dort legen die *Riverboats »Creole Queen«* und *»Cajun Queen«* an und ab.

Convention Center/ Riverwalk

Dort, wo früher Lagerhäuser das Flussufer säumten, entstand ab Poydras Street in Verlängerung und über der ***Riverwalk Shopping Mall*** (guter *Food Court*; Eingang auch von der Spanish Plaza aus) ein langgestrecktes **Kongresszentrum**, das die Uferlinie bis unter die Hochbrücke (*Freeway* #90) über den Mississippi einbetonierte.

Spielkasino

Zwischen Canal und Poydras Street klemmt sich mit dem vegasähnlichen ***Harrahs Casino*** eine der neueren Errungenschaften der Stadtmodernisierung, ➢ Foto Seite 315.

Warehouse & Arts District

Im Lagerhausviertel ***Warehouse District*** zwischen Convention Center Blvd und St. Charles Ave wurden alte Fabrikhallen und Lagerhäuser zu Ateliers und *Lofts* umfunktioniert. Vor allem im Bereich Julia Street haben sich Künstler eingemietet. Die meisten Galerien findet man zwischen Camp Street und Magazine Street.

Auch mehrere Museen sind dort zu Hause, u.a.

Kunstmuseum

- das ***Contemporary Arts Center***, 900 Camp Street, mit wechselnden Exponaten moderner Kunst; www.cayno.org. Auch ein ***Cyber Café*** ist vorhanden, Do-So 11-16 Uhr, Eintritt z. Zt. frei.

Bürgerkriegsmuseum

- die ***Confederate Memorial Hall***, 929 Camp Street in einem ehemaligen Kirchbau, Mo-Sa 10-16 Uhr, Eintritt $5, www.confederate.museum.com. Hier geht es in erster Linie um den Bürgerkrieg mit einer Sammlung von Originalobjekten/-dokumenten.

D-Day Museum

- das von *Tom Hanks* und *Steven Spielberg* gesponserte ***National D-Day Museum*** (945 Magazine St, Di-So 9-17 Uhr, Do 17-19 Uhr reduzierter Eintritt; © 504-527-6012), das in erster Linie der

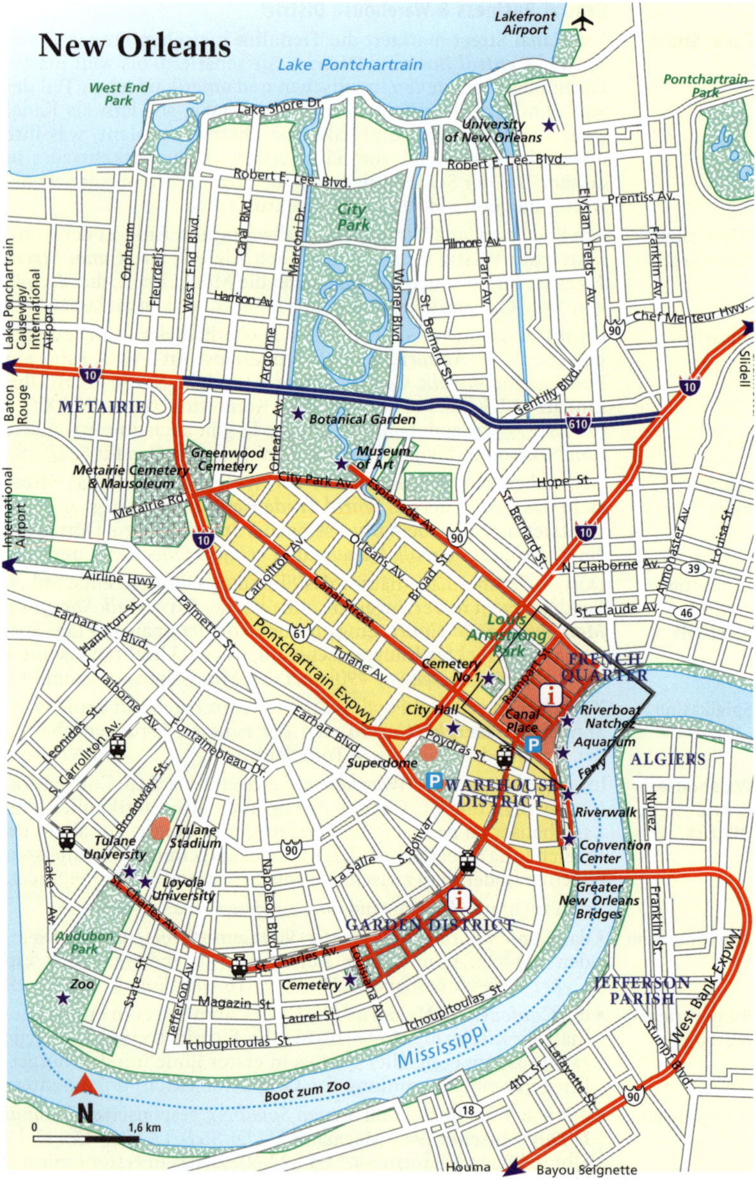
New Orleans
Lakefront Airport
Lake Pontchartrain
West End Park
Pontchartrain Park
Lake Shore Dr.
University of New Orleans
Robert E. Lee. Blvd.
Robert E. Lee. Blvd.
Prentiss Av.
City Park
Orpheum
Fleurdelis
West End Blvd.
Canal Blvd.
Marconi Dr.
Fillmore Av.
Paris Av.
Elysian Fields Av.
Franklin Av.
Harrison Av.
Argonne
Wisner Blvd.
St. Bernard St.
Chef Menteur Hwy.
Lake Ponchartrain Causeway/ International Airport
Baton Rouge
Slidell
METAIRIE
Gentilly Blvd.
Orleans Av.
Botanical Garden
Greenwood Cemetery
Metairie Cemetery & Mausoleum
Museum of Art
City Park Av.
Esplanade Av.
Hope St.
Metairie Rd.
International Airport
St. Bernard St.
Almonaster Av.
Louisa St.
N. Claiborne Av.
Airline Hwy.
Carrollton Av.
Orleans Av.
Broad St.
Canal Street
St. Claude Av.
Earhart Blvd.
Hamilton St.
Palmetto St.
Pontchartrain Expwy
Tulane Av.
Louis Armstrong Park
Rampart St.
FRENCH QUARTER
S. Claiborne Av.
Cemetery No. 1
City Hall
Canal Place
Riverboat Natchez
Aquarium
Leonidas St.
S. Carrollton Av.
Fontainebleau Dr.
Earhart Blvd.
Poydras St.
Superdome
Ferry
ALGIERS
Broadway St.
WAREHOUSE DISTRICT
Riverwalk
Tulane Stadium
Tulane University
S. Bolivar
Convention Center
Nunez
Loyola University
La Salle
Napoleon Blvd.
Greater New Orleans Bridges
Lake Av.
St. Charles Av.
GARDEN DISTRICT
Franklin St.
Audubon Park
St. Charles Av.
Louisiana Av.
Cemetery
Zoo
State St.
Jefferson Av.
Magazin St.
Laurel St.
Tchoupitoulas St.
Tchoupitoulas St.
JEFFERSON PARISH
West Bank Expwy
Mississippi
Stumpf Blvd.
Lafayette St.
4th St.
Boot zum Zoo
N
0
1,6 km
Houma
Bayou Seignette

Invasion 1944 in der Normandie gewidmet ist, aber auch die späteren Kriegsschauplätze in Europa und im Pazifik betrachtet. Eindrucksvoll und beklemmend zugleich. Eintritt $14; Kinder bis 12 Jahre $6; Parkplatz $6, www.ddaymuseum.org.

Lee Circle/ Skulpturen

Am ***Lee Circle*** (St. Charles Ave unmittelbar östlich des hier zur Mississippibrücke aufwärts führenden *Freeway*) mit einer Statue des Südstaatengenerals *Lee* auf einer 20 m hohen Säule steht das ***K&B Plaza Building***. Rund um das Gebäude, aber auch drinnen finden sich an die 50 Skulpturen, außerdem Werke von *Renoir, Moore, Calder* und *Segal*. Weitere Skulpturen stehen auf dem Mittelstreifen der Loyola Ave in der Nähe der alten *Union Station*.

Superdome

Nicht zu übersehen und seit *Katrina* als katastrophales Sammellager für obdachlose Flutopfer weltweit bekannt ist der ***Superdome*** noch etwas weiter nördlich zwischen Poydras Street, I-10 und *Freeway* #90. Das Dach dieser riesigen Sportarena wurde von *Katrina* erheblich beschädigt. Der *Superdome* ist lange wieder repariert und in Betrieb; www.superdome.com.

St Charles Streetcar

Die nostalgische ***St. Charles Streetcar***, die dank *Tennessee Williams* und dessen Roman und Film »Endstation Sehnsucht« (*A Streetcar named Desire*) weltweite Bekanntheit erlangte, fährt nach Ende aller Renovierungsarbeiten seit Anfang 2008 wieder. Die Schienen führen ab Canal Street über die gesamte Länge der St. Charles und Carrollton Ave auf der grünen Mitteltrasse durch den CBD, am *Garden District* vorbei und durch den *Audubon Park* bis zum Stadtteil Carrollton (Clairborn Ave).

Diese älteste Straßenbahn der Welt wurde ab 1835 von Maultieren, später von Dampfloks gezogen und 1893 elektrifiziert. Trotz ihres nostalgischen Charakters wären diese *Streetcars* kaum so populär geworden, führten die Schienen nicht über die sehenswerte St. Charles Ave, eine herrliche Eichenallee, an der man zahlreiche palastartige Villen und parkartige Gärten bewundern kann. Die Fahrt ist daher eine ***Sightseeing-Tour* zum Niedrigtarif** (**$1,25**); täglich 6-24 Uhr; Taktzeiten 10 min, Wochenende 15 min.

St. Charles Streetcar auf der gleichnamigen auf fast ganzer Länge von Eichen beschatteten Avenue

Garden District

Garden District

Südlich der St. Charles Ave sind die Blocks zwischen Jackson und Louisiana Ave bis zur Magazine Street als ***Garden District*** definiert, wobei der engere und romantische Bereich zwischen Philip Street und Washington Ave liegt. Dort glaubt man sich in andere Städte des alten Südens wie Natchez oder Charleston versetzt. Gepflegte **Villen** stehen inmitten großzügiger subtropischer Gärten. Da aber die Häuser ausnahmslos in Privatbesitz sind, können sie nicht von innen besichtigt werden, sieht man von einer 14-tägigen ***Spring Fiesta*** ab, während der einige Eigentümer ihre Türen für Besucher öffnen; www.gardendistrictassociation.com.

Aber das macht wenig, denn bereits eine langsame Spazierfahrt, besser noch ein **Spaziergang** durch die Straßen des *Garden District* und ggf. angrenzende Zonen ist für sich bereits lohnenswert. Dabei kommt es nicht unbedingt darauf an, viele Details der jeweiligen Häuser zu kennen. In den New Orleans ***Visitor Informations*** gibt es aber für Interessierte Unterlagen mit Einzelheiten und auch Adressen für geführte ***Walking Tours***.

Das ***Thomas Toby House*** an der Ecke First/Prytania Street ist das älteste Gebäude des Viertels. Zwei Blocks weiter, an der Kreuzung Chestnut/First Street steht das mit viel Liebe restaurierte Wohnhaus der Autorin ***Anne Rice*** mit einem der schönsten Gärten des Distrikts. *Rice*-Fans finden im *Rink Shopping Center* (Kreuzung Prytania Street/Washington Ave) in der ***Anne Rice Collection*** passende Souvenirs. Dort kann man auch Führungen durch den *Garden District* und zu Schauplätzen von *Rices* Romanen buchen. Ihre Werke sind – teilweise signiert – im *Garden District Book Shop* neben dem *Shopping Center* zu haben.

Friedhof

Der *Garden District* hat seinen eigenen – protestantischen (!) – Friedhof, den ***Lafayette Cemetery*** zwischen 6th Street und Washington Avenue. Die Grabmäler sind hier wie überall in New Orleans überirdisch angelegt und meist wie kleine Häuser gebaut. Zwar ist dieser Friedhof nicht sehr malerisch, aber dafür nicht kriminalitätsgefährdet wie die Großfriedhöfe anderswo; www.graveaddiction.com/1lafayette.html.

Eichenalleen

An die übliche **Abgrenzung des *Garden District*** muss man sich bei einer Tour durch diesen Bereich durchaus nicht halten. Kaum minder interessant und mit ihren grandiosen Villen durchaus ähnlich attraktiv wie die St. Charles Ave sind die Eichenalleen **Louisiana**, **Napoleon** und **Nashville Av**e sowie – westlich des Audubon Park – der **Broadway**.

Shops/Whole Foods Market

Einen originellen **Laden-Strip** findet man an der Magazine Street zwischen Washington und Louisiana Ave, speziell im Bereich Pleasant und Toledano. Eine **Sehenswürdigkeit** für sich ist der ***Whole Foods Market***, eine Art **Bio-Supermarkt** der gehobenen Kategorie, noch etwas weiter westlich an der Magazine Street zwischen Joseph und Arabella; www.wholefoodsmarket.com.

Audubon Place und Park

Entlang der St. Charles Avenue werden die Villen westlich der Napoleon Ave immer größer und repräsentativer. Die nobelsten Privathäuser von New Orleans stehen am ***Audubon Place*** gegenüber dem Audubon Park. Die Zufahrt in diese Straße der Superreichen ist allerdings gesperrt. Der neugierige Normalbürger kann nur aus der Ferne der St. Charles Ave die beachtlichen Fassaden des *Audubon Place* bestaunen.

Der ***Audubon Park***, benannt nach dem Ornithologen *John James Audubon*, verfügt über Teiche, große Spiel- und Picknickrasenflächen und vor allem über mächtige alte Eichbäume voller *Spanish Moss*, über Golf- und Tennisplätze.

Universities

Ebenfalls eindrucksvoll und weitgehend frei zugänglich sind die Gelände der Universitäten ***Tulane*** und ***Loyola***, die sich hier oberhalb des Audubon Park weiträumig zwischen Audubon Blvd und Calhoun Street erstrecken.

Zoo und Bootsfahrt

Der südliche Teil des Parks zwischen Magazine St und Mississippi gehört dem großen ***Audubon Zoo*** (Di-Fr 10-16 Uhr, Sa+So bis 17 Uhr; Eintritt $12, Kinder $7; www.auduboninstitute.org.

Prachtvolle Villa an der Nobelstraße Audubon Place

Bereich City Park

City Park

Der älteste und größte Stadtpark reicht bei ca. 1,5 km Breite von der City Park Ave etwas südlich der I-610 bis zum Lee Blvd, also fast bis an den Lake Pontchartrain, und ist doppelt so groß wie der New Yorker *Central Park*. Er wurde von den Fluten nach *Katrina* voll unter Wasser gesetzt, der vor *Katrina* sehenswerte Botanische Garten weitgehend ruiniert.

NOMA

Das ***New Orleans Museum of Art***, kurz *NOMA*, steht am Südrand des Parks (1 Collins Diboll Circle, Mi 12-20 Uhr, Do-So 10-17 Uhr, $8, bis 17 Jahre $4; ✆ 504-488-2631, www.noma.org) auf einer kleinen Anhöhe und wurde daher nicht überflutet. Weder an Gebäude noch Sammlung entstanden durch *Katrina* nennenswerte Schäden. Selbst der **Skulpturengarten** überstand *den Hurrikan* ohne größeren Beschädigungen. Wiedereröffnung war schon 2006.

Das Museum verfügt u.a. über eine beachtliche Sammlung von Werken europäischer Im- und Expessionisten, darunter bekannte Namen wie *Degas, Picasso, Braque, Dufy* und *Miró*. Außerdem zu sehen sind frühe amerikanische Kunst aus präkolumbischer bis zur spanischen Epoche, amerikanische Möbel und altes Kunsthandwerk, eine Glassammlung, asiatische und afrikanische Werke.

Longue Vue House

Südwestlich des *City Park* steht nahe der I-10 mit dem ***Longue Vue House & Gardens*** ein weiterer beachtlicher musealer Komplex, das (7 Bamboo Road/Metairie, Mo-Sa 10-16.30, So 13-17 Uhr; Eintritt $10 inkl. Führung durchs Haus, Kinder $5; © 504-488-5488; www.longuevue.com), das einst kultureller Mittelpunkt der Stadt war. Im Haus beeindrucken die Räumlichkeiten als solche, das Mobiliar und viele moderne Kunstwerke.

Friedhöfe

Rund um den *City Park* gibt es gleich mehrere weitläufige Friedhöfe, die man ***Cities of the Dead*** (»Totenstädte) nennt, weil sie mit ihren unzähligen Grabmonumenten und Mausoleen und den mit Autos befahrbaren Straßen eher kleinen Städten als – wie sonst – grünen Parkanlagen ähneln. Vor allem der ***Greenwood Cemetery*** (Metairie Road/City Park Ave, www.greenwoodnola.com) und ***Metairie Cemetery*** (Metairie Road) mit ihrer teilweise bombastischen Grabarchitektur sind einen Besuch wert.

Leider existieren auch in der Nach-Katrina-Zeit die **Kriminalitätsprobleme** der Vergangenheit weiter, die einen Besuch nur in größeren Gruppen oder im Rahmen geführter Touren ratsam erscheinen lassen; Unterlagen hat jede *Visitor Information*.

Weitere Ziele

Schlachtfeld der Battle of New Orleans

Am Ufer des Mississippi iegt rund 7 mi östlich *Downtown* das ***Chalmette Battlefield*** als ein Teil des ***Jean Lafitte National Historical Park*** (www.nps.gov/jela), St. Bernard Highway #46 im Stadtteil Arabi; Anfahrt ab Innenstadt über Rampart Street/St. Claude Ave; © 504-589-3882, frei). Dort fand die berühmte ***Battle of New Orleans*** statt. Es gibt zwar außer alten Kanonen und einem Monument nicht mehr ganz viel zu sehen, aber der im kleinen *Visitor Center* (neues Gebäude soll 2008 fertig werden) gezeigte Film über Hintergründe, Verlauf und Irrsinn dieser Schlacht rechtfertigt den Abstecher. Der Park wurde von *Katrina* zwar stark betroffen, aber in der Zwischenzeit wieder hergerichtet.

Algiers

Vom *French Quarter* und der Riverfront erkennt man auf der anderen Flussseite den Stadtteil ***Algiers*** mit ***Algiers Point*** (www.algierspoint.org), einem restaurierten Stadtviertel mit Gebäuden aus dem 19. Jahrhundert. Mit Auto gelangt man über die (tollpflichtige und staugefährdete) Mississippi-Brücke dorthin, ohne Auto kostenlos per Fähre ab *Canal Street Landing* (mit Auto $1)

Mardi Gras World

Vom Anleger geht es (auch per Gratis-Shuttle) zur wichtigsten Sehenswürdigkeit am jenseitigen Flussufer: ***Blaine Kern's Mardi Gras World*** (#233 Newton, täglich 9.30-16.30 Uhr; $15/$7.50, ✆ 504-361-7821, www.mardigrasworld.com). Nach Einführung und Video erfolgt eine Führung durch die Hallen voller sagenhafter Karnevalsfiguren und -wagen.

Mardi Gras in New Orleans

von Eric Ulken/New Orleans; Übersetzung Burghard Bock

Karneval wird seit Jahrhunderten von Katholiken rund um den Globus gefeiert und hat seine Wurzeln eigentlich in griechischen und römischen Frühjahrsritualen. Das Wort *carnival* stammt vermutlich aus dem Lateinischen: *carne levare* bedeutet »Fleisch beiseite schaffen« und bezieht sich auf Lustbarkeiten und Gelage vor dem Fasten in der Passionszeit, was bis zum Fastnachtsdienstag (***fat tuesday***, franz. ***mardi gras***) dauert. Historisch war Karneval ein Feiertag mit wilden Exzessen, eine Art zeitweilige Anarchie, während der die Grenzen des Anstands ungestraft ausgelotet werden konnten.

Etwas weniger heftig lebt dieser Geist in **New Orleans' *Mardi Gras*** fort, dessen bekannteste Eindrücke die lärmenden Massen im *French Quarte*r liefern. Das ist jedoch nur das große Finale von Wochen mit eher gedämpften Belustigungen. Obwohl *Mardi Gras* genaugenommen nur den Tag vor Aschermittwoch bezeichnet, wird der Begriff häufig auf die gesamte Karnevalsaison bezogen, die mit dem Epiphaniasfest am 6. Januar startet. Die Feierlichkeiten beginnen langsam und nehmen mehr und mehr an Häufigkeit und Ausmaß bis zum Karnevalsdienstag zu.

Mardi Gras hat vor allem mit Paraden zu tun. Jährlich gibt es im Bereich New Orleans etwa 80 davon. Jede wird von einer *Krewe* organisiert. Die Mitglieder der *Krewes*, die von einem gewählten »König« oder einer »Königin« geführt werden, stehen bei den Paraden auf gewaltigen, thematisch gestalteten Festwagen. Die kostümierten Fahrer werfen beim Vorbeifahren billigen Schmuck wie Plastikperlen und -pokale auf die Schaulustigen. Blasmusik und andere Arten der Unterhaltung runden die Paraden ab. Die Einheimischen kommen vor allem wegen der »*throws*« und sind ziemlich ehrgeizig, sie zu fangen.

Die ***Krewe of Rex*** gilt als Spitze der Karnevalshierarchie, denn ihrem König wird während *Mardi Gras* symbolisch die Herrschaft über die Stadt übertragen. Andere beliebte *Krewes* sind *Endymion*, *Bacchus*, *Orpheus* und *Zulu*. *Bacchus* und *Orpheus* haben es sich zur Regel gemacht, Prominente als Könige und Königinnen zu krönen (in der Vergangenheit waren illustre Mitfahrer der Komiker *Bob Hope*, die Schauspieler *Charlton Heston* und *Whoopi Goldberg* sowie der Musiker *Stevie Wonde*r), was ihren Paraden ein gewisses Hollywood Flair verleiht. Neben den Paraden veranstalten die *Krewes* aufwändige *Mardi-Gras*-Bälle, die in New Orleans den gesellschaftlichen Winterkalender bestimmen. Dazu haben nur geladene Gäste Zutritt.

Die andere, populärere Seite von Mardi Gras kann man beim alkoholisierten Gedränge beobachten, das am Fastnachtsdienstag und den Tagen davor durch das *French Quarter* wogt. Öffentliche Nacktheit, obwohl offiziell illegal, ist nichts Ungewöhnliches, da Frauen gerne dazu ermuntert werden, im Tausch für Perlen ihre Brüste zu »*flashen*«, also kurz zu zeigen. Filmhersteller, die Videos davon verkaufen, haben *Mardi Gras* zu dem zweifelhaften Ruhm verholfen, den es heute genießt. Wer *Mardi Gras* wie im Fernsehen kennenlernen will, braucht nur am Fastnachtsdienstag ins *French Quarter* zu gehen.

Für ein **echtes New Orleans Karnevalserlebnis** sollte man sich jedoch auf mindestens eine **Parade in *Uptown*** einlassen. Jede Parade folgt zwar einer leicht unterschiedlichen Route (genaue Wege und Zeiten in *The Times-Picayune*, im *Gambit Weekly* oder im Internet unter www.mardigras.com), aber auf der St. Charles Avenue kann man kaum eine der *Uptown*-Paraden verpassen. Man sucht sich einfach einen Platz an der Route und wartet auf die Festwagen.

4.2.4 Ante Bellum Plantations am Mississippi

Plantations

Zwischen New Orleans und Baton Rouge gab es in der Blütezeit der Baumwollplantagen vor dem Bürgerkrieg zahlreiche herrschaftliche Villen der – dank Sklavenarbeit – reich gewordenen Pflanzer. Einige dieser Villen blieben über die Jahre beidseitig des Flusses erhalten und sind heute touristische Anziehungspunkte erster Ordnung. Wer New Orleans besucht, hat meist schon prächtige Fotos von ihnen gesehen und den Wunsch, diese sog. ***Mansions*** oder ***Plantation Houses*** zu sehen.

Besuchsplanung

Dafür kann man sich geführten, zeitaufwendigen und ziemlich teuren Bustouren anschließen, die überwiegend mehrere der Häuser abfahren, oder den Besuch auf eigene Faust unternehmen, wozu hier ausdrücklich geraten wird.

Eintritt

Zunächst einmal muss man aber wissen, das **in all diesen *Mansions* mindestens $10, in den meisten $15 Eintritt** fällig sind (Kinder unter 12 Jahren $5-$7,50), Kombitickets gibt es nicht. Dabei ist die Qualität des Gebotenen, sprich: die Attraktivität der Villen und ihrer Gärten und Parks sehr unterschiedlich. Nicht nur auf Fotos, sondern auch in Wirklichkeit geht nichts über ***Oak Alley Plantation*** am Südufer des Flusses. Wer gerne in einer solchen Villa übernachten möchte, was in mehreren möglich ist, sollte in erster Linie die ***Nottoway Plantation*** in Betracht ziehen. Nur dort befinden sich die Zimmer fürs *Bed & Breakfast* im Haupthaus und nicht in irgendwelchen Nebengebäuden (w.z.B. im Fall *Oak Alley*). Dafür ist der Park dort weniger attraktiv.

Hinweis

Wem $15 Eintritt/Person – speziell bei mehreren Besuchen an einem Tag – zu hoch erscheinen, kann alle Häuser und ihre Parks mehr oder weniger intensiv auch ohne Eintrittsgeld von außen bewundern. Das berühmte **Foto von der *Oak Alley Plantation*** durch die Eichenallee hindurch lässt sich mit einem mäßigen Zoom sogar von der Straße aus durch den Zaun machen.

Führung

Alle **Führungen** haben den Nachteil, dass sie oft in sehr großen Gruppen erfolgen und ermüdend lange Detailerläuterungen (auf Englisch!) die Regel sind. Richtig lohnenswert sind sie nur bei starkem Interesse an Details des einstigen Plantagenlebens

Anfahrt

Für alle *Plantations* gilt: sie liegen an ***River Roads***, die sich beidseitig des Flusses hinter dem Deich entlangschlängeln und nur selten erfreuliche Verläufe aufweisen, vielmehr geht es häufig an Raffinerien, stillgelegten Fabriken und Verladeanlagen vorbei. Der Mississippi bleibt dem Auge verborgen, auch von den *Plantations* aus. Überschauten seine Bewohner im 19. Jahrhundert noch den ungezähmten Fluss, fällt der Blick nun von überall auf Deiche. Also bloß nicht auf die Idee kommen, zur weiträumigen Anfahrt den kurvenreichen *River Roads* zu folgen, auch wenn die unverfehlbar alle *Plantations* einschließlich vieler nicht zur Besichtigung offenstehenden Villen passiert. Der direkte Weg zum jeweils angepeilten Ziel ist für alle *Plantations* der beste, d.h., *Interstate #10* und dann die geeignete Stichstraße Richtung Mississippi.

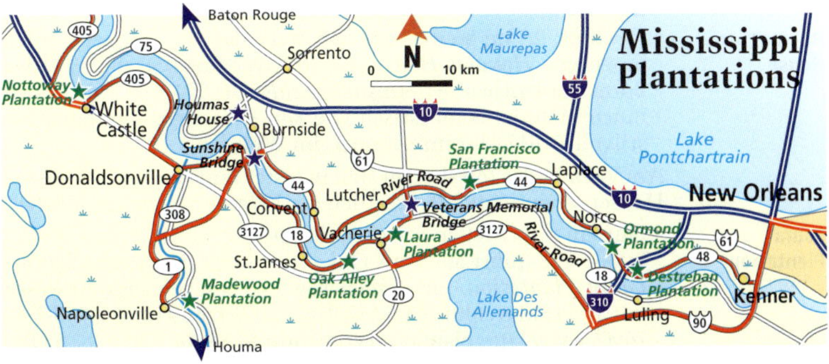

Oak Alley Plantation (die besten Fotos gelingen am späten Nachmittag)

Für die besonders empfohlenen *Plantations* ***Oak Alley*** (bei Vacherie, ab dort ausgeschildert) und ***Nottoway*** (Donaldsonville/White Castle, ebenfalls ausgeschildert) ist für Fahrten **ab New Orleans die schnellste Route die I-310 über den Mississippi** und danach die großenteils wie eine Autobahn breit ausgebaute, aber gering befahrene **Straße #3127 nach Westen** (Katastrophenfluchtroute).

Information

Eine gute **Karte** mit Auflistung aller *Plantations*, Öffnungszeiten (Führungen in der Regel täglich 9-17 Uhr) und sonstigem Angebot bietet die **Broschüre »*Historic Plantation Country*«**, erhältlich in den Büros der *Louisiana Visitor Information*.

Zunächst zum **Nordufer**, die wichtigsten Häuser dort sind:

Destrehan & Ormond Plantations

- ***Destrehan Plantation*** (13034 River Road/Straße #48 unweit der I-310 über den Mississippi, © 985/764-9315; www.destrehanplantation.org). Besichtigung täglich 9.30-16 Uhr.

- Nicht weit entfernt liegt die ***Ormond Plantation*** (8407 River Road, © 504/764-8544; www.plantation.com). Sie dient heute als schlichtes ***Bed&Breakfast*-Quartier**, für $125 nicht billig.

San Francisco Plantation

- Eine der stilistisch ungewöhnlichsten Mansions ist das ***San Francisco Plantation House***, 2646 River Road/hier Straße #44, © 985/ 535-2341, täglich 9.30-16 Uhr; www.sanfranciscoplantation.org. In ihm wurden viele Stilelemente originell kombiniert.

Houmas House

- Noch ca. 25 mi weiter westlich steht das von riesigen Säulen umgebene ***Houmas House*** (40136 River Road/Straße #942 bei Burnside westlich der *Sunshine Bridge*, © 504/473-7841. Es ist innen nicht so bombastisch wie *San Francisco*, aber durchaus stilvoll; 10-17 Uhr im Sommer, im Winter bis 16 Uhr.

Am **Südufer des Mississippi** sind in erster Linie die drei folgenden Häuser sehenswert (alle westlich der *Veterans Memorial Bridge*):

Laura Plantation

- Nur ein paar Meilen westlich der Brücke passiert man auf der Straße #18 (führt auch zur *Oak Alley Plantation*) zunächst die ***Laura Plantation***, ein vergleichsweise bescheidenes Anwesen mit alten Sklavenhütten (2247 River Rd/Straße #18, © 1-888-799-7690, www.lauraplantation.com); mit $15 sehr teuer; 9-16 Uhr.

Oak Alley Plantation

• Unmittelbar an der #18 vorm Mississippideich endet die namensgebende 400 m lange auf das Haupthaus des Komplexes zuführende Eichenallee. Die ***Oak Alley Plantation*** (3645 Straße #18, ✆ 1-866-231-664, www.oakalleyplantation.com) ist deshalb wahrscheinlich das meistfotografierte und bestbekannte *Ante Bellum Mansio*n der USA. Tatsächlich findet man ähnliche Eichenalleen auch noch bei Ante Bellum Villen anderswo, aber nirgends so lang, knorrig und alt (300 Jahre) wie hier. Dadurch wirkt das *Mansion* gleich doppelt attraktiv. **Die besten Fotos** von der Eichenallee gelingen am frühen Vormittag oder am späten Nachmittag, Dazwischen steht die Sonne ungünstig. Bedingt durch die große Popularität erfolgen die **Führungen** (9-17 Uhr) in ziemlich großen Gruppen (durch Damen in zeitgenössischer Tracht).

Die *Oak Alley Plantation* ist von einem besonders großen und gepflegten Park umgeben. In separaten *Guest Cottages* kann man ***Bed & Breakfast*** buchen (ab $130). **Restaurant**, **Cafeteria** und *Gift Shop* sind in einem separaten Servicekomplex untergebracht.

Nottoway Plantation

• Die ***Nottoway Plantation*** liegt an der Straße #1, noch einmal ca. 30 mi weiter westlich bei White Castle ebenfalls direkt hinter dem Deich des Mississippi. Von der *Sunshine Bridge* sind es noch ca. 15 mi dorthin, ✆ 1.877-688-4376; www.nottoway.com.

Die monumentale schneeweiße Villa eines einstigen Zuckerproduzenten fällt architektonisch ziemlich aus dem Rahmen des Üblichen. Erbaut um 1850 zählte *Nottoway* zu den größten und modernsten Privathäusern der Zeit, hatte fließend Warm- und Kaltwasser, Badezimmer und Gaslampen. Die Innenbesichtigung lohnt hier noch am meisten; Führungen täglich 9-17 Uhr.

***B&B*-Gäste** können im Haupthaus wunderbar nostalgisch übernachten, bezahlen dafür aber ab $250+tax. In Nebengebäuden ist es etwas preiswerter, aber weniger romantisch: ab $160. Ein **Restaurant** fehlt auch nicht.

Nottoway Plantation Hauptgebäude

4.3 Von Pensacola nach Apalachicola

Strände ohne Ende

Die Golfküste im Bereich Pensacola bis Panama City wird seiner endlosen herrlichen Strände und Dünen wegen gerne ***Miracle Strip*** (wörtlich »Wunderabschnitt«) oder – wegen des smaragdgrünen Wassers – auch ***Emerald Coast*** genannt. Die Straße #98 wird in den Orten am Wege denn auch zum ***Miracle Strip Parkway*** oder ***Emerald Coast Highway***. Und wirklich gehören die Strände zwischen Pensacola und Panama City zu den schönsten der ganzen USA. Ihr Sand ist so blütenweiß und fein, dass es Einheimischen während der Weltwirtschaftskrise gelungen sein soll, ihn andernorts – in Tüten abgepackt – als Zucker zu verkaufen.

Das Ende der Strände

Östlich von Panama City verändert sich die Küstenlandschaft langsam. Sumpfiges Terrain wechselt mit sandigen Abschnitten, das Wasser verliert die glasklare Transparenz. Auf der St. Joseph Peninsula und St. George Island finden sich noch einmal lange Sandstrände, aber sie sind nicht mehr so attraktiv wie weiter westlich. Danach verschwinden Strände nach und nach ganz und machen sumpfigen Ufern Platz.

4.3.1 Die Emerald Coast

Santa Rosa Island/ Straße #399

Von Pensacola/Gulf Breeze aus könnte man gleich der Straße #98 folgen, aber schöner verläuft die #399 auf Santa Rosa Island. Sie führt hinter dem Dünengürtel festlandseitig bis Navarre, wo sie auf die #98 stößt. An ihr passiert man weitere Strandzugänge, vor allem die ***Opal Beach*** der *Gulf Islands National Seashore* und – vor der Brücke hinüber zur Ortschaft Navarre – den ***Navarre Beach State Park*** (reiner Strandpark ohne Camping) mit einer populären 300 m langen *Fishing Pier*.

Fort Walton Beach Fort Walton Beach ist nach Pensacola der nächste größere Ort an der Küste. Lange war er ein Geheimtipp, wurde aber mittlerweile komplett für den Tourismus erschlossen und weist heute eine stark kommerziell geprägte Infrastruktur auf. Strandurlaub und Wassersport stehen hier naturgemäß im Vordergrund.

Einen Zwischenstopp lohnt der ***Indian Temple Mound & Museum*** (139 Miracle Strip Parkway/#98, im Sommer Mo-Sa 9-16.30 Uhr, So ab 12.30; Sept.-Mai Mo-Fr 10-16 Uhr, Sa ab 10 Uhr, $5), das man nicht verfehlen kann. Neben einem 600 Jahre alten indianischen Tempelhügel gibt es ein kleines Museum zu Geschichte der Indianerkulturen an der Golfküste.

Gulfarium Das ***Gulfarium*** (1010 Miracle Strip Parkway, täglich 9 Uhr bis zur Dämmerung, im Winter nur bis 16 Uhr, Eintritt $19, Kinder $11; www.gulfarium.com) ist ein Marinepark der »ersten Stunde« (1955), in dem Alligatoren, Delphine, Seelöwen, Pinguine und Meeresschildkröten in Pools und Gehegen zu sehen sind und die üblichen Shows die Besucher unterhalten. Mit größeren Parks dieser Art wie z.B. *Sea World* kann man nicht konkurrieren, aber dafür stimmt das Preis-/Leistungsverhältnis.

Vom ***Air Force Armament Museum*** bei der *Eglin Air Force Base* (Straße #85) war weiter oben bereits die Rede, ➤ Seite 297.

Information ***Emerald Coast Convention & Visitors Bureau***, 1540 Miracle Strip Parkway, ✆ ⇨✍800-322-3319; www.destin-fwb.com.

Destin Etwa 7 mi weiter östlich liegt jenseits der Brücke über die Einfahrt in die Choctawhatchee Bay das einstige Fischerdorf **Destin**, heute ebenfalls ein beliebter Urlaubsort und vor allem eine Hochburg des Angelsports. ***The world's luckiest fishing village*** heißt es auf dem Ortseingangsschild. An den Stegen der Marinas von Destin liegt eine enorme Flotte von Charterbooten und privaten Jachten vor Anker.

Bootsfahrten Wer nicht gleich ein ganzes Boot für sich mieten möchte, nimmt an ***Fishing Trips*** teil, z.B. auf der *Sweet Jody* (✆ 850-650-2500) oder auf der *American Spirit* (✆ 850-837-1293), die von April bis Oktober täglich von der *Fisherman's Wharf* in See stechen.

Die ***New Florida Girl*** ist ein beliebtes Partyboat (✆ 850-837-6422), und die ***Southern Star*** hat sich auf das **Sichten von Delphinen** spezialisiert (*Harborwalk Marina*, ✆ 850-837-7741).

Segeltouren bietet die *Nathaniel Bowditch*, ✆ 850-837-2343.

Im ***Marina Café*** (404 Straße #98E.) kann man mit Blick auf den Hafen von Destin frischen Fisch und Pizza essen.

Unterkunft

Entlang des *Miracle Strip/Emerald Coast Highway* gibt es im Bereich Fort Walton Beach und Destin **jede Menge Motels/Hotels**, darunter zwar etliche in der extremen Hochpreisliga ($200+), aber auch viele mit – außerhalb der absoluten Hochsaison (Juni bis August) – durchaus moderaten Tarifen. Prima ist das ***Beachside Inn***, ✆ 850-650-9099, zwar $149/Nacht, aber Wochentarife ab $375. .

State Parks: Strände und Camping

In diesem Bereich verfügen gleich **drei *State Parks*** über **wunderschöne Strände** (Details unter www.floridastateparks.org) die man natürlich auch zum ***day-use*** aufsuchen kann, ohne dort Camper zu sein. Wer campen möchte, kann alle drei über www.reserveamerica.com oder telefonisch reservieren:

- Die ***Henderson Beach State Recreation Area*** liegt ca 3 mi östlich von Destin unweit des Straßendreiecks #98/#293. Zum *State Park* gehören 2 km schneeweißer Strand und ein relativ kleiner *Campground* mit nur 30 Plätzen, ✆ 850-837-7750, $21.
- Um die ***Topsail Hill State Preserve*** zu erreichen, verlässt man die #98, die sich langsam von der Küste entfernt, ca. 10 mi östlich von Destin bei Santa Rosa Beach und nimmt den ***Scenic Highway* #30A**. *Topsail* ist noch relativ neu und gilt als Spitzenpark, was leider auch bei den Tarifen fürs Campen zum Ausdruck kommt ($38). Er hat immerhin einen über 5 km langen Strand und ein großes Naturschutzgebiet. Außer dem ***Campground*** gibt's dort **Bungalows** für $690/Woche. ✆ 850-267-0299.
- Die ***Grayton Beach State Recreation Area*** liegt nur ein paar Meilen weiter, Zufahrt ebenfalls über die Straße #30A. Das Gelände des Parks dehnt sich weit hinter die Dünen aus, aber nur ca. 1 km ist – wiederum – schneeweiße *State Beach*, was *Grayton* 1994 die Auszeichnung »schönster Strand der USA« einbrachte, ➢ Essay *Dr. Beach*. Der kleine, vom Meer ca. 500 m entfernte Campingplatz (37 wunderbar zugewachsene Plätze, $19) grenzt an einen See. Dort liegen Kanus zur Miete. ***Cabins*** für bis zu 6 Personen sind auch vorhanden, $110/Tag; ✆ 850-231-4210.

Seaside

Unbedingt anhalten und sich ein wenig umsehen sollte man in der Kleinstadt **Seaside**, einige Meilen östlich von *Grayton Beach*. Es handelt sich dabei um eine in den 1970er-Jahren geplante und erst 1981 eröffnete **Retortenstadt** (»*New American Town and Vacation Community*«), der gelungene (?) Versuch, einen perfekt sicheren und sauberen Ort zu kreieren.

Wie in einem Bilderbuch oder Katalog stehen dort überaus gepflegte Häuser mit hübschen Gärten und weißen Zäunen eins neben dem anderen. Die sterile Perfektion bewirkte, dass Seaside schon mehreren Filmen als Kulisse diente, so u.a. als »**Seahaven**« in ***The Truman Show*** mit *Jim Carrey*. Nähere Infos zu diesem ungewöhnlichen Ort gibt's im Internet; wwwseasidefl.com.

Wer dort übernachten oder ein paar Tage wohnen möchte, findet zahlreiche sog *Cottages*, ausgewachsene Häuser, großenteils am Strand, zur (teuren) Vermietung; Reservierung auch im Internet unter www.cottagerentalagency.com oder © 1-800-277-8696.

Eden State Park

Nördlich von Grayton Beach und Seaside wartet bei Point Washington im ***Eden Gardens State Park*** (Straße #98, dann 1 mi #395) eine völlig andere Welt. Inmitten einer gepflegten Gartenanlage voller mit *Spanish Moss* behangener Eichen und Magnolien steht ein **schönes Herrenhaus im Plantagenstil** der Südstaaten. Täglich zugänglich von 8 Uhr bis zur Dämmerung; Zutritt $3/Auto. Besichtigung 10-15 Uhr jede Stunde, $3, Kinder $1,50.

#98 bis Panama City

Östlich von Seaside nähert sich die #98 wieder der Golfküste und wird bald über Meilen zum vierspurigen *Business Strip* gleich hinter dem Strand. Die Bebauung verdichtet sich gleichzeitig und besetzt ab Laguna Beach ziemlich ununterbrochen den Küstenstreifen bis Panama City.

Dr. Beach: Wo ist der schönste Strand im Land?

In Sachen Strand gibt es in den USA eine unangefochtene Autorität: *Dr. Stephen P. Leatherman*, der Direktor des *Internationalen Hurrikanzentrums* an der *Florida International University*, veröffentlicht jedes Jahr eine **Hitliste mit den schönsten Stränden des Landes** und ist der Verfasser des Buches *America's Best Beaches*. Der unter dem Spitznamen ***Dr. Beach*** bekannte Autor geht dabei wissenschaftlich zur Sache. Er bewertet die 650 bekanntesten amerikanischen Strände nach fünfzig Kriterien, zu denen u.a. die Qualität des Sandes, die Sauberkeit des Wassers und die Höhe der Wellen gehören. Auch optische Aspekte – wie eine verbaute oder unverbaute Umgebung oder eine besonders schöne Vegetation – werden berücksichtigt.

Die begehrten ersten Plätze auf der Liste des Stranddoktors werden fast immer von Stränden in **Hawaii, Florida** und **Kalifornien** belegt. Um für Abwechslung auf den ersten Plätzen zu sorgen, dürfen Strände, die einmal als der schönste Strand im Land ausgezeichnet wurden, in den folgenden zehn Jahren nicht am Wettbewerb teilnehmen. Mehrere **Traumstrände in Florida**, obwohl nach wie vor schwer zu toppen, finden sich aus eben diesem Grund nicht auf den aktuellen Listen, so u.a. die *Grayton Beach State Recreation Area* die 1994 gewann, und der Strand der *St. Andrews State Recreation Area* bei Panama City, die 1995 den ersten Platz erreichte. Sie durften 2005 bzw. 2006 wieder in den Wettbewerb eintreten, belegten aber noch nicht wieder vordere Plätze.

Aktuelle Liste im Internet: www.drbeach.org/drbeach/best_beach_list.htm

4.2.2 Panama City Beach

Amusement Parks

Am meilenlangen Strand von Panama City Beach, der mit schneeweißem Sand und türkisfarbenem Wasser durchaus noch zur *Emerald Coast* gehört, reihen sich Bettenburgen, Fast Food Lokale und schäbige Geschäfte endlos aneinander. Neben dem Strand sind dort **Vergnügungsparks** der Einfachkategorie die Hauptattraktion. Der größte ist der schon »betagte« Wasserpark ***Shipwreck Island*** (April bis September täglich 10.30-17.30 Uhr; www.shipwreckisland.com) mit Pools, Wellenbad, Wasserrutschen etc.; $29

Floridas Reiseziel N°1

Man glaubt es kaum, aber in den letzten Jahren war **Panama City** Beach – nach Orlando – **das meistbesuchte Reiseziel in Florida**. Es zog mehr Urlauber an als etwa Miami Beach oder Key West. Dies ist vor allem dem inneramerikanischen Tourismus zu verdanken. Für die meisten Urlauber, die mit begrenzter Zeit aus den Nachbarstaaten oder dem Mittleren Westen anreisen, ist Südflorida einfach zu weit und für viele auch zu teuer, in den Sommerferien obendrein zu heiß und wettermäßig unberechenbar. Auch für Studenten, die während der Frühlingssemesterferien, dem sogenannten *Spring Break*, ein paar Tage in der Sonne verbringen wollen, ist Panama City Beach ein beliebtes Ziel, ➤ dazu ebenfalls Fort Lauderdale und Daytona Beach, Seiten 181ff und 262ff.

Da sich das Publikum dort überwiegend aus weißen Bewohnern des ländlichen Südens rekrutiert, die als provinziell und reaktionär gelten, werden die Strände der Gegend gerne als ***Redneck Riviera*** bezeichnet (*Redneck* ist der – wenig schmeichelhafte – Spitzname für ebendiese Gruppe wegen ihrer von der Landarbeit sonnenverbrannten Nacken). Strandleben und Tourismus spielen sich – nebenbei – ausschließlich in Panama City Beach ab. Die weiter landeinwärts gelegene Panama City ist eine eher unattraktive Industrie- und Hafenstadt mit allerhand Militärpräsenz.

Gulf World

Der ***Gulf World Marine Park*** (15412 Front Beach Road, täglich 9-17 Uhr, letzter Einlaß 14 Uhr, ✆ 850-234-5271; Eintritt $24; Kinder $15; www.gulfworldmarinepark) besitzt ein großes Aquarium und eine Art Florida-Zoo mit Alligatoren, Reihern und Flamingos. Dazu gibt es Shows mit Delfinen, Seehunden und -löwen. Für $150 darf man mit Delfinen schwimmen, ➤ auch Seiten 158 und 254.

Ripley's

Noch neu ist hier ***Ripley's Believe it or not!*** Kuriosenkabinett, 9907 Front Beach Road, Bau in Form eines sinkenden Ozeanriesen, täglich. ab 10 Uhr; $15/$10, ➤ auch Seite 274.

Museum

Nicht schlecht ist das ***Museum of Man in the Sea*** (17314 Back Beach Road nur wenig abseits des Küstenboulevards, täglich 9-17 Uhr, Eintritt $5, Kinder 50%). Seine Ausstellungen drehen sich, wie der Name andeutet, um die Geschichte des Tauchens und zeigen u.a. aus gesunkenen Schiffen geborgene Schätze.

Information ***Panama City Beach Convention & Visitors Bureau***, 17001 Panama City Beach Parkway, © 850-233-5070; www.pcbeach.org und www.panamacitybeachonline.com.

Unterkunft An der Front Beach Road stehen zahllose Motels, neben den üblichen Häusern der Ketten z.B. die

- ***Driftwood Lodge*** (#15811, © 850-234-6601) und das
- ***Reef Motel*** (#12011, © 850-234-3396),

Beide kosten je nach Saison $70 bis über $130. Generell gilt: zwischen *Memorial Day* (Ende Mai) und *Labor Day* (Anfang Sept.) verdoppeln bis vervierfachen sich die Nebensaisontarife.

Camping

- Die ***St. Andrews State Recreation Area*** besetzt den kompletten östlichen Teil der Landzunge vor Panama City. Dort ist es mit dem unkontrollierten Kommerz vorbei, und man kann den definitiv letzten Abschnitt des *Panhandle*-Traumstrandes genießen, ➢ Essay *Dr. Beach*. Die Areale des ausgedehnten Campingbereichs mit fast 200 Stellplätzen liegen alle auf der Lagunenseite der Halbinsel; © 850-233-5140, $24; www.reserveamerica.com.
- ***Camper's Inn*** (8800 Thomas Dr, © 1-866-872-2267, ab ca. $35)

Gastronomie Wie bereits angedeutet, gibt es am Strip und in den Parallel- und Nebenstraßen jede Menge *Fast Food*, aber auch »richtige« Restaurants und Kneipen ohne Ende. Hier nur zwei Empfehlungen:

- ***Captain Anderson's*** (5551 N Lagoon Drive, So und im Winter geschlossen) gilt als eines der lokalen Spitzenrestaurants
- Im ***The Treasure Ship*** (3605 Thomas Drive) steht in der Nachbildung eines Piratenschiffs vor allem *Seafood* auf der Karte; bei bei Kindern sehr beliebt!.

Buchtipp *Nancy Bartholomew* hat eine Reihe von **Krimis** geschrieben, die im *Panhandle* und besonders in der Gegend um Panama City handeln, u.a. ***The Miracle Strip*** (1999), ***Film Strip*** (2000) und ***Strip Poker*** (2001).

Nachsaison an der Panama City Beach

4.2.3 Von Panama City nach Apalachicola

Östlich von Panama City nähert sich die Straße #98 nach Passieren der *Tyndall Air Force Base* wieder der Küste, die nun nicht mehr mit sensationellen, ununterbrochenen (wenngleich imm er noch hellen) Stränden aufwartet und auch sonst nichts landschaftlich Spektakuläres zu bieten hat. Am Wege liegen bis Port St. Joe (ca. 40 mi) nur noch kleine Ortschaften.

Port St. Joe

Die **Hafenstadt** Port St. Joe zählt heute gerade 4.000 Einwohner, hat aber im Sinne des Wortes größere Zeiten gesehen. Heute fällt an Port St. Joe eher die dominierende *Paper Mill* auf, die oft luftverpestende Papierfabrik.

1838 immerhin konstituierte sich in Port St. Joe die erste verfassunggebende Versammlung Floridas, an die das ***Constitution Convention State Museum*** erinnert (200 Allen Memorial Way, Do-Mo 9-12 Uhr und 13-17 Uhr, Eintritt $1; nur etwas für historisch Interessierte). Die nach einigen Überarbeitungen verabschiedete Verfassung, sorgte dafür, dass Florida 1845 der 27. Staat der USA werden konnte.

Verfassunggebende Versammlung von 1838, nachgestellt im Historischen Museum von Port St. Joe

Apalachicola

Auf direkter Route (Straße #98, ca. 20 mi) erreicht man rasch *Apalachicola,* ein altes Hafenstädtchen (2.500 Einwohner) an der Mündung des gleichnamigen Flusses. Es ist einer der hübschesten und urspünglichsten Orte an der Küste des *Panhandle* und für seine **Austern** in den ganzen USA bekannt. Dort gibt es keine großen Ferienresorts und nicht einmal eine *Shopping Mall*, dafür aber einen historischen Stadtkern mit schönen Gebäuden aus dem 19. Jahrhundert, wie etwa die Schwammbörse an der Ecke Chestnut/Commerce Street, das Baumwollagerhaus an der Ecke Chestnut/Water Street oder das viktorianische ***Gibson Inn*** (51 Avenue C), wo man stilvoll übernachten kann (© 850-653-2191).

Maritimes Museum

Außerdem verfügt Apalachicola über ein zwar nicht spektakuläres, aber durchaus interessantes Museum, das ***John Gorrie State Museum*** (46 6th Street, Do-Mo 9-17 Uhr, $1). Es erinnert an einen Einwohner, der Mitte des 19. Jahrhunderts hier in Apalachicola die erste Eismaschine erfand und damit den Bau von Kühlschränken, Gefriertruhen und später auch Klimaanlagen möglich machte.

Information

- ***Chamber of Commerce Visitor Center***, 122 Commerce Street, © 850-653-9419 www.hometown.com/apalachicola und www.apalachicolabay.org

Unterkunft

- Das geschmackvoll renovierte, hellblaue ***Gibson Inn*** (51 Avenue C, © 850-653-2191, ab $90) und das ***Coombs House Inn*** (80 6th Street, © 850-653-9199, ab $90) stehen beide in günstiger Lage mitten in Apalachicola.
- Auch das kleine mit Antiquitäten ausstaffierte *Bed & Breakfast* ***Brigitte's Romantic Retreat*** (101 6th St, © 850-653-3270, ab $110) ist zu empfehlen.
- Das ***Rancho Inn***, 240 Highway #98, © 850-653-9435, ist mit Tarifen ab $85 (ohne Frühstück) etwas preiswerter.

Gastronomie

- ***Boss Oysters*** (123 Water Street) bereitet Austern auf 30 verschiedene Arten zu.
- Der ***Magnolia Grill*** (Ave E/11th Street) ist für Austern und *Seafood* so bekannt, dass man sogar aus Tallahassee hierher fährt.
- Im ***Owl Café*** (15 Avenue D) gibt`s Sandwiches und Kaffee.

St. Joseph Peninsula

In Apalachicola finden sich keine Strände, wer aber auf dem Weg noch Zeit hat, macht einen Abstecher auf die St. Joseph Peninsula. Ab Oak Grove läuft die **Straße #30** weiter der Küste entlang nach Apalachicola (ca. 30 mi statt 20 mi auf der #98), von der die Stichstraße #30E bis zur Spitze dieser hakenartigen Halbinsel abzweigt. Deren »Außenküste« besteht aus ununterbrochenen hellen Stränden bei guter bis bester Wassertransparenz. Entlang der Straße gibt es immer wieder Strandzugänge.

Strand auf der St. Joseph Peninsula beim gleichnamigen State Park

Sand und Wasser sind am schönsten an der Spitze des Hakens, die ganz zum ***Stone Memorial-St. Joseph Peninsula State Park*** gehört. Dort kann man gleich hinter der Küstendüne in unmittelbar Strandnähe campen (✆ 850-227-1327, $20). Auch ***Cabins*** für bis zu 6 Personen sind vorhanden für $90/Tag.

St. George Island

Ebenso schön wie auf der St. Joseph Peninsula sind die Strände rund um die Ostküste von **St. George Island**. Eine erst im Februar 2004 eingeweihte neue Brücke (4,1 mi; gebührenpflichtig) führt ab Eastpoint auf diese Insel. Ein Großteil der Strände ist unzugänglicher Privatbesitz, aber das gesamte Ostende der 30 mi langen Insel mit 9 mi ursprünglichem Strand und Dünen ist *State Park*-Terrain.

Traumhaftes Campen im ***St. George Island State Park*** kostet $19; ✆ 850-927-2111 oder www.reserve.america.com.

Wenn er belegt sein sollte, wäre der ***Gulf View Campground*** bei Eastpoint eine Alternative, von der man indessen nicht mehr als einen schönen Blick auf St. George Island hat (an der Straße #98, ✆ 850-670-8970, ab $20).

Unterkunft

- Auf St. George Island ist das ***Buccaneer Inn*** (160 W Gorrie Drive, ✆ 850-927-2585, ab $70) eined der preisgünstigsten Quartier.
- Eine Übersicht über *Beach Home Rentals*, Wohnungen oder Ferienhäuser auf St. George Island findet sich unter www.apalachi colabay.org/listings.php?id=15.

Top Twelve in Nordflorida und dem Panhandle

1. An den Stränden der *Emerald Coast* oder auf Santa Rosa Island (*Gulf Island National Seashore*) **Sonne und Meer** genießen
2. Das ***National Museum of Naval Aviation*** bei Pensacola besuchen
3. Im ***Ichetucknee Springs State Park*** das *Tubing* ausprobieren
4. In **Apalachicola Austern essen**
5. Im ***Wakulla Springs State Park*** an eine Bootstour teilnehmen
6. In Destin einen Trip zur **Delfinbeobachtung** buchen
7. ***Fort Pickens*** und/oder ***Fort Barrancas*** bei Pensacola besichtigen
8. Der ***Mission San Luis*** in Tallahassee einen Besuch abstatten
9. Im ***Suwannee River State Park*** den Fluss per Kanu erkunden
10. Die **Altstadt in Pensacola** auf eigene Faust erkunden
11. Sich in **Panama City** über das neue ***Ripley's*** wunderzn
12. Im ***Blackwater River State Park*** ein Kanu leihen und auf dem »schwarzen« Fluss die Zivilisation hinter sich lassen

5. VOM PANHANDLE NACH SÜDEN ZUR TRI CITY

Zur Route

Ab Apalachicola

Die Straße #98 führt (gemeinsam mit der #319) **ab Apalachicola** zunächst wieder an der Küste entlang. Der Wald wächst auf den nächsten 40 mi bis Panacea häufig bis ans Wasser und sorgt damit für eine reizvolle Strecke.

Straße #319

Östlich von Lanark Village löst sich die Straße #319 von der #98 und führt durch den *Apalachicola National Forest* nach Tallahassee. Wer in dieser Region einen Platz zum Campen sucht, findet ihn im ***Ochlockonee River State Park*** im Wald mit Badestrand am Fluss ca. 6 mi von der Küste entfernt, ✆ 850-962-2771, $15.

Verlauf

Von dort gelangt man ohne Rückkehr auf die Küstenroute und Weiterfahrt via Panacea auch weiter östlich wieder auf die dort mittlerweile landeinwärts laufende #98. Wegen der vollständig versumpften Golfküste zwischen Panacea und dem zentralen Florida bis ungefähr Höhe Orlando gibt es keine Küstenroute mehr nach Süden. Die küstennächste Strecke entspricht dem Verlauf der Straße #98 und – ab Perry – der von Tallahassee kommenden #19. Bis über *Homosassa Springs* hinaus trägt diese breit ausgebaute Straße nach Süden beide Nummern (#98 und #19).

Distanz & Zeitbedarf

Von Panacea bis zur Tri City sind es rund 300 mi, eine Strecke, die bei zügiger Fahrt ohne längere Pause und Abstecher an einem Tag gerade gut zu schaffen ist (keine Autobahn! Meist Maximaltempo 55 mph, streckenweise weniger). Im nördlichen Bereich dieser Route findet sich wenig, was zu Zwischenstopps Anlass gibt, aber die beiden folgenden Abstecher, speziell zu den *Manatee Springs*, sind erwägenswert. Ein Besuch im Park der weiter südlichen *Homosassa Springs* lohnt sich ebenfalls. Mindestens zwei Tage für diese Strecke einzuplanen, ist zu empfehlen.

Ein schöner ***Campground*** am Wege, ca. 12 mi südlich von Old Town (Straße #349), ist ***Yellow Jacket*** am Nordufer des Suwannee River, ✆ 352-542-8365; www.yellowjacketcampground.com.

Abstecher und Zwischenstopps

Manatee Springs

Ein erster Abstecher sollte unbedingt dem ***Manatee Springs State Park*** gelten. Nur wenig nördlich von Chiefland zweigt die (Stich-) Straße #320 von der #19/#98 ab. Die *Manatee Springs* sprudeln am Suwannee River ca 10 mi von der Hauptstrecke entfernt. Ein gepflegter Park umgibt das Quellflussgebiet mit seinem kleinen **Badestrand**, **Kanuverleih** und einem ***Boardwalk*** über Mangrovensumpf (ca. 300 m), der zum Ufer des hier breiten und sich träge dahinwälzenden Flusses führt. Wer sich mit dem Kanu auf den Suwanee traut, muss ganz schön gegen den Strom paddeln, um wieder problemlos zum Quellfluss zurückkehren zu können. Bis zur Mündung in den Golf von Mexico sind es noch 23 mi.

Schwimmen im klaren Wasser der Manatee Springs ist bei Wassertemperaturen um 20°C ein erfrischender Genuss

Ein ***Campground*** etwas abseits des Wassers ist auch vorhanden. Er besitzt viele wunderbar angelegte Stellplätze in dichter Vegetation. Hier kann man prima einen romantischen Abend mit Barbecue zum Zirpen der Grillen verbringen, © 352-493-6072, $20.

Cedar Key

Ein weiterer Abstecher könnte ***Cedar Key*** gelten, einer den Küstensümpfen vorgelagerten, über Brücken erreichbaren Insel. Südlich von Chiefland zweigt die Straße #345 ab, die in Rosewood auf die #24 stößt, der direkten Verbindung zwischen der Hauptstraße #19 (ab Otter Creek) und der Insel (etwa 25 mi, zurück auf die #19 ca. 20 mi). Cedar Key verfügt über keine besonderen Attraktionen und lediglich Ministrände. Das Natur- und Vogelschutzgebiet und das kleine **State Museum** (Do-Mo 9-17 Uhr, $1; sehr schöne Muschelsammlung) sind etwas für naturkundlich interessierte Besucher. Im Hafen von Cedar Key, einem 700-Einwohner-Dorf, kann man exzellente **Austern** essen. Der Name der Insel erinnert daran, dass dort und auf dem nahen Festland einst Zedernwälder standen. In der zweiten Hälfte des 19. Jahrhunderts wurden sie aber von der Firma *Faber* aufgekauft und für die Bleistiftproduktion komplett abgeholzt.

Information

- ***Cedar Key Chamber of Commerce***, © 352-543-5600; www.cedarkey.org

Unterkunft

- ***Cedar Key B&B*** (Ecke F und 3rd Street, © 352-543-9000, ab $99).
- Billiger kommt man unter im ***Faraway Inn*** (Ecke G und 3rd St, © 352-543-5330, ab ca. $70).

Camping

Sunset Isle Park nördlich des Ortes, © 352-543-5375, ab $16

Gastronomie

Auf Cedar Key ist natürlich Seafood angesagt:

- ***Brown Pelican Restaurant*** an der Dock Street oder
- ***Captain's Table Restaurant***, 222 Dock Street

Das Massaker von Rosewood

An der Straße #24 nach Cedar Key fährt man an einem Schild vorbei, auf dem »*Rosewood*« zu lesen ist. Es ist schwer vorstellbar, dass sich an diesem knapp 10 mi von der Golfküste entfernten friedlichen Fleckchen eines der furchtbarsten Ereignisse in der modernen Geschichte Floridas abgespielt hat.

Anfang des 20. Jahrhunderts war Rosewood ein Dorf mit etwa 120 Einwohnern, fast ausnahmslos Afroamerikanern. Es gab einen Bahnhof, ein Hotel, eine Post, eine Schule, zwei Kirchen und ein Geschäft, das einem der wenigen weißen Bürger gehörte. Die Bevölkerung lebte teilweise von der Landwirtschaft, viele Männer arbeiteten aber in einer Sägemühle in Sumner, einem etwa 3 mi entfernten, überwiegend »weißen« Ort. Auch viele schwarze Frauen waren dort angestellt – als Dienstmädchen oder Köchin.

Am Neujahrstag 1923 traf sich die 22-jährige verheiratete *Frances Taylor* in Sumner mit einem Liebhaber. Das Rendezvous artete in einen Streit und dann in Handgreiflichkeiten aus. Um ihrem Ehemann ihre blauen Flecken zu erklären, erfand die junge Frau eine Geschichte von einem schwarzen Unbekannten, der sie überfallen und vergewaltigt hätte. Sofort machte sich eine Gruppe empörter Nachbarn auf die Suche nach dem »Täter«, den man, da angeblich schwarz, in Rosewood vermutete.

Gleich der erste Einwohner von Rosewood, auf den der weiße Mob stieß, überlebte das Zusammentreffen nicht. Er konnte keine Auskunft über den vermeintlichen Verbrecher geben und wurde kurzerhand erschossen. Danach begann ein fünftägiges Morden und Brandschatzen, das in Rosewood keinen Stein auf dem anderen ließ. Mit tatkräftiger Unterstützung aus anderen weißen Orten der Umgebung zerstörte der Mob aus Sumner den kompletten Dorf Rosewood und brachte einen Großteil der Einwohner um. Diejenigen, die flüchten konnten, kehrten nie mehr nach Rosewood zurück.

Obwohl die Verbrechen weit über die Umgebung von Cedar Key und Sumner hinaus bekannt waren, wurde in den folgenden Jahren niemand für die Morde verurteilt oder auch nur vor Gericht gestellt. Die weiße Bevölkerung schwieg aus nachvollziehbaren Motiven. Die schwarzen Überlebenden waren verängstigt und rechneten wohl ohnehin nicht mit Unterstützung durch Behörden.

Erst über ein halbes Jahrhundert später kam es zur Untersuchung des Massaker von 1923. Als 1993 endlich die Einzelheiten geklärt und veröffentlicht wurden, war es zu spät, um die damaligen Täter zur Rechenschaft zu ziehen. Aber die Regierung Floridas stellte zumindest eine Summe von mehreren Millionen Dollar für die Überlebenden und ihre Nachkommen zur Verfügung.

Das öffentliche Interesse an der so lange verschwiegenen Geschichte war natürlich groß. Alle amerikanischen Zeitungen schrieben Berichte, Fernsehteams interviewten in der Gegend von Rosewood Zeitzeugen. Bis heute ist in Florida eine Wanderausstellung zu diesem Thema in den Schulen unterwegs. 1995 nahm sich der Hollywood-Regisseur *John Singleton* der Geschichte an. Er suchte Überlebende, informierte sich vor Ort und drehte anschließend einen Spielfilm, der 1996 mit dem schlichten Titel ***Rosewood*** in die Kinos kam.

Lesetipp:
In dem historischen Roman *Rosewood: Like Judgement Day* schildert *Michael d'Orso* die Ereignisse des Jahres 1923. Im Vorwort erzählt *John Singleton*, wie er darauf aufmerksam wurde und wie die Filmarbeiten in Florida abliefen.

Crystal River State Park

Bei der Kleinstadt Crystal River lohnt für alle, die sich für Frühgeschichte interessieren, ein weiterer Stopp. Wo der Crystal River in den Golf von Mexiko mündet, haben Ausgrabungen gezeigt, dass dort schon 200 v. Chr. Menschen lebten. Offenbar befand sich dort auch ein religiöses Zentrum der frühen indianischen Bewohner der Golfküste. U.a. sind zwei Grabhügel (*Indian Mounds*) erhalten. Im Museum des ***Crystal River State Archaeological State Park*** sind außerdem Töpferwaren und prähistorische Kunstgegenstände zu sehen; täglich 9-17 Uhr, $2.

Homosassa Springs

Nur wenig weiter passiert man den ***Homosassa Springs Wildlife State Park*** (*Visitor Center* und *Boat Dock* direkt an der #19/98, täglich 9-17.30 Uhr, Eintritt $9, Kinder bis 12 Jahren $5, ➤ auch Kasten Seite 260, ✆ 352-628-5343; www.homosassasprings.org). Per Boot (ca. 15 min) geht es zu einem offenen Zoo der Florida-Tierwelt: Flamingos, Adler, Alligatoren, Pumas, Schlangen und sogar ***Manatees***. Es gibt zwar mehrere Parks, in denen Meereskühe leben, *Homosassa* ist aber der einzige, der seinen Besuchern garantiert, diese Tiere wirklich zu Gesicht zu bekommen. Vom Unterwasser-Observatorium aus sieht man sie – mit Glück – in voller Größe aus nächster Nähe. **Sehr empfehlenswert**.

Weeki Wachee Springs

Die ***Weeki Wachee Springs*** sind kommerziell ausgebeutete Quellen beim gleichnamigen Ort. Dort läuft bereits seit 1947 tagtäglich eine kitschige Unterwasser-Unterhaltung mit »Meerjungfrauen«. Fairerweise muss man zugeben, dass die Schwimm- und Tauchleistungen der Wasserakrobatinnen beachtlich sind. Die Show ist zentraler Punkt eines Freizeitparks mit Badestrand, Rutschen und *Tubing*, Zoo, Vogelvorführungen und Flussfahrt auf dem kristallklaren Weekie Wachee River. März - August täglich 10-16 Uhr, sonst meist Di-So 10-15 Uhr.

Planschpark, Zoo und Show kosten $22 Eintritt, Kinder bis zu 10 Jahren $16. Ohne Zutritt zum Badestrand und Planschpark $14 bzw. $11; ✆ 352-596-2062; Parken $3; www.weekiwachee.com.

Wer hier übernachten möchte, findet im weiteren Umfeld von *Weekie Wachee* mehrere Motels, unter anderem ein ***Comfort Inn*** und ein ***Best Western***, beide etwa ab $80.

Weiter zur Tri City

Mit Weeki Wachee ist die Tri City fast erreicht. Weitere Ziele nördlich der Tri City Tampa/St. Petersburg/Clearwater, die man bei Anfahrt von Norden passiert bzw. noch ansteuern könnte – wie etwa Tarpon Springs oder Honeymoon Island – sind auf den Seiten 366 beschrieben.

6. DIE SÜDLICHE GOLFKÜSTE

6.1 Die Tri City um die Tampa Bay

Tri City Geographie

Das Bild der »Dreifach-Stadt« wird geprägt durch ihre Lage am Golf von Mexico rund um die Tampa Bay. Entlang unendlicher Meilen Uferlinie an großen und kleinen Buchten, künstlichen Seen und Kanälen drängen sich Ferienanlagen, Hotelpaläste und zahllose Privatvillen. Ein Yachthafen reiht sich an den anderen; wer es sich leisten kann – und das sind viele –, hat sein Boot vor der Haustür liegen. Eine langgestreckte Inselgruppe mit kaum unterbrochenen meilenlangen Sandstränden vom Egmont Key im Süden bis Honeymoon Island im Norden ist der Region vorgelagert und mit ihr durch zahlreiche Brücken verbunden.

Anfahrt

Wer **von Norden** kommt, fährt entweder auf der küstennahen Straße #19 via **Clearwater** in die Tri City-Region ein oder nimmt bei Weeki Wachee den schnellen, aber gebührenpflichtigen ***Suncoast Parkway***. Auf ihm erreicht man bei normaler Verkehrsbelastung der Strecke in unter einer Stunde das zentrale Tampa und – via I-275 – St. Petersburg.

Bei **Anfahrt von Orlando** auf der *Interstate* #4 (➤ Seite 258) braucht man kaum mehr als 90 min bis Tampa und maximal 2 Stunden bis St. Petersburg Beach.

Bei Anfahrten v**on Süden** sollte man auf keinen Fall die phänomenale ***Sunshine Skyway Bridge*** (I-275, ➤ Seite 367) über die Einfahrt in die Tampa Bay auslassen, selbst wenn zunächst ein Ziel im zentralen Tampa angesteuert werden soll und daher die (langweilige) I-75 östlich der Bay die schnellere Route darstellt.

6.1.1 Tampa

Kennzeichnung

Tampa wirkt ein wenig wie die kleine Schwester von Miami. Im Geschäftszentrum glitzern die Türme moderner Hochhäuser, und der Hafen ist ein wichtiger Wirtschaftsfaktor. Unter den vielen Einwanderergruppen haben hier wie dort besonders Kubaner das Gesicht der Stadt geprägt, und nur wenige Meilen vom Zentrum entfernt befinden sich **ausgedehnte Strände**. Tampa ist zwar nicht so schick herausgeputzt wie manch andere Stadt in Florida, dafür aber authentischer. Der Tourismus spielt zwar durchaus eine Rolle, seine wirtschaftliche Bedeutung reicht jedoch bei weitem nicht an die von Industrie (u.a. Schiffbau und High Tech) und anderen Dienstleistungen heran.

Kilometerlange Strände prägen die Küstenlinie der Tri City, hier Sonntagnachmittag im Bereich St. Petersburg Beach

Floridas Zentraler Westen
GOLF VON MEXICO
Tallahassee
Cedar Key
Rainbow Springs SP
Ocala
Juniper Springs
Alexander Springs
Ocala National Forest
De Land
Daytona Beach
Blue Springs SP
Crystal River
Homosassa Springs Wildlife Park
Iverness
Withlacoochee State Forest
Leesburg
Eustis
Mt. Dora
Wekiwa Springs SP
Apopka
Florida's TPK
ORLANDO
Clermont
Lake Louisa SP
Weeki Wachee
Brooksville
Withlacoochee State Forest
Walt Disney World
Dade City
Bayonet Point
Sun Coast Parkway
Withlacoochee
Kissimmee
Zephyrhills
Tarpon Springs
Honeymoon Island
Lakeland
Caladesi Island
Plant City
Winter Haven
Bok Tower Garndes
Clearwater
Tampa
Lake Wales
St. Petersburg
Alafia
Bartow
Ft. Meade
Lake Wales Ridge State Forest
Mullett Key
Little Manatee
Avon Park
Lake Manatee SP
Sebring
Anna Maria Key
Manatee
Highland hammock SP
Long Key
Sarasota
Lake Placid
Myakka
Peace
Arcadia
Oscar Scherer SP
Myakka River SP
Venice
Punta Gorda
Miami
Gasparilla Island
Pine Island
Caloosahatchee
Fort Myers
Cape Coral
Cabbsge Key
Captiva Island
Sanibel Island
Koreshan SP
Estero Island
Naples/Miami
N
0 15 km

Geschichte und Entwicklung

Entdecker

Die Tampa Bay ist die größte Bucht der Florida-Golfküste. Kaum ein spanischer Entdecker oder Abenteurer, der sie nicht schon im 16. Jahrhundert als natürlichen Hafen genutzt hätte. *Juan Ponce de León* entdeckte sie 1521. Er fand nichts als ein kleines indianisches Fischerdorf. Ihm folgten ein *Panfilo de Narvaez* im Jahre 1528 und schließlich *Hernando de Soto*, der dort im Mai 1539 vor Anker ging. Da sie alle auf der Suche nach Gold und schnellem Reichtum waren, konnte sie und ihre Männer in dieser Gegend voller Sümpfe und flacher Strände nichts halten.

Fort Brooke

Ganz anders die angloamerikanischen Pioniere, die nach und nach ab dem frühen 19. Jahrhundert auftauchten: Sie waren an Grund und Boden interessiert und blieben. 1824 beschloss die amerikanische Bundesregierung, in der Nähe der Bay ein Reservat für die Seminolen einzurichten und daneben ein Fort zu dessen Überwachung. Um die Befestigung herum entstand eine Siedlung, die zunächst deren Namen trug: ***Fort Brooke***. Später besann man sich auf die indianische Bezeichnung der Region »**Tampa**«.

Henry B. Plant

Der Ort entwickelte sich, die Bevölkerung wuchs, aber es ging lange nicht recht voran. Wie auch im Fall vieler Städte an der Ostküste Floridas brachte erst der Bau einer Eisenbahnlinie den wirtschaftlichen Aufschwung. Der Industrielle ***Henry B. Plant*** sorgte in den 1880er-Jahren für eine Schienentrasse von Tampa nach Norden. Er investierte außerdem in den Ausbau der Stadt und ließ u.a. das *Tampa Bay Hotel* errichten, das heute das *Henry B. Plant Museum* beherbergt.

Vicente M. Ybor

Neben *Plant* prägte der aus Kuba stammende Zigarrenfabrikant ***Vicente Martinez Ybor*** die Entwicklung Tampas. Er verlegte 1886 seine Zigarrenproduktion von Key West hierher. Das nach ihm benannte Viertel ***Ybor City*** war für Jahrzehnte das weltweit größte Zentrum der Zigarrenproduktion.

Wirtschaftszweige

Weiterhin spielten und spielen Viehzucht, Fischfang und Zitrusplantagen samt Weiterverarbeitung der Früchte eine wesentliche Rolle für Tampas Wirtschaft. Im 20. Jahrhundert kamen Stahl- und Elektroindustrie sowie Brauereien hinzu. Auch das Militär, speziell die *MacDill Air Force Base* am Ende der weit in die Bucht hineinragenden Landzunge im Südwesten der Stadt, ist ein wichtiger Arbeitgeber.

Bevölkerung

Heute leben im zentralen Tampa etwa **350.000** Menschen, die Vororte mitgerechnet über **1 Mio.**; mit St. Petersburg samt Beach und Clearwater kommt man für den **Großraum Tampa Bay** auf über **2 Mio.** Einwohner.

Wegen ausgedehnter Villenbereiche mit großen Grundstücken, relativ unbedeutender verdichteter Bebauung und der durch die riesige Tampa Bay, Buchten, Kanäle und die vorgelagerten Inseln auseinandergezogenen Stadtteile vermittelt die ***Tri City*** sogar den Eindruck einer noch viel größeren urbanen Konglomeration.

Praktisches

Information

Für ganz **Tampa** und Umgebung:

- ***Tampa Bay & Company***, 401 Jackson Street, Suite 2100; © 813-223-1111; © 1-800-448-2672; www.visittampabay.com

Speziell für **Ybor City**:

- ***Visitor Information Center at Centro Ybor***, 1600 E 8th Avenue, © 813-242-0398; die Touristeninformation ist passenderweise wie eine Zigarrenkiste gestaltet; www.ybor.org

Für ***Busch Gardens***:

- www.buschgardens.com (mit Ticketreservierung.)
- Neben den *Busch Gardens* befindet sich das ***Tampa Bay Visitor Information Center***, 3601 E Busch Boulevard, © 813-985-3601, wo man neben Stadtplänen und Broschüren auch ermäßigte Eintrittskarten für manche Sehenswürdigkeit erhält (einschließlich *Busch Gardens*).

Transport

Zwischen Ybor City und Downtown Tampa fährt kostenlos der ***Tampa-Ybor Trolley***. Ein Boot, die ***Tampa Town Ferry***, verkehrt zwischen *Lowry Park Zoo* und *Floriada Aquarium* auf dem Hillsborough River

Unterkunft

Unterkünfte aller Kategorien ballen sich vor allem in **Airportnähe** (Ausfahrten von der Straße #60 und der I-275), im Bereich der ***Busch Gardens*** und an der **#60** im Kreuzungsbereich mit der **I-75**:

- ***Days Inn Airport/Stadium***, 2522 N Dale Mabry Hwy, I-275 *Exit* 41B, © 813-877-6181, ab $70
- ***Econo Lodge Midtown***, 1020 S Dale Mabry Hwy, I-275 *Exit* 41A, © 813-254-3005, ab $70
- Wer das Nachtleben von Ybor City genießen möchte, erreicht die Clubs und Restaurants der Gegend vom ***Hilton Garden Inn*** aus zu Fuß (1700 9th Avenue, © 813-769-9267, ab $180).

Die Auswahl an Motels der (unteren) Mittelklasse ist in der Umgebung der *Busch Gardens* besonders groß:

- ***Value Inn***, 2523 E Busch Blvd, I-275 *Exit* 225, © 813-933-6760, ab $49
- ***Days Inn Busch Gardens North***, 701 E Fletcher Ave, I-275 *Exit* 52, © 813-977-1550, ab ca. $55
- ***Red Roof Inn***, 2307 E Busch Boulevard, © 813-932-0073, ab $53
- ***Budget Inn***, 2001 E Busch Blvd, © 813-932-3997, ab $49

In Tampa existiert mit ***Gram's Place B&B Guesthouse & Hostel*** auch eine Billigunterkunft (3109 N Ola Ave, © 813-221-0596; $23-$34/Person; www.grams-inn-tampa.com.

Camping

- Relativ zentrumsnah liegt der riesige, extrem komfortabel angelegt Campingplatz ***Bay Bayou RV Resort***, 12622 Old Memorial Highway, Zufahrt über Straße #580 W in Richtung Rocky Creek/Oldsmaar, © 1-888-mybayou. Auch für Zelte sind einige Plätzchen vorhanden, ab ca. $40; www.babayou.com.

- Noch schönere Plätze bietet der ***Hillsborough River State Park*** an der Straße #301, etwa 20 mi nordöstlich von *Downtown* (**Anfahrt** über die I-4, *Exit* 14, dann weiter auf McIntosh Road; © 813-987-6771; www.reserveamerica.com, $20). In diesem Waldpark gibt es neben dem ***Campground*** einen *Boardwalk* über die »Schlucht« des Hillsborough River zu Stromschnellen. Am Fluss befindet sich auch ein **Kanuverleih**. Das rekonstruierte Palisadenfort ***Fort Foster*** aus den Seminolenkriegen (➤ Seite 399) auf einem Gelände jenseits der #301 ist nur Sa+So zu besichtigen.

Gastronomie

- Die bekannteste Adresse in **Ybor City** ist das Traditionslokal ***Columbia*** (2117 E 7th Avenue), das seit 1905 spanische Küche serviert, immer noch in Familienbesitz ist und abends die Gäste mit Flamenco-Vorführungen unterhält; leider recht kostspielig.
- Ein originelles kleines Kaffeehaus ist das ***Seventh Heaven Psychic Café*** (1725 E. 7th Avenue), in dem man sich bei Kaffee und Kuchen die Karten legen lassen kann.
- Fisch zu günstigen Preisen serviert das Kettenrestaurant ***Shells*** (11010 N. 30th Street) zwischen Busch Blvd und Fowler Ave.
- Wer in ***Downtown*** ein Restaurant sucht, findet mit dem ***Bistro Mise en Place*** beim *Henry B. Plant Museum* ein angenehmes Lokal mit innovativer amerikanischer Küche (Grand Central Place, 442 W Kennedy Boulevard, Ecke S Magnolia Ave).

Shopping

Ein typisches Tampa-Mitbringsel sind Zigarren; am besten bei

- bei ***El Sol*** (1728 7th Avenue),
- bei ***Metropolitan Cigar & Wines*** (2014 E 7th Avenue) oder
- im traditionsreichen ***Columbia Cigar Store*** neben der ***Gonzales y Martínez Cigar Factory*** (2025 7th Avenue).

Einst das Tampa Bay Luxushotel an sich, heute das Henry B. Plant Museum, ➤ folgende Seite

Sehenswertes

Downtown

Tampas Innenstadt liegt zwischen der Autobahn I-275 im Norden und dem Garrison Channel der Tampa Bay im Süden. Außer der *University of Tampa* und dem *Plant Park* finden sich die meisten Institutionen und Sehenswürdigkeiten östlich des *Hillsborough River*. Dieser Bereich ist durchaus ansehnlich und besitzt sogar eine Fußgängerzone, aber es gibt keinen Grund, sich dort länger aufzuhalten. Sehenswert sind dort in erster Linie das tolle ***Henry B. Plant Museum*** und das hochmoderne ***Florida Aquarium***:

Altes Tampa Bay Hotel

Nachdem die Schienen nach Tampa verlegt worden waren, *ließ Henry B. Plant* (➤ Foto Seite 351) 1891 das ***Tampa Bay Hotel*** errichten. Dieses Haus bot seinen Gästen einen für die damalige Zeit unglaublichen Luxus. Alle 511 Zimmer hatten elektrischen Strom und eigene Bäder. Es besaß den ersten Fahrstuhl im gesamten Staat, und die ausgeklügelte Beleuchtung des Hauses war von niemand anderem als dem – damals im nahen Fort Myers lebenden – Erfinder *Thomas A. Edison* entworfen worden.

Der eigentliche Clou aber war die phantasievolle **orientalische Architektur** des Gebäudes, das von silbernen Minaretten gekrönt wird und manche Betrachter an die spanische *Alhambra* erinnert.

Henry B. Plant Museum

Trotz seines Luxus' war dem Hotel kein wirtschaftlicher Erfolg beschieden. Es wurde schon im frühen 20. Jahrhundert geschlossen. Heute befindet sich das ***Henry B. Plant Museum*** in diesem Bau (401 W Kennedy Boulevard, Di-Sa 10-16 Uhr, So 12-16 Uhr; Eintritt $5; Kinder bis 12 Jahren $2; www.plantmuseum.com). Seine Themen sind u.a. die Person des Henry *Plant*, die Geschichte seiner Eisenbahn, das Hotel (untermauert durch einen informativenFilm über *H.B. Plant*), die Anfänge des Tourismus in Florida und die Bedeutung von Tampa im spanisch-amerikanischen Krieg. Vor allem aber ist das luxuriöse Innenleben des ehemaligen Hotels zu bewundern.

Kunstmuseum

Auf der anderen Seite des Hillsborough River, gegenüber und in Sichtweite des *Plant Museum*, steht der moderne Bau des ***Tampa Museum of Art*** (600 N Ashley Drive, Di-Sa 10-17 Uhr, So ab 11 Uhr, Spende; www.tampamuseum.com). Neben einer ständigen Sammlung, die für antike griechische und römische Kunst bekannt ist, gibt es anspruchsvolle wechselnde Ausstellungen.

Florida Aquarium

Exzellent ist das ***Florida Aquarium*** am Rand von *Downtown* an der *Waterfront* (701 Channelside Drive, ✆ 813-273-4000, täglich 9.30-17 Uhr, Eintritt $18, bis 11 Jahre $13; www.flaquarium.org).

Die immensen Glascontainer zeigen fast 10.000 Meerestier- und Pflanzenarten und die farbenfrohe Welt der Korallenriffe. Spannend ist, den Weg eines Wassertropfens durch verschiedene Ökosysteme nachzuvollziehen. Auch Übergangszonen vom Wasser zum Land wie Sümpfe und Strände mit ihrer Tierwelt sind berücksichtigt. Das Aquarium veranstaltet außerdem **Katamarantouren** in die Tampa Bay in die Lebensräume von Delfinen und Manatees. »Schwimmen mit Fischen« und »Tauchen mit Haien« sind ebenfalls Programmpunkte.

In der Nachbarschaft des Aquariums befindet sich der **Shopping- und Restaurantkomplex *Channelside***, an den sich das *Terminal* für Kreuzfahrtschiff anschließt.

Filmpalast

Ein restaurierter und vom Staat subventionierter alter Filmpalast (erbaut 1926) ist das ***Tampa Theatre*** in der 711 North Franklin Street (Ecke Zack Street) im Stadtzentrum zwischen I-275 und *Crosstown Expressway*. Tägliches Filmprogramm unter www.tampatheatre.org. Führungen ($5) durch das überladen dekorierte Innenleben mit funkelnden Sternen und »römischen« Statuen über den Balkonen finden Mi und Sa um 11.30 Uhr statt.

Ybor City

Nordöstlich von *Downtown* liegt das interessanteste Viertel von Tampa, das kubanisch geprägte **Ybor City**. Sein Zentrum ist die Gegend um ein Teilstück der 7th Ave (zwischen *Crosstown Expressway* #618 und I-4), hier auch *La Septima* genannt. Im Osten reicht das Viertel etwa bis zur 22nd Street.

José Martí Park

Das westliche Ende von Ybor City wird vom **Friends of Martí Park** an der Kreuzung mit der 13th Street markiert. Der kubanische Freiheitsheld *José Martí* lebte im späten 19. Jahrhundert im Exil in Ybor City, schwang in den vielen Clubs und Bars der Gegend revolutionäre Reden und wetterte gegen die spanische Kolonialherrschaft in Kuba. Der Park und die weiße **Martí-Statue** erinnern daran, dass 1892 an dieser Stelle ein – erfolgloser – Attentatsversuch auf den umstrittenen Politiker unternommen wurde.

Shopping in Ybor City

Ein paar Straßen weiter stößt man an der Kreuzung von 7th Ave und 15th Street auf das ***Centro Ybor***, ein mehrere Blocks umfassendes **Shopping- und Restaurantcenter**, das nach der einst hier stehenden Zigarrenfabrik des Herrn Ybor (➤ oben Seite 349) benannt wurde. In dem Komplex befindet sich auch das Büro der Touristeninformation.

Museum

Im ***Ybor City State Museum*** (1818 9th Avenue, täglich 9-17 Uhr, Eintritt $3; www.ybormuseum.org) sind u.a. alte Zigarrenetiketten und viele Erinnerungsstücke aus der »großen« Zeit der Tabakproduktion zu sehen, außerdem ein Film über die Geschichte von Ybor City. Man auch kann das Haus eines Zigarrenarbeiters um die Wende vom 19. zum 20. Jahrhundert besichtigen. Freitags und samstags wird die Kunst des Tabakdrehens vorgeführt.

Nachtleben

Am aufregendsten ist Ybor City am Abend bis spät in der Nacht. Freitags & samstags wird die 7th Ave für den Autoverkehr gesperrt:

- im ***Jazz Cellar*** (1916 14th Street) gibt's Livemusik.
- Beliebt ist die ***Tampa Bay Brewing Company*** (1600 E 8th Ave) eigenes Bier & Livemusik; www.tampabaybrewing company.com
- Das ***Columbia Restaurant*** (2117 E 7th Avenue) nimmt für sich in Anspruch, das älteste Restaurant in ganz Florida zu sein, www.columbiarestaurant.com.

Zoo

Der ***Zoo*** Tampas im ***Lowry Park*** (+Bild) ist etwas für Zoofans, speziell solche mit Kindern, für die es neben den Tiergehegen mit Streichelzoo auch noch eine Reihe von *Rides* und ein edukatives Unterhaltungsprogramm gibt. Eintritt $19, Kinder bis 11 Jahre 14,50; 7530 North Blvd, © 813-935-8552; www.lowryparkzoo.com. Anfahrt über I-275 *Exit* 48 auf Sligh Ave West

Die Renaissance der Zigarre

Raucher haben es in Florida – wie in den gesamten USA – nicht gerade leicht. In öffentlichen Gebäuden, Flugzeugen, Bussen, Museen, Kinos, Einkaufszentren, den meisten Restaurants und ist Rauchen untersagt. Zumindest soweit es Zigaretten betrifft. Zigarren dagegen sind seit den späten 1990er-Jahren in amerikanischen Kneipen wieder »in«. Dort entspannt man sich neuerdings nicht mehr nur bei Bier und Chips, sondern bei *Martini* (kein Vermouth wie bei uns, sondern eine Art »Grappa«) und einer Zigarre.

In den letzten Jahren sind sog. ***Cigar Bars*** aus dem Boden geschossen, die vor allem das zahlungskräftige Publikum anziehen. Sie bieten eine große Auswahl an Zigarren und Hochprozentigem. In ihnen sieht man nicht nur ältere Männer, den bislang überwiegenden Zigarrentyp, genussvoll an dicken Havannas ziehen, sondern auch erstaunlich viele Frauen. Wer dem Trend folgen möchte:

Im ***Havana Room*** von ***Central Cigars*** (273 Central Ave) genießt man in braunen Ledersesseln Zigarre oder Drink. Auch im ***Famous Cigars*** (25032 *US Highway* 19 N) dreht sich alles um die Zigarre. Wer mehr Abwechslung möchte, kann im ***Club Skye*** (1509 E 8th Avenue) zu Hip-Hop, Rap, House, Techno, Latin, Reggae oder Rock tanzen und zwischendurch an der Bar Zigarren rauchen.

Hundertschaften von Arbeitskräften drehten in riesigen Sälen bis in die 1930er-Jahre hinein in Ybor City Zigarren

Im Lowry Park Zoo, mit Kindern die pädagogisch sinn- und wertvollere Alternative zu den Busch Gardens

Busch Gardens Africa

Für manche Besucher Tampas sind die ***Busch Gardens Africa*** Hauptattraktion der Stadt (3000 E Busch Blvd/40th Street ca. 8 mi nördlich der City, Anfahrt über die I-275 *Exit* 50, täglich 9-10 Uhr bis Dämmerung; Wochenenden und Ferien länger, Zeiten unter ✆ **1-888-800-5447** bzw. im Internet: www.buschgardens.com).

Eintritt/ Zeiten

Eintritt 1 Tag $65, Kinder bis 9 Jahre $55, aber *Discount Coupons* (➢ Seite 216) in den *Visitor Information Offices*; Discount für AAA/ ADAC/AvD-Mitglieder $5 (➢ Seite 14). **Flex Tickets** in Kombination mit *Universal*, *Seaworld*, *Aquatica* und *Wet'n Wild* (Orlando) und/oder *Adventure Island* (Tampa) möglich (➢ Seite 248). Bei Buchung mindestens 7 Tage im Voraus im Internet: Erwachsene zu Kinderpreisen. **Parken** für Pkw $9, Campmobile $11.

Die **Öffnungszeiten** variieren saisonal; meist 9 Uhr bis 19/20 Uhr, an Wochenenden, vor Feiertagen oder in den Ferien bis 22 Uhr.

Kennzeichnung

Die *Busch Gardens* sind eine **Kombination aus Freizeitpark mit vielen Shows und Zoo**. Das Leitthema bei Busch ist **»Afrika«**, früher auch als *The Dark Continent* bezeichnet. Da schwarze Amerikaner dies als diskriminierend empfanden, wurde der Zusatz entfernt. Das dort präsentierte Bild von Afrika hat ohnehin mit der Realität nicht ganz viel gemein. Wer jedoch den Park einfach als Zoo und **Ansammlung spektakulärer Achterbahnen** nimmt, kann sich dort bestens amüsieren. Zumal in den *Busch Gardens* die Warteschlangen, die einem in Orlando nicht selten den Spaß verleiden, im Allgemeinen kürzer sind.

Parkaufbau

Der Park gliedert sich in mehrere Teile, die jeweils nach afrikanischen Ländern oder Gebieten benannt wurden und neben Tieren auch die Nachbauten von typischen Sehenswürdigkeiten bieten. So kann man sich in **»Ägypten«** z.B. das Grab des *Tut-ench-Amun* ansehen, in **»Marokko«** in einem Sultanszelt einem Schlangenbeschwörer zusehen oder im **»Kongo«** mit einem Schlauchboot den Kongo River hinabfahren.

Die Affen im ***Myombe Reserve*** und die Tiger in ***Claw Island*** muss man sich auf jeden Fall ansehen. Im Bereich ***Edge of Africa*** erlebt man u.a. Löwen, Hyänen, Zebras, Giraffen und Nilpferde aus nächster Nähe. Man ist oft nur durch eine Glasscheibe von ihnen getrennt. Bei der **Schwebebahnfahrt** über die »Serengeti« sieht man die Tiere eher aus der Ferne.

Vor allem die ***Roller Coasters*** sind bemerkenswert: ***Montu*** befördert seine Passagiere teilweise über Kopf durch die Kurven, ***Gwasi*** ist ein riesiger nostalgischer Holzbau und ***Kumba*** eine grausame Spiralbahn. ***Scorpion*** überwindet enorme Höhenunterschiede in kürzester Zeit erreicht eine Geschwindigkeit von 160 kmh. Am schlimmsten ist ***SheiKra***, in der die Passagierplattform quasi im freien Fall im Winkel von 90° nach unten jagt.

Wasserspaß

Wie die *Busch Gardens* gehört auch der Wasserpark ***Adventure Island*** dem Brauerei-Konzern *Anheuser-Busch*. Er liegt nur ein paar hundert Meter weiter nördlich »um die Ecke« (10001 Malcolm McKinley Drive/40th Street, geöffnet März bis Oktober; im Juni bis August ca. 9-19 Uhr, ansonsten je nach Witterung kürzer, Eintritt $36, Kinder 3-9 Jahre $34; Parken $5; www.adventureisland.com)

Mit seiner Kombination aus Pools, Wasserfällen und -rutschen, Floßfahrten etc. gehört *Adventure Island* durchaus zur »Extraklasse« der Wasserparks. Andererseits sind gerade in der Tri City die Strände nah und kosten keinen Eintritt, nur Parkgebühren.

Science Museum

Etwa 2 mi nördlich von *Adventure Island* steht an der 4801 Fowler Ave (I-275 *Exit* 51) ganz in der Nähe des Campus' der *University of Southern Florida* das riesige ***Museum of Science and Industry*** (Mo-Fr 9-17 Uhr, Sa+So bis 18 Uhr; Eintritt inkl. ***IMAX-Dome Theatre*** $21, Kinder bis 13 Jahre $17; www.mosi.org).

Das überaus anschaulich gestaltete ***MOSI*** widmet sich Themen wie »Umwelt«, »Wetter« und »Raumfahrt«. Es richtet sich mit seinen »*hands-on*-Experimenten« und geballter Wissensvermittlung in erster Linie an (englischsprechende) Kinder und Jugendliche. Das *IMAX* Kino verfügt über eine Projektionsfläche von fast 1000 m^2 in der Kuppel des Komplexes.

6.1.2 St. Petersburg und St. Pete Beach

Kennzeichnung

Kennzeichnung

Der Gegensatz zwischen den durch die Tampa Bay getrennten und über zwei meilenlange Brückentrassen (für I-275 und Straße #92) miteinander verbundenen Nachbarstädten Tampa und St. Petersburg ist auffällig. In St. Petersburg gibt es weder Industrie- noch kommerzielle Hafenanlagen. Das in St. Petersburg beheimatete *Business* besteht im wesentlichen aus Dienstleistern. Die Stadt entwickelte sich dabei zunächst als Winterrefugium wohlhabender Nordstaatler, die sich dort nach ihrer Pensionierung in vielen Fällen auch ganz niederließen. Die Strände auf und die Wassertransparenz vor den Inseln der Tri City sind insgesamt zwar nicht so einladend wie im *Panhandle* oder weiter südlich, dafür kann man hier mit 360 Sonnentagen im Jahr werben.

Tri City
Tarpon Springs
Intracoastal Waterway
Lake Tarpon
Keystone Lake
Maiden Lake
Honeymoon Island
Palm Hbr.
Caladesi Island
Oldsmar
Dunedin
Clearwater Beach
Rocky Creek
Belleair Beach
CLEARWATER
Old Tampa Bay
Largo
Howard Frankland Bridge
Gandy Bridge
Indian Rocks Beach
Seminole
Pinellas Park
ST. PETERSBURG
Treasure Island
S. Pasadena
St. Pete Beach
Don Cesar
Pass-A-Grill-Beach
Cabbage Key
Bunce's Pass
Ft. de Soto Park
Sunshine Skyway Bridge
Mullet Key
Egmont Key
Intracoastal Waterway
Anna Maria
Anna Maria Island
GOLF VON MEXICO
Bradenton Beach
Cortez
Longboat Key
Longboat Key
Sarasota Bay
Ringling Museum
Sarasota
Siesta Key
Siesta Key
Lutz
Trout
Hillsborough River SP
Carrollwood
University West
Museum of Science
Lake Thonotosassa
Egypt Lake
Busch Gardens
Adventure Island
Tampa Intl. Airport
Ybor City
Brandon
TAMPA
Florida Aquarium
Alafia
MacDill Air Force Base
Hillsborough Bay
TAMPA BAY
Apollo Beach
Bullfrog
Ruskin
Sun City Center
Little Manatee River SP
Little Long
Gamble
Gamble Plantation
Bradenton
Lake Manatee SP
Lake Manatee
Manatee
Braden
Verna
Sarasota Springs
Upper Myakka Lake
Myakka River State Park
0 10 km
N

Geschichte

Die Besiedelung der ***Pinellas Peninsula*** im Westen der Tampa Bay durch Weiße begann erst in den letzten Jahrzehnten des 19. Jahrhunderts. Mann der ersten Stunde war ein russischer Einwanderer namens *Peter Demens*, dem es u.a. zu danken ist, dass der Eisenbahnanschluss Tampas an das nationale Schienennetz bis nach St. Petersburg verlängert wurde. Er hatte auch bewirkt, dass die junge Stadt nach St. Petersburg in Russland, seinem Geburtsort, benannt worden war. Erst in den 1930er-Jahren wurden die ersten beiden Straßenbrücken über die obere Bucht (*Old Tampa Bay*), *Gandy Bridge* und *Courtney Campbell Causeway* (nach Clearwater), fertiggestellt. Die *Howard Frankland Bridge*, über die St. Petersburg an das *Interstate*-Netz angebunden wurde (I-275), gibt es seit 1960. Der Bau der beachtlichen ***Sunshine Skyway Bridge***, die die Tampa Bay auf 15 mi Länge in Nord-Süd-Richtung überbrückt, erfolgte erst in den 1970er-Jahren.

Praktisches

Info

- **Info**: ***St. Petersburg Area Chamber of Commerce***, 100 2nd Ave , © 727-821-4069. Ein ***Tourist Information Center*** befindet sich auf der Pier, ➤ Seite 361, © 727-821-6443; www.stpete.org.
- www.stpetersburg.com und www.stpetebeach.org

Transport

Alle 20-30 min macht ein ***Trolley*** ($1,25) eine Runde von den Parkplätzen an der Pier durchs zentrale St. Petersburg: er passiert die Museen und auch die *Shopping Mall »Bay Walk«*.

Unterkunft

Hilfreich für Such und Buchung im Internet ist die Hotelseite der oben bereits genannten Adresse: www.stpetersburg.com/hotels/index.shtml

St. Petersburg:

- Nah beim *Salvador Dalí Museum* befindet sich das sehr gute ***Hilton Hotel*** (333 1st Street S, © 727-894-5000, ab $159)
- Das ***Bayboro House*** (1718 Beach Drive SE, © 727- 823-4955) ist eine alte Südstaatenvilla für stilvolle Übernachtungen; ab $139
- Das ***Bay Gables Bed & Breakfast*** (136 4th Avenue NE, © 727-822-8855) ist mit Preisen ab $95 für ein *B&B* relativ günstig. Man kann von dort aus zu Fuß zur Pier laufen, ➤ Seite 361.
- Das ***Heritage Hotel St. Petersburg;*** 234 3rd Ave N liegt unweit der Pier unddes *Bay Walk Center* und bietet gediegene Atmosphäre ab $110; © 1-800-283-7825; www.theheritagehi.com.
- Das ***St. Petersburg Youth Hostel*** (326 1st Avenue N, © 727-822-4141, ab $15) ist 3 Blocks von der Pier entfernt. Kein Internet.

St. Pete Beach:

- Das palastartige ***Don CeSar Beach Resort and Spa*** (3400 Gulf Boulevard, © 727-360-1881 oder © 1-800-282-1116, ab ca. $240) gehört zu den luxuriösesten Unterkünften ganz Floridas. Ein Besuch lohnt sich auch für Nicht-Logiergäste.
- Am **Gulf Boulevard** direkt an der Beach gibt es zahllose Motels und Hotels. Auch die gängigen Motelketten sind vertreten, so

etwa ***Travelodge*** (6300 Gulf Boulevard, © 727-367-2979) oder ***Best Western*** (10750 Gulf Boulevard, © 727-367-2704); ab $120.

Die offiziellen Zimmertarife für die normale Mitttelklasse liegen dort **vielfach über $100**, aber die effektiven Preise schwanken stark mit der Saison und aktuellen Auslastung.

Generell preisgünstigere Unterkünfte findet man weiter nördlich in Clearwater Beach (➢ Seite 364).

Stellplatz im Fort de Soto Park unter Palmen – traumhaftes Campen mit Blick aufs Wasser, dazu moderate Gebühren für diese Qualität

Camping

- Auf Höhe Madeira Beach, noch östlich der das Festland von den Inseln trennenden Boca Ciega Bay, gibt es einen riesigen ***KOA Campground*** (5400 95th Street, © 727-392-2233, ab $40). Anfahrt via I-27, *Exit* 25, dann 38th Ave nach Westen bis Tyrone Boulevard, der zur 95th Street führt.
- Preiswerter und auch für Zelte geeignet ist der ***Holiday Campground*** am Lake Seminole zwischen St. Petersburg und den Beaches (10000 Park Blvd/Straße #694, © 727-391-4960, ab $20 für Zelte , über $35 für RVs).
- Der *Campground* im **Fort de Soto Park** (*Pinellas Bayway*/#682 ganz im Süden von St. Petersburg, von dort zweigt die Straße #679 in Richtung *Mullet Key* ab) gehört mit seinen von Palmen eingefaßten und überwiegend am Wasser liegenden Stellplätzen zur **Camping-Spitzenklasse**, ist aber dennoch preislich moderat (ab $30). Trotz des Wassers ringsum kann man dort direkt nicht gut baden; die Badestrände befinden sich ein paar Meilen entfernt. Reservierung unter © 727-582-2267 oder im Internet: www.pinellascounty.org/park.

Gastronomie

St. Petersburg:

- In der ***Kopper Kitchen*** (5562 Central Avenue) gibt es klassisches amerikanisches Frühstück
- Im ***4th Street Shrimp Store*** (1006 N. 4th Street) serviert man günstig Fisch und Meeresfrüchte , speziell Krabbenvariationen
- Das ***Ovo Café*** (515 Central Avenue) empfiehlt sich für guten Kaffee, Espresso und herzhafte Gerichte.
- ***Julian's** at **The Heritage*** ist ein kleines romantisches Restaurant im zentralen Bereich, 256 2nd Street N; Seafood & Steaks.

Sehenswertes

Pierbereich

Die lebendigste Ecke der – ansonsten wenig aufregenden – Stadt ist der Bereich um die ***St.Petersburg Pier***; www.stpete-pier.com. Die Pier ist eine in die *Bay* hineingebaute Verlängerung der 2nd Avenue mit Park, Yachtmarinas und einer auf den Kopf gestellten Pyramide am Ende. Sie beherbergt Shops, Restaurants und eine ***Tourist Information***, außerdem ein eintrittsfreies Aquarium. An der Pier liegen Rundfahrtboote, die verschiedene Touren anbieten, u.a. zur Delfin- und Seekuhbeobachtung, wobei die Sichtung der Tiere nicht garantiert wird. Interessant sind auch Trips, die an den noblen Villen der oberen 10.000 von St. Petersburg mit davor geparkten Luxusyachten vorbeiführen.

Bay Walk

Ein architektonisch beachtliches Shopping- und Entertainment-Center ist ***Bay Walk***, 2 Blocks vom Bayshore Drive entfernt: viele Restaurants, Shops und das *Muvico Theater* mit 20 Filmvorführräumen. Sogar ein Kinderhort ist vorhanden, wo filmbesuchende Eltern ihren Nachwuchs abgeben können. Unter den Lokalen ist der Italiener ***Gratzzi's*** zu empfehlen; www.yourbaywalk.com.

Museen

St. Petersburg besitzt **einige sehr gute Museen**. Eher als ein Besuch der Pier wäre der folgender Museen erwägenswert:

Geschichtsmuseum

Am Ende der 2nd Avenue kurz vor der Pier steht das ***Museum of History*** (335 2nd Avenue, Mo 11-17 Uhr, Di-Sa 10-17 Uhr, So ab 13 Uhr, $6; bis 17 Jahre $4; www.stpetemuseumofhistory.org), das die Geschichte der Stadt anschaulich darstellt. Die Statue des Zeitungsjungen vor dem Museum bezieht sich auf einen Werbegag der Lokalzeitung. Die *St. Petersburg Times* verschenkte lange Zeit an Regentagen ihre Ausgaben – beim vorherrschenden Klima mit 360 Sonnentagen im Jahr war das Risiko größerer Einnahmenausfälle begrenzt.

Kunstmuseum

Nicht weit vom Geschichtsmuseum entfernt steht im Straub Park das ***Museum of Fine Arts*** (255 Beach Drive, Ecke 3rd Ave, Di-Sa 10-17 Uhr, So ab 13 Uhr, Eintritt $8; Kinder 7-18 Jahre $4; www.fine-arts.org), das mit seinen ionischen Säulen an einen Tempelbau erinnert. Die *Highlights* der permanenten Ausstellung sind europäische Impressionisten (*Monet, Renoir, Cézanne,* Rodin, *Gauguin u.a.)* und Werke bekannter amerikanischer Künstler (*Moran, O'Keefe, Rauschenberg, Stella, Lichtenstein u.a.)*. Daneben präsentiert man auch Stücke aus der Antike, afrikanische und indianische Kunstwerke.

St. Petersburg Pier mit der auf den Kopf gestellten Pyramide

Dalí Museum

Eine gute Meile südlich der Pier befindet mit dem ***Salvador Dalí Museum*** die bekannteste Sehenswürdigkeit der Stadt (1000 3rd Street, Mo-Mi und Sa 9.30-17.30, Do bis 20, Fr bis 18.30, So 12-17.30 Uhr; Eintritt $15, Kinder bis 9 Jahre $4; Schüler/Studenten $10, www.salvadordalimuseum.org).

Der moderne Bau mit der charakteristischen Signatur des exzentrischen Künstlers auf der Fassade beherbergt die **weltgrößte Sammlung von Dalí-Werken**. Wechselnde Ausstellungen widmen sich vielen Aspekten aus Leben und Werk des spanischen Surrealisten (1904-1989). Ein gut sortierter Museumsshop, eine Bibliothek und ein Café mit Blick über die Tampa Bay runden das Ganze ab.

Science Museum

Gegenüber dem *Dalí*-Museum befindet sich das *Science Museum* ***Great Explorations*** (1925 4th Street N, Mo-Sa 10-16.30 Uhr, So ab 12 Uhr; Eintritt $9, Kinder $8). Es richtet sich in erster Linie an Kinder und macht mit Experimenten und typischen *hands-on exhibits* unterschiedliche wissenschaftliche Themen anschaulich.

Holocaust Museum

Das ***Florida Holocaust Museum*** (55 5th Street S, Mo-So 10-17 Uhr, So ab 12 Uhr, $10, Kinder $6; www.flhm2.org) informiert über den *Holocaust* und jüdisches Leben weltweit.

St. Pete Beach

Der bekannteste Badeort vor der Küste von St. Petersburg ist **St. Pete Beach** auf der Insel **Long Key**. Bis vor ein paar Jahren hieß er noch St. Petersburg Beach, dann aber machte man die allgemein gebrauchte Abkürzung zum offiziellen Ortsnamen.

Der schnellste Weg nach St. Pete Beach führt via I-275 ganz im Süden der *Pinellas Peninsula* über den *Pinellas Bayway*. Von den verschiedenen Strandabschnitten macht die ***Pass-A-Grille Beach*** am Südende von Long Key den besten Eindruck. Auch die **Strände** auf ***Treasure Island***, nur wenige Meilen oberhalb des zentralen St. Pete Beach sind einladend.

Zu allen Stränden führt: www.tampabaybeaches.org/visitors.htm.

Don CeSar

Nach St. Pete kommt man in erster Linie, um Sonne, Strand und Meer zu genießen. Sehenswürdigkeiten im eigentlichen Sinn gibt es keine mit Ausnahme des bereits erwähnten ***Don CeSar Beach Resort***; www.doncesar.com. Bei Anfahrt über den *Pinellas Bayway* ist der den riesige rosafarbene Hotelkomplex nicht zu übersehen. Die bombastische Anlage stammt aus den 1920er-Jahren und hat in ihren »Glanzzeiten« Prominente wie den Schriftsteller *F. Scott Fitzgerald* und den Gangster *Al Capone* beherbergt.

Im 2. Weltkrieg übernahm das Militär das Hotel und baute es in ein Lazarett und Rehabilitationszentrum für verwundete GIs um. In den 1980er-Jahren dann renovierten private Investoren das **Don CeSar** und machten daraus wieder ein Luxushotel, in dem selbst in der Nebensaison Zimmer kaum unter $250 zu haben sind.

Gulf Beaches Museum

An der *Pass-a-Grille Beach*, gut 2 mi südlich des *Don CeSar*, steht das kleine ***Gulf Beaches Historical Museum*** (115 10th Avenue, Do-Sa 10-16 Uhr, So 13-16 Uhr, frei). Wer sein Sonnenbad für eine halbe Stunde unterbricht, erfährt dort aus historischen Fotos, alten Postkarten und vielen Objekten alles über die Entwicklun der vorgelagerten Sandinseln zum Urlaubsziel unserer Tage.

Kleine Bar in der Tampa Bay mit Bootsanleger beim John's Pass Village

John's Pass Village

Ein wenig nördlich von Treasure Island liegt Madeira Beach und jenseits des Gulf Blvd direkt am Wasser das schnuckelige ***John´s Pass Village & Boardwalk*** mit subtropischem Anstrich. Entlang der Holzpromenade stehen an die 100 Shops, ***Fast Food Places*** und ***Seafood Restaurants***, auch Surfboard- und Bootsverleiher. Eine Touristenfalle zwar, aber gut gemacht. www.johnspass.com

Mullet Key/ Fort de Soto Beach

Mitten in der Einfahrt in die Tampa Bay liegt die hakenförmige Insel **Mullet Key**. Auf ihr gibt es keine private Bebauung oder kommerzielle Nutzung. Sie steht als ***Fort De Soto Regional Park*** unter Naturschutz. Die auch hier kilometerlangen Strände werden nur an Wochenenden nennenswert genutzt. Picknickplätze, *Nature Trails* und ein altes Fort warten auf Besucher. Der Bau der Festung wurde während des spanisch-amerikanischen Krieges am Ende des 19. Jahrhunderts begonnen, aber nie vollendet. Die Northbeach des *Fort De Soto Park* wurde 2005 von *Dr. Beach* (➤ Seite 337) zum besten Nordstrand der USA gewählt.

Die **Zufahrt** erfolgt auf der – über mehrere kleine Inseln geführten – gebührenpflichtigen Straße #679, die vom ***Pinellas Bayway*** abzweigt. Gleich nach der Einfahrt in den Park passiert man rechterhand den in Lage und Anlage kaum zu übertreffenden Campingplatz *Fort de Soto*, ➤ Foto Seite 360.

6.1.3 Clearwater und die Golfküste nördlich der Tampa Bay

Gulf Boulevard bis Clearwater

Der Gulf Boulevard/Straße #699 führt über 20 mi von Insel zu Insel bis Clearwater Beach. Dort stößt er auf die #60 bzw. die nördlichste Brückenverbindung der Inselkette mit dem Festland. Die Küstenstraße passsiert immer wieder neue Strandabschnitte mit eigener Bezeichnung, die sich aber kaum voneinander unterscheiden. Die Bebauung auf der gesamten Strecke ist nur selten unterbrochen. Hotels, Motels, Apartmentanlagen, Marinas, Restaurants, Tankstellen, Minigolf, Shopping-Zonen, Strandparkplätze, *Fishing Piers* und bisweilen auch mal ein kleiner *Beach Park* mit Palmen besetzen beide Seiten der Durchgangsstraße.

Hochpreisige, gepflegte Bereiche lösen sich mit eher schäbigen Zonen ab. An Wochenenden und generell in der Wintersaison bis nach Ostern geht es auf dieser Route mit zahllosen Ampeln oft nur stop-and-go voran. Herusragende Sehenswürdigkeiten gibt es weder hier noch auf dem dahinterliegenden Festland.

Clearwater Beach

Kennzeichnung

Der Strand von Clearwater Beach gilt als besonders attraktiv, die Unterschiede zu den südlichen Nachbarn sind aber marginal. Auf der dem Festland zugewandten Seite des Ortes erstrecken sich riesige Yachthäfen. Aber immer noch liegen dort auch zahlreiche Fischerboote, ein Hinweis auf den früheren Hauptwirtschaftszweig. Längst ist das heute der Tourismus, hier überwiegend der Mittelklasse. Das Zentrum des Strandlebens ist die helle ***Public Beach*** im Bereich der Pier 60, wo immer viel Volleyball gespielt und Wassersport getrieben wird.

Information

- Das ***Clearwater Tourist Information Center*** befindet sich in der 13805 58th Street North, Suite 2-200, © 727-464-7200 oder © 1-877-352-3224; www.clearwaterbeach.com.

Unterkunft

- Am **Gulf Boulevard** in Clearwater Beach stehen **Motels und Hotels** sämtlicher Kategorien **dicht an dicht**. Dort ein Zimmer zu finden, ist normalerweise kein Problem, sondern »nur« eine Frage des Preises. Günstiger sind Häuser in den Nebenstraßen jenseits des Strandes..

- Relativ einfach, aber ganz o.k. ist das ***Sunrise Resort Motel*** (669 Mandalay Avenue, © 727-442-5694, ab $60).
- Ebenfalls erschwinglich ist das ***Cavalier Resort Hotel*** (64 Bay Esplanade, © 727-442-9492, ab $65)

Camping

Auf der Insel gibt es im Bereich Clearwater Beach keinen Campingplatz; Camper müssen aufs Festland ausweichen. An der Straße #19 befinden sich mehrere kommerziell geführte *Campgrounds*, alle (zu) nah am Verkehrslärm.

- Campmobile und Zelte (!) kommen unter im ***Travel Town RV Resort*** an der 29850 #19, ca. 1 mi nördlich der Straße #580; © 727-784-2500, ab $23.

- Noch weiter nördlich in Palm Harbor liegt der ***Clearwater/Tarpon Springs KOA***, 37061#19, © 727-937-8412, ab $26.

Gastronomie

- ***Frenchy's Café*** (41 Baymont Street, Ecke Mandalay Ave) ist ein gemütliches kneipenartiges Restaurant mit Fischspezialitäten.
- Etwas edler und teurer ist das ***Bob Heilman's Beach Comber*** (447 Mandalay Avenue) mit Fisch- und Fleischgerichten und – häufig – Klaviermusik zur Unterhaltung.

Sunset Fiesta

Eine »Institution« sind die ***Sunsets at Pier 60***. Von Donnerstag bis Montag trifft man sich jeden Abend etwa zwei Stunden vor dem Untergang auf der Pier, um der Sonne zuzusehen, wie sie im Golf von Mexico versinkt. Genau wie beim gleichen, aber bekannteren Ritual in Key West (➤ Seite 167) treten dabei Jongleure, Musiker oder Feuerspucker auf, und Händler verkaufen Schmuck, Kunsthandwerk, Souvenirs und Getränke. Nach gelungener Sonnenvorstellung brandet Applaus auf und der Trubel geht weiter.

Aquarium

Im ***Clearwater Marine Aquarium*** (249 Windward Passage am Causeway #60 Richtung Festland, Mo-Fr 9-17 Uhr, Sa bis 16 Uhr, So 10-16 Uhr, Eintritt $9, Kinder bis 12 Jahre $6,50) werden kranke oder behinderte Tiere, darunter Wale, Delfine, Ottern und Meeresschildkröten »aufgepäppelt« und nach ihre Genesung möglichst wieder freigelassen. Durchaus sehenswert, aber mit der Besucherattraktion des *Florida Aquarium* in Tampa nicht vergleichbar.

Erwägenswert sind hier die vom Aquarium organisierten 2,5-Stunden-Bootstrips, sog. ***Sea Life Safaris*** zur allgemeinen Meerestier- und Delfinbeobachtung mit »Muschelsuchpause« auf einer kleinen Insel. Sie starten 3x täglich ca 11, 13.30 und 16 Uhr; Erwachsene $15, Kinder $9; www.cmaquarium.org.

Bootstouren

Im Clearwater Beach kann man unterschiedlichste Bootstouren in den Golf hinaus oder auch nur durch das geschützte Gewässer des Clearwater Harbor zwischen Inseln und Festland buchen.

Caladesi und Honeymoon Islands

Caladesi Island

Unmittelbar nördlich von Clearwater Beach liegt **Caladesi Island**, eine 3 mi lange als ***State Park*** geschützte, unbewohnte Insel mit jeder Menge hellem Sandstrand. Keine Brücke verbindet Caladesi mit dem Festland. Anfahrt nur mit privatem Boot oder mit der Fähre ab Honeymoon Island hierher; Info unter © 727-734-5263.

Sonnenuntergang an der Clearwater Beach mit Piraten-/Ausflugsschiff vor Pier 60

Honeymoon Island

Die »Flitterwochen Insel« ist durch den Dunedin Causeway/#586 (8 mi nördlich von Clearwater) mit dem Festland verbunden. Wie Caladesi steht auch Honeymoon Island ganz unter Naturschutz. Nichtsdestoweniger ist sie als ***State Recreation Area*** ausgewiesen mit riesigen Parkplätzen hinter den breiten (aber nicht eben tollen) Stränden. Die Attraktivität liegt hier im wesentlichen in der Abwesenheit von Hotelbeton und Kommerz. Es gibt riesige Picknickkapazitäten, aber kein Camping. Populär ist Honeymoon Island bei Muschelsammlern.

Wieso Honeymoon?

Die Bezeichnung der Insel, die einst Hog Island (»Wildschwein Insel«) hieß, geht auf 1939 gebaute romantische Hütten am Strand zurück, mit denen man Brautpaare zur Buchung von Flitterwochen am Golf von Mexico animieren wollte.

Tarpon Springs

Griechische Gründung

Die kleine Küstenstadt Tarpon Springs, etwa 7 mi nördlich des *Dunedin Causeway*, wurde von griechischen Einwanderern gegründet. Die griechisch-orthodoxe ***St. Nicholas Church*** an der Kreuzung Pinellas Avenue und Orange Street im ***Downtown Historic District*** legt davon Zeugnis ab. Außer ihr, einiger Elemente der Hafenanlage und mancher älterer Boote weist aber nur noch wenig auf die griechischen Wurzeln hin.

Sponge Capital

Da sich vor der Küste große Schwammbänke befinden, nennt sich Tarpon Springs gerne »Schwamm-Hauptstadt« Floridas. In den Souvenirshops werden dort neben T-Shirts und allerhand Kitsch auch Naturschwämme in allen Formen und Größen verkauft.

Information

Mehr zu den Schwämme: www.tarponsprings.com/sponge.html

Sponge-orama

Das ***Spongeorama*** ist ein großer Shop voller Produkte rund um den Naturschwamm mit kleinem Museum (frei). Außerdem gibt's ein Filmchen über die Segnungen des Naturschwamms und der Nachteile künstlicher Schwämme. Es liegt an der #41 (510 Dodecanese Blvd) 10-18 Uhr, © 727-365-8793; www.spongeorama.com.

Schwamm-bänke

Diverse Veranstalter bieten Bootsfahrten zu den nahen Schwammbänken an. Empfehlenswert ist u.a. die nur halbstündige Fahrt der ***St. Nicholas Boat Line*** (693 Dodecanese Boulevard, $8), auf der Schwammtaucher Ausrüstung und Arbeitstechniken vorführen.

Restaurants

In mehreren griechischen Restaurants läßt sich ein Besuch von Tarpon Springs mit Mousaka, Souvlaki und anderen Spezialitäten authentisch abrunden, wenngleich die griechischen Gerichte in Florida ein bischen anders schmecken als bei uns.

Sunshine Skyway Bridge über die Tampa Bay

6.2 Von der Tri City nach Naples/Marco Island

6.2.1 Zur Route

I-75 mit Alligator Alley

Wer von der Tri City (zurück) nach Miami fahren möchte, kann die rund 280 mi auf der Interstate #75 in einem Rutsch glatt in fünf Stunden zurücklegen. Dabei ist ein schnurgerade quer durch Südflorida führendes Teilstück der Strecke, die ***Alligator Alley*** von Naples nach Fort Lauderdale **gebührenpflichtig**. Weder der Verlauf der I-75 von Tampa bis Naples noch die *Alligator Alley* (auch *Everglades Parkway* genannt) bieten viel fürs Auge, wenngleich mancher eine erste Fahrt durch das zentrale Sumpfgebiet gerade wegen seiner ungewöhnlichen Monotonie als durchaus interessant empfinden mag und dort vielleicht sogar einige der namensgebenden Alligatoren sichtet. Ein Besuch im Indianerreservat *Big Cypress* und des ***Ah-Tah-Thi-Ki Museum*** ist nur via *Alligator Alley* möglich, ➢ Seite 388.

Straße #41

Die I-75 entlastet seit den 1980er-Jahren in parallelem Verlauf von teilweise nur wenigen Meilen die früher einzige zwischen Tampa und Naples durchgehende Küstenstraße #41, den sog. ***Tamiami Trail*** (Abkürzung aus Ta(mpa)-Miami). Dieser führt weiter südlich unmittelbar oberhalb des *Everglades Park* bis nach Miami hinein, ➢ auch Karte Seite 142.

Für eine touristisch geprägte Fahrt an der südlichen Golfküste entlang ist die #41 die Route der ersten Wahl, wobei viele der dort besonders reizvollen Ziele nicht direkt an der – teilweise auch küstenfern verlaufenden – Hauptstraße liegen, sondern über Stichstraßen und kleine oder größere Umwege angesteuert werden müssen. Wer nicht viel Zeit hat und nur ausgesuchte Ziele besuchen möchte, kann dabei zwischendurch auf die I-75 wechseln. Das empfiehlt sich bisweilen auch wegen der stellenweise hohen Verkehrsbelastung der #41 und der »bremsenden« Ampeldichte in manchen Ortbereichen.

Sunshine Skyway Bridge

Bereits weiter oben wurde die ***Sunshine Skyway Bridge*** erwähnt. Sie ist Teil der I-275, die als Alternativroute zur I-75 durch ganz Tampa und St. Petersburg läuft und sich unterhalb der Tampa Bay wieder mit der I-75 vereinigt. Eine Fahrt über diese kolossale Abfolge mehrerer Brücken sollte man sich nicht entgehen lassen. Sie überspannt auf 15 mi Länge die Lower Tampa Bay.

Hauptgebäude der Gamble Plantation Historic Site

Gamble Plantation

Die I-75 wie auch die Straße #41 überqueren südlich der Tampa Bay den dort kilometerbreiten Manatee River. Noch nördlich der Flussbrücken verbindet die Straße #301 beide Routen. An ihr liegt die ***Gamble Plantation***, eine frühere Zuckerrohr-Plantage, heute ***State Historic Site***. Das schöne Wohnhaus mit gewaltigen weißen Säulen ringsum ist von Palmen und mit *Spanish Moss* behangenen Eichen umgeben, wie man es aus Plantagen im tiefen Süden kennt. Es handelt sich um das einzig erhaltene sog. ***Antebellum Mansion*** in Südflorida. Ein *Visitor Center* befindet sich in einem Nebengebäude. Do-Mo 8-16.30 Uhr, Führungen ($5), die man nicht unbedingt mitmachen muss, finden um 9.30, 10.30, 13, 14, 15 und 16 Uhr statt; www.floridastateparks.org/gambleplantation.

6.2.2 Bereich Sarasota/Venice

Sarasota

Sarasota Beaches

Die #41 führt mitten durch **Sarasota**, eine attraktive Stadt, deren bessere Wohnviertel sich über Meilen an der Sarasota Bay hinziehen und die größer wirkt als ihre ca. 53.000 Einwoghner vermuten lassen. Die bis 5 mi breite Bay wird durch langgestreckte vorgelagerte Sandinseln – vor allem **Longboat Key** – gebildet, die miteinander durch Brücken und die durchgehende Straße #789 verbunden sind. Ganz im Norden ragt **Anna Maria Island** noch weit in die Tampa Bay. Weiße Strände säumen die Küstenlinie der Inseln. Neben viel Privatbesitz gibt es dort auch große ***Public Beaches***, die überwiegend attraktiver sind als die Strände vor der Tri City, eine der besten mit schattigen Palmen ist ***Coquina Beach*** im Süden von Anna Maria (südlich der Brücke über den *Longboat Pass* unweit der Brückentrasse/Straße #684).

Straße #789

Wer genügend Zeit mitbringt, könnte gleich nach Überquerung des Manatee River der Straße #64 in Richtung Anna Maria und weiter der Strandstraße #789 über **Longboat** und **Lido Ley/St. Armands** zum ***Ringling Causeway*** folgen, der ins Zentrum von Sarasota führt. **An der ganzen Golfküste gibt es keine vergleichbar attraktive Uferstraße über eine derart lange Strecke** (gut 20 mi).

Anfahrt von Norden (Straße #41)

Wer von Norden aus über die Straße #41 oder die I-75 (dann *Exit* 213 und University Pkwy) nach Sarasota fährt, erreicht ca. 3 mi vor dem Zentrum bzw. der Abzweigung des *Ringling Causeway* auf die Inseln die **Sehenswürdigkeit No. 1** der Stadt:

Ringling Estate

Das ***Ringling Estate*** liegt zwischen Straße #41 und Sarasota Bay. Dieser parkartige Komplex war einmal einer der Wohnsitze des bekannten amerikanischen Zirkuskönigs ***John Ringling***. Der Sohn deutscher Einwanderer machte im frühen 20. Jahrhundert mit seinem Zirkus ein Vermögen, das er u.a. in seine Villa und eine Kunstsammlung investierte.

Kunstmuseum

Die ausgedehnten Besucherparkplätze sind nicht zu übersehen. Gleich gegenüber steht das ***John & Mable Ringling Museum of Art*** in einem im Stil einer römischen Villa errichteten Bau. In dessen Innenhof befindet sich ein Skulpturengarten mit Kopien bekannter Statuen und Skulpturen, unter denen besonders eine Bronzekopie von *Michelangelos* »David« auffällt. Das Schwergewicht der Exponate liegt auf klassischer europäischer Kunst (u.a. *Rubens, Bernini, Frans Hals*). In der mit Restaurierung von Kunstwerken befassten Werkstatt dürfen Besucher Werkzeuge und Materialien selbst in die Hand nehmen.

Ca'd'Zan

Das palastartige Wohnhaus der *Ringlings*, ca. 300 m entfernt vom Museum unmittelbar am Wasser, trägt den seltsamen venezianischen Namen ***Ca'd'Zan***, der so viel wie »Haus des Johannes« bedeutet und sich auf den Vornamen des Erbauer *John Ringling* bezieht. Auch die Architektur der Villa ist italienisch inspiriert, der Turm erinnert an den Dogenpalast. Das Glas für die Fenster des Hauses wurde eigens aus Venedig importiert.

Welt des Zirkus

Der dritte Teil des Anwesens, das ***Circus Museum***, ist etwas für Zirkus-Fans: nostalgische Zirkuswagen, viele Requisiten und bunte Plakate aus der großen »*Ringling*-Zeit«.

Zeiten/ Eintritt

Gesamtkomplex täglich 10-17.30 Uhr; Eintritt $19 für Museum, Villa und Circus Museum, Kinder unter 6 frei; Kinder/Jugendl. bis 17 Jahre/Studenten $6, © 941-359-5700; www.ringling.org. Keine Tickets nur für Teilbereiche.

Die Villa Ca'd'Zan der Ringling Familie an der Sarasota Bay

6

Classic Cars Liebhaber alter Autos finden im ***Sarasota Classic Cars Museum*** (täglich 10-18 Uhr, $8,50, bis 17 Jahre $5,75, bis 12 Jahre $4, bis 6 Jahre frei; www.sarasotacarmuseum.org) gegenüber dem *Ringling Estate* eine große Kollektion nostalgischer Modelle – darunter Originale aus dem Besitz der *Ringlings* und der *Beatles*.

Windhundrennen Jeden Abend ab 19.30 Uhr und Mo, Mi, Fr + Sa auch 12.30 Uhr finden im ***Sarasota Kennel Club*** (5400 Bradenton Road/University Parkway unweit des *Ringling Komplexes*, © 941-355-7744; www.sarasotakennelclub.com) Windhundrennen statt. Das *Greyhound Racing* dient ausschließlich dem »Wettsport«. Die Regeln sind nicht unkompliziert, aber jeder ab 18 Jahre darf mitwetten.

Van Wezel Hall Zwischen Tamiami Trail (Straße #41) und Sarasota Bay steht die architektonisch auffällige ***Van Wezel***-Veranstaltungshalle direkt am Wasser. Sie verbirgt sich ein wenig hinter ausgedehnten Parkplatzflächen, lohnt aber vor allem für ein Foto den minimalen Abstecher von der Hauptstraße in die **10th Street** hinein.

Neben dem rosafarbenen Faltendach sind sogar die Straßenlaternen und andere Objekte in rosa gehalten. Wer Zeit genug hat, sollte ggf. auf das Programm achten. Hochkarätige Konzerte und mehr sind häufig; www.vanwezel.org.

Farblich und architektonisch ungewöhnliche Van Wezel Hall

G.Wiz Science Center Ein modernes ***Hands-on Science Museum*** mit vielen interaktiven Experimenten und Demonstrationen, hier genannt ***G.Wiz***, steht in Sarasota am Boulevard of the Arts unmittelbar südlich der spektakulären ***Van Wezel Hall*** (Fußgängerbrücke über einen kleinen Wasserlauf dorthin). Speziell mit Kindern ist *G.Wiz* den Besuch unbedingt wert. Mo-Sa 10-17 Uhr; So ab 12 Uhr; Eintritt $9; www.gwiz.org.

Botanischer Garten Südlich des *Ringling Causeway* über die Bay befindet sich der sehr schöne botanische Garten der Stadt, die ***Marie Selby Botanical Gardens***, an der South Palm Ave/Straße #41. Man findet in diesen Gärten mit sieben Treibhäusern über 20.000 Pflanzenarten, darunter 6000 Orchideen. Täglich 10-17 Uhr, Eintritt $12, Kinder bis 11 Jahre $6; www.selby.org.

St. Armands

Auf dem *Ringling Causeway* hinüber zu den vorgelagerten Keys gelangt man zunächst auf die kreisrunde Insel **St. Armands Key** und weiter zu den breiten Stränden auf **Lido Key**. Rund um den großen Verkehrsverteiler ***St. Armands Circle*** erstreckt sich der gleichnamige Shopping- und Restaurantkomplex.

Information Sarasota

Sarasota Visitor Information Center,
701 North Tamiami Trail (Straße #41), ✆ 941-957-1877;

www.sarasotafl.org und www.visitsarasota.net

Unterkunft

Am Tamiami Trail/#41 zwischen *Downtown* und *Ringling Estate* stehen zahlreiche Motels/Hotels aller Preisklassen, z.B.:

- ***Best Western Golden Host***, 4675 N Tamiamia Trail, ✆ 941-355-5141, ab $69; 2 weitere BW-Motels an der #41, etwas teurer:
- ***BW Midtown***, 1425 S Tamiami Trail, ✆ 941/955-9841, und
- ***BW Royal Palms***, 1701 N Tamiami Trail, ✆ 941/365-1342,
- ***Sundial Motor Inn***, 4108 N Tamiami Trail, ✆ 941-351-4919, $49
- ***Hotel Ranola***, 118 Indian Place, ruhige Lage im zentralen Sarasota, ✆ 1-866-351-0111, www.hotelranola.com. Kleines Design Hotel mit großen Zimmern, meist mit Küche, ab $99.

Camping

- Wer auf Strandlage Wert legt, bucht den ***Gulf Beach Campground*** auf **Siesta Key** südlich von Sarasota. Der Platz befindet sich ca. 3 mi südlich der Brücke/Straße #72 auf die Insel am Ende der Midnight Pass Road, ✆ 941-349-3839, $27-$62; www.gulfbeachcampground.com.
- Der ***Myakka River State Park*** liegt 13 mi landeinwärts (Straße #72). Er schützt ein großes Wald-, Sumpf- und Flußgebiet mit reicher Flora und Fauna und verfügt über ein Wegenetz von ca. 40 mi (z.T. als *Boardwalk* über Sümpfe), Aussichtsturm, Kanu- und Fahrradverleih und **Campingplatz**; ✆ 941-361-6511, $22).
- Die Zufahrt zum ***Oscar Scherer State Park*** erfolgt unmittelbar von der Straße #41, ca. 7 mi südlich von Sarasota. Der schön mit Mangroven durchwachsene Campingplatz des Parks ($25) liegt ruhig am Fluss South Creek weit genug entfernt von der Strassenhektik. Auch ein kleiner Stausee mit Badestelle ist vorhanden, ebenfalls Kanu- und Bike-Vermietung; ✆ 941-483-5956.

Gastronomie

- Im ***Main Bar Sandwich Shop*** (1944 Main Street Sarasota) gibt es Sandwiches und Salate; gut geeignet zum Lunch.
- Vor allem Südstaatengerichte hat das ***Farmer's Market Restaurant***, 2736 Edison Ave.
- Sehr zu empfehlen ist das ***Banyan Café*** auf dem Gelände des *Ringling Museum* mit einer herrlichen Terrasse
- Die ***Bella Cucina*** hat ein italienisches Buffet für $12 »*All you can eat*«; 3811 Kenny Drive unweit I-75, *Exit* 207/Bee Ridge Rd.
- Die Terrasse des ***The Broken Egg*** auf der südlich vorgelagerten Siesta Key ist der richtige Platz (nicht nur) fürs amerikanische Frühstück, 210 Avenida Madeira; www.thebrokenegg.com.

Venice

Venice

Rund 15 Meilen südlich von Sarasota steht das Strandstädtchen mit dem vielversprechenden Namen **Venice** für die schönsten Festlandstrände Südwestfloridas; www.venicesun.com. Trotz einiger Kanäle ist indessen eine Ähnlichkeit mit Venedig nicht zu erkennen. Auch gibt es keine echten Sehenswürdigkeiten. Mit breiten Alleen, mehreren Parks und schön renovierten alten Häusern im Zentrum wirkt der Ort aber sympathisch und gepflegt.

Haizähne

Venice wird in der örtlichen Fremdenverkehrswerbung als *Shark Tooth Capital* von Florida bezeichnet, was keine leere Werbung ist. Denn an den Stränden um Venice findet sich wirklich leicht der eine oder andere Haizahn. Man muss nur einfach ein paar Schritte ins Wasser hineingehen und sich den nassen Sand durch die Finger rinnen lassen. Im Ortsbereich Venice in Strandnähe zu parken, ist aber nicht ganz einfach. Die Parkmöglichkeiten sind dort stark eingeschränkt; www.venicefla.com.

Gasparilla Island

Vor der Golfküste und der Bucht Charlotte Harbor zwischen Venice und Fort Myers wimmelt es nur so von kleinen Inseln mit durchweg hellen, sauberen Sandstränden. Die nördlichste heißt **Gasparilla Island**, benannt nach dem Piraten *José Gaspar*, der sie im 18. Jahrhundert als Versteck benutzte. Sie ist von Venice über die Küstenstraße #775 und den *Boca Grande Causeway* zu erreichen. Die Bezeichnung *Boca Grande* für die Brückentrasse hinüber zur Insel bezieht sich auf die Engstelle zwischen Cayo Costa und Gasparilla Island, der Haupteinfahrt nach Charlotte Harbor.

Ein Teil der Insel gehört zum ***Gasparilla Islands State Park***, der mehrere öffentliche Strandzugänge unterhält. Im historischen *Lighthouse*, das eher einer neuenglischen Strandvilla mit aufgesetztem Leuchtfeuer als einem Leuchtturm ähnelt, befindet sich das **Besucherzentrum** des Parks.

Volleyball am Strand von Venice

6.2.3 Bereich Fort Myers

Die Region *Fort Myers*, zu der u.a. Cape Coral, eine reine Wohnstadt mit schönen Villen entlang zahlloser Kanäle, Fort Myers Beach auf Estero Island und viele neue Urbanisationen rund um ausgedehnte Golfplätze jenseits der I-75 gehören, zählt zu den am schnellsten wachsenden Bereichen in Florida. Der Küste bei Fort Myers vorgelagert sind die Ferieninseln Sanibel Island und die noch exklusivere Captiva Island.

Geschichte

Der militärische Name der in den letzten Jahren auf über 60.000-Einwohner gewachsenen Stadt geht auf ein Fort zurück, das hier 1841 angelegt worden war, um die Seminolen zu bekämpfen. Die weiße Besiedelung der Gegend erfolgte nur zögerlich. Noch 1885, als sich der bekannte Erfinder *Thomas Alva Edison* in Fort Myers einen Zweitwohnsitz für den Winter einrichtete, hatte der Ort gerade mal 349 Einwohner.

Erst im 20. Jahrhundert erhöhte sich die Bevölkerungszahl ernsthaft, wenngleich viele der – vor allem in den 1920er-Jahren errichteten – prächtigen Häuser zunächst nur als Winterresidenzen dienten. Aus jenem Jahrzehnt stammen ebenfalls nicht wenige der mediterran wirkenden Geschäftsgebäude im Zentrum.

Mehr und mehr lassen sich heute wohlhabende Nordstaatler nach ihrer Pensionierung im Bereich Fort Myers nieder – einerseits wegen des warmen Klimas, andererseits wegen der hier enormen Freizeitmöglichkeiten (vor allem Golfen, Fischen und Yachtsport) und der vielen »Gleichgesinnten« unter den Senioren.

Fort Myers

Stadtbild

Stadt und Umgebung strahlen gepflegten Wohlstand aus. Die Anlage mancher Villengrundstücke kann hier fast mit Botanischen Gärten konkurrieren; viele Straßen werden von Palmen gesäumt. So auch die Hauptstraße am Fluss **McGregor Boulevard** auf 12 mi Länge – die ersten Palmen wurden vom bekanntesten Bürger der Stadt, *Thomas A. Edison*, gepflanzt. Das Geschäftszentrum im ***Historical District*** um die Kreuzung Hendry/First Street wirkt indessen nicht ganz so edel. Zwischen modernen Shops und Lokalen gibt es immer noch heruntergekommene Gebäude. Im Gegensatz dazu stehen die hübsche Fußgängerzone um den *Patio de Leon* und die großen Marinas am Caloosahatchee River.

Information

Greater Fort Myers Chamber of Commerce, Ecke Lee Street & Edwards Drive, ✆ 239-332-3624 und ✆ 1-800-366-3622; www.fortmyers.com; www.fortmyers-online.com/visitor.htm.

Unterkunft

In der **Fort Myers Area** passiert man an den Ausfahrten der I-75, an den **Straße #41** (Cleveland Ave) und **#865** zahlreiche H/Motels.

- In der Nähe der Innenstadt bietet die ***Villager Lodge*** (2568 1st Street, ✆ 239-334-3743, ab $49) preiswertes Unterkommen.
- ***Baymont Inn***, 2717 Colonial Blvd, I-75 *Exit* #136, ✆ 239/275-3500, ab $69

- ***Holiday Inn*** (2431 Cleveland Ave, © 239-226-0395), zentral
- ***Ta Ki-ki Motel***, 2631 First St, I-75 *Exit* #141, © 239/334-2135, ab $50

Auch am Estero Blvd/#865 in **Fort Myers Beach** sind Häuser der meisten Ketten und unabhängige Motels zu finden, ➤ Seite 378.

Camping

Über einen guten schattigen Campingplatz verfügt der ***Koreshan State Historic Site*** (Straße #41 ca. 15 mi südlich von Fort Myers, Corkscrew Road, © 239-992-0311, $22), Kanuverleih, ➤ unten.

Gastronomie

- Das ***Prawnbroker Restaurant*** (13451 McGregor Boulevard) ist für frische Meeresfrüchte bekannt.
- Im ***French Connection Café*** (2282 First Street) gibt es gute Suppen, Sandwiches und Crepes.

Edison & Ford Estate

Am McGregor Boulevard (2350 Straße #867) etwas südlich von *Downtown* befinden sich das ***Edison Winter Estate & Laboratoy*** und das ***Henry Ford Winter Home***. Dort sind neben einem Museum, das zahlreiche geniale *Edison*-Erfindungen detailliert erläutert (so die Stufen der Entwicklung der Glühbirne), sein einstiges Wohnhaus und die frühere Wintervilla des Autotycoons *Henry Fords* zu besichtigen. *Henry Ford* hatte es bei einem Besuch bei *Edison* so gut gefallen, dass er sich nebenan ein Haus bauen ließ.

Das Museum ist separat zu besuchen, die Häuser aber nur gemeinsam auf geführten, ganz interessanten Rundgängen (*guided tours* ca. 90 min, © 239-334-6414; www.edison-ford-estate.com).

Museum & Laboratorium: $12/Kinder $5. Museum & beide Häuser $20; Kinder $11. Täglich 9-17.30 Uhr.

Edison Labor

Museum

Im ***Southwest Florida Museum of History*** (2300 Peck Ave, Di-Sa 10-17 Uhr, So ab 12 Uhr, Eintritt $9,50; Kinder bis 12 Jahre $4; www.cityftmyers.com/museum/index.aspx) geht es u.a. um die Seminolenkriege und den Namensgeber der Stadt, *Colonel Myers*.

Orangenmarkt Wer ab Fort Myers auf der Straße #41 nach Süden bleibt, könnte einen Stopp im ***Sun Harvest Market*** einlegen. In der grünen Markthalle an der Kreuzung von Metro und Six Mile Cypress Parkways (ab #41 Gladiolus Drive nach Osten) gibt es massenhaft Orangen und Orangensäfte. Im Winterhalbjahr finden Führungen durch die Reinigungs-, Sortier- und Verpackungsanlagen statt.

Koreshan Historical Site Der ungewöhnliche ***Koreshan State Historical Site*** liegt südlich von Fort Myers zwischen der Straße #41 und der Estero Bay, Zufahrt über die Corkscrew Road. Er geht zurück auf eine Gruppe religiöser Siedler, die sich hier gegen Ende des 19. Jahrhunderts niedergelassen hatten. In den 1960er-Jahren vermachten die letzten Mitglieder der Gemeinschaft Land und verbliebene Gebäude dem Staat Florida unter der Bedingung, daraus einen historischen *State Park* zu machen. Im *Visitor Center* gibt es heute einen Film zu Glauben und Geschichte der *Koreshans;* auch Führungen durch das Dorf starten dort.

Zum Park gehören ein Picknick- und ein schattiger ***Campground*** (➤ oben), Naturlehrpfade und ein Kanuverleih. Auf dem Estero River mit dschungelartig überwachsenen Ufern kann man ins Landesinnere und zur *Mound Key* (2,5 mi) paddeln. Auf der Insel befinden sich Floridas besterhaltene indianische Grabhügel.

Kanus bereit zur Paddeltour auf dem Estero River (Vermietung im Koreshan State Park)

Die Koreshans

In den USA gab es viele Ansätze, schwärmerische Ideen von einer idealen Gesellschaft in die Tat umzusetzen. Besonders Neuengland ist bekannt für eine ganze Reihe politisch oder religiös motivierter Experimente verschiedenster Gruppen wie z. B. der *Shaker*.

Die Sekte der *Koreshans* wurde 1869 von einem ***Cyrus Teed*** gegründet. Der damals 30-jährige Arzt behauptete, er habe eine Vision gehabt, in der er beauftragt worden sei, als neuer Messias eine bessere Gesellschaft aufzubauen. Er änderte einen Namen zu *Koresh* (hebräisch für »Der Gesalbte«) und sammelte eine kleine Gruppe Anhänger um sich. Seine Lehre war eine Kombination aus versponnenen »wissenschaftlichen« Theorien und fortschrittlichen gesellschaftlichen Ideen. *Teed* predigte sozialistische Prinzipien wie Gemeinschaftsbesitz, kämpfte für die Gleichberechtigung von Mann und Frau und glaubte – für die damalige Zeit ebenso revolutionär – an die Gleichheit aller Rassen.

Er wusste, dass er in seiner Heimat New York mit seinen Vorstellungen nicht weit kommen würde, und führte seine Gefolgschaft 1894 nach Südwestflorida. Dort erwarben die *Koreshans* südlich von Fort Myers ein Stück Land und legten eine neue Siedlung an. Ihre Aktivitäten waren nicht nur wirtschaftlich erfolgreich, sondern bezogen sich auch auf ein reges Kulturleben, das auf die Umgebung austrahlte. *Teed* glaubte daher, dass seine 200-Seelen-Siedlung bald auf 10 Mio. wachsen und die *Koreshanity* das Christentum ablösen könnte. Das Musterdorf in Florida würde dann die Hauptstadt der Welt werden.

Die Blütezeit der Siedlung und des Glaubens sollte indessen nur von kurzer Dauer sein. Mit dem Tod von *Cyrus Teed* begann ab 1908 der Niedergang. Ohne ihren spirituellen Kopf gewann die Gruppe kaum noch neue Mitglieder. Da sexuelle Enthaltsamkeit zu den Prinzipien der Sekte gehörte, fehlte auch der eigene Nachwuchs. Die Gemeinschaft schrumpfte stetig. Ihr letztes Mitglied, die deutsche Einwanderin *Hedwig Michel,* starb 1982.

Historisches Koreshan Building

Estero Island

Kennzeichnung

Südlich von Fort Myers trennt die schmale Sandinsel Estero Island die gleichnamige Bay vom Golf von Mexico. Nord- und Südspitze der ca. 8 mi langen Insel sind über die durchgehende Straße #865 mit dem Festland verbunden; www.leeislandcoast.com. Man kann sie alternativ zur Straße #41 fahren, muss aber wissen, dass man hier keine attraktive Insel wie etwa Sanibel (➤ unten) vor sich hat. Vielleicht war Estero Island früher einmal anders, denn auch dort gibt es durchgehend breite Strände. Aber das Gros der Strecke um Fort Myers Beach und bei Bonita Beach wird von Durchschnittsamerika mit Endloskommerz, Hotels, Motels und Apartmentkomplexen dominiert. Die Strände sind oft überfüllt.

Lovers Key

Immerhin passiert man auf halber Strecke auch ein kleines Naturschutzgebiet (*Matanzas Pass Wilderness*) und im Süden einen ***State Park*** auf der anschließenden kleinen Insel mit dem hübschen Namen ***Lovers Key***, der nicht nur über einen wunderbaren Strand, sondern auch über ***Nature Trails*** durch Sumpfvegetation verfügt, an dem sich Flamingos, Reiher und *Sea Turtles* beobachten lassen.

Fort Myers Beach

Wer Estero Island von Norden aus ansteuert, landet rasch im touristischen Zentrum um den Times Square und eine kleine Pier, wo sich Shops und Restaurants ballen. Die Straße #865 heißt dort Estero Boulevard. An ihr passiert man viele Motels. Als Standquartier für Abstecher in die Umgebung, nach Sanibel und Captiva Island, ist Fort Myers Beach daher durchaus zu empfehlen.

Information

- ***Fort Myers Beach Area Chamber of Commerce***, 17200 San Carlos Boulevard, ✆ 239-454-7500 und ✆ 1-800-782-9283 www.fmbchamber.com und www.fortmyersbeachonline.com.

Unterkunft

- Am Estero Boulevard sind die **Häuser fast aller bekannter Ketten** zu finden und darüberhinaus **günstige unabhängige Motels**.
- Das ***Mantanzas Inn*** (414 Crescent Street, ✆ 239-463-9258, ab ca. $70) liegt direkt an der Brücke unweit des Zentrums.
- Weiter südlich, wo die Strände schöner und nicht so voll sind, ist das ***Outrigger Beach Resort*** (6200 Estero Boulevard, ✆ 239-463-3131, Nebensaison ab $125) eine gute Wahl.

6

- ***Guesthouse Inn Mariner's Lodge* & *Marina***, 17990 San Carlos Blvd, ✆ 239-466-9700 ab $65
- ***Island House Motel***, 701 Estero Blvd, ✆ 239-463-9282, ab $65.

Camping

Auf Estero Island gibt es mehrere (kommerziell betriebene) Campingplätze. Aber nur im ***Red Coconut RV Resort* & *Campground*** (3001 Estero Blvd, ✆ 239-463-7200, $40-$75) kann man direkt am Strand campen – sofern ein *Beachfront*-Plätzchen frei ist.

Gastronomie

Wer in Fort Myers Beach nicht Fisch isst, ist selber schuld:

- Im originellen Restaurant ***Fish House*** (7225 Estero Blvd) gibt's gute Shrimps, Muscheln und Fischgerichte direkt an den Docks.
- Auch das ***Snug Harbor*** an der Brücke im Zentrum (645 Old San Carlos) hat guten frischen Fisch.
- Der ***Beach Light Grill*** liegt direkt am Wasser. Außer Seafood Steaks,; jeweils Mittwoch Prime Rib Specials. Tropische Drinks zum Sonnenuntergang; 3040 Estero Boulevard; ✆ 239-463-6130

Tagestrip nach Key West

In Fort Myers Beach und ab Marco Island (➤ unten, Seite 384) kann man Tagesausflüge nach Key West buchen. Schnelle Katamarane benötigen für die 130-mi-Distanz nur gut drei Stunden. Nach ca. sechs Stunden Aufenthalt geht es wieder zurück nach Fort Myers Beach. Der Trip kostet $128, bis 12 Jahre $68, retour und weniger mit *Discount Coupon* (u.a. zum Runterladen im Internet). Angesichts der langen Autofahrt nach Key West bei oft dichtem Verkehr über die Florida Keys und hoher Übernachtungspreise in Key West ist das eine erwägenswerte Möglichkeit für einen Besuch in der südlichsten Stadt der kontinentalen USA. Wer erst am nächsten Tag die Rückfahrt antritt, spart zwar kein kaum Geld, aber sicher Zeit und ggf. Nerven. ***Key West Shuttle***, ✆ 1-888-539-2628; www.keywestshuttle.

> **Fort Myers Beach**, **Sanibel** und mehr noch **Captiva Island** wurden 2004+05 gleich von mehreren ***Hurricanes*** stark betroffen. Bis 2007 waren noch nicht alle Schäden beseitigt.

Sanibel & Captiva Island

Sanibel Island

Der Küste bei Fort Myers vorgelagert sind drei große Inseln. Während Pine Island nur auf Nebenstraßen zu erreichen und insgesamt für Besucher nicht sonderlich reizvoll ist, liegt der Fall für die Inseln Sanibel und Captiva Island ganz anders. Die Straßen #867 und #869 führen von Fort Myers geradewegs auf den ***Sanibel Causeway*** zu. Die **Gebühr für die kurze Brücke beträgt $6**, ist also eher eine Art Eintrittsgeld für den Inselbesuch. Gleich hinter der Brücke erhält man im ***Visitor Center*** Inselkarte und Info-Material. Vorbei an luxuriösen Anwesen und durch eine üppige subtropische Vegetation (Mangroven und Palmen) führt nur eine durchgehende Straße über die volle Länge der Insel bis Captiva Island. Kaum sichtbar ist die durchaus vorhandene Infrastruktur aus Tankstellen, *Fast Food* und *Shops*. Wer als *Non-Resident* die Insel besucht und sein Auto (Fußgänger, Motorrad- und Radfahrer dürfen gar nicht erst über die Brücke!) verlassen möchte, sieht sich überall Halteverbotsschildern gegenüber und wird auf einige wenige ***Public Beaches*** mit geringer Parkkapazität verwiesen.

Strände

Die attraktivsten Strände sind die ***Lighthouse Point Beach*** am Ostende und die ***Bowman's Beach*** im Nordwesten.

Information

Sanibel Island Chamber of Commerce, 1159 Causeway Road, © 239-472-1080; www.sanibelisland.com. Weitere Internet Infos unter www.sanibel-captiva.org und www.leeislandcoast.com.

Unterkunft

In der Frühjahrshauptsaison ist es fast unmöglich, auf Sanibel Island eine Unterkunft unter $150/Nacht zu finden; von Captiva Island und dem *South Sea Resort* ist weiter unten die Rede. Zu anderen Jahreszeiten kommt es auf die Auslastung an, das *Visitor Center* an der Brücke hilft. Aber unter $120 wird es schwer.

- Noch einigermaßen erschwinglich sind die ***Seahorse Cottages*** in Leuchtturmnähe (1223 Buttonwood Lane, © 239-472-4262).
- In besseren Mittelklasse-Motels vom Typ ***Best Western*** muss man in der Hochsaison mit über $200 pro Nacht rechnen.

Preiswertere Quartiere findet man in **Fort Myers Beach**, sozusagen um die Ecke auf Estero Island, ➤ oben.

Camping

Der einzige Campingplatz auf Sanibel Island ist der ***Periwinkle Park*** mit schattigen, aber engen Stellplätzen keine Meile von der *Lighthouse Point Beach* entfernt (kurz nach dem *Causeway* links /südlich auf den Periwinkle Way fahren, © 239-472-1433, ab $35; Reservierung unbedingt angezeigt: www.sanibelcampig.com).

Liegenphalanx am Strand von Sanibel

Muscheln

Rund um Sanibel kann man – bei Ebbe und besonders nach einem Sturm – Muscheln sammeln wie sonst nirgendwo in den USA. Anleitungen zum erfolgreichen Muschelsammel gibt's im ***Bailey Matthews Shell Museum*** (3075 Sanibel-Captiva Road, Di-So 10-17 Uhr, Eintritt $7, Kinder bis 16 Jahre $4; www.shellmuseum.org), wo man außerdem alles über einheimische wie weltweite Muschelarten erfährt.

Alle denkbaren Muschelarten gibt es auch sauber sortiert im Sea Shells Shop

Wildlife Refuge

Im Nordosten der Insel liegt das ***J.N. »Ding« Darling National Wildlife Refuge***, das rund ein Drittel der Insel umfasst (2,5 km^2; *Visitor Center* im Winter 9-17 Uhr, sonst bis 16 Uhr, © 239-472-1100, Durchfahrt $5/Fahrzeug; www.fws.gov/dingdarling). In diesem sumpfigen Naturschutzgebiet ist eine vielfältige typische **Südflorida-Fauna** beheimatet, u.a. Reiher, Flamingos, Seeadler, Ottern und Alligatoren. An einem 5 mi langen ***Wildlife Drive*** (Einbahnstraße, 15 mph, täglich zugänglich bis 1 Stunde vor Sonnenuntergang) gibt es Halte- und Aussichtspunkte.

Captiva Island

Captiva Island ist nur durch einen schmalen Kanal von Sanibel getrennt. Im Übergang zwischen den Inseln findet man beidseitig der Brücke schöne Badestrände. Im zentralen Bereich gibt es eine Handvoll teurer Restaurants. Die Inselspitze wird von der ***South Sea Plantation*** beherrscht, einem Luxuskomplex mit Ferien- und Privatvillen, Tennisplätzen und Yachthafen.

Wer nicht in dieser bildschönen, aber teuren Urlaubsanlage absteigt (www.southseas.com, © 1-866-565-5089 oder 239-472-5111, ab $200), kann auf der Insel kaum mehr unternehmen als Bootstouren zu buchen, die dort starten, z.B. zur Delfinbeobachtung oder zur Insel Cabbage Key (***Captiva Cruises***, © 239-472-5300; www.captivacruises.com, $20 für die **Delfintour** und $30 nach Cabbage Key), wobei unbedingt vorreserviert werden muss, sonst klappt die Durchfahrt durchs Resort zum Anleger nicht.

Cabbage Key

Auf Cabbage Key gibt es das ***Cabbage Key Inn & Restaurant*** auf einem parkartigen Grundstück am Wasser. Mit zeitiger Reservierung oder Glück erwischt man dort eines der wenigen Zimmer oder ***Cottages*** (© 239-283-2278, $99-$289; www.cabbagekey.com).

Im **Restaurant** ist dank Yachtkundschaft immer viel Betrieb, und in der Bar hängen jede Menge handsignierter Dollarscheine an den Wänden – auch mit den Namen mancher Berühmtheit. Ein Trip nach Cabbage Key mit Übernachtung auf der Insel ist zwar keine billige, aber tolle Angelegenheit und dafür nicht zu teuer.

6.2.4 Naples & Umgebung

Kennzeichnung

Etwa 35 mi südlich von Fort Myers liegt ein weiterer wohlhabender Küstenort, der als echter Millionärswinkel gilt: Das bereits 1867 gegründete **Naples** behauptet von sich, das reichste Pflaster in ganz Florida zu sein. Das mag sein, aber die Stadtplaner müssen sich bei der Namenswahl irgendwie vertan haben, denn während man in *Venice* (➤ oben) vergeblich nach Ähnlichkeiten mit der norditalienischen Lagunenstadt sucht, wird *Naples* (= Neapel) von vielen Kanälen durchzogen, in denen die Yachten der Anwohner »geparkt« sind. Oft lehnt sich sogar die Architektur der Villen an italienische Vorbilder an. Die besten Beispiele beneidenswerter Wohnkultur findet man in den Avenues (Ost-West-Straßen), besonders ab der 15th Ave und entlang des Gulf Shore Boulevard.

Strand

Das Zentrum der Stadt ist das Viertel ***Old Naples*** um die 5th Ave herum mit Galerien, edlen Boutiquen und Straßencafés. Palmen säumen den weißen **Sandstrand** sozusagen mitten in der Stadt, der sich meilenlang fortsetzt. Eine bei Anglern populäre **Pier** ragt am Ende der 12th Avenue 300 m weit ins Meer hinein.

Sehenswürdigkeiten

Nur wenige Schritte von der Pier entfernt kann man das hübsche ***Palm Cottage*** (137 12th Avenue, Nov.-April Di-Sa 13-16, sonst Mi und Sa 13-16 Uhr; Führungen $8; bis 12 Jahre $5) besichtigen, das älteste erhaltene Gebäude des Ortes. Das weiße Haus mit großer Veranda ist mit alten Möbeln, Gemälden und Photographien gespickt, steht in einem schönen grünen Garten und vermittelt ein wenig Architektur und Atmosphäre von Key West.

Die bei Anglern populäre Naples Pier

Am Nordrand von Naples (#41, dann Fleischmann Blvd/Goodlette Road) befinden sich die ***Caribbean Gardens***, eine tolle Mischung aus tropischem Park und (afrikanischem) Zoo. Eintritt inkl. 15 min Bootstour um eine »Affeninsel« $19, Kinder bis 12 Jahren $10,50. Täglich 9.30-17.30 Uhr; www.napleszoo.com.

Nicht weit entfernt davon steht das *Philharmonic Center* mit dem ***Naples Museum of Art*** (von der #41 Pelican Bay Blvd, Di-Sa 10-16 Uhr, So ab 12 Uhr, $8-$15, bis 12 Jahre $4-$7; www.thephil.org/museum/museum.html). Zu empfehlen ist diese breit gefächerte Sammlung von amerikanischen Gemälden bis zu chinesischen Werken nur für ausgesprochene Kunstfreunde.

Ansonsten gibt es noch eine kleine Eisenbahnausstellung im alten **Bahnhof** (Naples Depot, Ecke Tamiami Trail/4th St, frei).

Information

- ***Naples Area Visitors Center***, 2390 Tamiami Trail N, © 239-262-6141; www.naplesflorida.com und www.napleschamber.org.

Trolley

Wer ein bisschen Zeit mitbringt und sich intensiver für Naples interessiert, kann auf den *hop-on-hop-off-trolley* springen. Eine Rundfahrt mit den ***Naples Trolley Tours*** dauert ca. 2 Stunden bei 22 Haltepunkten; $24/Tag mit beliebigen Unterbrechungen, Kinder $12; www.naplestrolleytours.com.

Unterkunft

Die günstigeren Unterkünfte findet man in Naples im Umfeld der relativ stadtnahen I-75, *Exits* 101 und 107. Wegen der hohen Bettenkapazität sind in Naples aber außerhalb der Hochsaison (Weihnachten bis Ende April) schon gute Quartiere ab $60 zu haben.

- So z.B. das schöne ***Lemon Tree Inn*** (250 9th Street, © 239-262-1414, ab $69, aber in der Hauptsaison kaum unter $129).
- In idealer Lage an der Pier und unweit *Old Naples* steht das ***Mariner Apartments Motel*** (1295 Gulf Shore Boulevard, © 239-261-7313), *off-season* ab $70, in der Saison aber ab $150.

Camping

Die kommerziellen Plätze bei Naples liegen überwiegend im Hinterland und sind auf Langzeitcamper mit Groß-RVs zugeschnitten. Die schönsten Stellplätze weit und breit hat der ***Collier Seminole State Park***, ➤ Seite 384; $18.

Ein guter Komfortplatz ist der ***KOA Naples/Marco Island*** an der Inselzufahrt Straße #951, 1700 Barefoot Williams Road, © 239-774-5455, indessen mit Tarifen ab $45 reichlich teuer,

Gastronomie

- In der ***Ridgeway Bar & Grill*** (1300 3rd Street) gibt's zum *Lunch* Salate und Sandwiches, zum *Dinner Seafood* und regionale Spezialitäten in stimmungsvollem Ambiente von Old Naples.
- Gleich nebenan ***Tony's off Third Street*** (1300 3rd Street) hat Eis, Desserts und die berühmte *Key Lime Pies*.
- Der ***Watermark Grille*** (11280 N Tamiami Trail) bietet eine beachtliche Auswahl an Seafoodgerichten, Steak und Pasta.
- ***Maxwell's On The Bay*** (4300 Gulf Shore Blvd North, © 239-263-1662) serviert Seafood in Perfektion im *Village on Venetian Bay*, schöne Terrasse an der Bucht.

Italienisch angehauchte Architektur und Stadtanlage in Naples

Korkenzieher-Sümpfe

Ein stark beworbenes Ziel in der Umgebung von Naples ist der ehemalige *State Park* ***Corkscrew Swamp***, heute ein ***Sanctuary*** der *Audubon Society* (375 Sanctuary Road, täglich 7-17.30 Uhr, im Sommer bis 19.30 Uhr, Eintritt $10, bis 18 Jahre $4; www.corkscrew.audubon.org). Der Sumpfpark liegt nordöstlich der Stadt und ist etwas mühsam anzufahren (Straße #846, ca. 35 mi retour ab I-75). Den Umweg wert ist der 3-km-*Boardwalk* durch Zypressenwald und Mangroven nur bei großem biologischem Interesse. Von den seltenen, dort beheimateten Vogelarten und Alligatoren sieht der normale Besucher, ohne sich geduldig auf die Lauer zu legen, kaum etwas. In den *Everglades*, auf *Sanibel Island* oder im *Collier Seminole Park* (➤ unten) sind Flora und Fauna der Sümpfe ebensogut oder sogar besser zu besichtigen.

Marco Island

Ein Umweg über ***Marco Island***, Straßen #951 und #92, ca. 12 mi südlich von Naples lohnt sich ebenfalls kaum. Die trockengelegte Sumpfinsel ist hinter eher grauen Sandstränden an trübem Wasser meilenweit mit gesichtslosen Hotel- und Apartmentblocks zugebaut. Es gibt kaum Parkplätze für Nicht-Residenten., speziell nicht für RVs in Strandnähe; www.marcoislandonline.com

Collier Seminole State Park

Auf dem Festland, quasi »gegenüber« von Marco Island im Strassendreieck #92/#41, liegt der ***Collier Seminole State Park*** (Einfahrt von der Straße #41; *Visitors Center* täglich 8-17 Uhr).

Auf den Wasserläufen durch die Mangrovensümpfe des Parks finden von Rangern geführte Bootstouren statt. Man kann auch auf eigene Faust im Leihkanu lospaddeln. Sehr schön gelegen und angelegt ist der ***Campground*** des Parks © 239-394-3397, $18.

Top Ten an der Golfküste

1. **Sonne und Meer genießen** an der *Coquina Beach* (vor Sarasota), bei Venice, Naples, auf Sanibel Island und/oder im *Lovers Key State Park*
2. Auf Captiva Island einen **Bootsausflug** nach **Cabbage Key** oder zur **Delfinbeobachtung** buchen
3. Das ***Ringling Estate*** in Sarasota besichtigen
4. Das ***Florida Aquarium*** in Tampa besuchen
5. Die Werke von ***Salvador Dalí*** in St. Petersburg bestaunen
6. In einem der *State Parks Oscar Scherer, Myakka River, Koreshan* und/oder *Collier Seminole* ein **Kanu leihen** und **durch die Sumpflandschaft paddeln**
7. In den ***Fort de Soto Park*** (südlich St. Petersburg) fahren, dort baden und picknicken und das optimale Foto von der ***Sunshine Skyway Bridge*** schießen
8. Die **Sonnenuntergangsfiesta** an der Pier von Clearwater Beach erleben
9. Sich im **Hotel *Don CeSar*** in St. Pete Beach umsehen und an der ***Pass-A-Grille Beach*** sonnenbaden und schwimmen
10. Einen Tag Spaß in den ***Busch Gardens*** in Tampa haben

Werbung für Sumpftouren mit großrädrigen Spezialfahrzeugen (Swamp Buggies) am Tamiami Trail

7. VOM GOLF NACH MIAMI/FORT LAUDERDALE

Von Napels gibt es zwei Routen nach Osten an die Atlantikküste:

- Zum Einen den Tamiami Trail als weiter gut ausgebaute Straße #41 oberhalb der Nordgrenze des *Everglades National Park* nach Miami (120 mi; ohne besondere Stopps leicht 3 Stunden Fahrt).
- Zum Anderen die schnelle I-75, die bereits erwähnte ***Alligator Alley*** (➢ Seite 388), die schnurgerade und gebührenpflichtig durch die nördlichen *Everglades* nach Fort Lauderdale führt (gute 100 mi, mindestens 90 min Fahrtzeit).

Der *Tamiami Trail* ist die reizvollere Alternative mit einem erwägenswerter Abstecher nach Everglades City und mehreren Möglichkeiten für Zwischenstopps. Nur über die *Alligator Alley* jedoch gelangt man zum *Ah-Tah-Thi-Ki Museum* der Seminolen.

7.1 Tamiami Trail nach Miami

Abstecher nach Everglades City

Von Naples bis zum links beschriebenen *Collier Seminole State Park* sind es auf direkter Route ca. 15 mi, von dort weitere 18 mi bis zur Abzweigung der Straße #29 nach **Everglades City** an der Nordwestgrenze des Nationalparks. Der Ort hat eine komplette touristische Infrastruktur; www.florida-everglades.com.

An der Ecke *Tamiami Trail*/ #29 (von dort 4 mi bis Everglades City) befinden sich die ***Gulf Coast Ranger Station*** mit großem ***Info-Center***, das alle Unterlagen für die lokalen ***Motels*** und ***B&Bs*** (wunderbar die nostalgische ***Rod&Gun Lodge***, © 239-695-2101), ***Campgrounds*** (in bester Lage der ***Chokoloskee Island Park*** schon innerhalb der Parkgrenze, © 239-695-2414, ab $38), ***Airboat Tours***, **Kanuverleih** und **Bootsausflüge** in die Inselwelt der *Ten Thousand Islands* und in die Mangroven Wildnis (ab dem *National Park Visitor Center*, © 1-800-445-7724, $16 und $25).

Everglades City ist – wie beschrieben – End-/Ausgangspunkt des ***Wilderness Waterway*** von/nach **Flamingo**, ➤ Seite 143.

Airboats

Auch am *Tamiami Trail* außerhalb der Parkgrenzen warten mehrere Anbieter mit unterschiedlichsten **Bootstouren** auf Kunden, darunter sind auch Trips mit den bekannten flachen ***Airboats***. Die Werbung dafür ist unübersehbar. Die *Airboats* zeichnen sich durch extrem flache Bootskörper und Propellerantrieb im Heck aus; sie können erstaunlich schnell über die flachen Sumpfgewässer gleiten. Das Vehikel ist dabei exotischer als die durchquerten Sümpfe. Denn Tiere haben sich lange aus den Kanälen verabschiedet, die von den »Luftbooten« lärmverseucht werden.

Für 20-30 min *Airboat*-Spaß bezahlt man $20-$35. Am professionellsten unter den – teilweise nicht sonderlich vertrauenerweckenden – Anbietern solcher Trips wirkt ***Wootens*** bei Ochopee, auf deren Booten man meist ohne längere Wartezeit unterkomm. Die im Sumpf selten gewordenen **Alligatoren** schwimmen in der firmeneigenen Alligator-Farm. In der Cafeteria gibt es Gerichte mit Alligatorfleisch; www.wootenseverglades.com.

Postamt

Ochopee ist nebenbei Standort für das **kleinste Postamt der USA**, einer Hütte von 3 m² Fläche und gutes Fotomotiv, ➤ Seite 94: http://com.miami.edu/Parks/ochopee.htm.

Big Cypress National Preserve

Ochopee liegt bereits in der ***Big Cypress National Preserve***, die nahtlos nördlich an den Nationalpark anschließt; www.nps.gov/bicy. Dieses Gebiet ist ebenfalls Teil der einst viel größeren *Everglades*, aber der Naturschutz wird dort nicht so konsequent betrieben. Die Gründung der *National Preserve* 1974 war eine Art Kompromisslösung: Viehzucht und Ölförderung wurden damals

Startbereites Airboat für Touristentrips durch die Sumpfkanäle der Everglades (nur außerhalb des Nationalparks)

nicht komplett verboten, wie es sich die Umweltschützer gewünscht hätten, aber weitere Nutzungsausdehnungen und Ausbauten zumindest gestoppt. Die *Big Cypress Preserve* bildet eine Art Übergangszone zwischen dem streng geschützten Park und der wirtschaftlich genutzten Umgebung. Etwa 15 mi östlich der Straße #29 versorgt das ***Oasis Visitor Center*** Interessierte mit Informationen und Karten, die auch die Lage einfacher ***Campgrounds*** und einer *Loop Road* durch die Sümpfe zeigen.

Miccosukee und Seminole

An das *Big Cypress Areal* grenzen zwei Indianerreservate: die ***Miccosukee Indian Reservation*** und die ***Big Cypress Seminole Indian Reservation***; www.osukeeseminolenation.com. Die verwandten Stämme leben heutzutage aus einer Kombination von Landwirtschaft, Glücksspiel und Tourismus. Beide bemühen sich, Besucher anzulocken. Die *Miccosukee*-Indianer unterhalten am *Tamiami Trail* unmittelbar westlich von *Shark Valley* das ***Miccosukee Indian Village***. Es handelt sich dabei leider nur um eine **Touristenfalle**, wie sie im Buche steht. Das vermeintliche Indianerdorf ist faktisch eine Ansammlung einiger Souvenir Shops in einfachen Hütten. Außer Vorstellungen, bei denen Indianer fragwürdige Schaukämpfe mit Alligatoren veranstalten, gibt es nichts zu sehen.

Museum

Interessanter und sehenswerter ist das ***Ah-Tah-Thi-Ki Museum***, der *Seminole*-Indianer. Es liegt jedoch nicht am *Tamiami Trail*, sondern nördlich der *Alligator Alley*, ➤ **Kasten nächste Seite**.

Shark Valley

Wer keine Zeit für den langen Weg in den Südostteil des Parks hat, aber von der Westküste hinüber nach Miami fährt oder umgekehrt, könnte das – wiewohl weniger interessante – ***Shark Valley*** unweit der Straße #41 besuchen. Im Bereich der *Miccosukee Indian Reservation* zweigt die Zufahrt zum ***Shark Valley Visitor Center*** ab. Von dort geht es auf einer für den privaten Autoverkehr gesperrten Straße per *Tramtour* mit vielen Erläuterungen durch *Park Ranger* (2 Stunden retour; $15/Kinder $9 – Abfahrten saisonabhängig) oder mit Leihfahrrad ca. 8 mi in den Sumpf hinein bis zu einem Aussichtsturm; www.nps.gov/ever.

7.2 Alligator Alley

Seminole Reservation

Die I-75 zwischen Naples und Fort Lauderdale erhielt den Beinamen *Alligator Alley*, weil häufig Alligatoren entlang der Straße zu sehen sind. Die Straße #833 in die ***Big Cypress Seminole Reservation*** zweigt ungefähr 52 mi östlich von Naples nach Norden ab. Zum Museum der *Seminole*, das im Kasten beschrieben wird, sind es ca. 18 mi. Es ist geöffnet täglich 9-17 Uhr, © 863-902-1113; Eintritt $6, Kinder $4; www.seminoletribe.com.

Die Seminolen heute

Von den nur etwa 3.600 Indianern, die heute noch in Florida leben, gehören knapp 3.000 zu den ***Seminole Indians***. Sie verteilen sich auf 5 kleine Reservate am Stadtrand von Tampa, bei Brighton, Immokalee, Fort Pierce und im Küstenort Hollywood zwischen Miami und Fort Lauderdale, und ein großes, die ***Big Cypress Reservation***. Sie liegt am Rand der *Everglades* und ist für Touristen wegen des sehenswerten ***Ah-Tah-Thi-Ki Museum*** (www.ahtahthiki.com) zu Geschichte und Gegenwart des Stammes und der dort angebotenen Bootstrips durch die Sümpfe in Begleitung indianischer Führer am interessantesten (*Ah-Tah-Thi-Ki* heißt in der Sprache der Seminolen »Ort des Lernens«). Nach einem einleitenden **Film** geht man dort durchs anschaulich gestaltete Museum und folgt dann einem **botanischen Lehrpfad** (*Nature Walk*) zu einem kleinen **Freilichtbereich**, in dem Stammesmitglieder ihre traditionelle Handwerkstechniken vorführen. Der Umweg dorthin lohnt sich auch wegen der Anfahrt, die einen Einblick in die heutigen Lebensverhältnisse der Seminole liefert. Man passiert die Viehherden des Stammes und ihre Rodeo Arena, sieht die Reservatsschule und die bescheidenen Häuser. Viele haben auf ihrem Grundstück noch ein *Chikee* stehen, wie die traditionelle Indianerhütte Südfloridas heißt.

Bogenvorführung im Freilichtbereich des Ah-Tah-Thi-Ki Museum

Das ***Okalee Indian Village*** bei Hollywood ist Sitz der **Stammesregierung**. Dort gibt es indianisches Kunsthandwerk wie Körbe, Puppen und Schmuck, einen kleinen Ableger des *Ah-Tah-Thi-Ki Museum* (Kreuzung Stirling Road & Straße #441, Mi-Sa 9-17, So 10-17 Uhr) und das **älteste Kasino** des Stammes, in dem vor allem Bingo und Poker gespielt wird. Die Seminolen hatten in den 1970er-Jahren in mehreren Instanzen bis zum Obersten Gerichtshof der USA als erster Stamm die Zulassung von Glücksspielen in ihrem Reservat erstritten und damit eine Vorreiterrolle für andere Indianerstämme übernommen. Die zogen prompt nach. Heute gibt es in den gesamten USA kein indianisches Territorium mehr, und sei es noch so klein, das kein Kasino betreibt. Mit den Einnahmen finanzieren die Indianer Schulen und öffentliche Einrichtungen. Die Seminolen sind zwar auch in anderen Wirtschaftszweigen aktiv – wie etwa im Anbau von Zitrusfrüchten, der Viehzucht oder dem Handel mit Tabak –, der mit Abstand wichtigste ist aber der Betrieb der Spielhöllen.

Die Seminolen leben zwischen zwei Welten. Einerseits geben sie sich große Mühe, ihre Kultur zu bewahren. Ihre beiden Sprachen – ***Maskókî*** und ***Mikisúkî*** – werden immer noch gesprochen. Traditionelle **Geschichten, Lieder, Tänze** und auch Handwerkstechniken wie das Korbflechten werden von Generation zu Generation weitergegeben. Sogar Medizinmänner und -frauen sind in den Reservaten immer noch aktiv.

Andererseits geht der Stamm mit der Zeit. Neben den Spielautomaten besitzt er sogar eine kleine Flugzeugproduktion. Man bemüht sich auch zunehmend darum, die Kultur des Stammes mit moderner Technik zu verbreiten. Die bekannte Geschichtenerzählerin *Betty Mae Jumper* z.B. hat mittlerweile die Legenden der Seminolen zusammengetragen und als Buch und Video veröffentlicht. Ihr Häuptling *Jim Billie* hat nicht nur mehrere CDs aufnehmen lassen, er vertreibt sie sogar per Internet. Der Stamm gibt seine eigene Zeitung – die ***Seminole Tribune*** – heraus und unterhält die Website www.seminoletribe.com, die über Geschichte, Politik, Wirtschaft und Kultur der Seminolen ausführlich informiert.

7

ANHANG:
FLORIDA
WISSEN

1. Geschichte

Indianerkulturen

Besiedelung

Es ist unklar, wann genau die ersten Menschen in das Gebiet des heutigen Florida kamen. Die Vorfahren der nordamerikanischen Indianer, die nach dem Ende der Eiszeit in mehreren Wellen von Asien nach Amerika kamen, erreichten die Halbinsel vermutlich vor etwa 10.000 Jahren. Sie waren Jäger, Fischer und Sammler und ließen sich vor allem an den Küsten nieder.

Frühe Kulturen

Die interessantesten Spuren, die diese frühen Indianerkulturen hinterlassen haben, sind sogenannte ***mounds***, Hügel, die aus den unterschiedlichsten Gründen entstanden. Neben Grabhügeln gab es zeremonielle Hügel, außerdem Anhöhen, die als Fundamente für Behausungen dienten, und schließlich solche, die schlicht aus aufgehäuften Abfällen bestehen. Da viele Hügel fast komplett aus Muscheln und den Überresten von Schalentieren bestehen, kann man z.B. davon ausgehen, dass an den Küsten Floridas schon vor Tausenden von Jahren Meerestiere gegessen wurden. Tonscherben und Gefäßfragmente belegen, dass manche Stämme das Töpfern beherrschten. Zudem fand man – besonders entlang der Golfküste – auch Reste einfacher Waffen, Werkzeuge und Schmuck.

Wo?

Die besterhaltenen Hügel der beschriebenen Art findet man auf der kleinen Insel ***Mound Key*** bei Fort Myers, die indessen nicht ganz leicht zu erreichen ist (➤ Seite 376). Einfacher ist der Besuch des ***Crystal River State Archaeological Site*** weiter nördlich mit mehreren *Mounds*. Auch ein kleines Museum gehört zu der Anlage (➤ Seite 346). Über die indianische Frühzeit berichtet auch das ***Indian Temple Mound Museum*** in Fort Walton Beach im Florida *Panhandle*, auf dessen Gelände sich ein weiterer indianischer Tempelhügel befindet, ➤ Seite 335.

Calusa Indianer

Als im 16. Jahrhundert die ersten Europäer nach Florida kamen, lebten im heutigen Staatsgebiet Floridas wahrscheinlich knapp 100.000 Indianer, die verschiedenen Stämmen angehörten. Die ***Calusa*** im Südwesten waren Fischer, die mit ihren Kanus bis Kuba und Hispaniola ruderten und vor allem von Austern und

Indian Mounds sind zwar kulturhistorisch interessant, aber nichts weiter als simple Erdhügel geringer Höhe

Fischen lebten. Sie setzen sich bereits beim Auftauchen der ersten Weißen vehement zur Wehr. Der spanische Entdecker *Ponce de León* wurde von einem Pfeil der *Calusas* so schwer verwundet, dass er an der Verletzung starb. Keine spanische Missionsstation konnte sich in ihrem Gebiet je halten.

Weitere Stämme

Die an der südlichen Atlantikküste lebenden ***Tequesta*** und ***Ais*** waren nicht ganz so kriegerisch. In ihrem Gebiet konnten die Spanier erfolgreich missionieren. Am Ufer des Miami River z.B. gab es bereits im 16. Jahrhundert eine spanische Missionsstation.

An der nördlichen Atlantikküste lebten die ***Timucuan***, die im Gegensatz zu den südlichen Stämmen Landwirtschaft betrieben. Sie kamen früh mit europäischen Siedlern in Kontakt, da eine Gruppe Hugenotten 1562 dortt ein Fort errichtet hatte. Unter den Franzosen die in *Fort Caroline* bei Jacksonville (➤ Seite 280) lebten, war auch der Maler *Jacques Le Moyne*, dem die ersten bildlichen Darstellungen der Indianer Floridas zu verdanken sind.

Im Gebiet des Panhandle waren die ***Apalachee*** zu Hause, die wie die *Timucuans* in großen Siedlungen lebten und sich von Ackerbau und Jagd ernährten. Auch in ihrem Gebiet konnten franziskanische Mönche manche Indianer zum Christentum bekehren.

Kontakte mit Weißen

Nur wenige der indianischen Ureinwohner Floridas überlebten den Kontakt mit den europäischen Siedlern, die ab dem 16. Jahrhundert in ihr Gebiet einfielen. Manche kamen bei gewaltsamen Auseinandersetzungen ums Leben, die große Mehrheit fiel aber den von den Weißen eingeschleppten Krankheiten zum Opfer. Eine letzte Gruppe verließ später mit sich zurückziehenden Spaniern die Region. Es gibt in Florida keine überlebenden Nachkommen der indianischen Ureinwohner mehr. Die heute in Florida lebenden Indianer stammen aus Gebieten weiter nördlich.

Erste Europäer

Spanische Expeditionen

Als erster Europäer betrat am 2. April 1513 der bereits erwähnte Spanier ***Juan Ponce de León*** den Boden des heutigen Florida. Er legte irgendwo an der nördlichen Atlantikküste an und erklärte seine Entdeckung, die er damals noch für eine Insel hielt, zu spanischem Besitz. Auf ihn geht auch der Name **Florida** zurück. Er könnte sich auf die üppige Vegetation der Halbinsel beziehen (*florido* = blühend) oder darauf, dass die Spanier in der Osterzeit eintrafen (*pascua florida* = Ostern).

Hernando de Soto

In den folgenden Jahren unternahmen die Eroberer weitere Expeditionen, um ihren Besitz zu erkunden. ***Hernando de Soto*** ging z.B. 1539 mit 600 Soldaten in der großen Bucht an der Golfküste vor Anker, die heute Tampa Bay heißt. Seine Suche nach Gold und Reichtümern führte ihn durch das Landesinnere ins Gebiet des späteren Gainesville, dann weiter nach Norden bis zum heutigen Tallahassee, wo er mit seinen Männern überwinterte. Erst 1987 wurde sein Winterquartier von Archäologen entdeckt – weniger als 2 km vom Kapitolgebäude der Staatsregierung entfernt.

Ponce de León

De Sotos Hoffnungen auf Gold wurden enttäuscht, genau wie *Ponce de Leóns* Suche nach einem mythischen **Jungbrunnen**, den er u.a. in Florida vermutete. Diese Misserfolge erklären teilweise die zunächst nur zögernden Kolonisierungsbemühungen Spaniens: Mit den reichen Azteken- und Inkakulturen in Mittel- und Südamerika konnte Florida einfach nicht mithalten. 1559 starteten die Spanier in Pensacola zwar einen ersten Versuch, sich dauerhaft niederzulassen, scheiterten aber und verloren vorübergehend das Interesse an ihrer nördlichsten Kolonie.

Ponce de León Denkmal in St. Augustine

Fort Caroline

Erst als sich 1564 eine Gruppe von 300 französischen Siedlern an der Mündung des St. Johns River beim heutigen Jacksonville niederließ und ***Fort Caroline*** errichtete, wurde den Spaniern klar, dass sie Florida an andere europäische Mächte verlieren würden, wenn sie dort nicht bald ihre Kolonie etablierten.

St. Augustine

Am 8. September 1565 war es soweit: *Pedro Menéndez de Avilés* traf mit 500 Soldaten, 200 Seeleuten und 100 Zivilisten ein und gründete ca. 60 km südlich der französischen Festung die Siedlung **St. Augustine** und begann mit dem Bau einer Befestigung. Noch ehe *Menéndez* sich nach Fort Caroline aufmachen konnte, um die Franzosen zu vertreiben, unternahmen diese den Versuch, St. Augustine anzugreifen. Aber sie erlitten auf dem Weg dorthin Schiffbruch; die Überlebenden wurden von den Spaniern getötet.

Das französische Intermezzo in Floridas Geschichte war damit vorbei und der spanische Anspruch auf die Kolonie gesichert. Die Überreste des ***Fort Caroline***, das die spanische Krone seinerzeit zur Gründung von St. Augustine veranlasst hatte, blieben erhalten und sind heute noch zu besichtigen (➤ Seite 280).

Missionskirchen

In St. Augustine nahm neben der europäischen Besiedlung auch die **Christianisierung** Floridas ihren Ausgang. Priester errichteten bei St. Augustine die erste **Missionskirche *Nombre de Dios***, an deren Errichtung heute ein kleiner Marienschrein erinnert (➤ Seite 273). Über 200 Jahre bevor die erste kalifornische Mission entstand, begann man – ausgehend von *Nombre de Dios* – mit der systematischen Bekehrung der Indianer Floridas. Franziskanische Mönche sorgten mit Hilfe der bekehrten Indianer für eine Kette von rund 40 Kirchen an der Atlantikküste und im Landesinneren. Diese und die um sie herum entstandenen Siedlungen waren aus Holz und blieben daher nicht erhalten. Viele wurden im frühen 18. Jahrhundert auch durch englische Überfälle zerstört.

Vom spanisch-indianischen Zusammenleben kann man sich am besten in der rekonstruierten, äußerst interessanten ***Mission San Luis*** in Tallahassee ein Bild machen, ➤ Seite 293+ Foto unten.

Piraten

Nach dem schnellen Sieg über die Franzosen wurden die spanischen Siedler von St. Augustine mit anderen Problemen konfrontiert. Der Boden an der Atlantikküste stellte sich als nicht sonderlich fruchtbar heraus, so dass man lange auf Hilfslieferungen aus Mexiko angewiesen waren. Außerdem machten Überfälle englischer Piraten den Spaniern das Leben schwer.

Erste Stadt Nordamerikas

Trotzdem wurde St. Augustine als wichtigster Hafen Hauptstadt der Kolonie und blieb ein militärisches Zentrum. Als im frühen 17. Jahrhundert in Virginia und in Neu-England die ersten englischen Niederlassungen entstanden, war St. Augustine bereits eine komplette Stadt mit Kirche, Fort, Krankenhaus, Markt, vielen Geschäften und über hundert Wohnhäusern. Viele der historischen Gebäude blieben erhalten und stehen heute Besuchern offen, so das Fort ***Castillo de San Marcos*** oder das schlichte *González-Alvarez House*, das älteste Wohnhaus der USA (➤ Seite 273).

Gebäude und zeitgenössische »Bewohner« der rekonstruierten Mission San Luis in Tallahassee

Britisches Zwischenspiel und 2. spanische Periode

7-jähriger Krieg

Das Schicksal Floridas wurde im 18. Jahrhundert in Europa entschieden. Da Spanien mittlerweile die englische Kolonialmacht mehr fürchtete als Frankreich, ließ es sich in den 7-jährigen Krieg hineinziehen, der in Nordamerika ***French and Indian War*** hieß und mit einem Sieg Englands über Frankreich endete. Die Franzosen wurden 1763 gezwungen, einen Teil Ihrer Ansprüche in Nordamerika aufzugeben (u.a. die Kolonien in Ostkanada) und an England abzutreten. Die Spanier mussten nur das vergleichsweise kleine und damals noch relativ uninteressante Florida aufgeben.

Britische Besetzung

Kurz nach Kriegsende traf britisches Militär in Florida ein. Die Kolonie wurde in zwei Hälften geteilt und der Apalachicola River zur Grenze erklärt. St. Augustine blieb Hauptstadt Ost-Floridas, Pensacola wurde Hauptstadt West-Floridas. Die Bevölkerung von

Britische Besatzersoldaten als Wandbild in St. Augustine

St. Augustine flüchtete großenteils nach Kuba. Briten übernahmen deren Gebäude und änderten die Namen von Kirchen und Straßen. Neusiedler und Zuwanderer aus den nördlicheren englischen Kolonien errichteten in der Umgebung erste Plantagen.

Rückgabe an Spanien

Als sich 1776 dreizehn aufmüpfige nordamerikanische Kolonien für unabhängig erklärten und die Vereinigten Staaten gründeten, beteiligte sich Florida nicht an dieser Revolution, sondern stellte sich auf die Seite des englischen Königs. Doch die Krone zeigte sich nicht dankbar für diese Loyalität. Als England nach verlorenem Krieg 1781 die Unabhängigkeit der USA akzeptieren mußte, wurde gleichzeitig ein Tauschhandel mit Spanien abgeschlossen. Man gab den Spaniern ihre ehemalige Kolonie Florida zurück und erhielt dafür die Bahamas sowie Gibraltar.

Verkauf Floridas an die USA

Als die Spanier nach zwei britischen Jahrzehnten Florida wieder übernahmen, war schon ziemlich klar, dass dies nicht von Dauer sein konnte. Die USA hatten sich als neue Macht des Kontinents etabliert und expandierten nach Westen und Süden. Da Spanier kein besonderes Interesse an einer Auswanderung nach Florida zeigten, fand sich die Kolonialregierung damit ab, dass immer mehr **anglo-amerikanische Siedler** über die Grenze kamen.

Und so begann – gewissermaßen durch die Hintertür – die amerikanische Eroberung Floridas. Die spanische Regierung wusste, dass sie dagegen letztlich machtlos war und verkaufte Florida daher **1821** für 5 Mio. Dollar an die USA. Nach über 300 Jahren war es mit der spanischen Herrschaft in Florida endgültig vorbei.

Die Amerikanisierung Floridas

Neue Hauptstadt Tallahassee

Als Florida amerikanisches Territorium wurde, gab es mit Pensacola an der Westgrenze und St. Augustine nur zwei größere Siedlungen. Man war sich unschlüssig, welcher der beiden Orte die **Hauptstadt** werden sollte. Die neue gesetzgebende Versammlung traf sich daher 1822 zunächst einmal in Pensacola, im nächsten Jahr dann in St. Augustine. Da die Abgeordneten für die beschwerliche Reise von der Atlantikküste bis in den äußersten Zipfel des Panhandle fast zwei Monate (!) gebraucht hatten, kamen sie auf die Idee, die Regierung weder im extremen Westen noch an der

Ostküste, sondern irgendwo dazwischen anzusiedeln. Das würde nicht nur die Anreise der Politiker erleichtern, man konnte so zudem die Entscheidung zwischen den Rivalen Pensacola und St. Augustine umgehen. Als Standort kam das heutige **Tallahassee** zustande und schon 1824 tagte man dort zum ersten Mal.

Gründungsphase

Danach gab es eine regelrechte Bevölkerungsexplosion. In Nordflorida entstand eine **Plantage** nach der anderen. Eine der größten war die bis heute gut erhaltene *Kingsley Plantation* bei Jacksonville (➤ Seite 279). Auch viele neue Orte wurden gegründet.

27. US-Staat

Der nächste Schritt war die Anerkennung Floridas als **US-Bundesstaat**. Um vom locker organisierten Territorium zum Staat zu werden, waren mehrere Bedingungen zu erfüllen. Eine minimale Bevölkerung von 60.000 hatte Florida schon bald. Außerdem war eine **Verfassung** zu entwerfen, die vom Kongress in Washington abgesegnet werden musste. Zu eben diesem Zweck kam man in Florida 1838 in der Hafenstadt Port St. Joe zusammen, wo heute ein kleines Museum an dieses Ereignis erinnert (➤ Seite 340). Die Verhandlungen mit Washington zogen sich aber hin, und erst 1845 wurde Florida zum vollwertigen (27.) Staat der USA.

Florida im Bürgerkrieg

Sklavenwirtschaft

In der Mitte des 19. Jahrhunderts war Florida noch zweigeteilt: der Süden bestand – von wenigen Ausnahmen abgesehen – aus unerschlossener Wildnis. Im Norden aber blühte die Plantagenwirtschaft. Man produzierte Zucker, Reis und Baumwolle. Tallahassee hatte sich zu einer typischen Südstaatenstadt voller Villen entwickelt: ein wichtiger Umschlagplatz für Baumwolle. Fast die Häfte der Einwohner Nordfloridas waren zu dieser Zeit Sklaven.

Sezession

Als 1861 die Südstaaten die USA verließen und der Bürgerkrieg gegen den Norden begann, gehörte Florida nach South Carolina und Mississippi zu den ersten Staaten, die diese Entscheidung unterstützten. Nach der spanischen, der französischen, der britischen und der amerikanischen wurde jetzt in Florida die **fünfte Flagge** gehisst, die der Konföderierten Staaten von Amerika

Bedeutung im Bürgerkrieg

Floridas Bedeutung im Bürgerkrieg lag zum einen in seiner **Landwirtschaft**, die Lebensmittel für die Südstaaten-Armee produzierte, zum anderen in seinen Häfen. Sie dienten als Nachschubbasis und zur Sicherung der Seewege. Wegen ihrer strategischen Rolle wurden drei der exponiertesten Festungen Floridas während des gesamten Bürgerkrieges von Nordstaatenbesatzungen gehalten: *Fort Pickens* vor der Küste Pensacolas (➤ Seite 302), *Fort Taylor* auf Key West (➤ Seite 173) und *Fort Jefferson* auf den Dry Tortugas (➤ Seite 176). Die einzige größere **Schlacht** des Bürgerkrieges in Florida fand 1864 östlich von Lake City, fast an der Grenze zu Georgia statt und endete mit einem Sieg der Konföderierten. Heute erinnert daran der ***Olustee Battlefield State Historic Site***, wo bis heute aufwändige Nachstellungen der Schlacht in historischen Kostümen stattfinden (➤ Seite 287).

Ruinen ehemaliger Sklavenquartiere auf der Kingsley Plantation in Nordostflorida bei Jacksonville

Nach dem Krieg

Nach Kriegsende wurde Florida von Nordstaatentruppen besetzt, die Sklaverei abgeschafft. 1868 trat eine neue Verfassung in Kraft, die zum ersten mal allen Männern - auch Schwarzen - über 21 Jahren das Wahlrecht gab. Nach Abzug des Nordstaatenmilitärs 1876 begann man aber bald damit, Regelungen – wie etwa die Einführung einer Wahlsteuer - zu erfinden, die schwarzen Wählern die Ausübung dieses Rechts unmöglich machten.

Die Jahrhundertwende

Eisenbahnbau

Da Florida im Vergleich zu anderen Südstaaten im Bürgerkrieg eher wenig gelitten und kaum Zerstörungen erlebt hatte, erholte sich der Staat relativ schnell. In den 1880er-Jahren begann der Bau der großen **Eisenbahnstrecken**, die Florida mit dem Rest der USA verbanden. An die 6.000 km Schienenstrecken wurden verlegt und dadurch der Transport landwirtschaftlicher Produkte und die Anreise von Urlaubern erheblich erleichtert und beschleunigt.

Eisenbahnmagnaten Plant und Flagler

Die Eisenbahnen waren vor allem zwei reichen Industriellen aus dem Norden zu verdanken: ***Henry B. Plant*** finanzierte den Schienenstrang von Jacksonville nach Tampa an der Golfküste. Um Nordstaatler dazu zu bringen, diese Strecke auch zu nutzen, liess er in Tampa das exotische *Tampa Bay Hotel* errichten, in dem heute das *Henry B. Plant Museum* residiert, ➤ Seite 352f.

Ähnlich ging ***Henry M. Flagler*** an der Atlantikküste vor. Zunächst kaufte er die bereits existierende kurze Strecke von Jacksonville nach St. Augustine und ließ dann in St. Augustine mehrere stilvolle Luxushotels erbauen, u.a. das *Hotel Ponce de León*, in dem heute das *Flagler College* untergebracht ist (➤ Seite 271). Er ließ die Schienen bis Palm Beach verlängern, wo er wiederum Hotels – darunter das legendäre und immer noch als Hotel betriebene ***The Breakers*** (➤ Seite 190) – und auch eine Residenz für

Die Seminolenkriege

Als amerikanische Siedler in die Gebiete der heutigen Südstaaten eindrangen, stießen sie dort auf mehrere große Indianerstämme. Manche verhielten sich friedlich und übernahmen bald sogar weiße Lebensweisen, so etwa die ***Cherokee***. Andere Stämme, wie z.B. die ***Creek***, setzten sich aber zur Wehr.

Nachdem General ***Andrew Jackson*** 1814 in der Schlacht von Horseshoe Bend in Alabama einen blutigen Sieg über die ***Creek*** errungen hatte, flüchteten viele der Überlebenden nach Florida. Schon im späten 18. Jahrhundert waren kleinere Gruppen von Indianern aus Georgia und den Carolinas vor den weißen Siedlern nach Süden geflüchtet. Florida war damals noch so dünn besiedelt, dass sie sich leicht in den unendlichen Wäldern und Sümpfen der Halbinsel verstecken konnten. Die meisten dieser Indianer stammten zwar aus dem Stamm der *Creek*, aber in Florida wurden sie bald ***Seminoles*** genannt, was in der Sprache der *Creek* so viel wie »Abtrünnige« oder »Wilde« heißt.

Im sogenannten **ersten Seminolenkrieg** fiel General *Andrew Jackson* 1817/18 in Florida ein. Dass Florida damals noch eine spanische Kolonie war, störte ihn dabei nicht. Er zog durch das Gebiet zwischen dem Suwannee River und Pensacola und zerstörte alle Indianersiedlungen, die er finden konnte.

Nach der Übernahme Floridas versuchte die amerikanische Regierung, die *Seminoles* – ähnlich wie die *Cherokee* – zur mehr oder weniger freiwilligen Umsiedlung in Reservate zu bewegen. Und man brachte auch einzelne Seminolen-Häuptlinge dazu, Vepflichtungsverträge zur Übersiedlung ihrer Stämme in Oklahoma-Reservate zu unterschreiben. Aber die meisten Seminolen weigerten sich, Florida zu verlassen. Der damit manifestierte Bruch geschlossener Verträge diente daraufhin der amerikanischen Regierung als Rechtfertigung für den **zweiten Seminolenkrieg**.

Als 1835 das amerikanische Militär nach Florida kam, um die Seminolen zwangsweise umzusiedeln, stieß man auf massiven Widerstand. Der Seminolen-Häuptling ***Osceola***, Sohn eines Weißen und einer *Creek*-Indianerin, war dabei zunächst die indianische Leitfigur. Durch geschickte Guerilla-Taktiken gelang es den Seminolen, die überlegenen amerikanischen Truppen ganze sieben Jahre zu bekämpfen. Erst 1842 endeten die Kämpfe und Tausende von Seminolen wurden nach Westen deportiert.

Einer kleinen Gruppe gelang indessen die Flucht, und sie zog sich noch weiter nach Süden in die unwegsamen *Everglades* zurück. Dort kam es 1855 bis 1858 zum **dritten Seminolenkrieg**, in dem wiederum ein Teil des Stammes getötet und ein weiterer Teil nach Westen transportiert wurde. Nur etwa 200 Seminolen überlebten versteckt in den Sümpfen. Sie sind die Vorfahren der heutigen Indianer Floridas (zu ihrer jetzigen Situation ➤ Seite 388). Da sie in keinem der Seminolenkriege je kapitulierten, nehmen sie heute noch für sich in Anspruch, **der einzige unbesiegte amerikanische Indianerstamm** zu sein.

sich und seine Frau errichtete. Eigentlich hatte in Palm Beach Schluss sein sollen, doch die Landbesitzerin ***Julia Tuttle*** überredete den Eisenbahnkönig dazu, die Strecke bis in ein noch südlicheres – und damit noch wärmeres – Fischerdorf names **Miami** weiterzuführen. Als dort 1896 der erste Zug eintraf, gab es gerade 300 Einwohner. Der ehrgeizige *Flagler* fasste damals den ebenso mutigen wie riskanten Entschluss, die Strecke über die gesamte Inselgruppe der **Florida Keys** bis Key West fortzusetzen.

Kubanisches Exil

Ebenfalls um die vorletzte Jahrhundertwende begann eine zweite Entwicklung, die Florida entscheidend prägen sollte. Die Bewohner der Karibik-Insel **Kuba** wollten sich nicht mehr mit der spanischen Kolonialherrschaft abfinden und begannen zunehmend, politischen Widerstand zu organisieren, der in den letzten drei Jahrzehnten des 19. Jahrhunderts laufend zu Auseinandersetzungen zwischen kubanischen Freiheitskämpfern und der Kolonialregierung führte. Für unzufriedene Kubaner und für die Vordenker des Freiheitskampfes, die um ihr Leben fürchten mussten, diente Florida schon damals als Zuflucht. Der bekannteste kubanische Autor und Politiker dieser Zeit, ***José Martí***, lebte z.B. im Exil in Ybor City in Tampa, wo sich Tausende von Kubanern angesiedelt hatten (➢ Seite 354).

Die »goldenen« 1920er-Jahre

Nach dem 1. Weltkrieg

Obwohl Florida von den Schauplätzen des ersten Weltkrieges denkbar weit entfernt liegt, hatte er doch massive Auswirkungen auf Wirtschaft und Bevölkerung des Staates. Auf seinen **Marine- und Armeestützpunkten** wurden Schiffe gebaut und Soldaten ausgebildet. Vielen von ihnen gefiel Florida so gut, dass sie nach Kriegsende dorthin zogen oder im Urlaub zurückkehrten.

Prohibition

Eine indirekte Folge des Weltkrieges war die **Prohibition**, die Herstellung, Transport und Verkauf von alkoholischen Getränken verbot. Auch in Florida gelang es nie, das Alkoholverbot wirklich durchzusetzen. Zumal es auf den Bahamas und auf Kuba viele Destillen gab, die ihre Produkte nach Florida verschifften. Die langen Küsten des Staates komplett zu kontrollieren, war unmöglich. Miami galt damals als die »feuchteste« Stadt der USA und als wichtigster Hafen für den Import illegalen Alkohols.

Beginn des Tourismus

Nach Ende des Krieges erlebte Florida einen phänomenalen **Boom**. In den frühen 1920ern überschritt die Einwohnerzahl des Staates erstmals die Millionengrenze. Besonders Miami und Umgebung zogen Investoren, Spekulanten und Bauherren an. Miami Beach, das noch 1915 eine leere Sandbank gewesen war, besaß 1925 bereits 56 Hotels mit 4.000 Zimmern, 178 Apartmenthäuser, drei Golf- und vier Polo-Plätze. Strom und Telefon erreichten bald selbst die kleinsten Orte im Landesinneren. Überall schossen Restaurants, Geschäfte und Tankstellen aus dem Boden. Die Verbreitung des Automobils machten es für immer mehr Amerikaner möglich, im Urlaub in den Süden zu fahren.

Weltwirtschaftskrise und Auswirkungen des 2. Weltkriegs

Niedergang

Während im Rest der USA die Wirtschaft 1929 kollabierte und das Land in die schwerste Krise des 20. Jahrhunderts stürzte, begann der Zusammenbruch in Florida bereits drei Jahre früher. Der Auslöser war 1926 ein ungewöhnlich starker **Hurrikan**. Er zerstörte ganze Städte und die meisten Brücken der Eisenbahnlinie nach Key West und bereitete dem ersten Tourismusboom ein jähes Ende. Hinzu kam, daß eine **Invasion von Fruchtfliegen** fast die komplette Zitrusindustrie in den Bankrott trieb und zahllose Banken und Firmen schließen mussten.

New Deal unter Präsident Roosevelt

Hilfe erhofften sich die Wähler in Florida – wie anderswo – von ***Franklin D. Roosevelt***. Der demokratische Kandidat wurde bei den Präsidentschaftswahlen 1932 in Florida mit überwältigender Mehrheit gewählt. Die von ihm initiierten Arbeitsbeschaffungsmaßnahmensorgten danach auch wirklich für die Wiederbelebung der Wirtschaft. Viele öffentliche Gebäude in Florida – etwa die Hauptpost in Miami Beach – entstanden in jenen Jahren.

2. Weltkrieg und danach

Aber erst der **zweite Weltkrieg brachte Florida** das endgültige Ende der Wirtschaftskrise und einen neuen Boom. Nachdem die USA 1941 in den Krieg eingetreten waren, wurde Florida zum wichtigsten **Trainingslager** amerikanischen Militärs. Praktisch alle amerikanischen Piloten des 2. Weltkriegs wurden in Florida ausgebildet. Allein in Miami Beach wurden quasi über Nacht 70.000 Hotelzimmer mit Soldaten belegt, die auf den Stränden der Region trainierten. Plötzlich waren Restaurants und Bars wieder so voll wie in den »goldenen« 1920ern; es wurde Geld ausgegeben. Und ähnlich wie im Fall des ersten Weltkrieges nahmen diesmal Hunderttausende von Soldaten Erinnerungen an Florida mit in den Krieg. Nach dessen Ende kehrten sie – für immer oder auch nur für die Ferien – in Scharen in den Sonnenstaat zurück.

Nicht nur Art Deco Hotels aus den 1920er- und 1930er-Jahren sind in Miami Beach noch vorhanden, sondern auch die Autos der Periode

Bürgerrechtsbewegung

Rassismus

Wie auch in anderen Südstaaten wurde in den 1960er-Jahren die politische Debatte in Florida von heftigen Auseinandersetzungen über die **Gleichstellung der Afroamerikaner** beherrscht. Zu Beginn des Jahrzehnts durften Schwarze in Florida noch nicht wählen; ihr Leben wurde von strikter Rassentrennung regiert. Sie lebten in separaten Stadtteilen und gingen auf rein schwarze Schulen. Auch Krankenhäuser, Busse, Züge, Kinos, Restaurants, Hotels, ja sogar Strände waren rassengetrennt. Genau wie in anderen Staaten begannen die schwarzen Einwohner Floridas zunehmend, sich gegen diese Zustände zu wehren.

Nord-/ Südgefälle

Rassismus und Diskriminierung waren aber in den verschiedenen Regionen Floridas unterschiedlich ausgeprägt, wobei es ein deutliches Nord-Südgefälle gab. In Nordflorida, wo vor dem Bürgerkrieg auf Plantagen Tausende von Sklaven gehalten worden waren, blieb auch im 20. Jahrhundert das Verhältnis zwischen Schwarzen und Weißen angespannt, im Panhandle z.B. bis in die 1960er-Jahre. Im Süden Floridas waren dagegen die Rassenbeziehung entspannter. Besonders Miami spielte bei der Rassenintegration eine Vorreiterrolle. Als einzige Stadt im Staat hatte sie schon 1960 alle öffentlichen Schulen für alle Rassen geöffnet.

Wahlrecht für Schwarze

Die vom obersten Gerichtshof der USA vorangetriebene schrittweise **Aufhebung der Rassentrennung** verlief in Florida friedlicher als in anderen Südstaaten. Am Ende des Jahrzehnts war es mit der offiziellen Benachteiligung der Schwarzen vorbei, ihr Wahlrecht endgültig durchgesetzt. Hotels und Geschäfte konnten keinen Kunden mehr wegen seiner Hautfarbe abweisen und dabei das Gesetz auf ihrer Seite wissen. 1968 wurde sogar mit *Joe Lang Kershaw* aus Coral Gables zum erstenmal im 20. Jahrhundert ein Schwarzer ins Parlament gewählt.

Einwanderung aus Kuba und Haiti

Entwicklung

Die Verbindung zwischen Florida und Kuba war – wie erwähnt – seit langem eng. Flug- und Schifffahrtslinien verbanden die Nachbarn, und der Handel florierte. Viele Amerikaner verbrachten den Urlaub auf Kuba, und in Florida gab es schon seit den 1860er-Jahren eine wachsende kubanische Gemeinde. Waren die frühen kubanischen Einwanderer anti-spanische Revolutionäre und sozialistisch gesinnte Zigarrenarbeiter, kamen nach dem Sieg *Fidel Castros* vor allem wohlhabende Kubaner nach Florida.

Als *Castro* 1959 das korrupte *Batista*-Regime auf Kuba stürzte, wurde dies in den USA zunächst mit Sympathie verfolgt. Als sich dann aber in den folgenden Jahren zeigte, dass es auf Kuba keine freien Wahlen geben würde, und sich Castro der Sowjetunion annäherte, verschlechterte sich das Verhältnis.

Flüchtlinge aus Kuba

In Miami, das seit jener Zeit **Zentrum** der **kubanischen *Castro*-Gegner** ist, wurde auch die im April 1961 gescheiterte Schweinebuchtinvasion geplant. Danach flüchteten wiederum Tausende von Kubanern nach Südflorida. In Miami entstand das rein kubanische Viertel ***Little Havana*** (➤ Seite 123). Ein Höhepunkt der Einwanderung aus Kuba war das Jahr 1980, als sich im sogenannten ***Mariel boatlift*** fast 150.000 Kubaner übers Meer nach Florida absetzten. Sie ließen sich, wie die Einwanderer und Flüchtlinge vor ihnen, überwiegend in Miami nieder. Dort leben mittlerweile eine knappe Million Menschen mit kubanischen Wurzeln.

Flüchtlinge aus Haiti

Als 1991 das haitianische Militär eine Terrorherrschaft installiert hatte, setzte sich ein neuer **Flüchtlingsstrom** in Bewegung. In allem, was irgendwie schwimmen konnte, segelten und paddelten Tausende von Haitianern nach Florida. Ein Armenviertel im nördlichen Miami erhielt prompt die Bezeichnung ***Little Haiti***, wo viele von ihnen untergekommen waren. Die Reaktion auf die haitianischen Flüchtlinge unterschied sich erheblich von der im Fall ihrer kubanischen Vorgänger. Die Kubaner waren fast ausnahmslos wohlwollend aufgenommen worden. Trotz der dadurch verursachten Probleme wurde nie ernsthaft daran gedacht, sie abzuweisen. Ganz anders im Fall der Haitianer: Wen die Küstenwache im Wasser aufgriff, wurde sofort nach Haiti zurückgebracht. Auch wer die Küste Floridas erreichte, war damit nicht sicher gerettet, sondern wurde oft wieder abgeschoben.

Ewige Flamme für die bei der mißglückten Landung in der Schweinebucht 1961 gefallenen »Märtyrer« des Kampfes gegen Castro in Miamis Little Havana

Florida zu Beginn des neuen Jahrtausends

Heute ist der **Tourismus** die treibende wirtschaftliche Kraft in Florida. Dessen Zentren sind Orlando und Miami. Aber auch viele kleinere Ziele wie Key West, Fort Lauderdale, Panama City, Pensacola oder St. Augustine ziehen mehr und mehr Besucher an.

Tourismus, Bedeutung und Probleme

Die Dominanz des Tourismus hat Vorteile und Nachteile. Die Millionen von Urlaubern haben dem Staat Wohlstand gebracht. Die Arbeitslosigkeit ist gering und das Wachstum scheint kein Ende zu nehmen. Überall wird gebaut und ständig eröffnen neue Ferienresorts, Restaurants und Vergnügungsparks. Umweltschützer scheinen die einzigen zu sein, denen diese Entwicklung ernsthaft Sorge bereitet. Denn die Natur zahlt für die immer dichtere

Besiedelung und die Bebauung der Küsten den höchsten Preis. Viele Tierarten sind vom Aussterben bedroht; das Ökosystem der *Everglades* schrumpft stetig, und auch die Flüsse und Seen des Staates sind nicht immer so sauber wie sie aussehen.

Dennoch hat sich die Staatsregierung Floridas – egal, welche der beiden Parteien gerade den Gouverneur stellt – stets wirtschaftsfreundlich gezet und Wachstum durchweg den Vorrang vor anderen Aspekten und Zielen eingeräumt.

Kriminalität

Obwohl die Wirtschaft florierte, war das Image des Sonnenstaates in den 1980er- und frühen 1990er-Jahren nicht das beste. Florida stand für Drogenhandel, Bandenkriege und Kriminalität, eine Vorstellung, die insbesondere von der populären Fernsehserie ***Miami Vice*** auf der ganzen Welt verbreitet wurde. Eine Serie von Touristenmorden bedrohte 1993 nicht nur die Besucher Floridas, sondern auch die wichtigste Einkommensquelle des Staates. Dank rigoroser Maßnahmen bekam man die Schwerkriminalität seither offenbar in den Griff, zumindest, soweit sie Urlauber betraf. Obwohl es noch immer ungemütliche Viertel gibt, gilt selbst die einstige Verbrechenshauptstadt Miami mittlerweile nicht mehr als gefährlicher als andere Metropolen.

Nur an der Bedeutung des Drogenhandels hat sich in den letzten Jahren nicht viel geändert. Dank seiner engen Verbindungen nach Mittelamerika und in die Karibik sowie langer, nicht zu kontrollierender Küsten war und ist Florida für den Import und Handel mit verbotenen Gütern – so scheint es – prädestiniert.

2. Bevölkerung

Rassengemisch

Sogar für amerikanische Verhältnisse sind die Bewohner Floridas ein ausgesprochen buntes Völkchen. Angloamerikaner, Menschen lateinamerikanischer Abstammung und Afroamerikaner bilden die drei größten Bevölkerungsgruppen. Hinzu kommen Vertreter fast aller Nationalitäten der Welt, von Chinesen, Vietnamesen und Indern über Finnen, Tschechen und Griechen bis hin zu Jamaikanern, Haitianern und Frankokanadiern.

Immigranten

Alle über 16 Millionen Bewohner Floridas sind entweder selbst Einwanderer oder Nachkommen von Einwanderern. Selbst die wenigen heute in Florida lebenden Indianer, stammen – wie bereits weiter oben ausgeführt – nicht von den Ureinwohnern ab, sondern sind Nachfahren der im 17. und 18. Jahrhundert aus dem Norden eingewanderten *Creek*. Die ca. ***600 Miccosukees*** und ***3.000 Seminoles***, beide mit Reservaten in Südflorida (➤ Seite 387ff), bilden heute nur noch eine verschwindend kleine Minderheit gegenüber der Gesamtbevölkerung.

Angloamerikaner

Nicht hispanische Weiße

In Miami gewinnt man heute fast den Eindruck, dass weiße, englischsprechende Amerikaner eine vom Aussterben bedrohte Spezies sind. Doch das trügt. Obwohl die ethnischen Minderheiten in Florida rasant zunehmen, bilden **Angloamerikaner** zu Beginn des neuen Jahrtausends immer noch eine klare **Mehrheit**. Beim Zensus im Jahr 2000 ordneten sich 65% der Einwohner Floridas als »nicht-hispanische Weiße« ein. Diese Gruppe hat damit in den vergangenen Jahrzehnten zwar stetig abgenommen – 1990 waren es noch 73% –, von einer Situation wie in Texas oder Kalifornien, wo Angloamerikaner langsam zu einer Minderheit werden, ist man in Florida aber noch deutlich entfernt.

Cracker und Yankees

Die »nicht-hispanischen Weißen« sind in Florida keine einheitliche Gruppe. Zu unterscheiden sind zunächst die Nachkommen der alteingesessenen Familien einerseits und diejenigen, die erst in den letzten Jahrzehnten nach Florida gezogen sind. Erstere werden in Florida traditionell als ***Crackers***, die Zugezogenen pauschal als ***Yankees*** bezeichnet. Beide Begriffe waren ursprünglich abwertend gemeint, werden heute aber je nach Betonung und Kontext auch positiv oder humorvoll verwendet. Die beiden Gruppen sprechen anders, essen anders, haben andere Berufe und leben in anderen Teilen des Staates. Was sie voneinander trennt, ist ungefähr dasselbe, was den amerikanischen Norden von den Südstaaten unterscheidet: eine unterschiedliche Vergangenheit und – daraus resultierend – ein anderes Selbstverständnis.

Ein ***Cracker*** stammt – dem Stereotyp zufolge – aus einer Familie, die schon im 19. Jahrhundert nach Florida kam, lebt im Landesinneren oder im *Panhandle*, arbeitet in der Landwirtschaft, geht in seiner Freizeit zum Rodeo oder zum Autorennen und spricht mit einem Südstaatenakzent.

Der stereotype ***Yankee*** andererseits ist erst vor kurzer Zeit aus dem amerikanischen Norden oder dem Mittleren Westen in den Sonnenstaat gezogen, lebt an der Küste, arbeitet als Geschäftsmann, spielt Golf und hat keine echte Bindung an seinen Wohnort. Die Zugezogenen sind längst die größere und finanzkräftigere Gruppe. Nur **etwa 30%** der heutigen **Einwohner** sind **in Florida auf die Welt gekommen**. Stammbäume, die hundert Jahre oder mehr zurückreichen, sind eine echte Rarität. Dementsprechend hat sich durchaus Stolz auf die Tradition der *Crackers* entwikkelt. Geschäfte und Restaurants (*»Cracker Barrel«*) schmücken sich mittlerweile gerne mit der Bezeichnung. Es gibt in der Architektur und auch in der Küche einen ***Cracker Style***, womit immer das Ortstypische und Traditionsbewusste gemeint ist.

Afroamerikaner

Bürger 2. Klasse

Als Florida 1845 zum amerikanischen Bundesstaat wurde, machten **Afroamerikaner** immerhin die Hälfte der 70.000 Einwohner aus. Die meisten Schwarzen waren **Sklaven** und arbeiteten auf

Plantagen. Nach dem Ende der Sklaverei verließen zwar manche von ihnen Florida, um in den Industriestädten des Nordens ihr Glück zu suchen, doch auch zu Beginn des 20. Jahrhunderts waren immer noch etwa 45 Prozent der Bevölkerung schwarz. Heute machen Afroamerikaner nur noch etwa 15% der Bevölkerung aus. Grund ist die extrem hohe Einwanderung aus dem Norden und aus Lateinamerika.

Wie bereits im Kapitel »Geschichte« ausgeführt, blieben nach Abschaffung der Sklaverei Schwarze in Florida noch lange Bürger zweiter Klasse. Sie wurden häufig an der Ausübung ihres Wahlrechts gehindert. Lynchmorde und Einschüchterungsaktionen des *Ku Klux Klan* kamen in Florida ebenso vor wie in anderen Südstaaten. Der Alltag der Afroamerikaner wurde noch bis in die zweite Hälfte des 20. Jahrhunderts von Rassentrennung und Diskriminierung beherrscht. Ungewöhnlich sind in Florida indessen eine Reihe von Afroamerikanern gegründeter **rein schwarzer Orte**, die sich ohne weiße Bevormundung selbst regierten und verwalteten, z.B. **Rosewood** (➤ Seite 345) bei Cedar Key und **Eatonville**, der Geburtsort der Schriftstellerin *Zora Neale Hurston* (➤ Seite 221). 1935 gründeten Afroamerikaner sogar den **rein schwarzen Badeort American Beach** auf Amelia Island (➤ Seite 279). Da früher neben Schulen und Geschäften auch die Strände in Florida rassengetrennt waren, schufen sich Schwarze damit eine erste Möglichkeit, Ferientage am Strand zu verbringen.

Ghettobildung

Während Afroamerikaner noch von 100 Jahren in erster Linie in kleinen Orten und auf dem **Land** lebten, ist die große Mehrzahl mittlerweile in die **Metropolen** des Staates gezogen: Miami, Fort Lauderdale, Jacksonville, Orlando und Tampa zählen hohe schwarze Bevölkerungsanteile. Auch nach Ende der Rassentrennung und kompletter gesetzlicher Gleichberechtigung leben viele Schwarze innerhalb dieser Großstädte in separaten Wohngegenden. Der Stadtteil **Liberty City** in Miami ist z.B. ein schwarzes Ghetto, in dem es noch 1980 zu Rassenunruhen kam, den schwersten in der neueren Geschichte des Staates.

»Schwarzenghetto« mit Wahlwerbung

First Lady des kubanischen Amerika: die Sängerin *Gloria Estefan*

Heute wundert sich niemand mehr, wenn amerikanische Popstars wie ***Ricky Martin*** oder ***Jennifer Lopez*** auf **Englisch** und auf **Spanisch** singen und in ihren Liedern **Pop** und **Salsa** kombinieren. Vor nur zwanzig Jahren war so etwas noch ungewöhnlich. Die kreative Verbindung von amerikanischem Pop mit Latino-Rhythmen wurde in den 1980ern in der Musikszene Miamis geboren. Es war vor allem die Band ***Miami Sound Machine***, die damals mit Hits wie *Conga* oder *Rhythm Is Gonna Get You* Erfolge feierte und in den ganzen USA und in Europa eine erste Latino-Pop-Mode auslöste.

Die **Sängerin** der *Miami Sound Machine*, ***Gloria Estefan***, begann bald auch eine Solo-Karriere und veröffentlichte ihre eigenen englischen, spanischen und zweisprachigen Platten und CDs. Manche ihrer frühen Lieder sind noch ziemlich der Disco-Mode verpflichtet, doch gerade spätere Alben sind stark **karibisch** geprägt. *Abriendo Puertas* erinnert an **kubanische Tanzmusik** der 1930er- und 1940er-Jahre und auch ihr Album *Alma Caribeña* ist eine nostalgische Liebeserklärung an ihre kubanische Heimat.

Gloria Estefans Musik spiegelt ihren eigenen Lebensweg wider, der typisch ist für die über eine Million kubanisch-stämmigen Amerikaner, die heute in Florida zu Hause sind. Als *Gloria Maria Fajardo* kam sie am 1. September 1957 in Havanna auf die Welt. Da ihr Vater einer der Leibwächter des kubanischen Diktators *Fulgencio Batista* war, mussten ihre Eltern nach der Revolution und der Machtübernahme durch *Fidel Castro* sofort flüchten. So kam die gerade zwei Jahre alte Gloria nach Miami, wo sie mit ihrer Familie in **Little Havana** zunächst in armen Verhältnissen lebte. Als ihr Vater José sich 1961 an der misslungenen Invasion Kubas beteiligte, die bereits bei der Ankunft der Exilkubaner in der Schweinebucht scheiterte, wanderte er dort ins Gefängnis, und die Situation der Familie wurde noch schwieriger.

1975 wurde *Gloria* dann von dem Musiker *Emilio Estefan* in seine *Band The Miami Latin Boys* geholt. Nachdem die beiden drei Jahre später geheiratet hatten, wurde aus der Band die *Miami Sound Machine*. Mit ***Dr. Beat*** schafften sie es 1984 zum ersten Mal in die amerikanischen Top Ten. Dann jagte ein Erfolg den anderen. **1989** veröffentlichte *Gloria Estefan* ihr **erstes Solo-Album** *Cuts Both Ways* mit mehreren No. 1-Hits wie *Anything for You* oder *Don't Wanna Lose You*. 1996 wurde ihr eine besondere Ehre zuteil, als sie bei der Abschlusszeremonie der Olympischen Spiele in Atlanta singen durfte. Mittlerweile hat die Latino-Diva über 70 Mio. CDs verkauft und ist **die erfolgreichste Musikerin Floridas**. Sie ist längst von Little Havana auf die teure kleine Insel Star Island bei Miami Beach umgezogen und auch als Geschäftsfrau erfolgreich. So gehört ihr z.B. das *Cardozo Hotel* am *Ocean Drive* in Miami Beach.

Wie die meisten Kubaner in Miami ist auch *Gloria Estefan* überzeugte Antikommunistin. Sie hat mittlerweile fast überall auf der Welt gesungen, doch in Kuba war sie nach der Flucht ihrer Familie nur ein einziges Mal und zwar auf der amerikanischen Militärbasis *Guantanamo Bay*. Als sie 1998 eingeladen wurde, um in Havanna beim Papstbesuch aufzutreten, lehnte sie ab: solange *Fidel Castro* auf Kuba regiere, teilte sie mit, würde sie dort nicht singen.

Hispanics

Größte Minderheit

Die Ergebnisse der Volkszählung im Jahr 2000 machten offiziell, was man für Florida schon lange vorhergesagt hatte: die Bürger **lateinamerikanischer Abstammung** »überholten« die Afroamerikaner, die bis dato die größte Minderheit im Staat gewesen war. *Hispanics* bilden heute gut 17% der Bevölkerung.

Latinos

Für diese weiter wachsende Gruppe gibt es mehrere Begriffe. Oft werden sie ***Latinos*** genannt, obwohl die offizielle Bezeichnung *Hispanics* ist. Sie umfasst alle, die ihre Wurzeln in spanischsprachigen Ländern haben, egal ob sie nun aus Mexiko, Nicaragua, Kuba oder anderen karibischen, mittel- oder südamerikanischen Ländern stammen. Sie sind großenteils weißer Hautfarbe, aber gerade in Florida gibt es auch viele schwarze *Hispanics*, überwiegend spanischsprechende Einwanderer aus der Dominikanischen Republik. Manche *Hispanics* sprechen auch in Florida nur Spanisch, andere sind so in angloamerikanische Umfelder integriert, dass sie ihr Spanisch längst vergessen haben. Die Mehrheit ist zweisprachig.

Cuban Americans

Während in anderen stark hispanisch geprägten amerikanischen Staaten – wie Texas und Kalifornien – die *Mexican Americans*, Amerikaner mexikanischer Abstammung, die größte Gruppe unter den *Hispanics* sind, sieht es in Florida anders aus. Dank der kubanischen Einwanderungswellen (➤ Seite 392f) bilden etwa eine Million ***Cuban Americans*** heute die größte und einflussreichste Gruppe unter den *Hispanics* in Florida.

Im Gegensatz zu anderen Einwanderern aus der Karibik, die fast immer bettelarm sind, gehörten die vor Castro geflüchteten Kubaner fast immer der **Mittelschicht** an. Viele waren Unternehmer, Lehrer und Ärzte und brachten neben einer guten Ausbildung auch Vermögen mit nach Florida. Sie lebten sich rasch ein und brachten es verblüffend schnell zu **wirtschaftlichem Erfolg**, auf den bald auch **politischer Einfluss** folgte.

Manche ältere *Cuban Americans* hegen noch immer den Traum, nach dem Fall *Fidel Castros* irgendwann nach Kuba zurückzukehren. Die jüngere Generation ist aber so integriert und erfolgreich, dass Südflorida zu ihrer Heimat geworden ist.

Hispanics aus Nicaragua

Neben den *Cuban Americans* leben auch etwa **150.000 *Hispanics* nicaraguanischer Abstammung** in Südflorida. Sie haben sich in Vororten wie Sweetwater und Fontainebleau Park am westlichen Stadtrand von Miami niedergelassen. Und wie das Zentrum kubanischen Lebens *Little Havana* genannt wird, heißt diese Gegend *Little Managua*. Hier werden nicht nur nicaraguanische Speisen angeboten und Zeitungen verkauft, sogar die Straßen sind nach bekannten Nicaraguanern benannt.

Weitere Gruppen

Weitere große hispanische Gruppen sind ***Mexican Americans*** und ***Puerto Ricans***. In Orlando z.B. leben mehr **puertoricanische** als kubanische Amerikaner. In ländlichen Gegenden – etwa in den Bezirken Collier oder Okeechobee – dominieren **mexikanisch-**

stämmige Amerikaner, die häufig in der Landwirtschaft arbeiten. Hinzu kommen Tausende von Kolumbianern, Venezuelanern, Peruanern, El Salvadorianern, Bolivianern und Argentiniern, die mit ihrer Sprache und Kultur ebenfalls in starkem Maße zur **Latinisierung Floridas** beitragen.

3. Staat und Politik

Verfassung

Im Laufe der Geschichte als amerikanischer Bundesstaat kam es in Florida bereits fünf Mal zu einem Wechsel der Verfassung. Die ursprüngliche Verfassung wurde zu Beginn des amerikanischen Bürgerkrieges durch eine neue ersetzt, als Florida wie die anderen Südstaaten aus den USA austrat und sich den Konföderierten anschloss. Nach dem Bürgerkrieg wurden Florida und allen anderen Südstaaten von der Bundesregierung eine neue Verfassung vorgeschrieben, die die Sklaverei verbot und Schwarzen das Wahlrecht versprach. Im 20. Jahrhundert reagierte man in Florida auf politische Krisen mit radikal überarbeiteten Verfassungen.

Regierungssystem

Das Ergebnis dieses langen Prozesses ist ein ungewöhnlich demokratisches und **transparentes Regierungssystem**. So ist Florida einer der ersten Staaten gewesen, in dem Kandidaten für wichtige Ämter nicht intern in den Parteien ausgesucht, sondern offen von den Wählern in sog. *Primaries* bestimmt werden. Bei wichtigen Entscheidungen wie Verfassungsänderungen werden die Bürger regelmäßig in **Volksabstimmungen** um ihre Meinung gefragt.

Florida ist außerdem der einzige Staat, in dem der Gouverneur die Mitglieder seines eigenen Kabinetts nicht ernennen kann: sie werden alle direkt von den Bewohnern des Staates gewählt. Daher gab es schon viele Kabinette mit Mitgliedern verschiedener Parteien. In der Legislaturperiode von 1998 bis 2002 z.B. war die Innenministerin republikanisch, der Justizminister ein Demokrat. Schließlich gibt es in Florida eine ganze Gruppe von Gesetzen, die Politik und Verwaltung zu völliger **Offenheit** verpflichten. Diesen sog. *sunshine laws* zufolge müssen alle Sitzungen und Besprechungen öffentlich sein. Staatliche Dokumente dürfen jederzeit von jedermann eingesehen werden.

Verfassung

Floridas heutige Verfassung lehnt sich in ihrer Struktur an die amerikanische Verfassung an. Die staatliche Gewalt ist in die Exekutive, Legislative und Judikative aufgeteilt. Im Kapitolsgebäude von Tallahassee bestimmt der **Gouverneur** die Regierungsgeschäfte (➤ Seite 292). Er wird alle vier Jahre neu gewählt und

Das Bild zeigt den obersten Gerichtshof (Supreme Court) in Tallahassee; davor wehen die Bundesflagge und die Fahne Floridas

darf – wie der amerikanische Präsident – nicht länger als acht Jahre sein Amt ausüben.

Parlament

Im *Capitol* tagt auch das Parlament des Staates Florida. Es setzt sich aus **zwei Kammern** zusammen, dem für zwei Jahre gewählten Repräsentantenhaus, das 120 Mitglieder hat, und dem für vier Jahre gewählten Senat, der sich aus nur 40 Mitgliedern zusammensetzt. Beide Kammern sind für die Gesetzgebung zuständig und sollen sich gegenseitig kontrollieren. Die Parlamentarier gehen dabei offenbar zügig und effizient vor, denn sie tagen immer nur sechzig Tage im Jahr und zwar im März und April.

Gerichtsbarkeit

Tallahassee ist auch Sitz des **obersten Gerichtshofes** des Staates. Seine Mitglieder werden vom Gouverneur ernannt. Sie kontrollieren Gesetze auf ihre Verfassungsmäßigkeit und sind für die Auslegung der Verfassung zuständig.

Parteien und Gouverneur

Lange Zeit galt Florida als regelrechter Einparteienstaat, denn die **Demokraten** gewannen laufend Gouverneurs- und Parlamentswahlen. Als 1986 der Republikaner *Bob Martinez* zum Gouverneur gewählt wurde, war dies eine Sensation. Danach änderte sich das Wählerverhalten grundlegend. 1994 gelang es den **Republikanern**, im Senat die Mehrheit zu erobern und 1996 auch im Repräsentantenhaus. Die Wahl von ***Jeb Bush***, Bruder von Präsident *George Bush,* zum Gouverneur 1998 und seine Wiederwahl 2002 galten als Höhepunkte republikanischenr Erfolgs. Als *Bush* nach zwei Legislaturperioden Ende 2006 abtreten mußte, blieb die Regierungsgewalt bei den Republkanern. Seit 2007 heißt der neue Governor Floridas ***Charlie Christ***.

Wählergruppen

Die Veränderungen der letzten zehn Jahre haben viele Gründe. Einwanderer, die ständig aus dem Norden und dem Mittleren Westen nach Florida ziehen, sind tendenziell eher Republikaner als die prozentual immer weniger werdenden alteingesessenen Bewohner Floridas, die traditionell eher die Demokraten wählen. Auch die immer größer und mächtiger werdende Gruppe der Amerikaner kubanischer Abstammung wählt republikanisch. Sie sind in der Regel radikal **anti-kommunistisch** eingestellt und erhoffen sich von republikanischen Politikern eine konsequentere Haltung gegenüber *Fidel Castro*. Die zweitgrößte Minderheit des Staates – die **Afroamerikaner**, mehrheitlich Wähler der **Demokraten** – hat in letzter Zeit eher an Einfluss verloren.

Politische Zweiteilung

Obwohl das politische Klima in Florida in den letzten Jahren konservativ geblieben ist, sind die Mehrheiten, auf die sich die jeweilige Regierung stützt, ziemlich knapp. Die Bevölkerung des Staates scheint in zwei Hälften gespalten zu sein, wobei die Demokraten den Großraum Miami als ihre Hochburg betrachten, während die Republikaner den Westen und den Norden dominieren. Diese **politische Zweiteilung** des Staates wurde bei der Präsidentschaftswahl im November 2000 auf den Punkt gebracht. Die Kandidaten lagen dabei so nah beieinander, dass letztlich nur eine Handvoll Stimmen den Ausschlag gab.

4. Wirtschaft

Dynamik ohne Ende?

Zu Beginn des 21. Jahrhunderts zeigt sich die Wirtschaft Floridas dynamischer als je zuvor. Die Arbeitslosigkeit liegt unter 4%, und die Besucherzahlen brechen Jahr für Jahr neue Rekorde. Das Wachstum scheint keine Grenzen zu kennen.

Wirtschaftszweige

Die wichtigsten Wirtschaftszweige sind nach wie vor **Tourismus** und **Landwirtschaft**. Aber auch *High Tech* spielt eine stärker werdende Rolle. So haben sich z.B. viele Elektronikbetriebe in der Umgebung der NASA bei Cape Canaveral angesiedelt. Computerfirmen zog es besonders an die südliche Atlantikküste, die Einheimische daher schon mal gerne als ***Silicon Beach*** bezeichnen. Zahllose **Banken** und **Handelsfirmen** haben ihren Sitz in Miami, dem wichtigsten Platz für Finanztransaktionen und Warenverkehr zwischen Nord- und Südamerika. Auch die Unterhaltungsindustrie, speziell Film- und Musikproduktionen, hat in Miami und Orlando in letzter Zeit viele Arbeitsplätze geschaffen.

Landwirtschaft

In der Kolonialzeit stand »Wirtschaft« in Florida praktisch für »Landwirtschaft«. Man baute zunächst vor allem **Baumwolle** und **Zuckerrohr** in großem Maßstab an und exportierte beides in den Norden und nach Europa. Bereits spanische Missionare hatten die ersten Zitrusfrüchte auf die Halbinsel gebracht und in den Gärten der Missionsstationen Orangen und Zitronen angebaut. Im 20. Jahrhundert entwickelten sie sich zum wichtigsten Exportprodukt. Die Orangen werden zwar auch als Früchte verkauft, größtenteils aber bereits vor Ort zu **Saft** oder **Konzentrat** verarbeitet. Riesige **Zitrusplantagen** findet man heute vor allem im zentralen Florida südlich und nordwestlich von Orlando.

Im Süden des Staates widmet man sich mehr dem **Gemüseanbau**. Dank des immer warmen Klimas können auch im Winter Tomaten, Gurken, Zwiebeln, Rettich, Sellerie, Avocados und Kohl geerntet werden, wofür im Norden dann hohe Preise zu erzielen sind.

Lohndumping

Obwohl der Sektor in den vergangenen Jahrzehnten an Bedeutung verloren hat, arbeitet auch heute noch jeder sechste Einwohner Floridas in der Landwirtschaft. Mit einem Jahresumsatz von rund $6 Mrd. trägt sie immer noch einiges zum Wohlstand des Staates bei. Die Arbeitskräfte in den Orangenplantagen und Gemüsefeldern gehören trotzdem zu den Ärmsten der Armen. Viele von ihnen sind Wanderarbeiter. Da sie häufig illegal in den USA leben, müssen sie Löhne akzeptieren, die oft noch unter dem ohnehin knappen Mindestlohn von $5/Stunde liegen.

Tourismus

Der Tourismus ist der wichtigste Wirtschaftszweig in Florida. Über 40 Mio. Urlauber bringen jedes Jahr Milliarden von Dollars in den Staat. Schon jetzt ist fast die Hälfte aller Arbeitnehmer im **Dienstleistungsbereich** beschäftigt. Wenn man bedenkt, dass auch ein Großteil der Bauunternehmen, des Einzelhandels und der Lebensmittelindustrie indirekt vom Fremdenverkehr lebt, wird klar, dass der **Tourismus** zentraler **Dreh- und Angelpunkt der Wirtschaft** des Sonnenstaates ist.

Staat im Staat: *Disney World*

Wenn man bei Orlando die Autobahn verlässt und in das riesige Gelände von *Walt Disney World* hineinfährt, scheint es, als habe man eine **unsichtbare Grenze** überquert. Plötzlich gibt es keine hässlichen Strommasten und -kabel mehr, keine Werbeplakate, keine schäbigen Motels und *Fast Food Eateries*. Alles ist sauber und grün, die Straßen sind breiter ausgebaut und in perfekterem Zustand als irgendwo sonst in Florida. Sogar die Beschilderung wirkt attraktiver; sie wurde von *Disney*-Designern gestaltet.

Das Reich des *Disney* Konzerns ist mit eigener Verwaltung, eigener Polizei und Feuerwehr, eigener Strom- und Wasserversorgung quasi autonom. Es gelten sogar andere Gesetze und andere Bauvorschriften. Kritiker prägten unter Hinweis auf die einzigartigen Vorrechte des Unterhaltungskonzerns den hübschen Begriff vom »Vatikan mit Mauseohren«. Diese Rechte, von denen andere Unternehmen nur träumen können, hatte sich *Walt Disney* schon beim Kauf in den 1960er-Jahren gesichert. Wenn in *Disney World* die Arbeitsbedingungen oder die Einhaltung von Bauvorschriften kontrolliert werden, dann nur von *Disney*-Angestellten. Manche Privilegien wurden bisher noch gar nicht genutzt, so etwa das Recht, auf dem Gelände einen internationalen Flughafen und – wenn gewünscht – sogar ein Kernkraftwerk zu bauen.

Das Motiv für die totale Kontrolle, die *Disney* in Florida zur Voraussetzung für seine Investionen machte, erklärt sich aus den schlechten Erfahrungen, die man rund um *Disneyland* in Kalifornien gemacht hatte. Dort fühlte sich der Konzern von den umliegenden Gemeinden übervorteilt. Man ärgerte sich über hohe Stromkosten und besonders über das schlechte Bild, das Billigmotels, Souvenirshops und Fast-Food-Lokale boten, die dort nach Eröffnung des Parks rasch aus dem Boden geschossen waren. Sie schadeten nach Ansicht des Konzerns dem *Disney Image*, vor allem aber mach(t)en sie Umsätze, die *Disney* entgingen, obwohl der ihnen überhaupt erst die Kunden brachte.

Bei der Planung des zweiten Parks tat man daher alles, um eine ähnliche Situation zu verhindern. Hier wollte man in viel größerem Maßstab bauen, das Gelände besser auswählen und von Anfang an alle Fäden selber in der Hand halten. Die Entscheidung für Florida fiel vor allem wegen des idealen Klimas. Der Konzern hatte dabei zunächst verschiedene Regionen in Erwägung gezogen, aber *Walt Disney* selbst traf die Entscheidung für Orlando, nachdem er aus der Luft in einem in Frage kommenden Gebiet den großen Bay Lake und in dessen Mitte eine Insel gesehen hatte.

Beim Aufkauf ging *Disney* generalstabsmäßig vor. Um einen frühzeitigen Anstieg der Grundstückspreise zu verhindern, hielt man die Pläne des Konzerns völlig geheim. Man gründete zunächst eine Firma namens *Reedy Creek*, die über Monate zu Spottpreisen nach und nach eine Fläche von über 30.000 *acres* (12.000 ha bzw. 120 km^2) zusammenkaufte. Damit konnte um die von Anfang an geplanten Parks *Magic Kingdom* und *Epcot* ein breiter Grüngürtel sichergestellt werden, und gleichzeitig war genug Platz für konzerneigene Hotels, Geschäfte, Campingplätze und auch ggf. auch für weitere Attraktionen.

Nach der Eröffnung des ***Magic Kingdom*** im Oktober 1971 kamen bald Hotels hinzu; neue Themenparks waren 1982 die »Zukunftsvision« ***Epcot Center***,

1989 der Filmpark ***Disney-MGM Studios*** (heute ***Hollywood Studios***) und 1998 das ***Animal Kingdom***. Mittlerweile gibt es zudem Dutzende von **Hotel- und Resortanlagen**, drei beachtliche **Wasserparks**, eine Autorennbahn und den Shopping-, Restaurant- und Discokomplex ***Disney Village*** mit ***Pleasure Island, West Side, Disney Quest*** und dem ***Cirque du Soleil***.

In der *Walt Disney World* arbeiteten 2007 über **45.000 Angestellte**, was *Disney* zum – mit Abstand – wichtigsten Arbeitgeber in Zentralflorida macht. Doch selbst jetzt wird erst weniger als ein Viertel des vorhandenen Areals genutzt. Es ist also noch Platz für eine weitere Expansion.

Über das Gelände von *Disney World* hinaus betreibt der Konzern die riesige **Ferienanlage *Vero Beach*** an der Atlantikküste und die Mustersiedlung ***Celebration*** (➤ Seite 218). Ein weiteres Projekt des Unternehmens sind eigene **Kreuzfahrtschiffe**: Seit ein paar Jahren stechen die ***Disney Magic*** und ***Disney Wonder*** unter der Mauseflagge von Cape Canaveral zu Kurzkreuzfahrten in die Karibik in See. *Disney* hat zur Abrundung auch gleich **eine eigene Insel** in den Bahamas gekauft, um seinen Passagieren von »Eingeborenen« ungestörten Landgang und Badevergnügen zu sichern.

Beginn

Die Anfänge des Tourismus reichen in Florida über hundert Jahre zurück. Nach Verlegung der ersten Eisenbahnstrecken im späten 19. Jahrhundert begannen Nordstaatler, im Winter nach St. Augustine, Tampa oder Palm Beach zu reisen. Während das zunächst nur etwas für gut betuchte Urlauber war, setzten sich mit der zunehmenden Verbreitung des Autos immer mehr »Durchschnittsamerikaner« Richtung Florida in Bewegung. Schon 1933 überschritt die Besucherzahl erstmals die Millionengrenze.

Erste Amusement Parks

Viele kamen in dieser Zeit wegen der schönen Strände und des warmen Klimas. Andere wurden durch das legendäre **Nachtleben** von Miami Beach angelockt. Aber bereits damals begann man, künstliche Touristenattraktionen zu schaffen. Als **erster Vergnügungspark** wurde 1938 das ***Marineland of Florida*** südlich von St. Augustine eröffnet (➤ Seite 266), der heute weltweit **älteste Park** dieser Art. Wenig später folgten die (Ende 2003 geschlossenen) ***Cypress Gardens*** südwestlich von Orlando mit spektakulären Wasserski-Shows. Ein weiterer »Oldtimer« ist ***Silver Springs*** bei Ocala, nordwestlich von Orlando (➤ Seite 258).

Disney und mehr

Als 1971 der *Disney*-Konzern mit dem ***Magic Kingdom*** seinen ersten Park aufmachte, begann ein neues Kapitel in der Geschichte des Fremdenverkehrs. Innerhalb weniger Jahre wurde der Raum Orlando zum populärsten Reiseziel der Welt. Motels und Restaurants wuchsen wie Pilze aus dem Boden; und *Disney* eröffnete eine Attraktion nach der anderen (➤ Seite 208f). Hinzu kamen andere Unternehmen, die um die Tourismus-Dollars konkurrierten: ***Busch Gardens*** (➤ Seite 344), ***Sea World*** (➤ Seite 252), ***Universal Studios*** (➤ Seite 247) u.a.m. Mittlerweile könnte man mit dem Besuch aller Vergnügungsparks allein im Raum Orlando mehrere Wochen verbringen.

Probleme des Tourismus

Der Tourismus ist für Florida nicht nur ein Segen, er hat auch nicht zu unterschätzende Schattenseiten. Zum einen ist er ein äußerst **anfälliger Wirtschaftszweig**. Wenn die amerikanische bzw. internationale Wirtschaft ins Stocken gerät, und selbst, wenn nur eine Krise befürchtet wird, sinken sogleich die Besucherzahlen, so auch in jüngerer Zeit nach den Terroranschlägen des 11. September 2001. Zum anderen werden durch die nicht endende Expansion mehr und mehr Landschaften zerstört und einbetoniert. Auch die Küsten sind bereits über Hunderte von Kilometern »zugebaut« mit negativen Folgen nicht nur für die Natur, sondern auch für die Attraktivität Floridas.

5. Kunst und Kultur

Aktuelle Situation

Die wechselvolle Geschichte und die vielen Bevölkerungsgruppen haben in Florida für eine Vielfalt an **Kulturdenkmälern** und **Kunstschätzen** gesorgt. Sie reichen vom Kunsthandwerk prähistorischer Indianerstämme über Bauten aus der spanischen Kolonialzeit und mit Kunstsammlungen gespickten Winterresidenzen reicher Industrieller bis zu Art-Deco-Palästen und postmodernen Wolkenkratzern. Auch die gegenwärtige Kulturszene ist lebendig und abwechslungsreich. Im Sonnenstaat wird geschrieben und gemalt, Theater gespielt und gesungen, wobei Florida besonders als Hochburg der Film- und Musikproduktion gilt.

Spanische Architektur

Indianerstämme, die vor Ankunft der ersten Europäer in Florida lebten, haben keine Bauwerke hinterlassen. Auch die ersten spanischen **Missionsstationen** sind leider nicht erhalten geblieben. Man kann sich aber in der vorbildlich rekonstruierten *Mission San Louis* in Tallahassee einen Eindruck von der schlichten Architektur dieser frühen spanischen Bauten verschaffen (➤ Seite 293). Aus der spanischen Zeit stammt auch das **älteste erhaltene Gebäude** im Sonnenstaat. Das einfache Haus mit dicken Mauern und schlichtem Mobiliar steht in St. Augustine (➤ Seite 273) und soll sogar das älteste Haus der gesamten Vereinigten Staaten sein. Architektonische Spuren der spanischen Kolonialzeit findet man außer im Stadtkern von St. Augustine besonders im historischen Zentrum von Pensacola im *Panhandle* (➤ Seite 300).

Plantagen

An die Anfänge der angloamerikanischen Besiedlung erinnern die mit Terrassen und weißen Säulen im frühen 19. Jahrhundert entstandenen Plantagenhäuser. In Nordflorida ist die ***Kingsley Plantation*** auf Fort George Island (➤ Seite 279) ein gutes Beispiel für die Architektur jener Zeit, die von den benachbarten Staaten übernommen wurde. In Südflorida staht dafür die ***Gamble Plantation*** bei Bradenton (➤ Seite 368).

Baustil in Key West

Am südlichsten Zipfel Floridas, auf Key West, entwickelte sich ein völlig anderer Baustil, der bis heute zu bewundern ist. Hier entstanden Holzhäuser, deren Architektur verspielte **viktorianische** Elemente – wie Türmchen und Erker – mit der Bauweise der

Karibik kombiniert, von der man die großen schattigen Veranden übernahm. Wenn man es sich dort mit einem kühlen Drink in einem Schaukelstuhl bequem macht, ist die tropische Hitze der Insel leichter zu ertragen. Heute sind viele dieser einladenden Holzhäuser *B&B-Places* (➤ Seite 64).

Art Deco

Als in der ersten Hälfte des 20. Jahrhunderts der Tourismus Südflorida entdeckte, wurde besonders Miami Beach von einem Bauboom erfasst. Innerhalb kürzester Zeit entstanden hier an die 1000 Gebäude, die man im damals hochmodernen Stil des ***Art Deco*** errichtete. Die Architekten imitierten dabei aber nicht bloß den in Europa und in den nördlichen USA verbreiteten Stil, sie verbanden ihn vielmehr mit einheimischen Elementen wie knallig bunten Farben oder Flamingo- und Palmenmotiven und schufen so die neue Stilrichtung des ***Tropical Deco***, den man besonders im südlichen Miami Beach in Reinform sieht (➤ Seite 136).

Moderne Hochhäuser

In der zweiten Hälfte des 20. Jahrhunderts entstanden zwar in erster Linie langweilige und austauschbare Gebäude, gegen Ende des Jahrhunderts wurden aber besonders in Miami auch einige originelle Bauwerke errichtet. Eines der bekanntesten Gebäude im Geschäftszentrum ist z.B. der nachts neonfarben erleuchtete *Nations Bank Tower* von *I.M. Pei*.

Architektonisch interessante Hochhäuser findet man auch entlang der ***Brickell Avenue***. Dort steht u.a. ein aus dem Vorspann der Serie *Miami Vice* bekanntes ungewöhnliches Gebäude, in dessen Mitte eine Lücke – wie ein großes Fenster – klafft, in der eine Palme wächst.

Das mediterran wirkende ***Metro-Dade Cultural Center*** ebenfalls in *Downtown* Miami wurde vom Stararchitekten der amerikanischen Postmoderne, *Philip Johnson*, geplant.

Museen

Auch viele andere Museen in Florida sind in bemerkenswerten Gebäuden untergebracht. Eine der größten Kunstsammlungen des Staates etwa ist im 1990 eröffneten ***Samuel P. Harn Museum of Art*** in Gainesville in einem beeindruckenden postmodernen Bau zu sehen (➤ Seite 291). Das ***Salvador Dalí Museum*** in St. Petersburg, ein schlichter postmoderner Bau, beherbergt die weltgrößte Sammlung von Werken des spanischen Surrealisten (➤ Seite 361).

Viele Sammlungen sind auch in Häusern untergebracht sind, deren Architektur alte europäische Bauformen aufgreift. Die ***Villa Vizcaya*** in Miami etwa wurde erst zu Beginn des 20. Jahrhunderts im Stil der italienischen Renaissance erbaut und ist heute ein populäres Museum voller europäischer Kunstwerke und Antiquitäten (➤ Seite 127).

Über die umfangreichste Sammlung des Staates mit Werken von *Rubens* über *Bernini* bis *Frans Hals* verfügt das ***Ringling Museum of Art*** in Sarasota. Es ist in einer prächtigen, italienisch anmutenden Palastanlage untergebracht, die ebenfalls erst im frühen 20. Jahrhundert entstand (➤ Seite 369).

6. Sport

Übersicht

In Florida sind alle bekannten amerikanischen Sportarten bestens vertreten. In den größeren und in vielen kleineren Städten wird Basketball, Football und Baseball gespielt. Außerdem gibt es mit dem schnellen Ballspiel ***Jai Alai*** auch eine exotische und nur in Florida anzutreffende Sportart. Über **Spielzeiten** informieren die örtlichen Tageszeitungen.

Sportmuseen

Zu den bekanntesten Sportmuseen gehören die ***Florida Sports Hall of Fame*** in Lake City, die über in Florida populäre Sportarten und erfolgreiche Mannschaften informiert (➤ Seite 288), das ***International Swimming Hall of Fame Museum*** in Fort Lauderdale, das dem Schwimmsport und seinen erfolgreichsten Athleten gewidmet ist (➤ Seite 183), und das interaktive Rennsportmuseum ***Daytona USA*** neben der bekannten Autorennstrecke in Daytona Beach (➤ Seite 262).

Basketball NBA

In Florida mischen zwei Profi-Teams in der ersten Liga der amerikanischen Basketballer ***NBA*** (= *National Basketball Association*) mit: Die ***Miami Heat*** spielen in der *American Airlines Arena* beim Bayfront Park. ***Orlando Magic*** spielt in der *Orlando Arena* und erfreut sich in Zentralflorida großer Popularität.

Football NFL

Drei Mannschaften spielen in der ersten Liga ***NFL*** (= *National Football League*): die ***Miami Dolphins***, ***Tampa Bay Buccaneers*** und ***Jacksonville Jaguars***.

Die *Buccaneers* (= Seeräuber) spielen im *Raymond James Stadium*, die erfolgreichen *Miami Dolphins* im *Pro Player Stadium*. Die Mannschaft aus Jacksonville ist eines der jüngsten Teams der ersten Liga, aber trotzdem sehr populär. Sie lockt sogar Fans aus dem benachbarten Georgia zu ihren Spielen im *Jacksonville Municipal Stadium*. Überhaupt spielt der *Football* im Norden des Staates eine deutlich wichtigere Rolle als im Süden.

College Football

Besonders beim *Football* können Spiele von ***College Teams*** die Gemüter der Fans noch mehr erregen als Profi-Spiele. Die bekanntesten *College Teams* im Sonnenstaat sind die ***Florida Gators***, die Mannschaft der *University of Florida* in Gainesville, und die ***Florida State Seminoles***, das Team der *Florida State University* in Tallahassee. Beide sind exzellente Mannschaften und das Team aus Gainesville konnte 1997 sogar die US-Meisterschaft gewinnen. Wenn beide Mannschaften aufeinandertreffen, lässt dies zumindest in Nordflorida niemanden kalt.

Baseball

Nur zwei Mannschaften aus Florida spielen in der ersten Baseball-Liga. Das bekanntere Team sind die ***Florida Marlins*** (= Schwertfische), die in Miami im *Pro Player Stadium* spielen. Die ***Tampa Bay Devil Rays*** leisten ihnen auf dem *Tropicana Field* in St. Petersburg Gesellschaft.

Wer sich für Baseball interessiert und im Frühling nach Florida kommt, dem bietet sich hier eine ganz einmalige Möglichkeit, die Superstars dieser Sportart in Aktion zu sehen. Es ist in der ersten Baseball-Liga nämlich schon seit Ewigkeiten üblich, **vor dem Beginn der Spielzeit** für ein paar Wochen zum **Training** in den warmen Süden zu reisen. Fast alle bekannten Mannschaften halten dieses sogenannte ***Spring Training*** im Februar und im März in Florida ab. Ihre **Übungsspiele** sind öffentlich und die Eintrittskarten unglaublich billig, wenn auch nicht immer ganz einfach zu bekommen. Die ***New York Yankees*** z.B. – seit Jahren eines der erfolgreichsten Teams im Land – trainieren im *Legends Field* in Tampa, das dem legendären *Yankee Stadium* in New York nachempfunden wurde.

Jai Alai

Im Gegensatz zu Basketball, Football und Baseball ist ***Jai Alai*** eine **Spezialität Floridas** und besonders bei den *Hispanics* Floridas sehr beliebt. Es entstand im Baskenland, und viele der Spieler in Florida sind Nachkommen von baskischen Einwanderern. Bei diesem schnellen Spiel schlagen die Sportler (*petolari*) mit einem Korbschläger ähnlich dem Squash einen Ball (*pelota*) mit enormer Kraft und hoher Geschwindigkeit gegen eine Wand (*frontis*). Der gegnerische Spieler muss dann versuchen, den Ball zu fangen und wieder an die Wand zu schleudern. Die Teams haben acht Spieler, die in Einzel- oder Doppelspielen gegeneinander antreten. Da das Publikum beim *Jai Alai* gerne wettet, nimmt es mit viel Leidenschaft am Spielverlauf teil.

Es gibt in Florida sieben Jai Alai-Hallen, u.a.

Miami Jai Alai Fronton, 3500 NW 37th Ave, ✆ 305-633-6400,
Orlando-Seminole Jai Alai, 6405 S US-Hwy #92, ✆ 407-331-9191,
Tampa Jai Alai Fronton, 5125 S Dale Mabry Hwy, ✆ 813-831-1411.

Fotonachweis

David Dolder, Lustmühle/Schweiz, **www.daviddolder.ch**: Coverfoto und Seiten 24, 106, 108/9, 160, 215, 219, 247, 251, 361, 374, 379, 390/91

Edith Kölzer, Bielefeld: Seite 257, 349 und Alligator auf dem Umschlag

Ute Ritzenhofen, Mainz: Seiten 11, 19, 54, 57, 65, 66, 80, 81, 100, 111, 112, 113, 116, 117, 133, 134, 135, 137, 139, 140, 154, 158, 170, 172, 176, 177, 178, 183, 185, 190, 193, 199, 203, 206, 217, 220, 228, 232, 233, 240, 245, 253, 255, 256, 268, 271, 272, 273, 279, 287, 294, 298, 300, 302, 316, 335, 337, 340, 351, 355, 362, 365, 366, 368, 372, 377, 380, 383, 388, 389, 394, 395, 396, 398, 401, 403, 409

Werner Schmidt, Ganderkesee: Seiten 145, 146, 200

Julia Strauch/Osterholz-Scharmbeck und **Hanno Saade**/Essen: 17, 18, 23, 53, 84, 105, 122, 123, 127, 156, 162, 164, 167, 174, 182, 189, 204, 205, 207, 213, 231, 235, 251, 262, 265, 266, 278, 347, 353, 354, 356, 363, 370, 381

Jörg Vaas, Steinheim: Seite 279

Alfred Vollmer, Neubiberg: Seiten 74, 82, 126, 128, 152, 153, 168

Hans-R. Grundmann: Alle weiteren Fotos

Alle Reiseführer von Reise

Reisehandbücher
Urlaubshandbücher
Reisesachbücher
Rad & Bike

Afrika, Bike-Abenteuer
Afrika, Durch, 2 Bde.
Agadir, Marrak./Südmarok.
Ägypten individuell
Alaska ⇗ Canada
Algarve
Algerische Sahara
Amrum
Amsterdam
Andalusien
Äqua-Tour
Argentinien, Urug./Parag.
Athen
Äthiopien
Auf nach Asien!

Bahrain
Bali und Lombok
Bali, die Trauminsel
Bali: Ein Paradies ...
Bangkok
Barbados
Barcelona
Berlin
Borkum
Botswana
Bretagne
Budapest
Bulgarien
Burgund

Cabo Verde
Canada West, Alaska
Canada Ost, USA NO
Chile, Osterinseln
China Manual
Chinas Norden
Chinas Osten
Cornwall
Costa Blanca
Costa Brava
Costa de la Luz
Costa del Sol
Costa Dorada
Costa Rica
Cuba

Dalmatien
Dänemarks Nordseek.
Dominik. Republik
Dubai, Emirat

Ecuador, Galapagos
El Hierro
Elsass, Vogesen
England – Süden
Erste Hilfe unterwegs
Europa BikeBuch

Fahrrad-Weltführer
Fehmarn
Florida
Föhr
Fuerteventura

Gardasee
Golf v. Neapel,
Kampanien
Gomera
Gran Canaria
Großbritannien
Guatemala

Hamburg
Hawaii
Hollands Nordseeins.
Honduras
Hongkong, Macau,
Kanton

Ibiza, Formentera
Indien – Norden
Indien – Süden
Iran
Irland
Island
Israel, palästinens.
Gebiete, Ostsinai
Istrien, Velebit

Jemen
Jordanien
Juist

Kairo, Luxor, Assuan
Kalabrien, Basilikata
Kalifornien, USA SW
Kambodscha
Kamerun
Kanada ⇗ Canada
Kap-Provinz (Südafr.)
Kapverdische Inseln
Kenia
Kerala
Korfu, Ionische Inseln
Krakau, Warschau
Kreta
Kreuzfahrtführer

Ladakh, Zanskar
Langeoog
Lanzarote
La Palma
Laos
Lateinamerika BikeB.
Libyen
Ligurien
Litauen
Loire, Das Tal der
London

Madagaskar
Madeira
Madrid
Malaysia, Singap., Brunei
Mallorca
Mallorca, Leben/Arbeiten
Mallorca, Wandern auf
Malta
Marokko
Mecklenb./Brandenb.:
Wasserwandern
Mecklenburg-
Vorp. Binnenland
Mexiko
Mongolei
Motorradreisen
München
Myanmar

Namibia
Nepal
Neuseeland BikeBuch
New Orleans
New York City
Norderney
Nordfriesische Inseln
Nordseeküste NDS
Nordseeküste SLH
Nordseeinseln,
Deutsche
Nordspanien
Normandie

Oman
Ostfriesische Inseln
Ostseeküste MVP
Ostseeküste SLH
Outdoor-Praxis

Panama
Panamericana,
Rad-Abenteuer
Paris
Peru, Bolivien
Phuket
Polens Norden
Prag
Provence
Pyrenäen

Qatar

Rajasthan
Rhodos
Rom
Rügen, Hiddensee

Sächsische Schweiz
Salzburg
San Francisco
Sansibar
Sardinien
Schottland
Schwarzwald – Nord
Schwarzwald – Süd
Schweiz, Liechtenstein
Senegal, Gambia
Singapur
Sizilien
Skandinavien – Norden
Slowenien, Triest
Spaniens
Mittelmeerküste
Spiekeroog
Sporaden, Nördliche
Sri Lanka
St. Lucia, St. Vincent,
Grenada
Südafrika
Südnorwegen, Lofoten
Sydney

Abbildung Auflage 2007

Hans-R. Grundmann

Mallorca

Handbuch für den optimalen Urlaub

bestens beurteilt von der Stiftung Warentest

18. Auflage 7/2007

ISBN 978-3-89662-233-4 · € 19,90

488 + 48 + 60 Seiten mit 63 eigens für dieses Buch angefertigten Farbkarten, davon 8 Wanderkarten, und über 250 Fotos. Unterkunftsempfehlungen für 48 Ferienorte mit aktuellen Kostenbeispielen 2007.

Separate Straßenkarte mit Stadtplan Palma und kulinarischem Lexikon. Mit 2 Beilegern - 48+60 Seiten:

- **Wandern und Natur**
- **Optimal unterkommen auf Mallorca**
- **Jedes Jahr neu**

Marc Schichor, Kirsten Elsner

Wandern auf Mallorca

Tramuntana Gebirge – Gipfel, Schluchten und Täler

Neuauflage Mai 2008

- 50 Tourenvorschläge in der Tramuntana
- die meisten Wege auch in Gegenrichtung
- alle Routen in Kurzfassung und en Detail
- **Neu**: Mehrtageswanderung »Ruta de Pedra en Sec«
- Genaue Karten von alle Orten in der Wanderregion
- Kleines Pflanzenlexikon mit zahlreichen Fotos
- Unterkunftsverzeichnis von der Berghütte bis ****Hotel

Der Clou des Buches ist die von den Autoren **für speziell diese Routen angefertigte separate Karte** mit Höhenlinien und -schichten im **Maßstab 1:35.000**, die keine Zweifel mehr über den richtigen Weg aufkommen lassen360 Seiten vierfarbig mit zahlreichen exakten Karten, Skizzen und über 400 Fotos,

3. Auflage 5/2008 · ISBN 978-3-89662-239-6 · € 22,50

Hans-R. Grundmann, Hartmut Ihnenfeldt

Auf Mallorca leben und arbeiten

Ein Ratgeber für alle, die sich auf Mallorca zu Hause fühlen wollen

Wer spielte nicht gelegentlich mit dem Gedanken, auszusteigen, Routine und allzu Bekanntes hinter sich zu lassen? Um zum Beispiel auf Mallorca ein neues, anderes Leben zu beginnen?

Viele erfüllen sich diesen Traum, stellen aber fest, daß auch auf einer Ferieninsel der ganz normale Alltag gemeistert sein will. Dieses Buch liefert Know-How zur Bewältigung von Fragen und Problemen, mit denen Mallorca-Einsteiger unweigerlich konfrontiert werden. **288 Seiten, über 140 Abbildungen, 43 Themenkästen, zahlreiche Internetadressen.**

2. Auflage 2006 · ISBN 3-89662-193-9 · € 17,50

Hans.-R. Grundmann, M. Brinke/P. Kränzle

USA, der große Süden

US-Staaten zwischen Ostküste und Mississippi

Die schönsten Routen durch Virginia, die Carolinas, Tennessee, Georgia, Mississippi, Louisiana, Alabama und Florida. Großes City-Kapitel Washington DC mit populären Zielen in Maryland und Pennsylvania.

Alles zu Planung und Vorbereitung einer Reise auf eigene Faust durch den ganzen US-Süden mit Mietwagen & Motel-/Hotelunterkunft, Mietauto & Zelt oder per Campmobil. Ausgewählte Übernachtungs- und viele Campingempfehlungen.

696 Seiten, 70 Karten, über 300 Farbfotos, separate Karte USA-Südstaaten.

1. Auflage 2007 ISBN 978-3-89662-175-7 €23,50

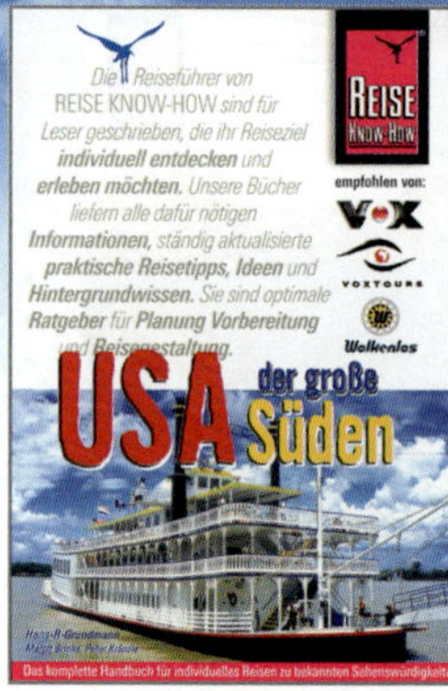

Heike und Bernd Wagner, Hans-R. Grundmann

Kanada, der ganze Westen mit Alaska

Detaillierter und praxisnaher Reiseführer für Reisen im Campmobil oder Pkw (Übernachtung im Zelt oder Motel) durch den Westen Canadas und hohen Norden samt Alaska. Zusätzlich auf Trans Canada Highway durch Ontario, Manitoba, Saskatchewan und Alberta. Allgemeiner Teil mit allen Aspekten und Informationen zu Reisevorbereitung, -planung und -durchführung.

620 Seiten, 59 Karten, 230 Farbfotos
Mit Unterkunfts- und Campingführer für Alberta & BC (96 Seiten, rund 1000 Einträge) und eine **Straßenkarte** für Canadas Westprovinzen und Alaska.

Auflage 8/2007: ISBN 978-3-89662-234-1 €25,00

P. Thomas, E. Berghahn, H-R. Grundmann

Kanadas Osten/ USA Nordosten

Dieser grenzüberschreitende Reiseführer behandelt auf kanadischer Seite Ontario, Québec, New Brunswick, Nova Scotia und Newfoundland, in den USA die Neu-England-Staaten mit Boston und New York und State City sowie Michigan mit Chicago und Detroit. Ideal für Reisen auf eigene Faust per Pkw oder Campmobil.

720 Seiten, 56 Karten, vierfarbig. Mit sep. Karte der Gesamtregion und New York City Extra (48 Seiten).

7. Auflage 6/2008, ISBN 978-3-89662-240-4, €25,00

16. Auflage 1/2008

Hans-R. Grundmann

USA, der ganze Westen

Seit Erscheinen hat sich dieses Buch zu einem Standardwerk für alle entwickelt, die den US-Westen auf eigene Faust kennenlernen wollen. Die Kapitel zu Reiseplanung und -vorbereitung und zum »touristischen Alltag« unterwegs lassen keine Frage offen.

Der Reiseteil führt über ein dichtes Routennetz zu allen populären Zielen und unzähligen, auch weniger bekannten Kleinoden in allen elf Weststaaten.

Reise Know-How Bestseller

764 Seiten, 82 Karten, über 300 Farbfotos
Separate Straßenkarte Weststaaten der USA
mit 18 Detailkarten der wichtigsten Nationalparks
16. Aufl. 1/2008; ISBN 978-3-89662-232-1 €25,00

Heinz Staffelbach, Magda Rüegg

USA Südwesten Natur und Wandern

Ein Reiseführer für die schönsten Nationalparks zwischen Pazifik und Rocky Mountains (Arches, Bryce Canyon, Canyonlands, Grand Canyon, Grand Staircase-Escalante, Great Basin, Joshua Tree, Point Reyes, Redwoods, Rocky Mountain, Saguaro, die Weminuche Wilderness, Yosemite, Zion)

Intensivabhandlungen zu Geologie, Vegetation und Tierwelt, Ökologie, Biodiversität

Neu bearbeitet und vierfarbig in zweiter Auflage mit über 200 brillanten Fotos.

528 Seiten, über 50 Karten und Höhenprofile

ISBN 3-89662-202-1 € 23,50

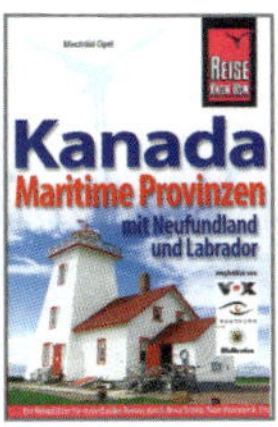

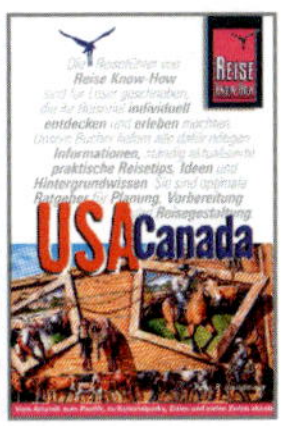

Alphabetisches Register - Index

Im Register finden sich alle Ortsnamen, Sehenswürdigkeiten und geografischen Bezeichnungen ebenso wie alle wichtigen Sachbegriffe. Egal, wonach man sucht, alles ist unterschiedslos alphabetisch eingeordnet, wobei heißt

NP = National Park **NM** = National Monument **SP** = State Park

Regionenkarten

Städte und Umgebung

Sonstige